Hrsg. Otto van de Loo

Heribert Heindl • Eva Hock-Schmederer • Lilith Lichtenberg
Alrun Prünster Soares • Barbara Schön • Valio Tchenkov • Heinz Weld

Kinder • Kunst • Werk

Künstlerisches Arbeiten mit Kindern und Jugendlichen

Ein Handbuch

Kösel

Zentrale Bezugsquellen für Künstlerbedarf

Alle in diesem Buch genannten Materialien können Sie zentral bei folgenden Firmen beziehen:

boesner
Großhandel für Künstlerbedarf
Zentraler Versandservice Witten
Gleiwitzer Str. 2
D-58454 Witten

Die Firma boesner bietet Ihnen die Möglichkeit, Künstlermaterialien entweder direkt in zahlreichen Niederlassungen in Deutschland, Österreich und der Schweiz zu erwerben oder über die zentralen Versandserviceeinrichtungen in allen drei Ländern zu beziehen.

versandservice@boesner.com
www.boesner.com
Telefonische Auftragsannahme: 0 23 02 / 910 66-13

Johannes Gerstäcker Verlag GmbH
Postfach 11 65
D-53774 Eitorf

Künstlermaterialien können in den drei Abhollagern in Dresden, Bremen und Eitorf erworben sowie direkt beim Verlag bestellt werden.

bestellung@gerstaecker.com
www.gerstaecker.de
Telefonische Auftragsannahme: 0 22 43 / 889 95

Hinweise

Alle in diesem Buch gemachten Informationen zu den Übungsanleitungen und Materialien wurden von den Autorinnen und Autoren nach bestem Wissen erstellt und sorgfältig überprüft. Dennoch erfolgen die Angaben ohne Garantie oder Verpflichtungen.
Das Autorenteam und der Verlag übernehmen keinerlei Haftung für eventuell auftretende Schäden, die bei der unsachgemäßen Durchführung der Themenvorschläge entstehen.

Trotz intensiver Bemühungen war es in einigen Fällen nicht möglich, die Abdruckgenehmigung für alle Fotos einzuholen. Der Verlag ist für weiterführende Hinweise dankbar.

Impressum

2. Auflage 2007

Umschlag: Team Kinderforum, München
Konzeption, Fotos und Texte: Heribert Heindl, Eva Hock-Schmederer, Lilith Lichtenberg, Barbara Schön, Alrun Prünster Soares, Valio Tchenkov, Heinz Weld
Layout: Susanne Nickel, Heribert Heindl
Satz: Susanne Nickel, München
Lithos: reproteam siefert, Ulm/Böfingen
Druck und Bindung: Firmengruppe APPL, aprinta druck, Wemding
Printed in Germany
ISBN 978-3-466-30701-2

www.koesel.de

Inhalt

Vorwort

Professor Dr. Andreas Franzke, Kunsthistoriker

Als Kind des Geistes geboren, der die Zeit Ende der 60er-Jahre beflügelte, war das Münchner Kinderforum wie so viele damals auf Veränderungen der Gesellschaft und ihrer Institutionen ausgerichtete private Initiativen keine Ausnahmeerscheinung. Basisarbeit schon bei Kindern zu leisten, galt als unerlässlich. Was jedoch dem Kinderforum in München seit seinen ersten Schritten in der Öffentlichkeit eine zugleich unverwechselbare und programmatische Statur verlieh – und noch heute verleiht –, war die Initiativgruppe Kinderforum, zusammen mit dem Galeristen Otto van de Loo, die es ins Leben rief und mit permanenter Vitalität auflud. Es waren und sind auch heute aktive bildende Künstlerinnen und Künstler. Weder verstanden sie sich wie andernorts als Ratgeber noch als Initiatoren einzelner Projekte. Sie malten, kneteten, buken bizarre Kuchen mit Kindern unterschiedlicher Herkunft und unterschiedlichen Alters, spielten mit ihnen Theater, feierten übermütige Feste, drehten Filme miteinander, fertigten Objekte, brauchbare und utopische. Kein Material, kein Werkzeug war und ist vor ihrem Zugriff sicher. Aus allem lässt sich etwas machen! Eine Barriere zwischen Leben und Kunst, Spiel und Ernst, zwischen Ausgelassenheit und Konzentration gibt es nicht. Improvisieren steht hoch im Kurs.

Verloschen viele der seinerzeit mit weltverbesserndem Aplomb gegründeten Foren, die einen aus Lethargie, die anderen, weil ihnen die ideologische Luft ausging, manche wurden einfach obsolet, so herrscht in der Münchner Schellingstraße heute noch quirliger Hochbetrieb wie eh und je. Die Anziehungskraft des Angebots und der Elan beim Tun sind Garanten für spannende Stunden. Unkonventionell und ohne Attitüden, anarchisch aus Überzeugung und vor Begeisterung, regt ein Kinder wie Künstler gleichermaßen elektrisierendes Klima an, aktiv zu handeln, anzupacken, mitzumachen, zu wagen, Eigenes zu entwickeln.

Vor dem Hintergrund einer alles beschleunigenden und schon bedrohlich in Kinderzimmer hineinwuchernden Medienpräsenz hat das Kinderforum über mehr als 35 Jahre seine Eigenart gewahrt und erfolgreich praktiziert. Dies verdient nicht nur allergrößten Respekt, sondern grenzt nahezu an ein Wunder.

Wie konnte das gelingen? Es ist verblüffend einfach. Es gelang, weil das Münchner Kinderforum vorbehaltlos auf intuitives bildnerisches Handeln setzt und sich dabei weder pädagogischer Rezepte bedient, noch auf einen aufgesetzten intellektuellen Überbau stützt. Freude am Machen ist oberste Devise. Hier liegt die Quelle aller Motivation und aus ihr entwickelt sich ganz selbstverständlich, ohne jegliches verkrampfte Bemühen, individuelle Inspiration. Ist diese einmal geweckt, und das ist bei Kindern nicht schwierig, nimmt sie ihren Lauf.

Wenn die Kinder auch hier in Zukunft von den zu Phrasen verkommenen kreativen Standards, von leistungsbezogener Kunstfertigkeit und der Trimm-dich-Bewegung in Richtung Kunst unbehelligt bleiben dürfen, dann ist die Künstlerinitiative für die nächsten 35 Jahre bestens gewappnet.

Geschichte und Arbeitsweise des Kinderforums van de Loo

Diesem Buch und allen darin enthaltenen Anregungen und Anleitungen zum künstlerischen Tun mit Kindern und Jugendlichen liegt die nun schon 35-jährige Arbeit des Münchner »Kinderforums van de Loo«, festgehalten in einer Fotodokumentation, zu Grunde. Dem Leser und Betrachter wird auffallen, dass hier in Gruppen gearbeitet und gespielt wurde. Trotzdem, so wünschen es sich die Autoren, sollen die Anleitungen auch Einzelpersonen zum Machen anstiften.

Das Kinderforum wurde 1970 in München als Initiative von Künstlern und Künstlerinnen und dem Galeristen Otto van de Loo gegründet und mit engagierten Eltern verwirklicht. In den Räumen der Forumsgalerie van de Loo in der Seitzstraße, in denen in den 60er-Jahren Künstler der Gruppe COBRA wie Asger Jorn und andere gearbeitet und seit 1968 Aktionen, Lesungen und Filmvorführungen avantgardistischer Künstler wie Hermann Nitsch, Wolf Vostell und vieler anderer stattgefunden hatten, trafen sich von nun an Kinder aus unterschiedlichem Milieu und aus verschiedenen Stadtteilen Münchens mit Künstlern, um zu malen, zu agieren und sich in verschiedensten Medien künstlerisch auszudrücken.

Die Initiativgruppe setzte sich zusammen aus KünstlerInnen, von denen einige damals Mitglieder der Künstlerkollektive Gruppe Spur, Gruppe Geflecht, Kollektiv Herzogstraße und Malgruppe WeibsBilder waren. In den nachfolgenden Jahren gab es immer wieder Wechsel bei den Mitarbeitern und neue, junge KünsterInnen sind dazugekommen, während die Gründungsmitglieder Heini Weld und Alrun Prünster Soares die Kontinuität des Kinderforums gewährleisteten. Die Qualität des Projekts ist dem Vertrauen zu verdanken, das Herr Otto van de Loo über all die Jahrzehnte der Gruppe entgegenbrachte und -bringt. Die materielle Grundlage blieb so gesichert. 1999 musste das Kinderforum wegen Abriss des Hauses im Lehel in die Schellingstraße umziehen.

Ein Ausgangspunkt der Gruppe war, dem damals in sich geschlossenen Kreis des Kunstbetriebs und veralteten Kunsterziehungsmodellen ein ganzheitliches Modell der ästhetischen Erziehung entgegenzustellen, in dem Kunst und Leben sich verbinden.

Das pädagogische Grundkonzept bewährt sich nunmehr seit drei Jahrzehnten:

- Kinder und Jugendliche von drei bis zwanzig Jahren kommen, eingeteilt in Altersgruppen, an einem Nachmittag in der Woche für zwei bis drei Stunden zum Malen, Werken, Töpfern, Erfinden, Fotografieren, Filmen, Spielen usw.

- Den maximal zwölf bis fünfzehn Kindern stehen zwei bis drei KünstlerInnen als Betreuer zur Verfügung.

- Die Betreuer sind selbst aktiv freischaffende und ausstellende KünstlerInnen.

- In jeder Gruppe arbeiten ein Mann und eine Frau, sozusagen als alternatives Elternpaar oder als erwachsene Freunde.

- Die Kinder- und Jugendgruppen sind »feste« Gruppen und bleiben über Jahre, oft sogar Jahrzehnte zusammen, auch mit ihren »Bezugspersonen«. So ist ein Zusammenwachsen auf Vertrauensbasis möglich, indem schulische und familiäre Konflikte beim Kunstmachen und Spielen auftauchen und bearbeitet werden können.

- Beim Machen sollen die Kinder Zeit und Spaß haben und Selbstbewusstsein erlangen, weil eigene Erfindungen, selbst ausgedacht und ausgeführt, gelingen können.

- Durch den Reichtum und die Fülle des angebotenen Materials kann Fachübergreifendes, können auch wahnwitzige Phantasien Gestalt annehmen oder überdimensionale Werke entstehen, zum Beispiel malte eine Jugendliche ein Leinwandbild in den Ausmaßen 3 m x 1 m.

- Bei der Verwendung von Materialien wird keine Erfahrung ausgeschlossen, auch Abenteuerliches und »Gefährliches« ist in Werk- und Spielangeboten enthalten, wie Schnitzen, Feuermachen usw. auch schon in frühen Jahren.

- Äußert sich bei Jugendlichen in einem bestimmten Alter der Wunsch nach detailgetreuem Zeichnen nach der Natur, nach Erlernen von Drucktechniken, Bauen von Möbeln oder Architekturmodellen usw., so werden diese Bedürfnisse ernst genommen und wird ihre Realisierung ermöglicht.

Benutzerleitfaden

Wir haben unser Buch in verschiedene Orientierungsebenen mit diversen Verknüpfungsmöglichkeiten eingeteilt. Im Vordergrund steht die einfache Handhabung, egal, ob man speziell zu einem bestimmten Thema bzw. einer bestimmten Technik nachschlägt oder sich einfach nur beim Blättern anregen lassen will.

Die Hauptordnung bildet die Gruppierung in die verschiedenen künstlerischen- bzw. Werktechniken: Zeichnen und Drucken, Malen, Ton und Gips, Holz, Pappe und Papier, Alles in Allem (Mischtechniken) und Alles Theater (Spiele und Medien). Diese sind auch nach außen schon sichtbar mit verschiedenfarbigen »Daumenabdrücken« gekennzeichnet. Die Bereiche in sich sind, soweit dies möglich ist, von einfacher bis aufwendiger eingeteilt, sowohl in der Ausführung (was in etwa auch einer Staffelung in Altersgruppen entspricht) als auch in der Vorbereitung und Materialbeschaffung.

Vor jeden Bereich haben wir eine Einführungsseite gesetzt, um in die Besonderheiten der jeweiligen Technik einzuführen und die benötigten Grundmaterialien vorzustellen. Sollten bei den einzelnen Themenbeschreibungen Fragen zu Ablauf oder Technik auftreten, empfiehlt es sich, hier nachzuschlagen. Das Fehlen von spezielleren Werkzeugen ist häufig durch gute Vorbereitung, Ausprobieren bzw. die eigene Experimentierfreudigkeit kompensierbar. So kann man sich zum Beispiel Holz auch mal beim Schreiner ums Eck zuschneiden lassen oder Drucke genauso mit dem Handballen abreiben, wenn die Druckerpresse fehlt.

Damit man auf einen Blick sieht, was man auf die Schnelle realisieren kann und wozu mehr Vorarbeit oder Materialbeschaffung nötig ist, sind immer auf der rechten Seite die benötigten Werkzeuge, das Material und Zusatzinformationen aufgelistet.

Eine farblich markierte Grobeinteilung nach Altersstufen findet sich unterhalb des Infokastens, wobei uns die Einteilung hier am schwersten fällt und die Begrenzung je nach handwerklichen Fähigkeiten oft nur nach unten gültig ist, denn: Was eine Vierjährige begeistert, kann auch einer 40- oder 80-Jährigen Spaß machen.

Im Infokasten sind stichwortartig Tricks und Gefahrenhinweise sowie Themenerweiterungen, Anwendungen (zum Beispiel im Spiel oder zur Gruppendynamik) und Querverweise angegeben.

Spezielle Themenbereiche (zum Beispiel Architektur, Tiere, Im Grünen etc.) sind zusätzlich im Themen- und Stichwortverzeichnis am Ende des Buches zusammengefasst.

Alles in allem soll der Inhalt des Buches eine Zusammenstellung von Anregungen aus unserer nun über 35-jährigen Erfahrung beim Kunstmachen und Werkeln mit Kindern und Jugendlichen sein. Man kann anhand der Fotos und Ergebnisse eigene Ideen kreieren. Und, wie gesagt, sollte nicht alles Werkzeug oder Material zur Hand sein: ausprobieren, vereinfachen oder weiterentwickeln – wenn am Schluss etwas anderes dabei herauskommt, umso besser!

Viel Spaß beim Blättern, Schauen, Lesen und vor allem beim Machen wünscht das Team vom »Kinderforum van de Loo München«.

Zeichnen

Die Zeichnung ist die erste und ursprünglichste Art des Kindes, sich bildnerisch auszudrücken. Sie ist ein einfaches und direktes Mittel, die eigene Vorstellung zu konkretisieren, einer Idee nachzuspüren oder eine Situation zu beschreiben. Es braucht nicht viel: einen Stift und ein Blatt Papier, Kreide oder Steine, eine Wand oder glatten Asphalt. Sogar ein Ast oder Finger genügt, um in weichem Sand oder in Erde zu zeichnen.

Eine Linie zeigt den Umriss eines Gegenstands und wir erkennen ihn. Die Linie umschreibt aber nicht nur ein Ding, sie kann einen eigenen Ausdruck transportieren, zum Beispiel kraftvoll oder weich, und auch eine eigene Bedeutung tragen. Die Verdichtung von Strichen – am Beginn der Entwicklung steht hier immer das Urknäuel – kann Mensch bedeuten oder einen emotionalen Gemütszustand wie Liebe oder Streit darstellen und nimmt durch die Erzählung des kleinen Kindes zu seinem Bild eine klare Bedeutung an.

Linie, Punkt, Fläche und Fleck

Es lässt sich schnell festhalten, wofür man keine Worte hat, oder planen, ebenso informieren oder erklären, wie etwas funktioniert. Man kann etwas mit sehr wenigen Mitteln darstellen und es bleibt erkennbar. Indem wir übertreiben oder etwas vom realen Gegenstand weglassen, unterstreichen wir besondere Merkmale und zeigen dadurch unsere subjektive Sicht wie zum Beispiel in der Karikatur. In den Kinderzeichnungen wird das deutlich, wenn wir in den Porträts und Selbstporträts die Person erraten können.

Mit weichen oder harten Linien, zarten oder breiten, Wellen, Kringeln, Wolken, geordnet und chaotisch verteilten Strichen, Punkten und Flecken, Helligkeiten und Dunkelheiten können wir auch Gefühlszustände, Temperaturen bestimmen. Der Betrachter projiziert sogar die gewohnte Farbigkeit in das Schwarz-Weiß und dessen Schattierung. Auch im klassischen Thema des Obst-Naturstudiums geht es um die Beobachtung des Gegenstandes, seiner Form, seiner Oberfläche und darum, welchen Raum er einnimmt: Wie fühlt er sich an, wie finden wir ihn? Und wie schmeckt er eigentlich?

Zeichnen ist ebenso ein sinnliches Vergnügen und auch spielerisches Ausprobieren, Schreiben und Entdecken. Eigene Ideen und Bilder entstehen bei kleinen Kindern in ihrer unbefangenen Art fast von selbst. Ein großes Blatt wird mit einem Kugelschreiber mühelos zur Dorflandschaft mit vielen Gassen, Straßen und Verbindungen zwischen den aus Pappmaché gebauten Häusern, mit Fußgängern, Bäumen usw. Zeichen verwandeln einen Gegenstand. So wird ein Holzklotz mit Zahlen zum Handy oder einer Tür mit gezeichneter Türklinke. Die Unmittelbarkeit ist das herausragendste Potenzial des Zeichnens: Die Linie wird zur Spur des Gedankens. Zeichnen ist sehen und fühlen zugleich.

Mit unseren Themenbeispielen lassen sich die verschiedenen Bedeutungen von Linie, Punkt oder Fläche ausprobieren. Im Projekt »Gesichtsveränderungen« haben die Kinder ein Porträt auf Folie oder auf eine Glasplatte gezeichnet. Nach der Fertigstellung haben sie sich die Maske ihrer neuen Identität vor das Gesicht gehalten. Hier ist erlebbar (nahezu körperlich spürbar), was Zeichnung ist: Zeichen als Kürzel für einen konkreten Gegenstand und eine bestimmte Aussage.

In den Verbots- und Gebotsschildern wird das Zeichen zum Symbol und über seine Behauptung im Alltag reflektiert: Die Formensprache der Schilder wird erinnert und es werden eigene Regeln bestimmt. Die Welt auf dem Kopf darstellen: Zeichnung ist Erfindung und Anarchie, die im Betrachter eigene innere Welten zu eröffnen vermag.

Entgegen einer geplanten, überlegten Zeichnung steht die Frottage. Verschiedene Oberflächenstrukturen werden gesammelt und können einer Form zugeordnet werden. Der Zufall lässt uns entdecken und zu neuen Bilderfindungen anregen. Der Fleck als Form ist bekannt für seine assoziative Fähigkeit, egal, ob er bewusst oder unbewusst zum Beispiel in der Tusche- oder Pinselzeichnung auftaucht.

Zur Verwendung des Materials

Papiere und Zeichenkarton gibt es in verschiedenen Stärken bzw. Gewichten. Farbige Papiere lassen eine Zeichnung weicher erscheinen, da der Hell-Dunkel-Kontrast sanfter ist. Das Format ist die erste Entscheidung für ein Bild. Denn sie ist der Raum, in dem das zu Erzählende stattfinden soll.

Bleistifte gibt es in unterschiedlichen Stärken von 8B (sehr weich und ist deshalb im Auftrag schwarz und kraftvoll) bis 8H (sehr hart, für eine zarte, helle und genaue Darstellung). Für große und farbintensive Zeichnungen eignen sich Kohle und Rötel, das Papier sollte dafür eine eher raue Oberfläche haben.

Mit Feder und Tusche zu zeichnen ist etwas Besonderes, aber auch anspruchsvoller, denn die Feder lässt sich nur in eine Richtung ziehen. Man kann sie nicht in die entgegengesetzte oder in eine beliebige Richtung führen. Die Linien sind am Ansatz dicker und je nach Aufdruck breiter oder schmaler, das satte Schwarz und ein eventuell entstehender Klecks machen das Blatt sehr lebendig.

Buntstiftzeichnungen oder Wachsmalkreiden mit Wasser- oder Aquarellfarbe zu kombinieren baut Spannung im Bild auf und ist eine Möglichkeit, neuen Anreiz für die Arbeit zu schaffen oder ein Thema weiterzuentwickeln. Da es immer spannend ist, die Materialien und Medien zu mischen, sollte man Reste von Tonpapier oder Glanzpapier immer aufheben. Sie bieten in ihren ungewöhnlichen Formen eine anregende Abwechslung zu Farbstiften.

Ölkreiden erscheinen in ihrer Leuchtkraft wesentlich intensiver als Wachsmalkreiden, liefern ein breites Farbspektrum und lassen sich gut mischen. Sie sind zwar nicht wischfest, eignen sich aber ebenso wie Permanentfilzer zur Bemalung von Holzarbeiten.

Werkzeuge sind Spitzer, Schere oder Messer bzw. Cutter. Radiergummi oder Knetgummi sollte man ruhig auch mal weglassen, um der Suche Raum zu geben, statt immer wieder die Zeichnung von neuem anzufangen. Kleber, Klebestift und Leim sowie verschiedenfarbiges Klebeband bereichern die Arbeitsmöglichkeiten.

Stürmisch geht es los! Da kann man sich gleich so richtig austoben! Wir lassen einen Wirbelsturm aus Zeichenkohle wüten. Dafür darf das Papier auch mal etwas größer sein (mindestens DIN A2). Der Sturm entwickelt sich rasend schnell ❶ ❷ und mit der Zeit wird die Luft tatsächlich immer staubiger ❸. Durch Auswischen und Radieren des Sturmzentrums entsteht Platz für alles, was eine solche Katastrophe mit sich reißt, dafür können wir zusätzlich farbige Kreiden oder Rötel verwenden ❹. Die verschiedenen »Sturmcharakteristika« lassen sich nach dem Fixieren gut an den Ergebnissen studieren.

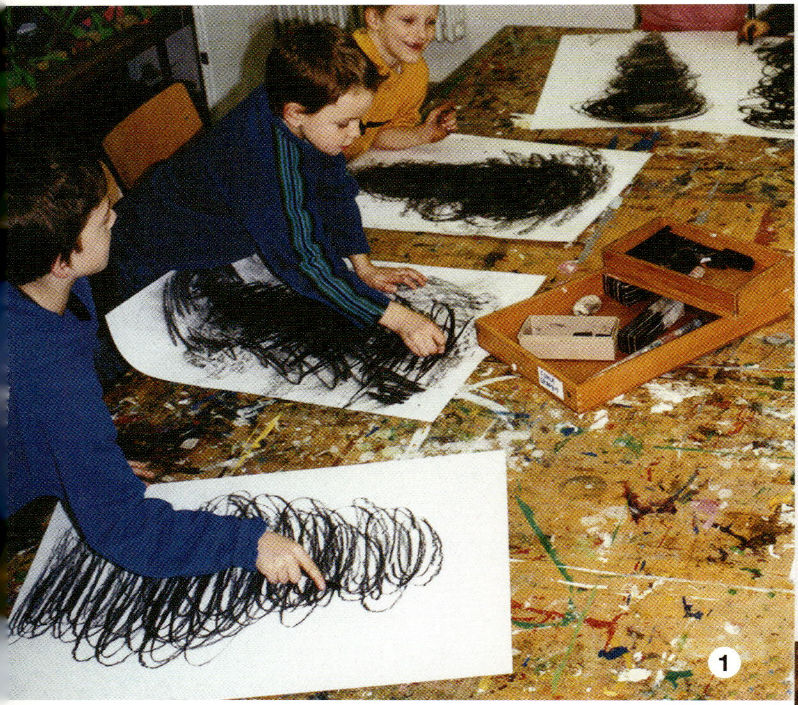

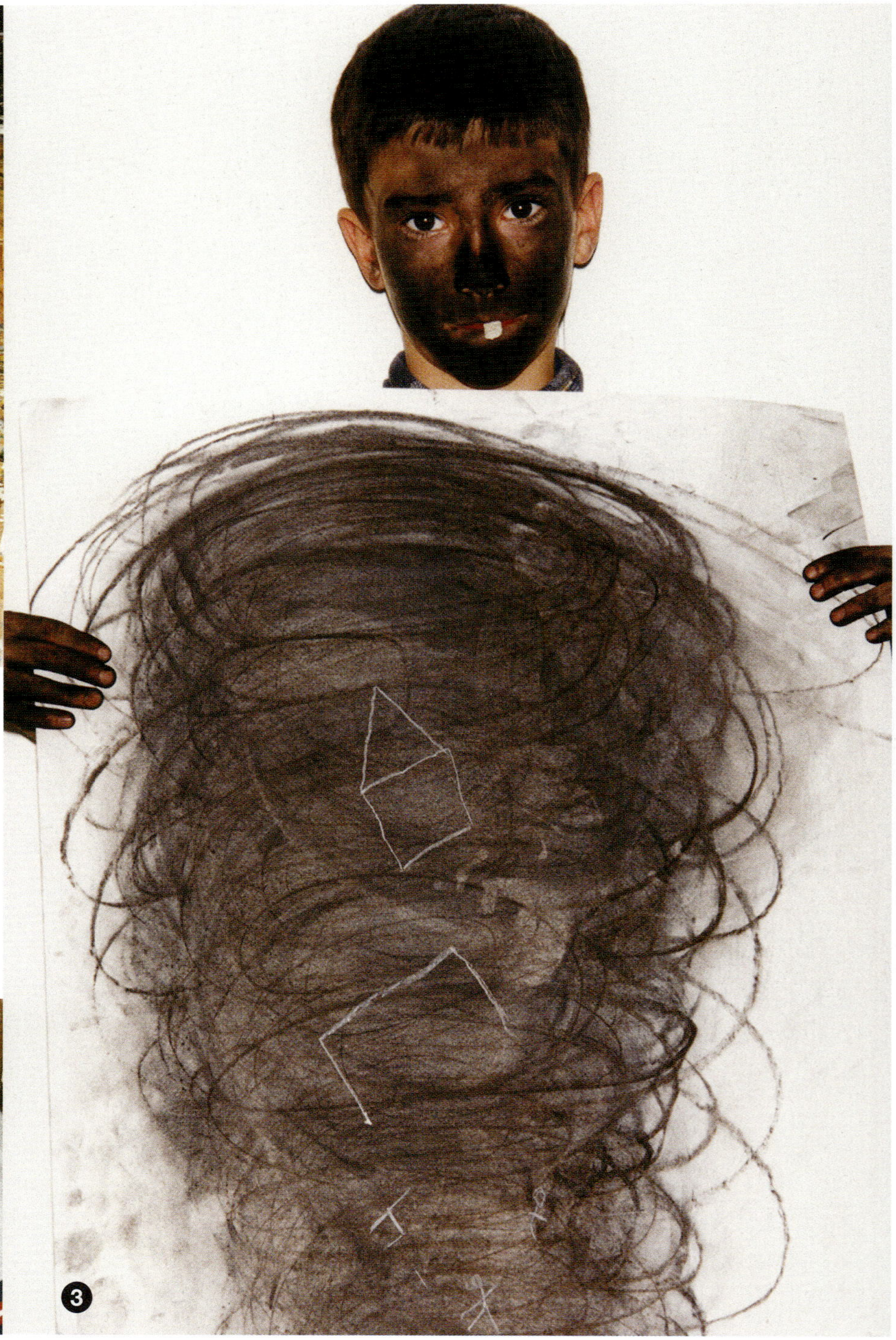

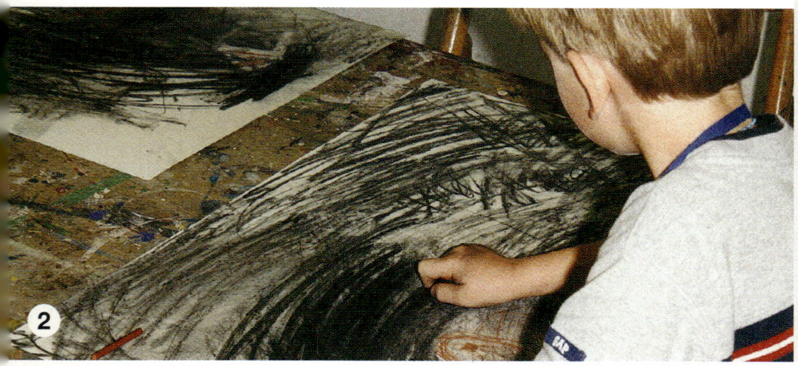

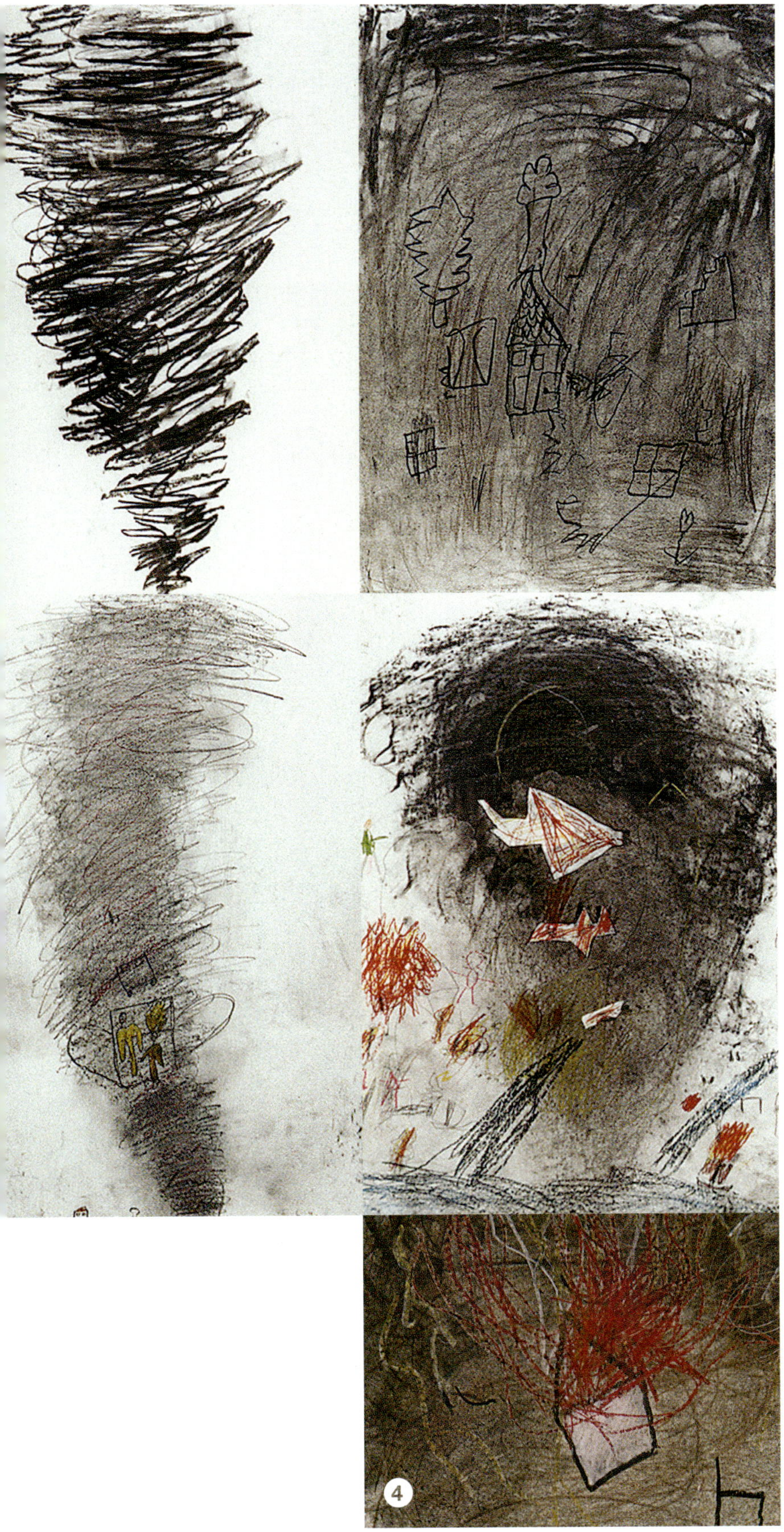

Wirbelsturm

Werkzeug

Zeichenkohle (am besten dickere Stücke)
farbige Kreiden
Rötel

Material

große Papierbögen (nicht zu glatt!)
Fixativ

Info

Als Themenvariation bietet sich zum Beispiel Gewitternacht an.
Die Kohle immer von oben mit allen fünf Fingern greifen, in der Bleistifthaltung bricht sie zu leicht!
Fixativ kann man altbewährt mit einem Fixativröhrchen aufsprühen, einfacher zu handhaben sind Fixative in Pump-Sprayflaschen (beides im Fachhandel). Zur Not klebt auch Haarspray (Taft), das billiger ist, aber meist sehr parfümiert. Am besten fixiert man sowieso immer im Freien!

Alter 4 6 8 10 12 14 16 18

Der Durchmesser des Kreises sollte mindestens 60 cm betragen.
Durch zweimaliges Knicken des Papierbogens kann der Mittelpunkt festgestellt werden ❶. Das Papier wird mit einem Reißnagel auf einem Holztisch befestigt, um den die Zeichner sitzen. Zwischendrin wird das Bild immer wieder weitergedreht ❷.
Oder einer dreht und die anderen halten gleich eine ganze Hand voll Stifte aufs Papier ❸…

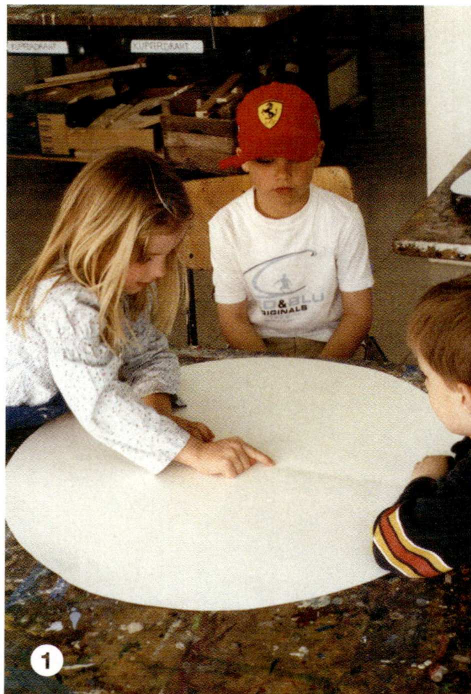
1

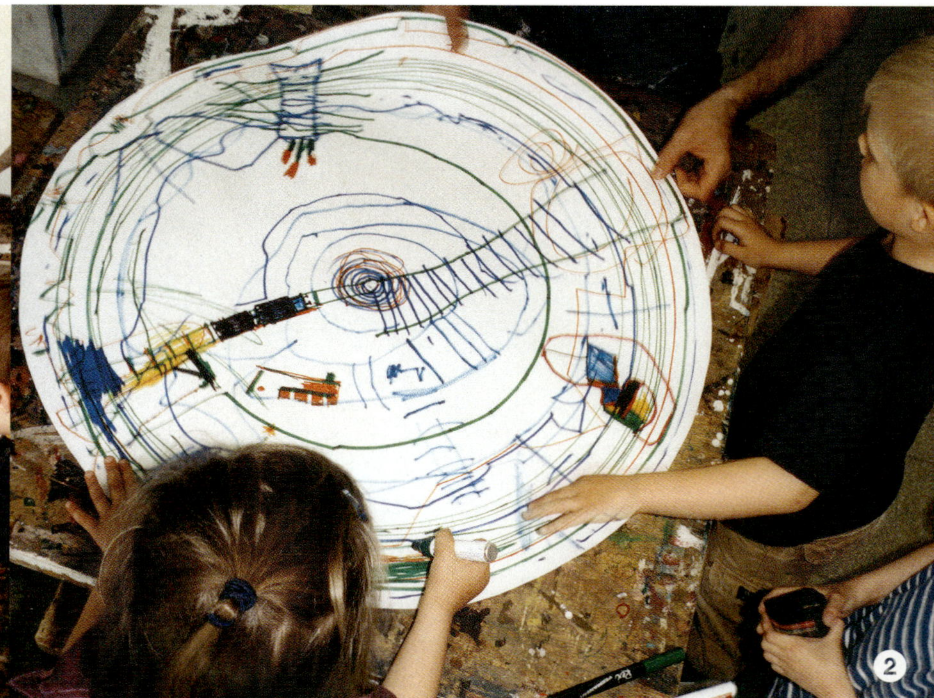
2

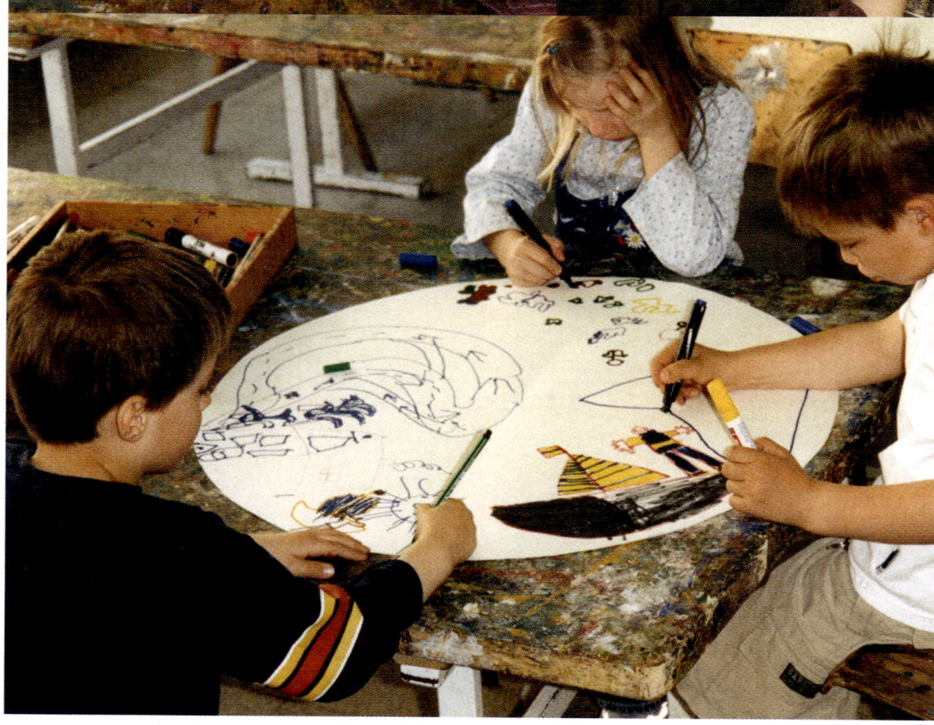

Drehscheibe

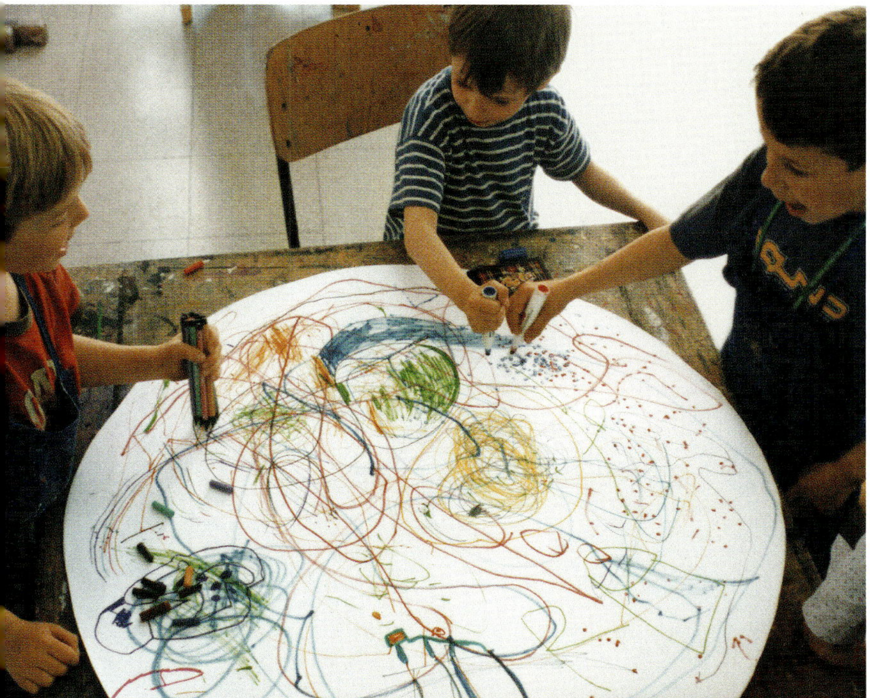

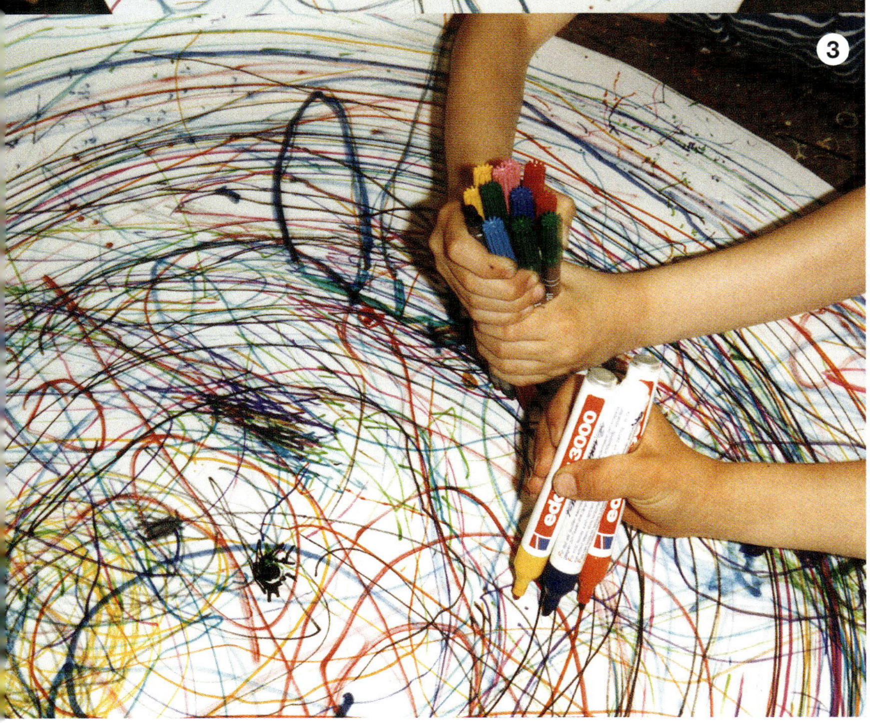

Werkzeug

Schere

Material

Farbstifte
Papier
Reißnägel

Info

Der Anlass zur Entwicklung unserer Drehscheiben war der, ein Trägermedium zu haben, bei dem das übliche Oben (Himmel) und Unten (Erde) aufgelöst sind.
Die Zeichnung entwickelt sich frei über die ganze Scheibe und der Effekt der Automatisierung durch die Scheibendrehung wird schnell zum Spiel.

Alter 4 6 8 10 12 14 16 18

Hier braucht man eine Nadel zum Zeichnen. Ein Schwarzfilm ist ein unbelichteter Film und nur in eine Seite, die beschichtete, lässt es sich ritzen ❶. Durch die Verletzung der Farbschichten entstehen grün-gelb leuchtende Linien und Flächen.
Mit einem Diaprojektor lassen sich die Bilder nach der Rahmung auf die Wand oder eine Leinwand projizieren ❷ ❸.
Aus winzigen, filigranen Zeichnungen werden große, kraftvoll leuchtende Bilder. Vielleicht entsteht auch eine ganze Bildergeschichte im Kinoformat.

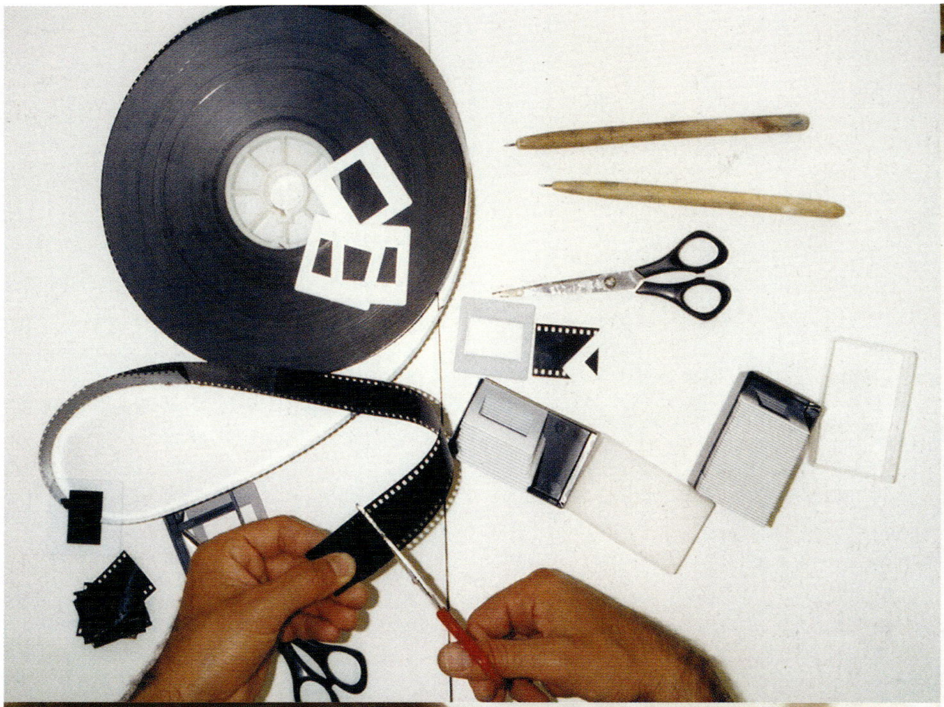

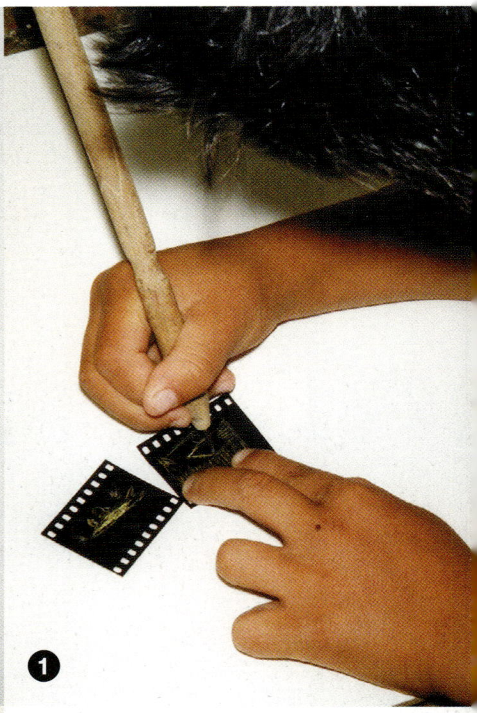

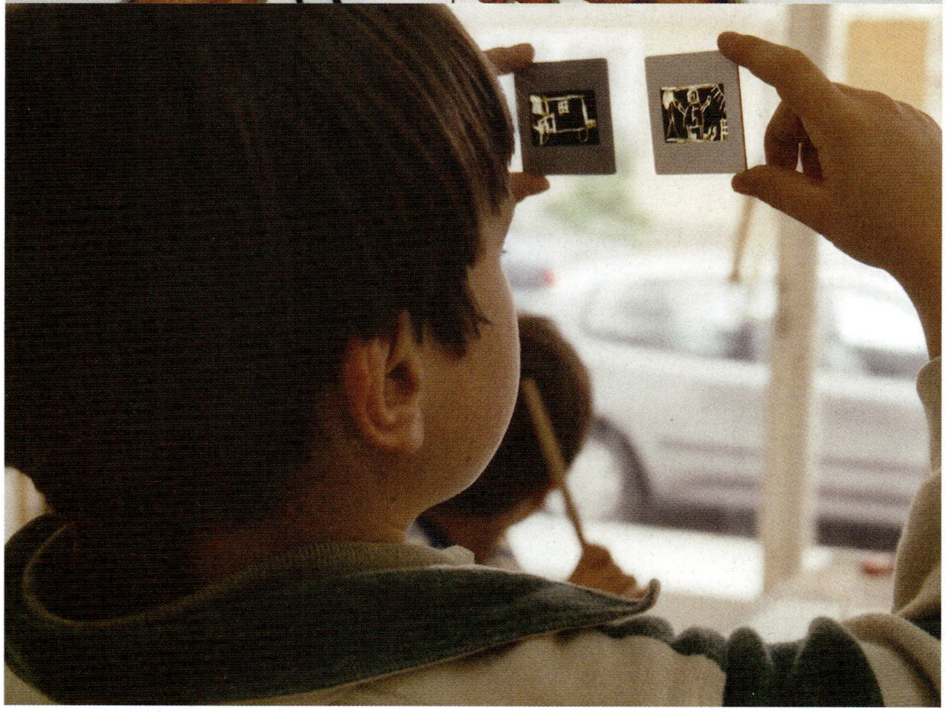

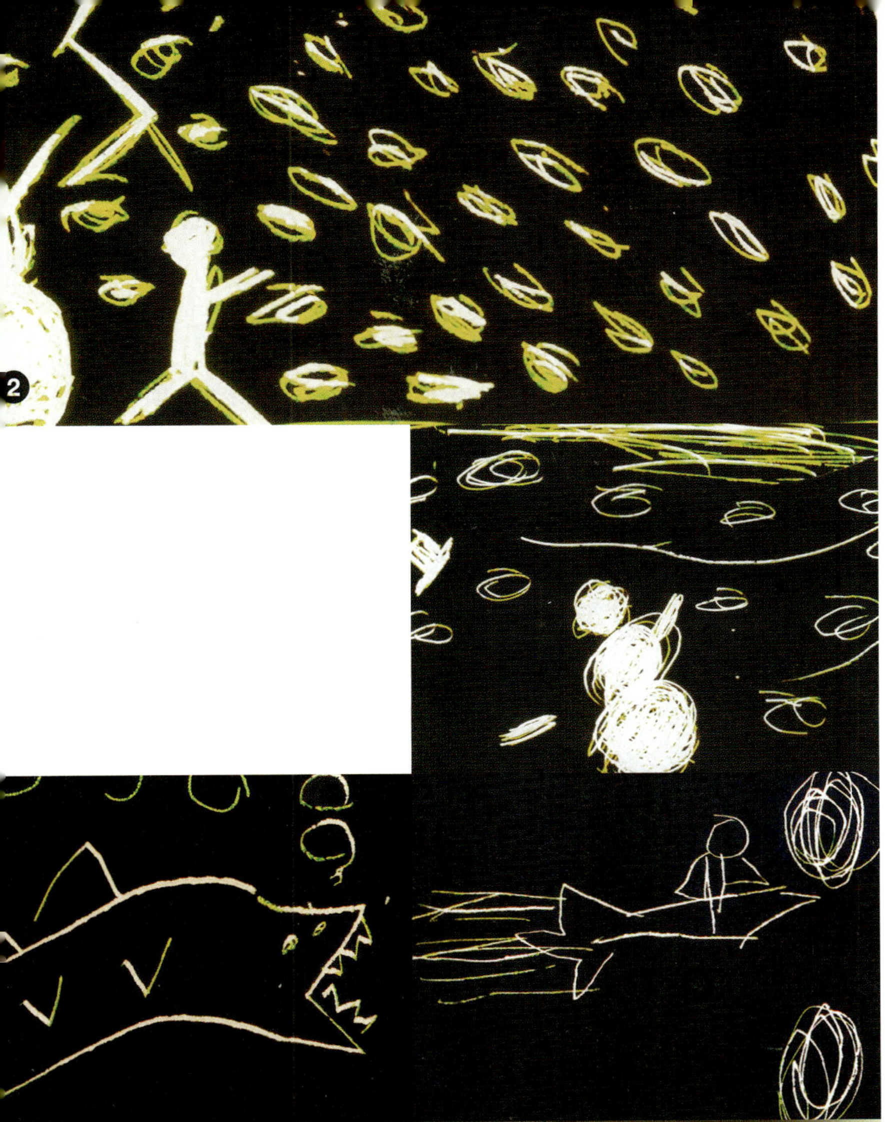

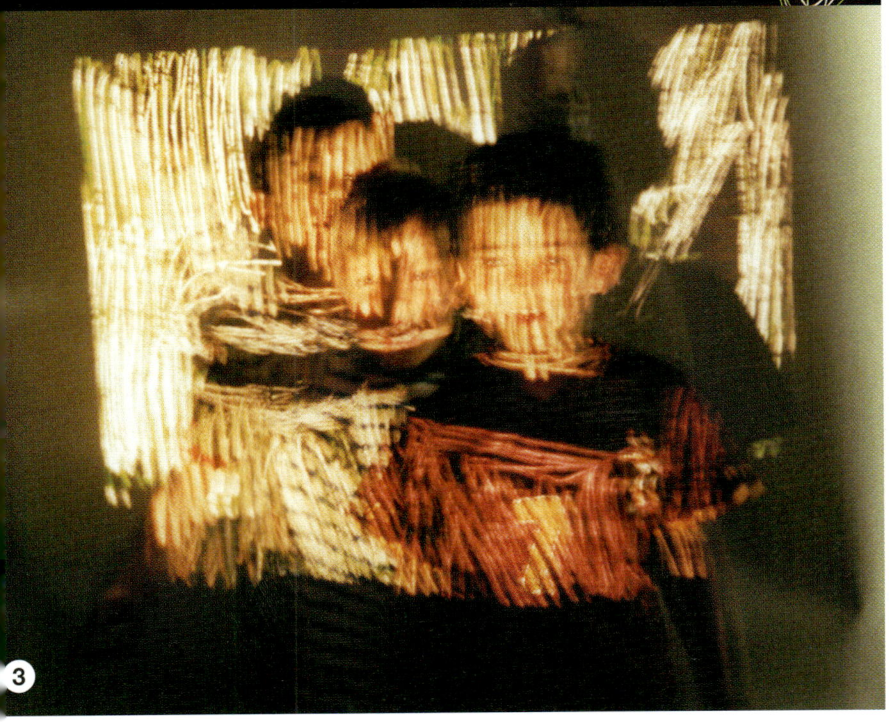

Dias ritzen

Werkzeug

sehr spitzer Nagel
(kann mit Schleifpapier gespitzt werden)
oder eine Radiernadel
Diaprojektor und Leinwand oder
weißes Tuch/Papierbogen

Material

Schwarzfilm
Diarahmen

Info

Schwarzfilm bekommt man als Rest in einem Filmstudio oder man sammelt die unbelichteten Reststücke von Diafilmen.

Alter 5 6 8 10 12 14 16 18

Es genügt als erster Schritt, Papier, Feder (auch echte Vogelfeder) und Tusche in die Hand zu nehmen und eine geheime Route, wie der versteckte Schatz zu finden ist, aufzuzeichnen. Es sind viele Hürden und Geheimnisse auf dem Weg versteckt, so dass der Schatz gut verborgen bleibt und nur für Eingeweihte zu finden ist ❶ ❷.

Jedes Zeichen und jede Kritzelei kann eine streng vertrauliche »geheime Botschaft« sein, die ebenfalls nur von Eingeweihten entziffert werden kann ❸ ❹.

Um die Briefe und Schatzkarten alt erscheinen zu lassen, benutzt man einige Tricks: Man verwischt die Blätter mit sehr verdünnten Wasserfarben, reibt sie zusätzlich am Boden und brennt an manchen Stellen (im Beisein von Erwachsenen!) Löcher in das Papier ❺ ❻ ❼

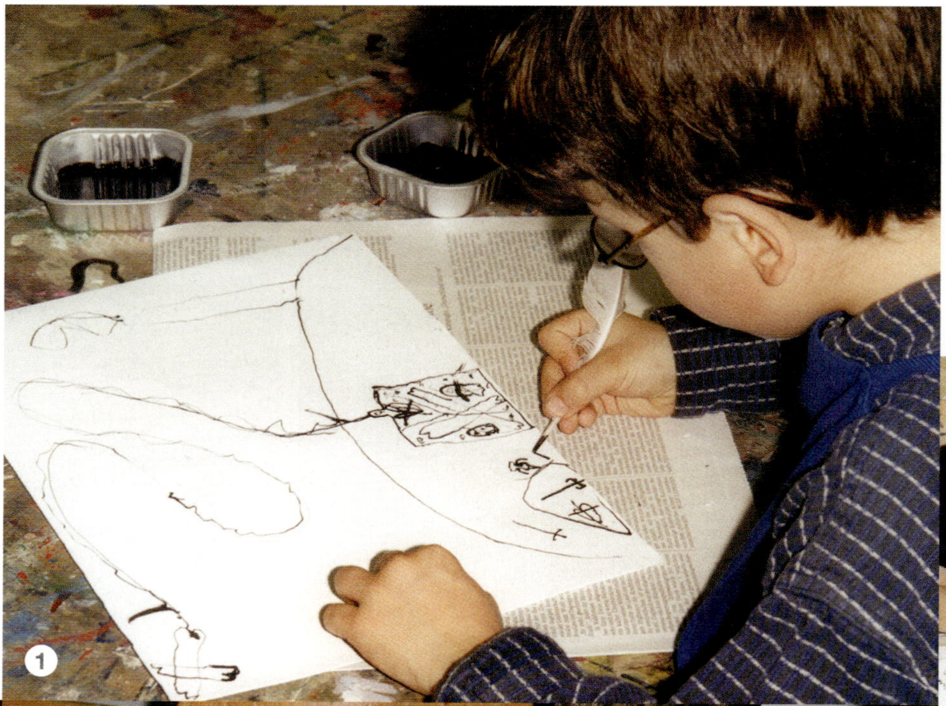

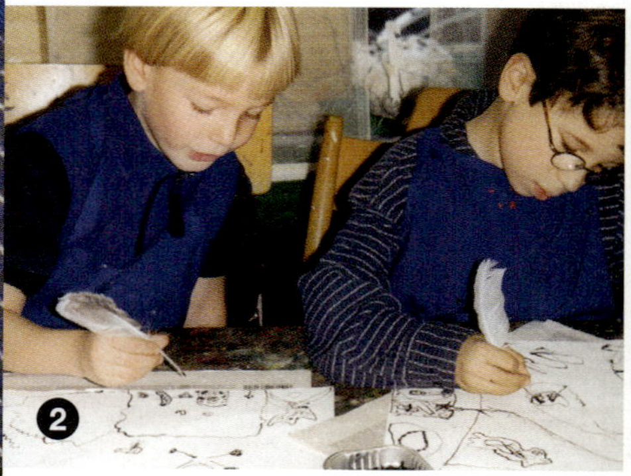

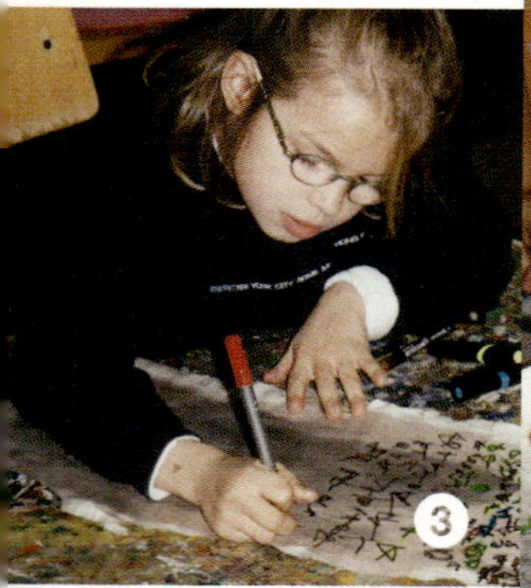

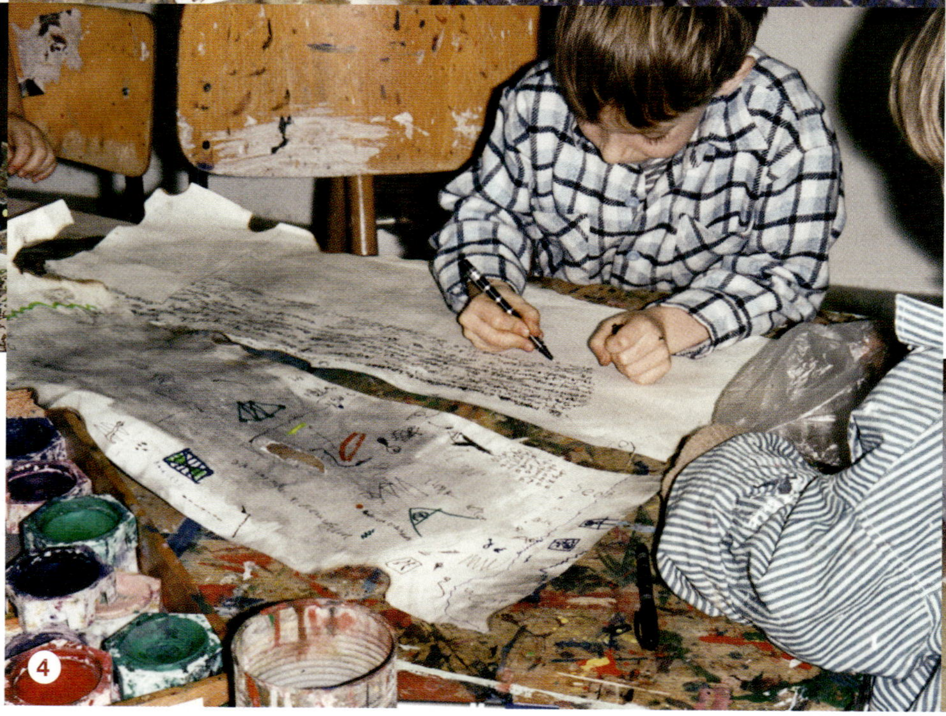

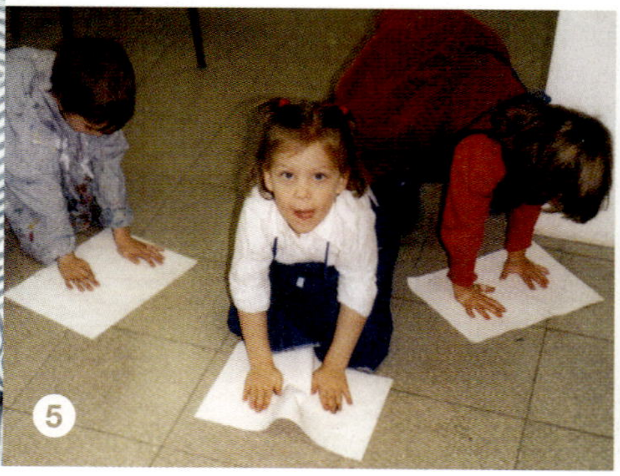

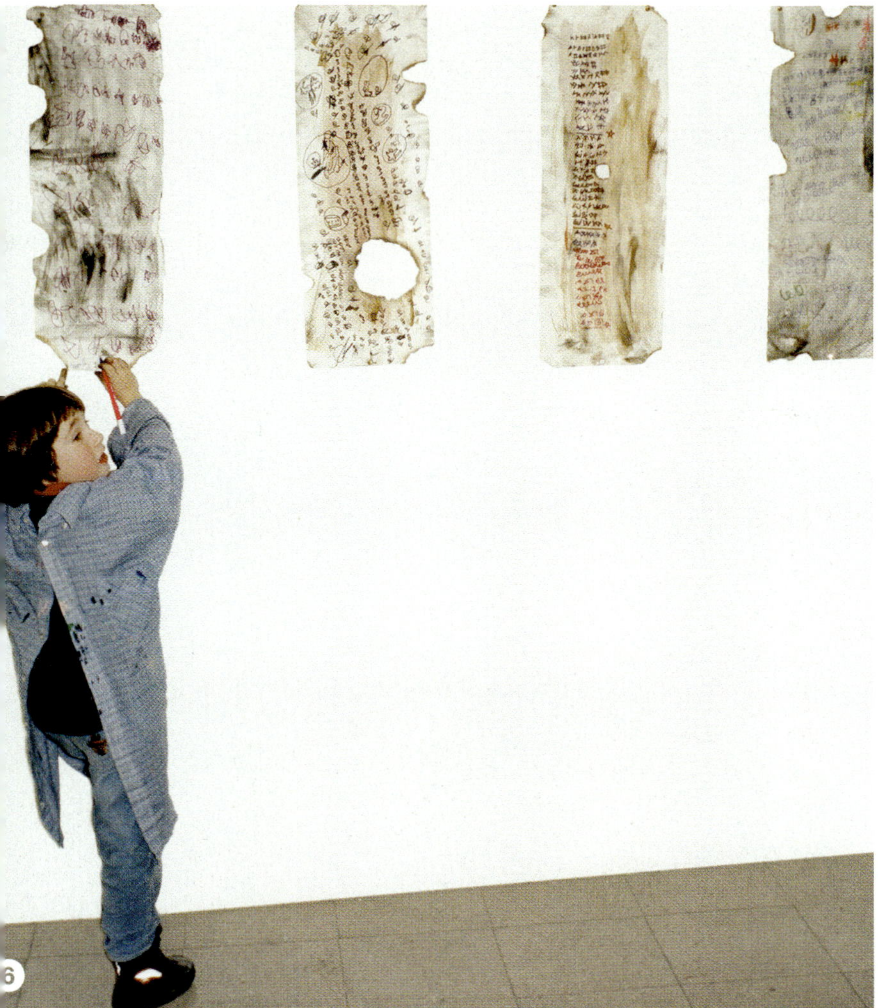

6

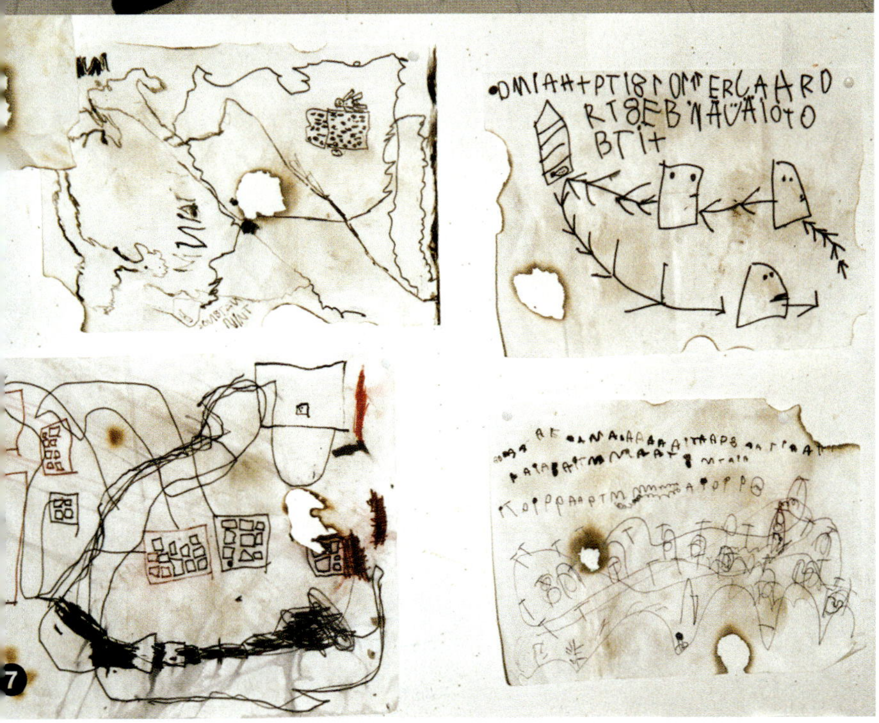

7

Schatzkarten und »geheime Botschaften«

Werkzeug

Pinsel
Zeichenfedern, Federhalter
Vogelfedern

Material

Papier
Tusche
Farben
Filzstifte

Info

Am meisten Spaß macht dieses Thema mit Kindern im Vorschulalter, da ihr Unwissen (das Schreiben noch nicht gelernt zu haben) in diesem Fall als Stärke zum Tragen kommt und so der Zeichenerfindung keine Grenzen gesetzt sind.
Am spannendsten ist es natürlich, wie in alten Zeiten mit echten Vogelfedern zu hantieren. Dazu muss man nur den Kiel mit einem Cutter schräg zuspitzen und so erfährt man auch gleich noch etwas über die Geschichte unserer Schreibwerkzeuge.

Alter 4 6 8 10 12 14 16 18

Spinnen bauen ihre Netze nicht kreisrund. Sie beginnen normalerweise mit einer Fadenkonstruktion in Y-Form. Zwischen diese Halterungen werden jetzt nach und nach die weiteren Fäden gespannt. Chaotische Spinnen spinnen auch schon einmal kreuz und quer. Die Zeichenfeder funktioniert nur in eine (Zug-)Richtung und sollte sie klecksen, kann man wunderbar eine kleine Spinne oder auch Spinnenopfer wie Fliegen oder Mücken daraus machen.

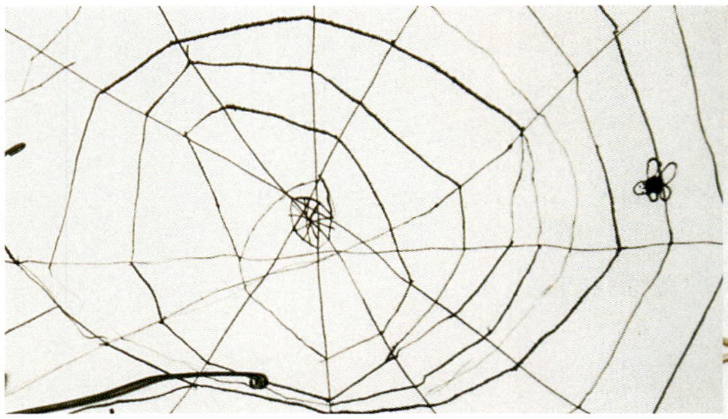

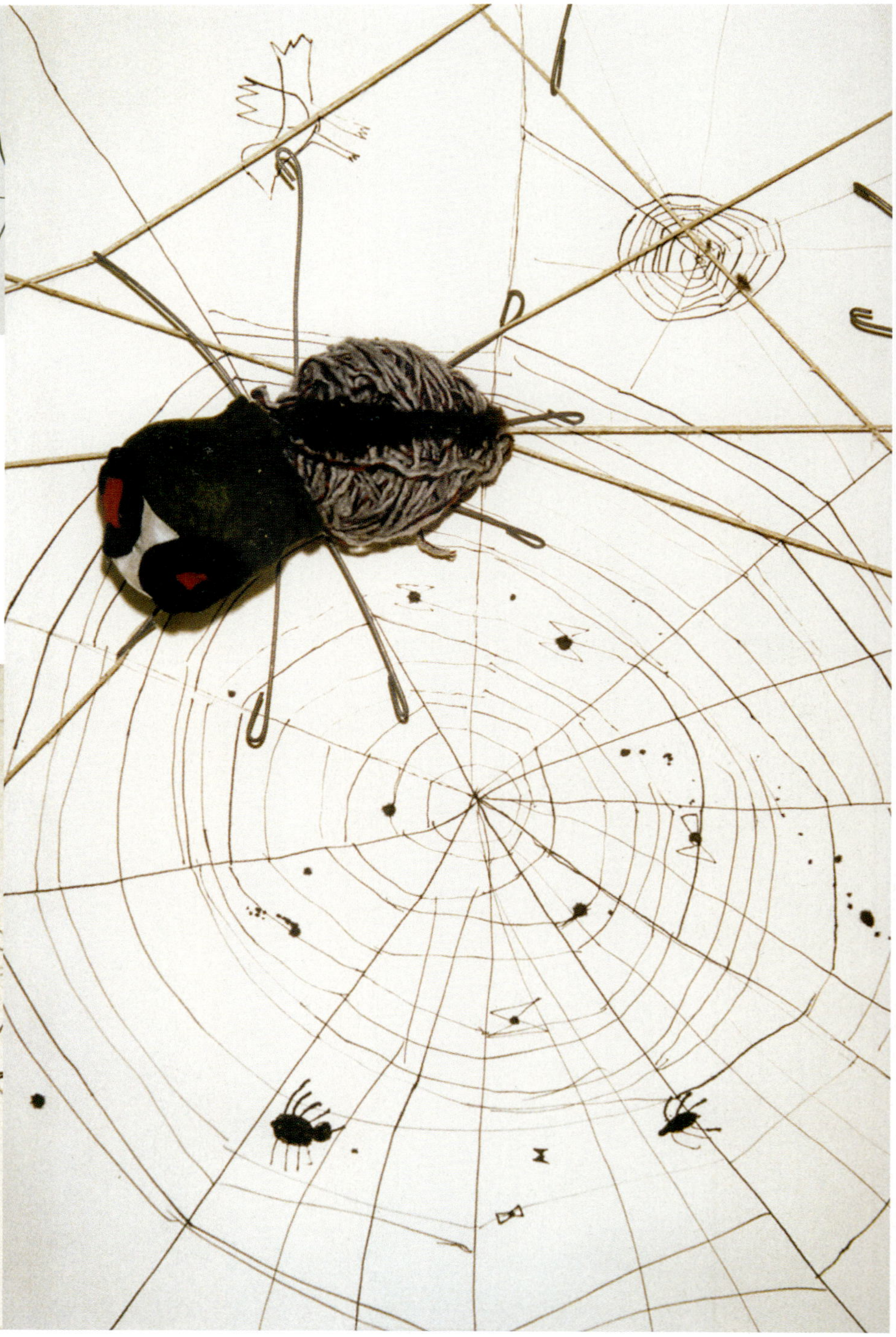

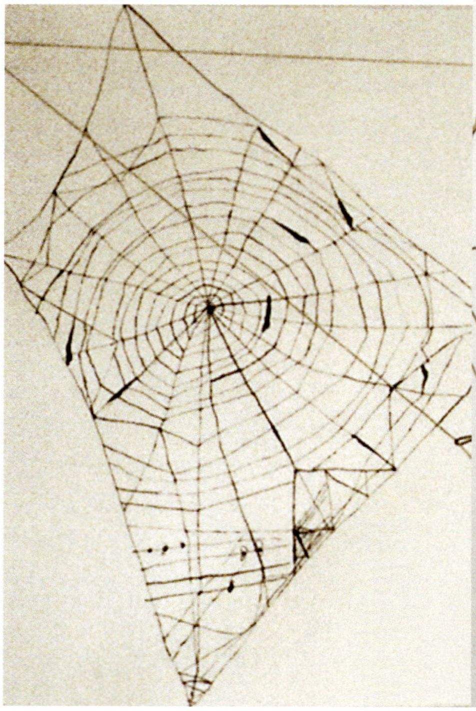

Spinnennetze

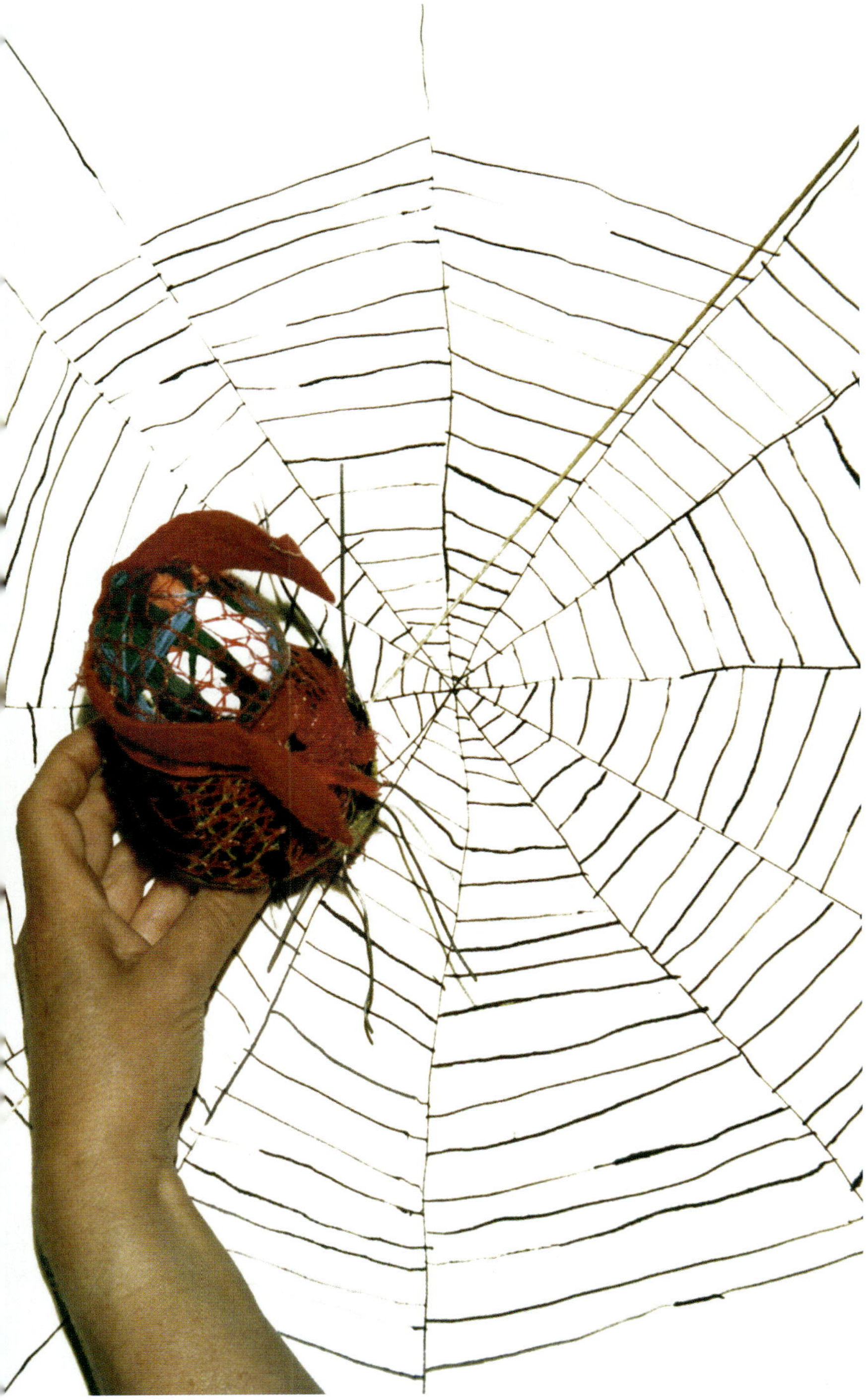

Werkzeug

Zeichenfedern, Federhalter

Material

Papier
Tusche

Info

Der einfache Umgang mit der Zeichenfeder kann bei diesem Thema gut erprobt werden.
Die Netze werden noch interessanter, wenn man gruselige Riesenspinnen dazubaut.
Siehe auch »Getier und Gebilde«, S. 222 f.

Alter 4 6 **8 10 12 14** 16 18

Auf der freien Fläche auf dem Papier, einer Hälfte oder um den aufgeklebten Landkartenausschnitt herum entsteht die neue Welt aus Linien, Wunschländern und bizarren Wasserstraßen, zum Beispiel zwischen Afrika und Sardinien. Die neuen Landmassen und Meere werden mit Wasserfarbe koloriert ❶ bis ❻.

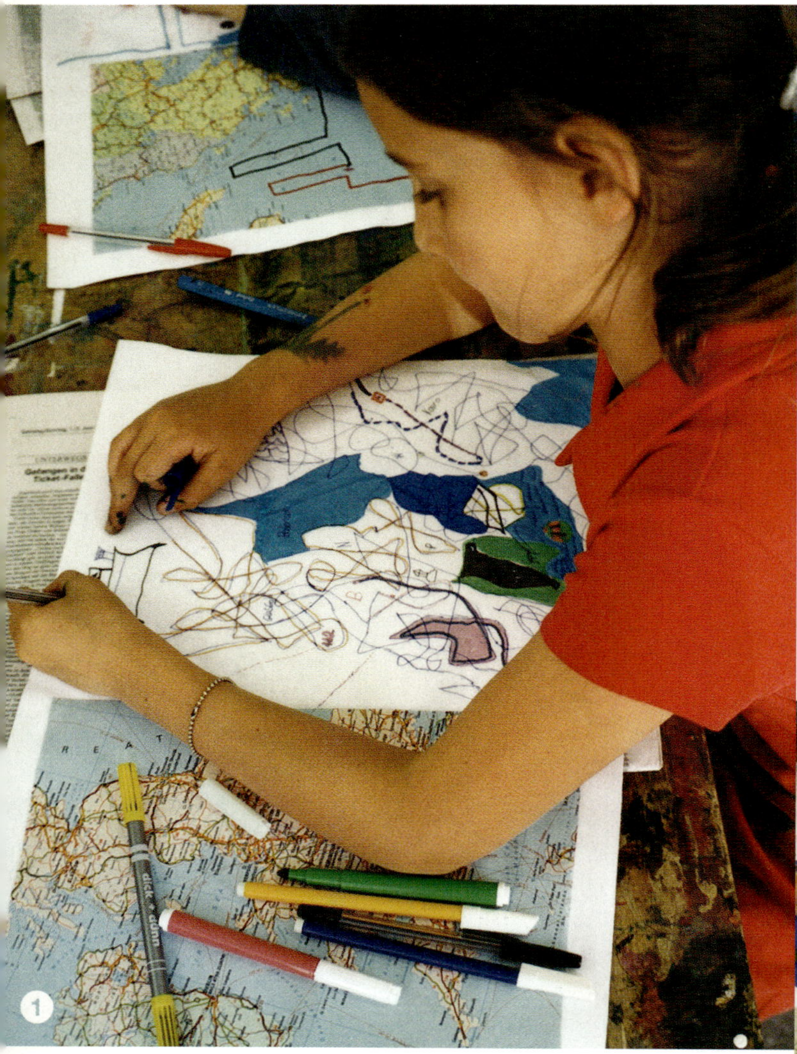
1

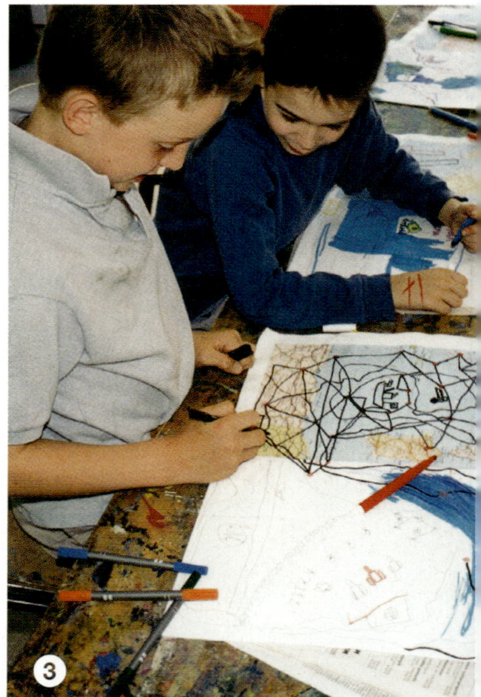
3

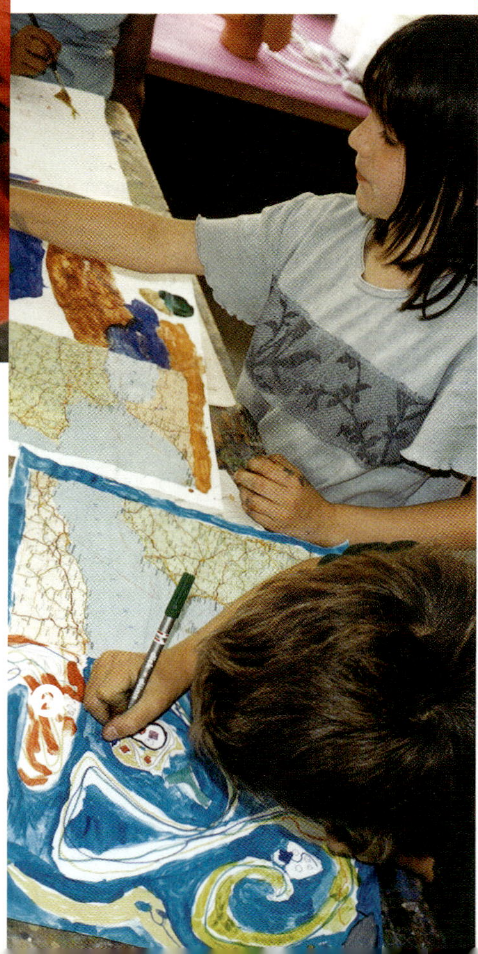
2

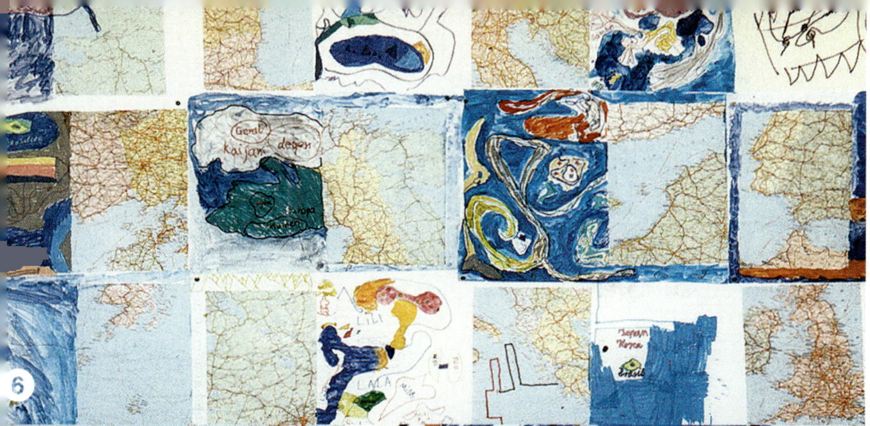

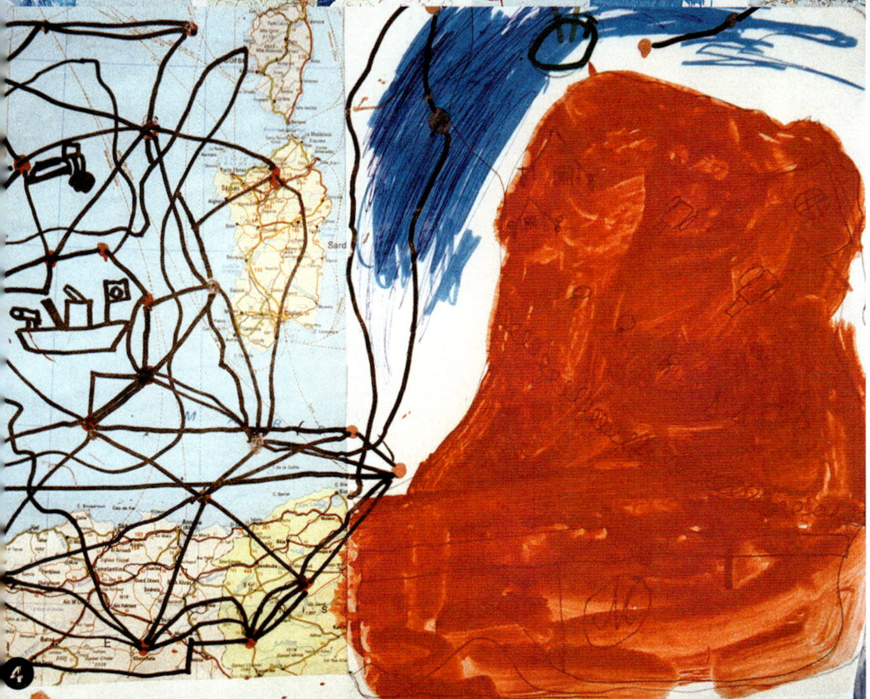

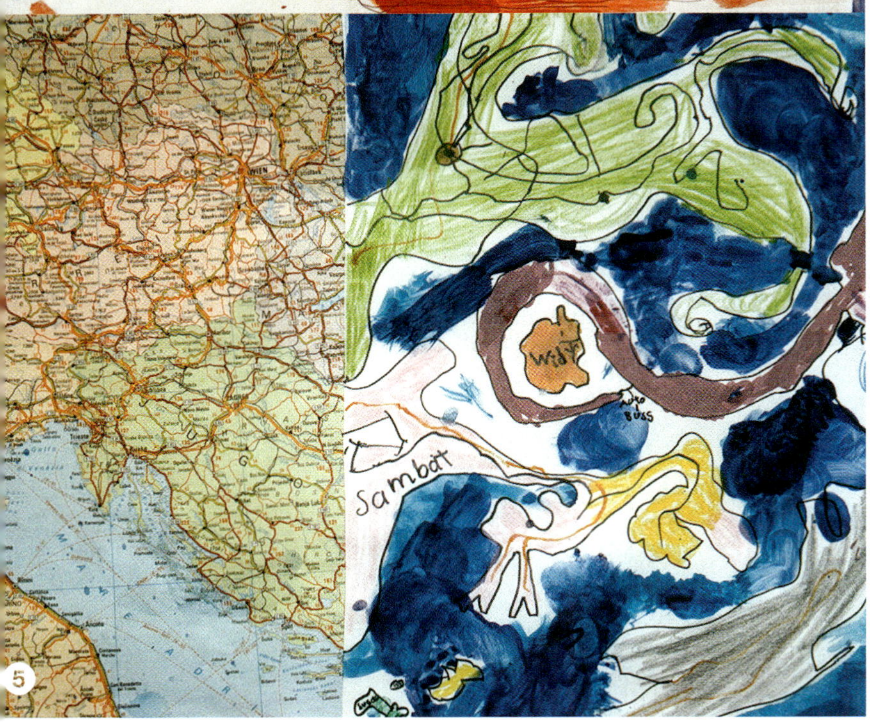

Länder erfinden

Werkzeug

Schere
Aquarellfarben

Material

Bleistifte
Buntstifte
Filzstifte
Teile von Landkarten
(aus alten Autoatlanten, Campingführern, Werbung usw.)
weißes Zeichenpapier
Klebstoff

Info

Während des Erfindens von neuen Ländern, Meeresstraßen, Flüssen und Inseln ist ein ruhiges Arbeiten möglich, daneben können Gespräche über ferne Länder geführt und Reiseerlebnisse der Kinder ausgetauscht werden.

Alter 4 6 8 10 12 14 16 18

Alles, was eine raue Struktur hat, kann abgerieben werden: Blätter, Gitter, Münzen, Grabsteininschriften … und, und, und. Ein Blatt Papier wird über den Gegenstand gelegt und mit einem flach gehaltenen Blei-, Graphit- oder Rötelstift darüber gerieben. Schon entsteht ein Muster auf dem Papier ❶. Es macht Spaß, auf Entdeckungsreise zu gehen und möglichst viele Strukturen zu finden. Daraus lässt sich ein Bild gestalten, gegenständlich oder abstrakt. Mit Umrisslinien kann die Form noch konkretisiert werden ❷.

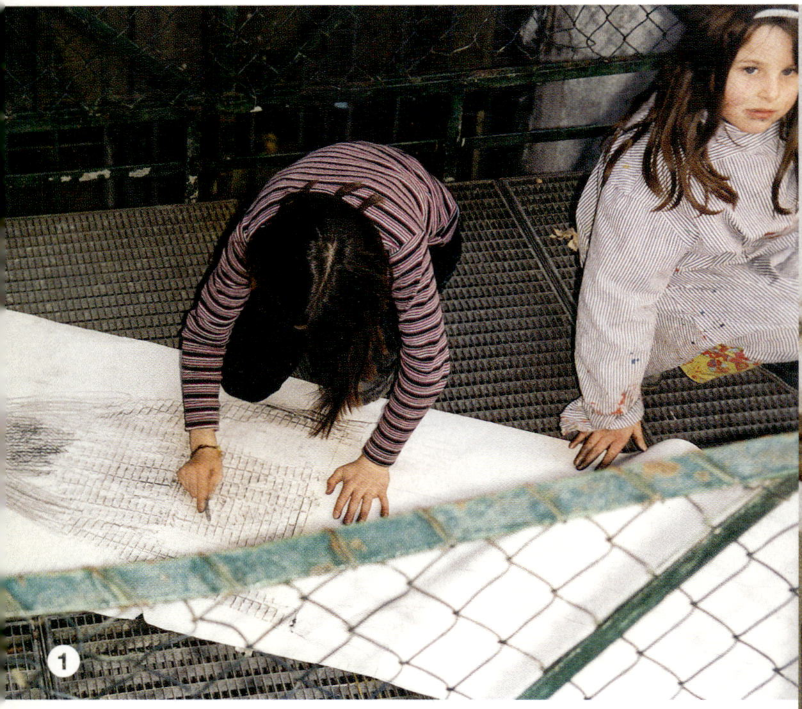

1

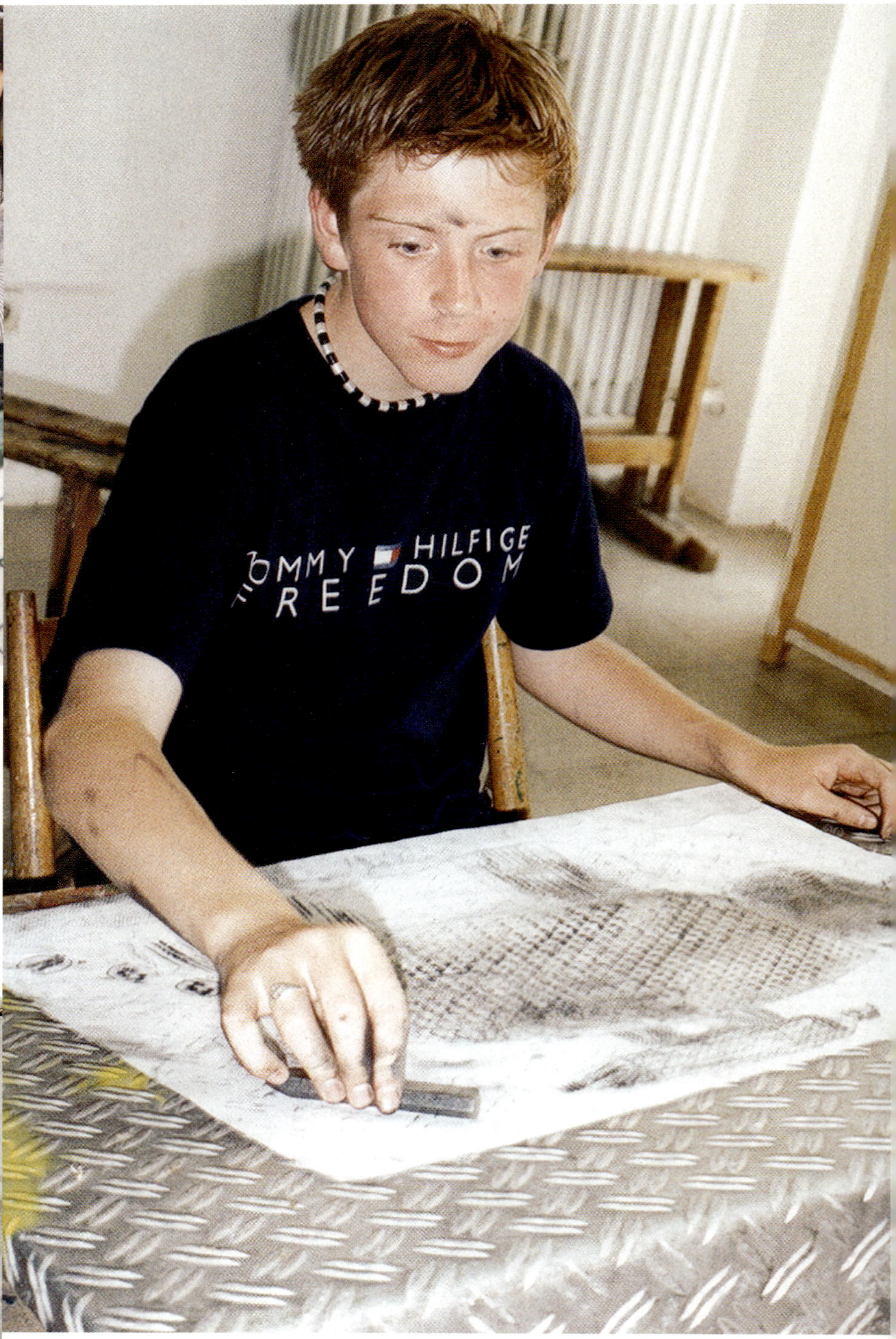

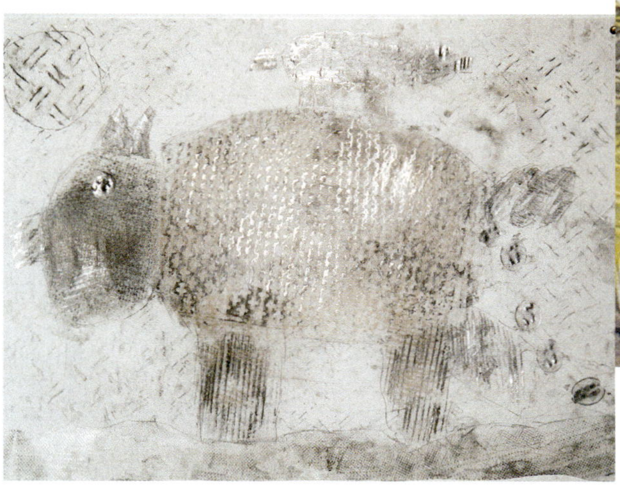

Frottage

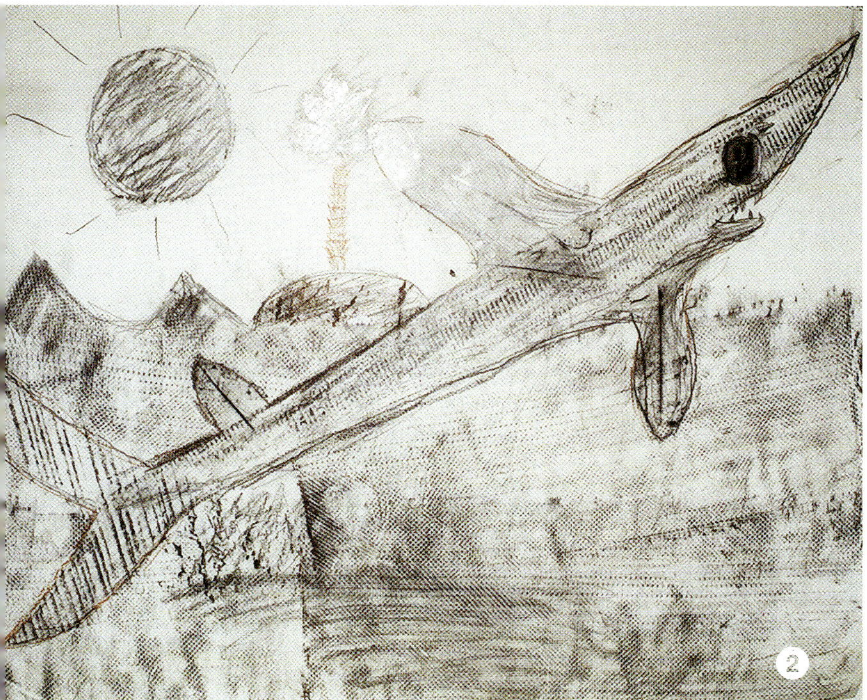

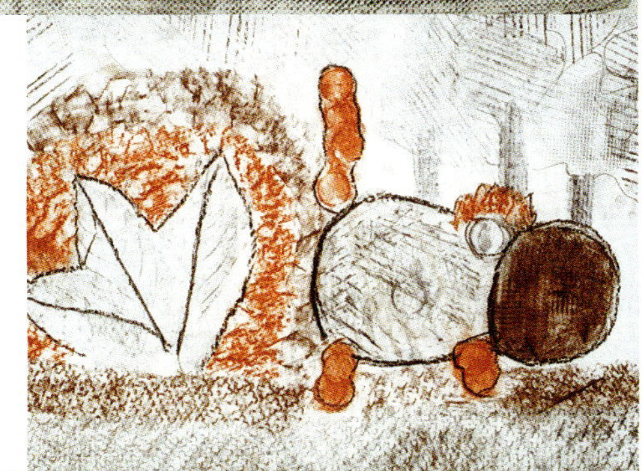

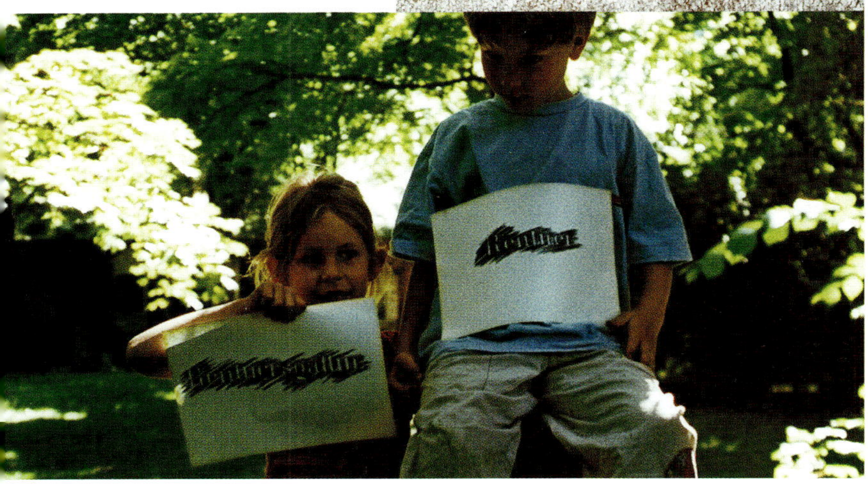

Material

Papier
weicher Bleistift (4B, 6B, 8B)
Graphitstift
Rötel

Info

Graphitstifte in verschiedenen Stärken und Rötel gibt es im Fachhandel. Das Papier sollte nicht zu dick sein, damit sich auch feine Details gut durchdrücken.

Alter 4 6 8 10 12 14 16 18

Zuerst erstellen wir mit den Kindern eine Liste, was sie aus ihrer Sicht gerne erlauben oder verbieten möchten. Ein heller Karton in getönter oder Signalfarbe eignet sich gut als Hintergrund für ein Schild. Die Formen können unterschiedlich, beispielsweise rund, drei- oder rechteckig, in Tier- oder Blumenform etc. ausgeschnitten werden. Dann gestaltet jeder seine eigenen Verbots- oder Gebotsschilder ❶ und befestigt sie anschließend mit dem Tacker an dünnen Holzlatten.
Um die Wirkung hervorzuheben und die Reaktionen zu testen, werden die eigenen Schilder nun im öffentlichen Raum, zum Beispiel auf einer Wiese, aufgestellt ❷ ❸ ❹.

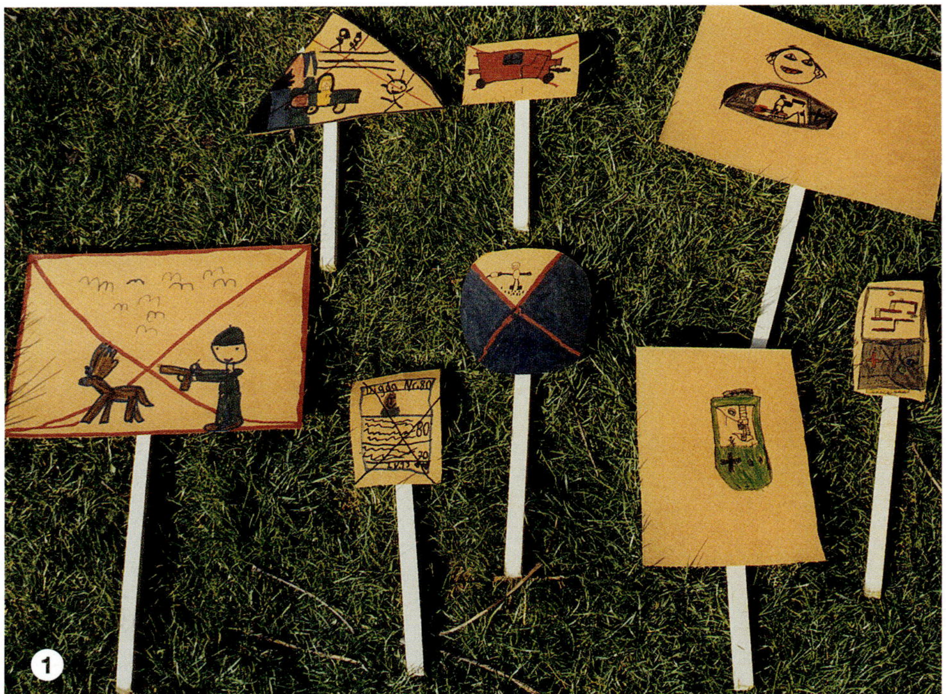

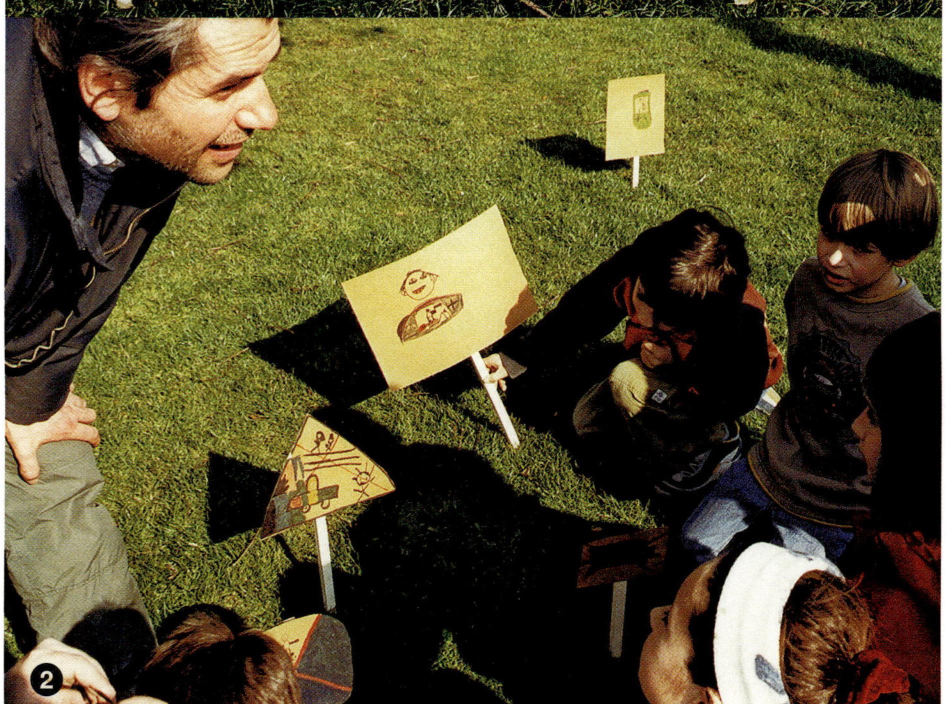

Verbots- und Gebotsschilder

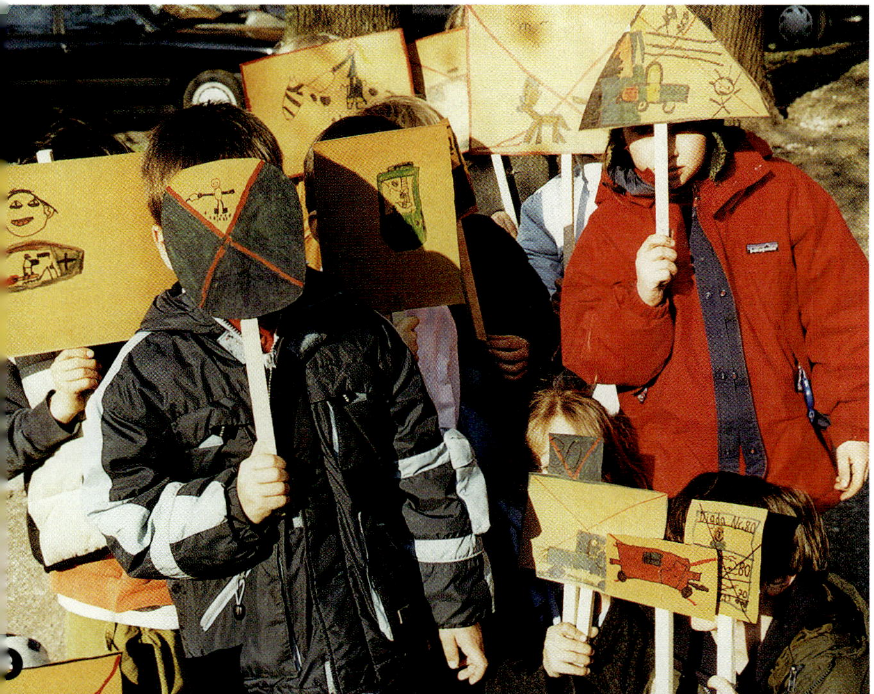

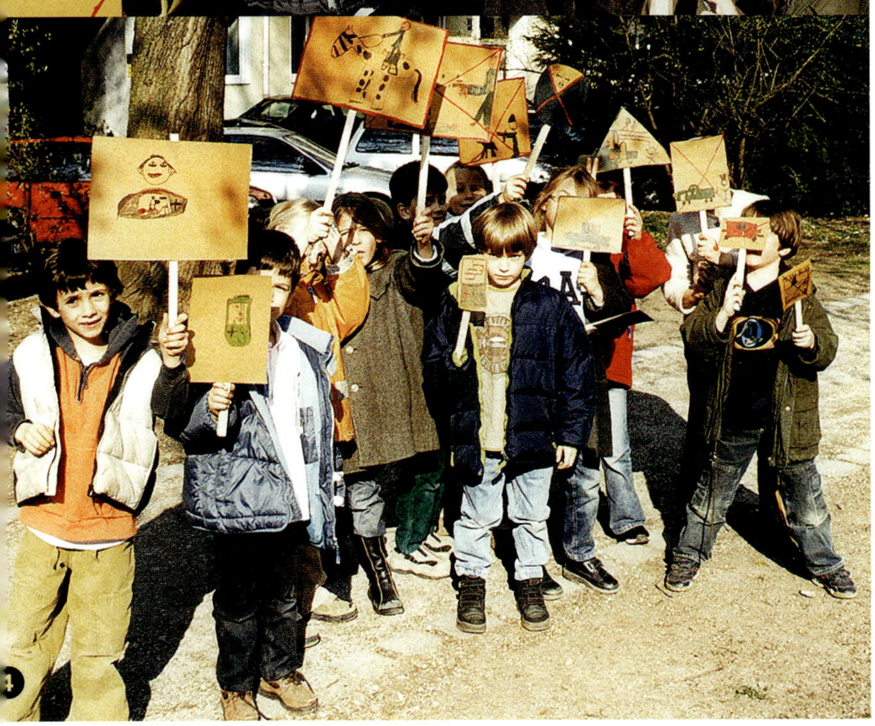

Werkzeug

Säge
Tacker
Schere
Pinsel

Material

Holzlatten
Papier
Filzstifte
Farben

Info

Allgegenwärtige Schilder aus Verkehr und Alltag sollten nicht zum direkten Vergleich herangezogen werden, damit sich unser Schilder-Design möglichst neu und eigenständig entwickeln kann.

Alter 4 6 8 10 12 14 16 18

Die Vorzeichnung wird mit dem Kohlepapier auf die Linolplatte übertragen. Die Platte auf das Brett legen, dann geht es mit dem Schneiden los, immer schön in Richtung der Schutzleiste ❶ ❷ ❸. Will man wissen, wie das Bild bis jetzt aussieht, macht man einen Probedruck. Die Farbe wird auf der Glasplatte ausgewalzt, dann den Linolschnitt gleichmäßig einwalzen ❹ ❺ und vorsichtig mit der eingewalzten Seite nach unten in die Mitte des Papiers legen ❻, beides zusammen umdrehen ❼, so dass man von hinten mit dem Handballen die Farbe von der Platte fest auf das Papier durchreiben kann ❽.
Beim Aufdecken gibt es immer eine Überraschung ❾.
Ist die Druckarbeit beendet, werden alle Platten und Rollen mit Wasser gereinigt, dann zum Trocknen ausgelegt, denn man kann mit der einmal hergestellten Druckplatte immer wieder drucken!

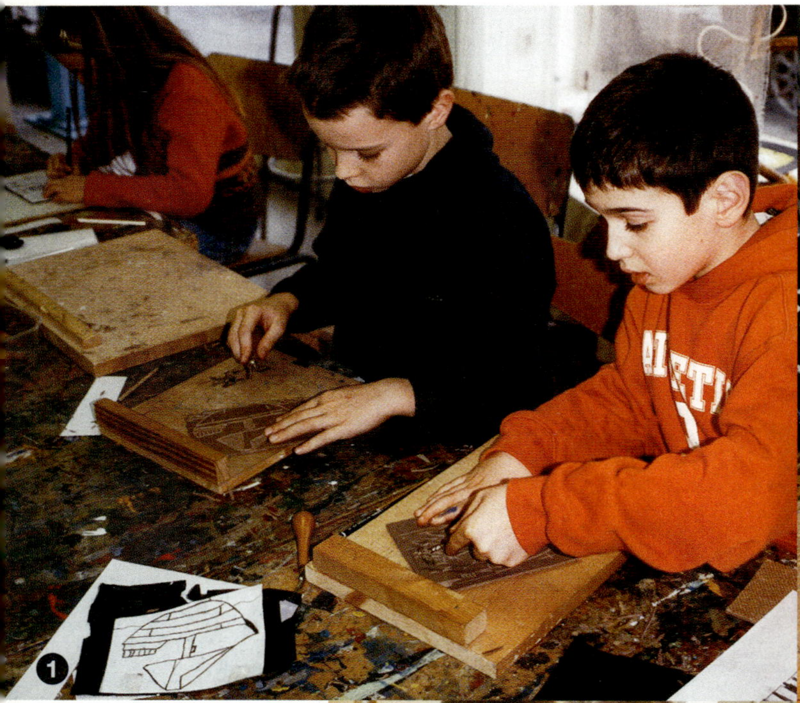

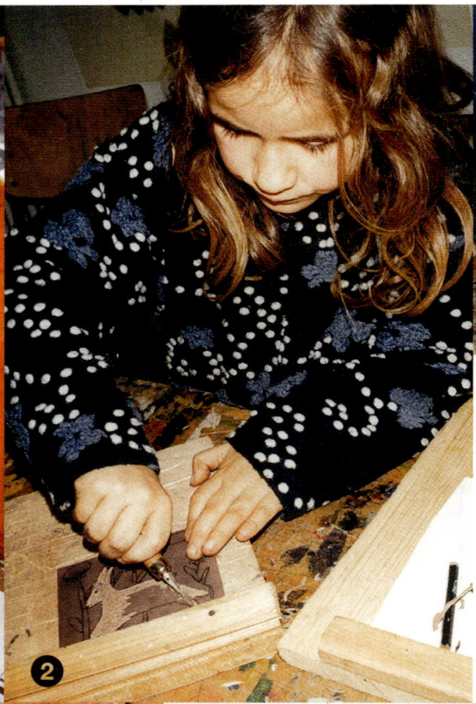

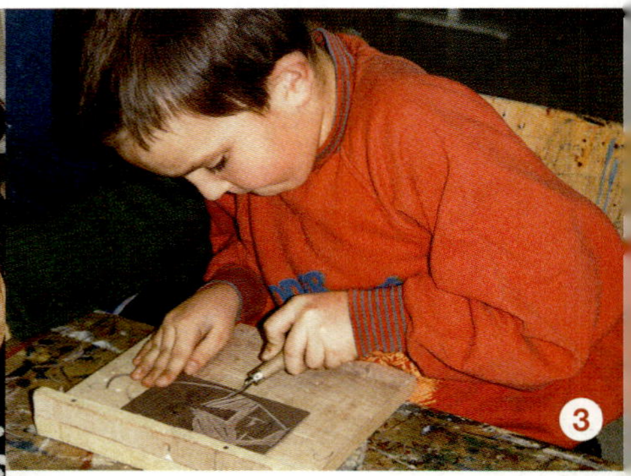

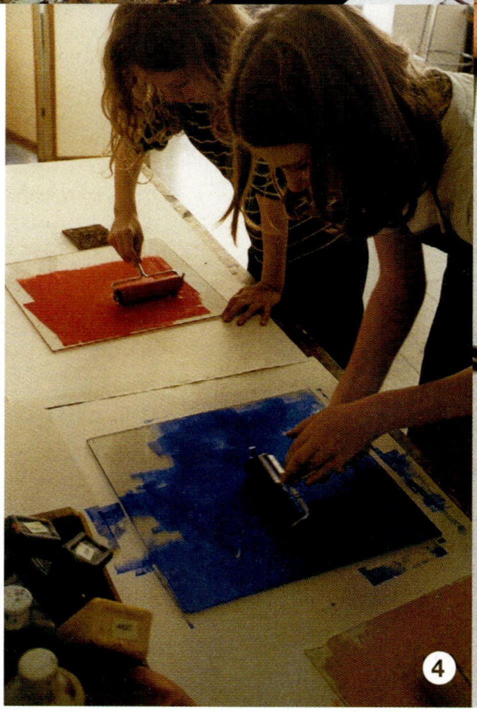

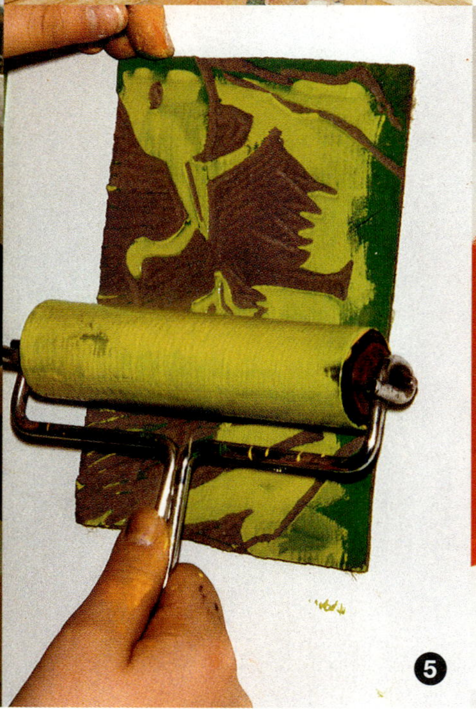

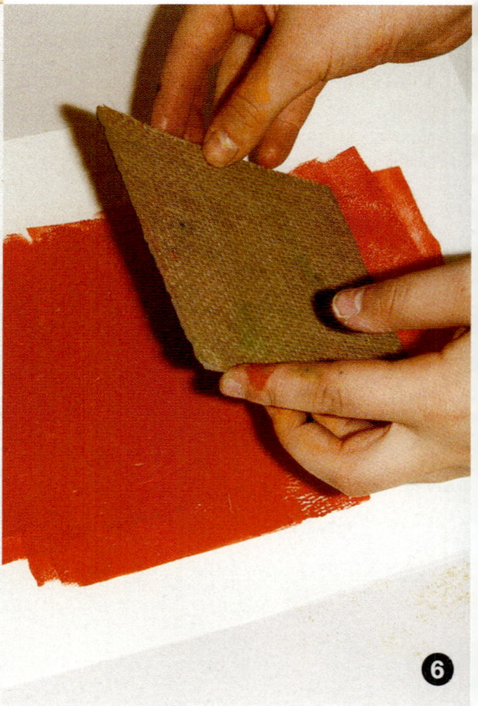

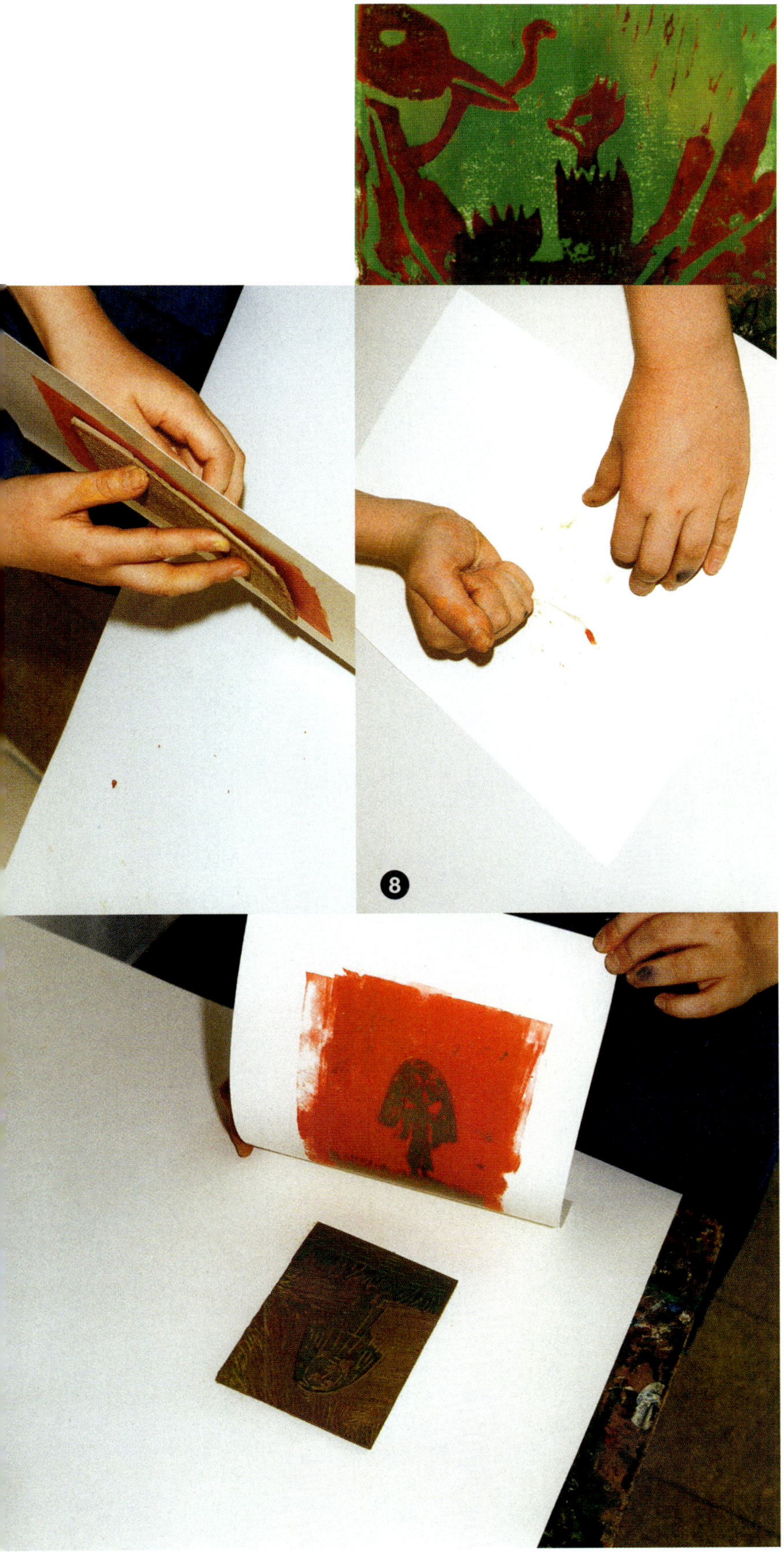

Linolschnitt

Werkzeug

Linolwerkzeug
Gummiwalzen
Schneidbrettchen mit Schutzleiste
Glasplatten

Material

Schmierpapier und eventuell Kohlepapier
(falls man vorzeichnen will)
Linolplatte
wasserlösliche Linoldruckfarbe
glattes, weißes oder farbiges Papier

Info

Es ist kein Gesetz, dass man sich beim Linolschnitt in den Finger schneiden muss. Ein einfaches Holzbrett mit einer Leiste am Rand, in deren Richtung man immer schneiden sollte (natürlich auch weg von der freien Hand!), indem man den Linolschnitt einfach herumdreht, verhindert Verletzungen (kann man ganz leicht selbst herstellen).
Arbeitet man mit mehreren Kindern, kauft man am besten große Platten im Kunstgroßhandel und schneidet sie mit dem Japanmesser nach Wunsch zurecht. Normales Fußbodenlinoleum ist zwar als Rest billig oder umsonst zu bekommen, aber sehr viel härter zu schneiden. Sollte man es doch benutzen: vor dem Schneiden durch starkes Erwärmen weich machen!
Um nicht immer den üblichen Schwarz-Weiß-Druck zu bekommen, kann man die zurechtgelegten Papiere schon vor dem Drucken mit einer Farbe einwalzen, so entsteht ein spannender Hintergrund. Farben mischen oder den getrockneten Linoldruck leicht versetzt nochmals mit einer anderen Farbe überdrucken, ergibt überraschende Resultate und regt zum Experimentieren an.

Alter 4 6 8 10 12 14 16 18

Für dieses Zeichenthema brauchen wir eine Transparentfolie oder eine Glasplatte, die so groß ist, dass ein in Lebensgröße gezeichneter Kopf darauf Platz hat ❶. Nun kann man das Abbild auf Ähnlichkeit mit der Wirklichkeit überprüfen oder besser gesagt: Eigentlich ergänzen beide einander ❷ ❸.
Anschließend wird vor einem Spiegel ein Selbstporträt gezeichnet, wobei die Aufmerksamkeit auf die entsprechenden Gesichtsproportionen der Verhältnisse von Augen zu Nase, Mund und Gesichtsform gelenkt wird. Wenn die Zeichnung fertig ist, werden beide Ergebnisse verglichen ❹ ❺.
Für eine andere Variante eignet sich eine Glasplatte besser ❻, da diese besser abgewaschen werden kann. Die Zeichnung wird mit Pinsel und Farbe aufgetragen. Im raschen Wechsel kann man nun eine Vielzahl von Grimassen und Deformierungen durchspielen, bis hin zu maskenhaften Monsterköpfen ❼ ❽.

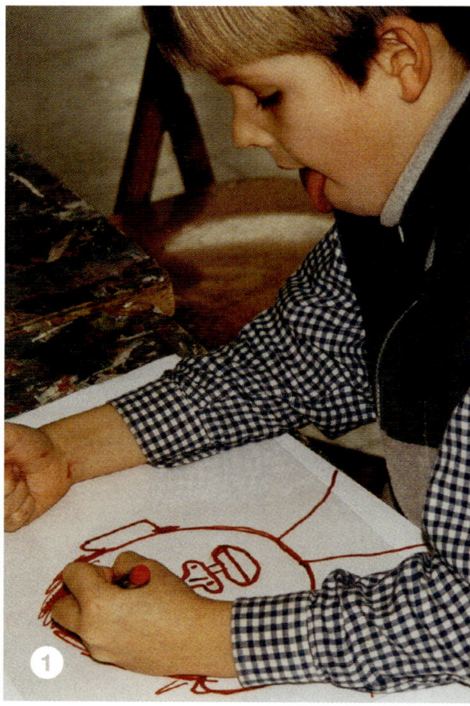
1

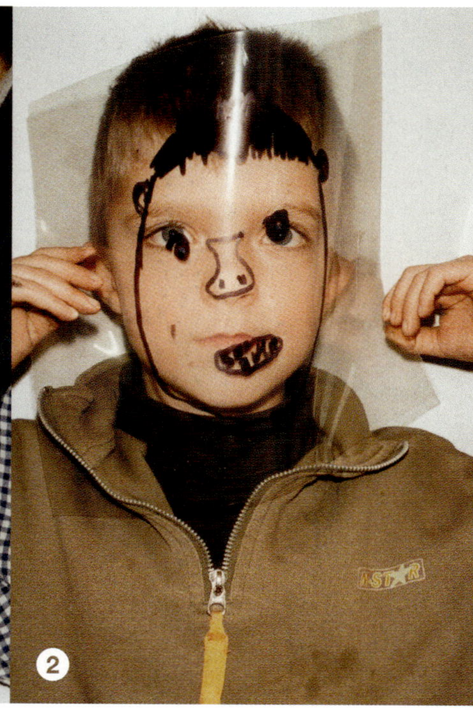

2

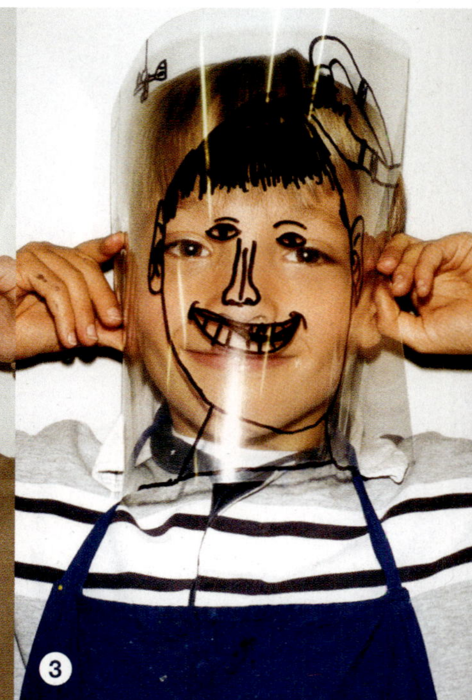
3

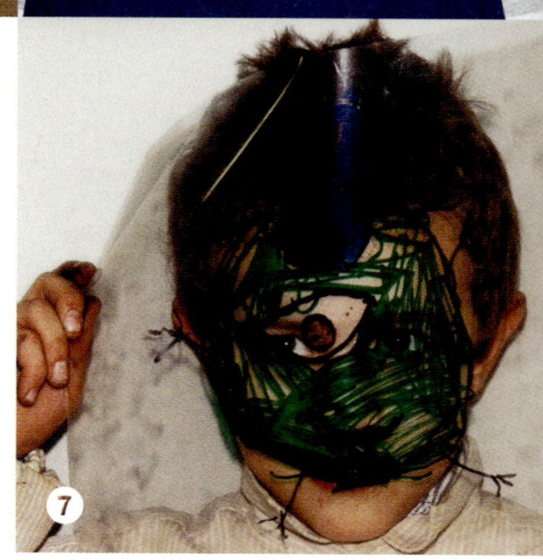
7

Porträt auf Transparentfolie und Glas

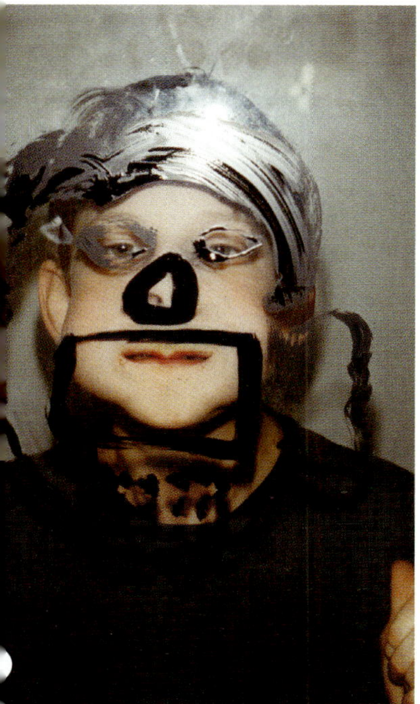

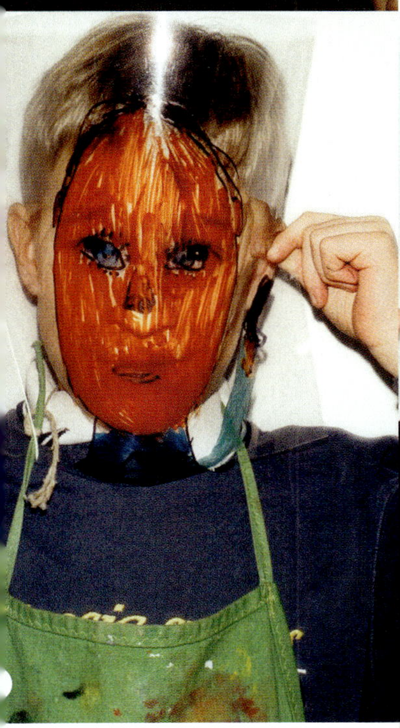

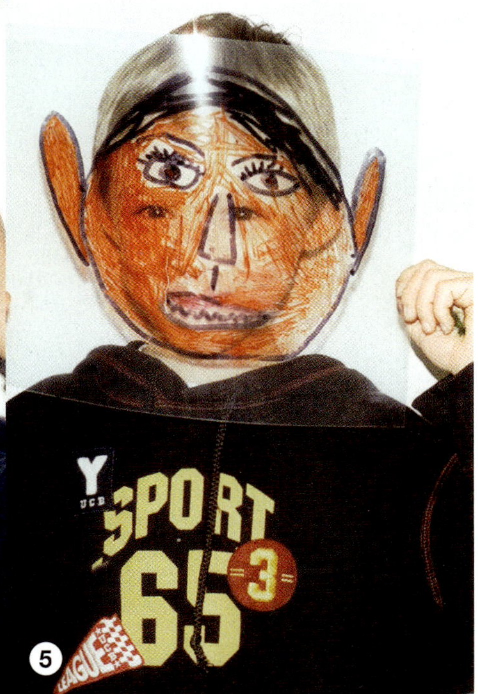

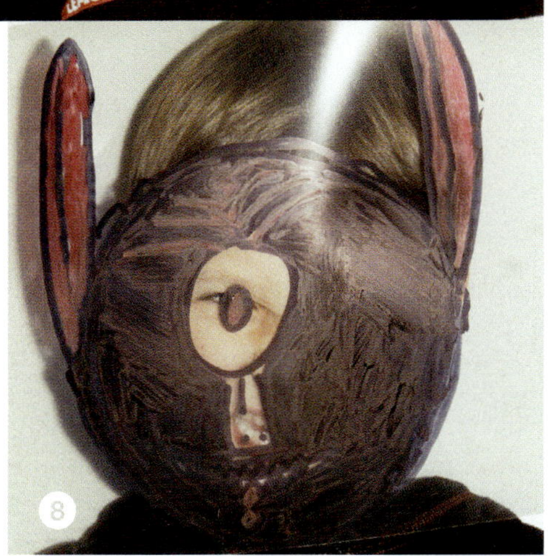

Werkzeug

Pinsel
Filzschreiber
Glasschneider
Schere

Material

Bleistift
Transparentfolie
Glasplatte
Acrylfarbe

Info

Nach Glasresten in der Glaserei fragen und eventuell zurechtschneiden lassen. Aber auch Glas selber schneiden ist nicht besonders schwer: den Glasschneider fest und senkrecht aufsetzen und die Scheibe entlang eines Lineals mit gleichmäßigem Druck in einem Zug anritzen. Die Scheibe dann an der Schnittstelle über eine Tischkante brechen. Die sehr scharfen Schnittkanten mit einer anderen Glaskante entgraten.

Alter 4 6 8 10 12 14 16 18

Es tut immer wieder gut, sich selbst zu betrachten. Von Jahr zu Jahr kann man das, was man an sich sieht, wenn man ganz genau hinschaut, auch besser zu Papier bringen ❶ bis ❹.
Eine etwas lustigere Variante, die dem ernsten Porträt folgen kann, ist es, sich mit einer bestimmten Mimik zu zeichnen: happy, gelangweilt, lustig, böse, erschreckt, wütend usw. ❺ ❻.

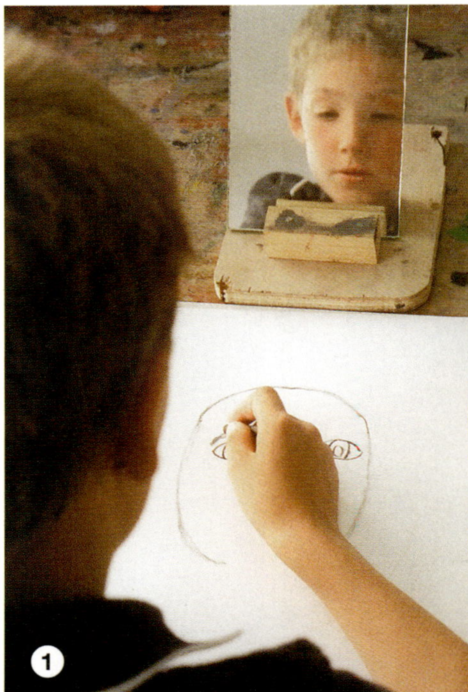
1

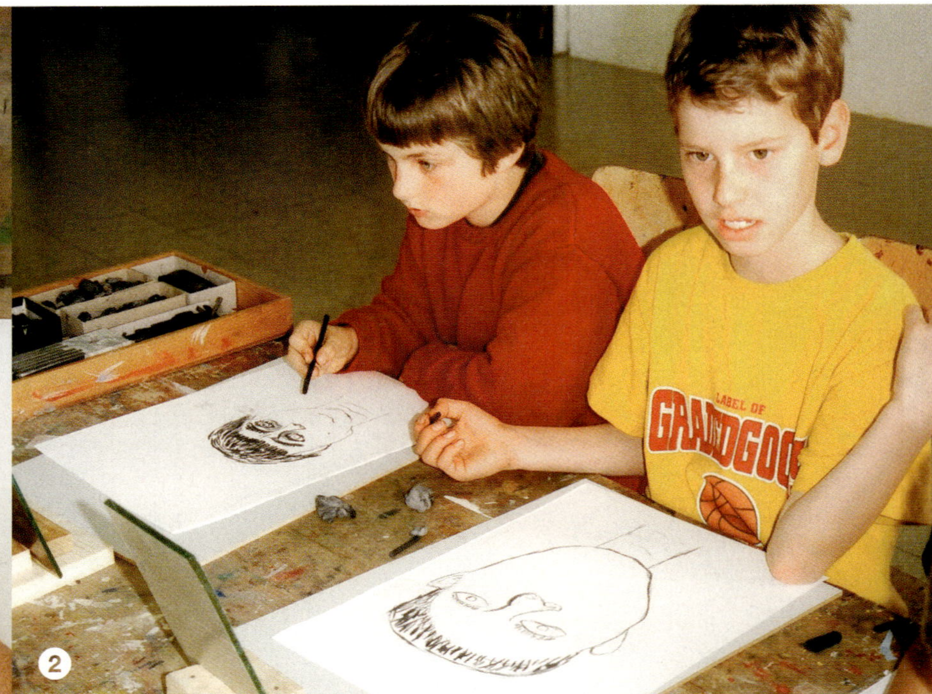
2

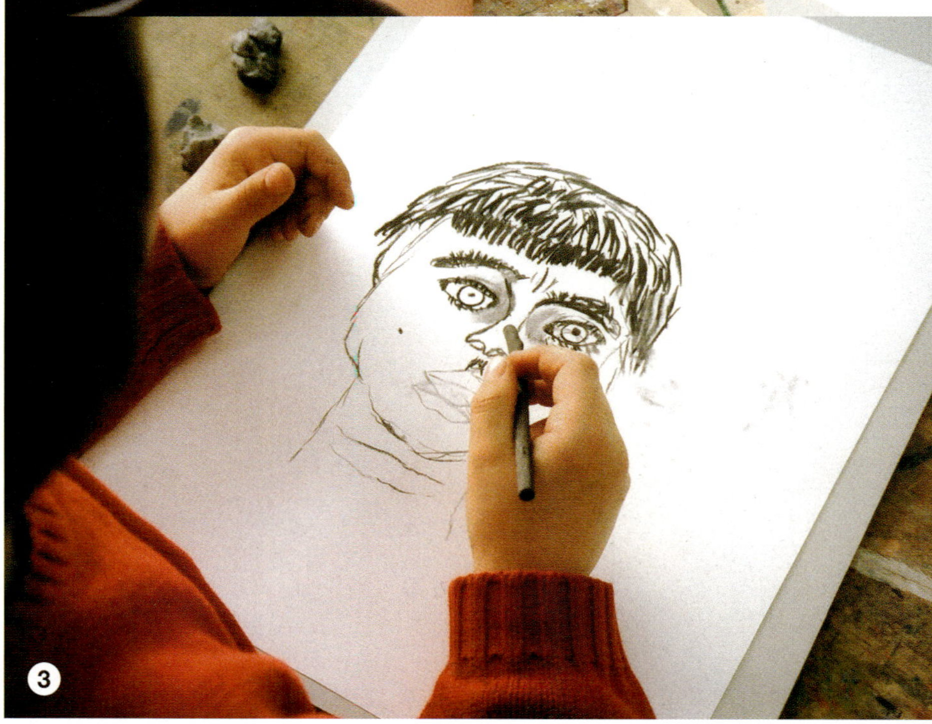
3

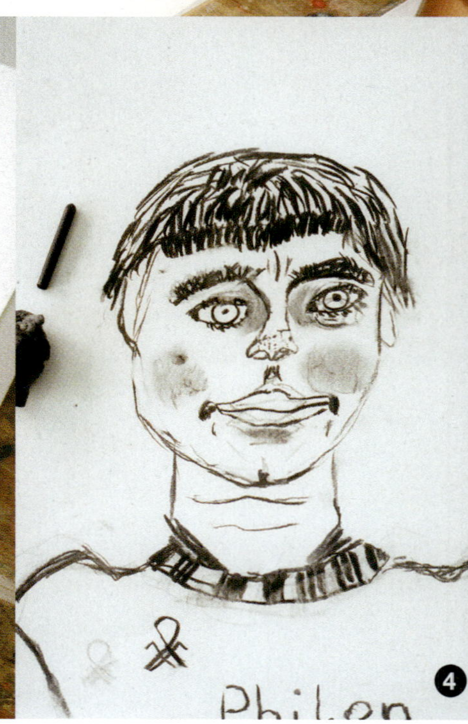
4

Selbstporträt zeichnen

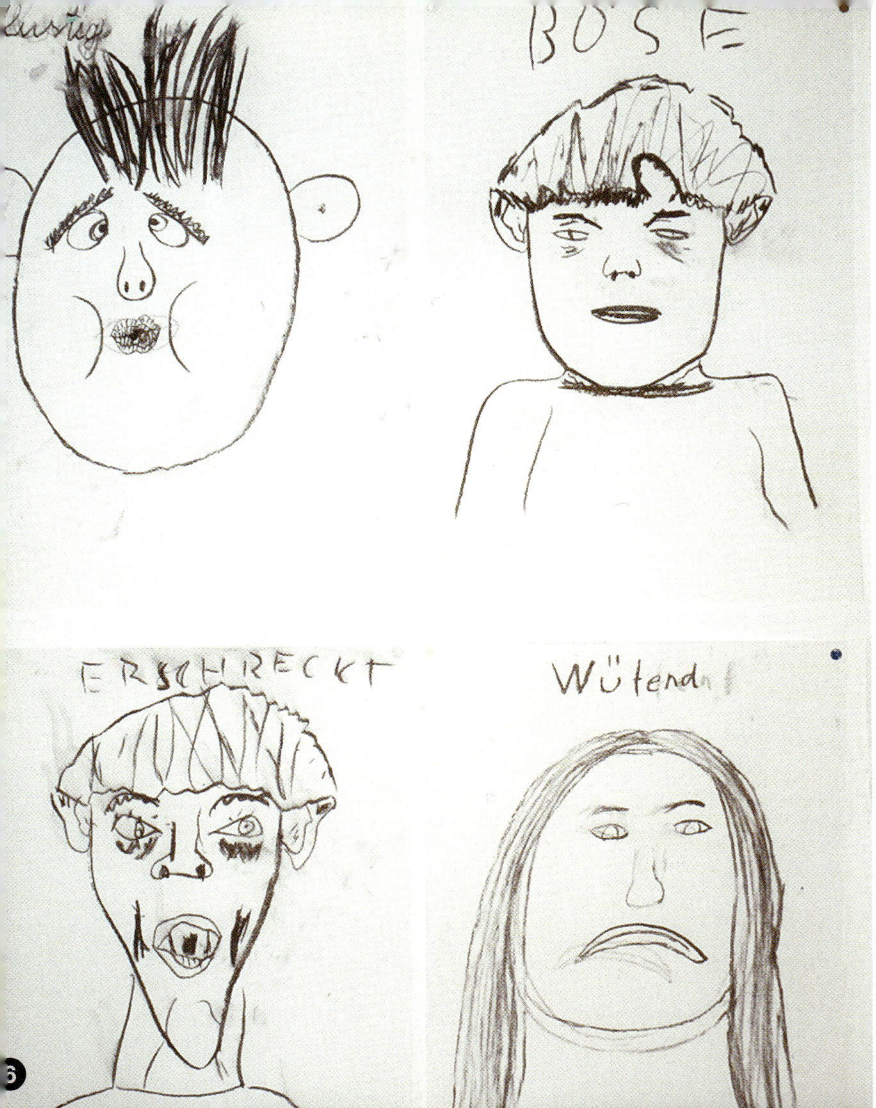

6

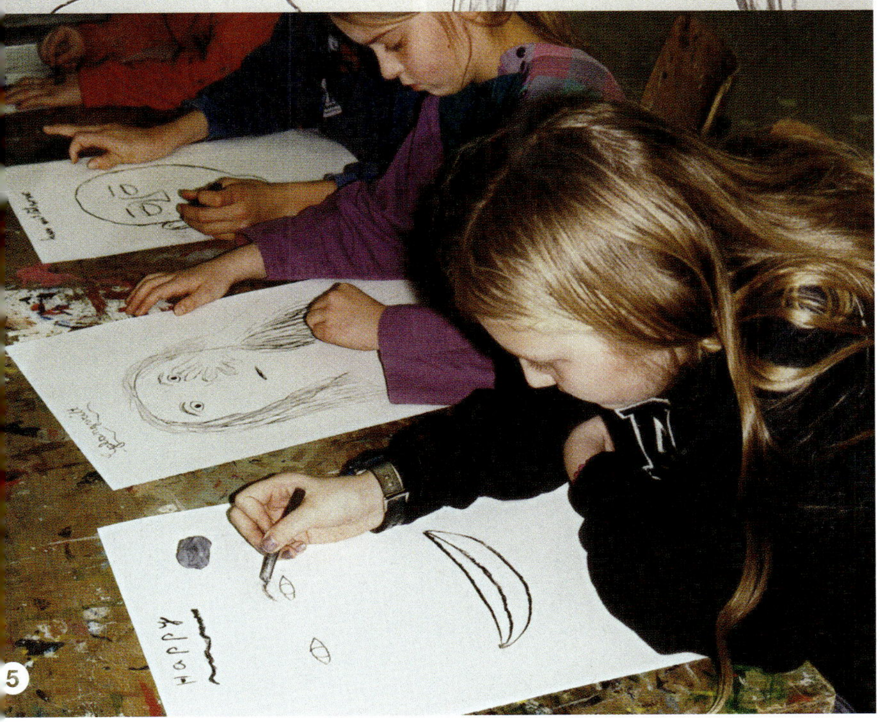

5

Werkzeug

stehender Spiegel

Material

Zeichenpapier
Kohle
Radiergummi (weicher Knetgummi, speziell für Kohle)

> **Info**
>
> Braucht man Spiegel für eine größere Gruppe, kann man aus einem alten, herumstehenden Spiegel mit dem Glasschneider viele kleinere Spiegel zurechtschneiden (siehe Glasschneiden: »Hinterglasbilder«, S. 54 f.), ebenso Spiegelhalter (wie hier abgebildet): ein Brettchen mit zwei kurzen Holzleisten, die man nebeneinander nagelt, um den Spiegel zu halten.

Alter 4 6 8 10 12 14 16 18

Körperkurven werden mit breiten Kohleschattierungen ausgeformt, zur Überprüfung kann man die Beine der Freundin betasten ❶ ❷. Auch Berge können schöne Kurven haben ❸. Licht und Schatten modellieren Massen und Gewichte der Natur ❹.

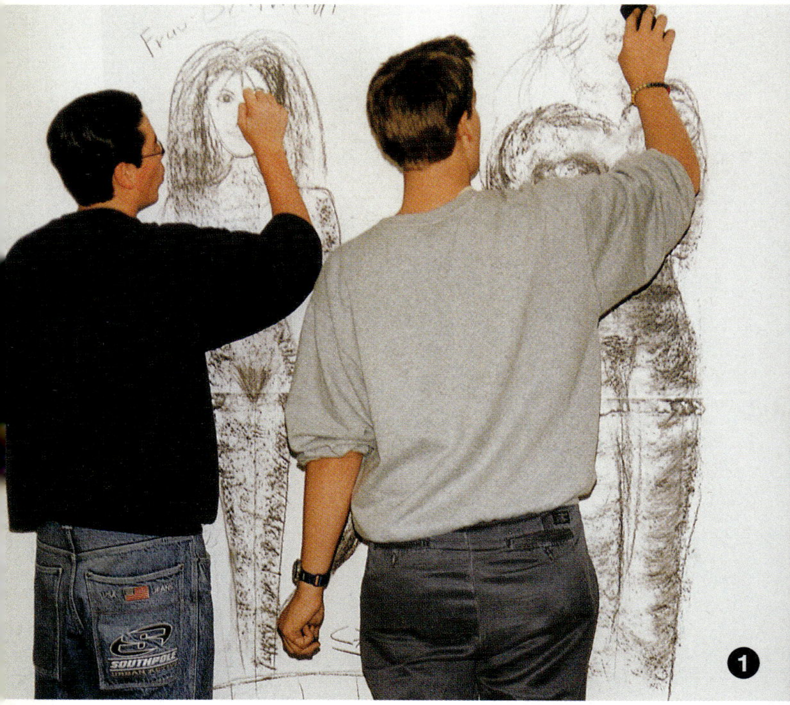

❶

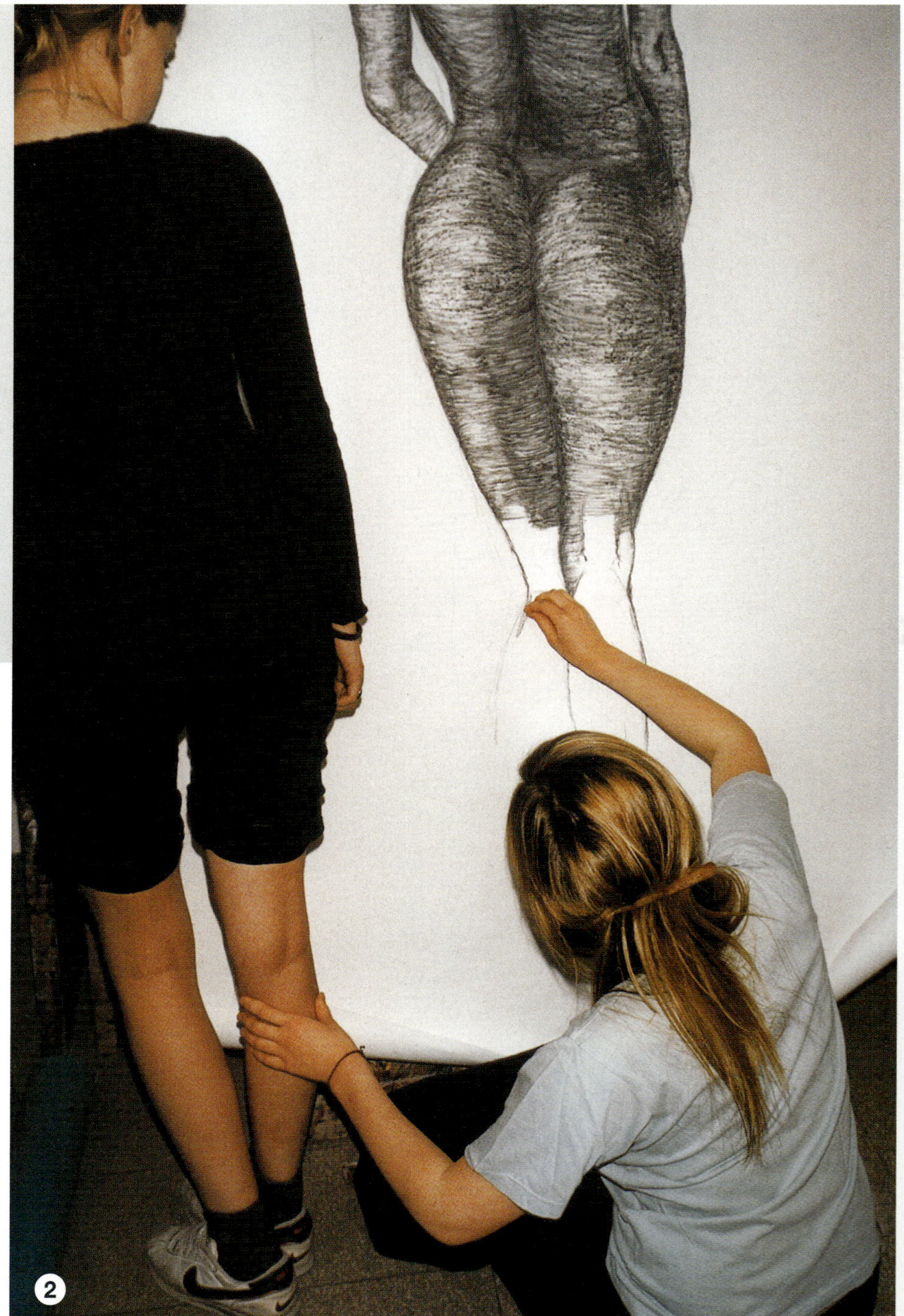

❷

Körperstudien lebensgroß

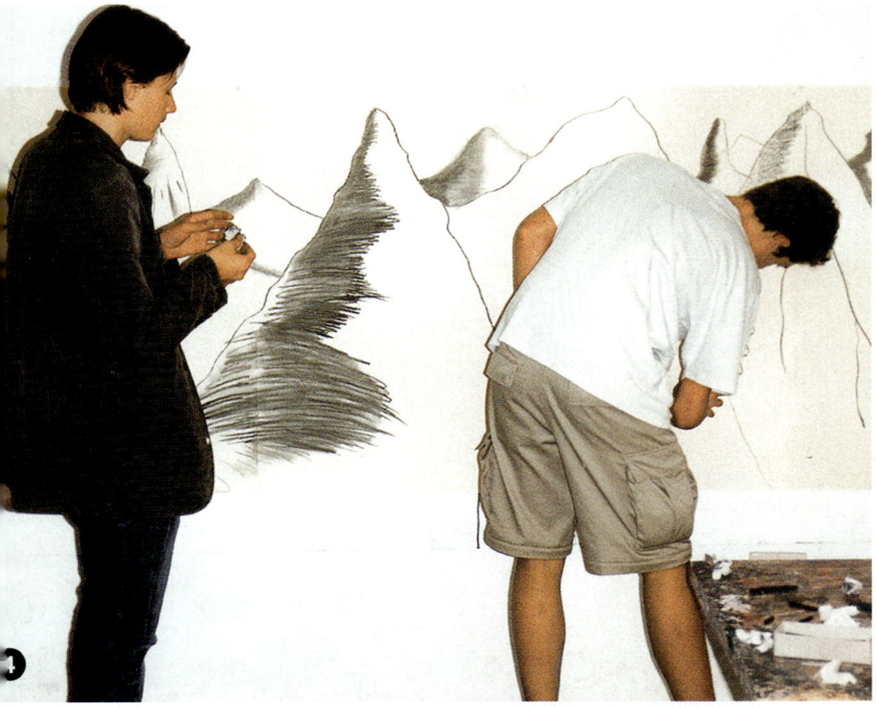

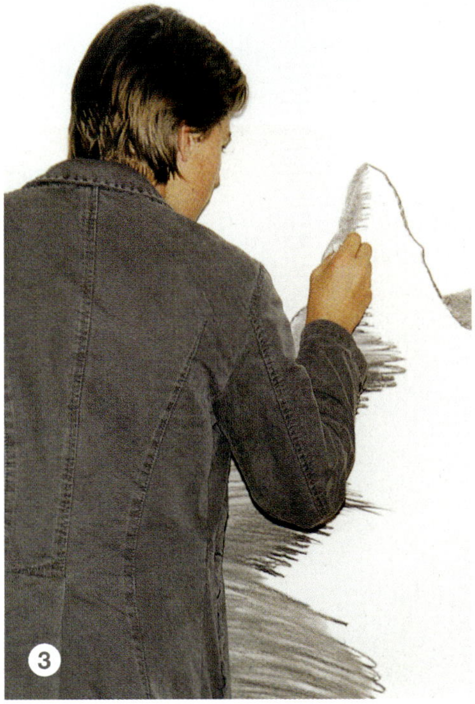

Material

großes Papier von der Rolle
Reißnägel oder Klebestreifen zum Festpinnen
verschiedene Stärken Zeichenkohle
Radiergummi
(weicher Knetgummi, speziell für Kohle)

Info

Ab einem bestimmten Alter (gerade zum Ausklang der Pubertät) interessieren sich Jugendliche für das Zeichnen und Modellieren des menschlichen Körpers. Auch ohne ein Modell zu haben, können sie sich ganz gut von der Vorstellung ihrer Traumfrauen/-männer leiten lassen. Andere Motive, wie Landschaften, im großen Format mit Kohle zu zeichnen, kann außerordentlich spannend sein.

Alter 4 6 8 10 12 14 16 18

Ein recht klassisches Thema, mit Kohle gezeichnet, stellen wir hier mit Ergebnissen aus drei Altersgruppen vor. Damit es nicht ganz so trocken ist, haben wir immer im Anschluss an das konzentrierte Zeichnen gemeinsam aus unserem Anschauungsmaterial einen Obstsalat gezaubert.

Die Kleinsten waren fünf bis sieben Jahre alt und gingen das Thema recht souverän, plakativ und mit kindlicher Detailtreue an ❶ ❷.

Da bereitet das Zerlegen der Orange noch mehr Schwierigkeit ❸.

Die Elf- bis Dreizehnjährigen bemühen sich schon wesentlich mehr um Naturalismus und Perspektive, wobei es gerade in diesem Alter schön ist, die Kohle großzügig und mit Schwung einzusetzen ❹ ❺.

Die Ältesten (16 bis 18 Jahre) arbeiten bereits routiniert mit Räumlichkeit, Licht und Schatten und der Platzierung im Blatt ❻.

Der Obstsalat schmeckt allen gleich gut ❼.

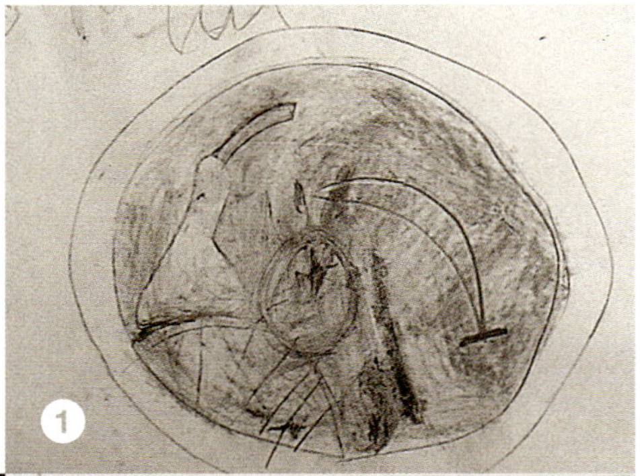
1

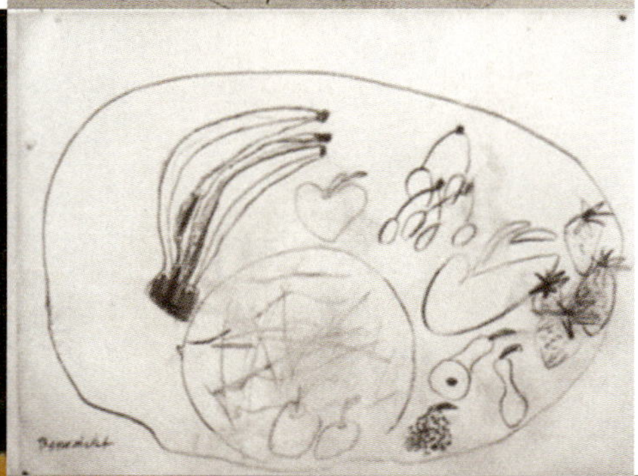

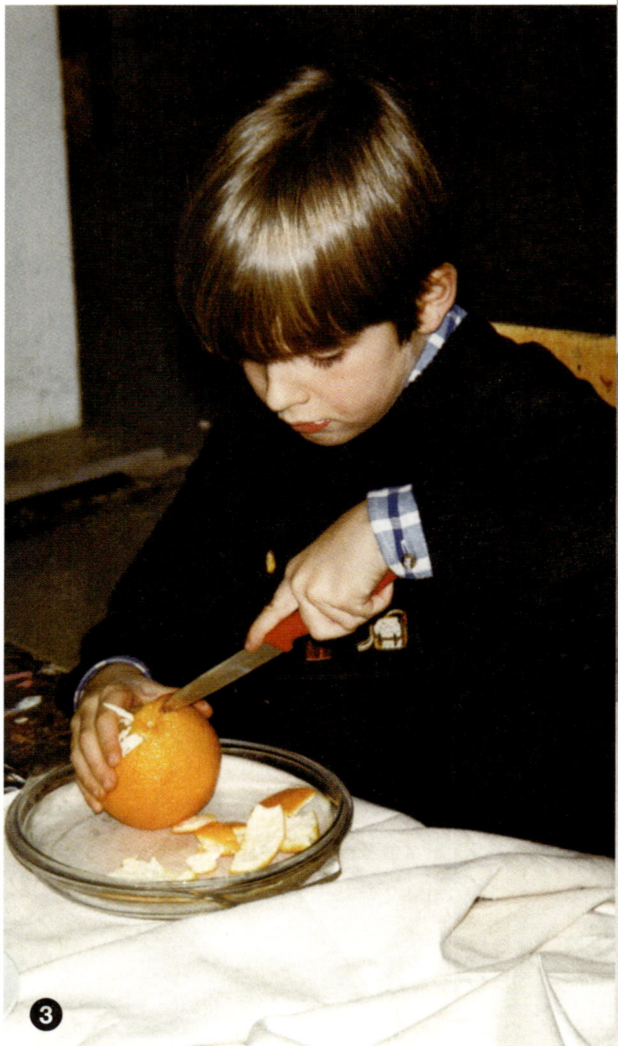
3

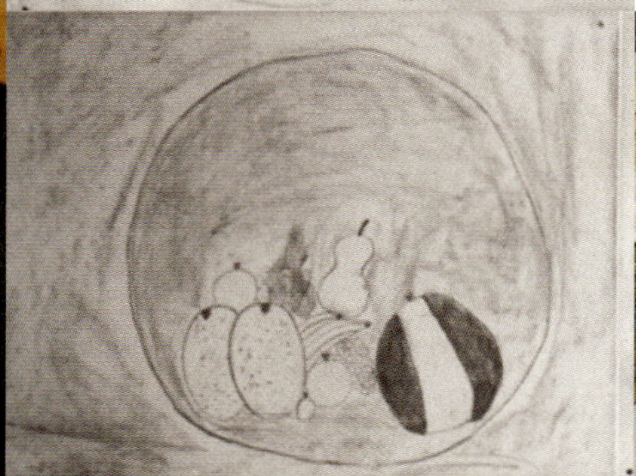

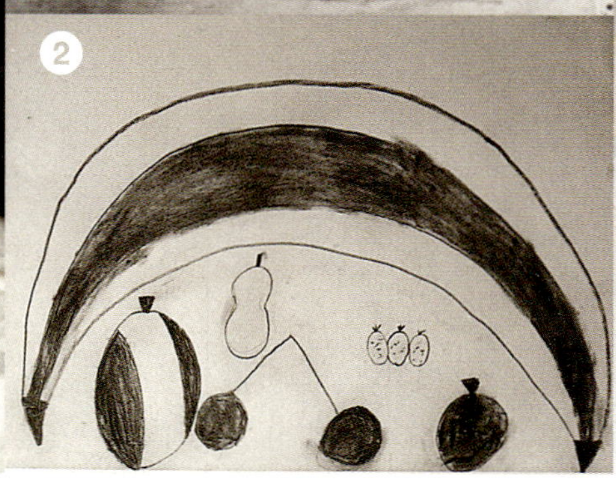
2

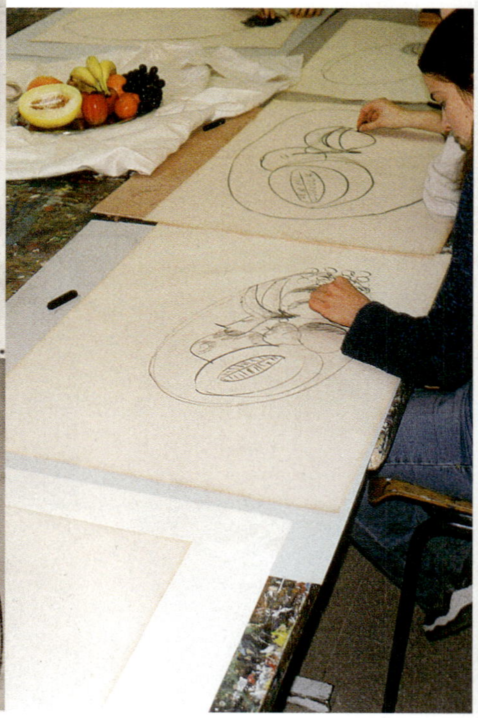

Obststillleben mit Obstsalat

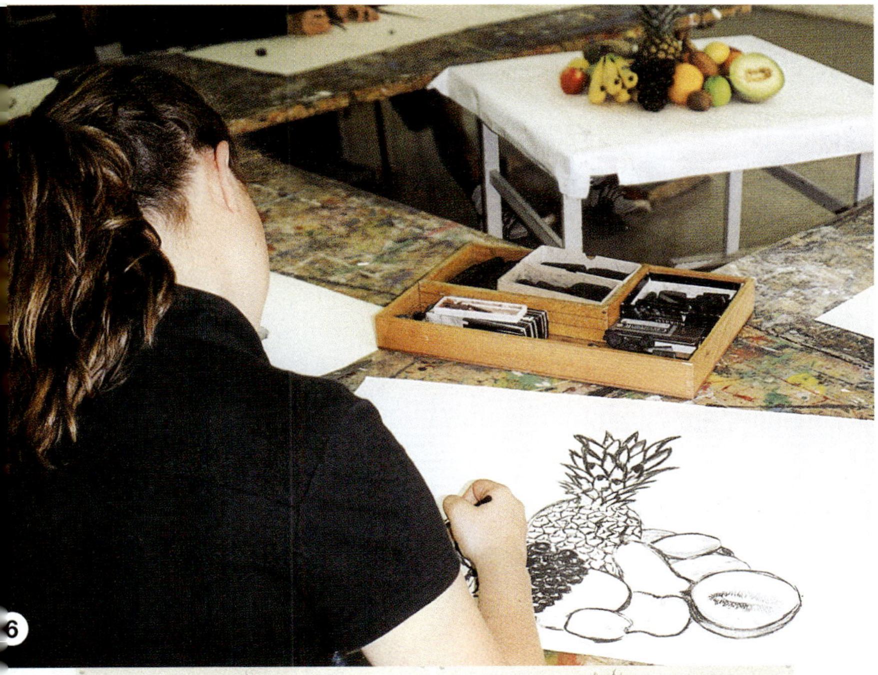

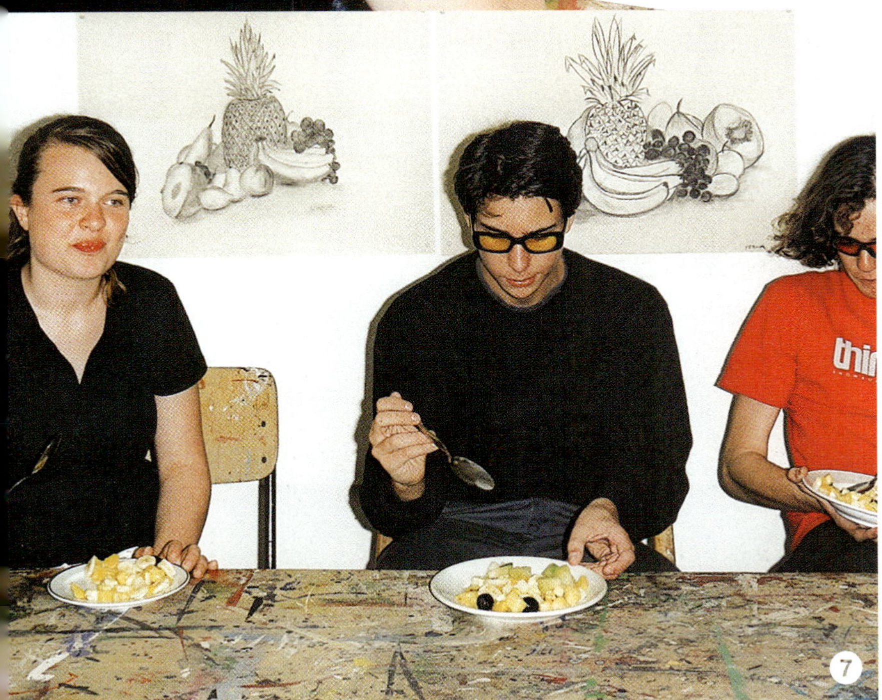

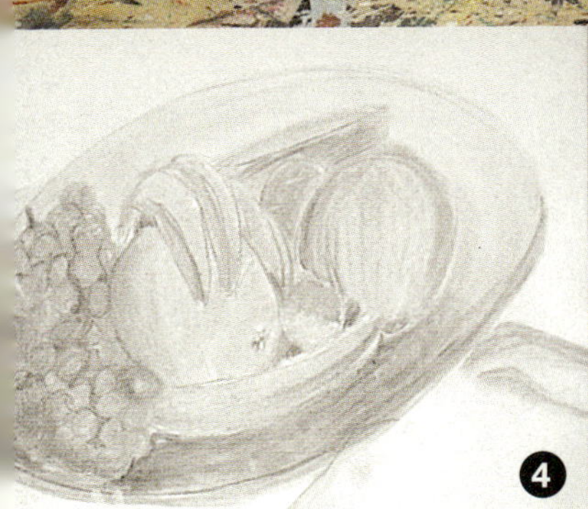

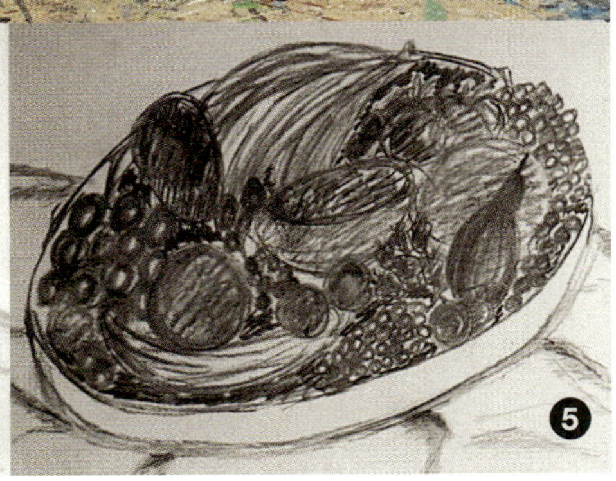

Werkzeug

Zeichenkohle
Messer
Teller

Material

Obst
Papier

Info

Stillleben kann man natürlich auch mit Kreiden (Wachs oder Pastell) oder mit Pinsel und Farbe bearbeiten.
Bei Kohle und Pastell das Fixieren nicht vergessen!

Alter 4 6 8 10 12 14 16 18

Malen

Farbe hat emotionalen Charakter. So wie das Ritzen, das Kritzeln und Zeichnen die ursprünglichste Form zum Wiedergeben oder Bannen von Erlebtem ist, so schließt weich fließende Farbe die Seele auf.

Man sagt »Farbgefühl«. Der Pinsel des Malenden setzt Gefühle frei, Material und Vorstellungskraft geben dem Bild die Richtung.

Kleinkinder erleben das Malen in einem Zustand der Versunkenheit, sie lassen sich vom Fluss, dem Eigenleben der Farbe animieren. Ihre Bilder sind in der Regel frei und unbekümmert. Diese Kinder denken noch in Bildern. Anders wird es bei Schulkindern, bei deren gemalten Figurationen sie selbst und die Erwachsenen andere Maßstäbe setzen. Die Farbe wird oft zum Ausmalen von Formen degradiert. Das kann zur Erstarrung der Bilddynamik führen. Besonders Jugendliche, die sich mit ihrer »primitiven« Art der Darstellung mit zunehmendem Alter nicht mehr zufrieden geben, sind zunehmend ratlos und geben in vielen Fällen das Malen auf.

Die Malthemen auf den folgenden Seiten sind für Menschen jeden Alters zum Nachmachen und zum phantasievollen Abwandeln gedacht. Einfach malen, fließende Farben genießen, Töne mischen, Farbräume bauen oder aber eine neue Maltechnik, wie zum Beispiel mit Zuckerkreide, mit Schwämmen malen usw., ausprobieren, ein Gemeinschaftsbild produzieren oder sich anspruchsvoll einem Thema stellen, alles das kann zur Vertiefung von Erlebtem und zu glücklichen Stunden führen.

Wie oben angedeutet, kann das Kleinkind, dem man die Anwendung zeigt, fast mit jedem Malmaterial unbekümmert umgehen und Spaß daran haben. Mit den folgenden Beispielen wollen wir auch zeigen, wie man durch das Angebot vielfältiger Maltechniken und Materialien angelernte Schemata und eingefahrene Darstellungsformen der älteren Kinder durchbrechen kann.

Jedes Werkzeug und Material verlangt ein anderes Umgehen und ruft ebenso andere Gefühle und Ergebnisse beim Malenden hervor. Dicke, flüssige Leim- oder Acrylfarbe mit breitem Pinsel auf großes Papier gemalt, verleitet zu kräftigen gestischen Formen. Feine Aquarellfarbe mit dünnem Haarpinsel auf kleines Papier gemalt, regt zur Vertiefung ins Detail an. Das Ausmalen von Flächen mit Holzfarbstiften mobilisiert wiederum dynamische Kräfte. Ein narratives Thema sollte nicht zu eng gestellt werden, damit das Kind (der/die Jugendliche) seine ureigene Idee verwirklichen kann.

Beim Malen sollte die begleitende Hilfsperson sich eher zurückhalten, falls notwendig, nur dabei helfen, eine Idee zu präzisieren, oder technische Beratung geben.

Papier

Für die meisten Malthemen reicht festes Zeichenpapier, ca. 180 bis 200 Gramm schwer, aber es sollte mindestens 50 x 70 cm groß sein, kleiner schneiden kann man es immer. Für besondere Techniken, bei denen das Papier strapaziert wird, wie Bilder mit dem Kamm oder mit dem Schwamm usw., sollte das Papier noch dicker sein und ca. 70 x 100 cm messen, sonst zeigt die gemalte Geste keine Wirkung. Solches Zeichenpapier gibt es auch in Rollen. Hat man ein Gemeinschaftsbild vor oder eine größere Gruppe zu versorgen, ist die Rolle nützlich und vielfältig einsetzbar. Für das Aquarellmalen sollte man echtes Aquarellpapier verwenden (gibt es in verschiedensten Qualitäten und Strukturen), da dieses auch bei Verwendung von viel Wasser oder beim Verwischen keine Knöllchen bildet.

Stifte

Kinder malen auch gerne mit Stiften, da sie so das Detailgenaue zeichnerisch lösen, die Flächen aber mit den Stiften großzügig ausmalen können. Das ergibt oft wunderbar vitale Strichflächen.

Dicke Holzmalstifte sind bei Kindern bis ca. zehn Jahren sehr beliebt, Jugendliche benutzen lieber die feinen Stifte mit möglichst vielen Farbnuancen. Ölkreide, Wachskreide, bunte Tafelkreide, Pastellmalstifte sind für farbkräftige Themen geeignet. Filzstifte sind wegen ihrem leicht fließenden Strich sehr beliebt, die gleichmäßigen Linien wirken jedoch oft etwas eintönig. Zum Bemalen von Holz sind dicke Filzstifte jedoch sehr gut brauchbar, weil das Holz die Strichlage durch das Absaugen lebendig macht.

Pinsel

Von Pinseln kann man nie genug haben – und man sollte sie gut behandeln. Nie zu lange im Wasser stehen lassen, immer gut auswaschen, die Haare oder Borsten nach vorne zur Spitze glatt ziehen. Für große Bilder sind breite, flache oder runde Borstenpinsel sehr gut brauchbar. Breite, flache nimmt man auch zum Grundieren von Leinwänden.

Zum Aquarellieren, Lasieren, zum Hinterglasmalen und für alle feineren Maltechniken verwendet man am besten Haarpinsel, diese gibt es rund und flach in allen Größen. Hier sollte man nicht die billigen Schulpinsel kaufen, weil diese keine Festigkeit und keine Spitze haben und sehr schnell Haare verlieren.

Farben

Das Spektrum ist sehr groß. In der Schule wird fast ausschließlich mit dem Deckfarbenkasten gearbeitet. Auch wenn manchmal sehr schöne Bilder entstehen können, sind die Farben eher gleichtonig und wirken meist kreidig.

Im Fachhandel gibt es Tempera-Pucks. Das sind große Farbknöpfe in vielen Tönen (in einem Gebinde mit sechs Tönen, aber auch einzeln erhältlich), deren Leuchtkraft stark und durchsichtig zugleich ist. Diese Malknöpfe sind besonders für kleinere Kinder geeignet.

Auch Aquarell- und Gouachefarben gibt es im Fachhandel. Plakafarben, also Farben, die nach dem Trocknen wasserfest sind, eignen sich sehr zum Anmalen von Gegenständen und sind zum Beispiel für das Hinterglasbild unersetzbar, weil sie sich beim Drübermalen nicht ablösen.

Für große Flächen mischt man am besten Leimfarben an oder verwendet Acrylfarben. Für Leimfarben besorgt man ungiftige Farbpigmente (Pulver) und rührt diese im Verhältnis ein Drittel Farbpulver, ein Drittel Wasser und ein Drittel Tapetenkleister an.

Ölfarben haben die größte Leuchtkraft von allen Farben, sie sind aber für das dynamische und schnelle Arbeiten von Kindern und Jugendlichen ungeeignet, da das Trocknen der Farbe Tage dauert.

Wir brauchen ein weißes Blatt Papier (quadratisch), so groß, dass mit gestrecktem Arm die Geste einer zügigen Kreisbewegung gemacht werden kann ❶.
Ein Farbpunkt wird nun in die Mitte des Blattes gesetzt, um den sich die Wachstumsringe der Farblinien aufbauen ❷.
Wie sieht meine Lieblingsfarbe zusammen mit einer anderen Farbe aus? Mit jeder neuen Farbe verändert sich das Bild ❸ ❹.
Aus dem Papiergrund ist wie von selbst ein neuer weißer Ring entstanden ❺.
Mit dem Ausmalen der Blattecken ist ein Hell-Dunkel-Kontrast entstanden, der den Farbkreis noch besser leuchten lässt ❻.

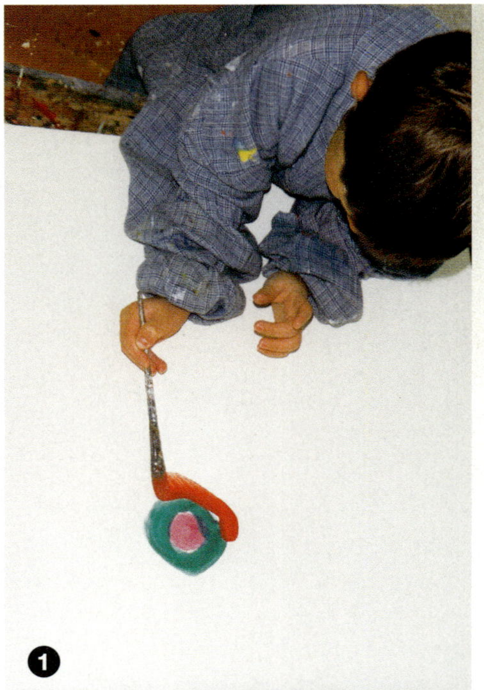

❶

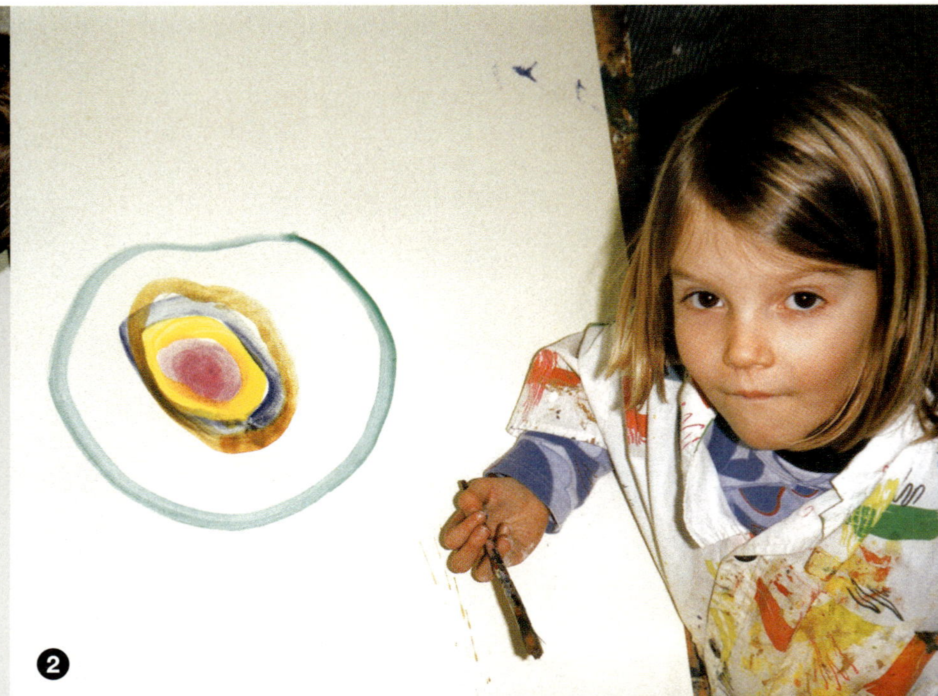

❷

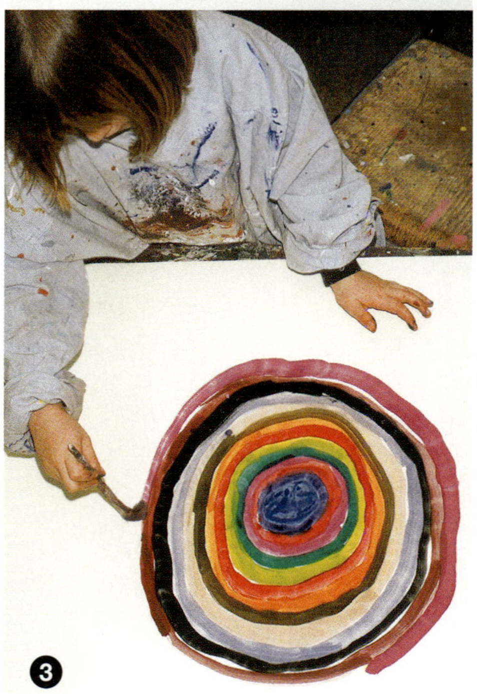

❸

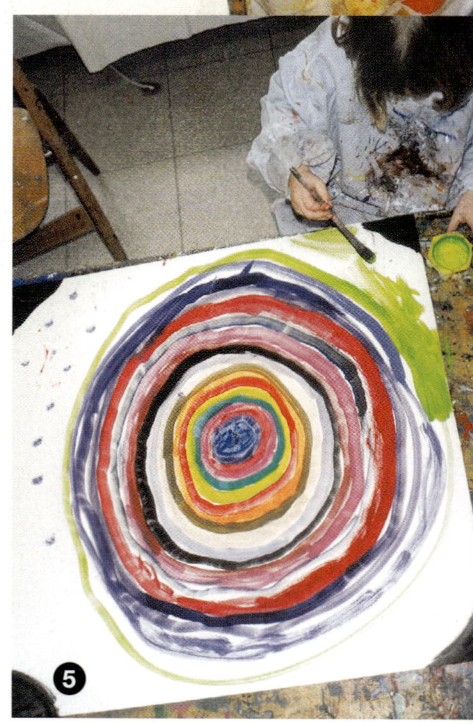

❺

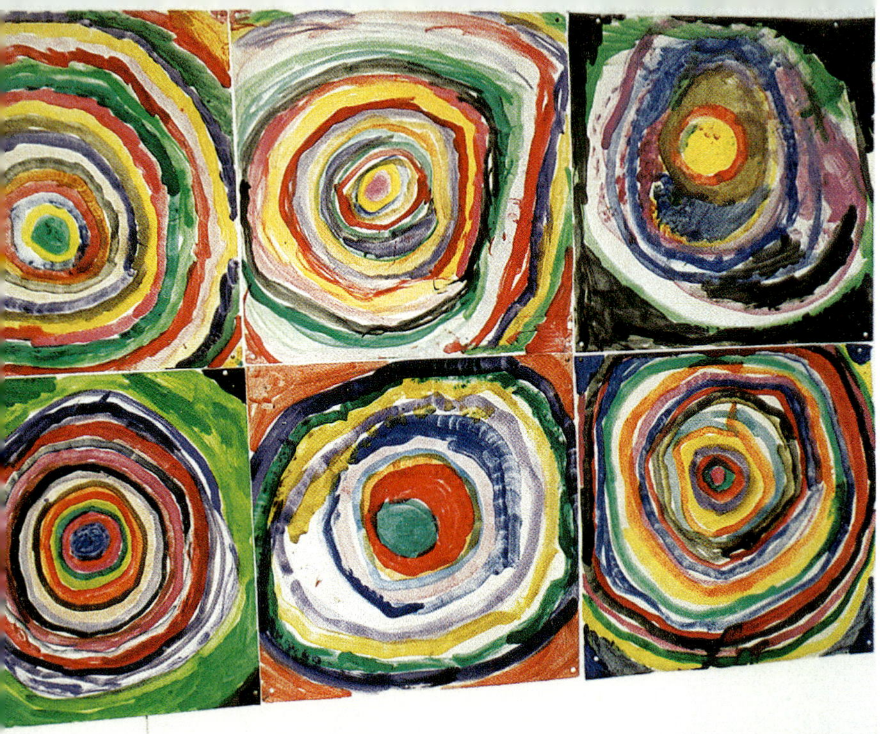

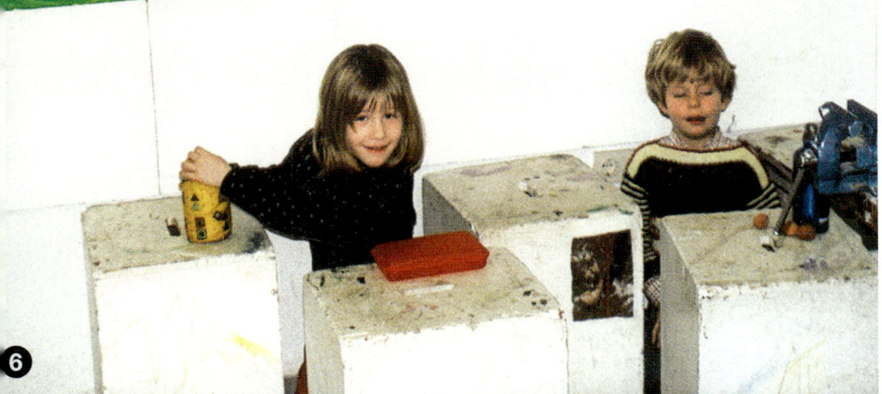

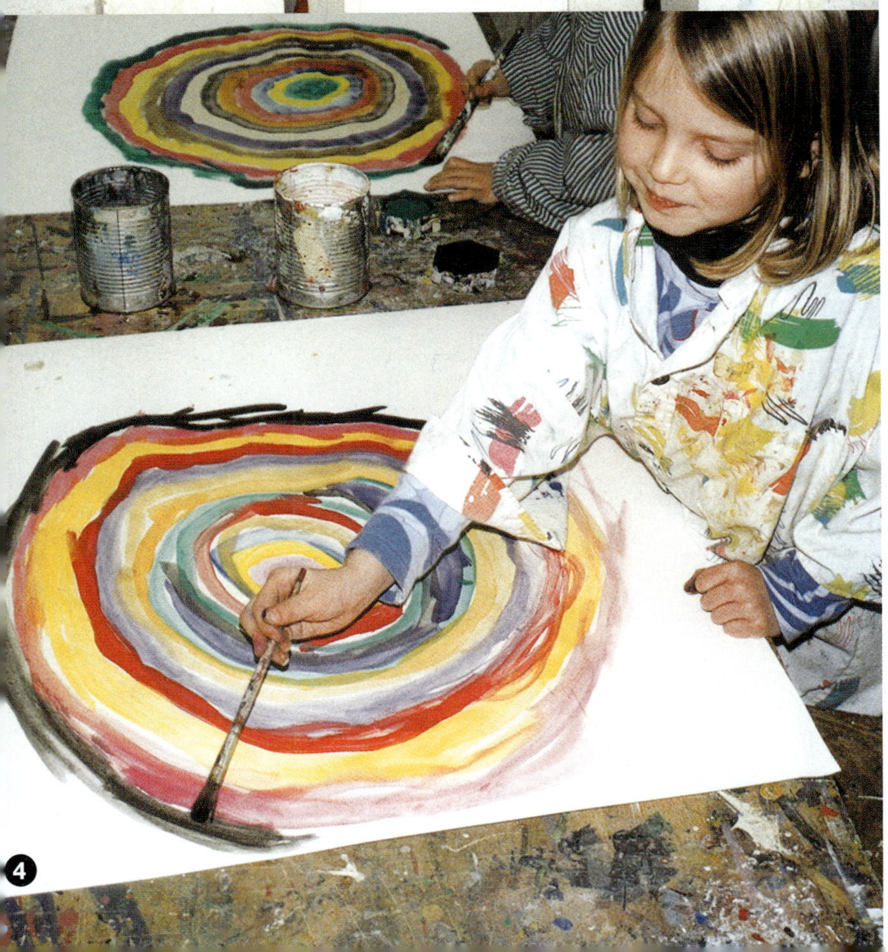

Farbkreisbilder

Werkzeug

Pinsel

Material

Wasserfarben
Temperafarben

Alter 4 6 8 10 12 14 16 18

Handelsübliche Tafelkreiden werden in Zuckerwasser (zwei Teile Wasser, ein Teil Zucker) eingeweicht ❶.
Da darf man auch probieren ❷! Schon kann es losgehen, am schönsten leuchten die Kreiden auf dunkelfarbigen Tonpapieren ❸.
Das Einweichen macht die Kreiden geschmeidiger für den flächigen Auftrag, der Zucker dient hierbei als Bindemittel und erhält die Leuchtkraft auch nach dem Trocknen.

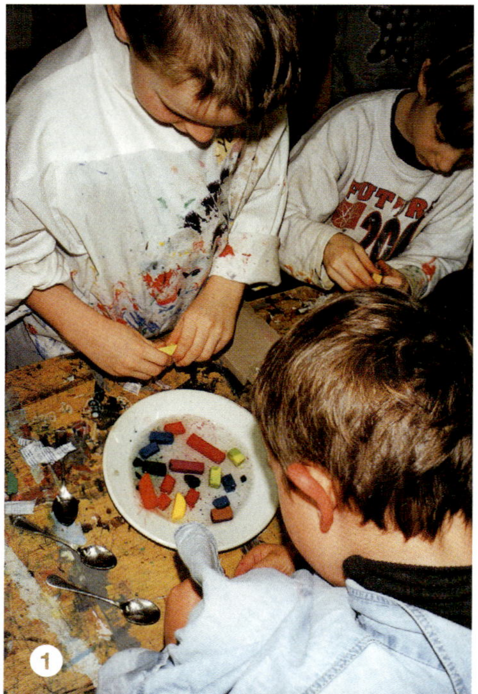

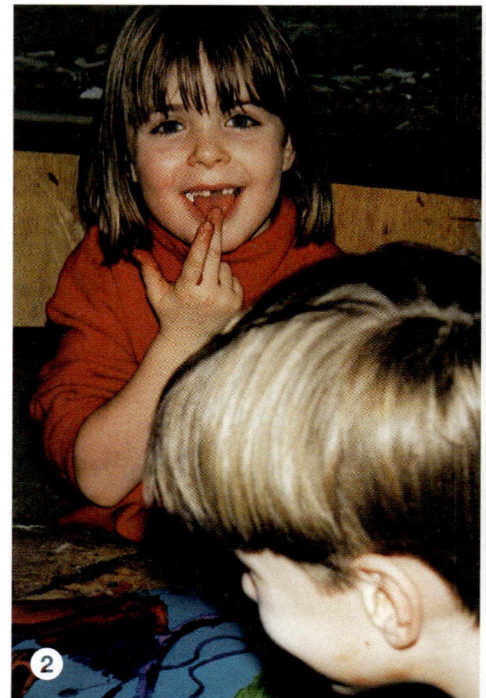

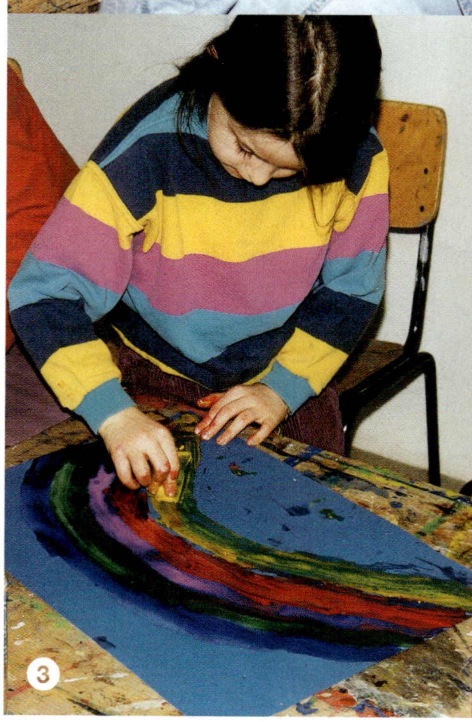

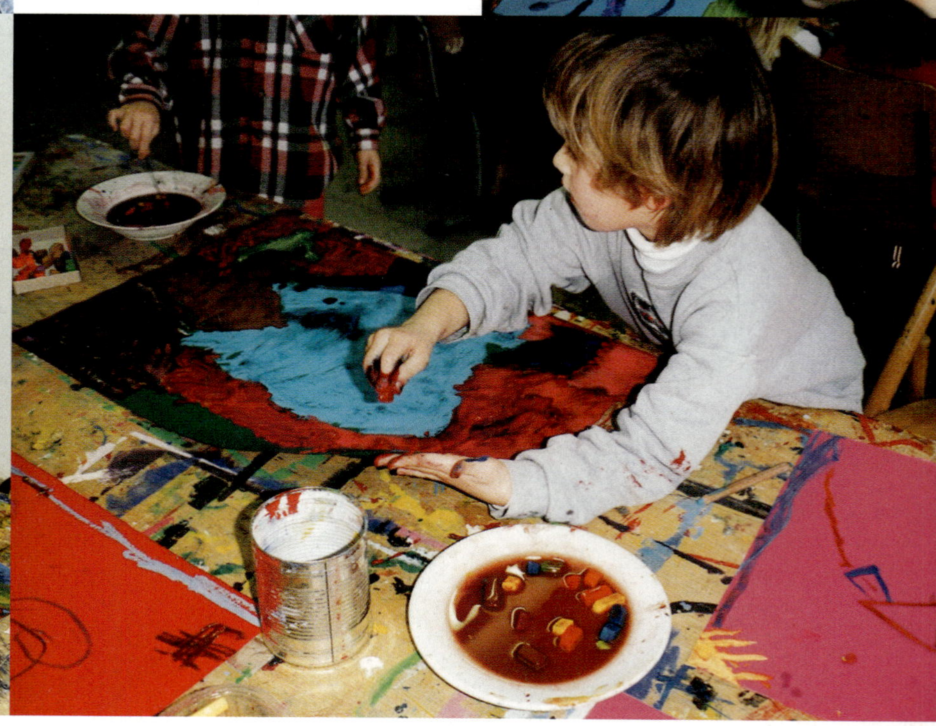

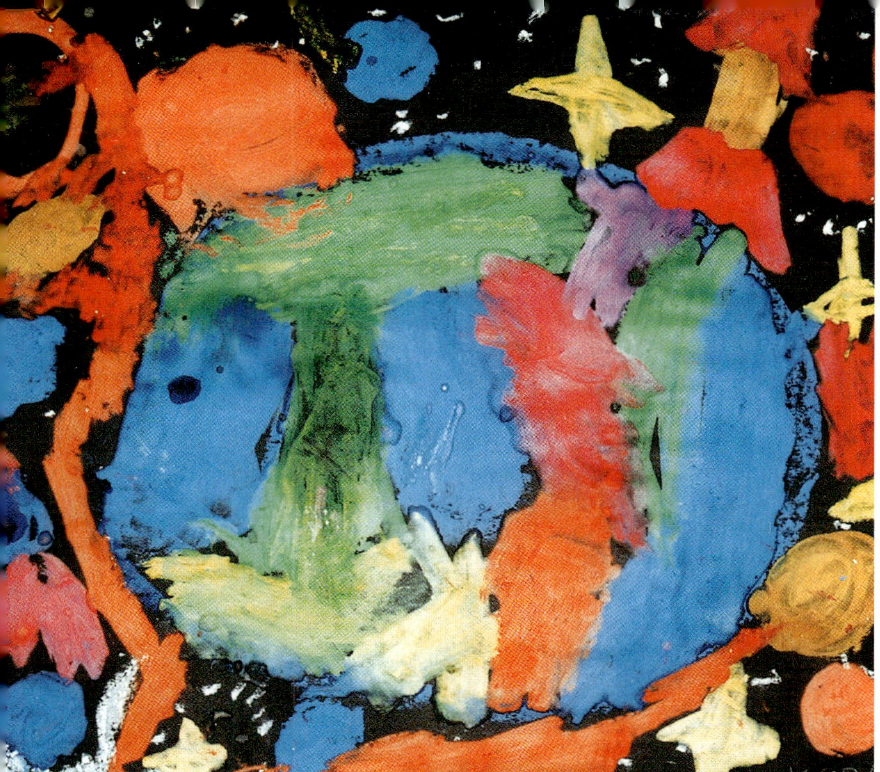
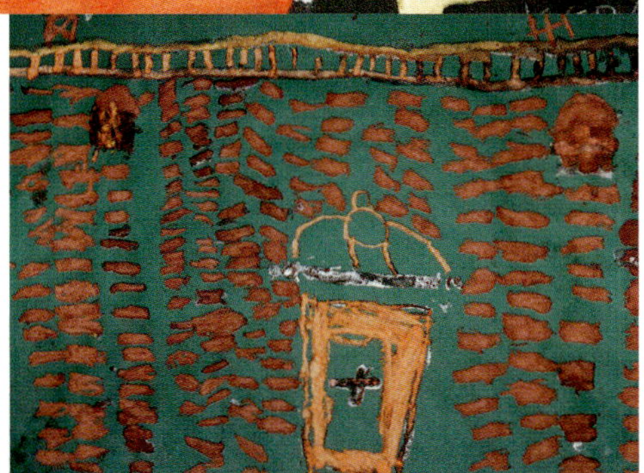
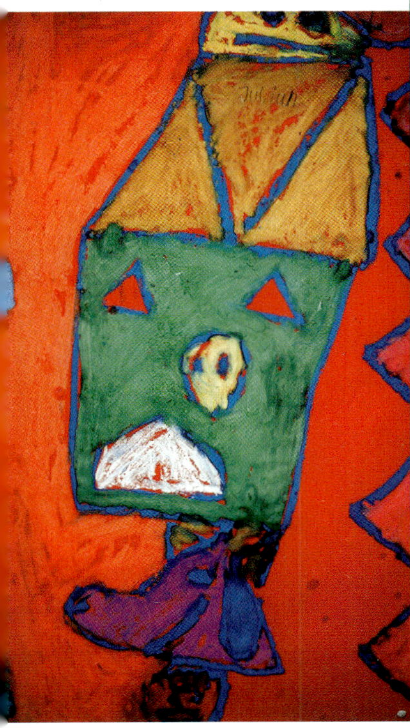
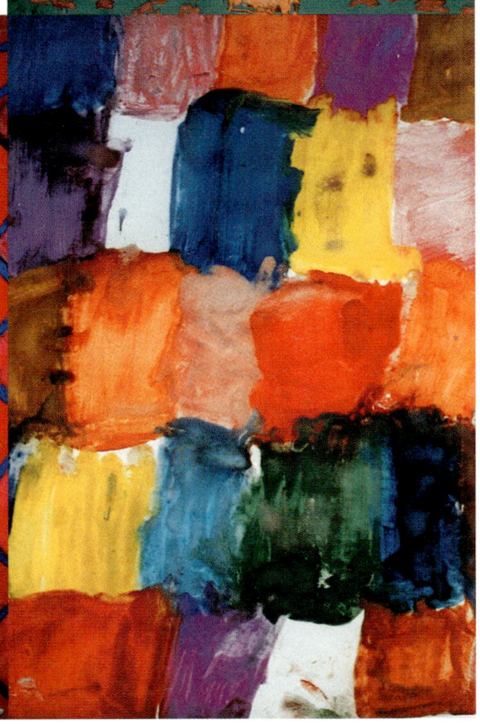

Zuckerkreidebilder

Material

Tafelkreiden
Zucker
Tonpapier

Info

Im Fachhandel sind Tafelkreiden mit höherem Farbanteil und vielfältigeren Farbtönen erhältlich, allerdings nicht ganz billig!
Die weichen Kreiden brechen natürlich leicht, was aber dem gewollten, eher flächigen Auftrag nur zugute kommt!
Man kann die Kreidestummel immer wieder neu einweichen und verwenden.

Alter 4 6 8 10 12 14 16 18

Ein großes Stück Papier soll die eigene kleine Insel werden. Oder man setzt sich gleich in die Mitte und malt um sich herum, probiert einfach die Farbe aus oder schaut, wie weit der Arm reicht.
Man muss über das Papier krabbeln und vielleicht aufpassen, wo es nass ist, wenn das Bild nicht verwischen soll.
Was passiert gerade auf der Insel und wer lebt noch dort?

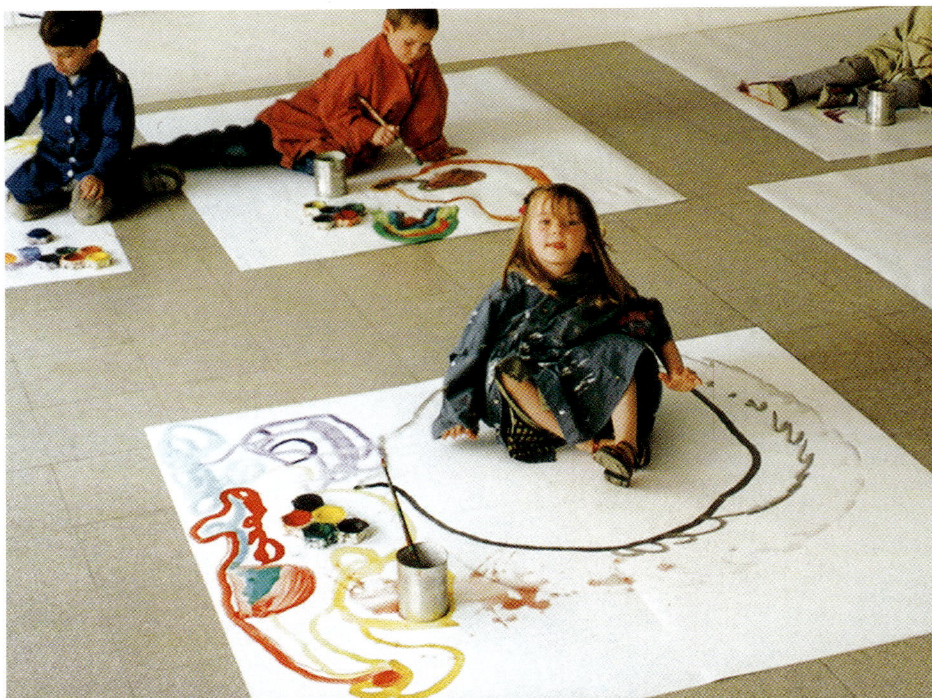

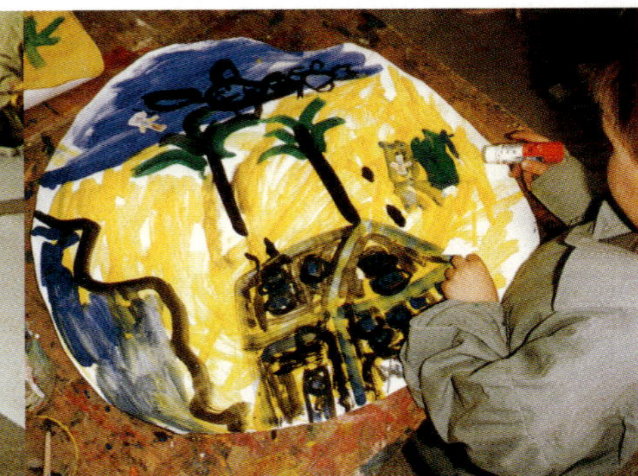

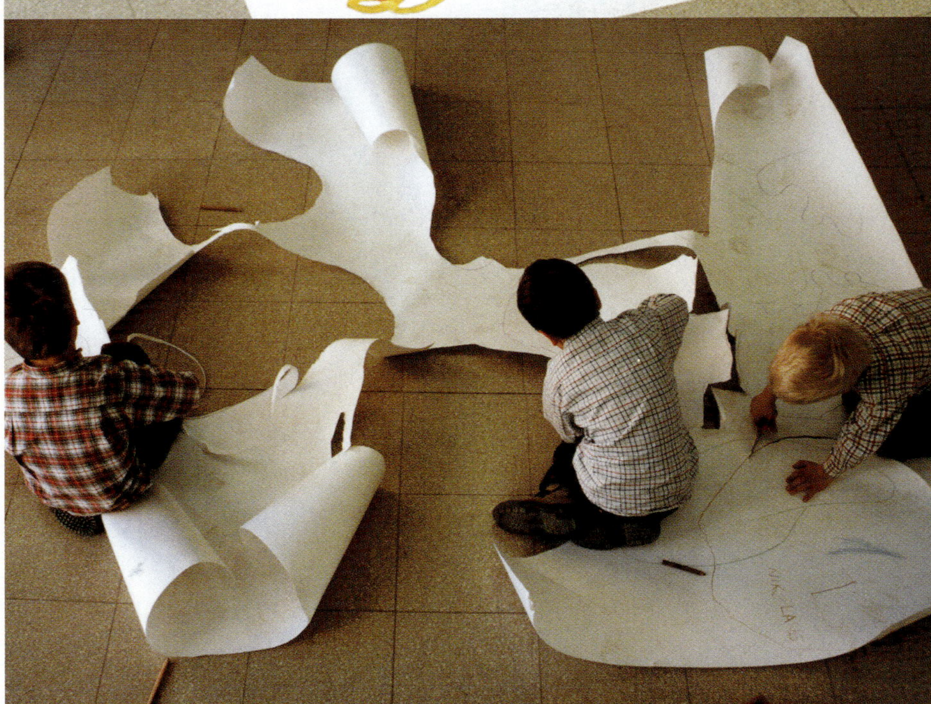

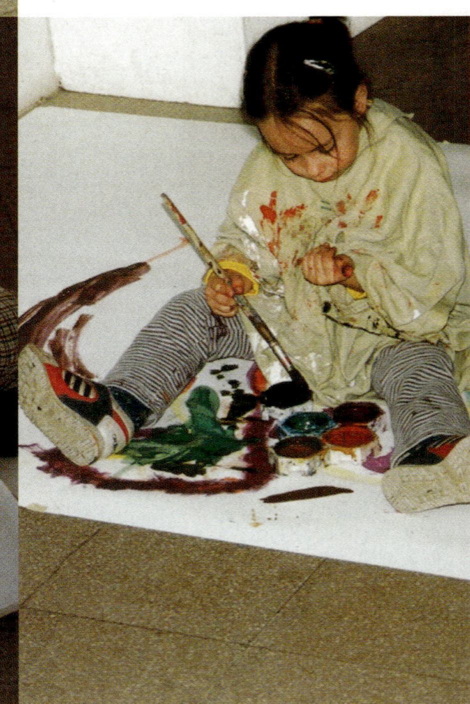

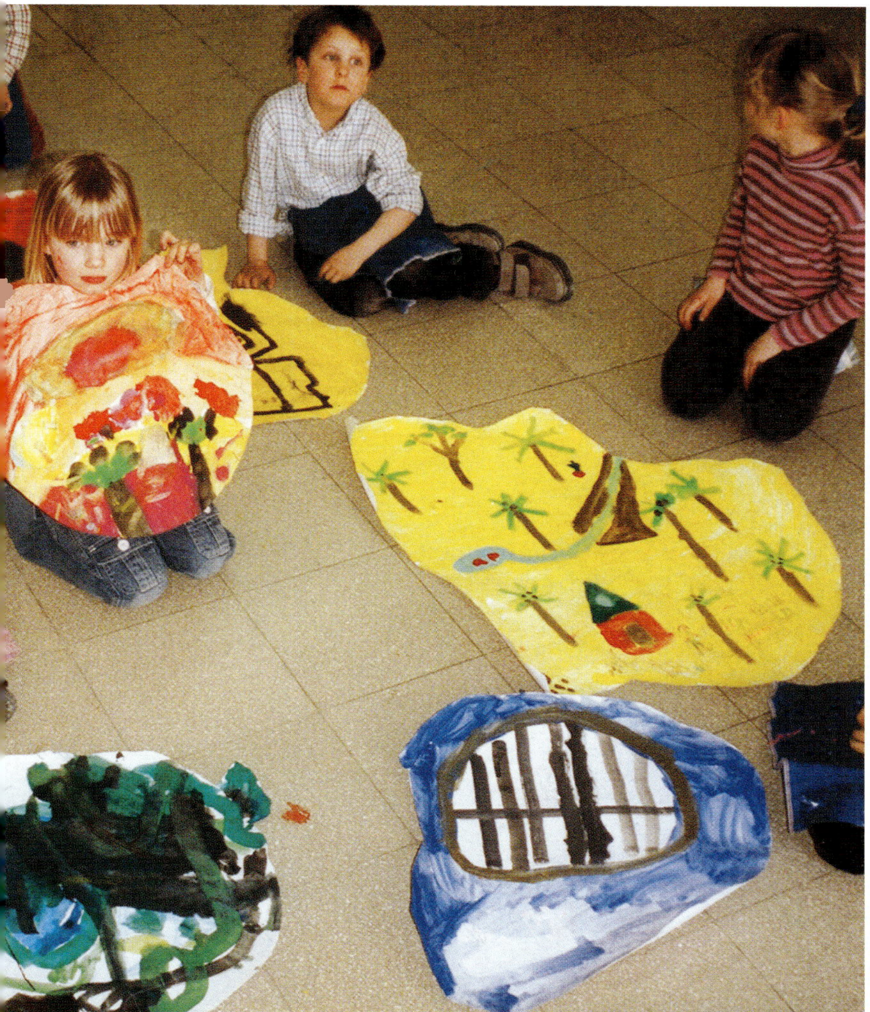

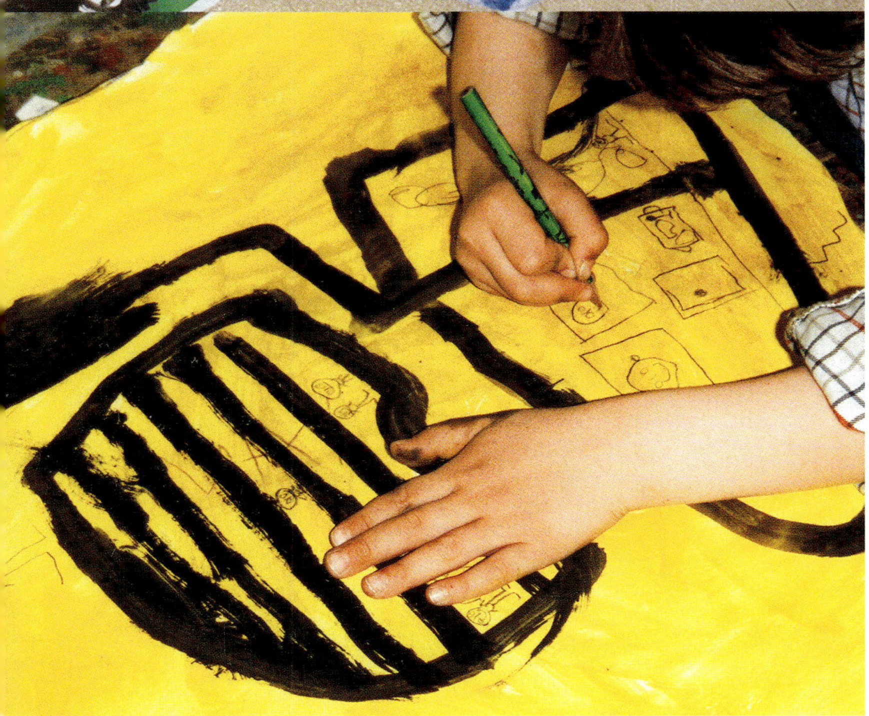

Meine Insel

Werkzeug

Schere
Pinsel

Material

große Bögen festes Papier
Wasserfarben

Info

Dieses Thema eignet sich sehr gut zum Spiel in der Gruppe.
Jeder erschafft seine eigene kleine Welt, aber um sich anschließend besuchen zu können, müssen gemeinsam Verbindungen, Brücken oder Fährrouten geplant werden.

Alter 4 6 8 10 12 14 16 18

Alle Blätter werden zu einem großen Papierteppich zusammengelegt. Jedes Kind macht eine Pinselstrichreise mit einer selbst gewählten Farbe über den ganzen Teppich ❶ ❷ ❸.
Nun werden die Blätter auseinander genommen, um sie individuell weiterzubearbeiten ❹ ❺.
Nach der Fertigstellung werden die Einzelteile wieder zusammengelegt, so dass ein großes gemeinsames Farbuniversum entsteht ❻.

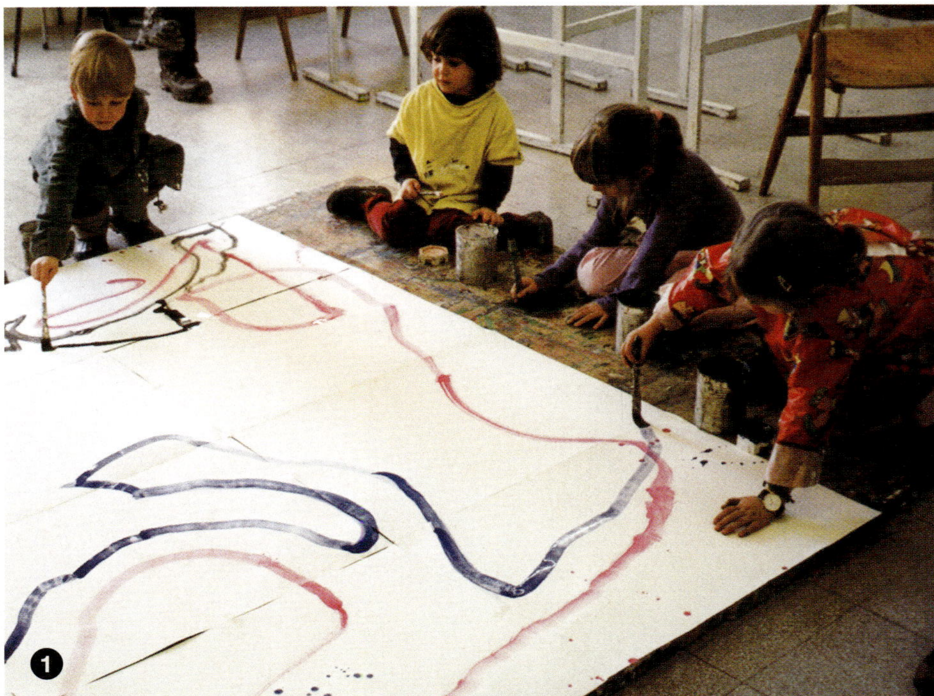

❶

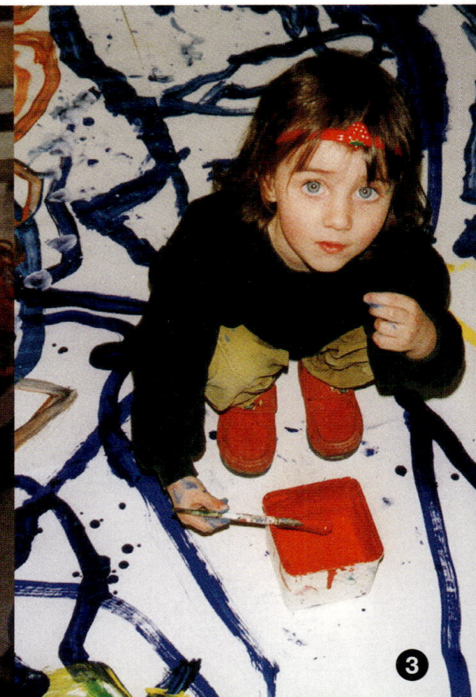

❸

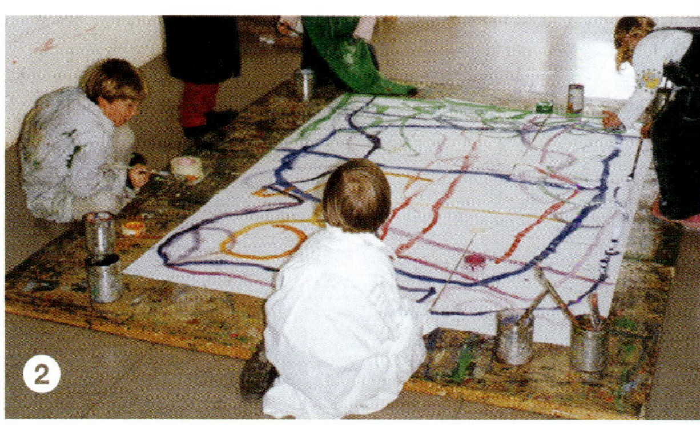

❷

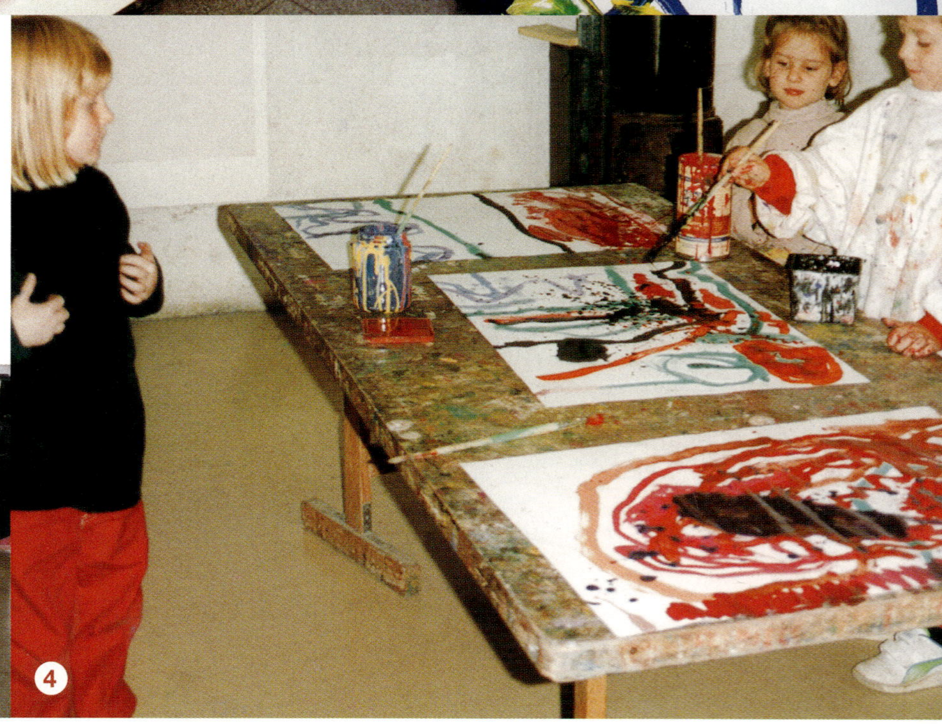

❹

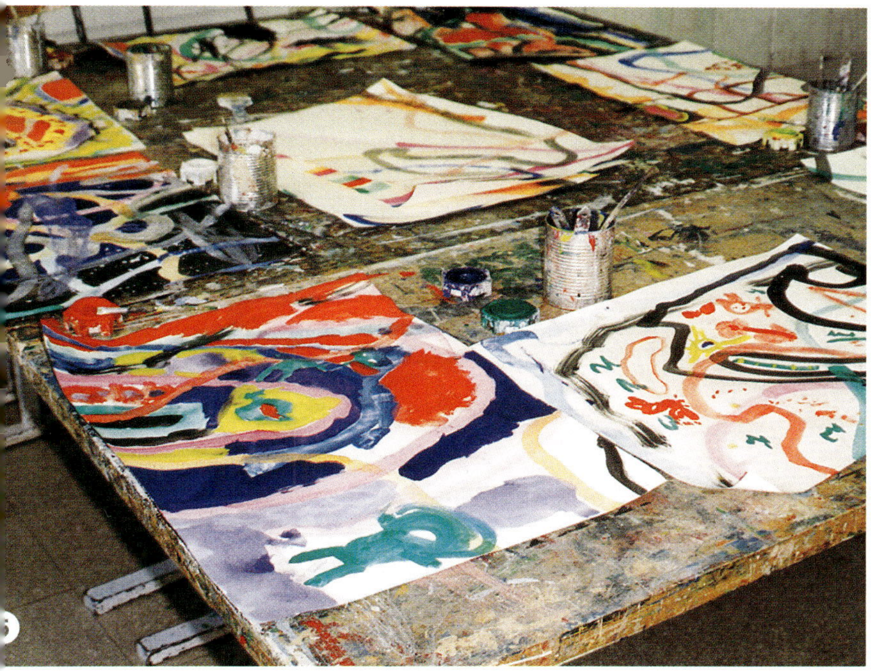

Linienpuzzle

Werkzeug

Pinsel

Material

Papier
Farben

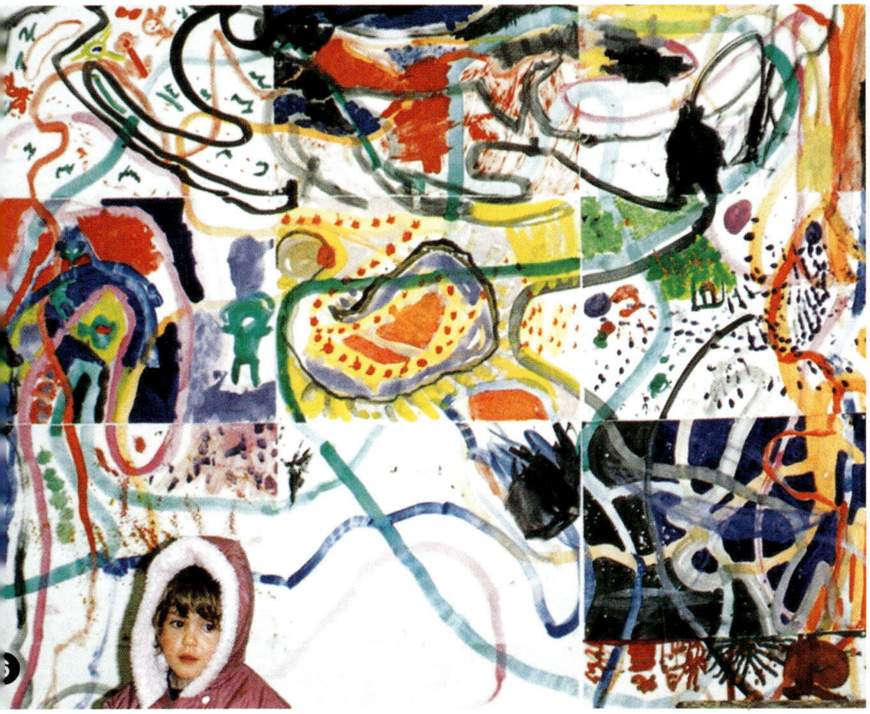

Info

Dieses Thema ist eine Gemeinschaftsarbeit, in der jedes Kind ein Teil des Gesamtbildes gestaltet.
Die Teile funktionieren als Einzelbilder wie auch als Teil eines Ganzen.
Es empfiehlt sich, die Blätter am Anfang zu nummerieren, sonst kann das spätere Puzzeln recht schwierig werden.

Alter 4 6 8 10 12 14 16 18

Zuerst malen wir alles, worauf es schneit: auf eine Landschaft ❸ mit Hügeln oder Bergen, auf eine Burg ❺, Häuser, eine Stadt, auf Schneemänner ❹ oder andere Männer, auf Schlitten- oder Schlittschuh-FahrerInnen.
Wie sehen die Schneeflocken genau aus? Wie Sternkristalle oder Pappflocken? Rieselt leise der Schnee ❶ oder gibt es einen Schneesturm ❷? Da kann man schnell selbst zum Schneemann oder zur Schneefrau werden ❻.

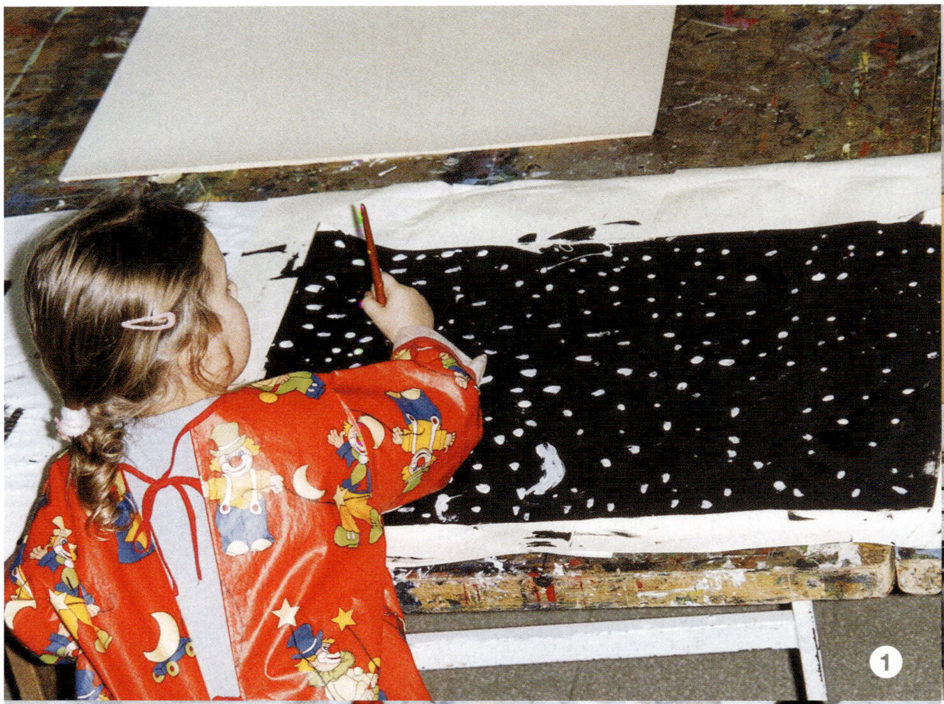
1

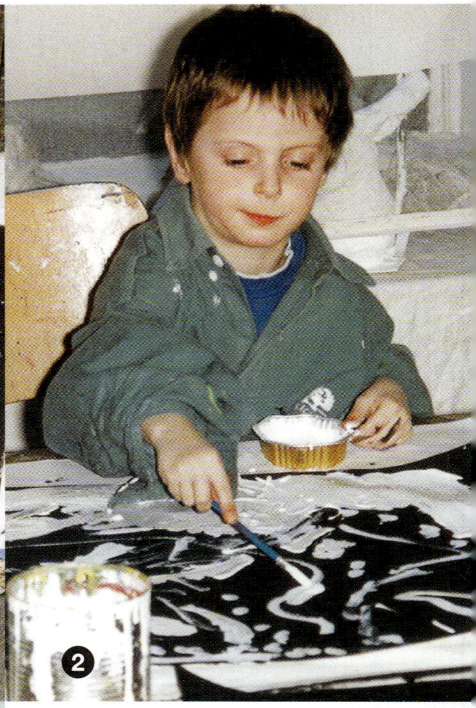
2

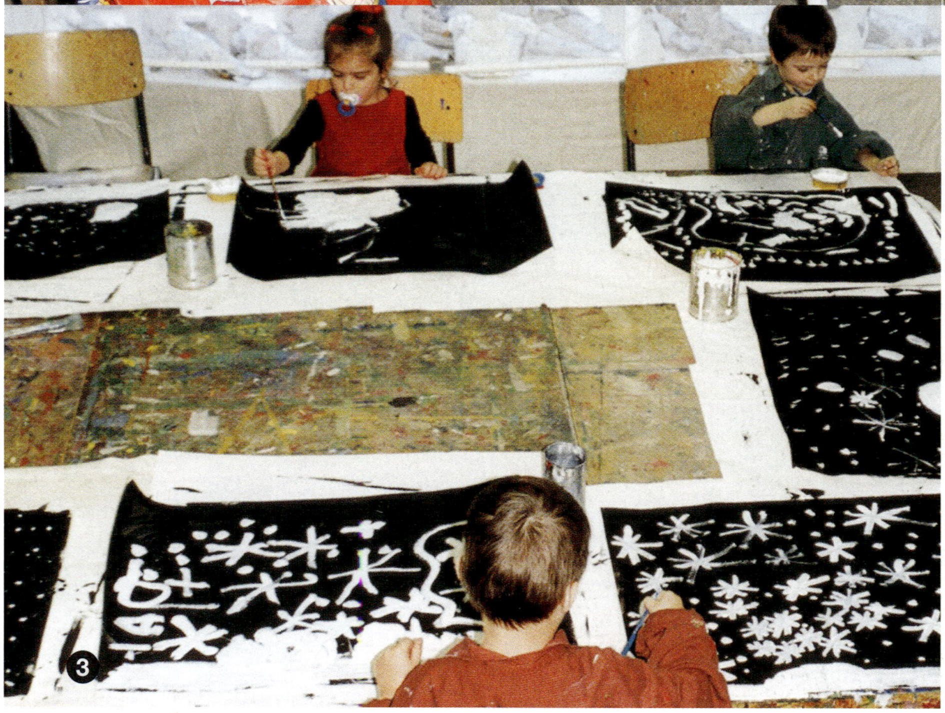
3

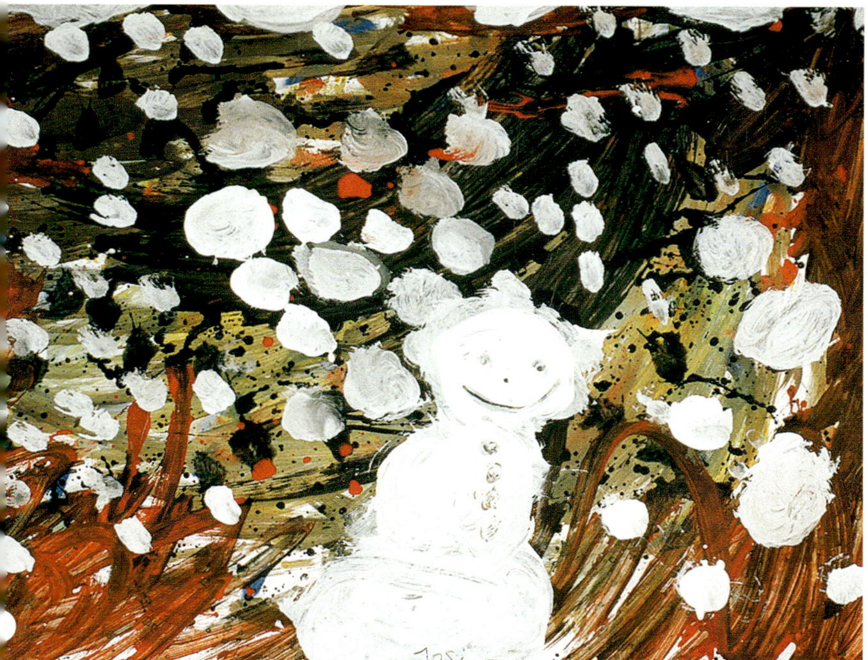

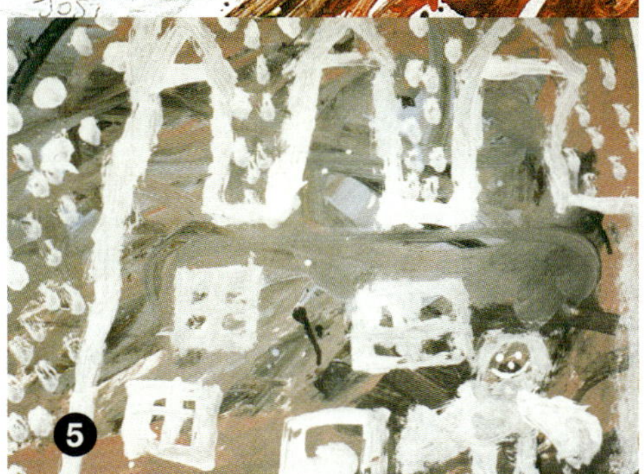

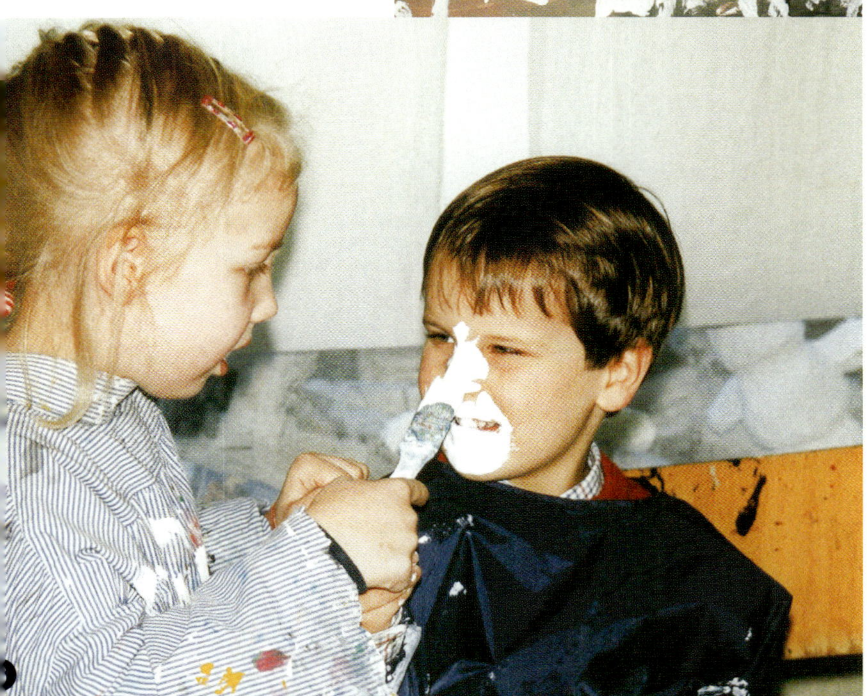

Es schneit, es schneit!

Werkzeug

Pinsel

Material

schwarzes Tonpapier
(es macht auch Spaß, normales Papier erst schwarz anzumalen)
deckende weiße Farbe (Dispersionsfarbe)

Info

Eine Variation ist die, zuerst das »hässlichste Bild der Welt« zu malen: erst alle Farben übel durcheinander malen und tropfen, darauf dann im trockenen Zustand (man kann auch mit dem Föhn nachhelfen) mit weißer Farbe Figuren eingrenzen oder Schneelandschaften zaubern.

Alter 4 6 8 10 12 14 16 18

Zuerst alle Materialien um den Malplatz herum legen/stellen (einschließlich eines Wassertopfs), zum Beispiel beim blauen Bild verschiedene blaue Farbtöne, dazu alle gesammelten blauen Fundstücke und den Kleber.
Nun kann's losgehen ❶ ❼. Es darf gemalt werden, was einem einfällt, zum Beispiel Landschaften, Blumen, Tiere, Muster…
Blau ist eine »kalte« Farbe und eignet sich gut für Eis- und Schneebilder, Rot und Gelb sind »warme« Farben. Wenn noch ein bisschen weißes Papier frei bleibt, wirkt das Bild frischer ❷ bis ❽.

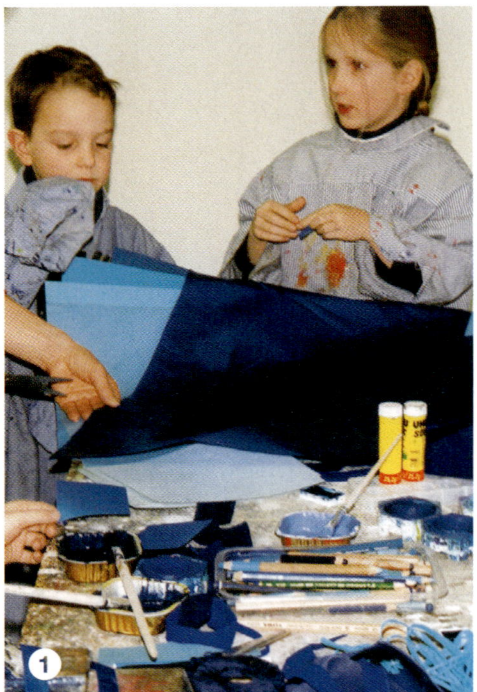

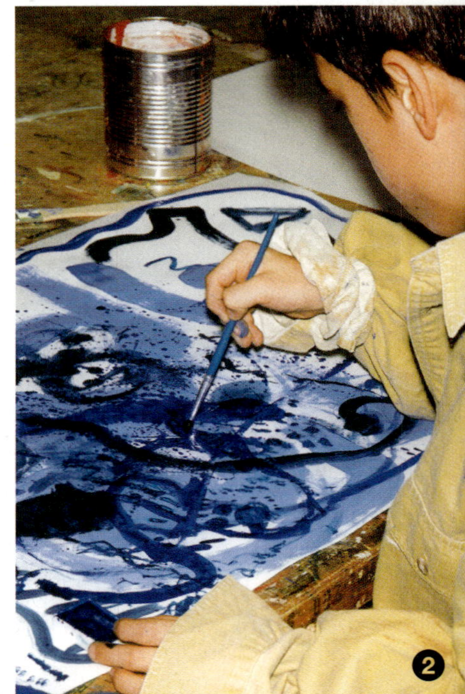

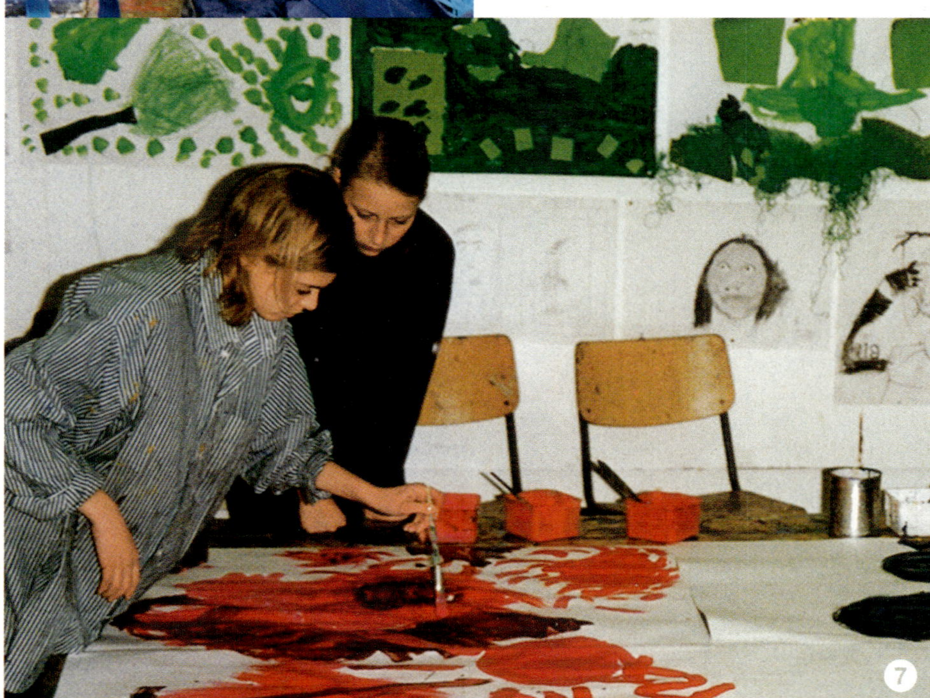

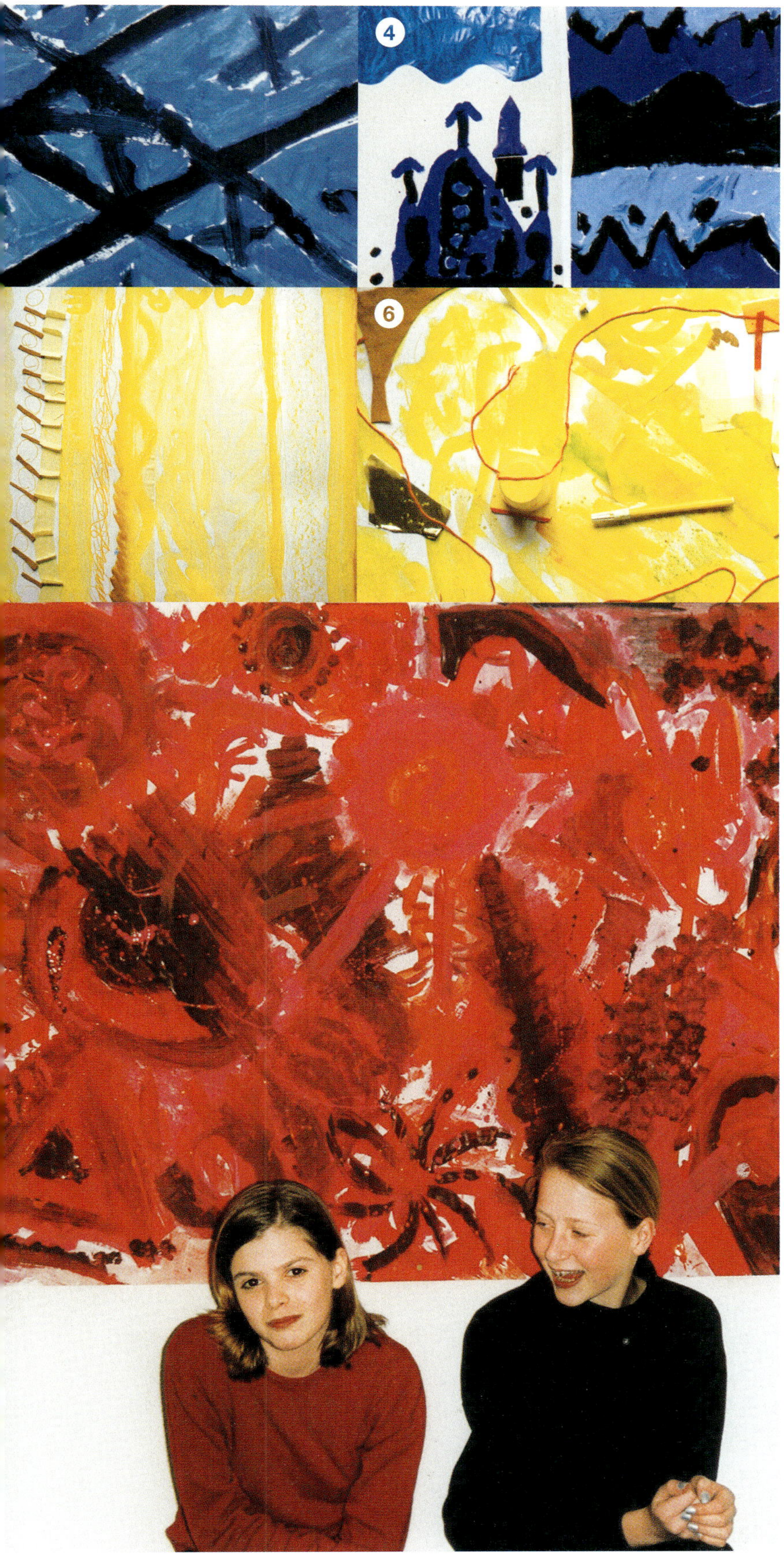

Nur Blau, nur Rot, nur Gelb

Werkzeug

Pinsel
Kleber (Holzleim)

Material

Aquarell-, Leim- oder Dispersionsfarbe
weißes oder farbiges Papier als Grundfläche
alles erdenkliche Material in einer Grundfarbe:
Buntpapier,
farbige Joghurtbecher,
Bast, Fäden, Knöpfe, Stoff- und Lederreste…

Info

Um den Faden oder Ähnliches auf dem Bild zu befestigen, legt man zuerst eine Klebespur (auf die getrockneten Farben!) ❻ und drückt ihn darauf an, anstatt mühevoll zuerst den Faden zu bekleben, bis die Finger nicht mehr von Bild und Faden abgehen…

Alter 4 6 8 10 12 14 16 18

Nicht nur die Nase ❶ ❷, auch Ärmel ❸, Mund ❹ und die Füße können Bilder malen, selbst mit Strumpfhose ❺!
Für das Lange-Pinsel-Malen braucht man so viele Stielpinsel wie Farbtöpfe (ca. vier bis sieben). Die Pinsel an den langen Stielen mit Klebeband befestigen, breit umwickeln, damit sie nicht wackeln. In das längere Brett Löcher sägen im Durchmesser der Konservendosen (zuerst 10er-Loch bohren, dann von dort sägen), die Dosen hineinstecken, eventuell festkleben und die verschiedenen Farben einfüllen. Eine Staffelei aufstellen, das Bildhaltebrett darauf fest montieren, das Papier daran festklemmen, unser Farbdosenbrett davor schrägstellen, damit man auch aus zwei Meter Entfernung noch gut eintauchen kann – und los geht's.
Ein Spaß für Große ❻ wie für Kleine ❼.

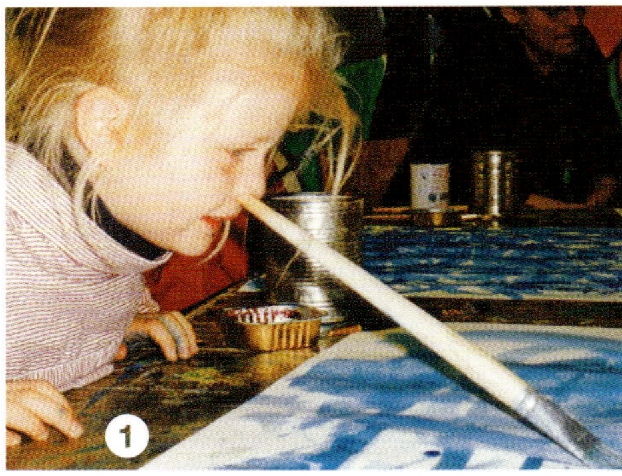

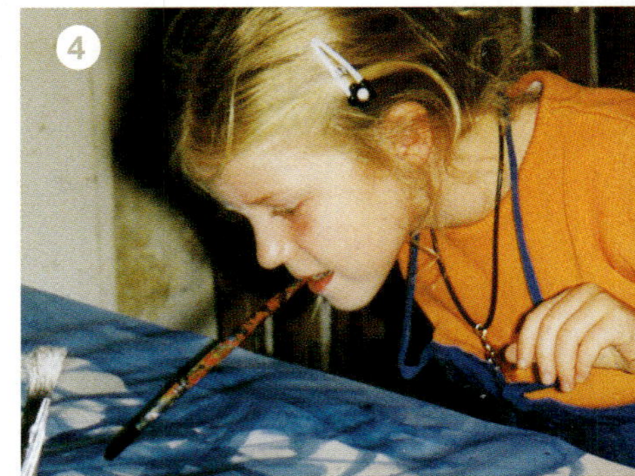

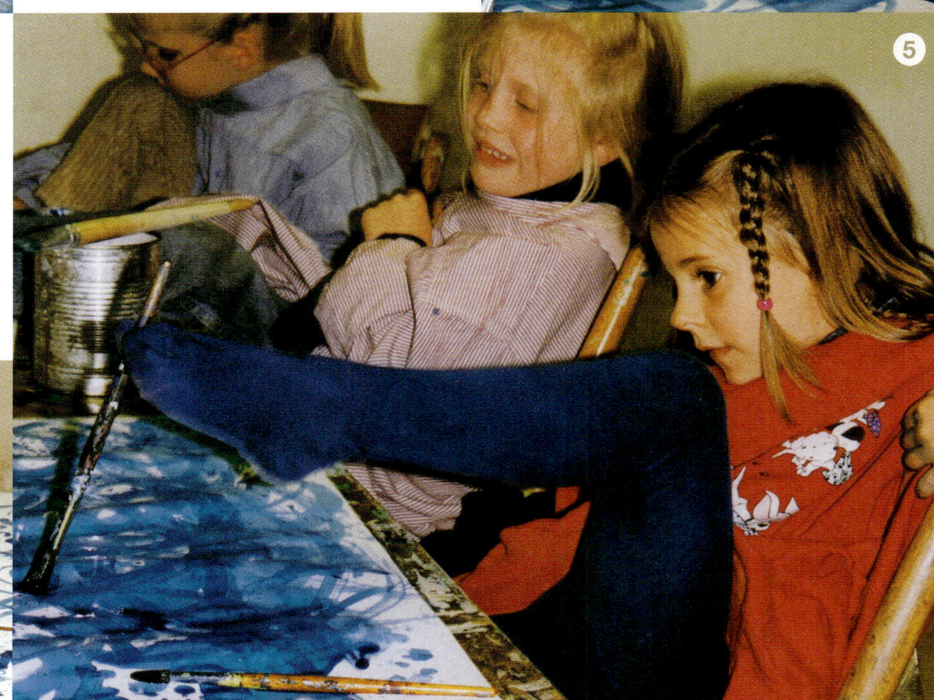

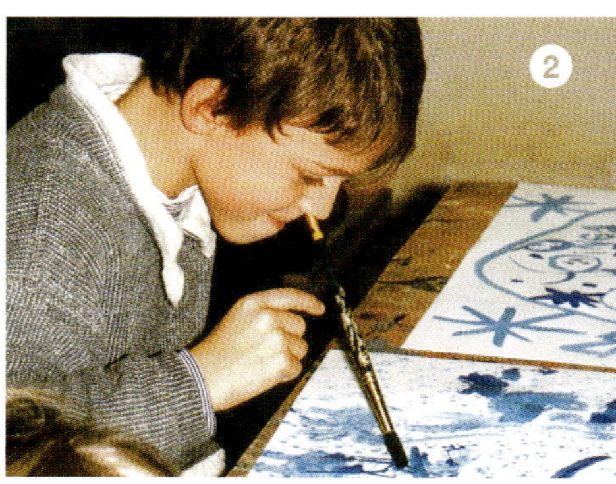

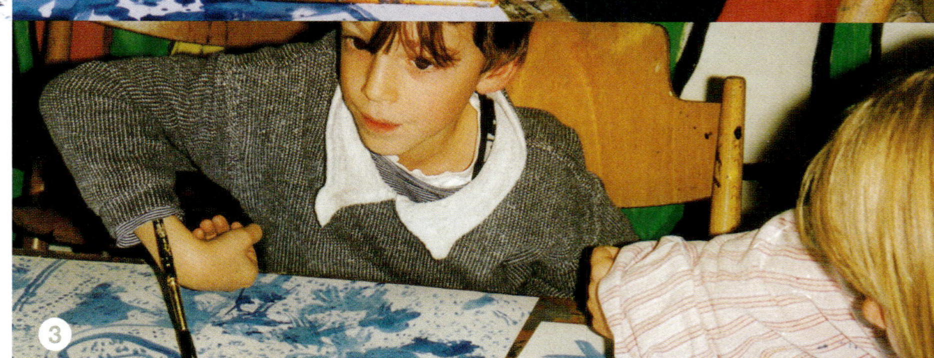

Malen, schwer gemacht

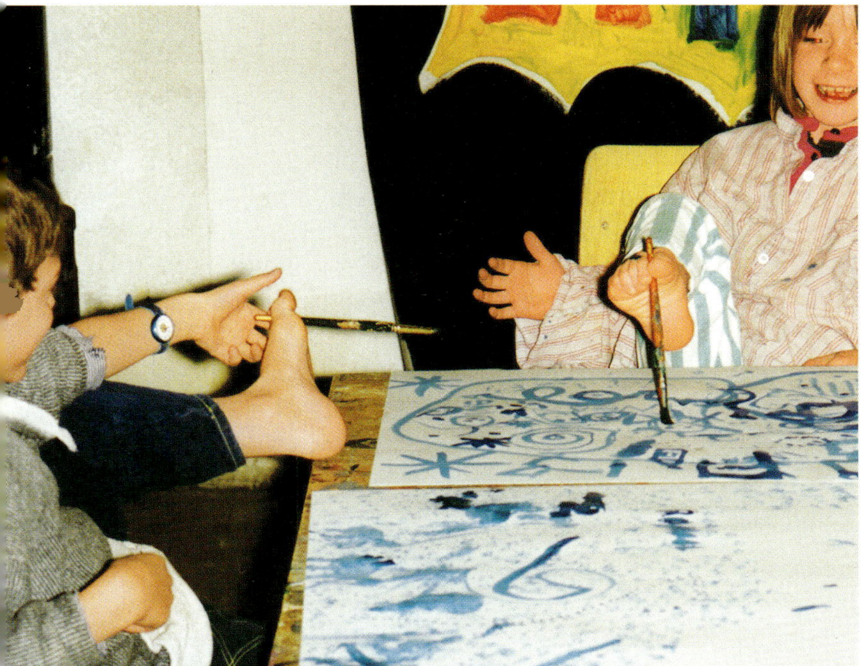

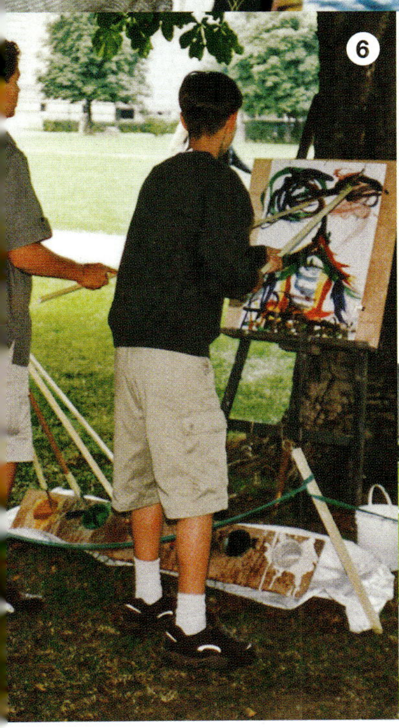

6

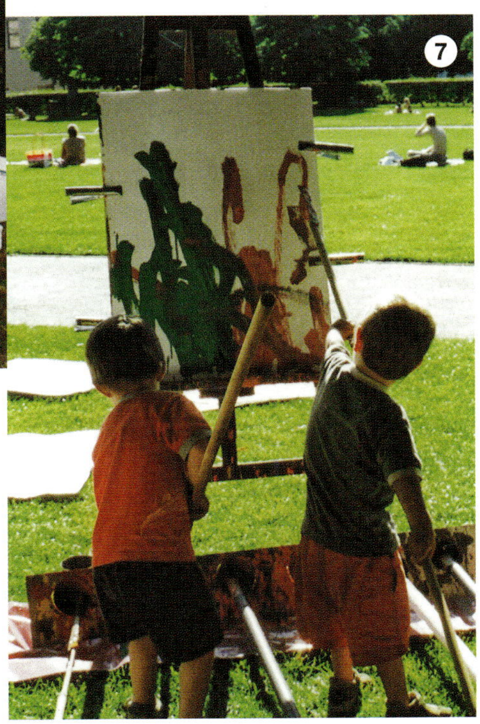

7

Werkzeug

Borstenpinsel
Haarpinsel
Bohrmaschine
Stichsäge
Staffelei oder anderer Bildhalter
Klemmen fürs Papier
(eventuell Wäscheklammern)

Material

Bambusstangen oder lange Leisten
als Pinselverlängerung
ein längeres Brett
Konservendosen
ein Bildhaltebrett
Papier
Klebeband
Dispersions- oder Leimfarben

Info

Beim Mund- und Fußmalen benutzt man besser die weicheren Haarpinsel, aber Vorsicht: spitze Pinselenden umwickeln (Verletzungsgefahr).
Mit den langen Pinseln am besten draußen malen (oder was unterlegen), denn es gibt eine arge Kleckserei!

Alter 4 6 8 10 12 14 16 18

Ein weißes Papier unter das saubere Glas legen, dann am besten gleich aufs Glas (oder zuvor auf Papier) ❶ mit Filzern zeichnen. Wenn was schief geht, kann man die Linie mit Spiritus wegwischen oder mit dem Messer wegkratzen. Ist die Zeichnung fertig und trocken, kann mit Plaka darüber gemalt werden ❷.

Beim Hinterglasbild malt man von vorn nach hinten, das heißt, der Vordergrund muss zuerst gezeichnet und gemalt werden, zum Beispiel zuerst die Kuh, dann die Wiesenfläche über die Kuh, so, dass diese scheinbar verschwindet, die Sonne oder Sterne vor dem Himmel, der vollflächig »dahinter gemalt« wird und nicht drum herum! Bedingung ist nur, dass eine Schicht trocken ist, bevor die nächste darüber gemalt wird. Man kann ruhig zwischendurch nachschauen ❸. Ist die Scheibe nicht ganz mit Farbe bedeckt ❼, oder aber etwas rausgekratzt ❹, sieht ein farbiges Papier oder Alufolie dahinter schön aus. Wenn das Bild getrocknet ist, das Papier und die Rückwand darauf legen ❺, alles zusammen umdrehen.

Die Malerei sieht man nun durch das Glas und die Zeichnung ist wieder sichtbar. Jetzt das Glas, Hintergrund und Rückwand fest zusammenpressen und mit einem passenden Farbband umkleben ❻ ❼.

Oben in die Mitte der Rückwand einen Bildaufhänger oder eine Schnurschlaufe (gut festkleben!) befestigen.

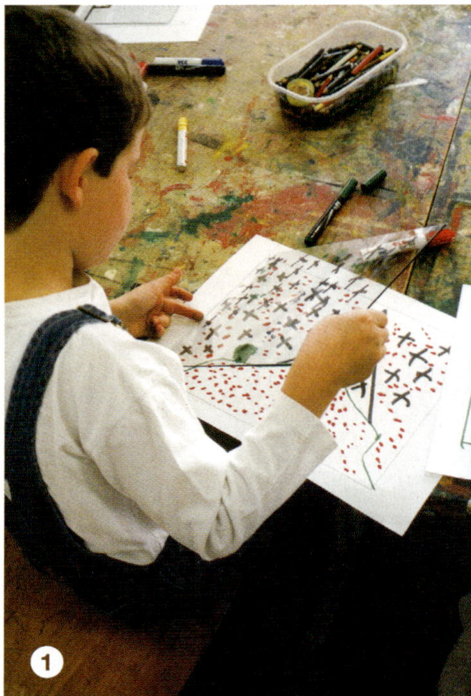
1

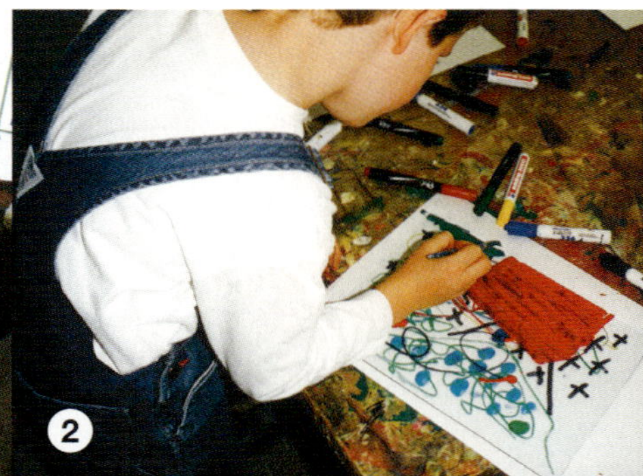
2

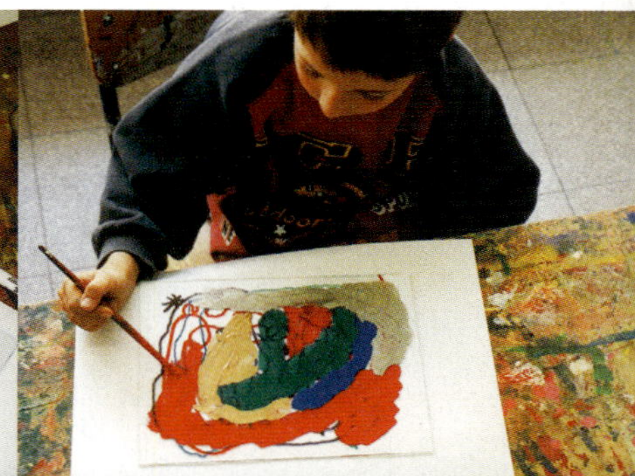

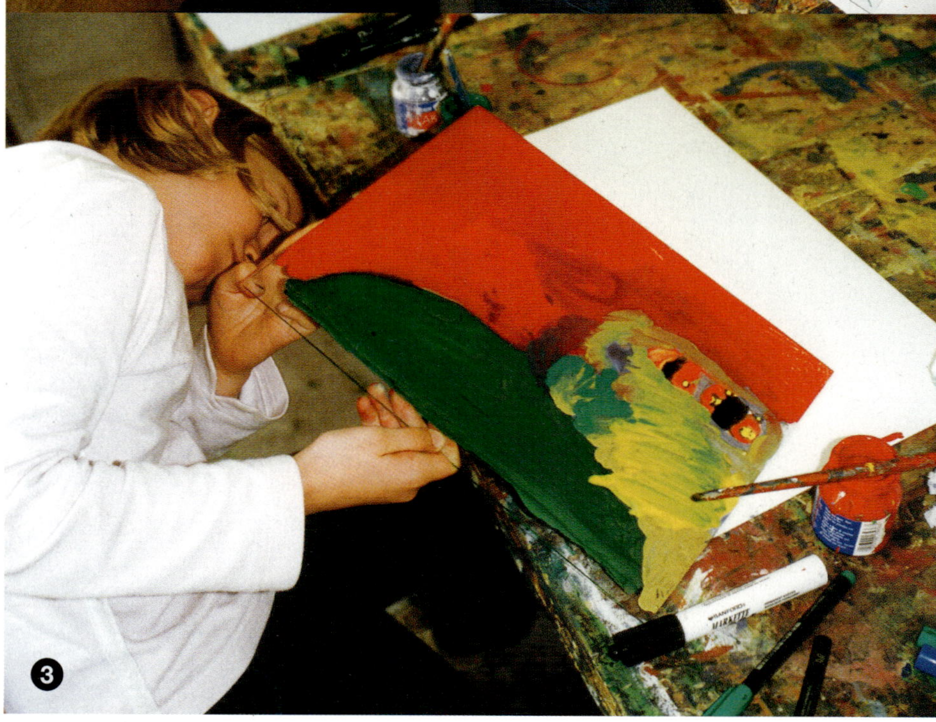
3

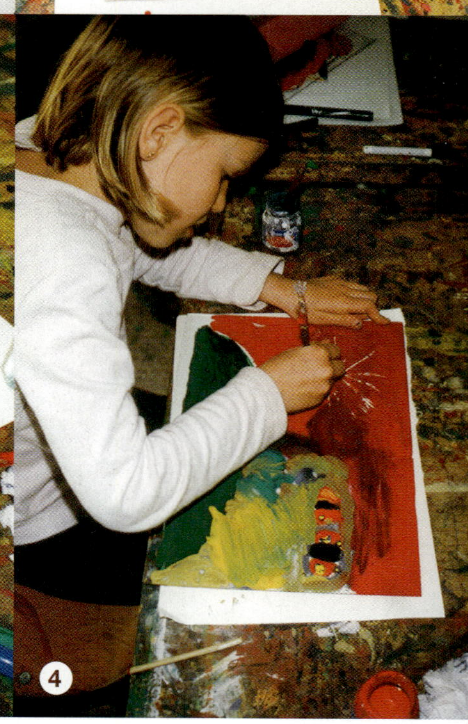
4

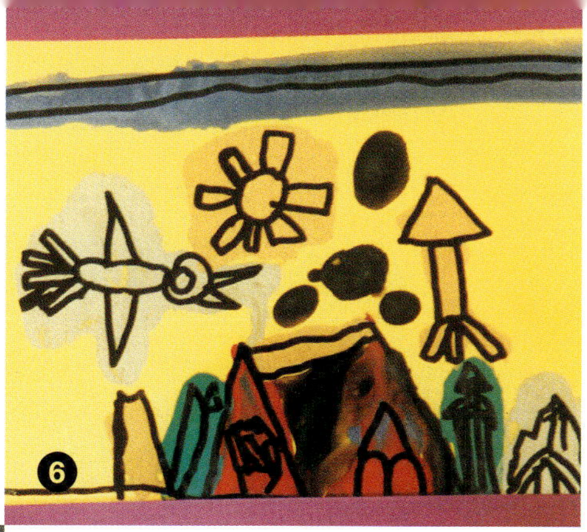

6

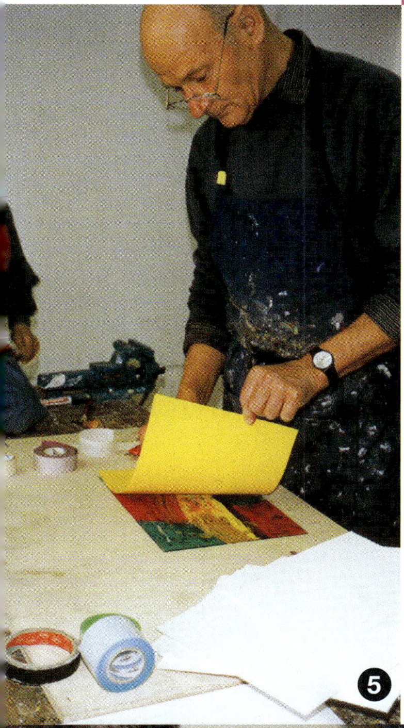

5

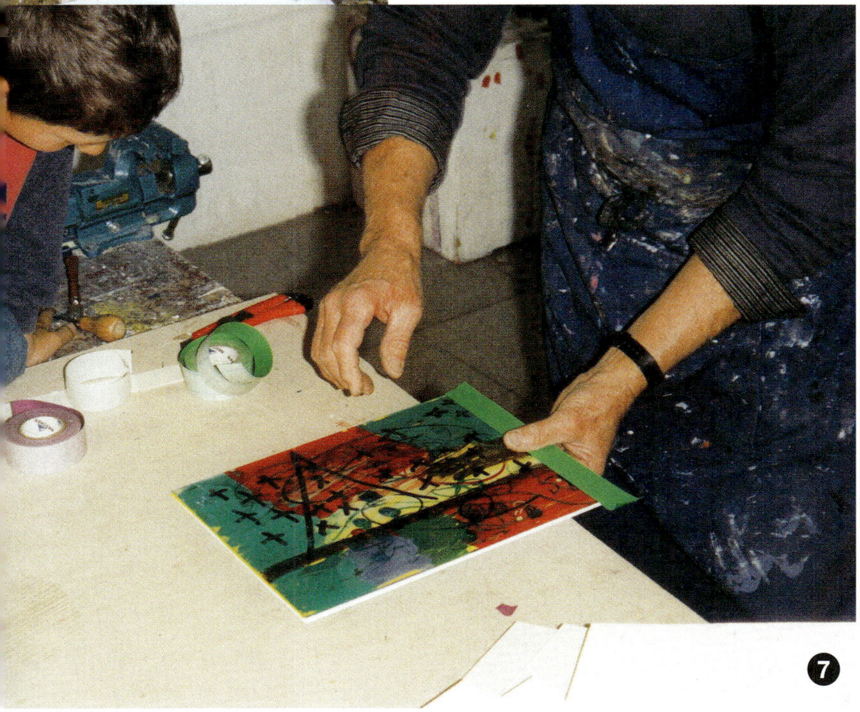

7

Hinterglasbilder

Werkzeug

Schere
weiche Pinsel
eventuell ein Glasschneider

Material

Glasscheibe
ein gleich großer Karton als Rückwand
wasserfeste Filzstifte
Plakafarben
textiles Klebeband, ca. 3 cm breit
Schnur oder Bildaufhänger
eventuell farbiges Papier, Alufolie

Info

Nach Glasresten in der Glaserei fragen und eventuell zurechtschneiden lassen. Aber auch Glas selber schneiden ist nicht besonders schwer: den Glasschneider fest und senkrecht aufsetzen und die Scheibe entlang eines Lineals mit gleichmäßigem Druck in einem Zug anritzen. Die Scheibe dann an der Schnittstelle über eine Tischkante brechen.
Die sehr scharfen Schnittkanten mit einer anderen Glaskante entgraten.

Alter 4 6 8 10 12 14 16 18

Der Holzleim wird, nicht zu dünn, entweder mit einem Pinsel aufgetragen oder direkt aus der Flasche gedrückt ❶.
Den Sand verteilt man in kleine Schälchen und streut ihn vorsichtig und gezielt über die Klebespur ❷. Was nicht kleben bleibt, wird auf einem größeren Papier darunter wieder aufgefangen und, bevor die nächste Sandfarbe benutzt wird, zurückgefüllt ❸.

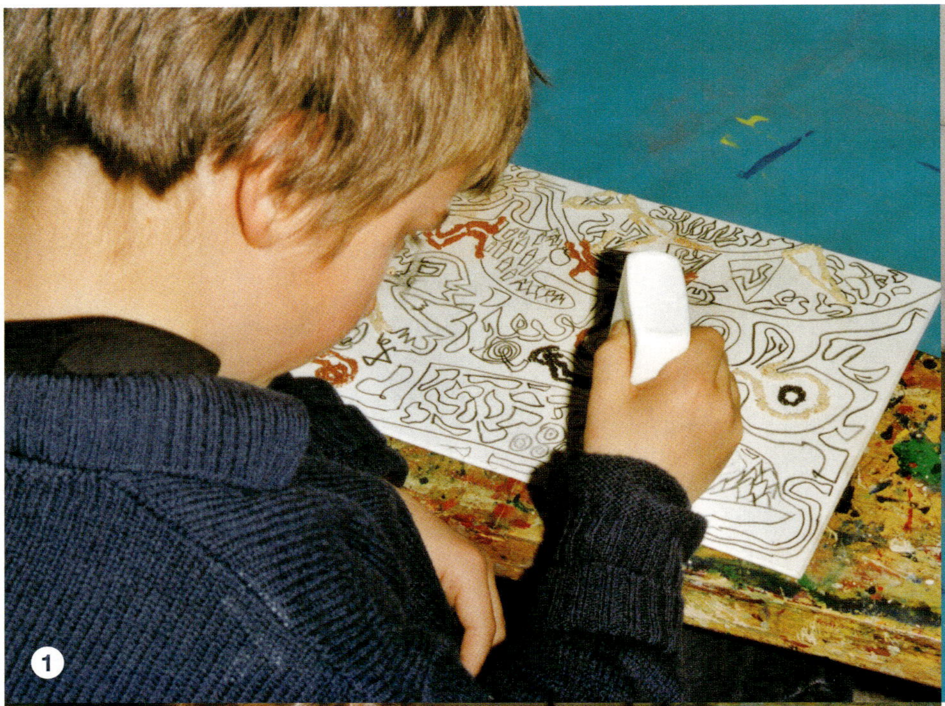

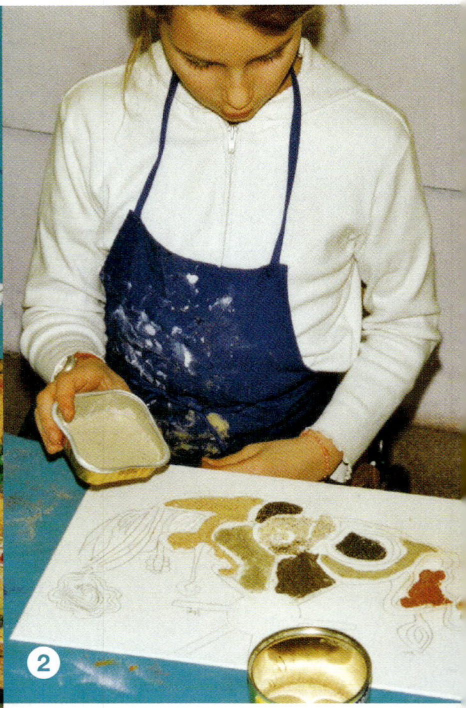

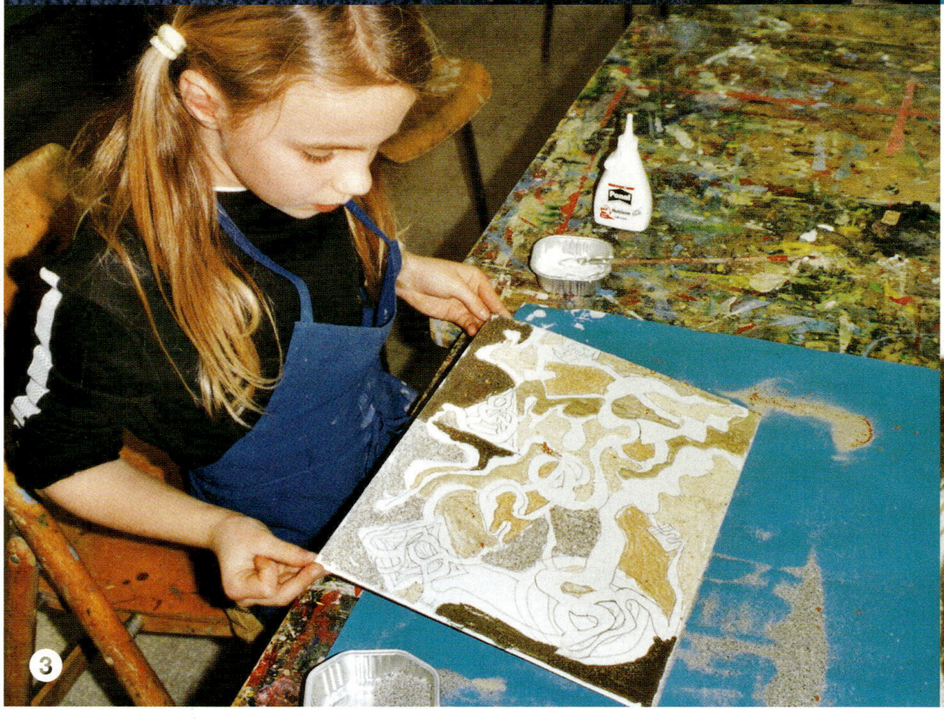

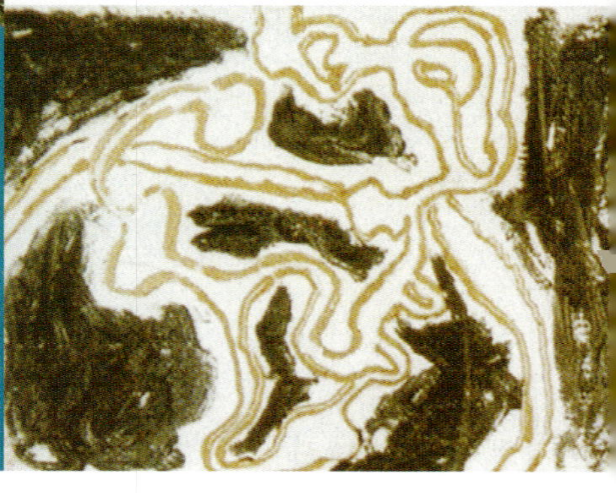

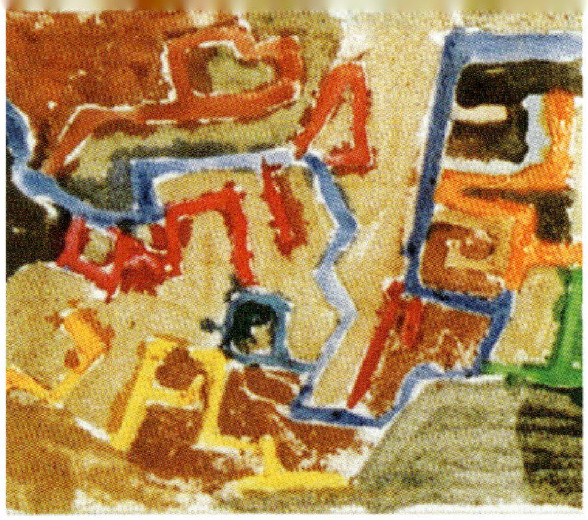

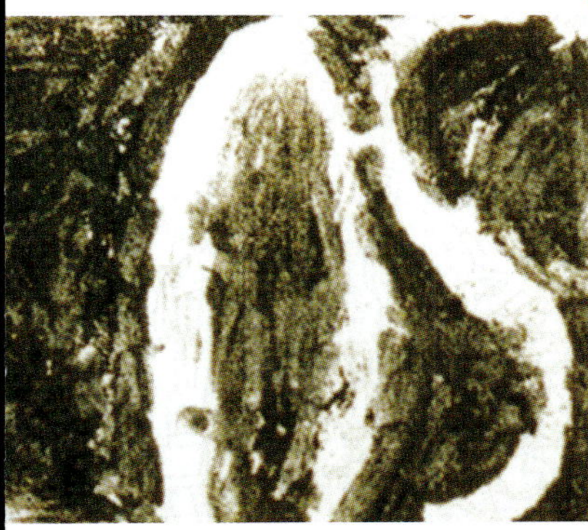

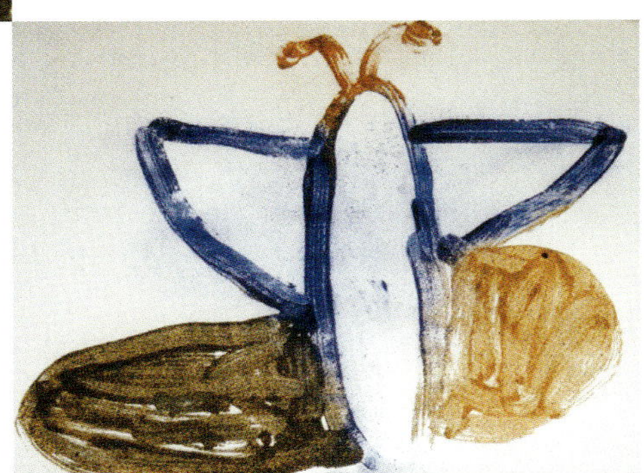

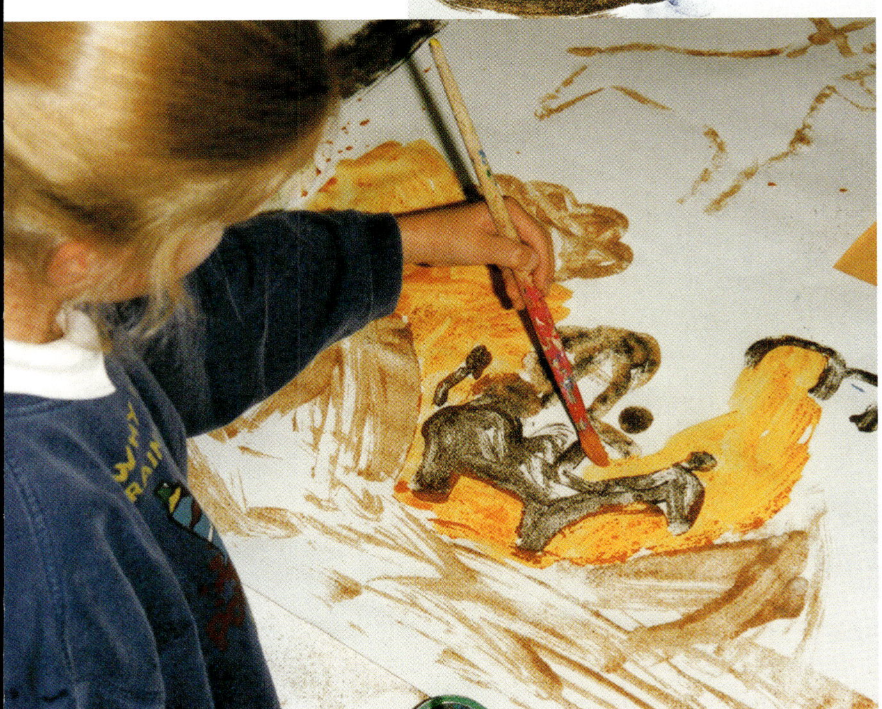

Sandbilder

Werkzeug

Pinsel

Material

Zeichenkarton
Holzleim
verschiedenfarbiger Sand

Info

Unsere Sandvorräte umfassen inzwischen 15 bis 20 Farbtöne (von Lavaschwarz über Ziegelrot bis hin zu Traumstrandweiß) und wachsen jedes Mal nach den Ferien. Wir bitten einfach Freunde, Kinder und Eltern, uns eine Wasserflasche voll aus dem Urlaub mitzubringen. Bei den Labyrinthen waren die Kinder schon etwas größer. Sie haben sich die verschlungenen Wege erst einmal mit einem Stift vorgezeichnet ❶ ❷ ❸.

Alter 4 6 8 10 12 14 16 18

Wir malen erst die Bildhintergründe. Das Papier sollte ein bisschen größer sein als der Rahmendurchblick. Den Themen sind hier kaum Grenzen gesetzt: Landschaften oder Märchenwelten ❶ ❷ eignen sich genauso wie Abstraktes ❸ ❹ ❺, selbst ein schwarzes Quadrat kann zum Leben erweckt werden ❷. Jeder schminkt sich so, wie er am besten ins Bild passt.

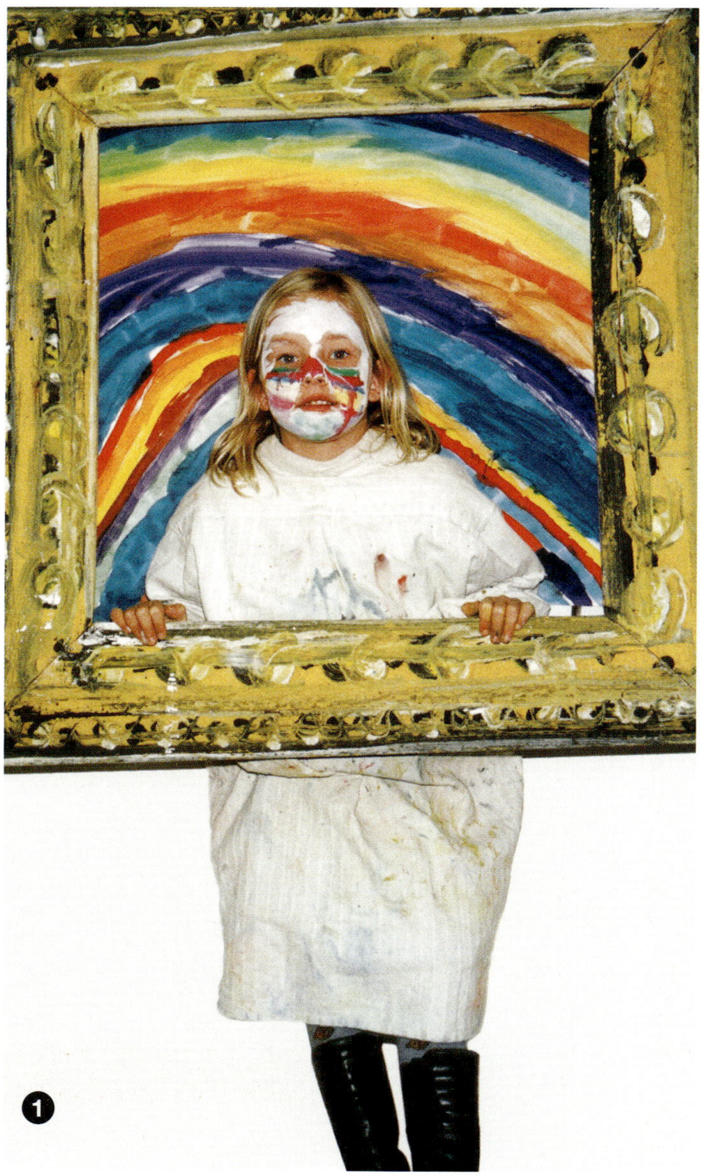
❶

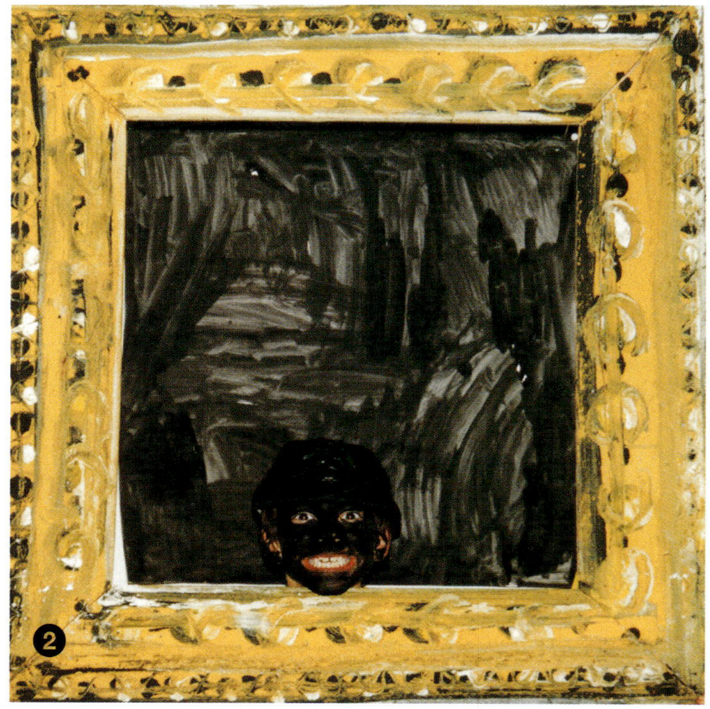
❷

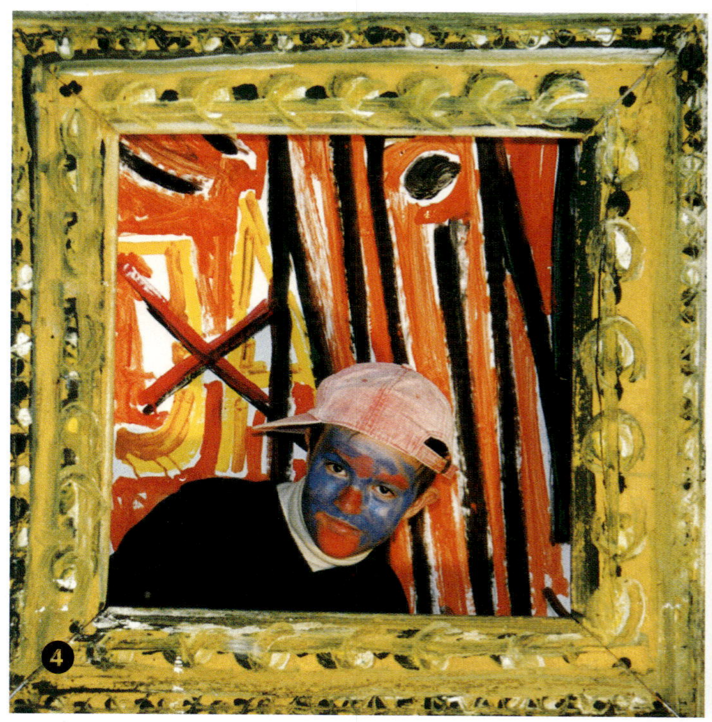
❹

Inszenierung im Rahmen

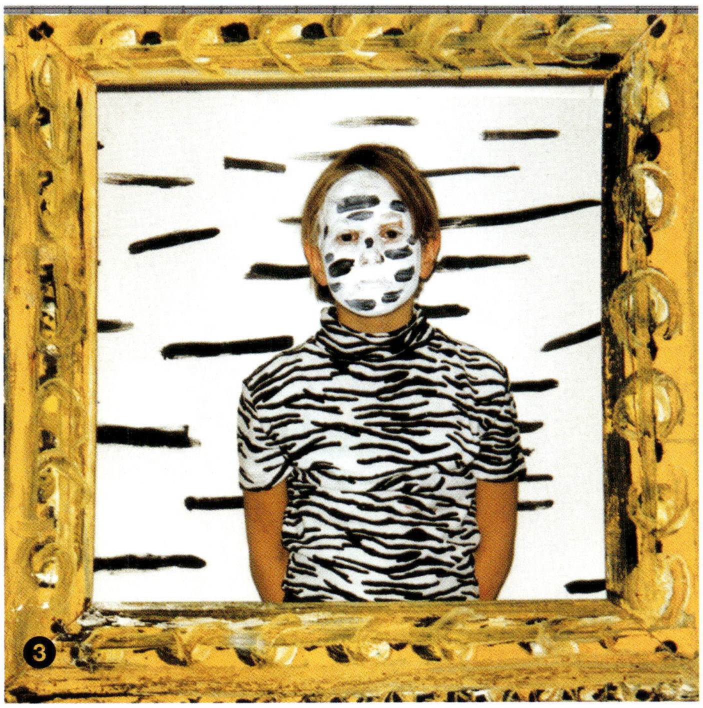

Werkzeug

alter Bilderrahmen (mindestens DIN A1) oder
Holzbretter, Pappstreifen zum Selberbauen
Stichsäge

Material

Papier
Dispersionsfarbe (für den Rahmen)
Farbe: Dispersion, Leim oder Tempera
Schminke
Verkleidungssachen

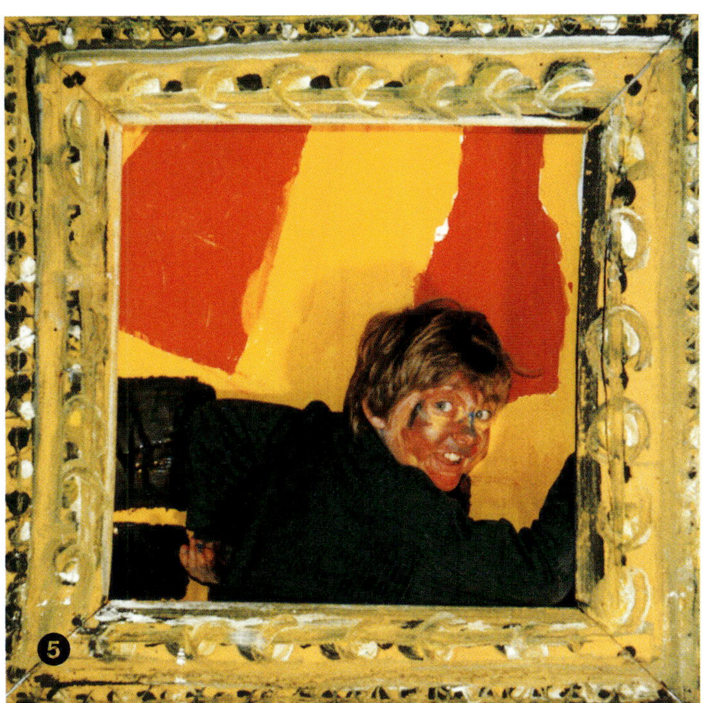

Info

Der Rahmen ist schnell selber gebaut: Holzbretter flach auf Gehrung sägen und von hinten mit Sperrholzdreiecken über Eck befestigen. Anschließend wird die Sichtseite mit Farbe »üppig vergoldet«.

Alter 4 6 8 10 12 14 16 18

Auf große Kartonbögen (Format mindestens 70 x 100 cm) werden Werbeplakate für einen bekannten Film oder Roman gemalt. An der Position der Köpfe der Hauptfiguren werden runde Formen ausgeschnitten, durch die die »HeldInnen« ihre Köpfe stecken können, so dass sie selbst an der Geschichte teilnehmen und ein Teil ihres eigenen Plakats werden ❶ ❷ ❸ ❹.
Die Kinder können sich für ihr Plakat zusätzlich ihre Gesichter bemalen oder schminken und sind so noch besser ins Plakatdesign integriert ❷ ❺ ❻.
Wenn mehrere Darsteller auf dem Plakat auftauchen, sollte der Karton dementsprechend größer gewählt werden ❻.

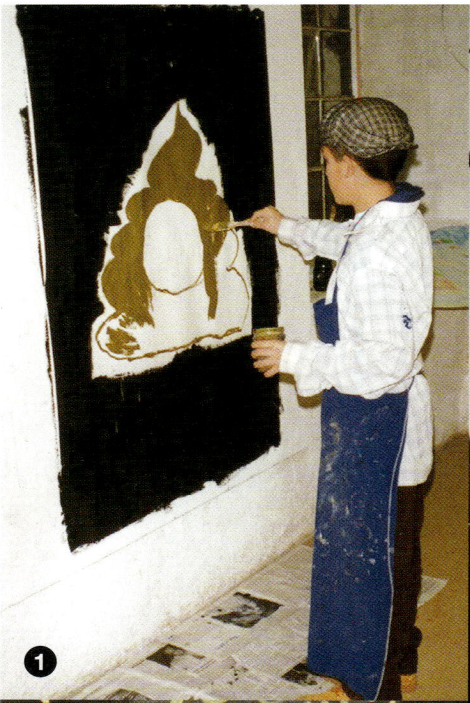

❶

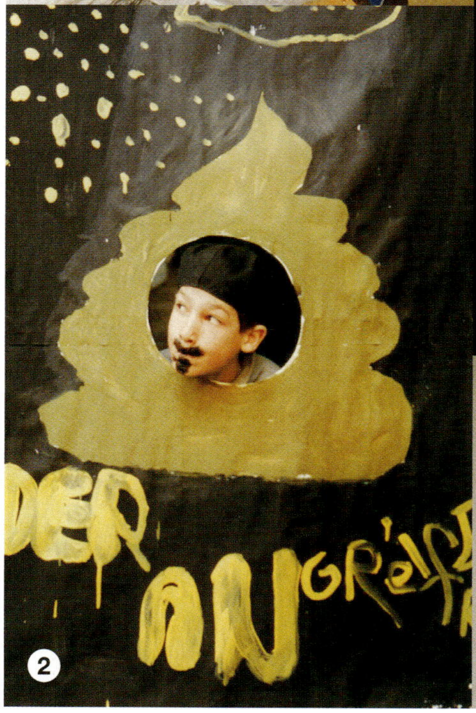

❷

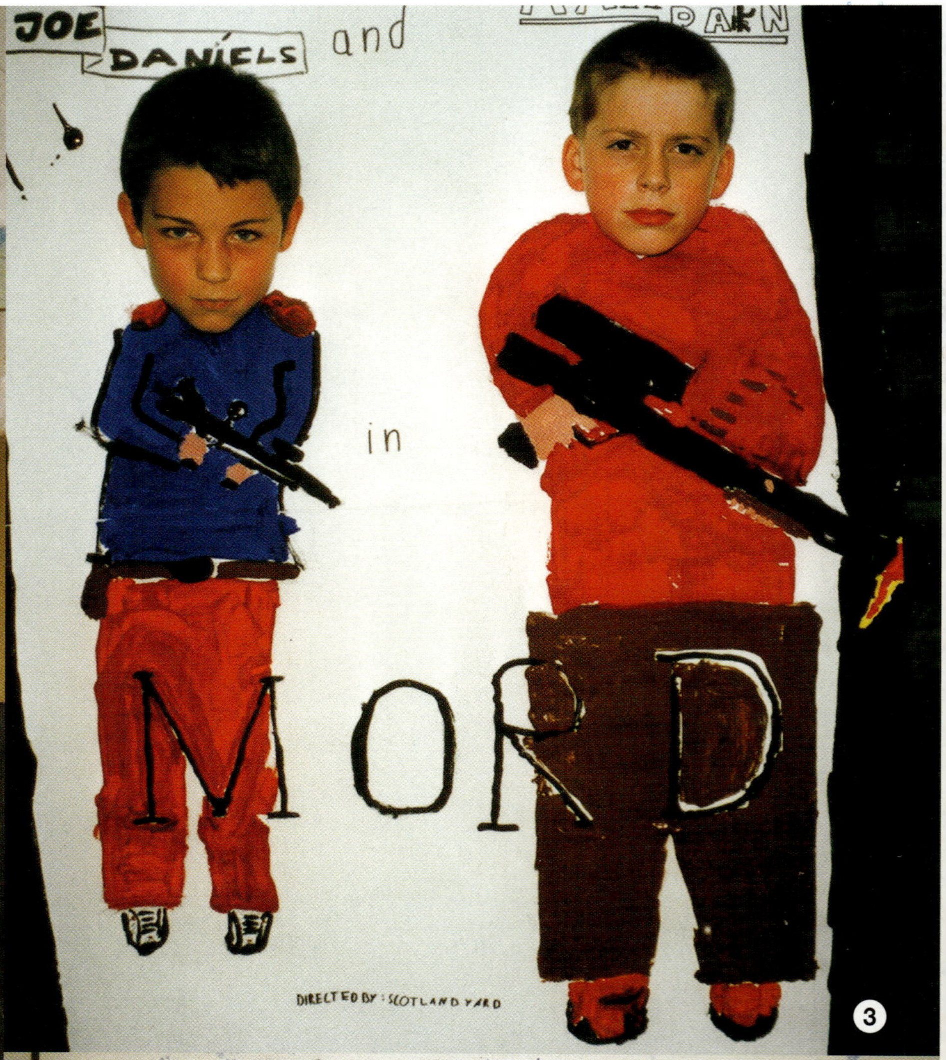

❸

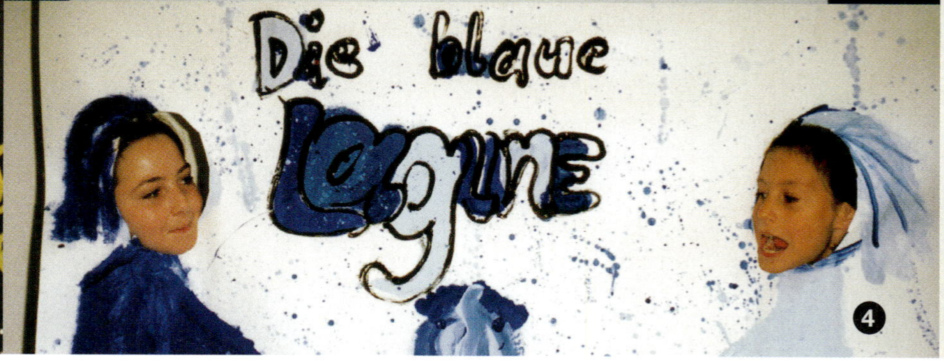

❹

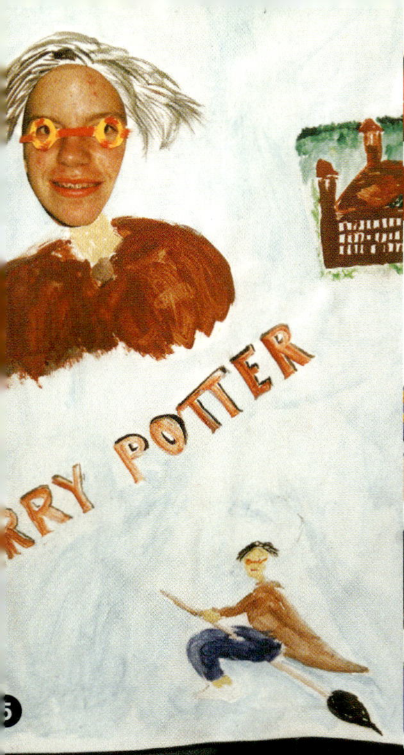

5

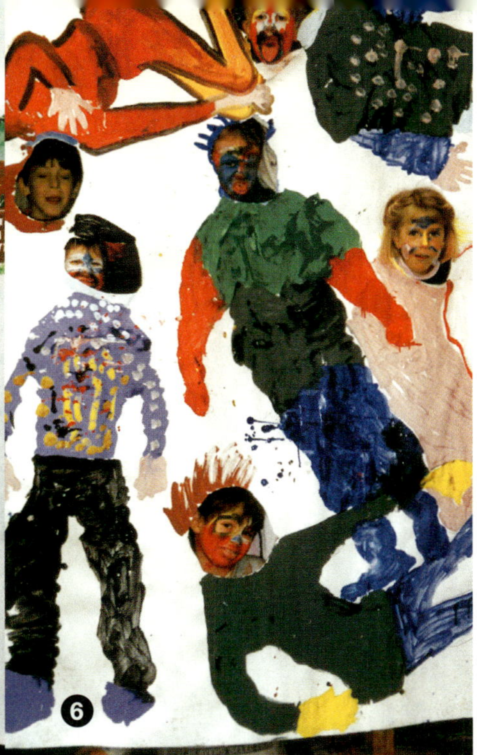

6

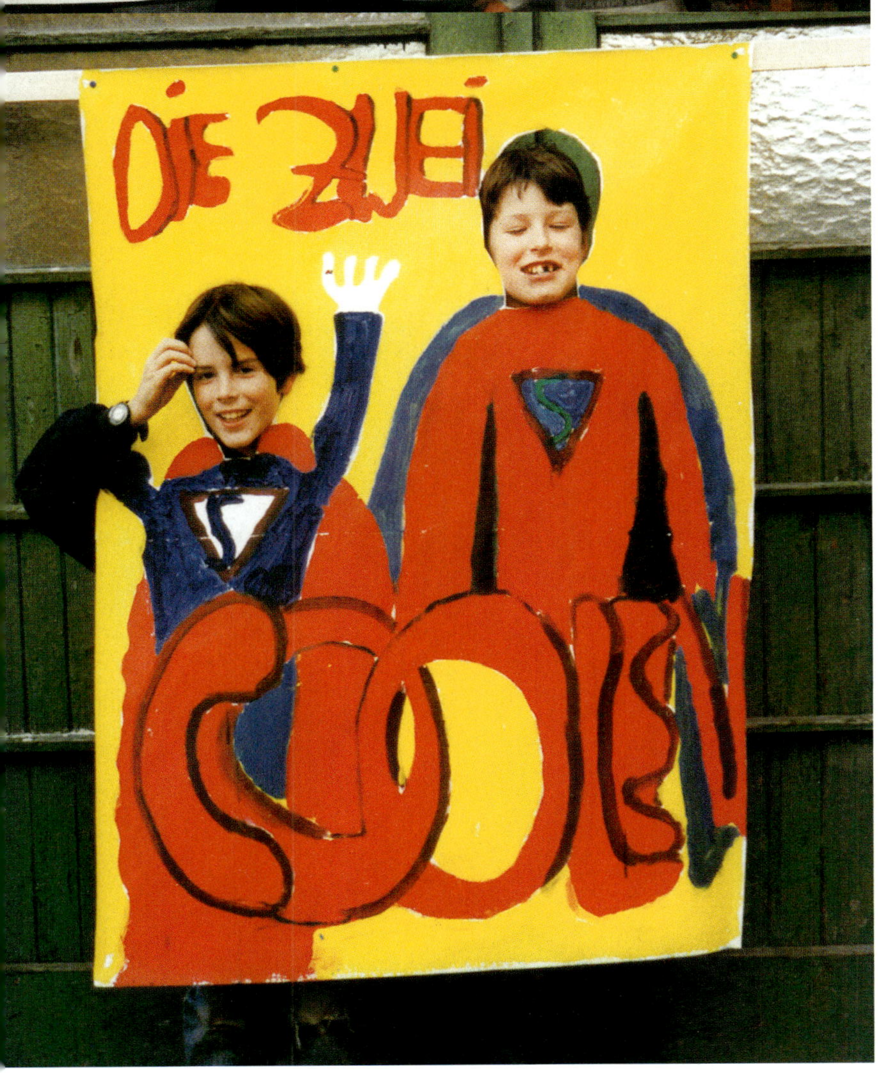

Kopf im Bild

Werkzeug

Schere
Pinsel

Material

Karton
Farben

Info

Als Anregung eignen sich aktuelle Film- oder Buchtitel.

Alter 4 6 8 10 12 14 16 18

In das Hemd wird glattes Papier eingelegt, damit die aufgetragene Farbe nicht auf die Rückseite durchsickert ❶.
Nun sind der Phantasie keine Grenzen gesetzt! Einfache, schöne Gestaltung oder das Kundtun persönlicher Anliegen der Kinder erscheinen auf ihren Hemden ❷ bis ❿. Die Papier-Shirts dagegen werden als Werbeträger auf der Wiese spazieren geführt ❾ ❿.

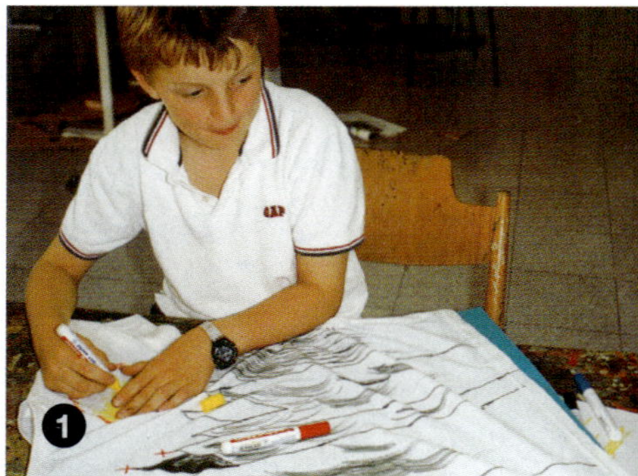
1

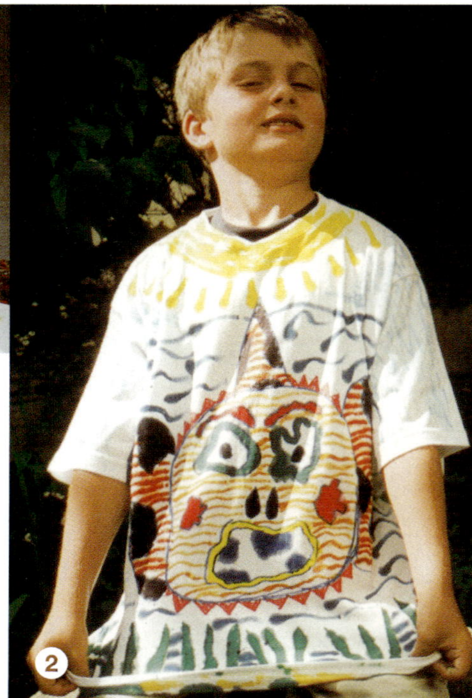
2

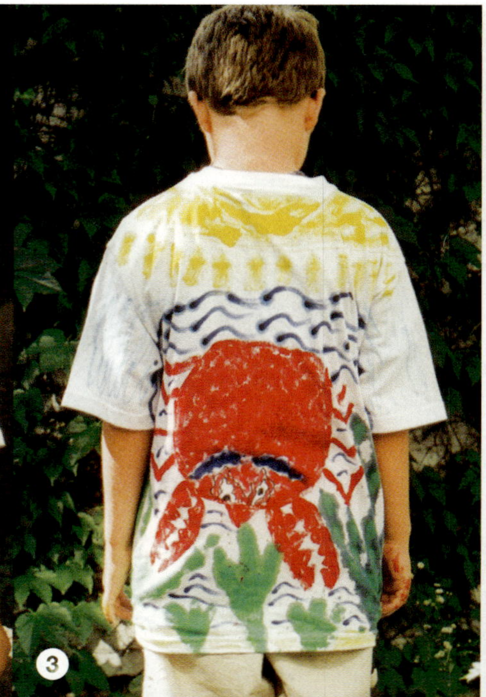
3

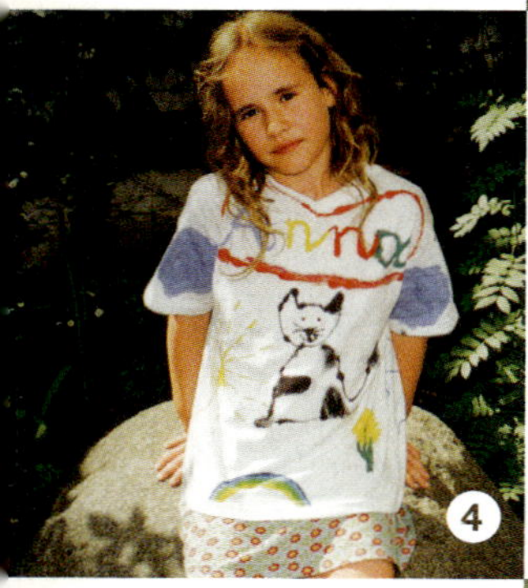
4

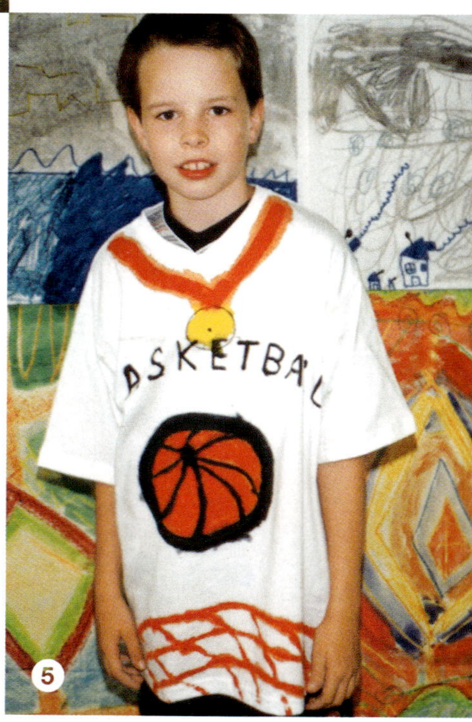
5

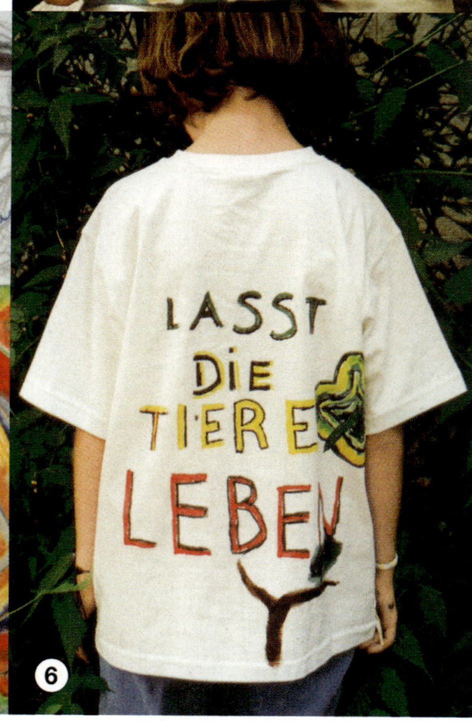

6

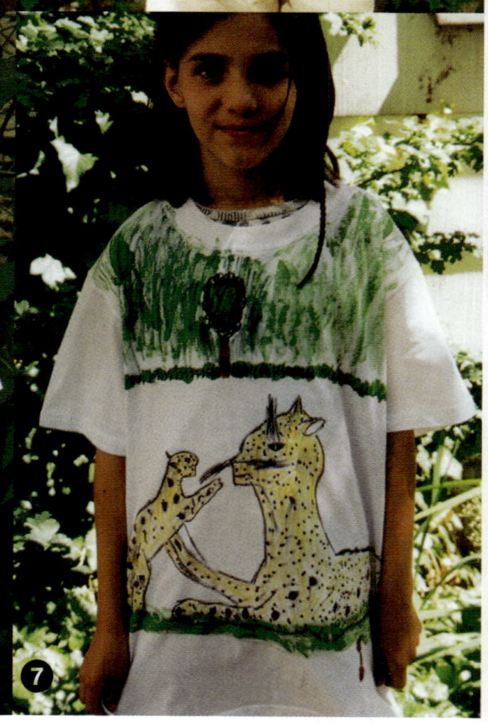
7

T-Shirts bemalen

Werkzeug

weiche Haarpinsel

Material

weiße T-Shirts
Stoffmalfarben
Filzstifte zum Bemalen der Stoffe

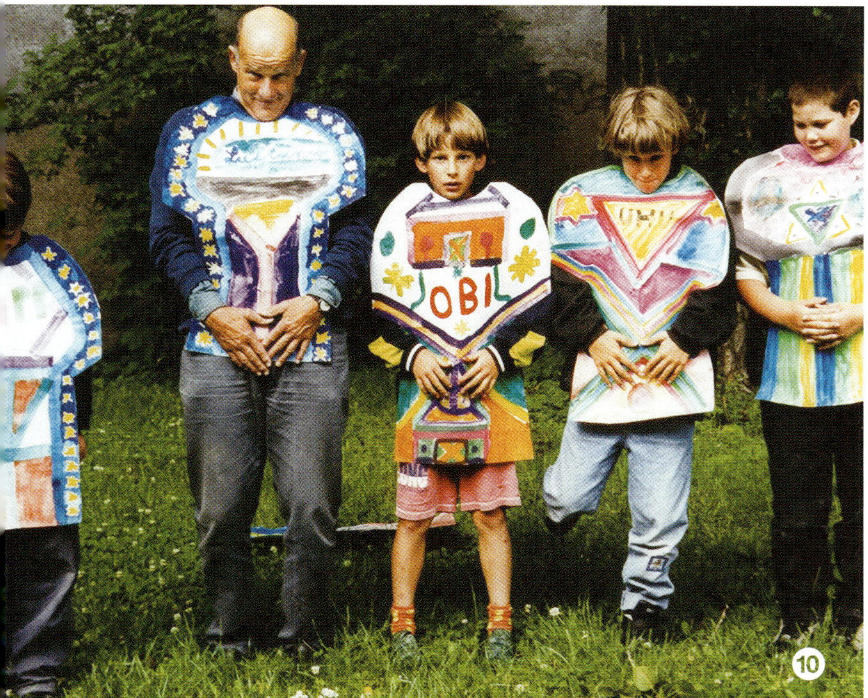

10

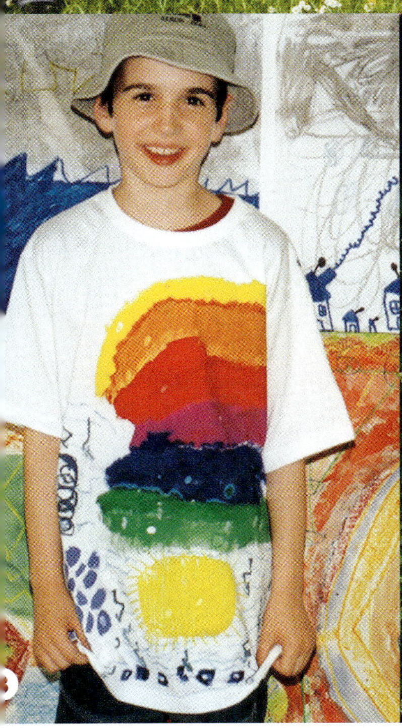

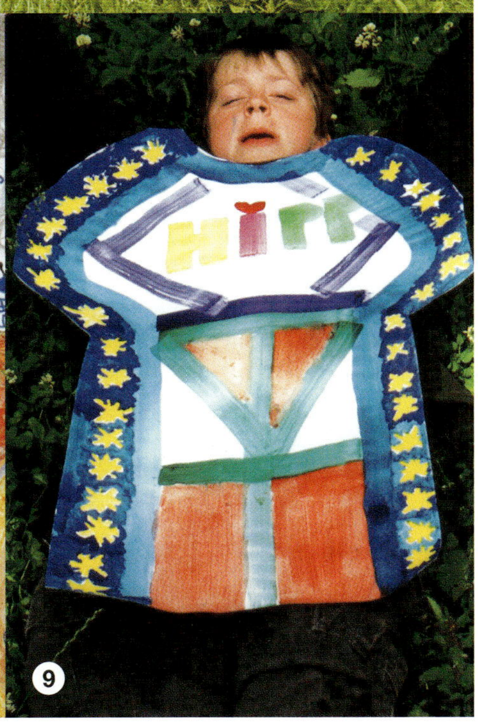

9

Info

Es kann helfen, den Stoff vor dem Bemalen leicht anzufeuchten, dann gleiten die Pinsel gut und die Farbe zieht besser ein.
Die noch schnellere Version: Man schneidet sich aus Papier ein Hemd – und bemalt es mit Wasserfarben.

Alter 4 6 8 10 12 14 16 18

Schwämme eignen sich hervorragend, um Hintergründe mit Farbverläufen anzulegen. Die Farbe (normale Dispersion) sehr verdünnt in flachen Schüsseln, Tellern etc. ansetzen und mit dem Schwamm auf saugfähigem Papier verteilen (Einweghandschuhe benutzen!) ❶. Neben dem gängigen Sonnenuntergang haben wir als Anregung auch andere Gegenlichtsituationen, zum Beispiel die Lightshow eines Rockkonzerts, angeboten ❷. Nach dem Trocknen wird mit Tusche (oder schwarzer Farbe) der Vordergrund als scharfe Silhouette gemalt ❸ und schon ist man mitten drin in der Abendstimmung ❹ oder im Livekonzert ❺ ❻.

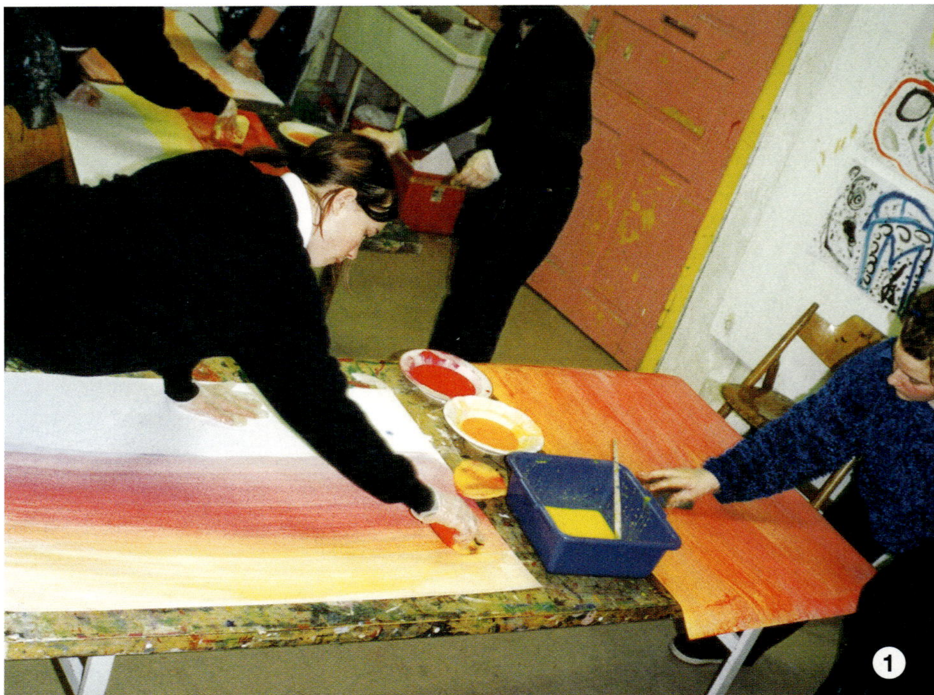

1

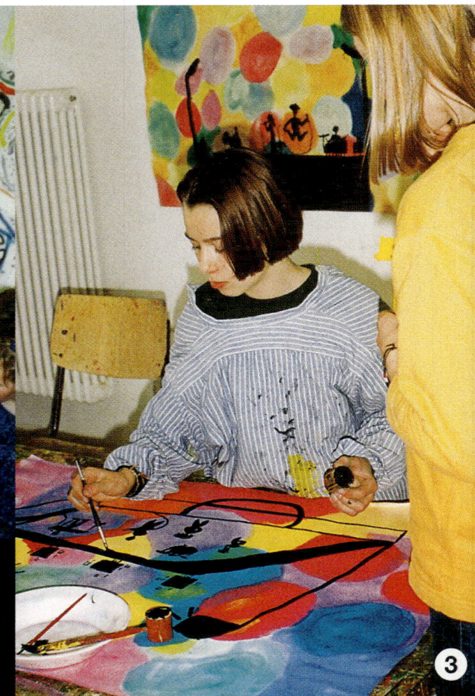

3

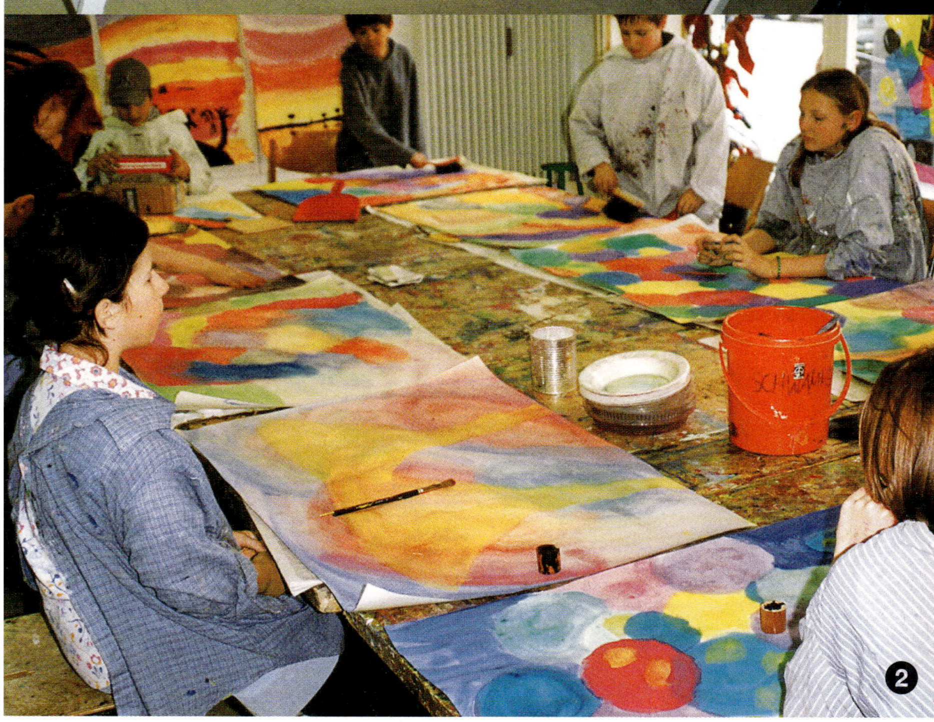

2

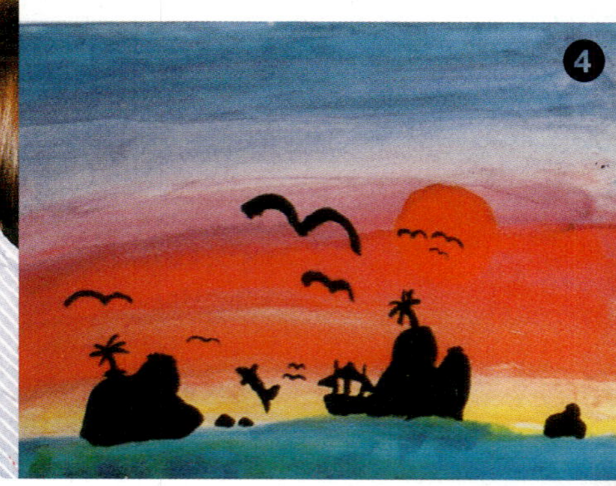

4

Bilder mit dem Schwamm

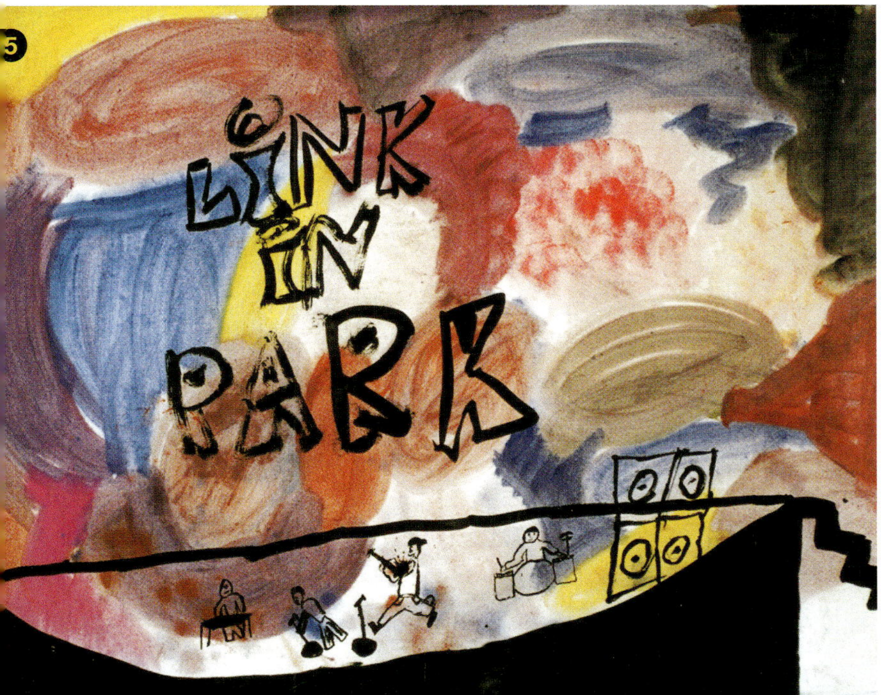

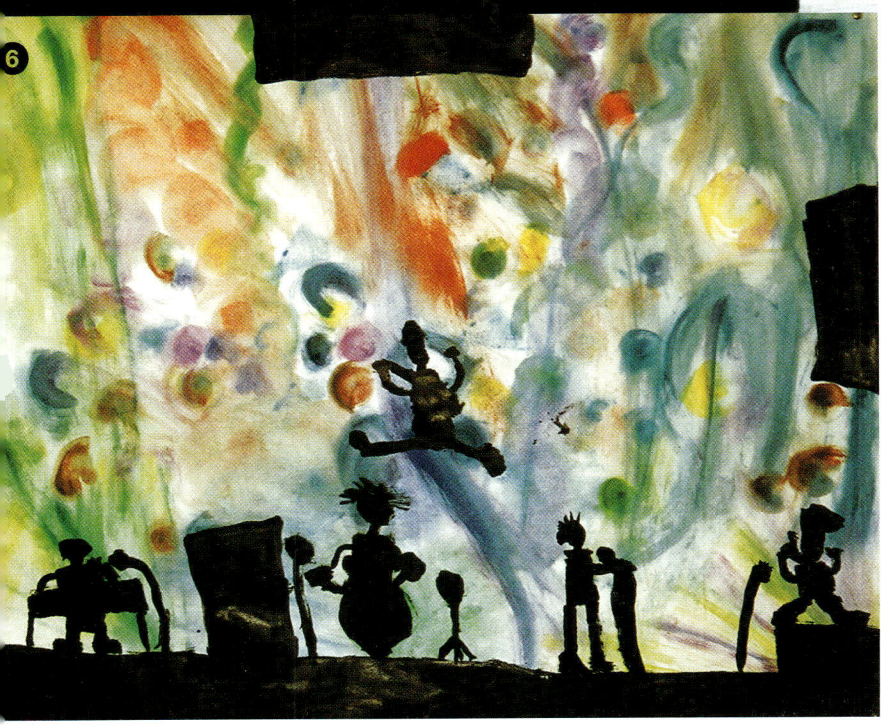

Werkzeug

Schwämme
Schüsseln
Einweghandschuhe

Material

Dispersionsfarbe
Tusche

Info

Wir benutzen hier einfache Haushaltsschwämme, die man für einfache Musterbilder auch wie Stempel benutzen kann.
Um Oberflächen zu strukturieren, eignen sich besser Naturschwämme, die zwar sehr teuer sind, aber bei guter Pflege lange halten.

Alter 4 6 8 10 12 14 16 18

Es wird eine bestimmte Stelle ausgewählt, beispielsweise ein Fußabstreifer, eine Sitzbank, ein Teil eines Bürgersteigs in der Umgebung. Ein Stück Papier wird darauf mit Klebeband fixiert, so dass nur ein Teil der Oberfläche sichtbar bleibt, der andere Teil wird verdeckt ❶ ❸. Zuerst übernimmt man die Grundfarbe der Umgebung und versucht sie genau nachzumischen ❶ ❹.
Als nächster Schritt werden die detaillierten Eigenschaften von Material und Oberfläche rekonstruiert, so dass die verdeckte Stelle wie wiederhergestellt wirkt ❷ ❺.

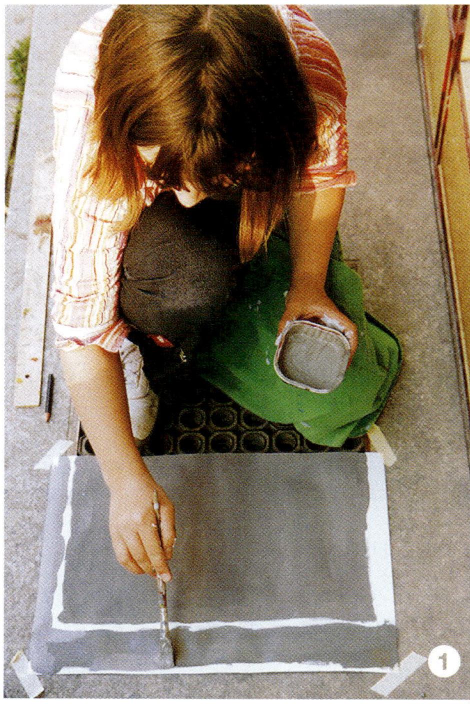

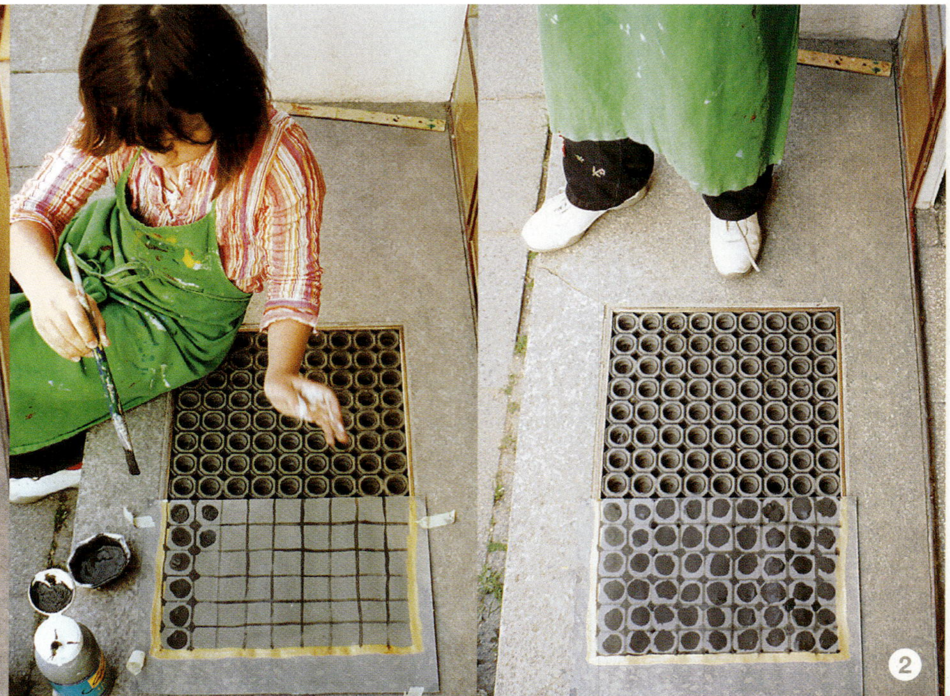

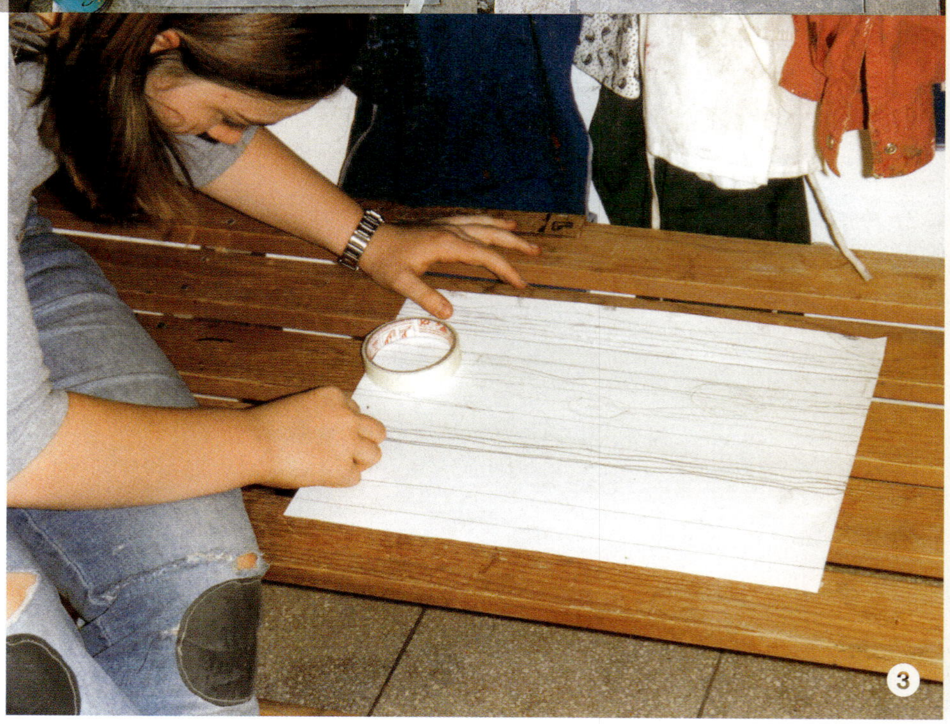

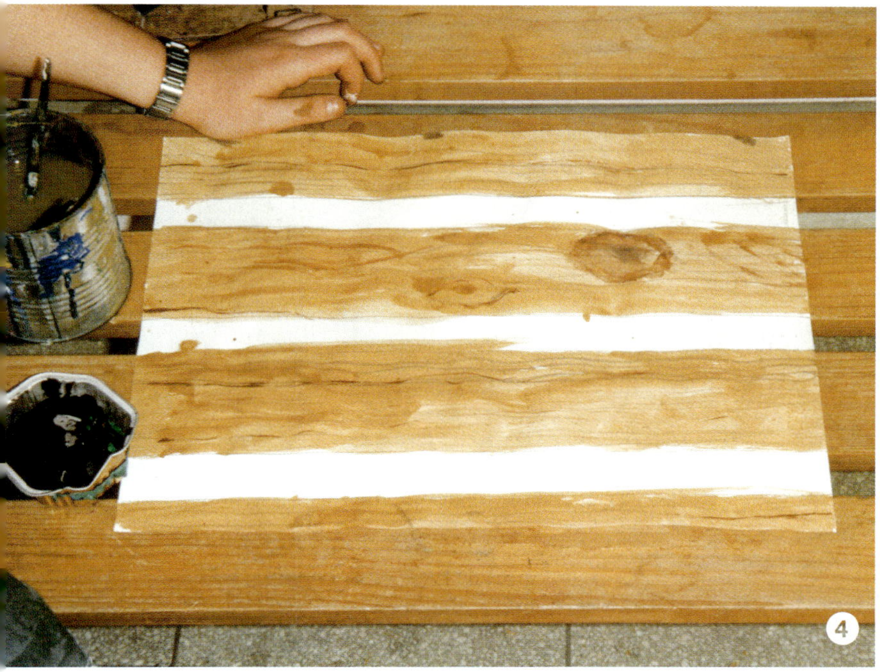

4

Verschwinde-Bilder

Werkzeug

Pinsel

Material

Bleistift
Farben
Sand
Klebeband

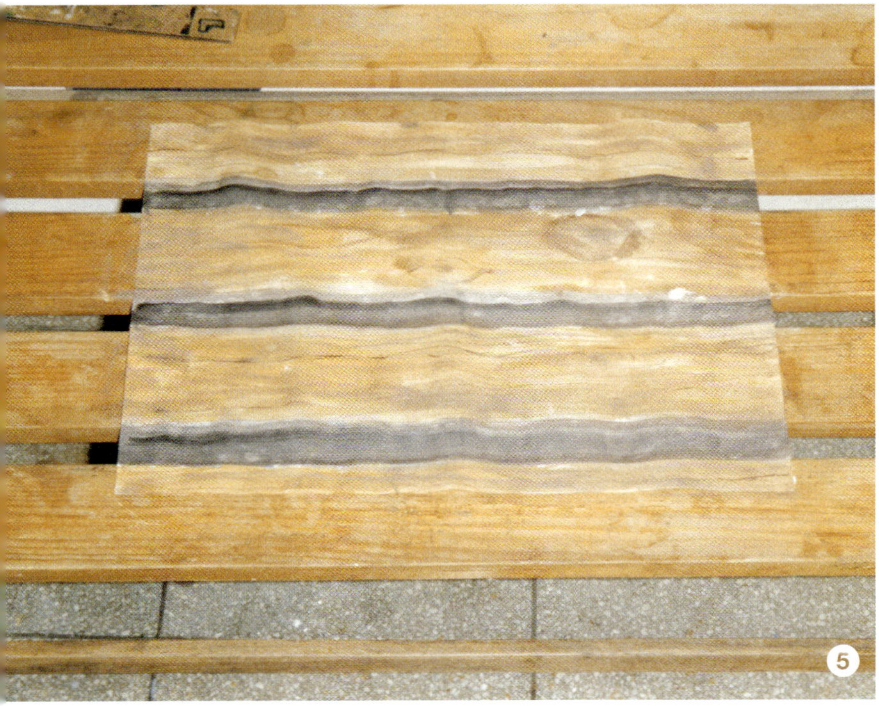

5

Info

Auf den ersten Blick eher unspektakulär wirkende Themen können ungeheuer interessant und spannend werden!

Alter 4 6 8 10 **12 14 16 18**

Die Farbe wird im Verhältnis ein Viertel Farbpulver, ein Viertel Wasser und zwei Viertel Leim angerührt ❶. Aus einem festen Karton wird der Kamm zurechtgeschnitten ❷. Die weich fließende Farbpaste wird zuerst vom Pinsel über die Fläche verteilt und dann mit dem Kamm zu Mustern »verzogen« ❸ bis ❾. Die Produktion läuft auf Hochtouren und die Malerinnen strahlen ❿.

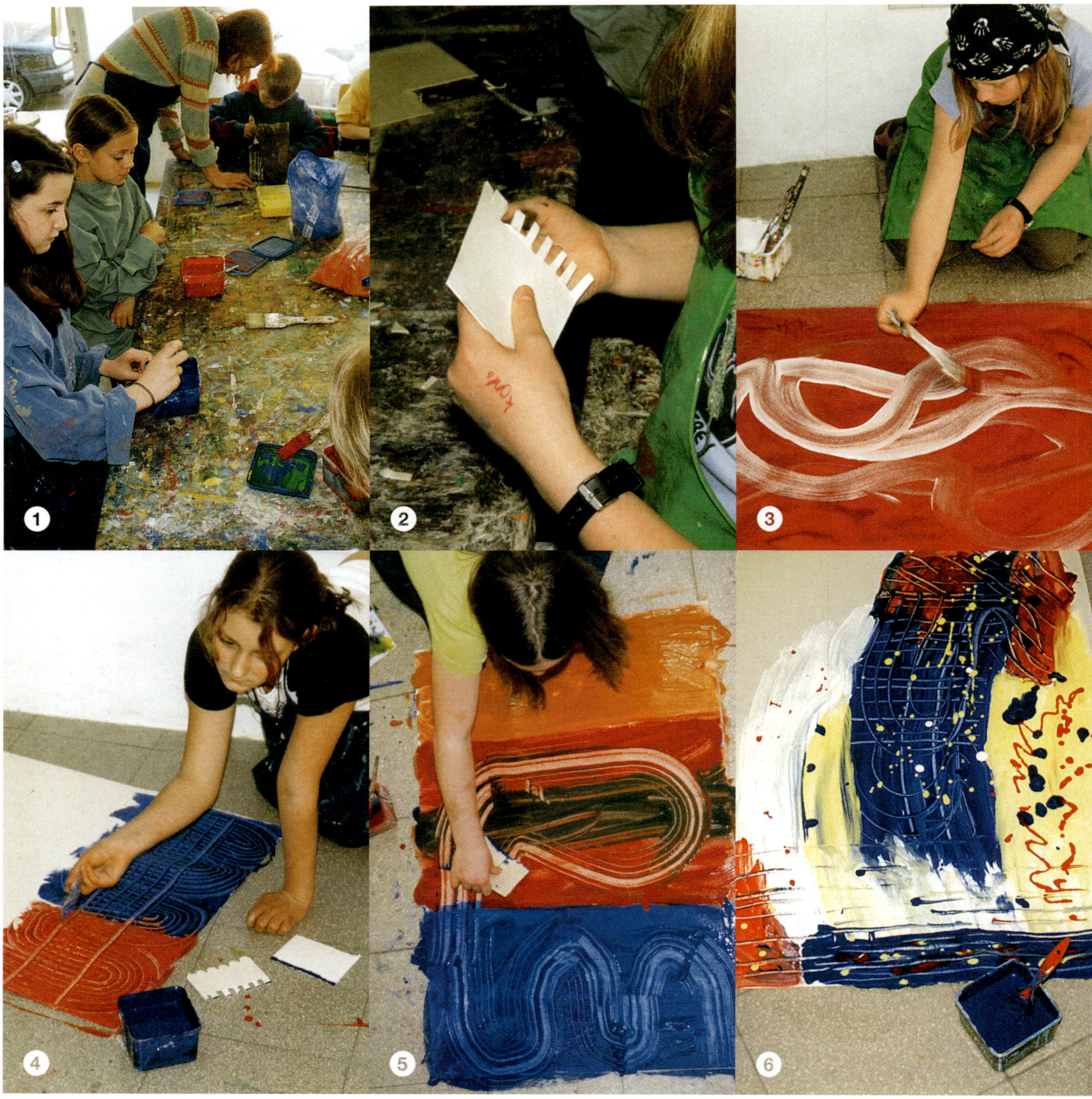

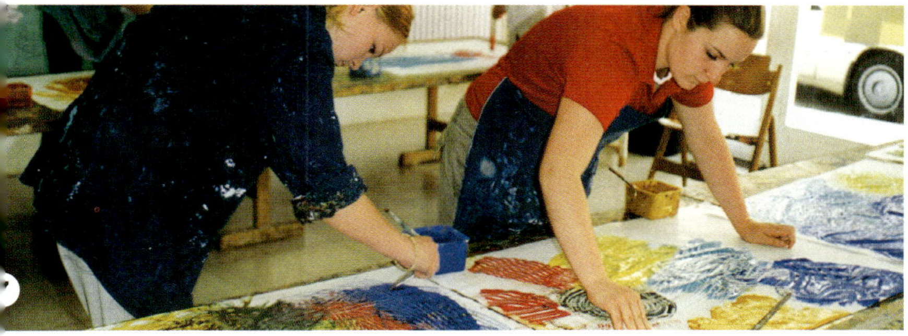

Bilder mit dem Kamm

Werkzeug

breite Pinsel
Kamm, aus Karton ausgeschnitten, oder gezähnter Teigkratzer

Material

verschiedene Farbpigmentpulver
Tapetenkleister
große (ca. 70 x 90 cm) feste Papierblätter

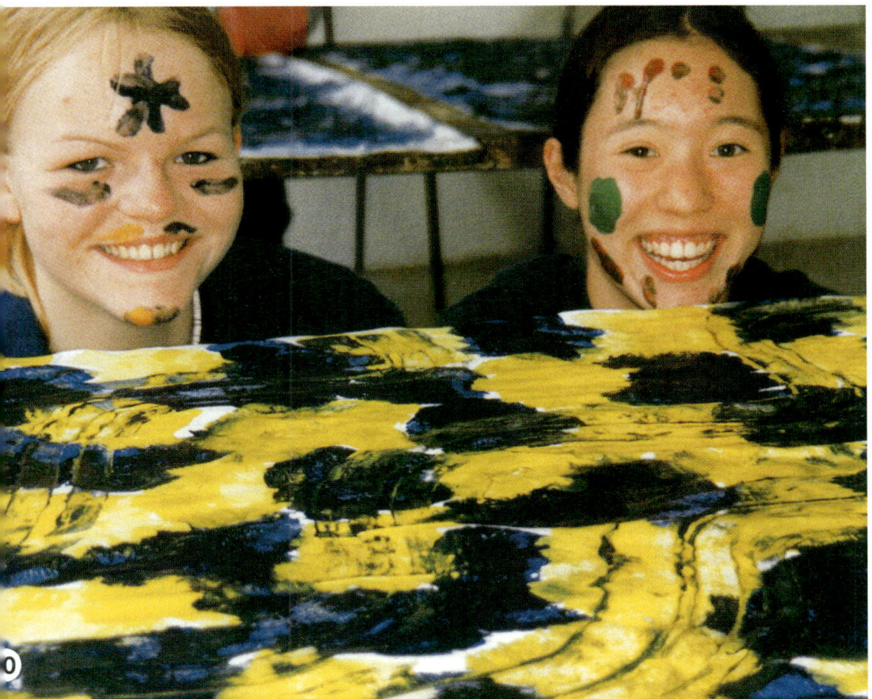

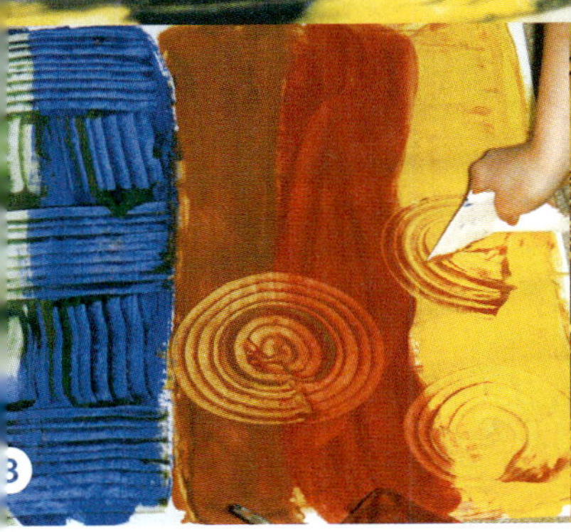

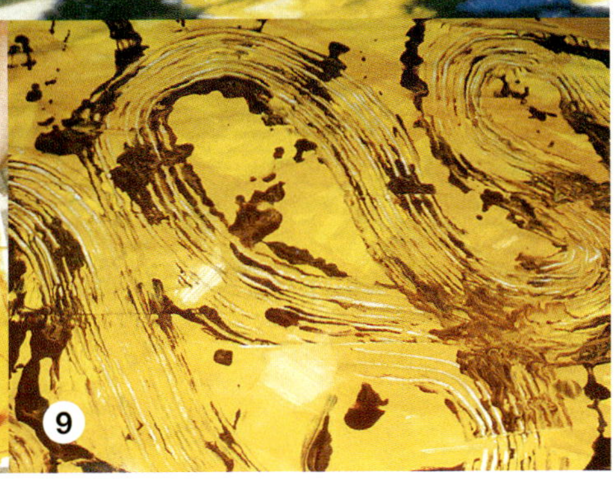

Info

Man nennt das Resultat dieser Technik auch Kleisterpapier. Früher wurde es von Buchbindern als Einband benutzt. Durch den Leim hat das Kleisterpapier eine glatte und strapazierfähige Struktur. Deshalb kann man es gut zum Einpacken von Geschenken verwenden.
Während des lustvollen Prozesses beim Malen entstehen schnell viele Bilder, also braucht man viel Platz zum Trocknen! Ist die Farbleimpaste einmal trocken, ist sie schwer wegzuputzen, also zum Beispiel Zeitung oder eine Plastikplane unterlegen.

Alter 4 6 8 10 12 14 16 18

Jede/r denkt sich die Form ihres/seines Kontinents aus und der eventuell dazugehörigen Inseln und Halbinseln und zeichnet sie auf die große weiße Fläche (jede/r sucht sich ihren/seinen Platz) ❶. Dann gemeinsam mit wässriger Farbe das Meer um die Kontinente malen (es muss nicht überall das gleiche Blau sein) ❸. Dabei schon mal überlegen, was auf dem eigenen Kontinent (Land) alles sein wird. Zum Beispiel (Ur-)Wälder, Flüsse, Seen, Sümpfe, Berge, Eis, Wüste, Dörfer, Städte, Straßen… Dann kommt Farbe in das Ganze ❷ ❹. Und siehe da: Es ist eine schöne neue Welt(karte) entstanden ❺!

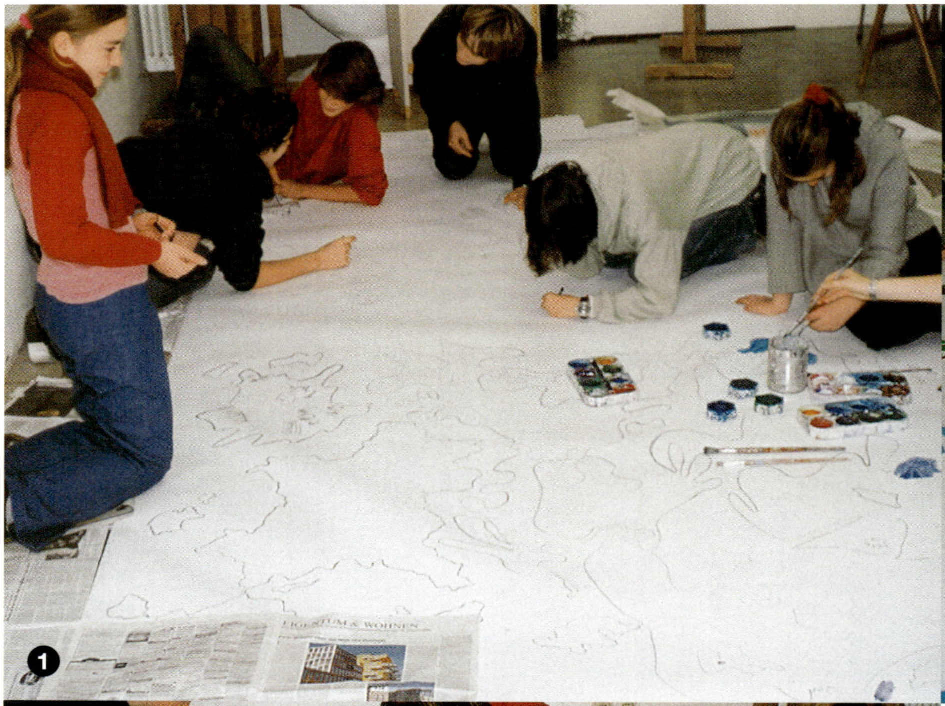
❶

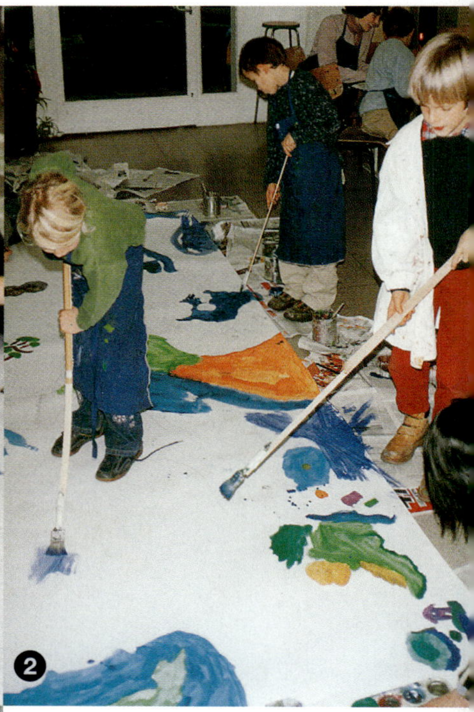
❷

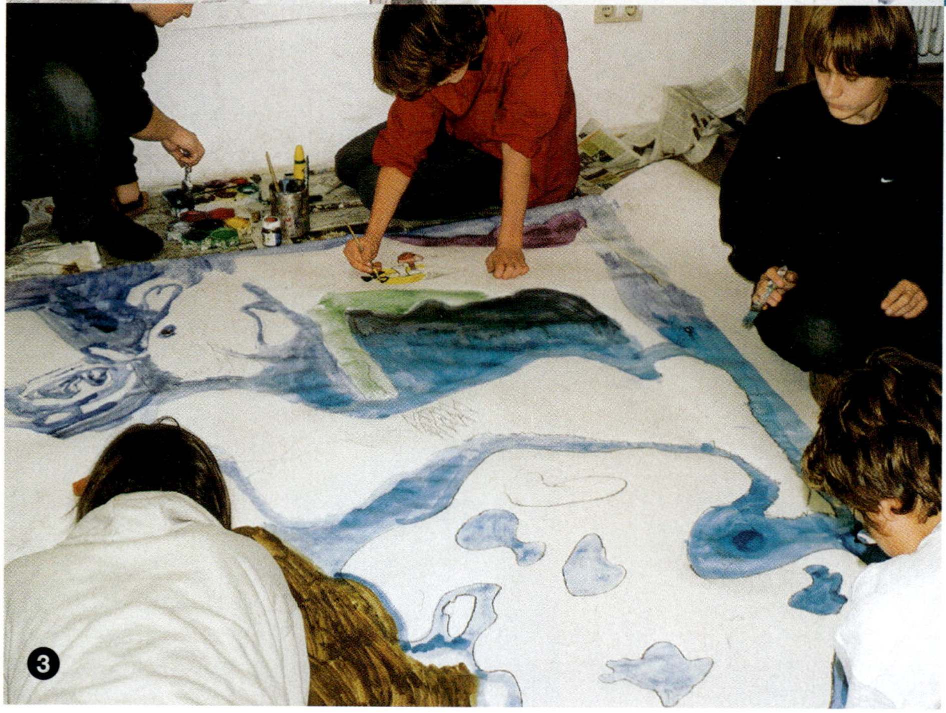
❸

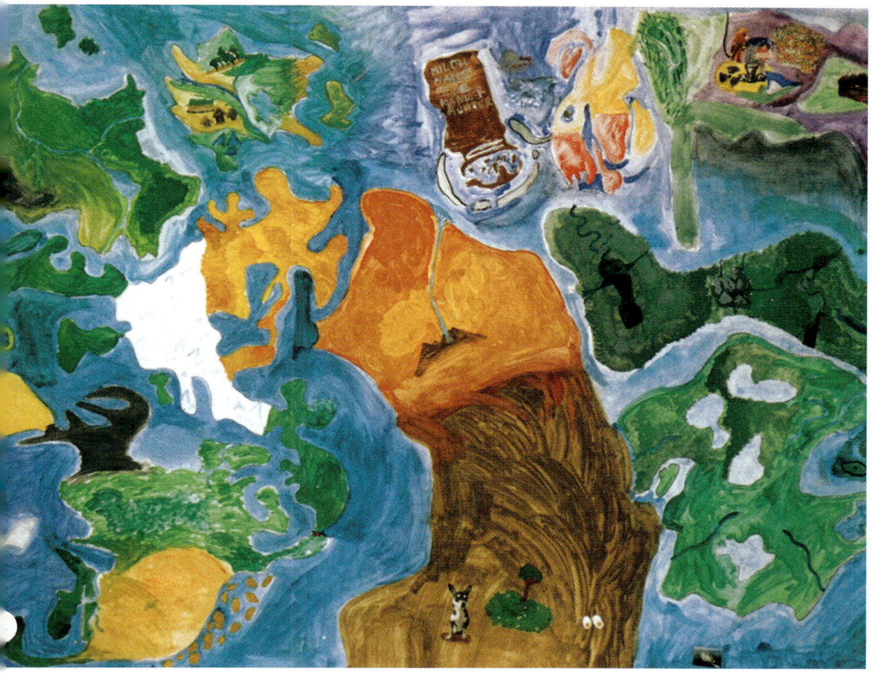

Die Welt neu erschaffen

Werkzeug

Pinsel oder verlängerte Pinsel
(mit einer Latte und Klebeband) ❷

Material

ein großes, festes, weißes Papier,
am besten von der Papierrolle
Aquarell (Knopf-) Farben oder
Wasserfarben

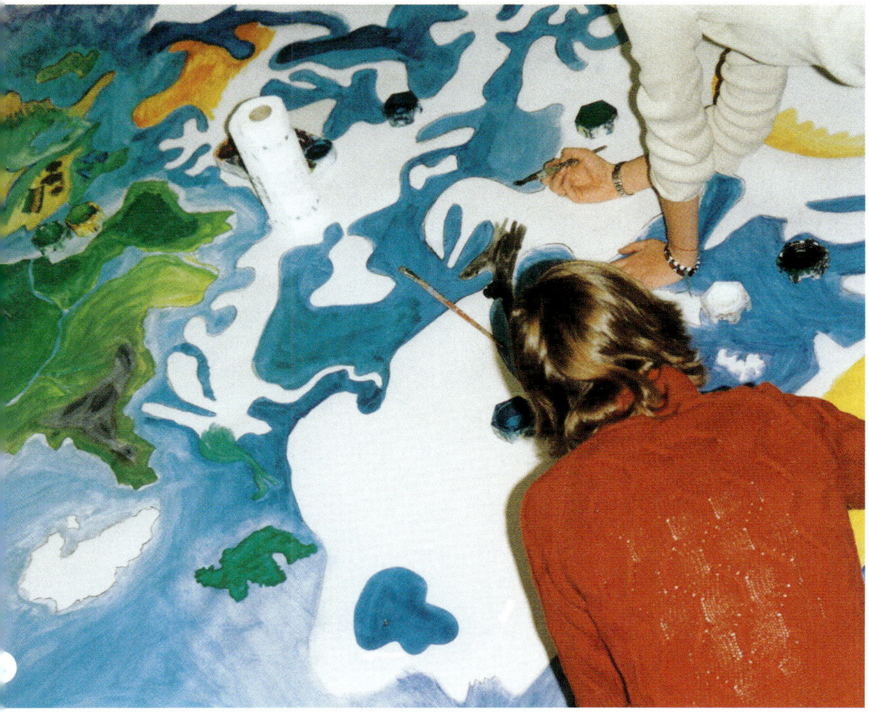

Info

Bei mehreren Kindern (Klassen oder andere Gruppen) lohnt sich zuvor die Fahrt zum Papier-Spezialgeschäft, um eine ca. 2 m hohe Papierrolle zu besorgen, oder man klebt als Notlösung große Blätter aneinander. Unsere Fläche war ca. 2 x 5 Meter groß.

Alter 4 6 **8 10 12 14** 16 18

Nach dem Muster eines Umrissbildes, das normalerweise alleine gemacht wird, legen sich die Gruppenteilnehmer nacheinander auf die Papierfläche, und zwar in einer selbst gewählten Stellung oder Geste ❶ ❷. So wird deutlich, wer mit wem etwas zu tun hat oder haben will. Ein Gruppenpsychogramm entsteht spielerisch. Blickrichtungen, Berührungen, Nähe, Entfernung, Extrovertiertheit oder embryonale Geschlossenheit bestimmen die Bilddynamik. Die Körperumrisse werden gegenseitig mit Bleistift nachgezeichnet ❷. Zur Verdeutlichung und endgültigen Festlegung der Lineatur werden die Umrisse und Überschneidungen mit Filzstiften hervorgehoben ❸. Alle Teilnehmer gestalten nun ihre Figur farbig ❹.
Die malerische Gesamtgestaltung wird gemeinsam besprochen und ausgeführt ❺ ❻ ❼.

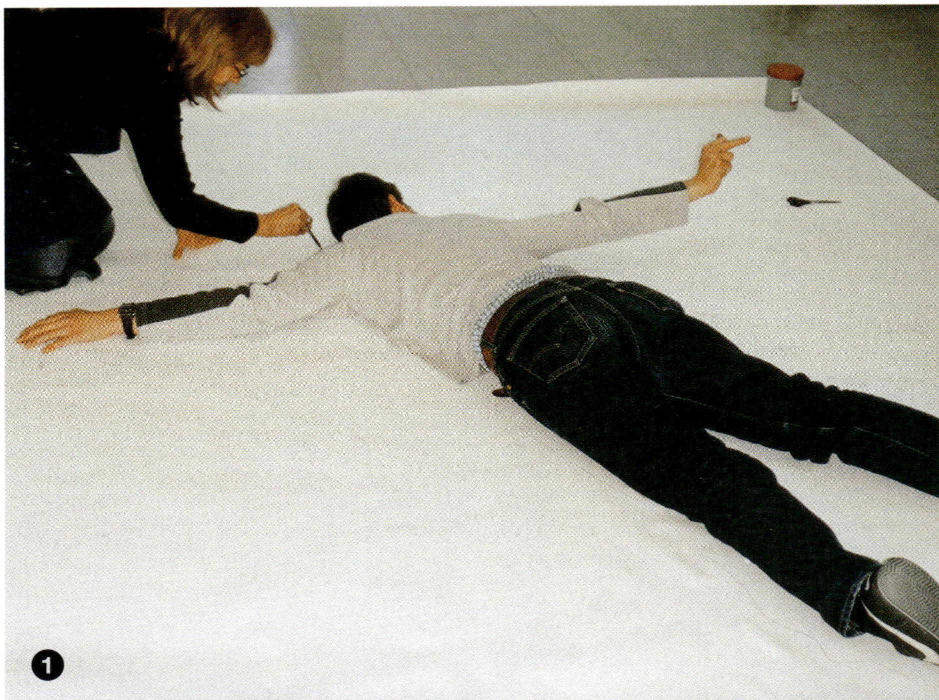
❶

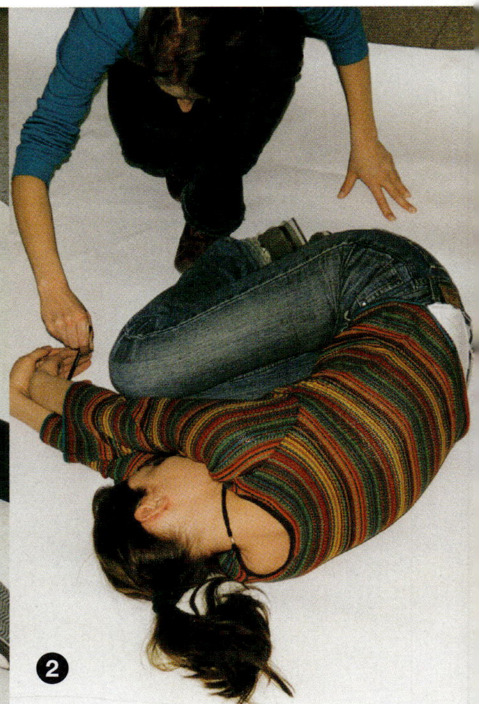
❷

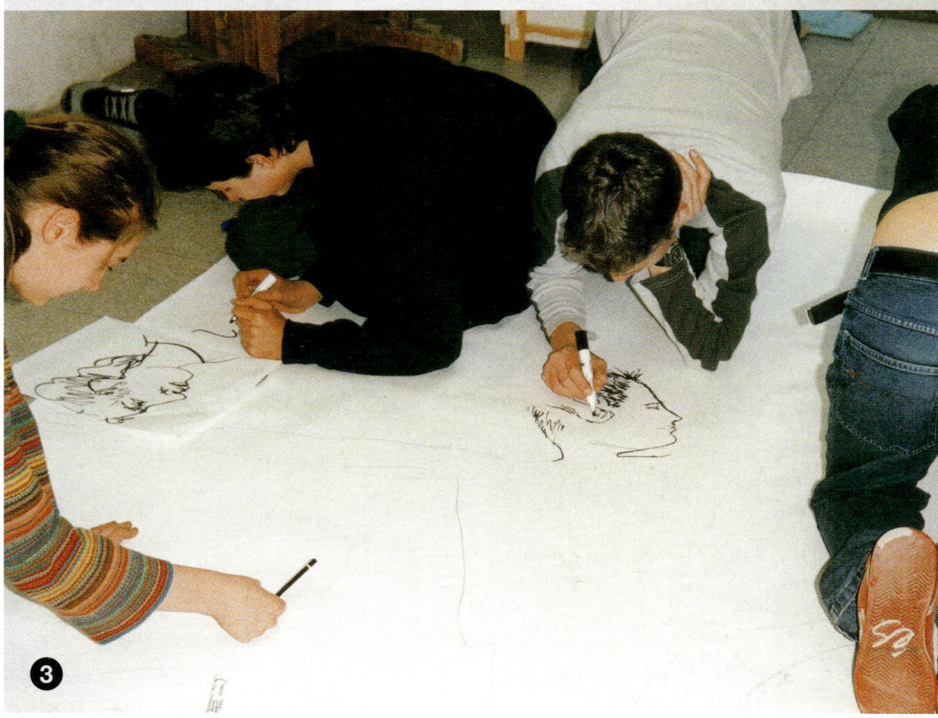
❸

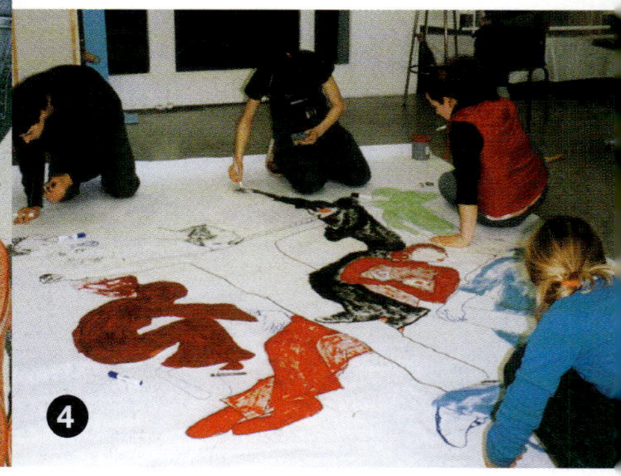
❹

Gruppenbild

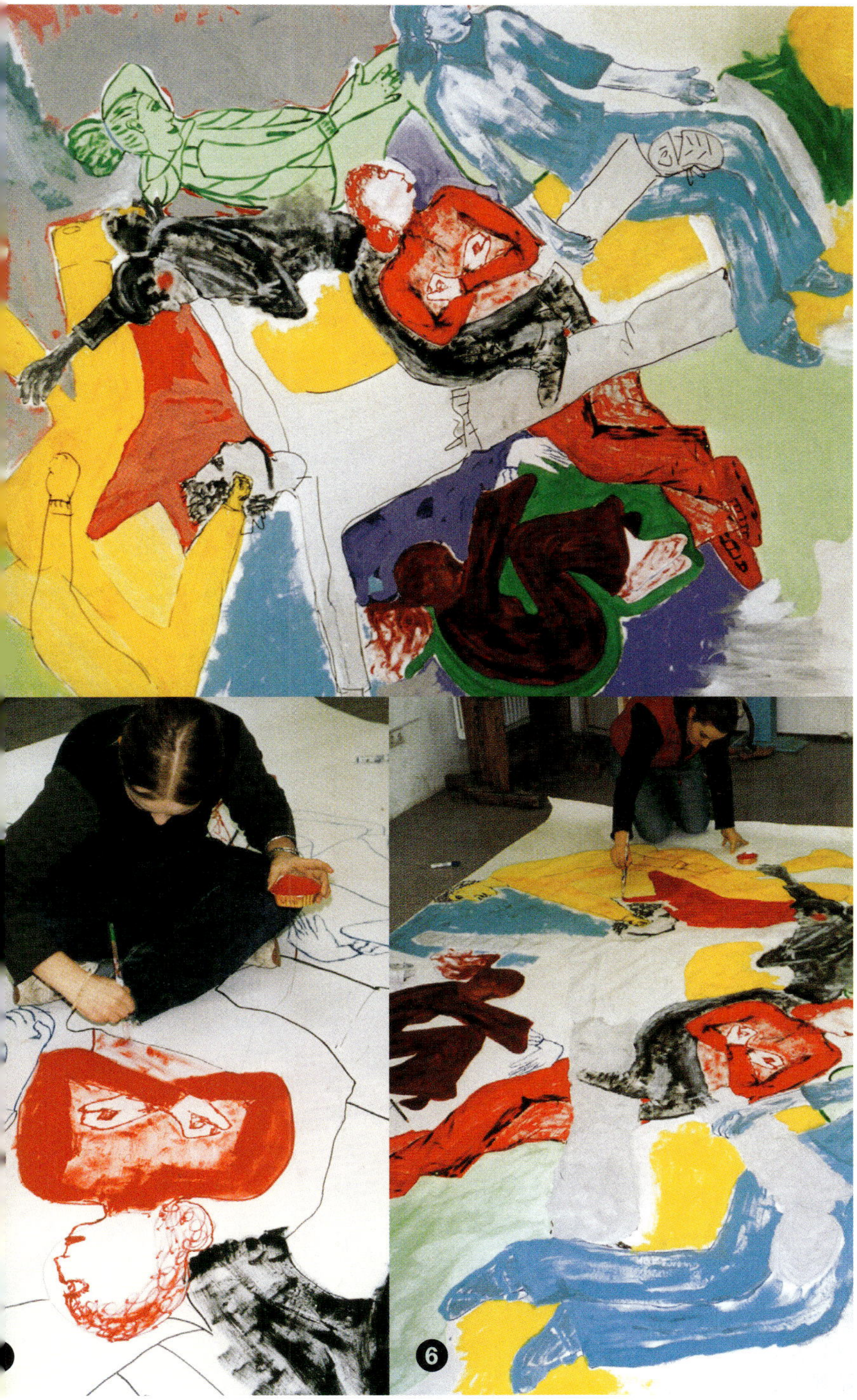

Werkzeug

Pinsel

Material

Bleistift
Filzstifte

Die Papierfläche ist entweder aus Einzelteilen zusammengeklebt oder von der großen Papierrolle

Alter 4 6 8 10 12 14 16 18

Das gewünschte Format wird aus den Leisten zusammengeklopft, der rechte Winkel wird an den Ecken überprüft, dann wird die Leinwand ca. 3 cm an allen Seiten überlappend fest nach hinten gezogen und jeweils mit dem Tacker immer von der Mitte einer Seite ausgehend festgeklammert ❶. Die Trockenzeit für die Grundierung mit weißer Wandfarbe (mindestens eine Stunde) kann man gut zum Erarbeiten von Vorskizzen nutzen. Interessante Kreationen entstehen auch durch das Experimentieren mit Mischtechniken, zum Beispiel Zeitungsrelief, oder mit dem Abkleben von Flächen ❷ ❸.
Ein Farbspiel mit Quadraten, der »Kuss« von Rodin, übersetzt in die Fläche mit zarten Farben, verlangt viel Ausdauer und Einfühlung ❹ ❺. Mit schneller Gestik und fließender Farbe entsteht »Moderne Kunst« auf kleinem Format ❺ ❻.

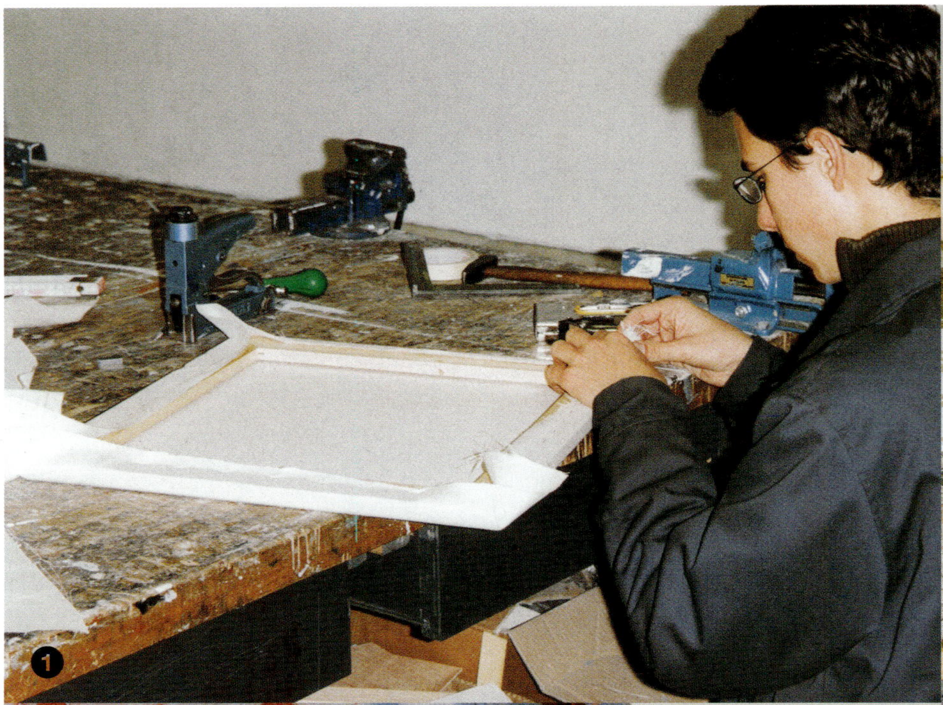
❶

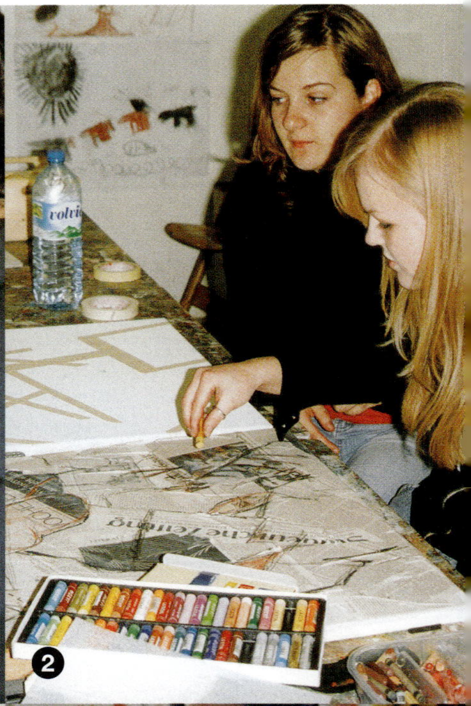
❷

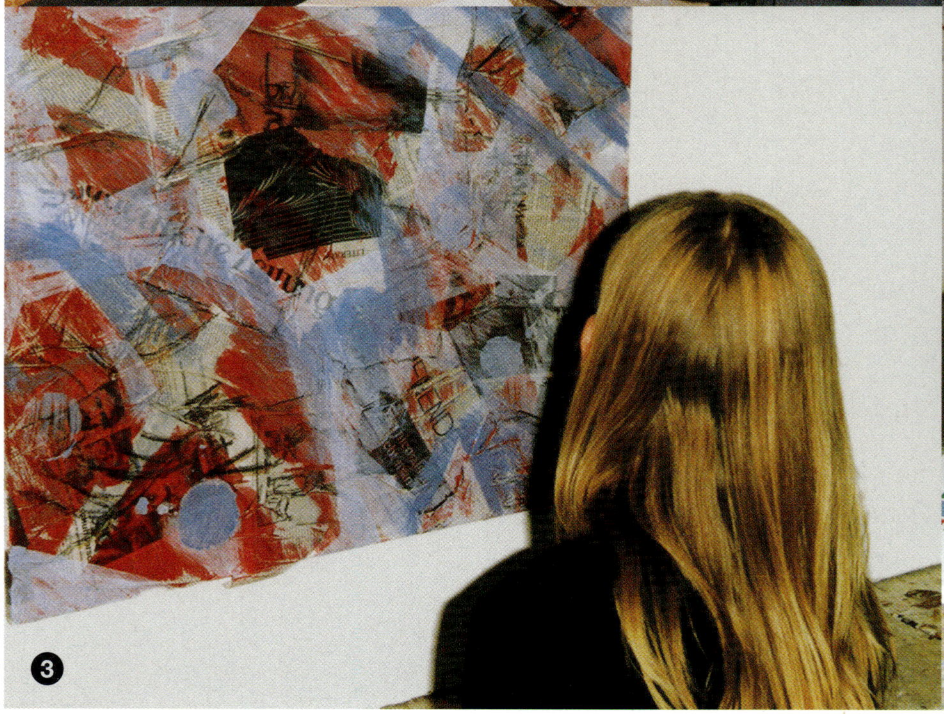
❸

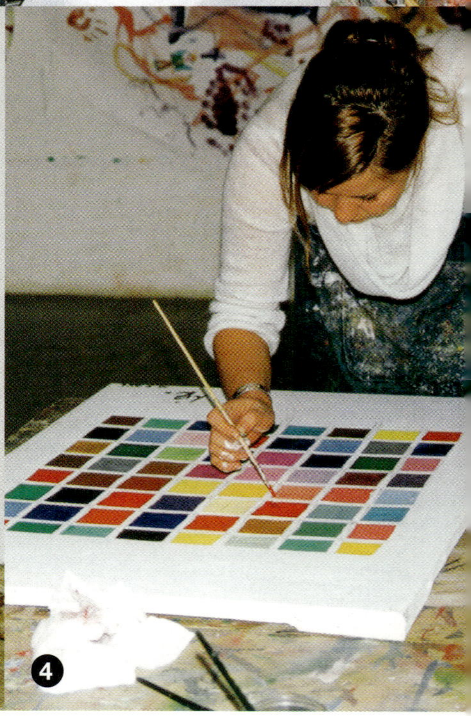
❹

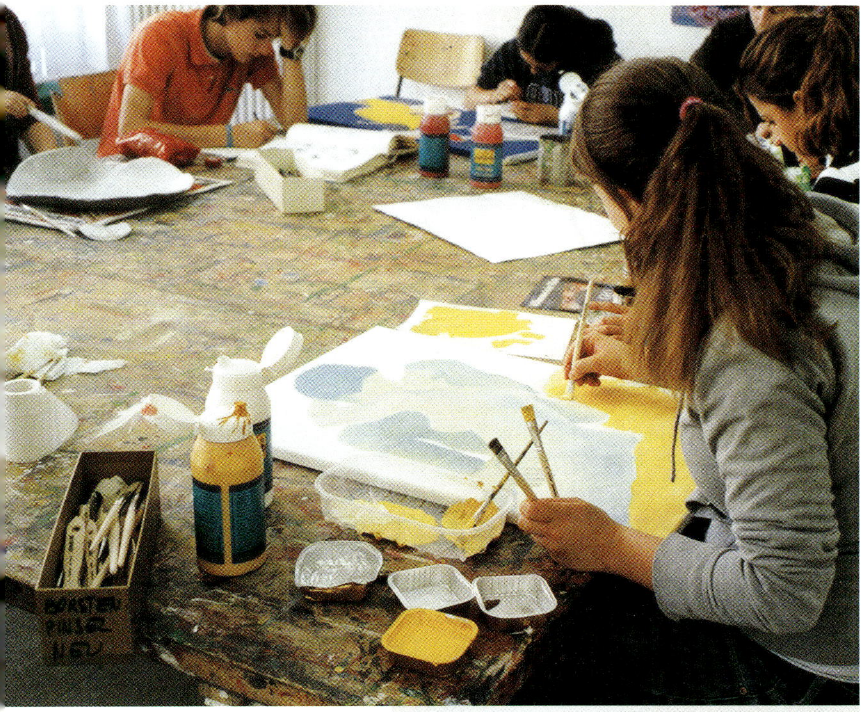

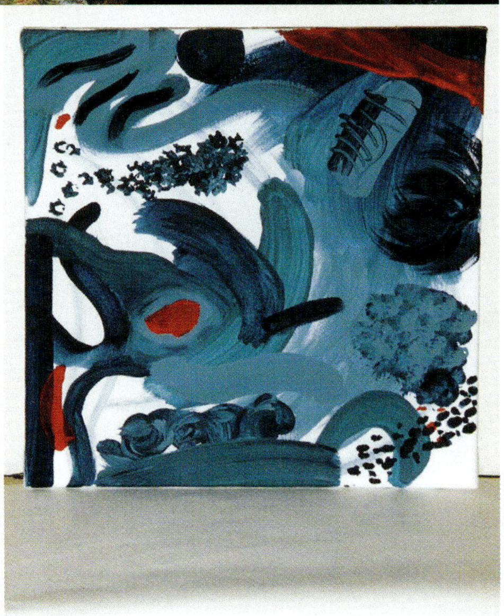

6

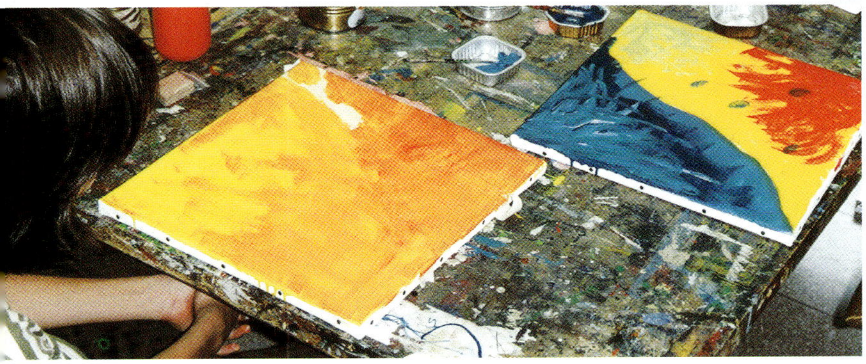

Bilder auf Leinwand

Werkzeug

Hammer
Tacker
rechter Winkel
Pinsel

Material

Keilrahmenleisten
Nessel (feste und trotzdem erschwingliche Qualität: Köper mit dem Namen »Provence«)
wischfeste Wandfarbe
Acrylfarben
Stifte
Zeitung
alle möglichen Materialien zum Experimentieren

Info

Jugendliche lieben es, auf Leinwand zu malen. Wer kein eigenes Thema findet, schmökert eine Weile in Kunstbüchern bei Mondrian, Miró, Klee usw.
Auf Leinwand zu malen darf dauern, kann anspruchsvoll sein, ist anregend und entspannt zugleich.

Alter 4 6 8 10 12 14 16 18

Arbeiten mit Ton

Für das Arbeiten mit Ton sollte man Muße und Genuss aufbringen und sich Zeit nehmen (innerlich und äußerlich). Die Hände können fast alles beim Ton – und im Gegensatz zu Werkzeugen können sie auch noch spüren. Wichtig beim Arbeiten: Eine Hand soll immer der anderen helfen; eine stützt beim Arbeiten immer außen, wenn die andere von innen arbeitet, und umgekehrt, sonst weicht der Ton nur aus und kriegt bald Risse.

Sinnvolle Werkzeuge

Eine Teigrolle, ein spitzes Messer, eventuell ein Draht mit zwei Griffen zum Abschneiden, zum Aufrauen eine Gabel, ein Bleistift (kann auch ritzen), eine Spachtel, Modellierhölzer, ein Pinsel für den Schlicker (= der Kleber des Tons), ein kleiner (Natur-)Schwamm und ein normaler Schwamm für die Hände. Manch weiteres Brauchbare findet man in der Küche.

Der Arbeitsplatz

Der Arbeitsplatz sollte abwischbar sein, der Boden darunter unempfindlich. Eine glatte, abwischbare Arbeitsunterlage (zum Beispiel ein resopalbeschichtetes Brett, ca. 40 x 40 cm) erleichtert das Bewegen des Arbeitsstücks. Auf dem Platz sollte auch eine Schüssel mit etwas Wasser und einem Schwamm zum gelegentlichen Anfeuchten der Hände stehen. Trockene Ton-Hände trocknen den Ton aus! Aber: feucht, nicht nass arbeiten!

Aufbautechniken

Grundsätzlich ist darauf zu achten, dass beim Arbeiten keine Luft eingeschlossen wird und Verunreinigungen (Kalkkörner, Papier, Pflanzen, (Kunst-)Stoffe usw.) entfernt werden, sofern vorhanden.

Zum Verbinden braucht man *Schlicker* (siehe oben), den man durch Verdünnung von etwas Ton mit Wasser herstellt (Geduld!). Optimal ist er als dicke »Suppe«.

Tonflächen am besten auf einem saugfähigen Untergrund flachklopfen bzw. ausrollen, zwischendurch immer mal wieder wenden und die Rückseite bearbeiten. Nicht dünner als einen Zentimeter, je nach Größe dicker. Eine große Tonfläche kann aus mehreren kleineren zusammengefügt werden. Diese überlappend hinlegen, von der Ober- und der Unterseite verstreichen, dann flachklopfen/rollen.

Tonwürste herstellen: Ein längliches Stück Ton formen und auf der Arbeitsfläche so hin- und herrollen, dass es sich jeweils mindestens einmal ganz um die eigene Achse dreht, sonst wird die Wurst »platt«. Passiert dies trotzdem, die Wurst hochkant stellen, flacher klopfen und erst dann weiterrollen. Die Würste sollten möglichst überall gleich dick sein. Immer daran denken, dass die unteren das ganze Gewicht der weiteren Würste tragen müssen, Erstere also nicht zu dünn machen.

Tonbänder herstellen: Eine breite Fläche ausrollen und dieselbe in gleich breite Streifen schneiden oder dicke Tonwürste flachklopfen.

Man beginnt bei einem Gefäß mit der Bodenfläche. Sie muss nicht rund sein. Eine interessante Bodenform kann ein interessantes Gefäß zur Folge haben. In eine entsprechend große Tonfläche mit einem spitzen Messer die Bodenform schneiden, Reste entfernen. Die Reste immer zusammendrücken, damit sie bis zur Weiterverwendung nicht austrocknen.

Am besten jetzt den Boden auf mehrere Schichten Zeitungspapier legen, dann kann man das entstehende Stück immer an einer Papierecke zu sich drehen. Auf dem Boden entweder mit Tonwürsten (damit kann die Außenform differenzierter gestaltet werden) oder Tonbändern (geht schneller) in die Höhe bauen; beide Techniken können auch kombiniert werden.

Den Bodenrand mit einer Gabel aufrauen und Schlicker auftupfen. Die Wurst oder das Band darauf nach und nach andrücken (dabei den Boden drehen), bis der Ring geschlossen ist. Den Boden mit dem Ring gut verschmieren. So fortfahren, bis die gewünschte Höhe erreicht ist. Bei feuchtem Ton geht's auch ohne Schlicker, denn zu viel davon weicht das entstehende Stück auf.

Soll das Gefäß nach oben hin weiter werden: Das nächste Band (Wurst) am oberen Außenrand des entstehenden Gefäßes gut andrücken und verstreichen. Zum Verbinden die Bänder von oben nach unten verstreichen, dabei immer auf eine gleichmäßige Wandstärke achten. Wenn man quer verstreicht oder zu fest zusammendrückt, weitet sich die Form unkontrolliert. Die Wandstärke sollte einen halben Zentimeter nicht unterschreiten, größere Gefäße brauchen etwas dickere Wände.

Soll das Gefäß nach oben hin enger werden: Das nächste Band (Wurst) am oberen Innenrand andrücken und verstreichen wie oben. Zwischendurch die Wand mit einer Hand von außen und einer von innen auf ihre Dicke überprüfen. Wenn sie an einer Stelle zu dünn ist, mit einem flachen Tonstück auspolstern und verstreichen.

Zusammenbauen von Teilen oder »Ankleben« von Henkeln usw.: Beide Teile an den Verbindungsstellen anrauen, Schlicker auftupfen und beides mit leichtem Druck zusammenfügen, überquellenden Schlicker abnehmen und die Nahtstelle gut verstreichen (keine Luft einschließen).

Ist das Tonstück fertig, schneidet man es, sofern es nicht schon auf einer Zeitung steht, mit einem Draht (mit zwei Griffen) vom Untergrund ab. Dabei drückt man den gespannten Draht mit beiden Daumen fest auf den Untergrund (sonst schneidet man den Boden oder mehr mit ab) und zieht ihn zu sich. Das fertige Stück stellt man auf eine Gipsplatte oder eine trockene Zeitungspapierdoppelseite.

Die Trockenzeit beträgt ca. eine Woche, das hängt von der Wärme des Trockenraums ab und von der Dicke des Tonstücks. Die gleichmäßige Durchtrocknung erkennt man an der durchgehend gleichmäßig hellen Farbe.

Eine *hohle Tonform* (zum Beispiel Kugel) kann man aus einer vollen machen, wenn man sie mit dem Draht oder einer Schnur halbiert, innen aushöhlt und die Hälften mit den aufgerauten und geschlickerten Rändern wieder zusammensetzt. Ein Luftloch nicht vergessen, damit beim Trocknen und im Brennofen die Luft entweichen kann.

Trocknet der Ton aus, kann man ihn wiederverarbeiten, wenn man ihn mit Wasser besprengt, vorübergehend mit einem nassen Tuch bedeckt und in einer Plastiktüte dicht einpackt. Eine Tonwand ist nur brennfähig bis zu einer Dicke von ca. 3 bis 4 cm (lange Trockenzeit!). Der Ton schwindet beim Trocknen und Brennen insgesamt um ca. zehn Prozent. Deshalb kann man bei bereits getrockneten Stücken keinen frischen Ton mehr anfügen (denn der schwindet auch wieder)! Lieber nach dem Brennen mit 2-Komponentenkleber zusammenfügen. Wenn man etwas an einem Tag nicht schafft, kann man das Arbeitsstück mit einer Plastiktüte möglichst luftdicht verpacken. Es sollte auf einem nicht saugenden Untergrund stehen. So bleibt es (je nach Raumtemperatur) ca. eine Woche feucht.

Bemalen kann man das ungebrannte, lederharte oder trockene Tonstück mit Engoben (verschieden eingefärbte Tonsuppen, die die Brenntemperaturen von ca. 1000 bis 1060 Grad aushalten, im Spezialgeschäft erhältlich). Dann gibt man dasselbe getrocknet zum Brennen. Nach dem Schrühbrand (siehe unten) kann das bemalte Stück durchsichtig glasiert und erneut gebrannt werden.

Hat man keine Engoben und keine Glasiermöglichkeit: Ein Stück kann auch sehr schön aussehen, wenn man es nach dem ersten Brand mit Wasser- oder Plakafarben bemalt. Notfalls mit mattem Lack (zum Beispiel Acryllack) die Farbe schützen.

Brennen: Der erste Brand heißt Schrühbrand (900 Grad), er macht den Ton wasserunlöslich und hart. Der zweite ist der Glasurbrand (ab 1000 Grad), in dem die zuvor glasierten Stücke ausgeschmolzen werden (Glasur = Glasüberzug). Bei allem Unengobierten reicht in der Regel der erste Brand, wenn das Stück nicht wasserdicht werden muss.

Das Elementarste, das man mit Ton machen kann, ist einfach in einer großen Menge Ton zu wühlen. Wir bauen uns einen großen Tisch auf, am besten im Freien, und bedecken ihn mit starker Plastikplane. Darauf wird nun jede Menge Ton verteilt ❶ und schon entstehen Inseln, Bergketten, Höhlen, Brücken, Balkone oder Burgen, die man nach und nach bevölkern kann ❷ ❸ ❹.
Auch die anfängliche Angst von einigen, sich schmutzig zu machen, schwindet im Spieleifer sehr schnell. Da wir diese Riesengebilde nicht brennen können und später den Ton als Material wieder einsumpfen, müssen wir auch nicht so penibel auf Wandstärken oder Hohlräume achten und können dem Gestaltungseifer freien Lauf lassen.
In einem fairen Rahmen sind natürlich auch gegenseitiges Zerstören und Umformen erlaubt. Genauso können wir uns darauf einigen, gemeinsam an einem Stück zu arbeiten, in diesem Fall ein großer Elefant, auf dem viele kleine Mäuse leben ❺.

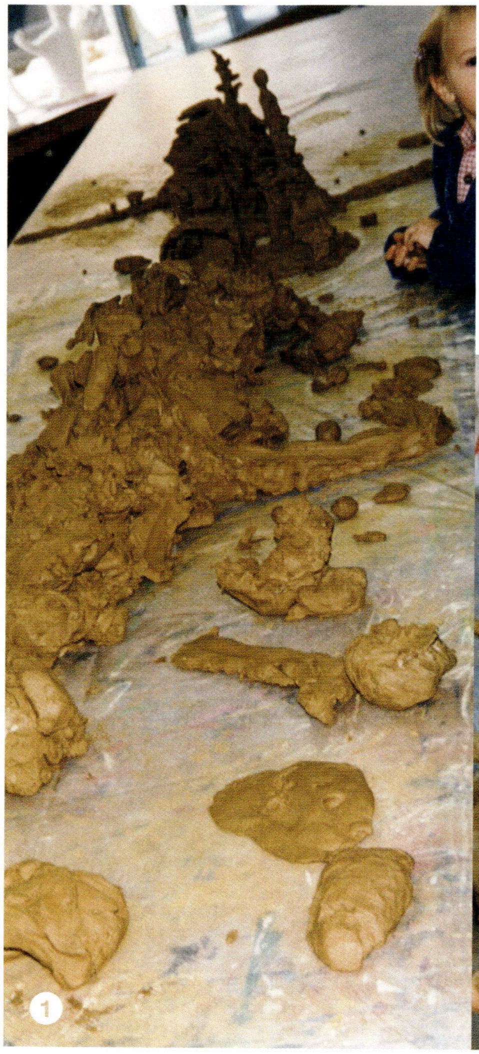
1

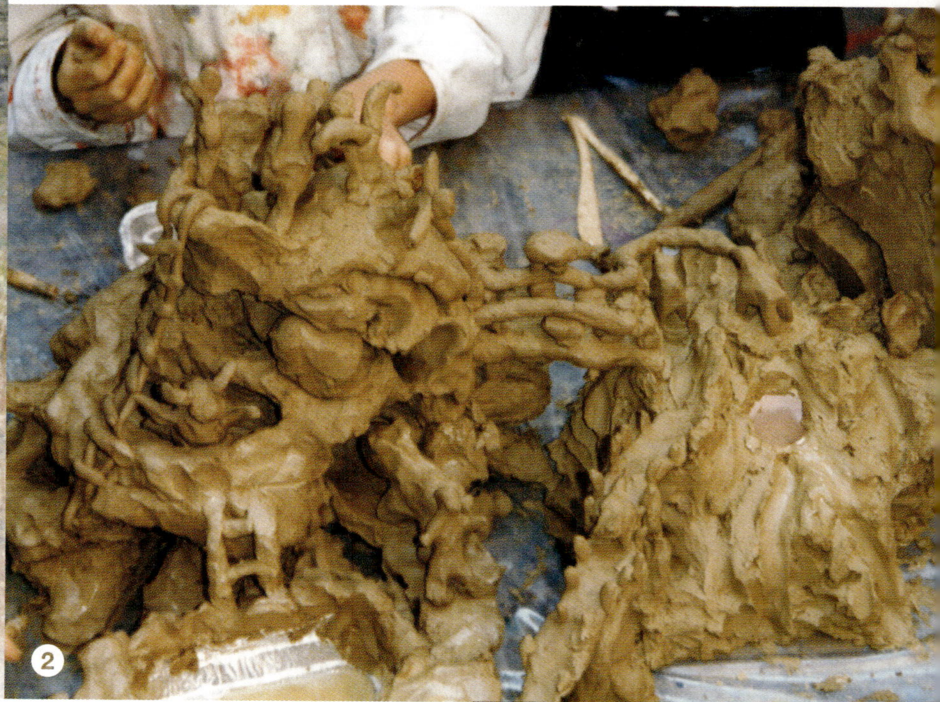
2

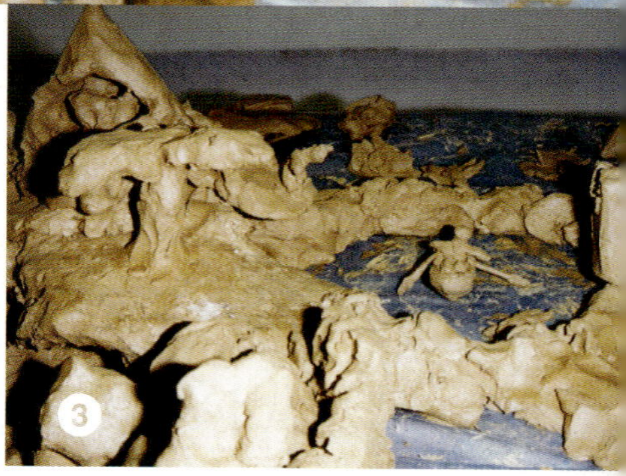
3

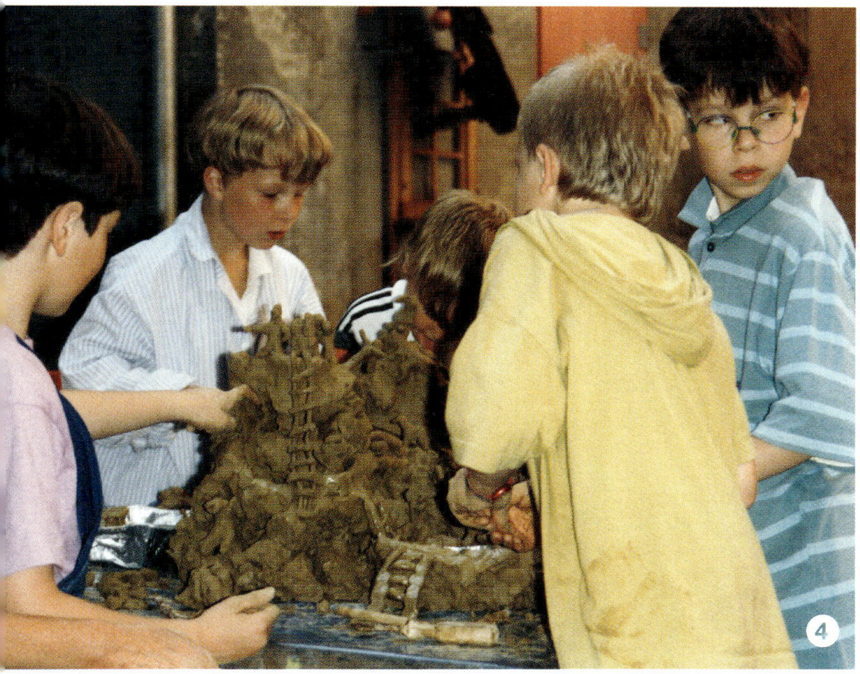

Tonberg

Material

Ton
Tisch
Plastikplane

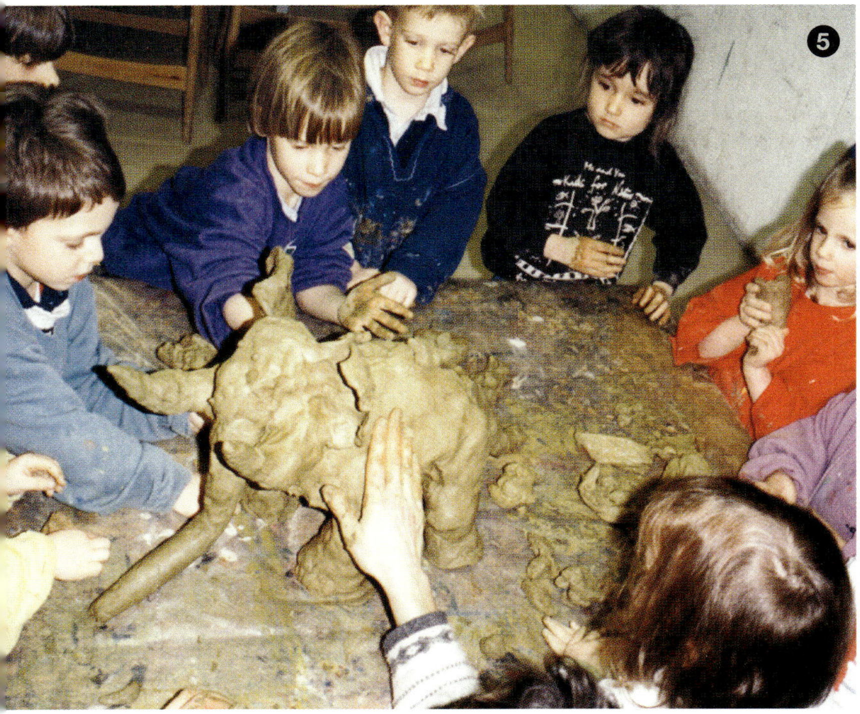

Info

Im Sommer, im Freien kann man auch Wasser mit ins Spiel bringen, aber nicht zu viel, sonst gibt es einen »Erdrutsch«!

Alter 4 6 8 10 12 14 16 18

Jedes Kind bekommt so viel Ton, wie es mit beiden Händen umfassen kann, so dass die Menge gut zu bewältigen ist ❶.
Nach dem Schlagen des Tons wird eine Kugel geformt, die später halbiert wird. Diese Halbkugel wird ausgehöhlt, bis eine ein bis zwei cm dicke Schale übrig bleibt ❷ ❸. Um einen Igel zu formen, können nun mit Schlicker Kopf und Füße angefügt werden ❹.
Die Nägel werden von innen nach außen durch die Schale des Igels gedrückt, so wird der Igel immer stacheliger ❺.
Nach der Fertigstellung ❻ (Trockenzeit ca. zwei Wochen) kann diese Materialkombination ohne Schwierigkeiten zusammen gebrannt werden.

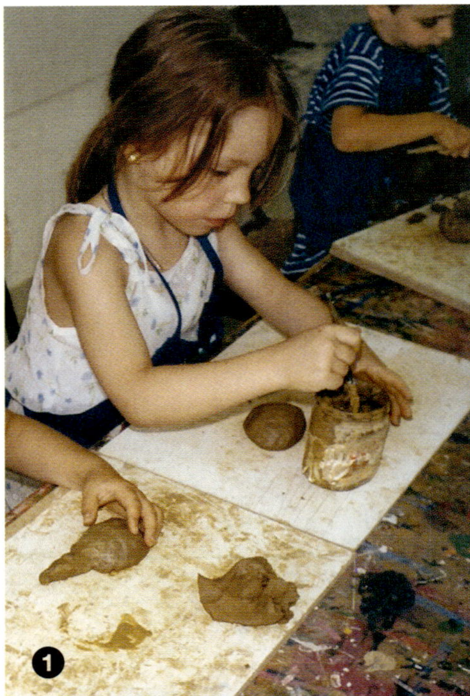

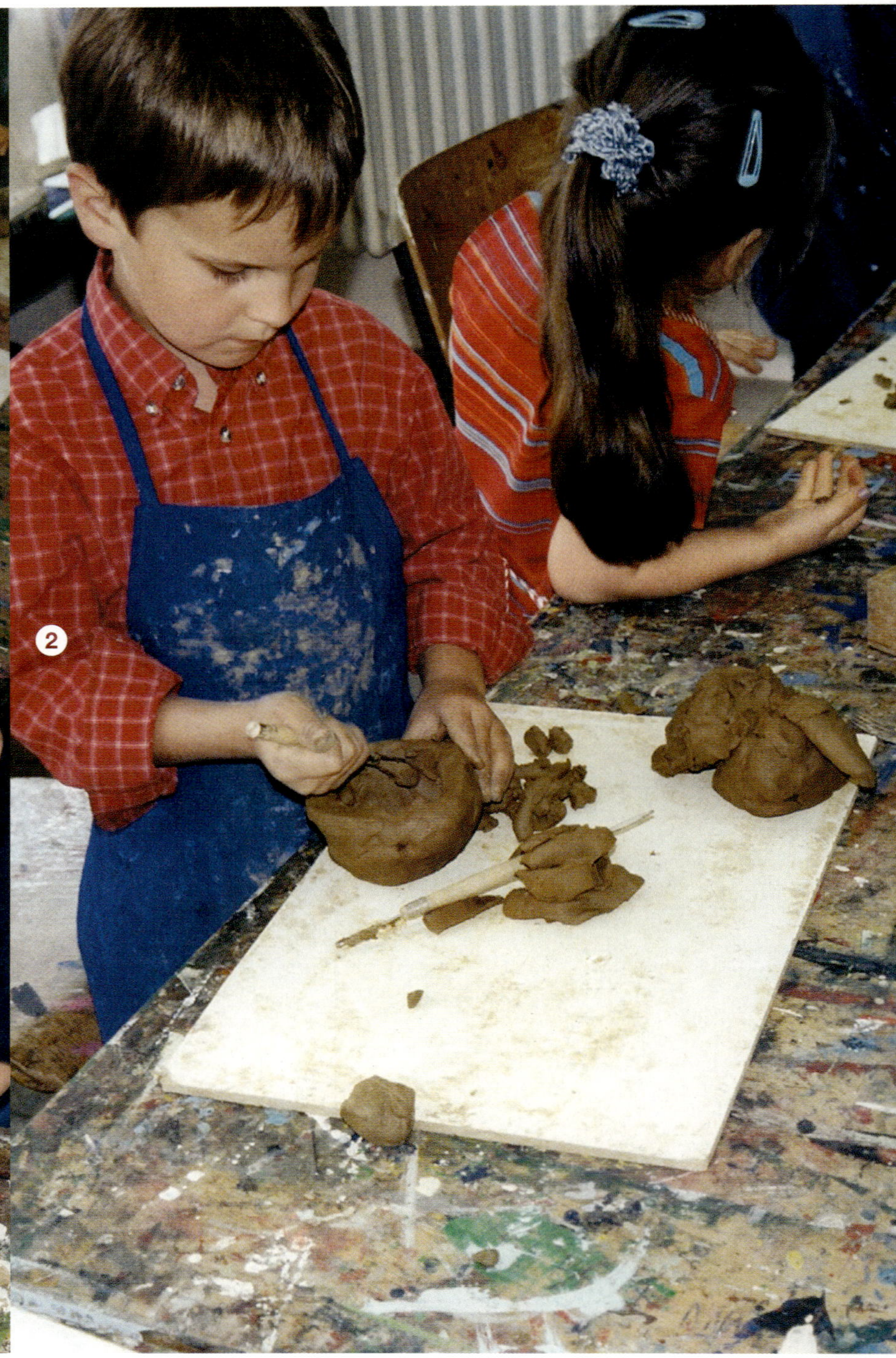

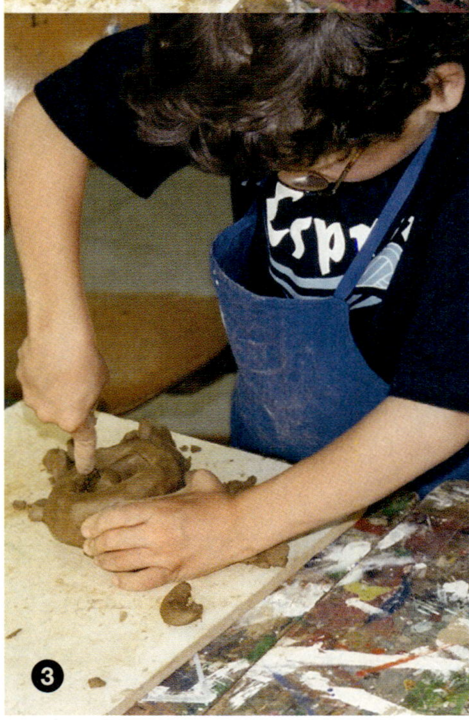

Stachel-Igel

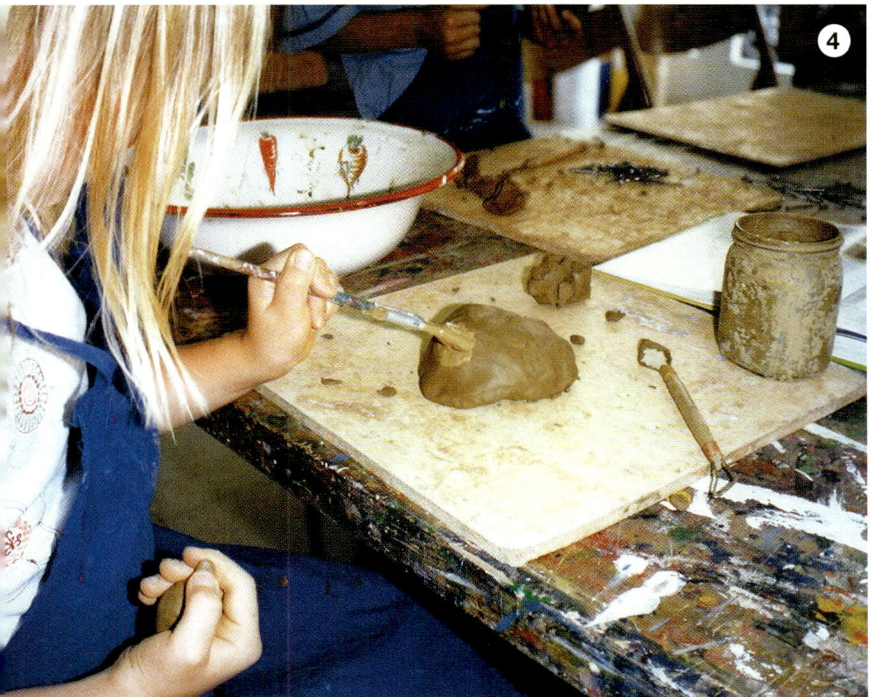

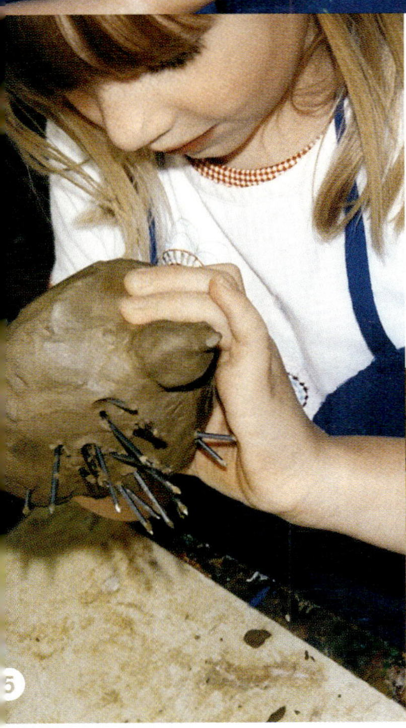

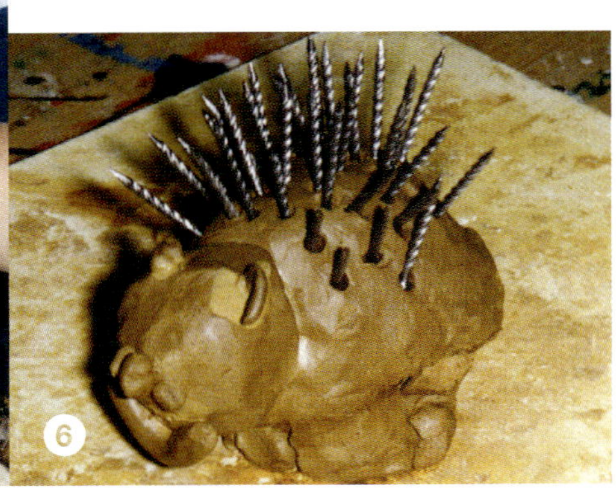

Werkzeug

Arbeitsunterlage
Tonbearbeitungswerkzeuge
(Schlinge zum Aushöhlen)
Pinsel
(Brennofen)

Material

Ton
Schlicker
Schrauben
Nägel

Info

Besonders kleinere Kinder können hier ihre ersten Materialerfahrungen machen: der weiche und knetbare Ton im Gegensatz zu den harten spitzen Metallnägeln und Schrauben. Wegen der spitzen Metallteile ist etwas Vorsicht geboten, sie sollten vor allem nicht in den Restton geraten.

Alter 4 6 8 10 12 14 16 18

Dem Mauerbau kann als Spiel für eine Gruppe die Ziegelfabrik vorausgehen – man braucht bekanntlich ziemlich viele Ziegel, um ein Haus zu bauen. Ein Erwachsener oder ein Teil der Gruppe schneidet mit einer Spachtel von dicken Tonstreifen die Ziegel ab ❶, während die anderen Kinder Geld herstellen. Je nach Wert, oder noch spannender, Schönheit des Geldstückes (welche Zeichen und Bilder sind auf Münzen zu finden?) kann man sich jetzt die benötigte Menge Ziegel für seine Baustelle kaufen. Auf eine Grundplatte werden mit Schlicker die einzelnen Bausteine versetzt aufeinander gebaut ❷ ❸.
In den Gärten leben natürlich auch Tiere, wie Regenwürmer, Schmetterlinge oder Leoparden. Sind die Tongärten gebrannt, können sie mit Blumenerde gefüllt und darauf zum Beispiel Samen für Kräuter gesät werden ❹ ❺.

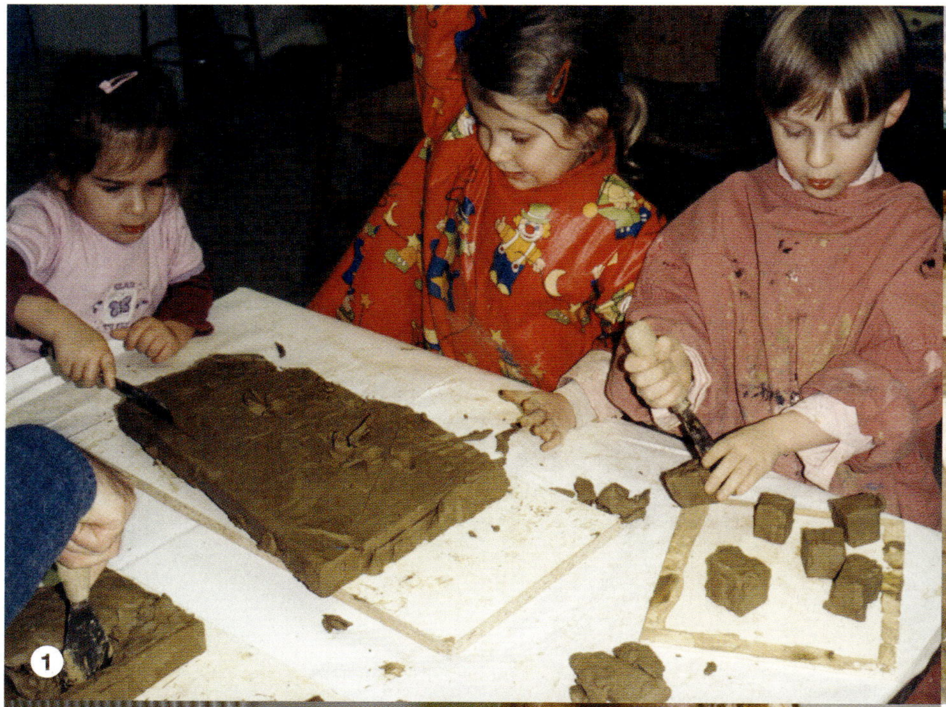

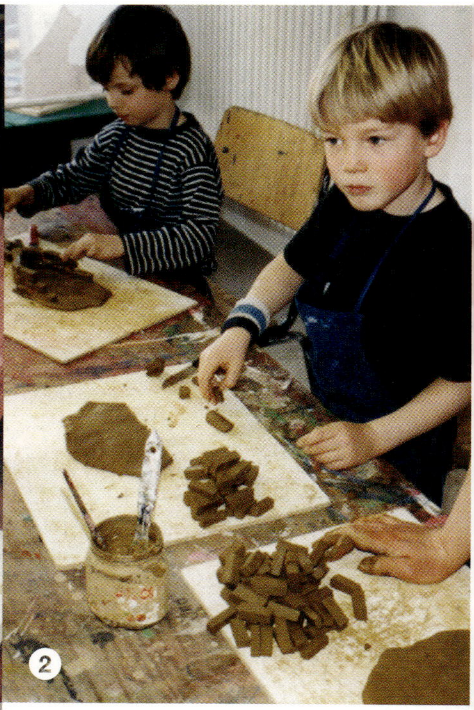

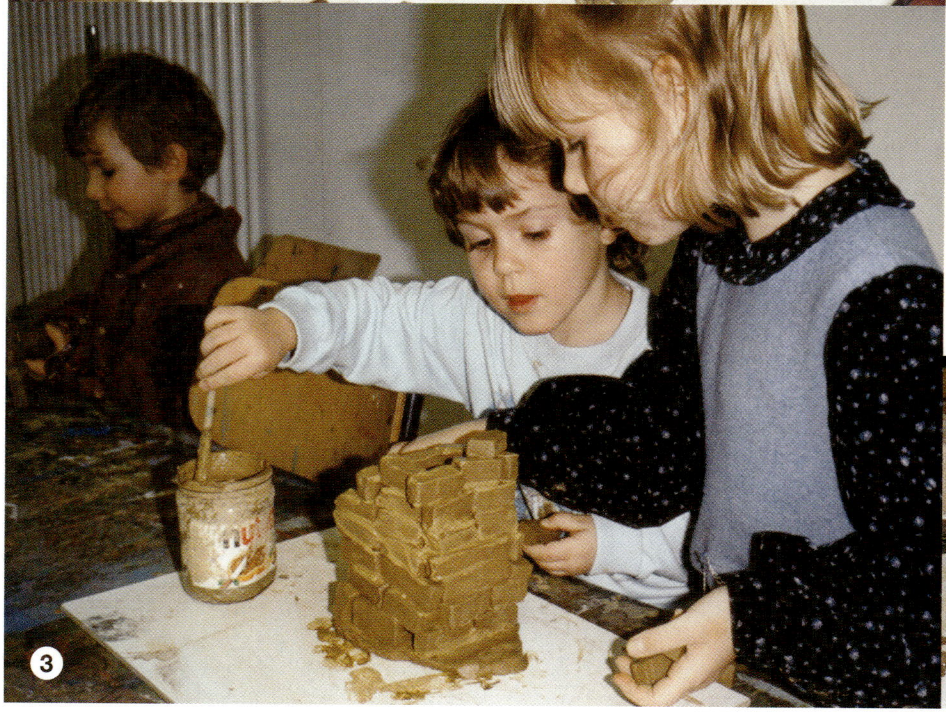

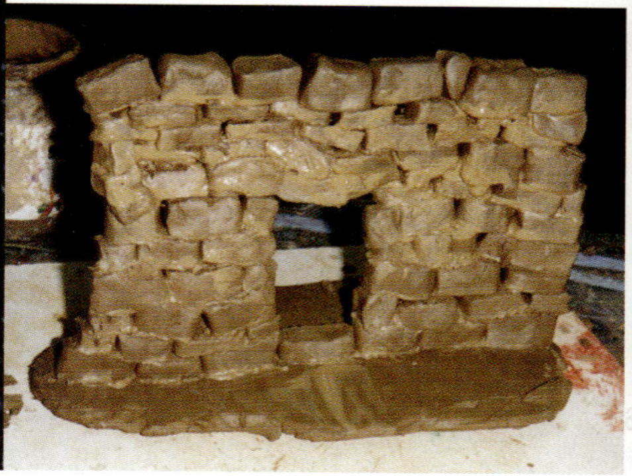

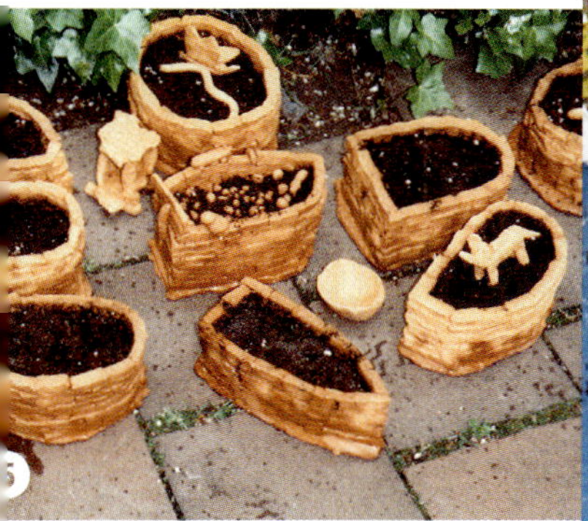

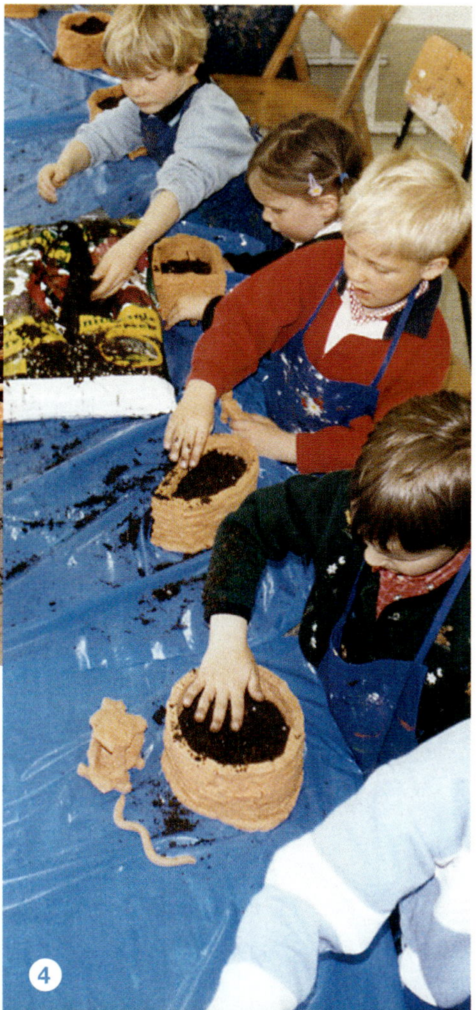

4

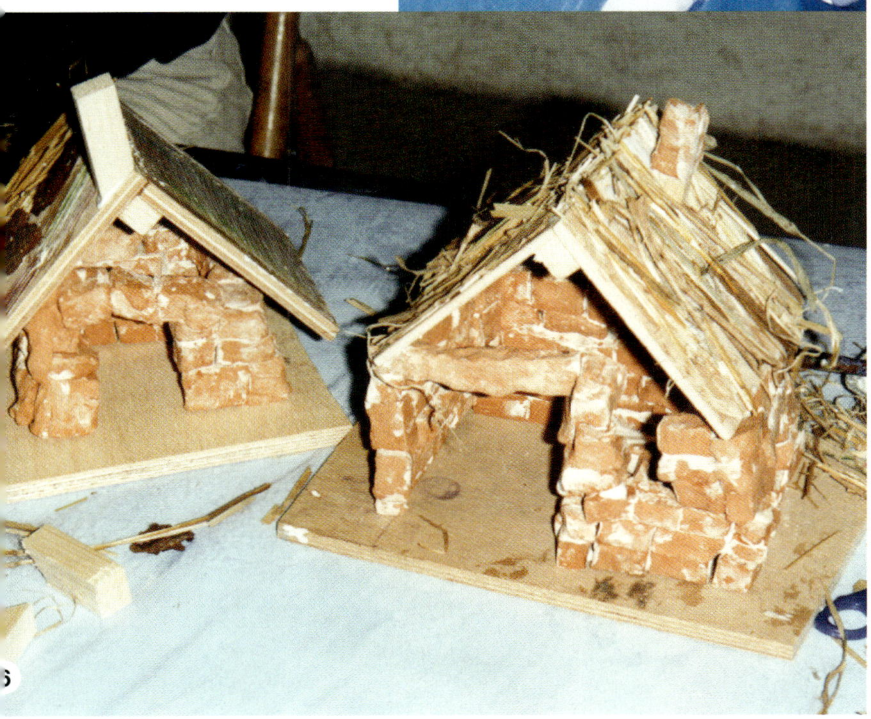

Ziegelhaus und Garten

Werkzeug

Arbeitsunterlage
Spachtel
Pinsel
(Brennofen)

Material

Ton
Schlicker

Info

Wie beim echten Hausbau, kann man natürlich auch die Ziegel vorher brennen und mit Holzleim oder Gips als »Mörtel« aufeinander kleben ❻. Der Boden ist eine Holzplatte und für das Dach werden zwei Holzplatten über Eck an ein Vierkantholz genagelt und mit Stroh beklebt.

Alter 4 6 8 10 12 14 16 18

Als erster Schritt wird aus einer Halbkugel eine Art Tasse geformt. Mit Schlicker wird sie auf einem Sockel befestigt, der nicht zu hoch sein sollte, damit der Pokal standfest bleibt. Zusätzlich können mit Schlicker Griffe, Henkel und Verzierungen angefügt werden. Bunte Glasscherben kann man direkt in den Ton drücken, sie schmelzen beim Brennen, verbinden sich mit dem Ton und strahlen wie Edelsteine.
Der Ton hat eine Trockenzeit von ca. zwei Wochen, dann kann er gebrannt werden. Nach dem Brennen werden die Pokale mit Plakafarben (gibt es auch in Silber und Gold) bemalt und gestaltet, dann strahlen Pokale und Sieger um die Wette!

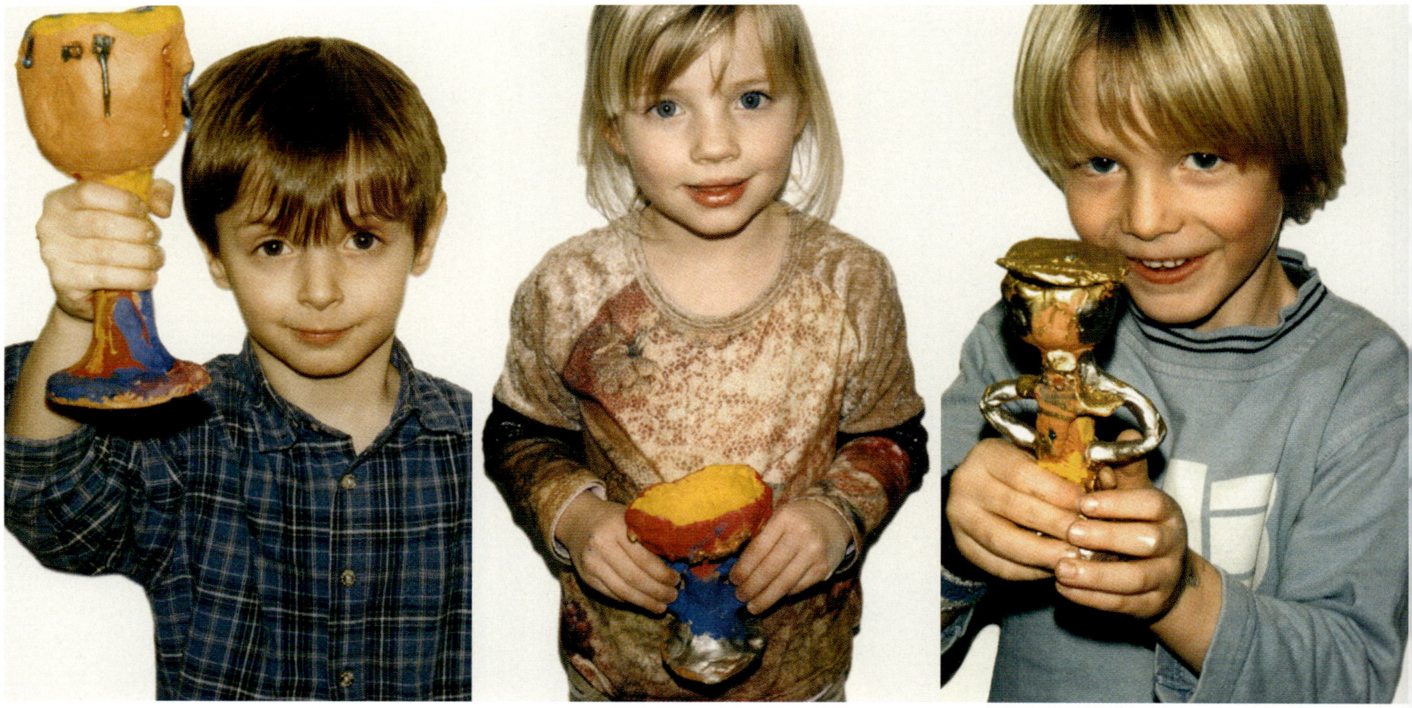

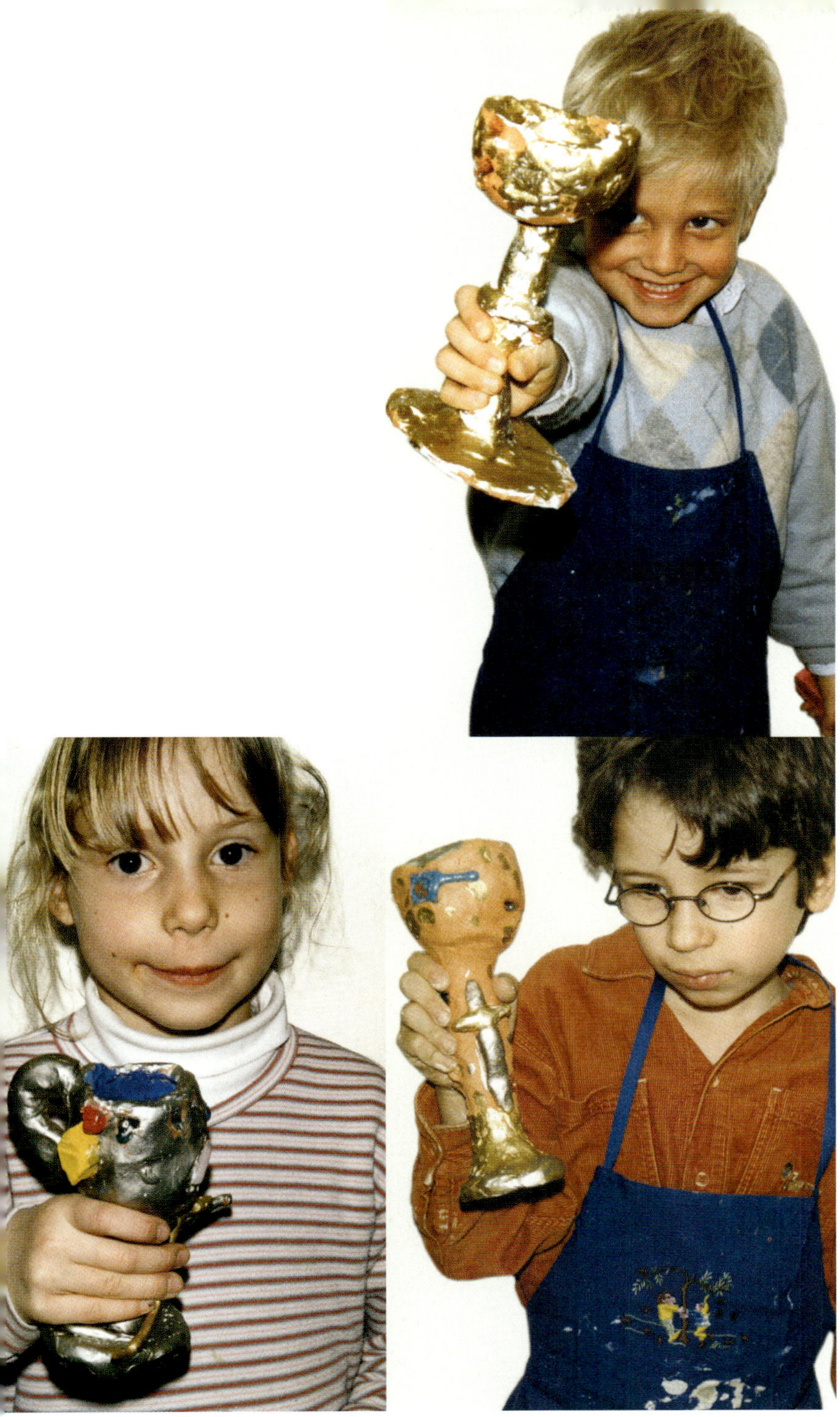

Pokale

Werkzeug

Arbeitsunterlage
Tonbearbeitungswerkzeuge
(Schlinge zum Aushöhlen)
Pinsel
(Brennofen)

Material

Ton
Farben
Schlicker
bunte Glasscherben

Info

Jedes Kind kann seinen eigenen Pokal gestalten, je schöner er wird, umso größer die Ehrung.

Alter 4 6 8 10 12 14 16 18

Alle Tiere haben einen Kopf, einen Bauch (Rumpf) und die meisten vier Beine und einen Schwanz.
Wir fangen mit dem Bauch an: Wenn er dicker als 3 cm im Durchmesser wird, halbieren, aushöhlen und wieder zusammenbauen, ein (Po-)Loch nicht vergessen, damit die Luft beim Brennen entweichen kann. Den Kopf kann man aus dem (unausgehöhlten) Bauch drücken, wenn dieser groß genug ist ❶, oder man formt den Kopf extra und schlickert ihn an, eventuell muss noch ein (langer) Hals dazwischen. Nun kommen die vier langen oder kurzen, dicken oder (nicht zu) dünnen Beine/Füße dran: einfach Walzen oder Würste, die man unten auch zu Füßen umbiegen kann ❷ ❸, am Rumpf befestigen.
Jetzt folgt die Ausstattung für das besondere Tier: also zum Beispiel Elefantenohren und Rüssel oder kleine Spitzohren und Schnauze, Flügel, Saurierschuppen auf dem Rücken, dicke, lange oder dünne, kleine Schwänze usw. Augen, Maul, Nasenlöcher und eventuell ein Fell einritzen und fertig ist das Tier.
Das Tierpark-Puzzle ist ein Thema für größere Gruppen: Zuerst eine große Fläche ausrollen (1,5 bis 2 cm dick). Jedes Kind schneidet sich eine Fläche ab, ein »Gehege« grenzt ans nächste. Auf einem leben Elefanten, daneben Zebras, dann Schlangen usw.
Ein Elefantenhaus, Wasserstellen und ein paar Bäume ❺ machen den Zoo noch schöner! Nach dem Schrühbrand die Teile mit den Tieren bemalen und zum Tierpark zusammenfügen ❹ ❺ ❻.

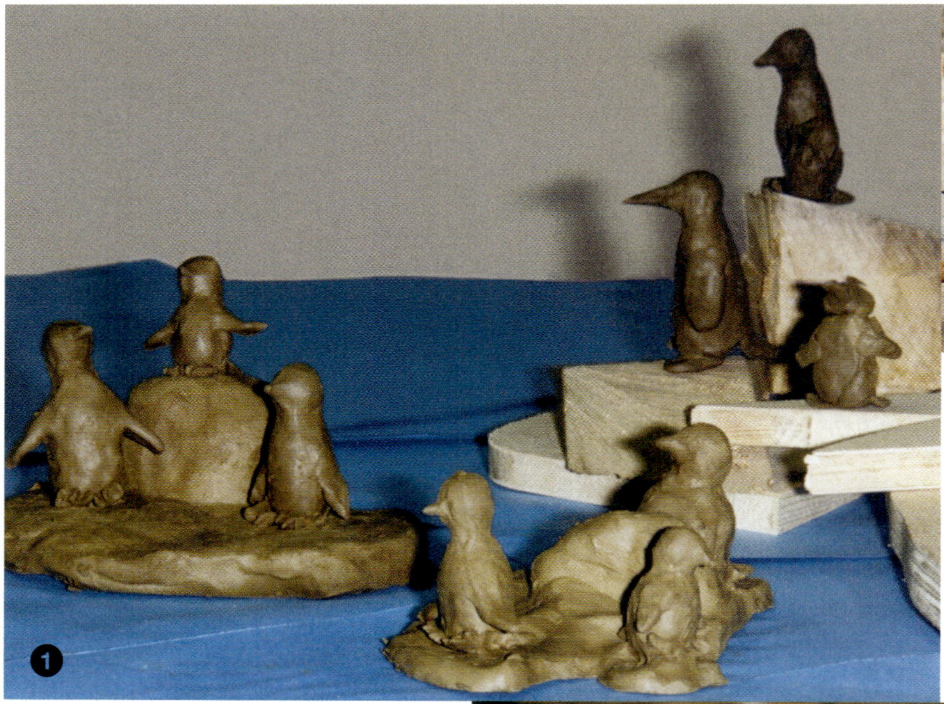

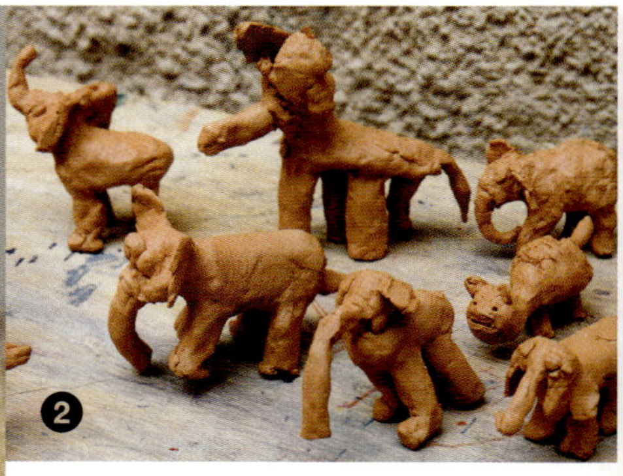

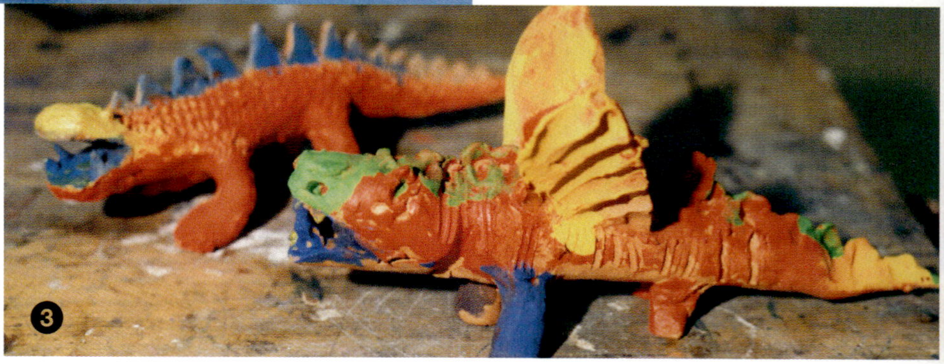

Tierpark

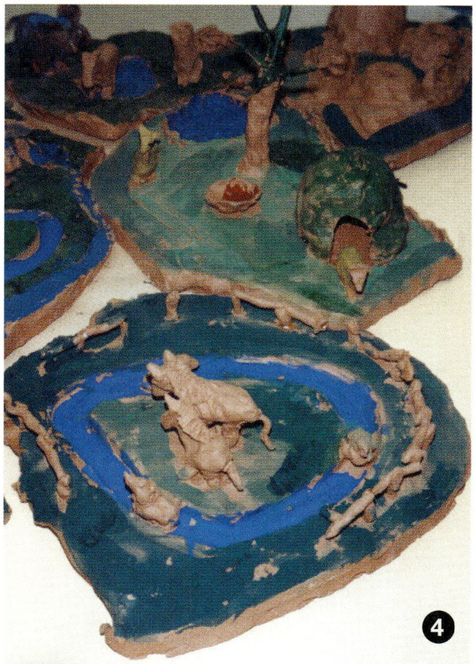

4

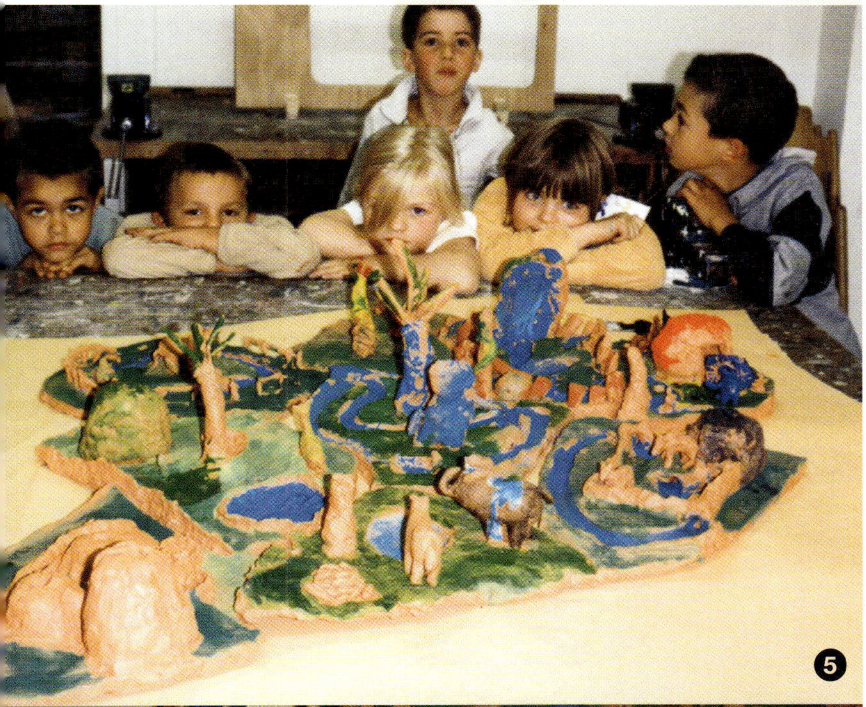

5

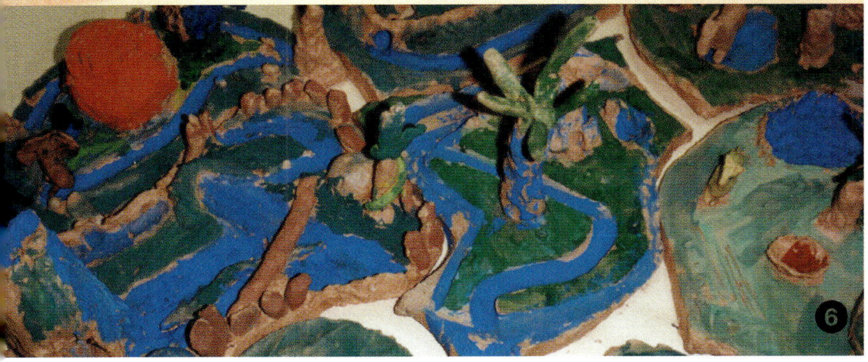

6

Werkzeug

Arbeitsunterlage
Messer
Teigrolle
Unterlage
eventuell Modellierholz
(Brennofen)

Material

Ton
Wasser- oder Plakafarben

Info

Siehe »Arbeiten mit Ton«, besonders: Zusammenbauen, Schlicker, hohle Tonform, große Fläche machen. Beim Puzzle direkt nach dem Zerschneiden die Unterseite der Stücke der Reihe nach durchnummerieren.

Alter 4 6 8 10 12 14 16 18

Menschen im Boot. Wir wollen Boote bauen, die als Sockel oder Behältnis für die Insassen dienen ❻. Also keine großen Dampfer planen, ein Ruderboot für zwei bis vier Personen reicht. Zur Anregung zeigen wir Abbildungen von Fischerbooten aus allen Teilen der Welt, wobei am meisten die unterschiedlichen Ausformungen des Bootsbuges auffallen ❼ ❽.
Für den Aufbau der Boote werden ca. einen Zentimeter starke Tonplatten ❶ in passende Streifen geschnitten und mit Tonschlick zusammengesetzt. Auf diesen Rumpf bauen nun die Kinder nach ihren Vorstellungen alle weiteren Details. Einige wollen Segelboote machen, also wird in den Rumpf ein »Mastschwein« eingebaut, die Halterung für den Mast, der nach dem Brennen eingesetzt und mit Stoffsegeln bespannt wird ❷. Bei den kleineren Booten werden der Mast und das Segel gleich in Ton mitgebaut. Die Besatzungen für die Boote werden entsprechend den Bootsgrößen aus Kugeln für Kopf und Körper sowie Tonwürsten für die Extremitäten geformt. Einige Figuren werden fest eingebaut und andere bleiben zum Spielen beweglich.
Die unterschiedlichsten Bootstypen sind nun entstanden: Gondeln, Hausboote, Katamarane, Ruderboote ❺. Ein Passagierschiff ❸ und ein Traumschiff in Silber und Gold ❹ dürfen dann doch nicht fehlen. Die Boote werden mit wasserfesten Farben (Plaka) bemalt.

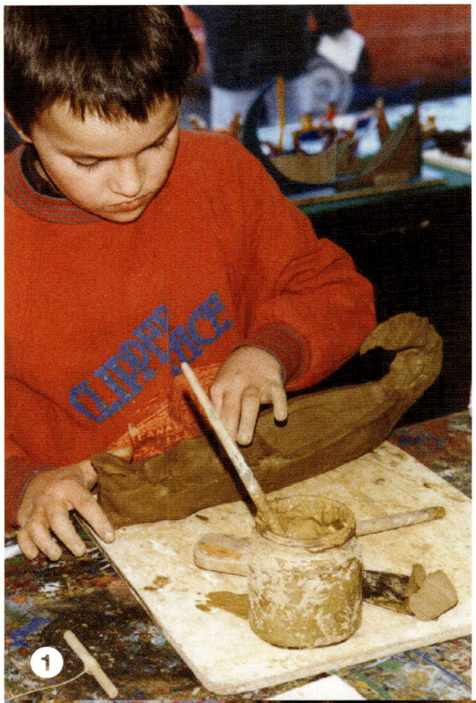
1

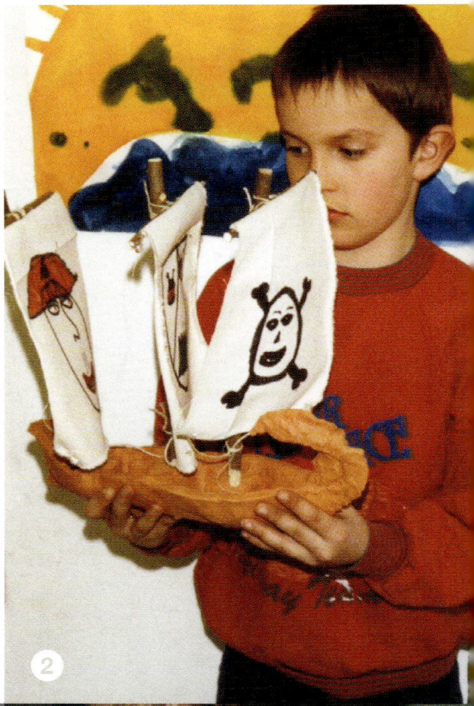
2

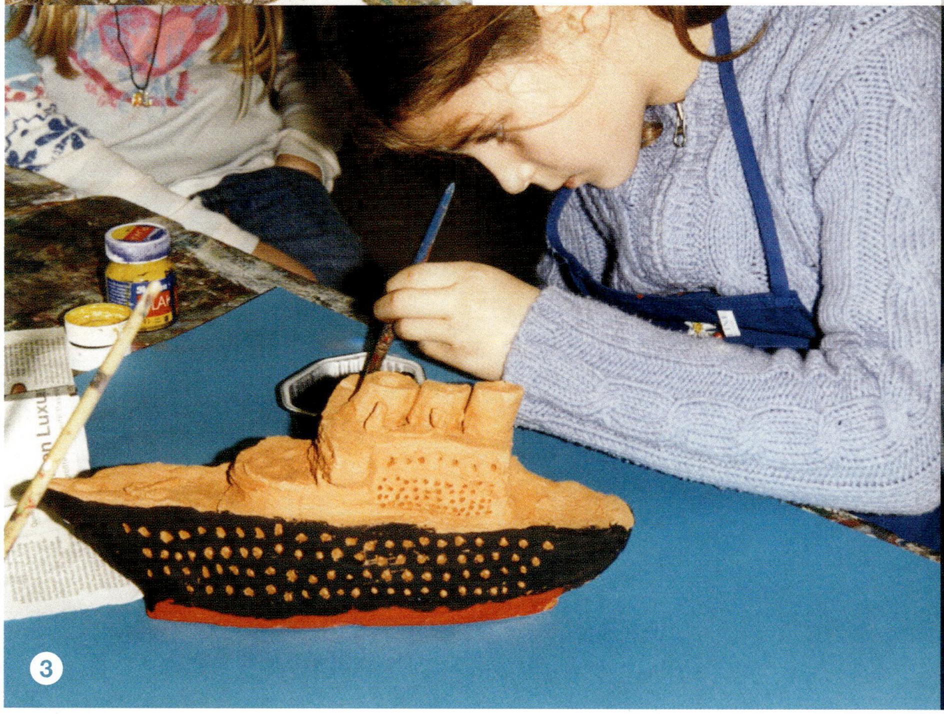
3

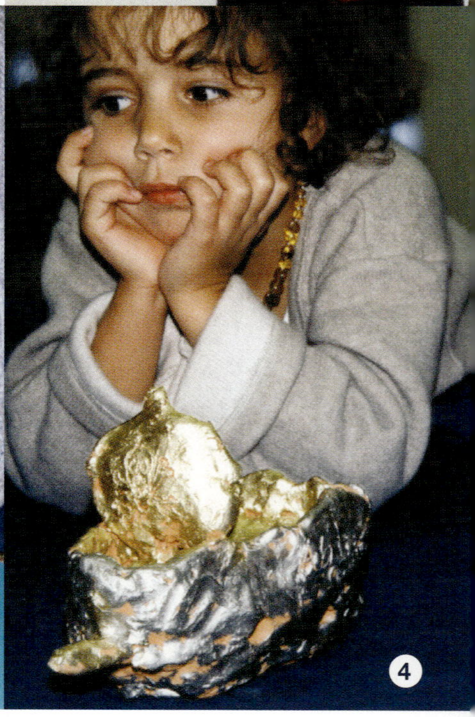
4

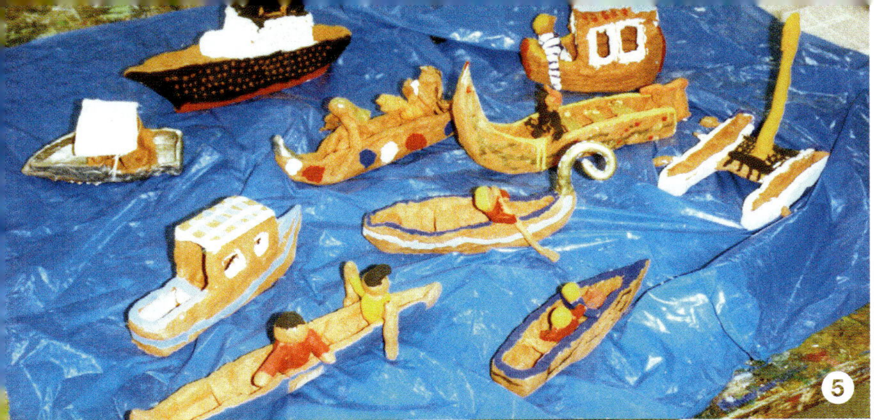

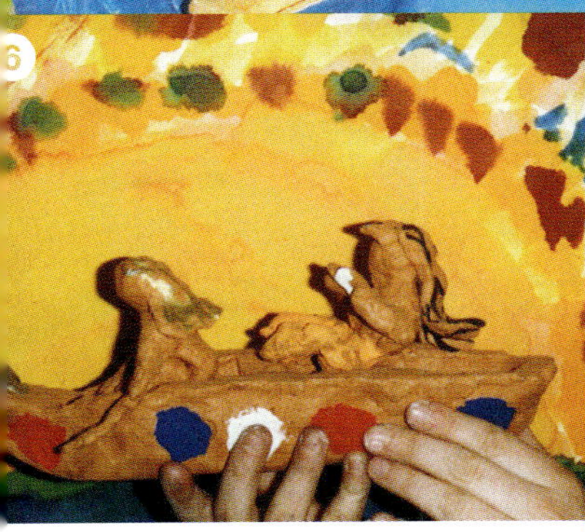

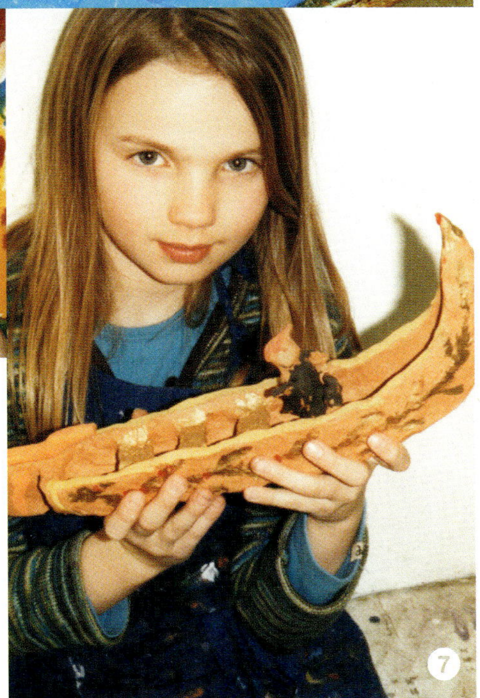

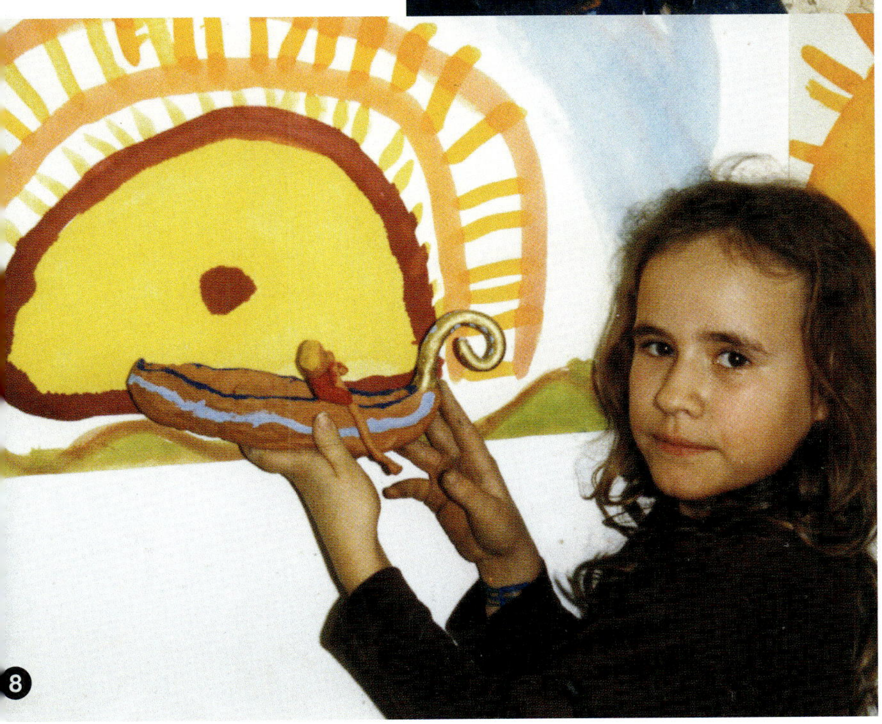

Nicht alle sitzen im selben Boot

Werkzeug

Arbeitsplatte
Modellierhölzer
(Brennofen)

Material

Ton
Holzstäbe
Stoff
Plakafarbe

Info

Obwohl unsere Boote zum Schwimmen zu schwer sind, haben wir wasserfeste Farben benutzt, weil sie abriebfester sind.

Alter 4 6 8 10 12 14 16 18

Zuerst als Unterpolsterung für die Maske Zeitungspapier knüllen, einen Batzen Ton mit den Fäusten flachklopfen, aus der Hand die gut einen Zentimeter dicke Tonfläche wölben oder den Ton ausrollen (ca. 1,5 cm). Dann formt man die Fläche über den Zeitungshügel. Überschüssigen Ton drückt man in Falten zusammen oder schneidet seitlich Zwickel aus und verbindet die Schnittkanten wieder mit Schlicker. Die Mitte der Fläche etwas ausbeulen. Es folgt die Anprobe auf dem Gesicht, die Maske sollte bequem passen (sie schrumpft noch um ca. zehn Prozent!). Für die Augenlöcher die eigenen Augen durch die Maske erfühlen und von außen mit dem Fingernagel einritzen, die Nase hineindrücken, die soll ja auch Platz haben. Zurück auf dem Zeitungsberg die Augenlöcher ausschneiden, die Nase noch mehr herausarbeiten.
Wen soll die Maske verkörpern? Ein Früchtchen ❹, eine/n Eingeborene/n ❸ ❻ ❼ oder wilde Kerle ❷ ❺, oder jemanden, der euch grob ähnlich sieht ❶?
Jetzt geht's mit Schlicker ans Nase-, Haare-, Bart- und Mund-Montieren. Wenn dieser offen steht, kann die (echte) Zunge mitspielen ❽, Ohren machen sich auch gut (je größer, umso besser!) und wenn die Nase riesig wird, kann man auch mal durch die Nasenlöcher herausschauen und die Maskenaugen an ganz andere Stellen montieren. Zuletzt Löcher zum Aufhängen in den weichen Ton bohren.
Nach dem Brennen im Keramikofen bekommt die Maske noch Farbe (sie kann erröten, erblauen und erbleichen) ❺...

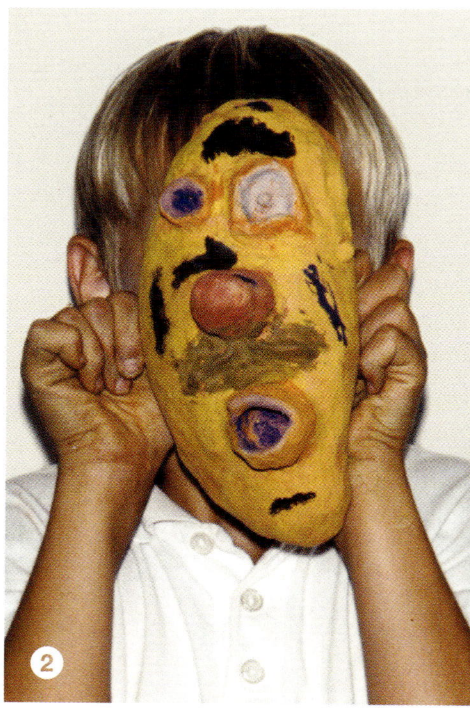
2

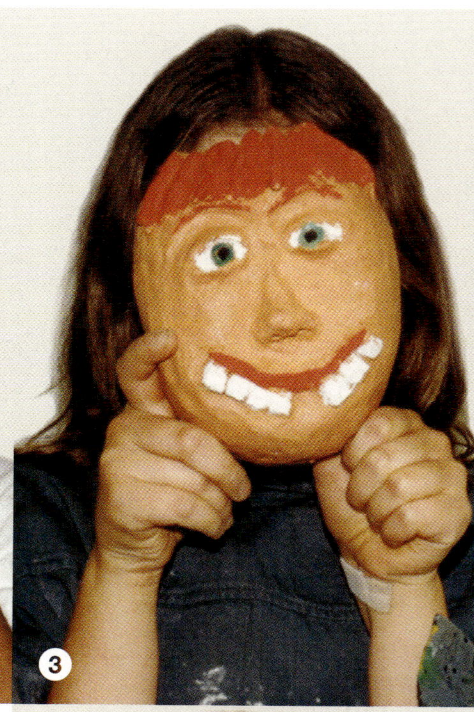
3

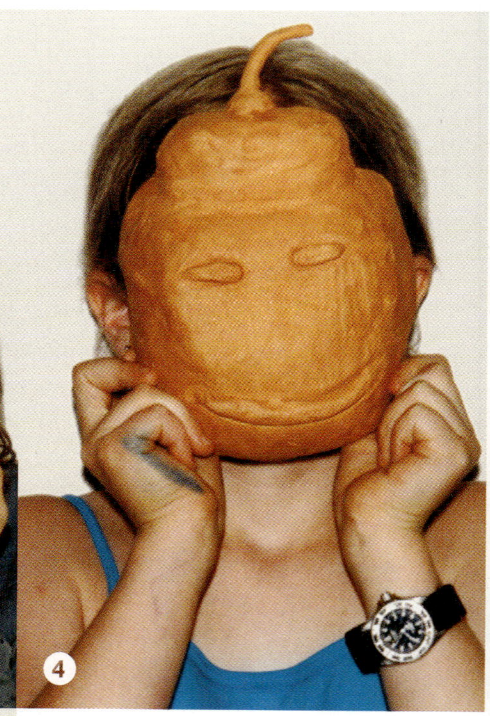
4

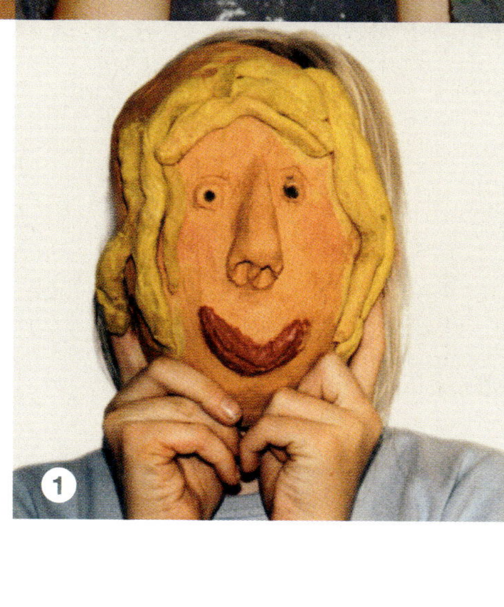
1

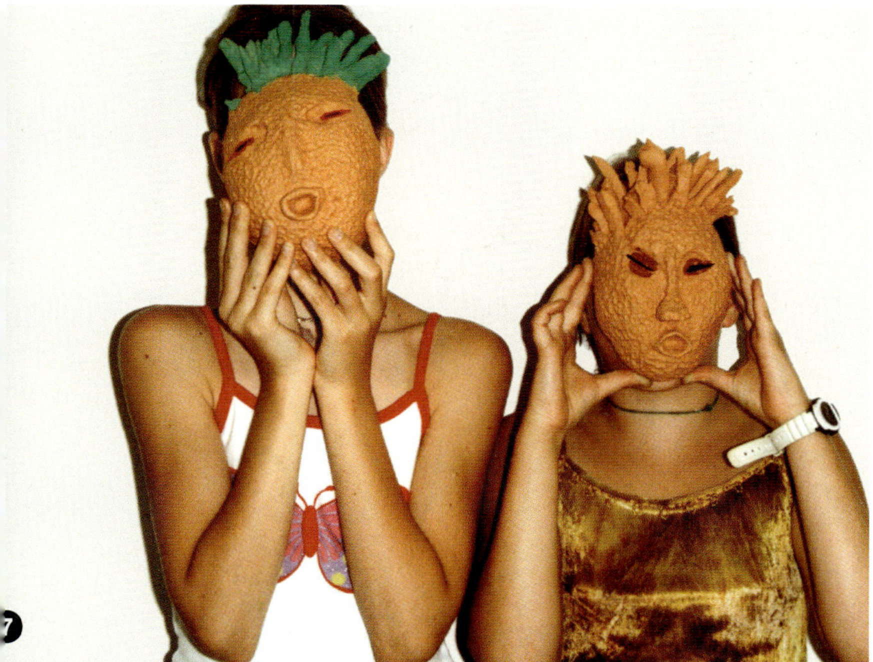
7

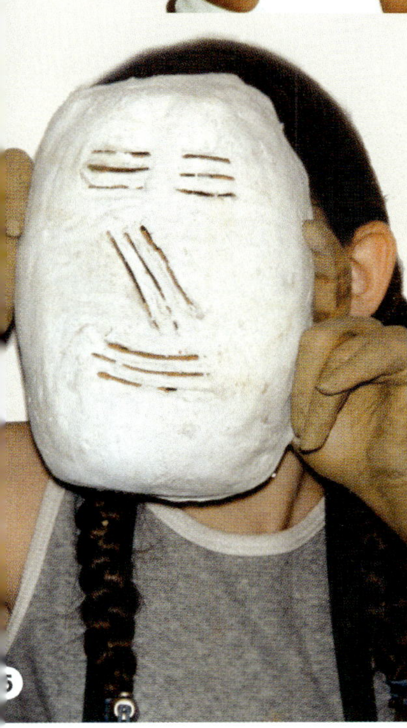
5

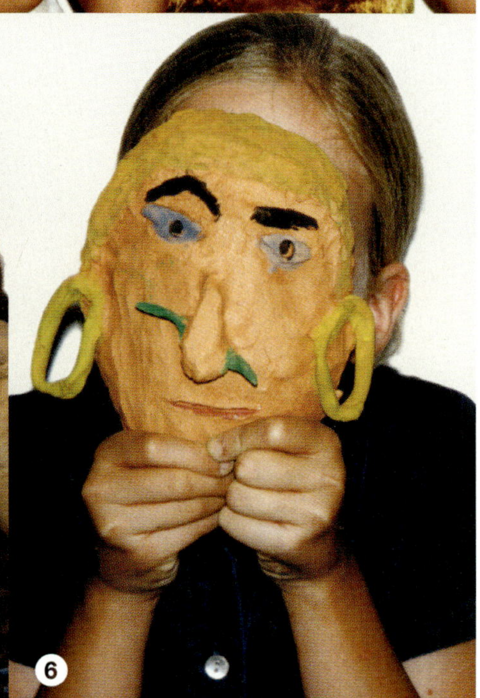
6

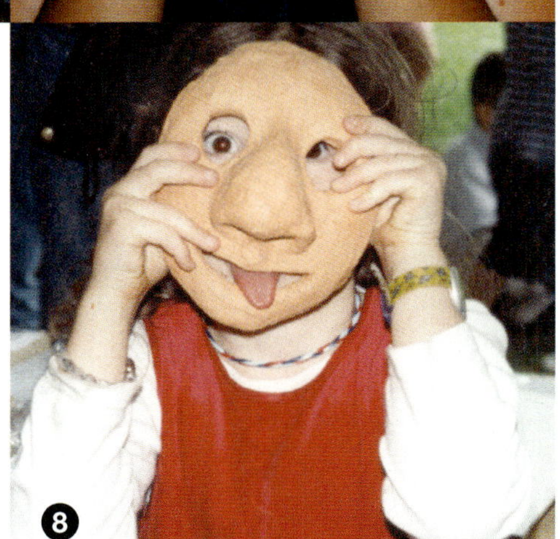
8

Maske

Werkzeug

Arbeitsplatte
Teigrolle
etwas zum Ritzen
Gabel
eventuell Modellierhölzer
(Brennofen)

Material

Modellierton
Wasser-, Plaka- oder Dispersionsfarben
Zeitungspapier

Info

Beim Nase-Montieren keine Luft einschließen.

Alter 4 6 8 10 12 14 16 18

Man beginnt mit dem Boden (0,5 bis 1 cm dick, je nach Größe der Vase). Den ersten Wurst- oder Bandring gut mit der Bodenfläche verbinden. Darauf geht's weiter mit Würsten oder Bändern. Sie können außen und innen verstrichen werden ❷ bis ❻ oder nur innen ❶. In diesem Fall aber sehr gut, sonst wird das Gefäß undicht. Die Aufbaunahtstellen bei der Bändertechnik können auch betont werden ❺. Zusätzliche Gestaltungsmöglichkeiten entstehen durch Verformen und Modellieren der nicht zu dünnen (!) Vasenwand. Eventuell mit etwas Ton die dünn gewordenen Stellen verstärken ❻.
Aus dem Gefäß kann auch ein Tier ❹ werden, wenn man es auf vier tragfähige Beine stellt (anschlickern). Ein Schwanz, der auf den Boden reicht, stützt zusätzlich. Wenn die »Vase« oben geschlossen wird, ein Loch für die Luft (zum Beispiel im Maul) machen, damit sie entweichen kann.
Eine Vase in Form einer eigerollten Zeitung ❹ (im Vordergrund). Die eingerollte Fläche wird mit Schlicker abgedichtet, bevor man sie auf den Tonboden montiert – fehlen nur noch die Nachrichten…
Die »lederhart« getrocknete Vase mit Engobe bemalen, dabei kann der Ton selbst als eine Farbe wirken. In engobierte Flächen kann auch geritzt oder geschabt werden. Zuletzt wird das bereits einmal gebrannte Stück vom Fachmann bzw. von der Fachfrau durchsichtig glasiert und bei ca. 1040 Grad gebrannt.

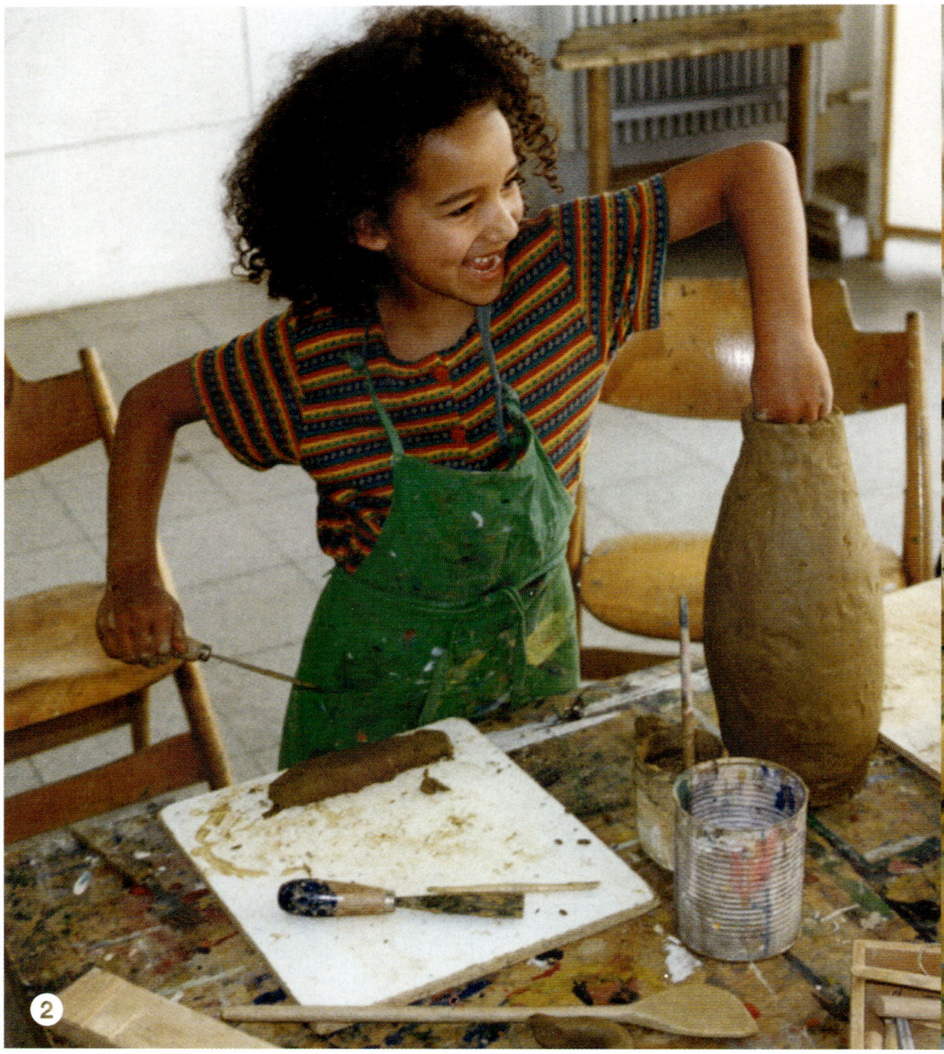
❷

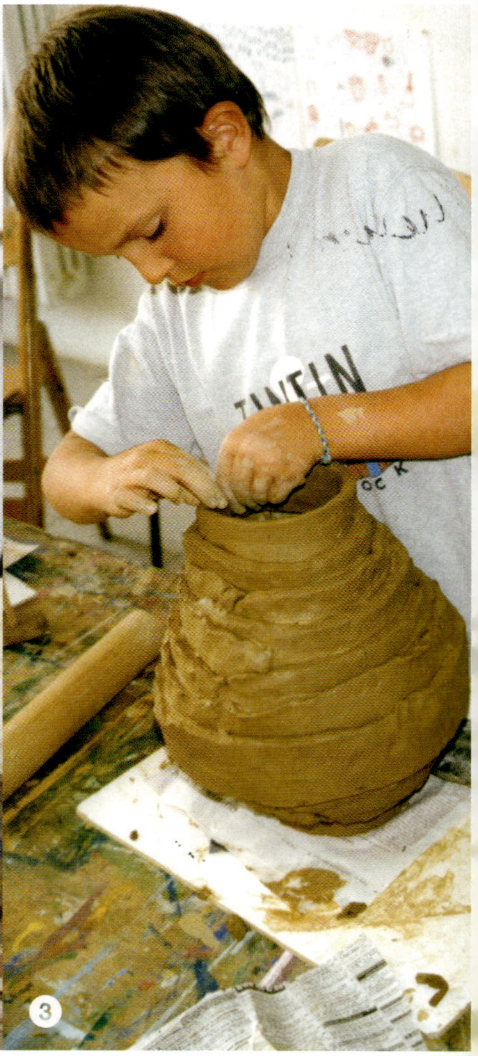
❸

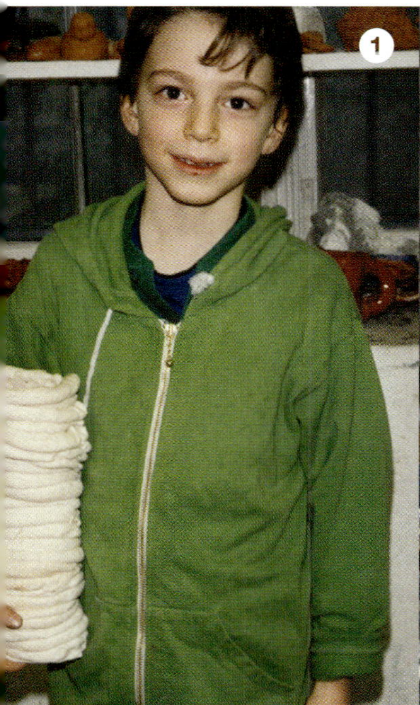

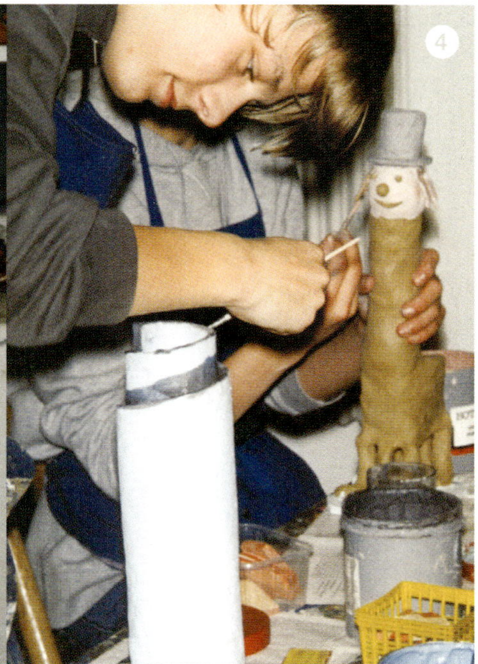

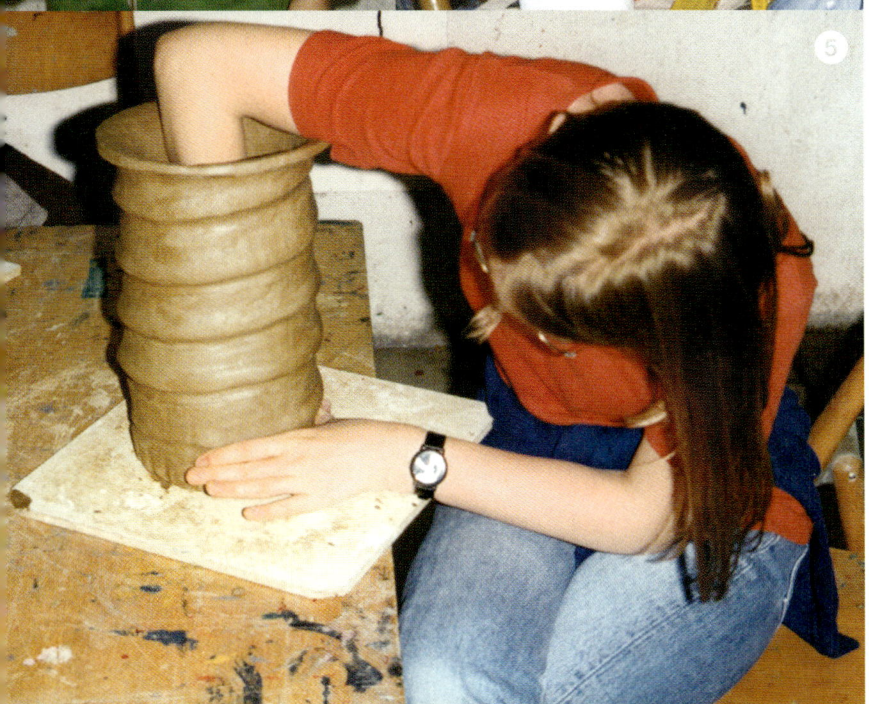

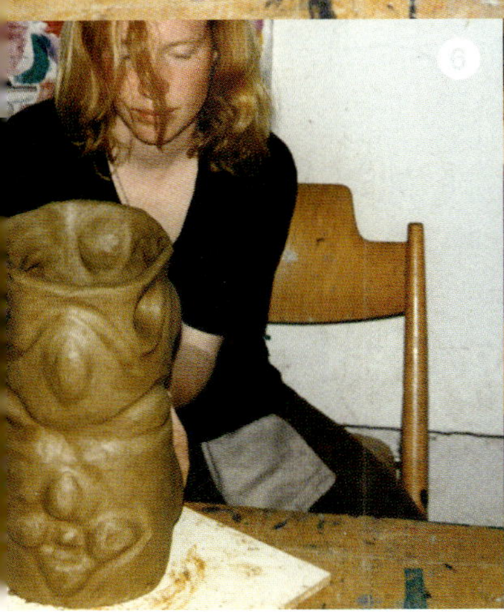

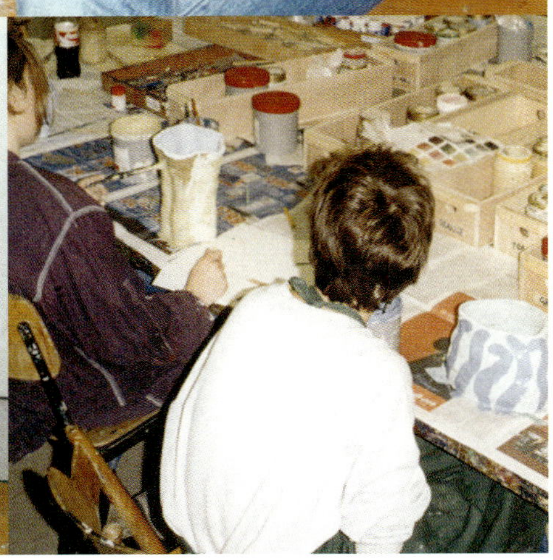

Vasen

Werkzeug

Arbeitsplatte
Walze zum Ausrollen
Zeitung
eventuell Modellierhölzer
eventuell ein Draht zum Abschneiden
(Brennofen)

Material

Ton
Schlicker
Engobe

Info

Das Bemalen mit Engobe sollte erst erfolgen, wenn die Vase »lederhart« ist, sonst kann sie aufweichen. Manche Engoben können auch nach dem ersten Brand aufgetragen werden (zum Beispiel: Botz-Engoben). Nur Engobefarben können gebrannt und glasiert werden, alle anderen verbrennen.

Alter 4 6 8 10 12 14 16 18

Geht es auf Weihnachten zu, bricht in unseren Breitengraden das Basteln aus, man muss ja auch ständig in der Stube hocken. Um nicht immer die üblichen Weihnachtsengel zu produzieren, kann man die Kinder anregen, Leuchter mit vielfältigsten Formen zu erfinden: Zwillingstürme ❶, Schweinchen Schlau ❷, verschlungene Schlangen ❽, Drillingstürme mit Stern ❺, Ballettschuh mit Söckchen ❻, der unvermeidliche Engel ❸, Hände in verschiedener Interpretation ❼ oder ein Nikolausstiefel ❹…
Mit dem Formen des Tons sollte man möglichst früh vor dem Fest beginnen, die Kerzenleuchter müssen ein bis zwei Wochen trocknen und können erst anschließend gebrannt werden. Das Anmalen kann man dann richtig genießen!

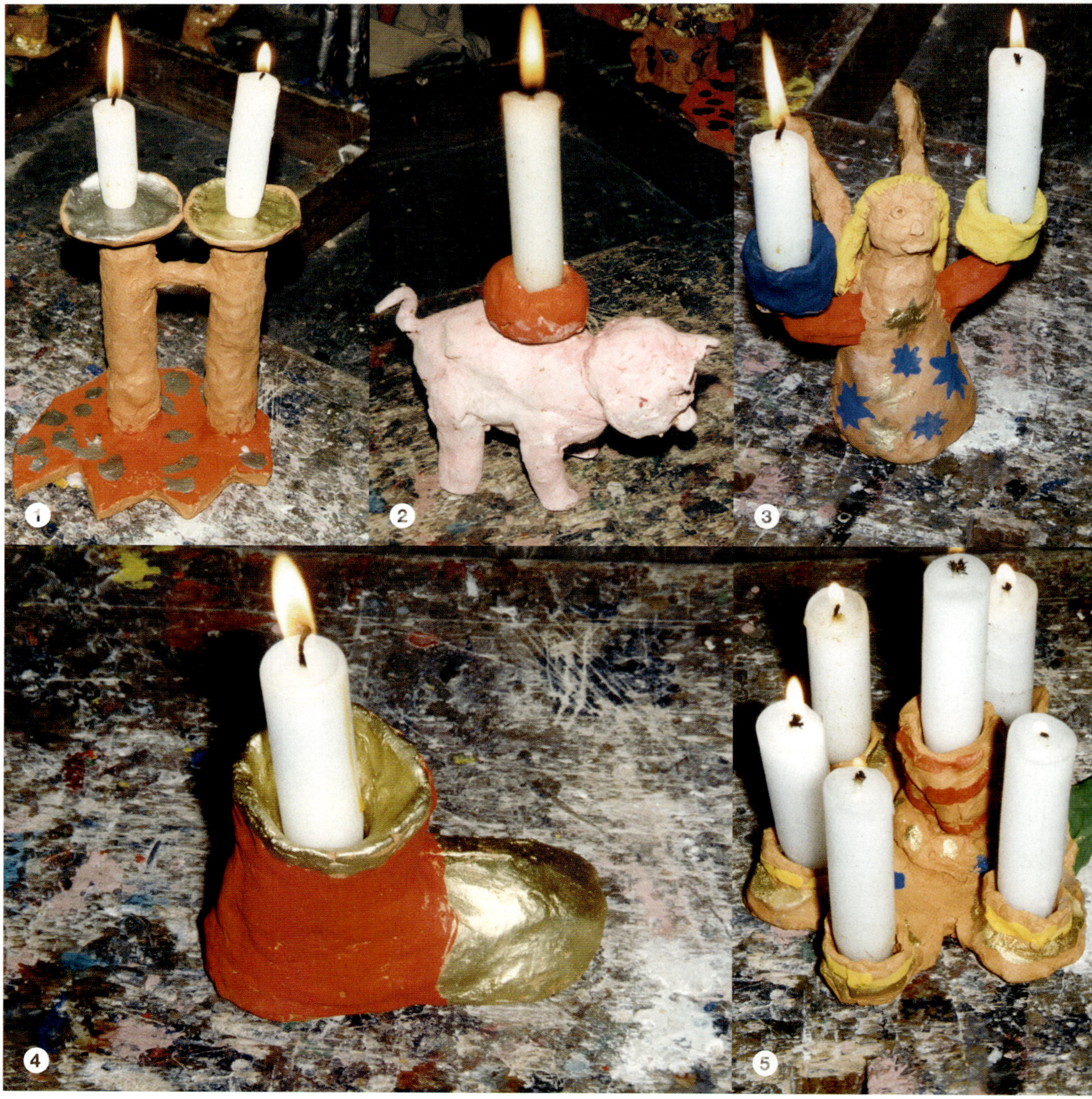

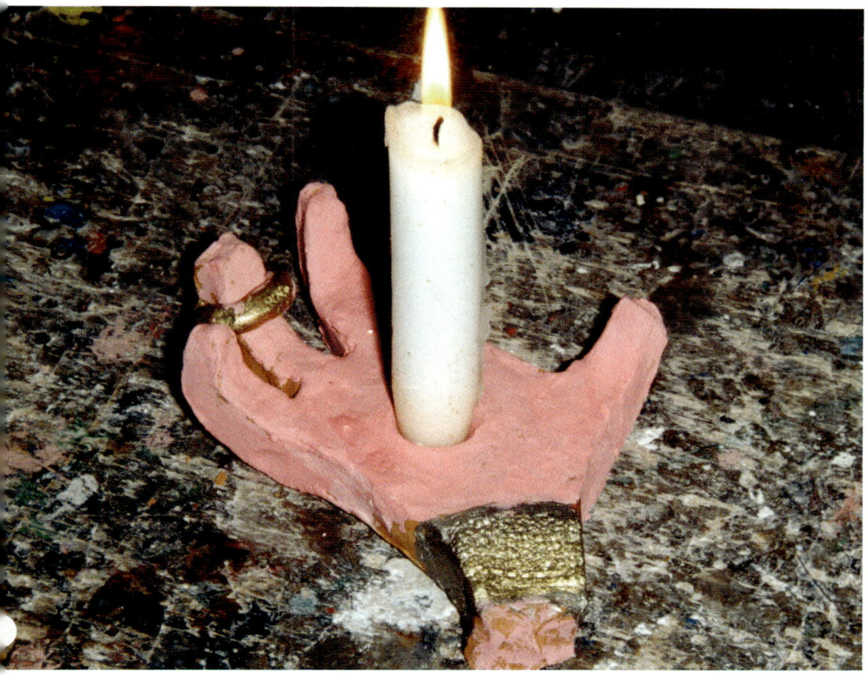

Leuchter für die dunkle Jahreszeit

Werkzeug

Arbeitsplatte
Tonwerkzeug
(Brennofen)

Material

Ton
Schlicker
Plakafarbe (möglichst mit Gold und Silber)
Haushaltskerzen

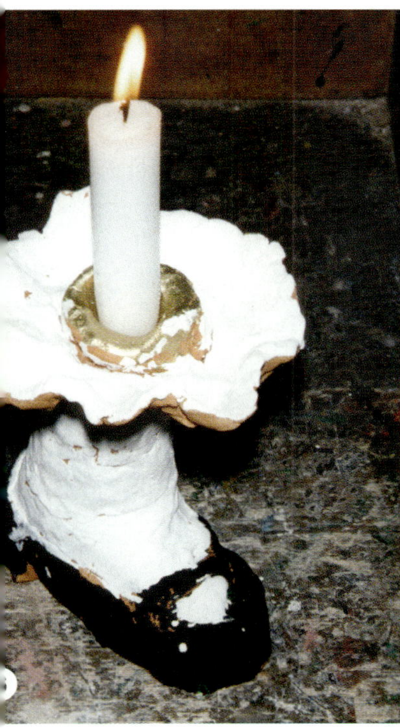

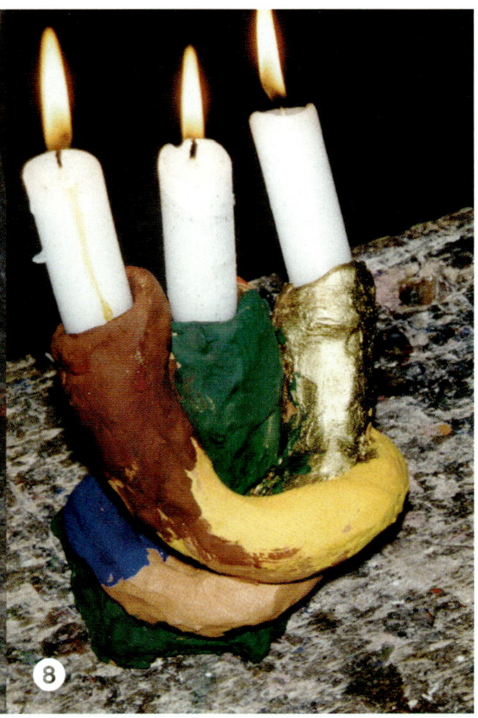

8

Alter 4 6 8 10 12 14 16 18

Man beginnt mit einer Grundplatte aus Ton etwa 15 bis 20 Zentimeter Kantenlänge. Die Wände für den ersten Stock haben etwa sieben Zentimeter Höhe und werden an drei Seiten mit der Bodenplatte verbunden ❶.
Darauf wird eine zweite Ebene gelegt, auf der später das Kaminfeuer angezündet wird. Damit das Feuer von unten Luft bekommt und nicht von der Asche erstickt werden kann, werden mit einem Holzstöckchen Löcher in den Boden gedrückt (mit der zweiten Hand von unten sichern) ❷.
Dann kann der zweite Stock gebaut werden, dessen Wandhöhe mindestens zehn Zentimeter betragen sollte, damit das kleine Feuer auch Platz hat. Falls die Böden durch die Feuchtigkeit des Tons durchhängen, kann man sie mit kleinen »Säulen« während der Trocknungszeit stützen. Einen Kamin braucht der Ofen natürlich auch, damit der Rauch wieder abziehen kann und der Ofen gut zieht: Das Rohr wird aus einer Tonfläche gebogen und auf die oberste Platte gesetzt; mit einem Messer eine Öffnung schneiden und die Ränder innen schön verstreichen ❸.
Für die kleinen Scheite wird mit Hammer und Beitel das Holz von der Stirnseite her gespalten ❹.
Nur im Freien und auf nicht entzündlichem Grund, am besten auf einem Steinboden, darf der Ofen benutzt werden. Außerdem lässt sich hier auch prima mit der Kohle aus dem erkalteten Feuer zeichnen ❺. Wie beim Lagerfeuer werden die Scheite auf schnell brennenden, dünnen, trockenen Ästchen und etwas Zeitung entzündet.
Wenn der Ofen richtig brennt, können sogar Brot getoastet oder Würstchen gegrillt werden. (Aber Vorsicht: Auch die Finger sind schnell verbrannt!)

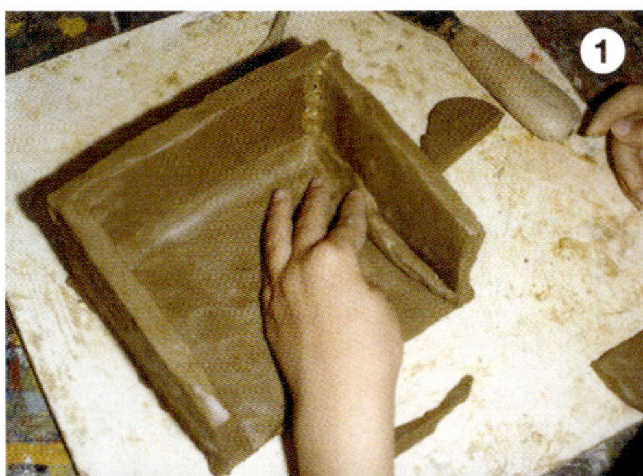

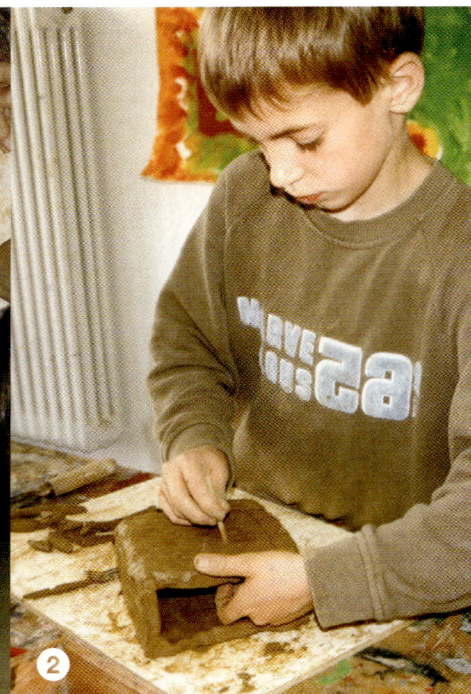

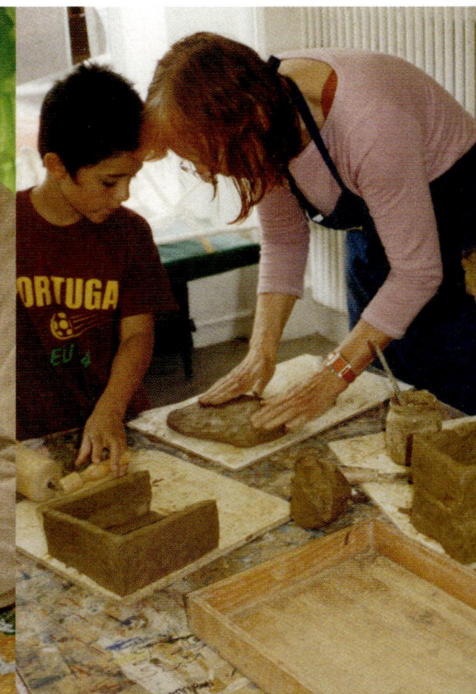

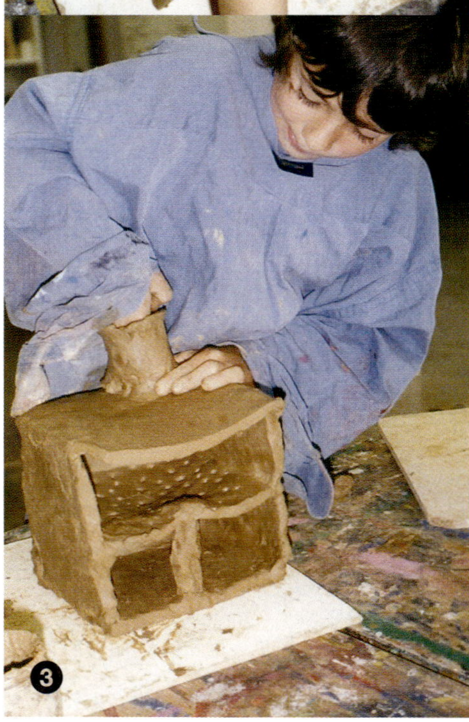

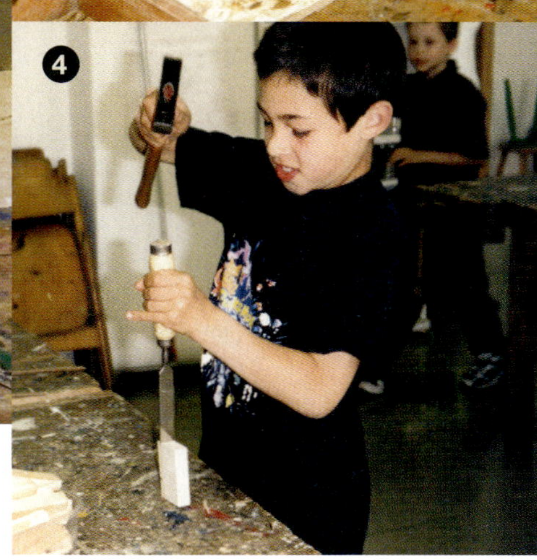

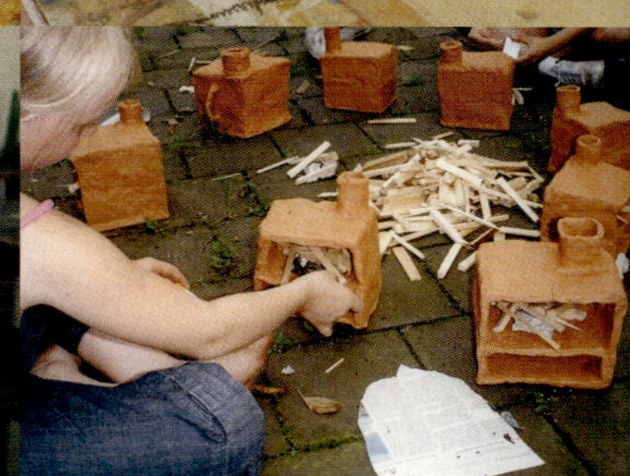

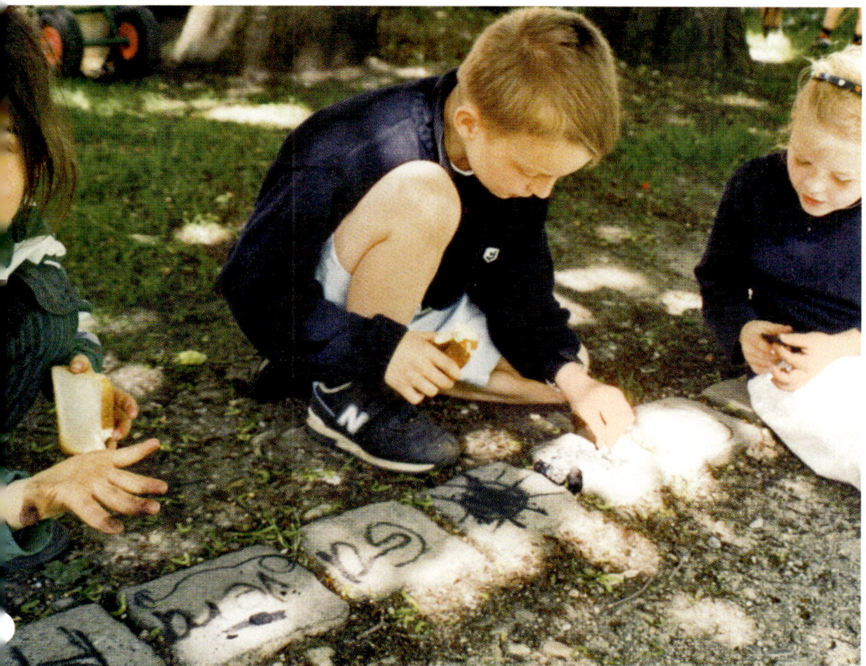

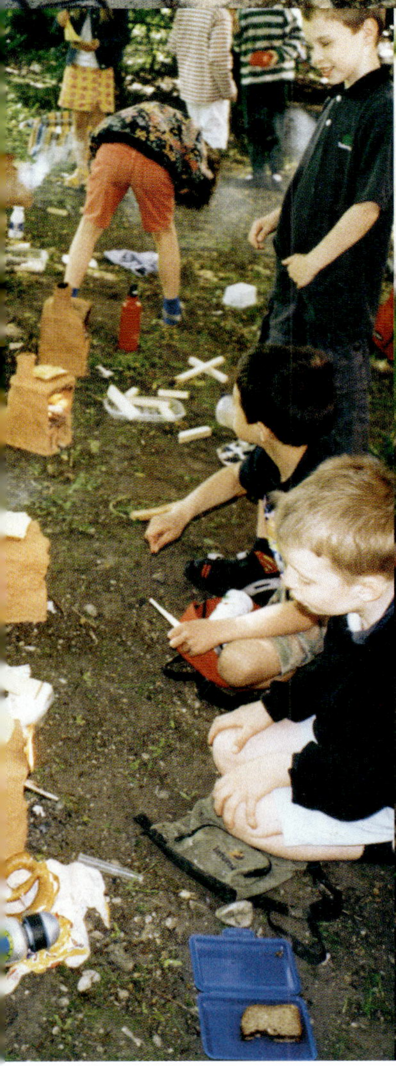

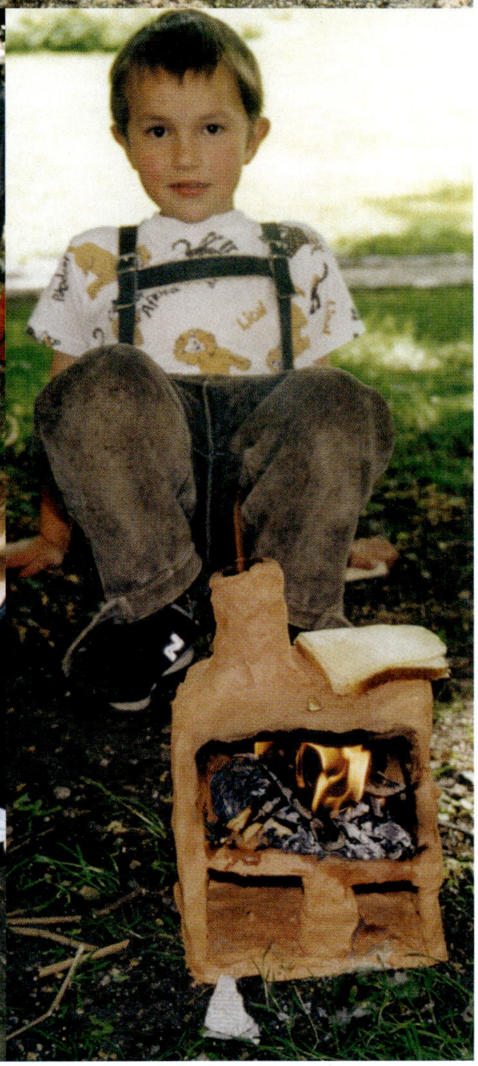

Tonöfen

Werkzeug

Arbeitsplatte
Tonwerkzeuge
für die Holzscheite: Sägen, Holzbeitel und Hammer
(Brennofen)

Material

Ton
Holz

Info

Einen Tonofen zu bauen verlangt schon einige Erfahrung und Sicherheit mit den Techniken, Wände zu formen und mit Schlicker zu verbinden.

Alter 4 6 **8 10 12** 14 16 18

Mit dem Handballen oder einem flachen Brett wird die Tonplatte glatt und größer geschlagen und zu einem Bergkegel aufgestellt. Der Gipfel wird spitz, wenn man die überlappenden Teile abschneidet und die Schnittkanten wieder zusammenfügt ❶ ❷.
In einer steil abfallenden Linie um den Berg herum wird das Band für die Bahn fest angeschlickert ❸.
Jedem Kind fällt eine andere Form ein, es gibt auch Tunnelbahnen quer durch den Berg ❹ ❺. Ist der Ton gebrannt, sausen die Kugeln klimpernd zu Tal. Anmalen ist natürlich erlaubt ❻ ❼. Eine Variante, die Kugelbahn auf Stützen, nimmt sich die Achterbahn zum Vorbild und ist zwar zum Bauen statisch etwas komplizierter, aber mindestens genauso rasant ❼!

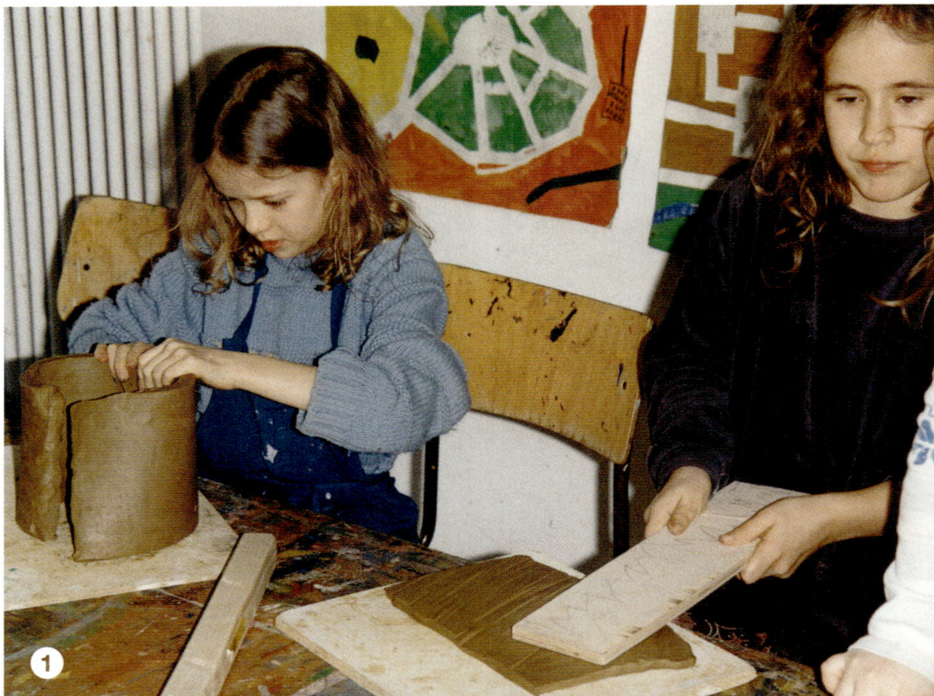

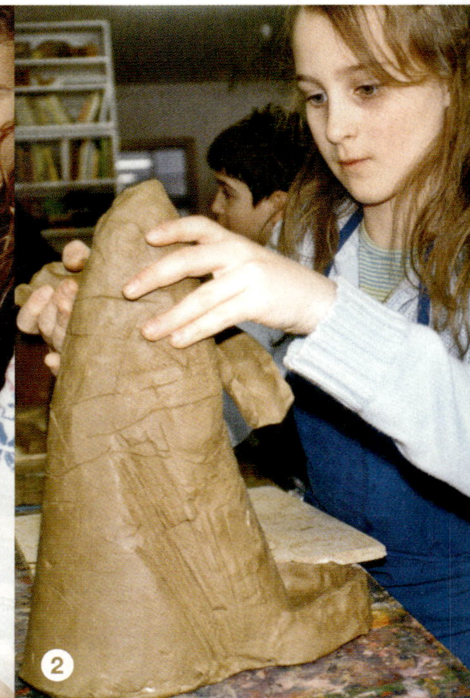

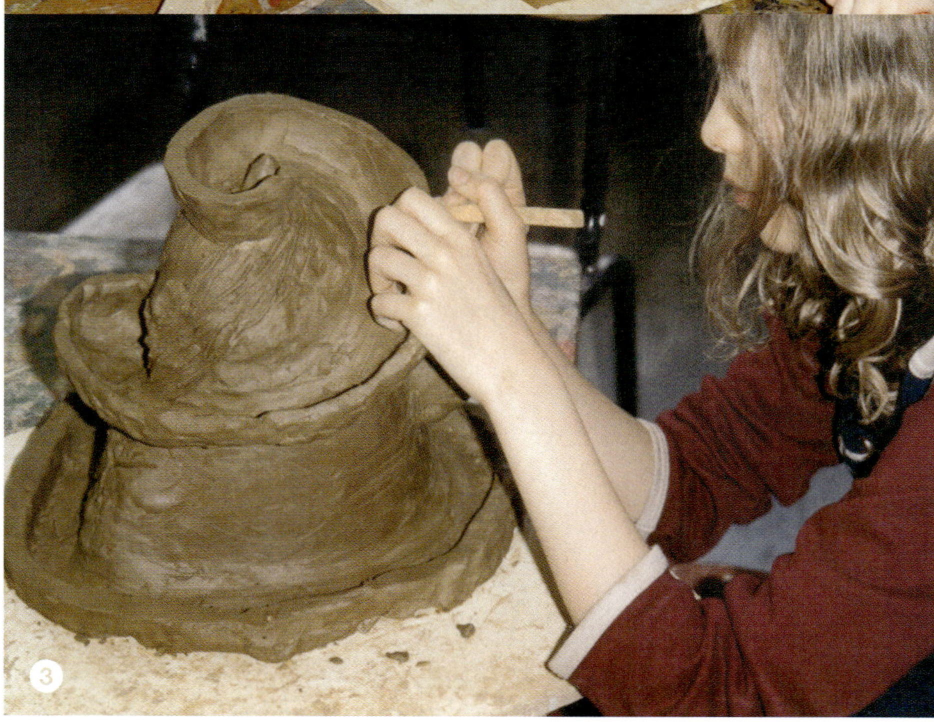

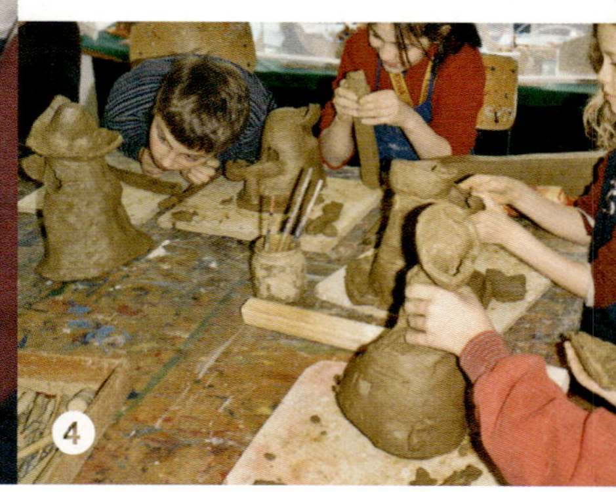

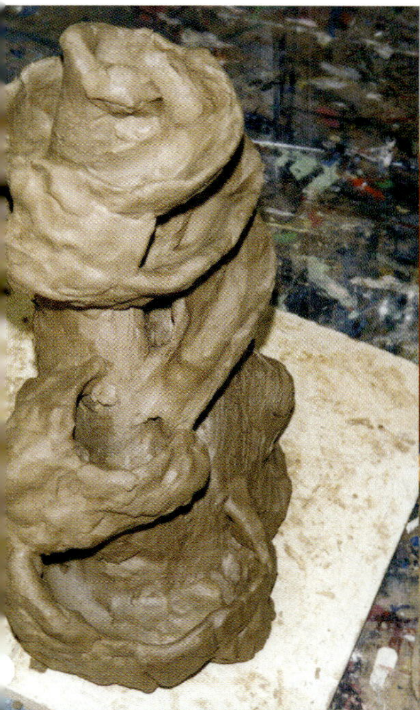

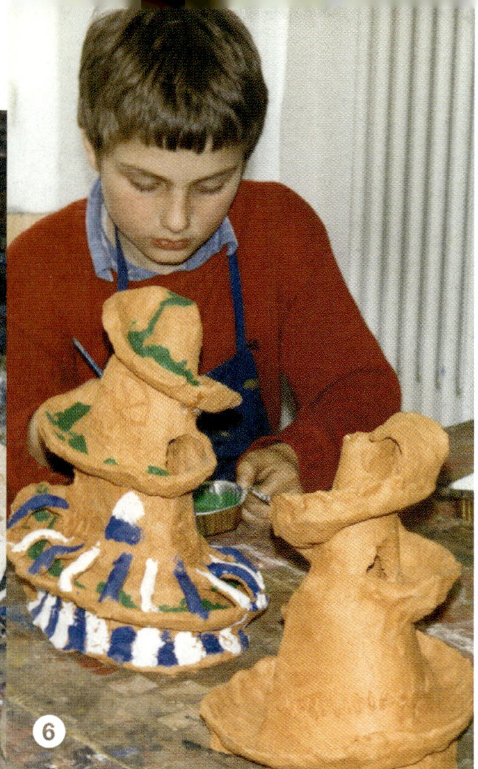

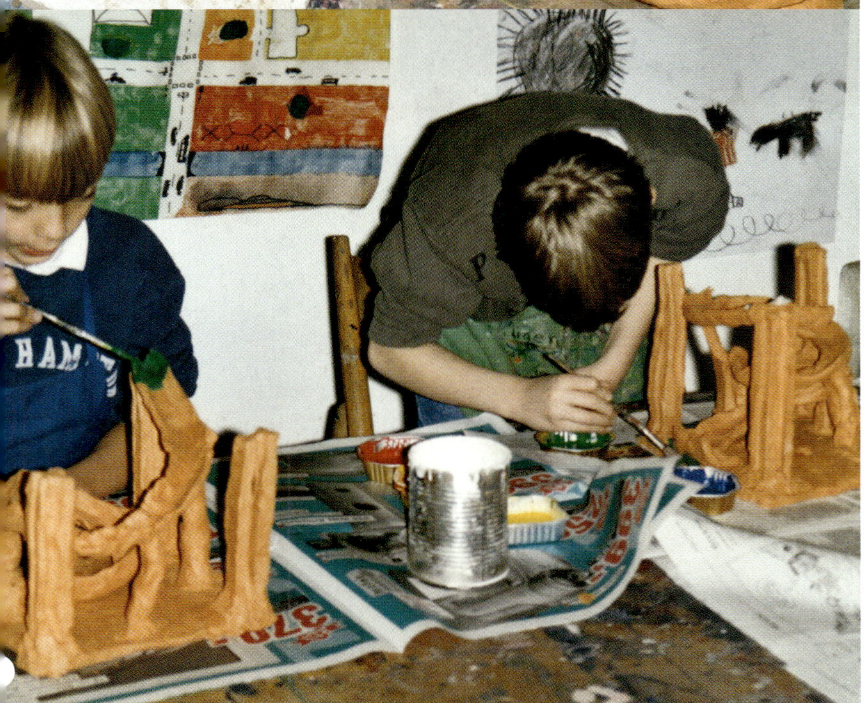

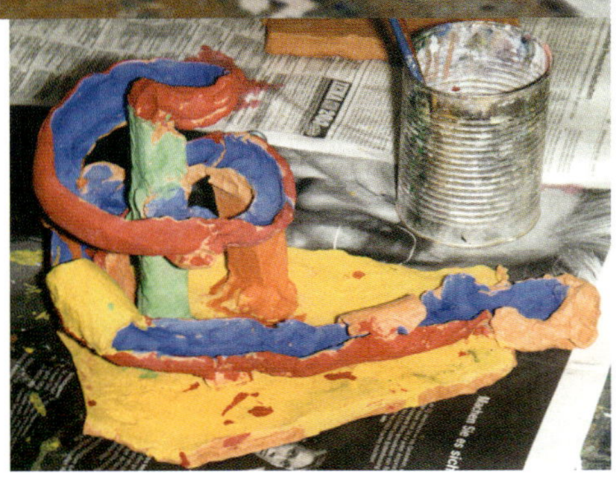

Kugelbahn aus Ton

Werkzeug

Arbeitsplatte
Tonschlingen
Spachteln
Pinsel
(Brennofen)

Material

Ton
Schlicker
Murmeln

Info

Bei der Bergkugelbahn muss sehr sorgfältig vorgegangen werden, die Tonbänder an den aufgerauten Linien müssen gut mit Schlicker bestrichen und fest angedrückt werden. Es besteht die Gefahr, dass sich die Bahnen beim Trocknen des Tons ablösen.
Um langsameres Trocknen (dabei entstehen weniger Risse) zu ermöglichen, deckt man in trockenen Räumen mit leichten Plastikplanen ab.

Alter 4 6 **8 10 12** 14 16 18

Sportszenen werden in kleinem Maßstab modelliert. Unsere Sportplätze sind mit allen dazugehörigen Linien, Basketballkörben, Toren, Bällen und Spielern detailgetreu ausgestattet, damit die Szenen möglichst echt wirken ❶ ❷ ❺ ❻ ❼.

Man kann die Sportplätze auch so planen, dass die Kinder aktiv mitspielen können. Ton-Fußballschuhe werden mit Gummibändern angezogen und das »Fingerfußballspiel« kann angepfiffen werden ❹ bis ❼.

Für den Wintersport wird die Szenerie zur weiß-blauen Winterlandschaft ❸.

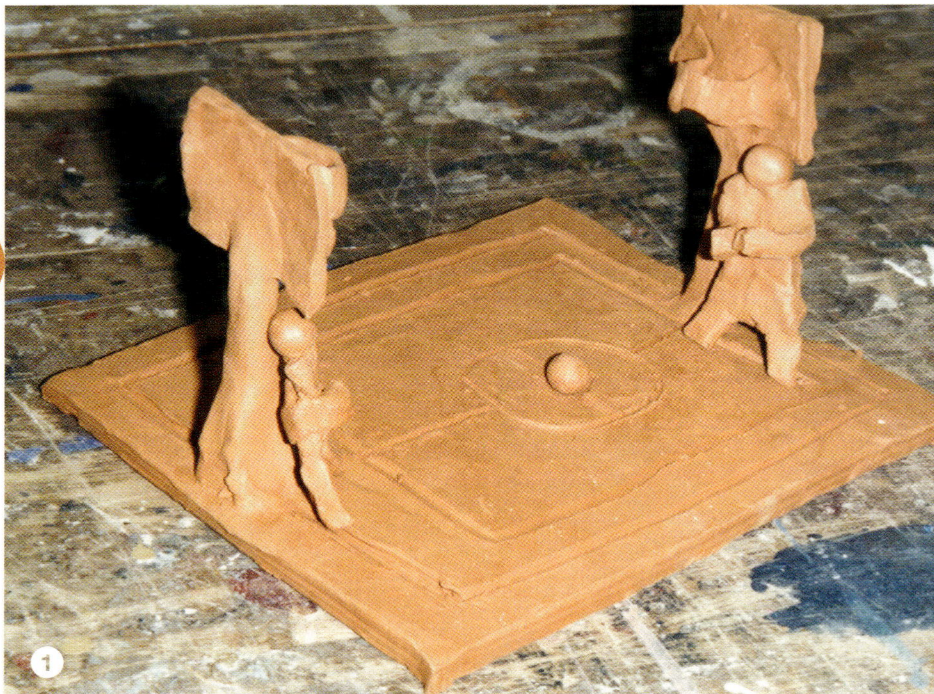
1

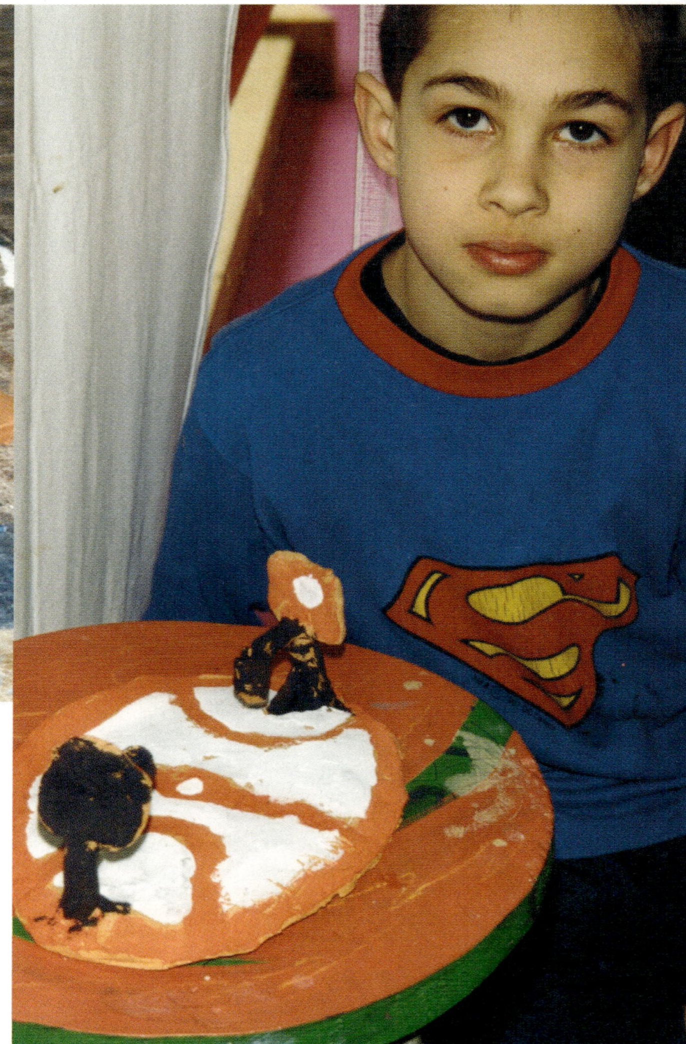

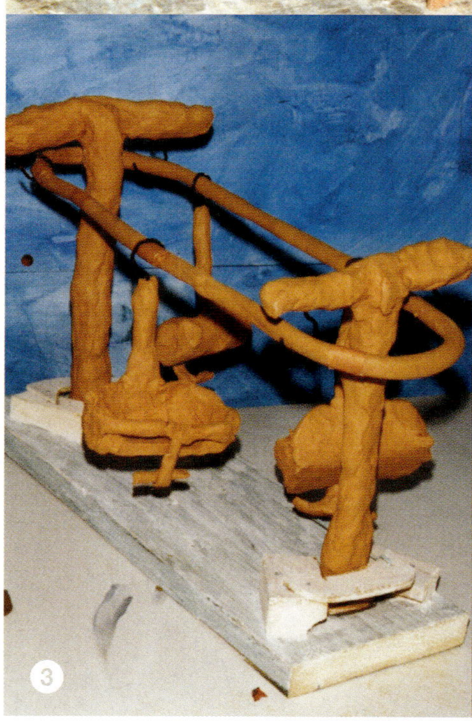
3

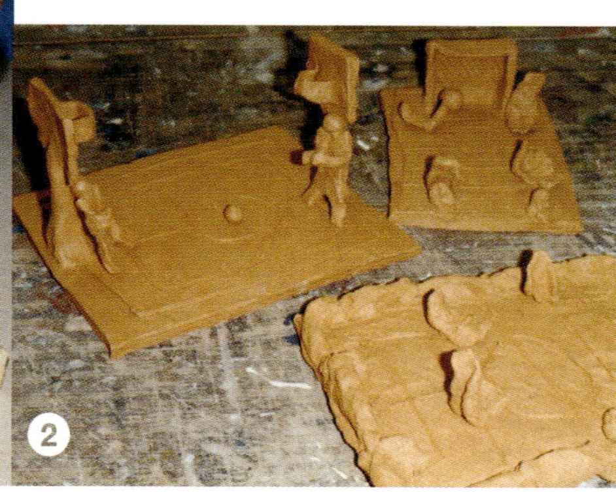
2

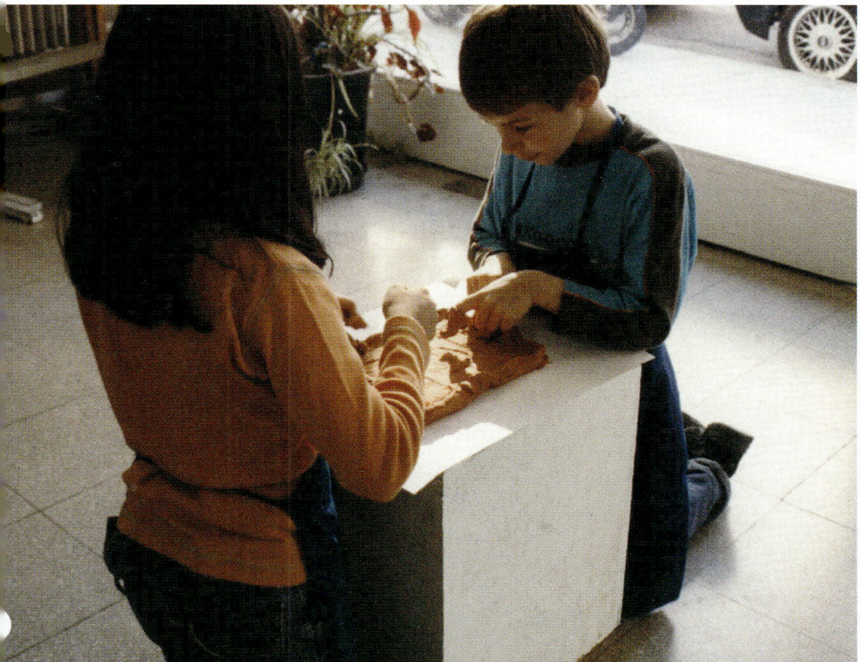

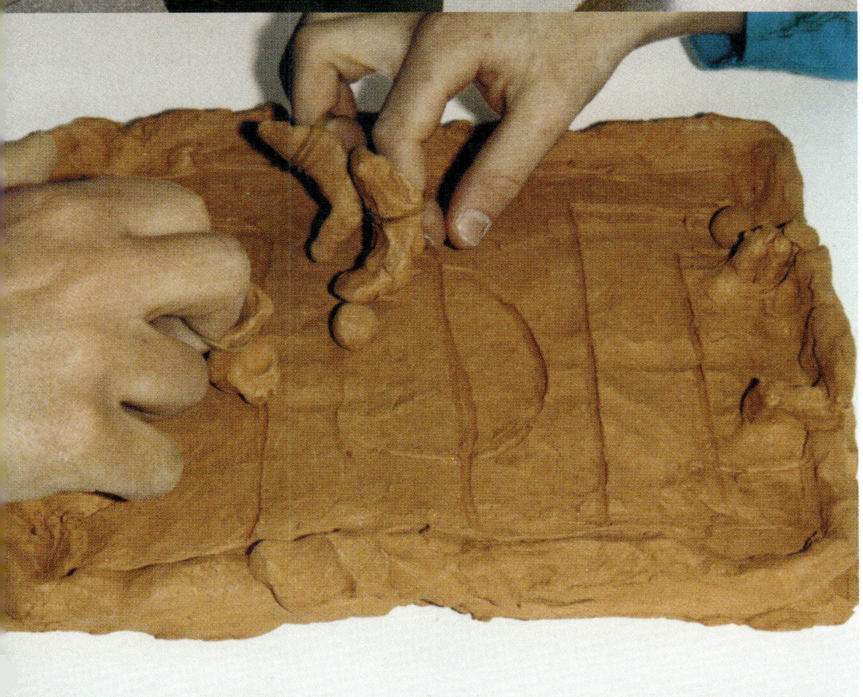

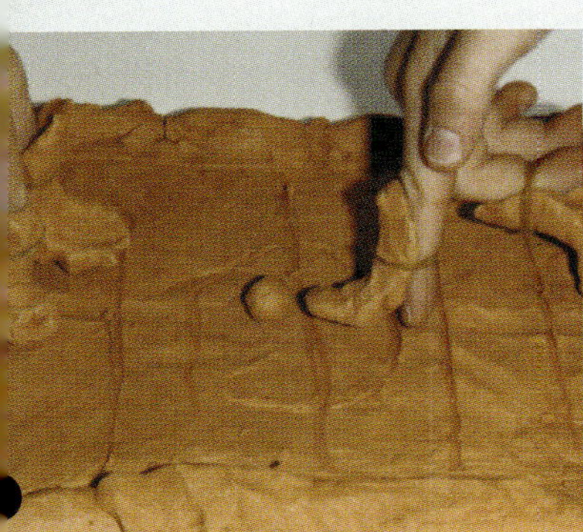

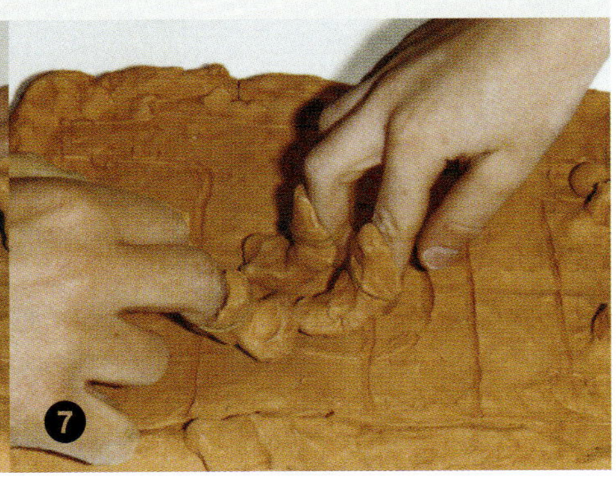

Sportplätze

Werkzeug

Arbeitsplatte
Tonwerkzeug
Pinsel
(Brennofen)

Material

Ton
Schlicker
Farben
Draht und Gummibänder

Alter 4 6 8 10 12 14 16 18

Eigentlich ein Thema, das zu filigran ist, um es in Ton auszuführen, aber wenn ein paar Knochenverbindungen nach dem Brennen lose sind, dann klimpern die Skelette noch gruselig, wenn man sie schüttelt, und wir haben ja einen Körper zum Schutz.
Wir beginnen mit der Hülle in Menschenform, die wir als Ganzes und nicht zu schmal aus Ton formen, dann in der Längsachse mit dem Draht schneiden und beide Hälften mit einer Drahtschlinge aushöhlen (die eine Hälfte dient als Deckel). Nun kann jeder nach seinen Anatomiekenntnissen sein Skelett einpassen ❶ ❷.
Schön ist es natürlich, wenn man weißen Ton zur Hand hat, aber man kann das Skelett auch später bemalen ❸ oder wie eine Versteinerung einfarbig lassen ❹. Auch eigenwillige Mischformen von innen und außen haben ihren Reiz ❺.

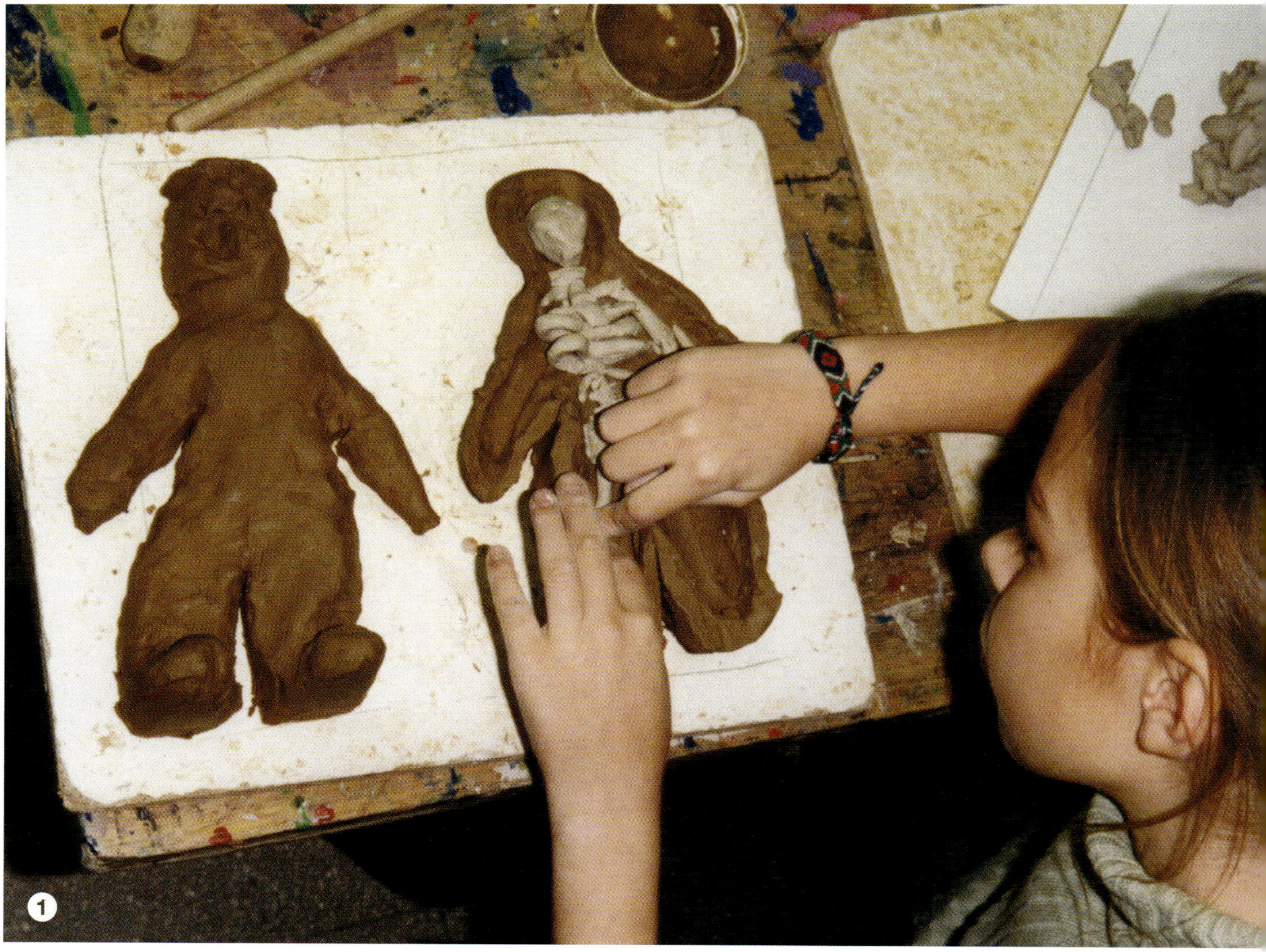

①

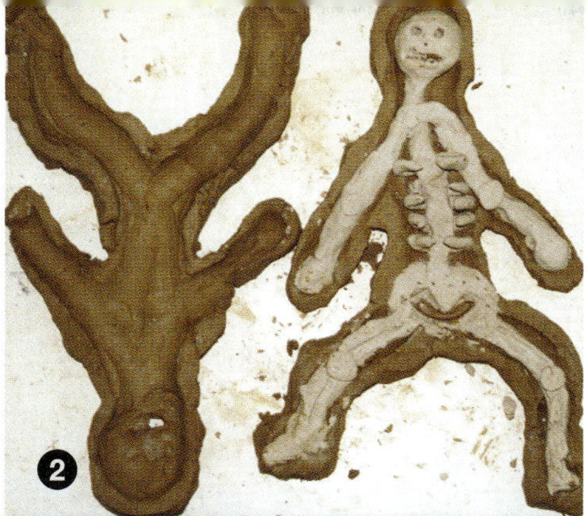

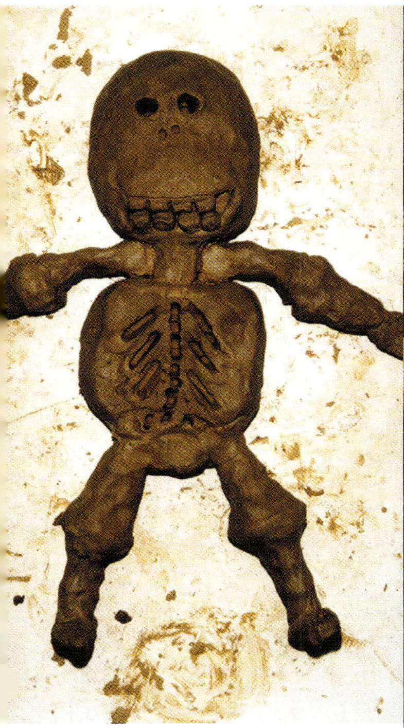

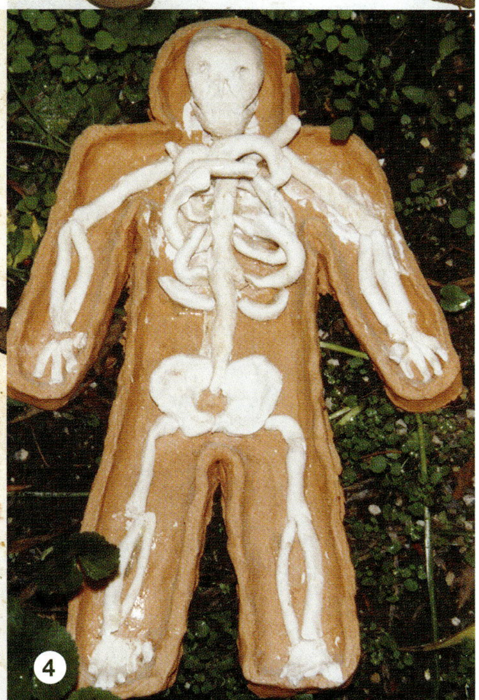

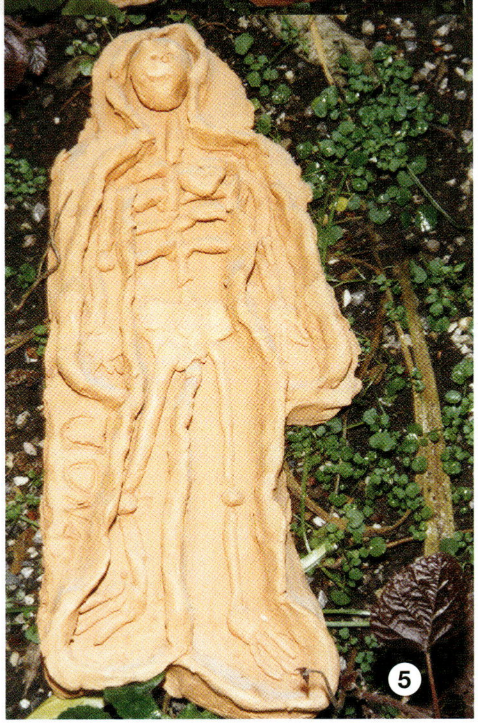

Tonskelette

Werkzeug

Arbeitsunterlage
Draht
Drahtschlinge
(Brennofen)

Material

Ton, rot
Ton, weiß

Info

Das Skelett lässt sich auch einfach auf eine Grundplatte mit leicht erhöhtem Rand legen, aber der Deckel erhöht die Überraschung beim Öffnen und bietet zusätzlich Platz für spaßig-makabre Inschriften!

Alter 4 6 8 10 12 14 16 18

Wird es ein Turm, ein Haus, ein Gebäude mit Anbau, wird das Bauwerk rund oder eckig oder beides? Also zuerst den Grundriss überlegen und entsprechend die Bodenplatte ausschneiden. Man kann mit breiten Bändern weiter aufbauen, solange uns keine Kuppeln oder Ähnliches zum langsameren Vorgehen mit Tonwürsten zwingen.
Das Gebäude wächst schnell in den Himmel ❶ ❷, Türöffnungen und Fenster werden erst nach der Fertigstellung mit einem spitzen Messer eingeschnitten ❸ bis ❻, so bleibt das Haus während der Bauphase stabiler. Mit einer gewölbten oder flachen Dachplatte das Haus schließen. Für ein Kuppeldach eine runde Öffnung ins Flachdach schneiden und mit Tonwürsten die Kuppel aufbauen.
Man kann auch separat eine Kuppelschale formen und dann auf das Dach montieren (Loch ausschneiden nicht vergessen oder Tür/Fenster in die Kuppel schneiden). Nun die Dacheckpfosten, Bögen, Simse und Balkone anfügen.
Mit Engoben bemalen, wenn die Häuser »lederhart« sind. In die Engobe oder auch in den unbemalten Ton können noch Ornamente und Verzierungen geritzt werden ❷.
Ein Teelicht macht es innen gemütlich ❼.

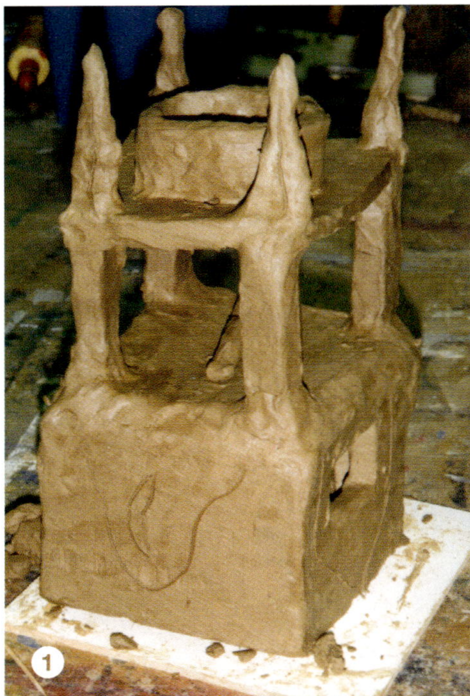
1

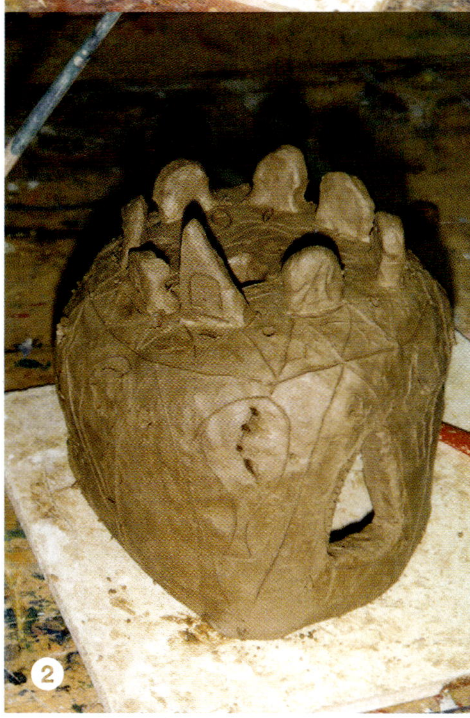
2

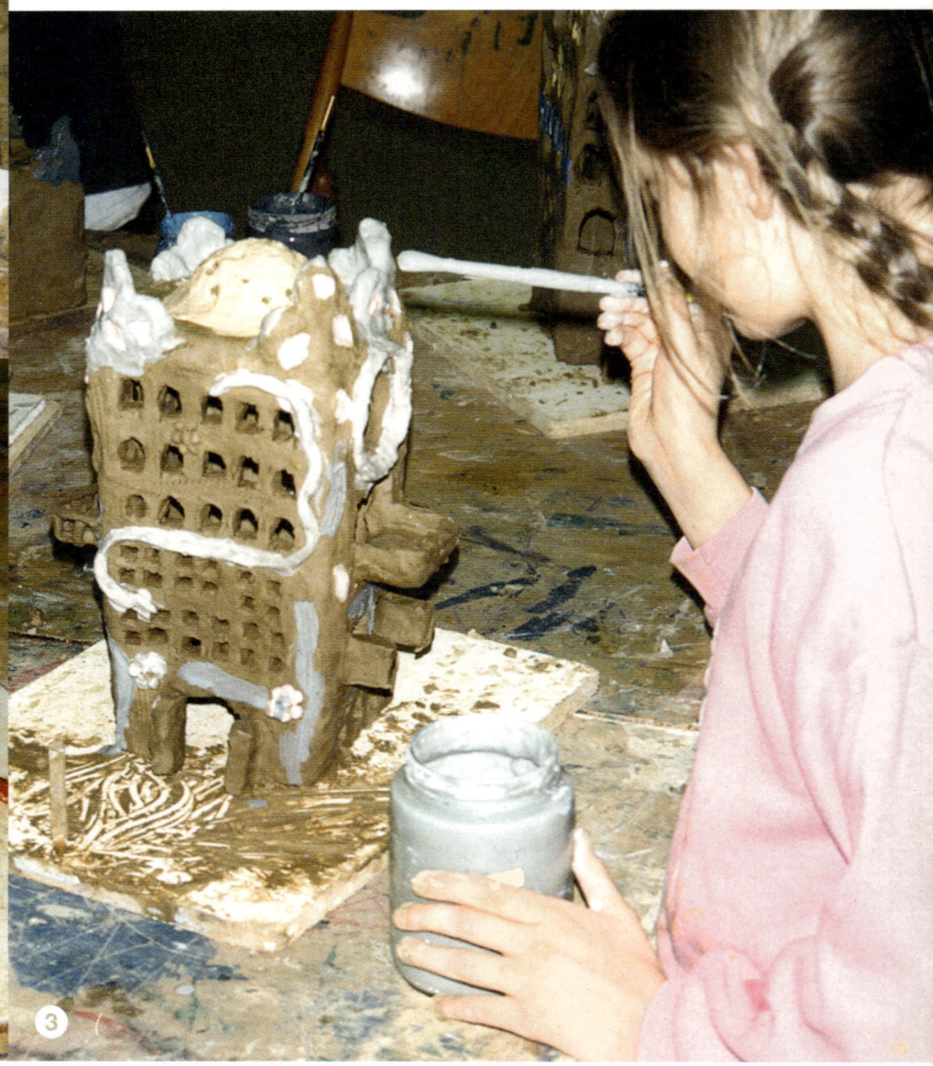
3

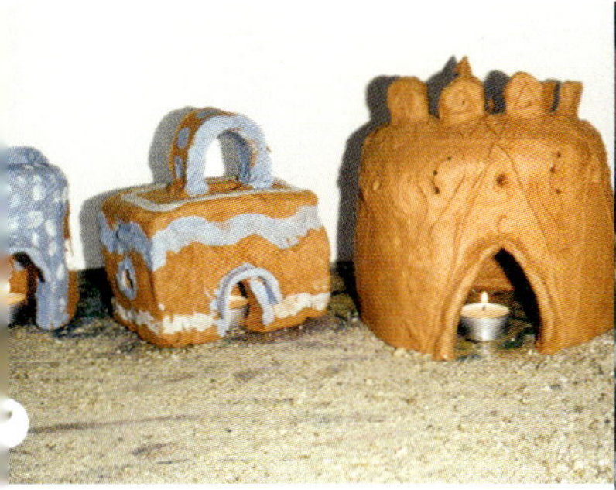

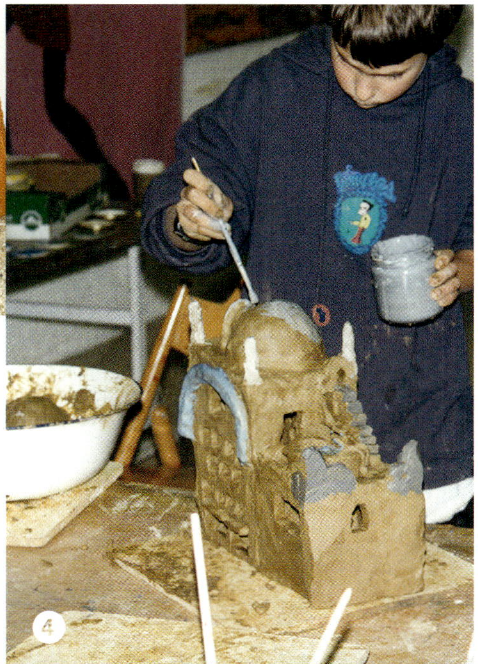

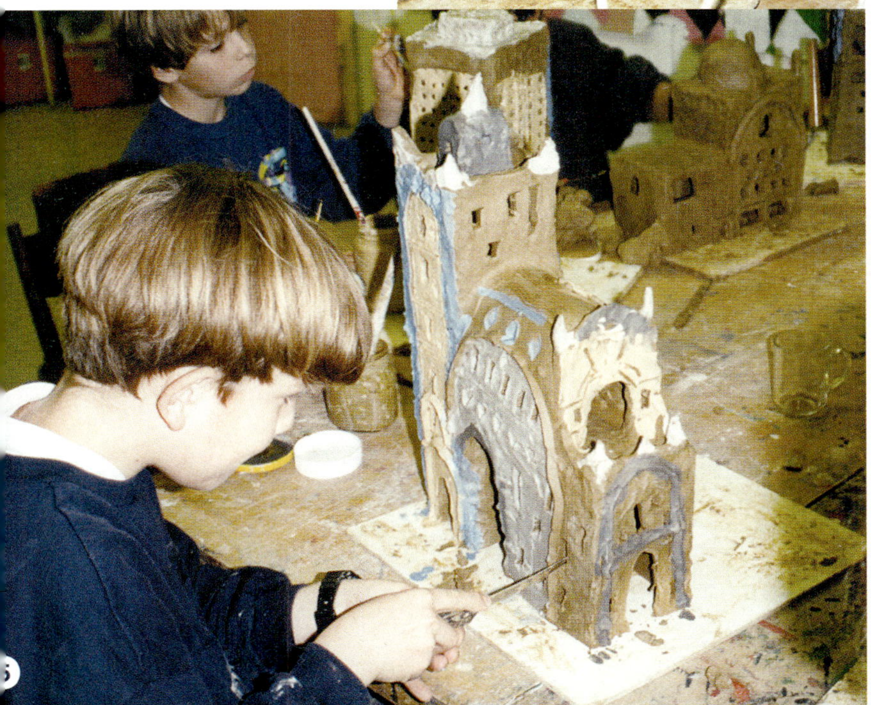

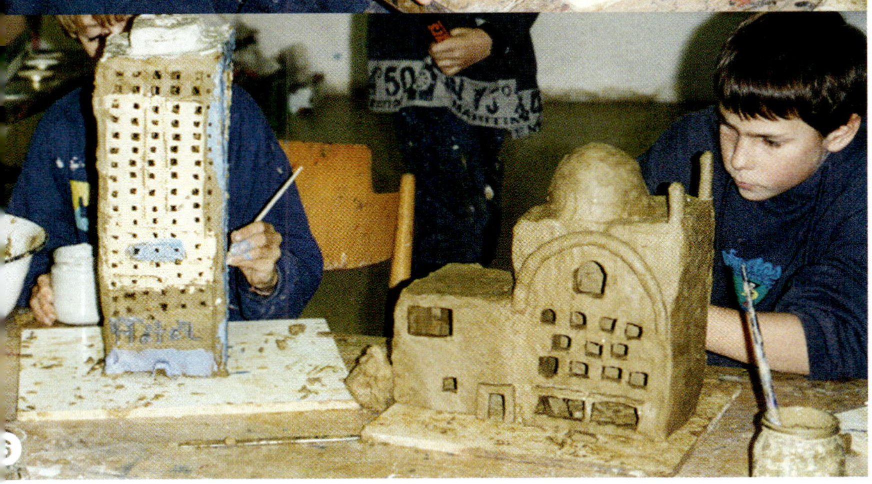

Lehmhäuser wie im Jemen

Werkzeug

Arbeitsunterlage
Walze (Teigrolle)
Messer
eventuell eine Spachtel
Draht (Perlonschnur) mit zwei Griffen
(Brennofen)

Material

Ton
Schlicker
Engoben

Info

Man kann die Lehmhäuser nach dem ersten Brand auch mit herkömmlichen Farben bemalen, wenn keine Engobe zur Hand ist. Glasieren ist überflüssig.

Alter 4 6 8 **10 12 14 16 18**

Wieder ist es Frühjahr geworden, überall grünt und sprießt die Pflanzenwelt ❶. Wir machen einen Blumentopf in Kopfform, aus dem später Pflanzenhaare wachsen ❷. Die Grundform der Tier- und Menschenköpfe ❸ entsteht aus einer entsprechend großen Tonkugel, die mit einem Draht in zwei Hälften geteilt wird. Diese Hälften werden mit einer Tonschlinge bis auf eine Wandstärke von ca. 1,5 Zentimeter ausgehöhlt und anschließend mit Tonschlicker zusammengesetzt. Die Pflanzöffnung bleibt frei und in den Boden kommt ein Entwässerungsloch. Aus dieser Grundform entstehen durch Ansetzen von Ohren, Nasen, Schnabel und eingekratzten Zeichnungen die unterschiedlichsten Kopftypen. Nach dem Brennen der Formen werden noch einige Details mit wasserfester Acrylfarbe akzentuiert ❷ ❸ ❹.
Mit Blumenerde aufgefüllt und mit »Frisuren« bepflanzt, kann nun ein Gartenfest gefeiert werden ❺.

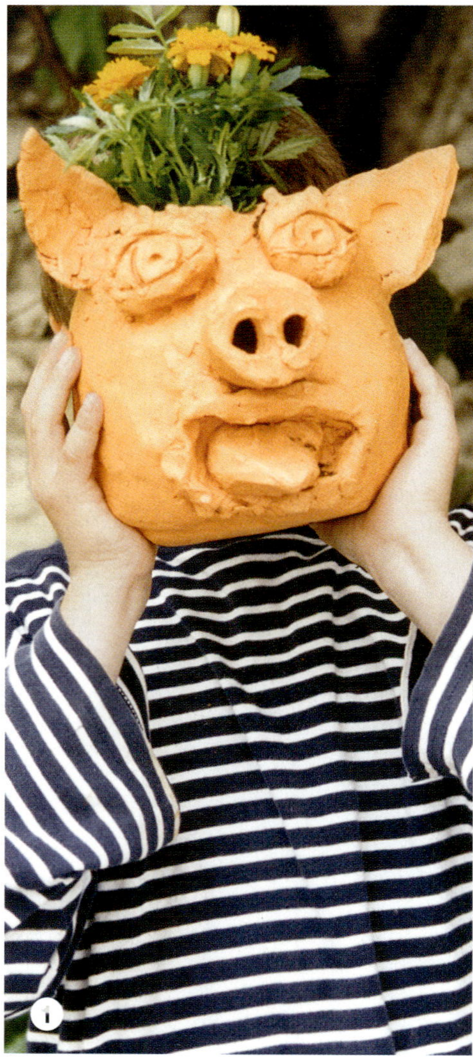

1

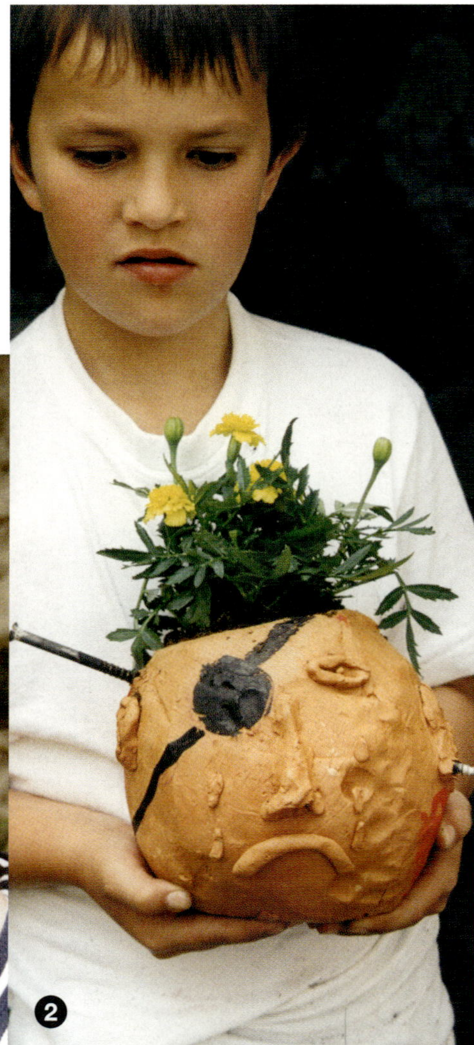

2

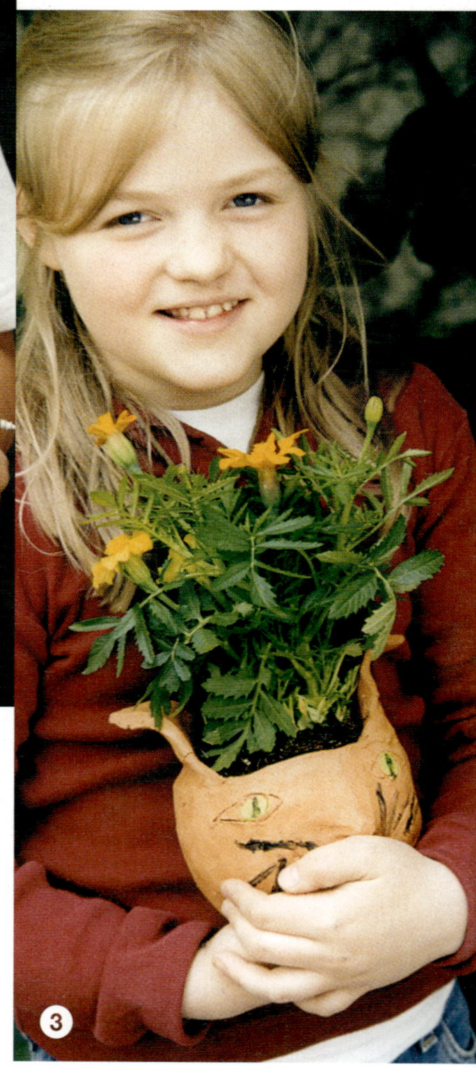

3

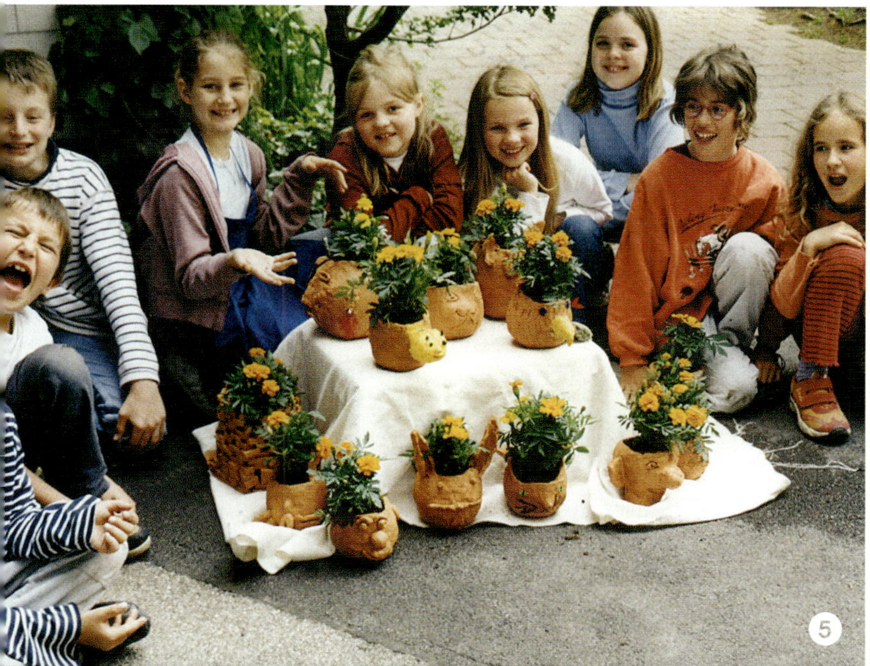

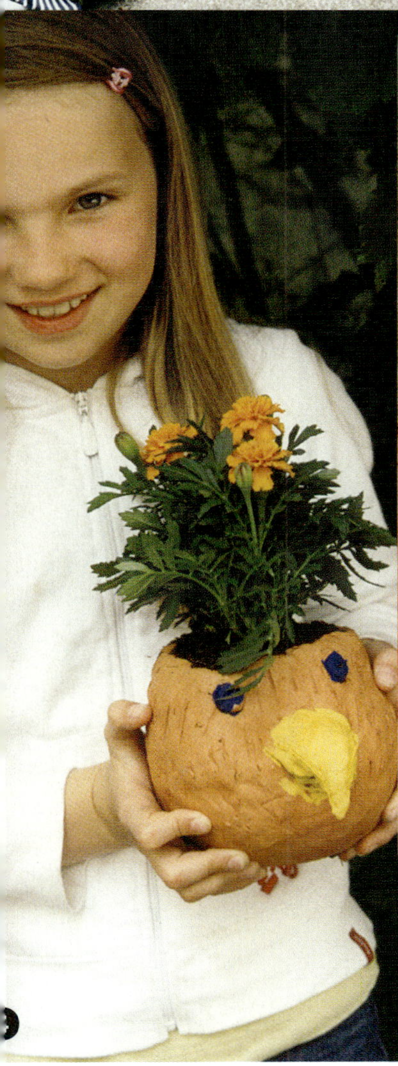

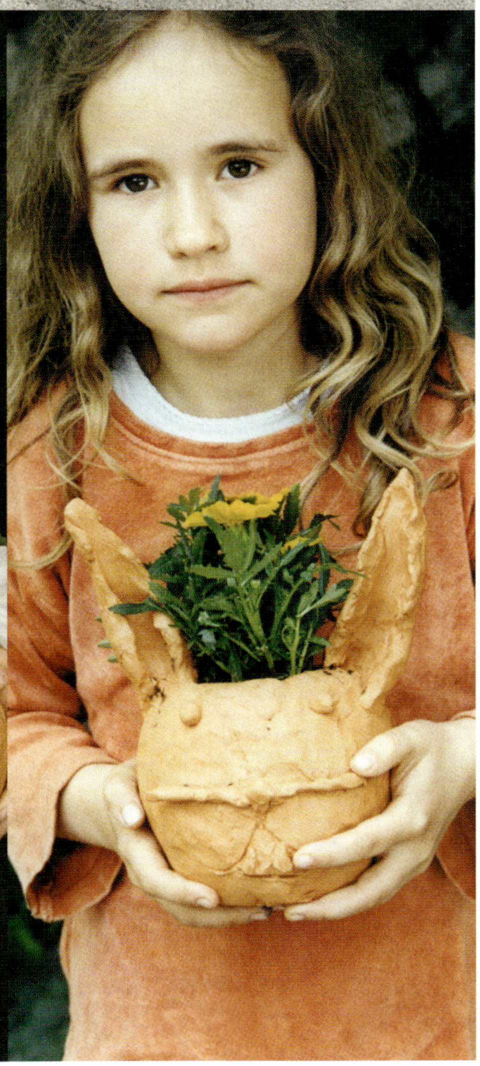

Kopftöpfe

Werkzeug

Arbeitsunterlage
Modellierhölzer
Tonschlingen
(Brennofen)

Material

Ton
Blumenerde
Pflanzen

Alter 4 6 8 10 12 14 16 18

Bei einem Kopf fängt man mit dem untersten Halsring an, den man als Drehscheibenersatz auf einen umgedrehten Teller oder eine Konservendose legen kann ❷. Bei einer Büste beginnt man auf einer Zeitung mit dem Brustumfang und Arm- und Brustansatz. Je schlichter sie aufgebaut ist, umso breiter können die Bänder für den Aufbau sein. An der Schulter enger werden. Stützwände in der Mitte einbauen und einen schmaleren Halsring anbringen. Mit einer Tonfläche die Schultern bis zum Halsring schließen. Bis in Kinnhöhe weitere Ringe aufbauen. Eventuell das Kinn mit einer waagrechten Fläche vorbauen ❶ ❸.
Den Hinterkopf nicht vergessen! Ab hier mit Tonwürsten weitermachen, denn jetzt geht es an die Feinheiten. Die Nase kann schon angedeutet werden, ebenso die Augenvertiefungen (Würste vor- und zurückbiegen), die Stirn fällt wieder etwas zurück.
Die Nase fertig modellieren, die Augenhöhlen vorsichtig eindrücken, Augen und Lider sowie Augenbrauen anmodellieren und ritzen. Die Lippen liegen nicht auf dem Gesicht, sondern kommen aus der Fläche (verstreichen). Hin und wieder in den Spiegel oder zum Nachbarn bzw. zur Nachbarin schauen, wie der/die »gebaut« ist ❹ ❺ ❼. Dann den Kopf mit einem Tondeckel schließen.
Mit einer Tonwurst, die verschmiert wird, kann schon viel Frisur gezaubert werden ❻. Darauf achten, dass die Tonwand nicht dicker als drei Zentimeter wird! Man kann auch eine Extrafläche als Frisur anpassen ❽, nur: Die Luft darf nicht zwischen Kopf und Haaren eingesperrt werden, sonst fällt die Frisur im Brennofen ab – das wäre doch schade! Für noch mehr Haareffekt mit einer Gabel Strähnchen in die Frisur ritzen.

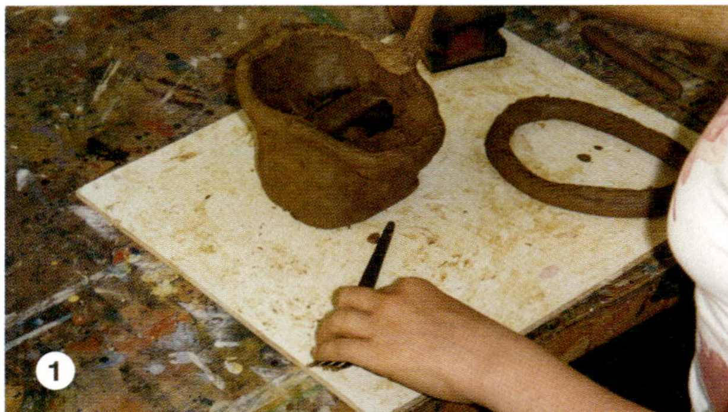
1

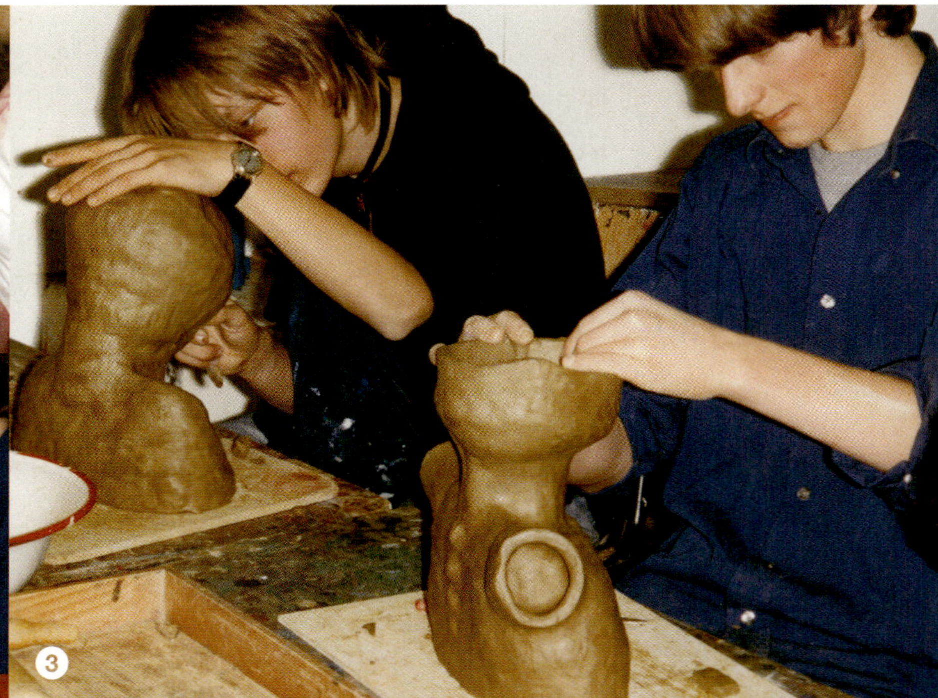
3

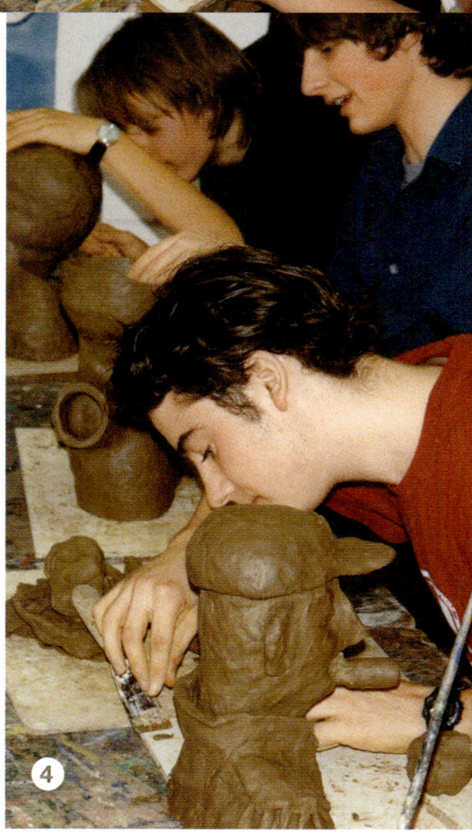
4

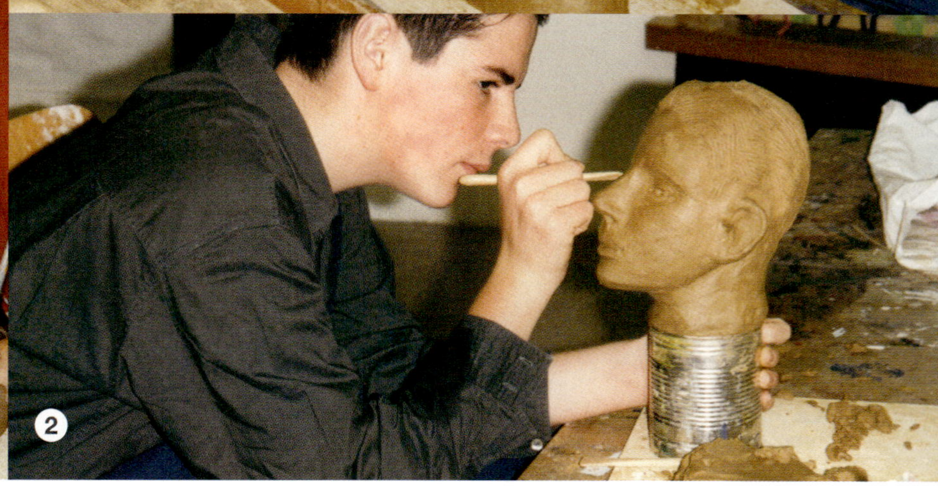
2

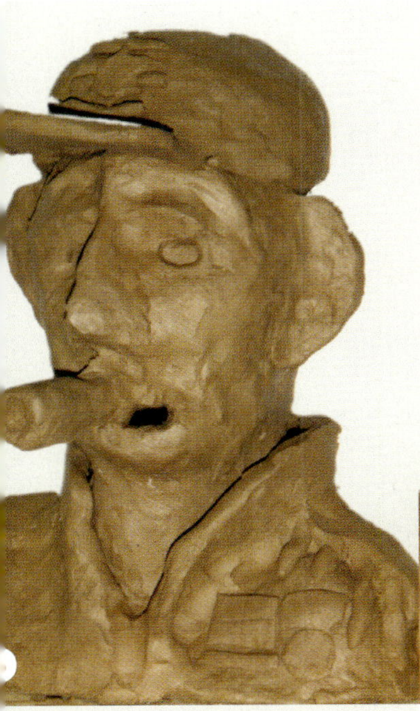

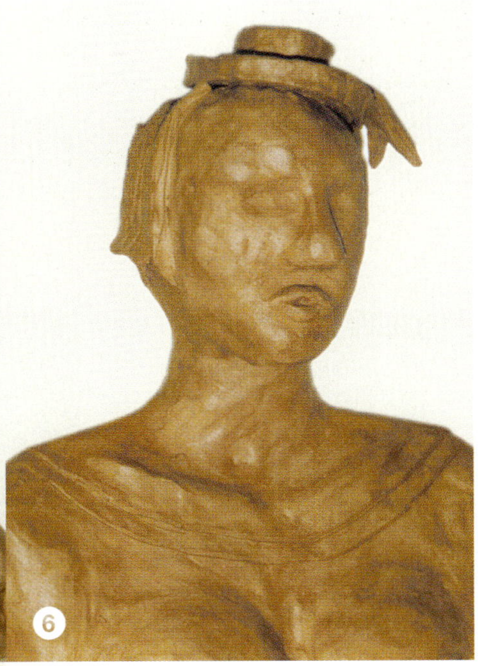

6

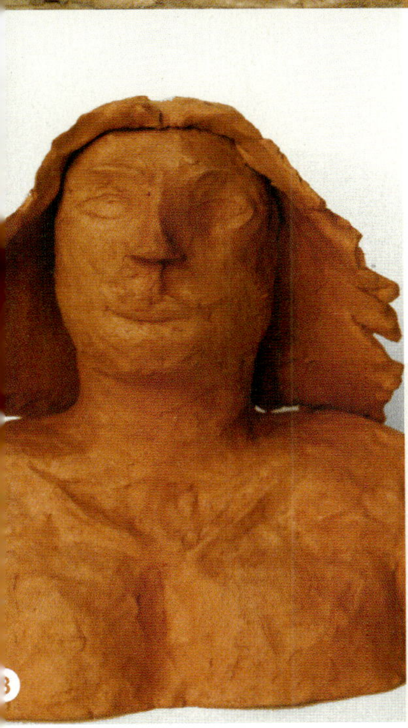

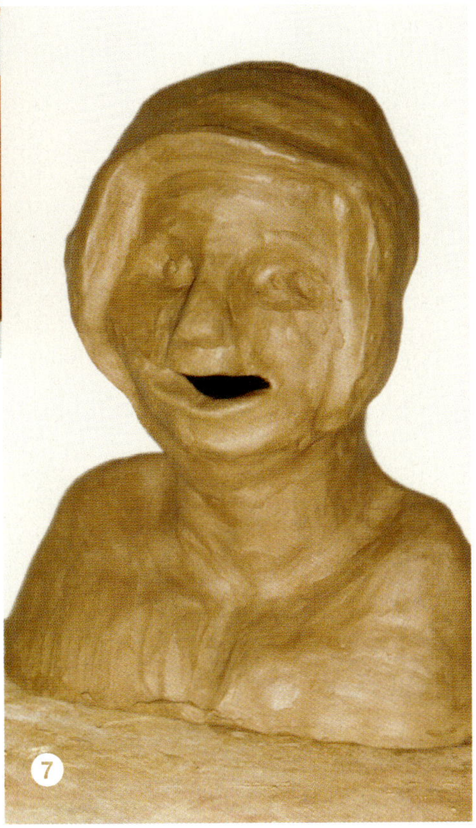

7

Kopf und Büste

Werkzeug

Pinsel
Arbeitsunterlage
Zeitung
Tonwerkzeug
(Brennofen)

Material

Ton
Schlicker
Engoben oder Farben

Info

Es empfiehlt sich, in Hals und/oder Brust senkrechte Stützwände einzubauen, die den Kopf tragen helfen (mit Brust und Rücken verbinden) ❶. Falls der Kopf sich trotzdem nach vorn neigt, das Kinn mit einer Tonstütze unterbauen (weil sie mitschwindet) und diese frühestens entfernen, wenn der Kopf »lederhart« getrocknet ist.
Nach dem Brennen kann man Details wie Augen, Augenbrauen, Lippen und Haare noch farblich akzentuieren, aber nicht zu viel, am schönsten sind die unbemalten, unglasierten Köpfe.

Alter 4 6 8 10 **12 14 16 18**

Die Partyschale »Gebrochenes Herz« wird eine Woche nach der Herstellung aus Platten und Bändern noch glatt geschmirgelt ❶. Die 13 Teile der »Spirale« werden mit Engoben bemalt ❷.
Ein paar Wochen später sind alle Partyschalen gebrannt und glasiert, das »Kleeblatt« aus vier Herzen ❸, die »Yin-und-Yang-Schale« ❺, die geviertelte »Lippe« ❹ und die »Spirale« ❻. Jetzt kann es ans Knuspern und Schlecken gehen.
Eine noch süßere Variante sind Zuckerdosen! Ein Engel, zwei Katzen mit Herz und ein Mannsbild zieren die Deckel ❼ ❽ ❾.

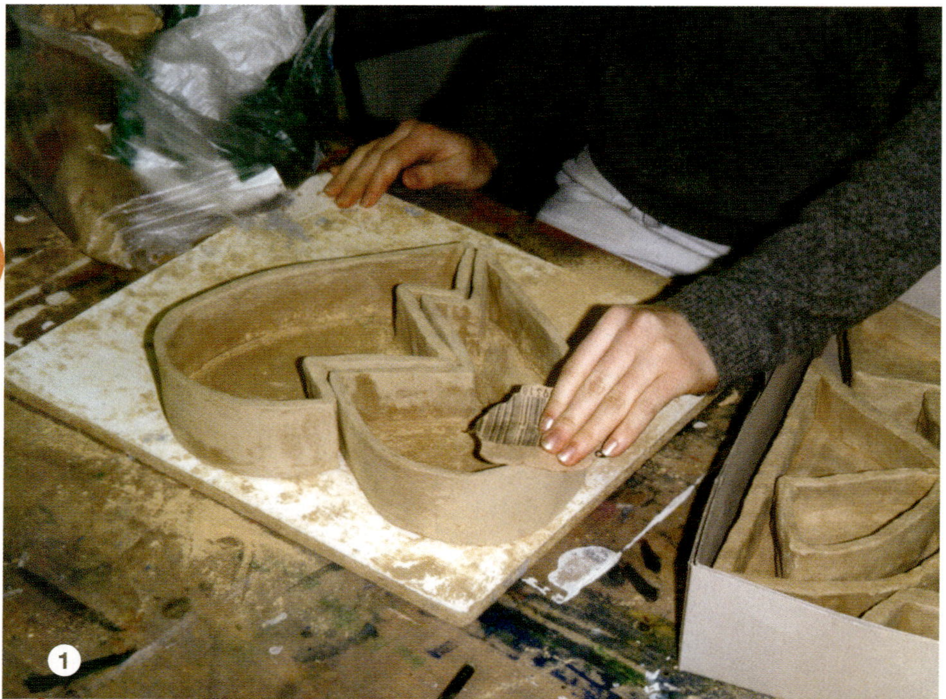

❶

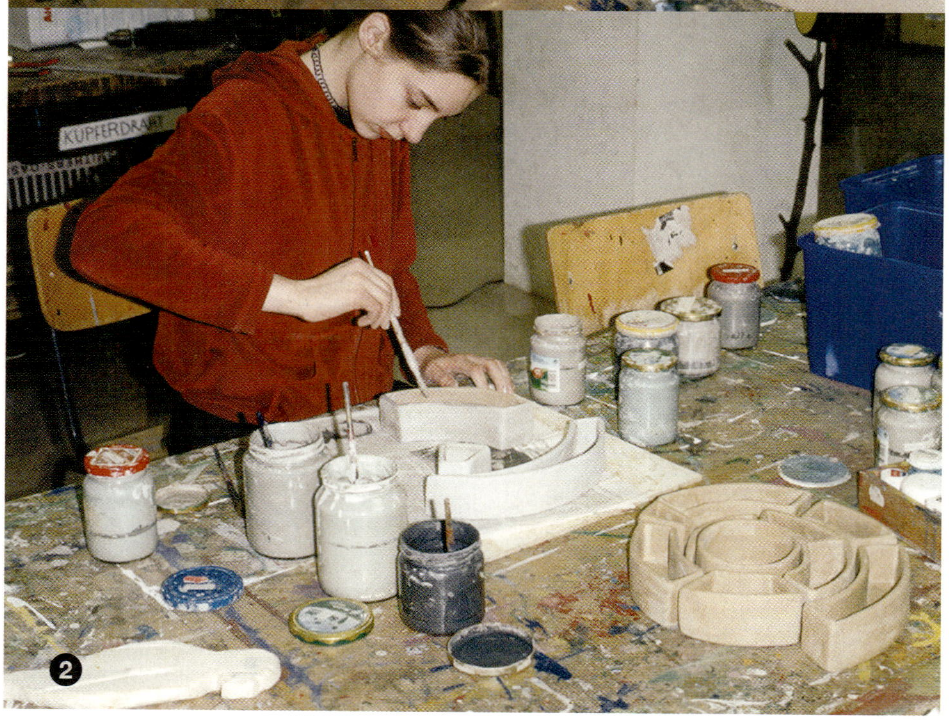

❷

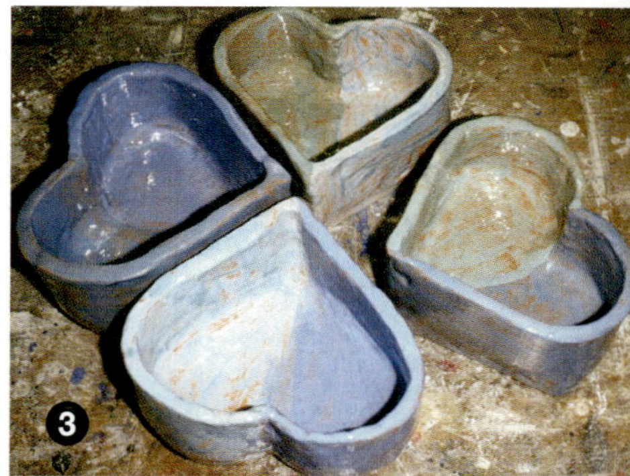

❸

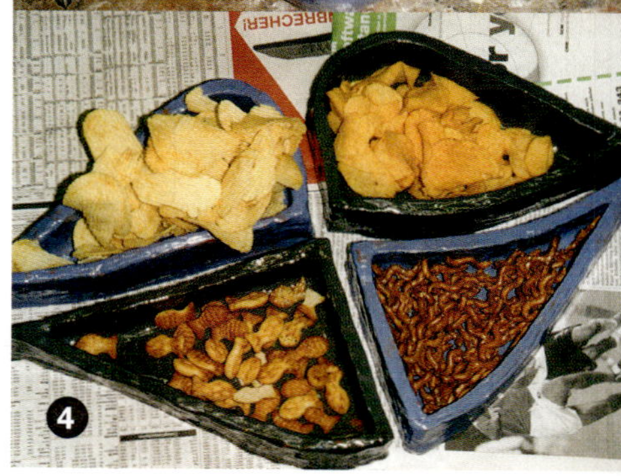

❹

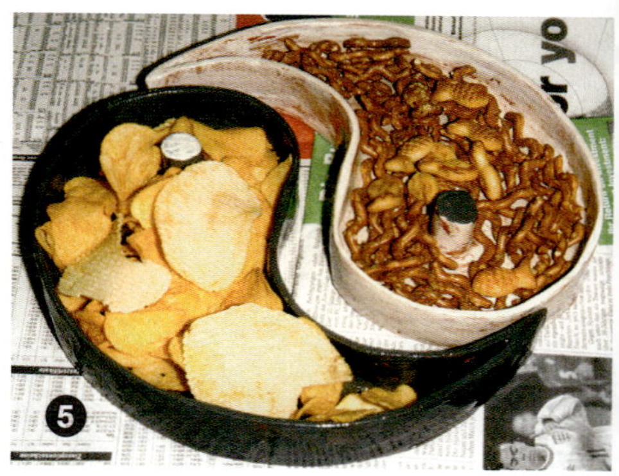

❺

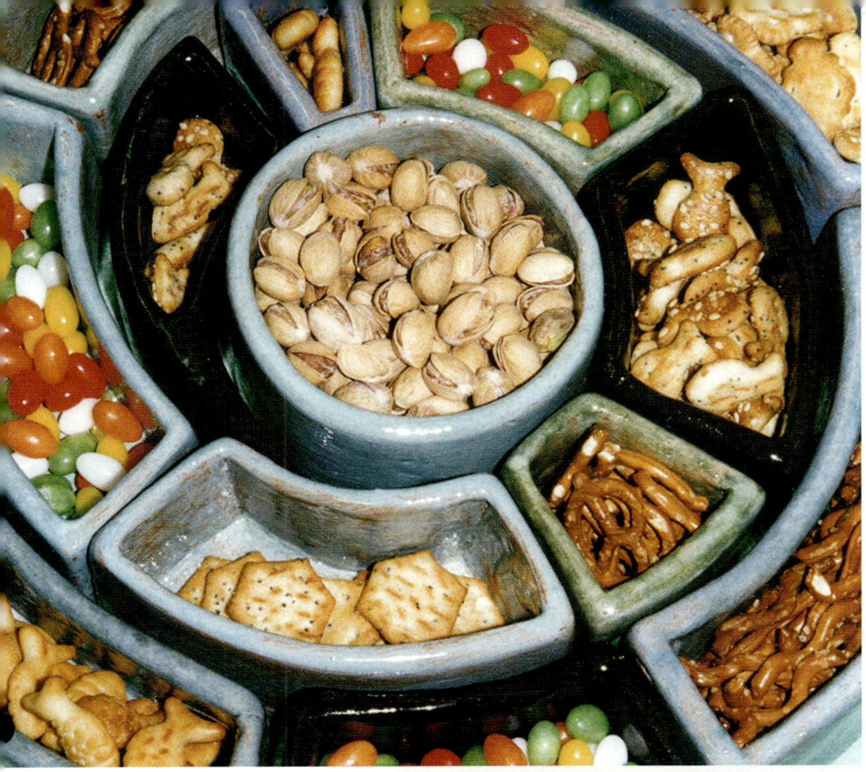

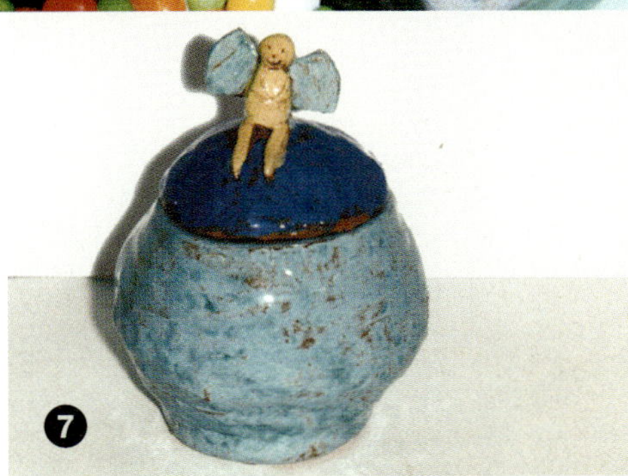

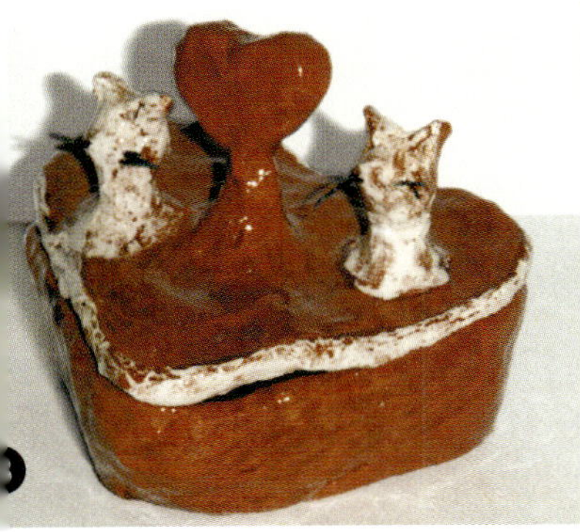

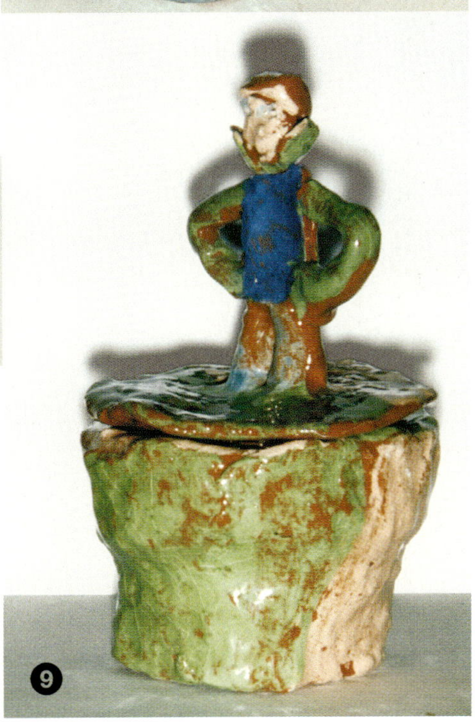

Partyschalen und Zuckerdosen

Werkzeug

Arbeitsunterlage
Spachtel
Sandpapier
Pinsel
(Brennofen)

Material

Ton
Schlicker
Engoben
transparente Glasur

Info

Die Schalen und Dosen müssen nach der Herstellung einige Tage trocknen. Dazu sollte man die flachen Schalen auf Zeitungspapier stellen und leicht mit Plastiktüten zudecken, sonst trocknet der obere Rand zu schnell und es kann Risse geben.

Alter 4 6 8 10 **12 14 16 18**

In eine halb mit Wasser gefüllte Schüssel wird der Gips langsam eingestreut. Für eine Insel reichen ein bis eineinhalb Gipsbecher Wasser. Der Gips soll durch die Finger rieseln und von selber absinken, und zwar so viel, bis sich an der Wasseroberfläche kleine Inselchen bilden. Langsam umrühren und nicht »schlagen«, damit keine Luft eingerührt wird. Je weniger man rühren muss, umso länger bleibt der Gips offen.
Um die Beete gießen zu können, muss man sich eine Kuhle aus Ton schaffen, aber auch ein Maulwurfshügel lässt sich gut zur Gussform eindrücken – und warum sollte man nicht auch einmal draußen arbeiten? Dort findet man auch die Materialien, die man in den bald fest werdenden Gips stecken kann: kleine Äste, Blätter, Moos, Blumen, Steinchen, Scherben. Die Kinder hier haben Material verwendet, das sie dann mit Dispersionsfarben anmalen konnten.

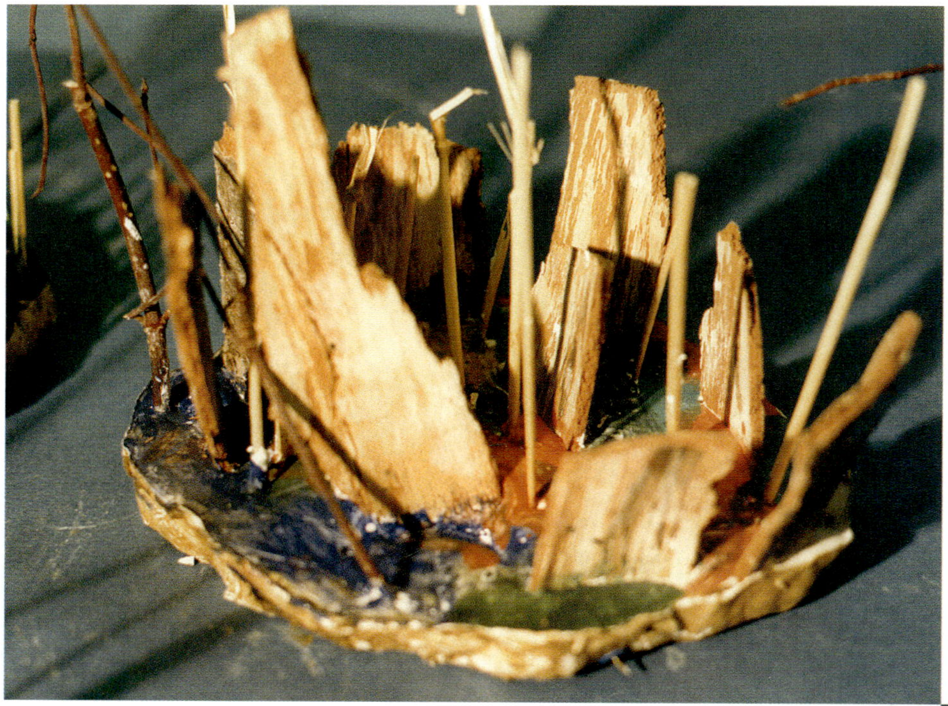

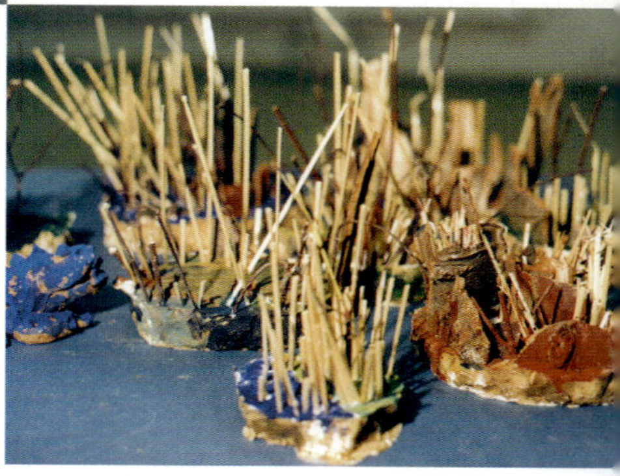

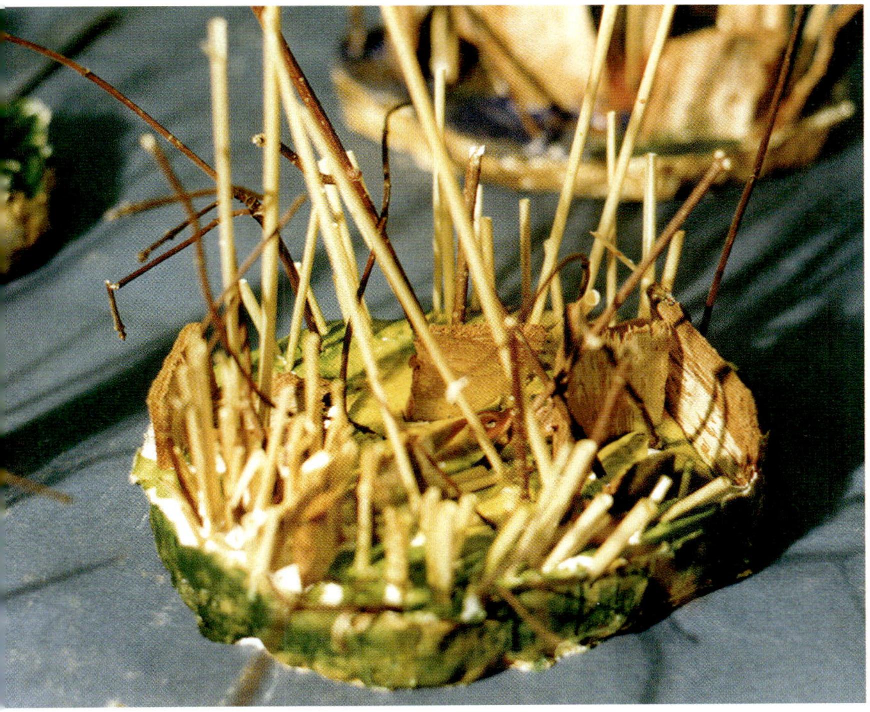

Gipsbeet

Werkzeug

Schüssel für den Gips
Gipsbecher
Spachtel

Material

Gipspulver (Modellgips)
Stöckchen
Zweige
Blätter
eventuell Dispersionsfarbe

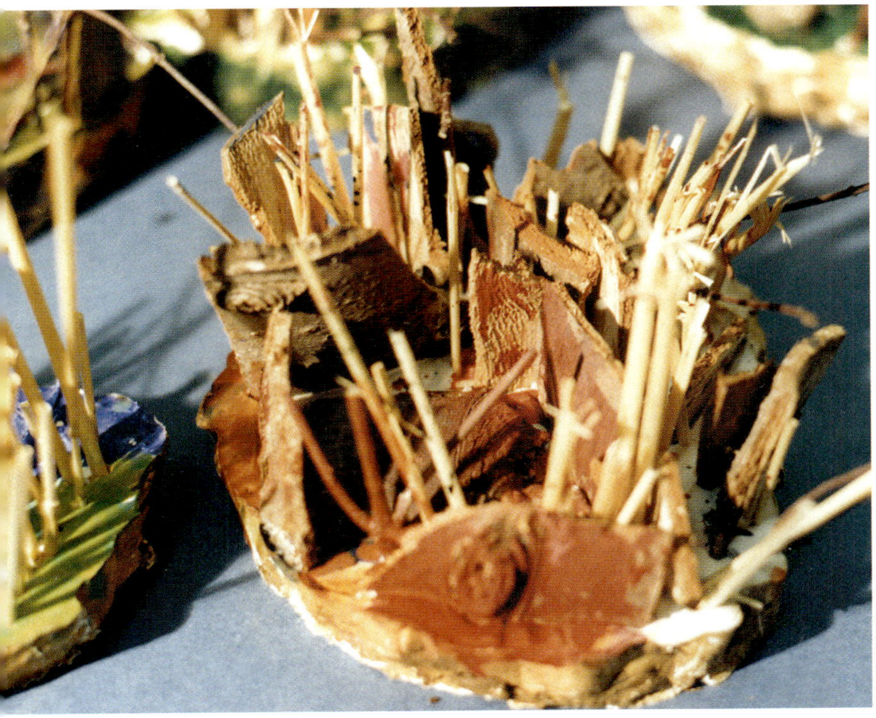

Info

Stuckgips zieht schneller an und kann plötzlich zu fest werden. Formen- oder Modellgips ist deshalb geeigneter.
Zum Gips-Anrühren siehe auch Info und Text nächste Doppelseite.

Alter 4 6 8 10 12 14 16 18

Bei den Abgusstechniken mit Gips sind die Kinder durch ein hohes Abstraktionsniveau gefordert. Nicht das, was sie machen und vor sich liegen haben, ist das Endergebnis, sondern nur ein Zwischenschritt. Das Positiv-Negativ-Denken ist hier gefragt.
Alles, was ein Loch war, wird zum Hügel, was links war, ist nun rechts, und die Schrift muss spiegelverkehrt sein. Es muss aber nicht alles geplant sein und für lustige Überraschungen ist hier gesorgt.
Für den Abguß brauchen wir eine ca. zwei Zentimeter starke Tonplatte, um darin die Mosaikteile und den Spiegel einzudrücken. Die Schauseite steckt im Ton und die Teile dürfen nur so weit angedrückt werden, dass sie nicht weggeschwemmt werden, wenn Gips eingegossen wird. Zusätzlich kann eine Zeichnung eingeritzt oder können Abdrücke von verschiedensten Gegenständen hinzugefügt werden. Die Gestaltung kann auch mit farbigen Natursteinen, Muscheln usw. gemacht werden. Um den flüssigen Gips zu halten, ist eine Umrandung notwendig ❸, die aus einem Kartonstreifen, einem Tonwulst oder bei größeren Flächen aus Holzleisten bestehen kann, wobei das Holz einen Trennmittelanstrich mit einem Spülmittel erhalten sollte. Ton löst sich ohne Trennmittel. Der Gips wird im Verhältnis 50 : 50 mit Wasser angemehrt ❶. Also, ein Gefäß nur weniger als halb voll mit Wasser füllen, den Gips gleichmäßig über die ganze Wasserfläche einstreuen, bis Gipsinseln auf der Oberfläche den Sättigungsgrad anzeigen ❷.

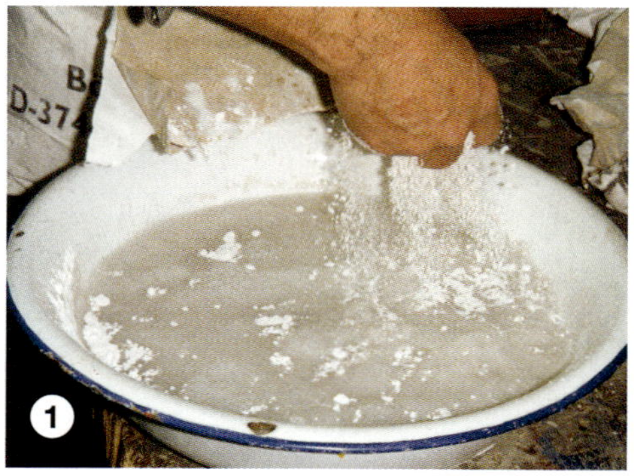

Erst wenn die Inseln auch mit Wasser durchzogen sind, das Gemisch durchrühren. Die Formen zuerst mit einer dünnen Schicht Gips bedecken ❹, so dass eingeschlossene Luftblasen noch aufsteigen können, ein wenig Klopfen oder Schütteln hilft zusätzlich; dann den restlichen Gips eingießen ❺. Das Abbinden des Gipses ist ein chemischer Vorgang, der ab dem Mischen beginnt und ständig voranschreitet bis zum endgültigen Aushärten. So gibt der Gips das Arbeitstempo vor, die offene Zeit der Verarbeitung beträgt ca. 15 Minuten, nach einer halben bis Dreiviertelstunde ist der Gips hart und fühlt sich warm an. Ist dieser Zustand eingetreten, können die Formen voneinander gelöst werden. Der Gips hat dann eine Tonpatina, die abgewaschen werden kann – und fertig ist das Spiegelmosaik ❻.
Die weiteren Abbildungen zeigen »Stachelspiegel« – einen mit eingestochenen Spitzen ❽ und einen mit Metallteilen in Vorbereitung vor dem Eingießen ❼.

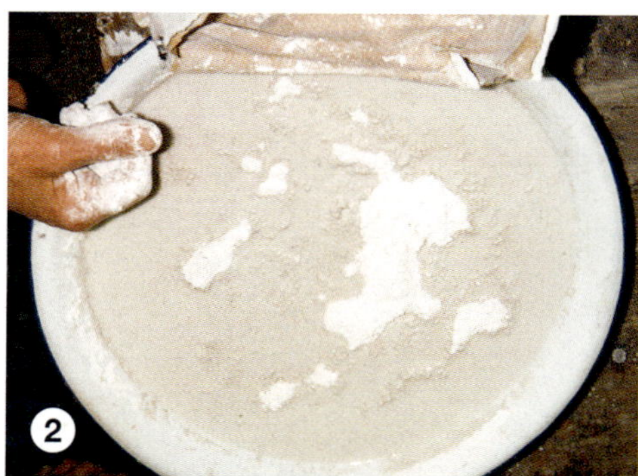

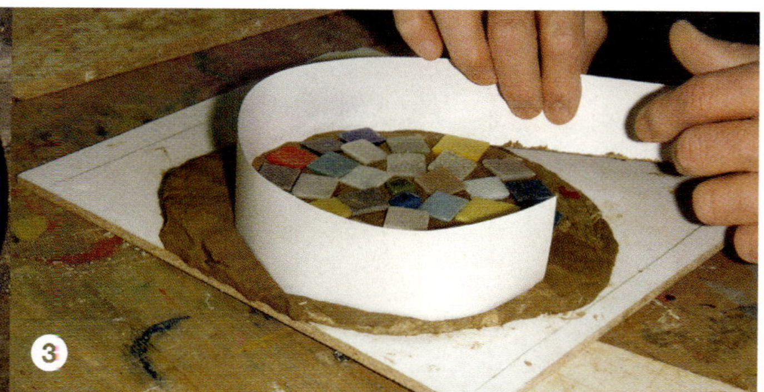

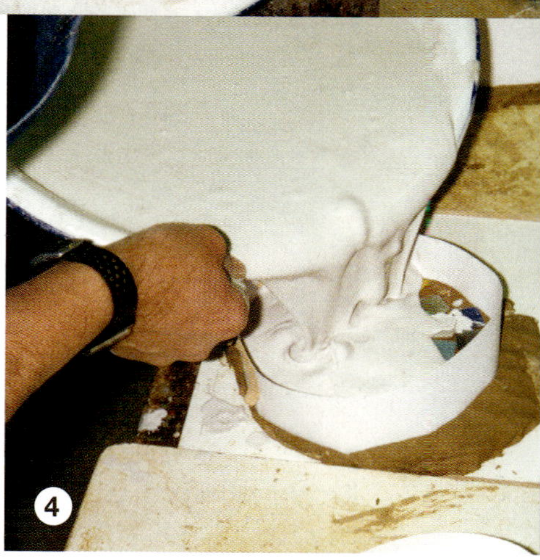

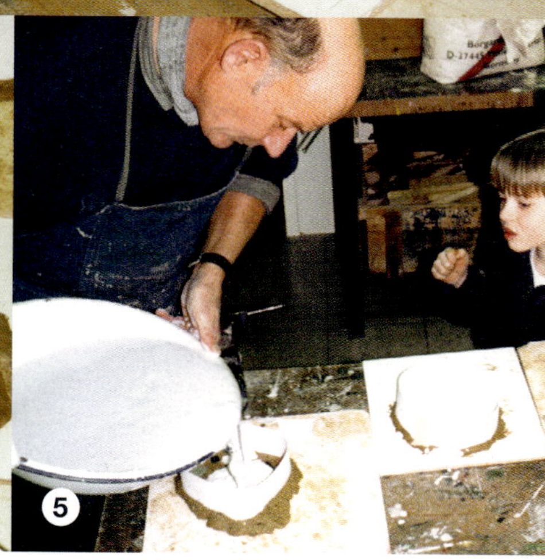

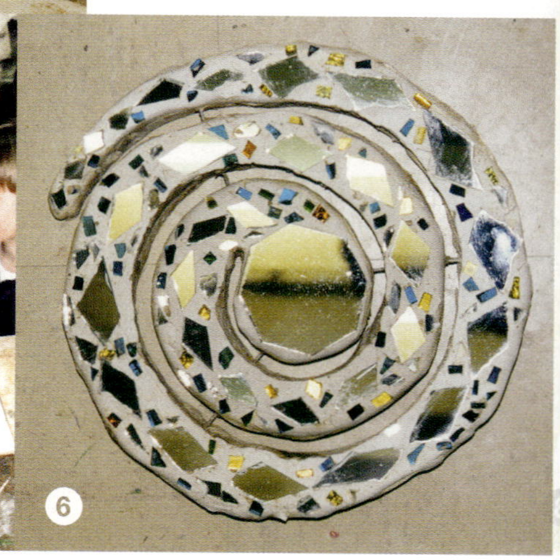

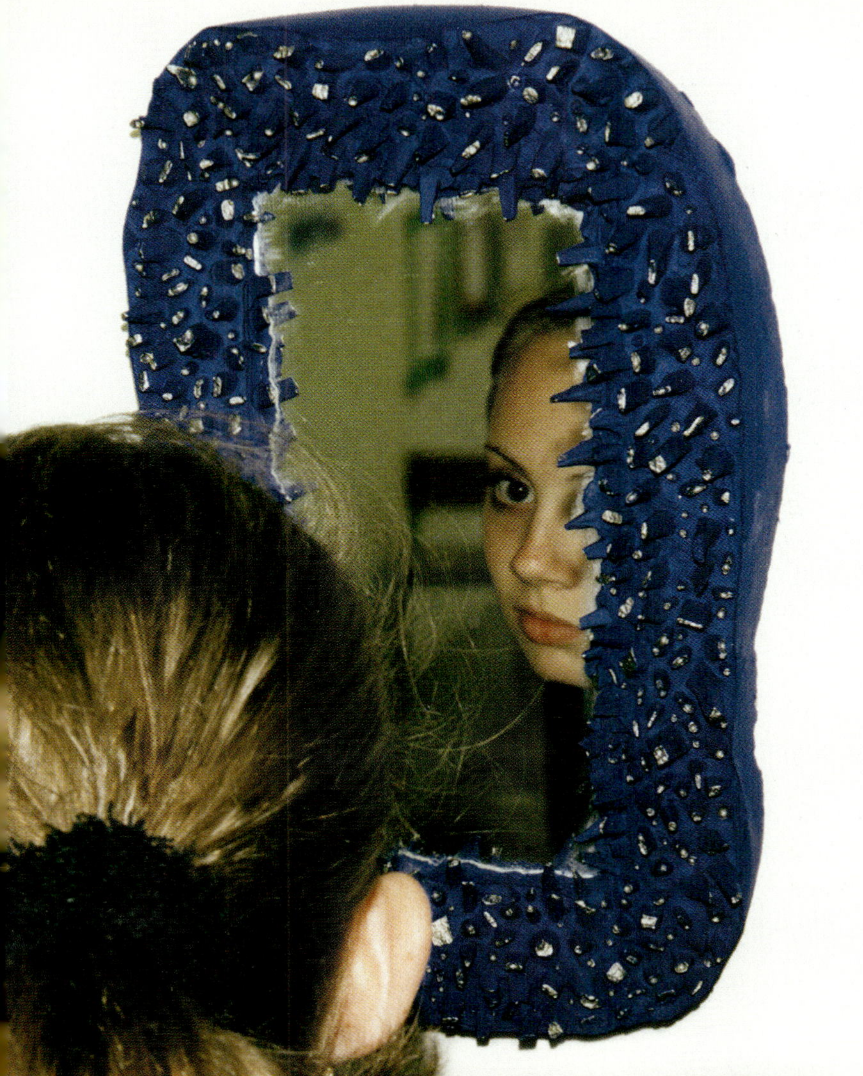

Spiegelmosaik

Werkzeug

Plastikschüssel, Gummibecher
Arbeitsplatte
Spachtel
Trennmittel (Öl, Vaseline)

Material

Stuck- oder Modellgips
Ton
Spiegel (Scherben)
Mosaiksteine
Kartonstreifen

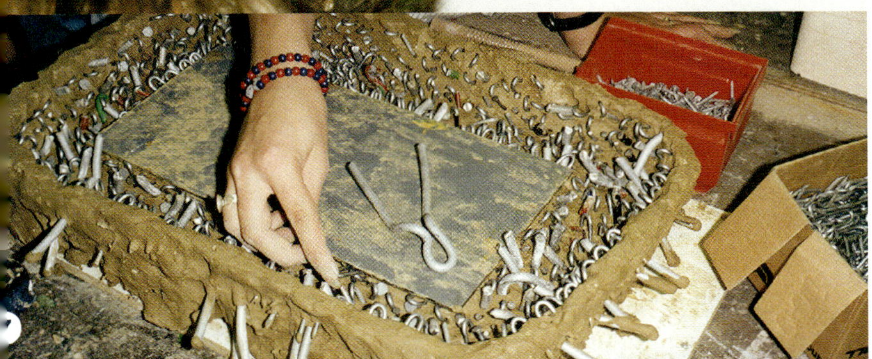

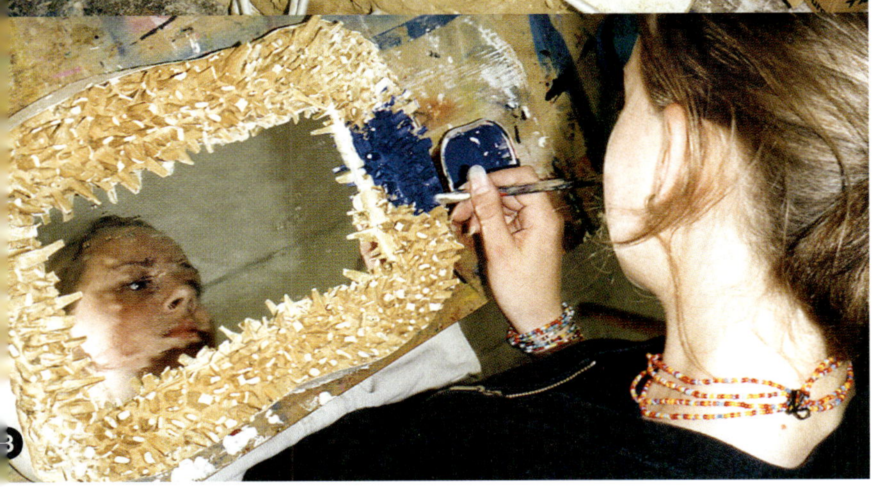

Info

Es ist ratsam, den Gips, solange er noch weich ist, immer mit viel Wasser abzuwaschen. Überschüssigen Gips auf einer Zeitung ausstreichen und nach dem Aushärten entsorgen. Vorsicht: Verstopfungsgefahr für die Abwasserleitung!

Alter 4 6 8 10 12 14 16 18

Mit dickem Schlegel, mit der Faust und allen möglichen greifbaren Instrumenten (eventuell aus der Küchenschublade) wird auf die ca. drei bis vier Zentimeter dicke Tonplatte mit voller Kraft »geschlagen« ❶ ❷ ❸. Mit den Brettern wird um die Platte ein provisorischer Rahmen gezimmert ❹, mit dem schnell angerührten Gips wird das Relief sorgfältig ausgegossen. Über der höchsten Tonerhebung sollten mindestens noch 1,5 Zentimeter Gips liegen ❺. Wenn nach ca. einer halben Stunde der Gips gehärtet ist, kann man den Rahmen langsam ablösen ❻. Das Ganze umgedreht, nimmt man erst die Arbeitsplatte ab und löst dann den noch weichen Ton vorsichtig vom Gipsrelief ❼. Überraschende Strukturen, ja ganz interessante Architekturmodelle werden da herausgeschält ❽!

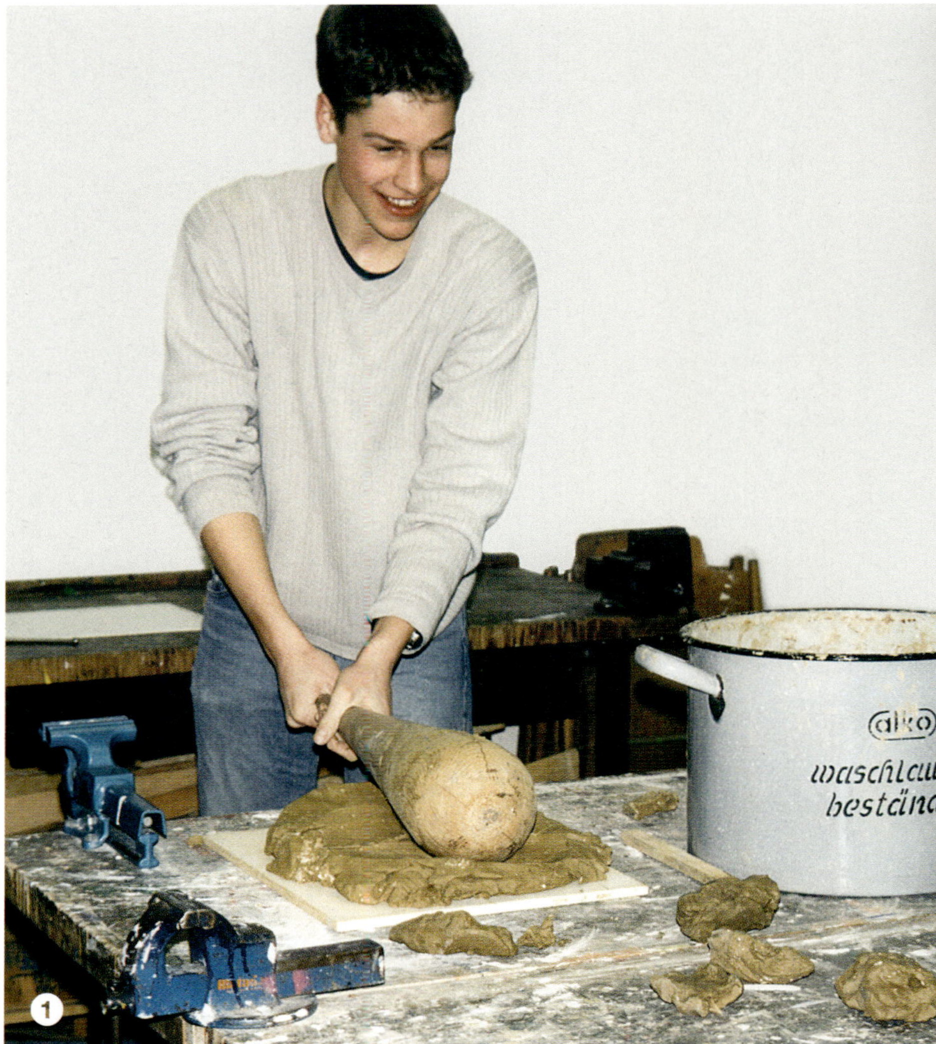

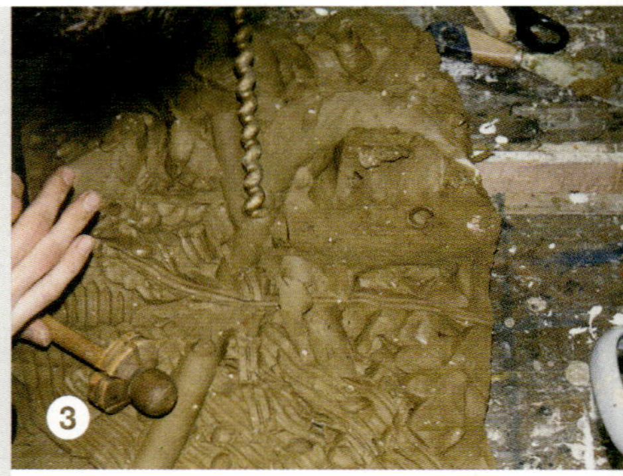

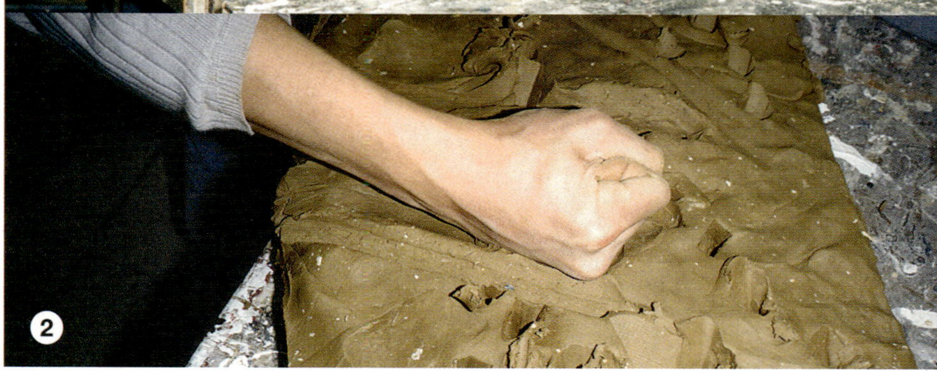

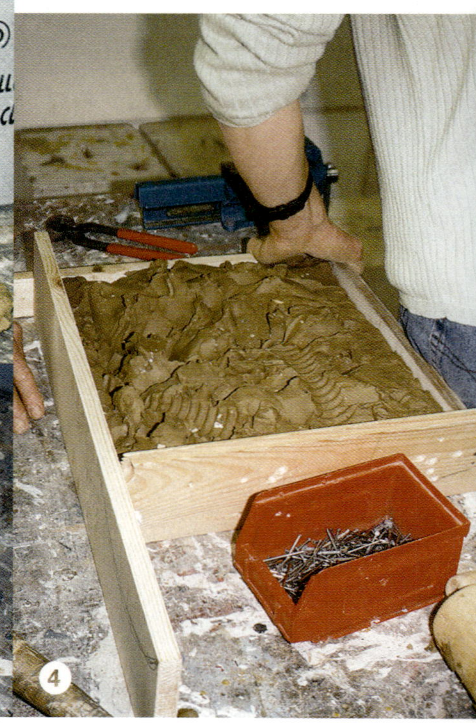

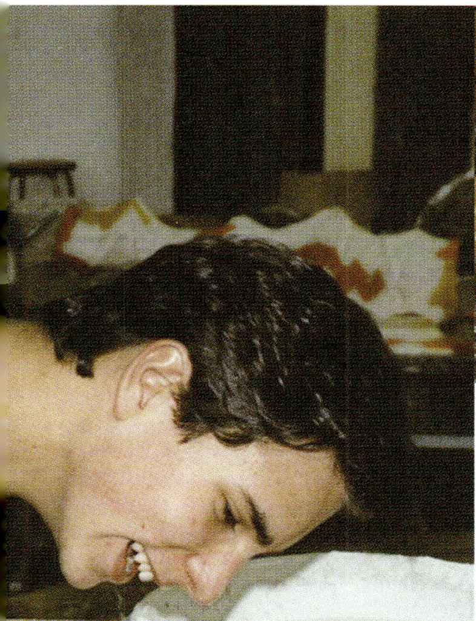

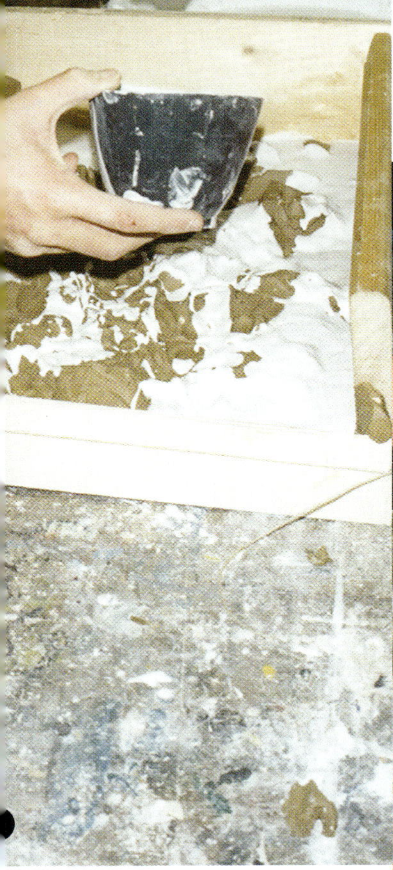

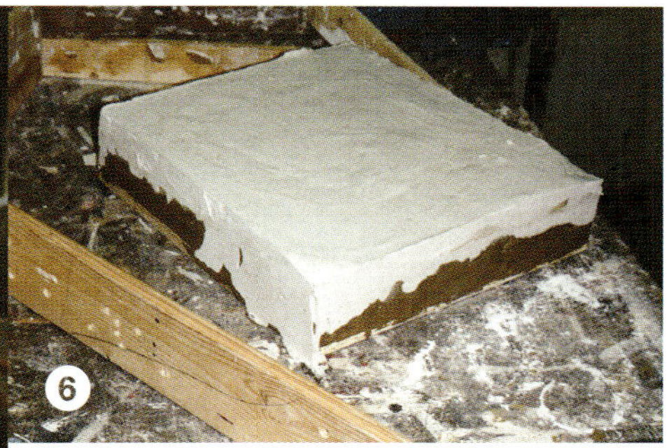

6

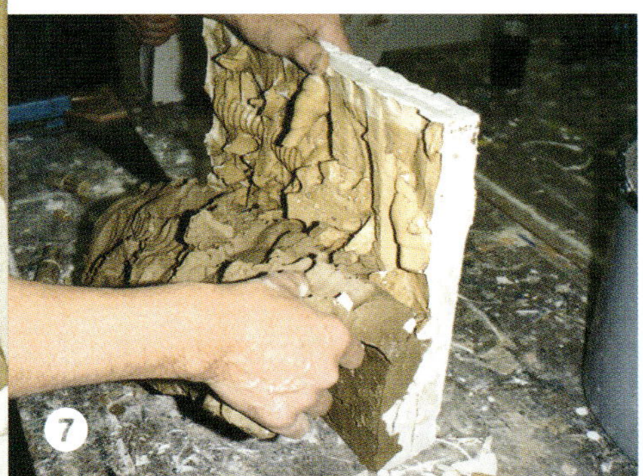

7

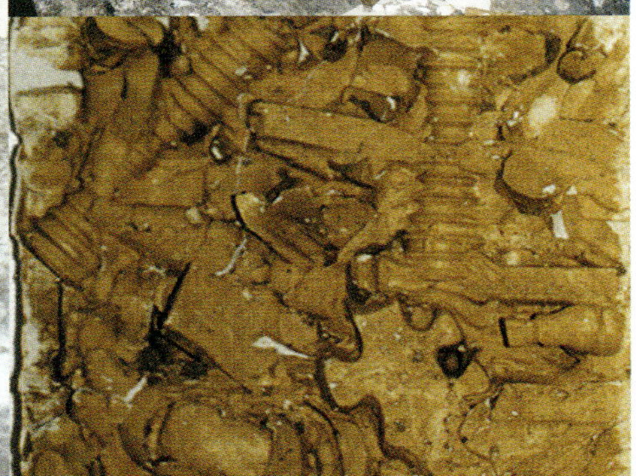

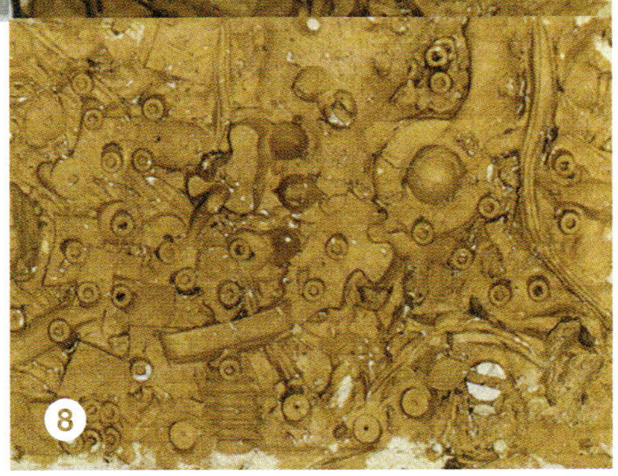

8

Kraft und Wut im Gipsabguss

Werkzeug

Hammer
Nägel
Bretter
allerlei »Schlaginstrumente«

Material

Ton
Gips

Info

Jugendliche in diesem Alter müssen mal ihren Frust mit Lust rauslassen können! Macht nichts, wenn es nachher Kunst wird.
Nach demselben Arbeitsablauf lassen sich alle möglichen Gipsreliefs herstellen. Den verwendeten Ton sollte man nicht mehr für Aufbaukeramik verwenden, denn es bleiben Gipsreste drin.
Die Reliefs kann man nach dem Trocknen mit einer Bürste unter laufendem kalten Wasser auch ganz weiß schrubben.

Alter 4 6 8 10 **12 14 16 18**

Der Gips wird so wie im Kapitel »Spiegelmosaik «, siehe S. 114 f., beschrieben angerührt und zuerst flüssig in einer dünnen Schicht aufgetragen. Da in Antragetechnik gearbeitet werden muss, kann der Gips erst aufgetragen werden, wenn der Abbindevorgang des Gipses so weit fortgeschritten ist, dass er in einem pastosen, festen Zustand ist und nicht mehr »davonläuft«.
Da der Gips ständig »anzieht«, also immer fester wird, muss zügig gearbeitet werden. Es passiert immer wieder, dass auf den Höhen zu wenig Masse aufgetragen wird und sich in den Tiefen das Material sammelt. Dies kann man vermeiden, wenn man zuerst netzartig die Höhen aufträgt und dann erst die Tiefen auffüllt. Eine Schicht von zwei bis drei Zentimetern ist meistens ausreichend. Bei größeren Formen kann am Schluss als Armierung mit Holzstäben oder Draht eine Verstärkung angebracht werden ❸.
Die ausgehärtete Form wird abgehoben, dazu ist es notwendig, beim Herstellen der Form darauf zu achten, dass keine Hinterschneidungen entstehen und sie nicht klemmt. Die Negativform wird fünf bis zehn Minuten gewässert, so dass sie der Positivform beim Abbindevorgang kein Wasser entziehen kann. Meistens haftet an der Negativform noch so viel Öl, dass eigentlich kein Trennmittel notwendig ist, aber sicherheitshalber kann die Form noch mit etwas verdünntem Spülmittel eingestrichen werden. In diese so vorbereitete Form wird wieder eine dünne, flüssige Schicht Gips gelegt und anschließend mit anziehendem pastosen Gips aufgefüllt.
Nach der Aushärtung werden die Formen vom Rand her vorsichtig voneinander gelöst. Die Negativform wird so angeklopft, dass sie sich abheben kann. Ist durch das Absprengen eines Teiles die Trennfuge zu erkennen, sollte man den Abhebevorgang mit einem stumpfen Werkzeug (Schraubenzieher) fortsetzen. Es ist besser zu sprengen als zu schneiden. Wenn die Form glattflächig ist, werden sich die Teile ohnehin leicht voneinander lösen ❹. Für den Handabguss wird die Hand auf eine Tonfläche gelegt und mit einer Tonwand umbaut, die bei den Handgelenken anschließt ❺. Die Hand soll so flach auf der Tonplatte liegen, dass der Gips nicht darunter laufen kann und sie somit einschließt. Hohlräume unter der Hand kann man auch mit Ton auffüllen und den kleineren Hinterschneidungen kann das Muskelfleisch beim Lösen der Form ausweichen.
Der Ausguss und das Trennen der Formen erfolgt wie oben beschrieben, nur dass das Absprengen der Negativform in kleineren Schritten vonstatten geht, da die Abwicklung der Hand komplexer ist ❻ ❼.

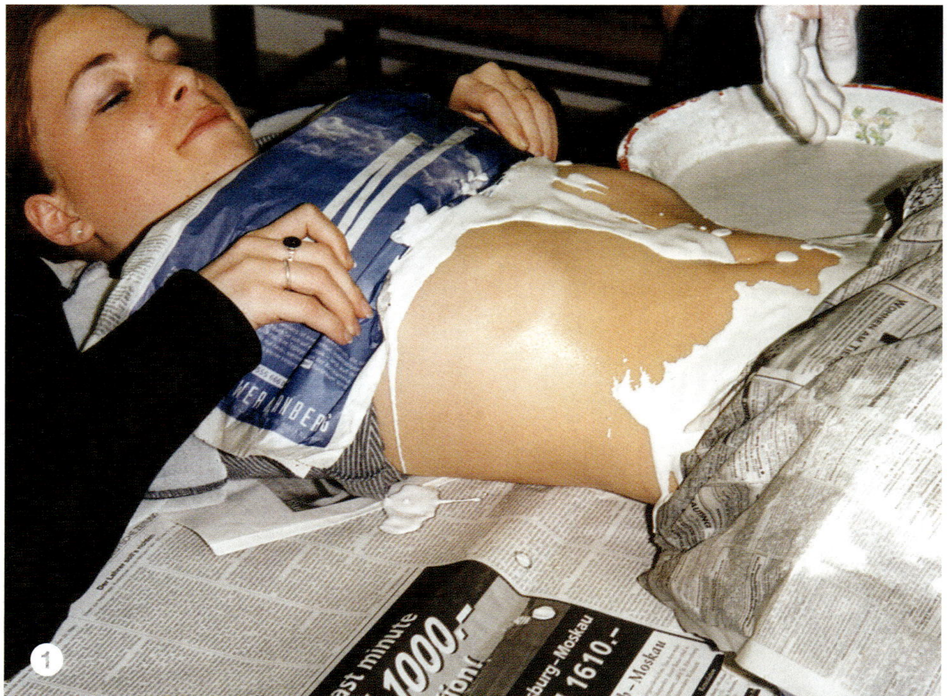
1

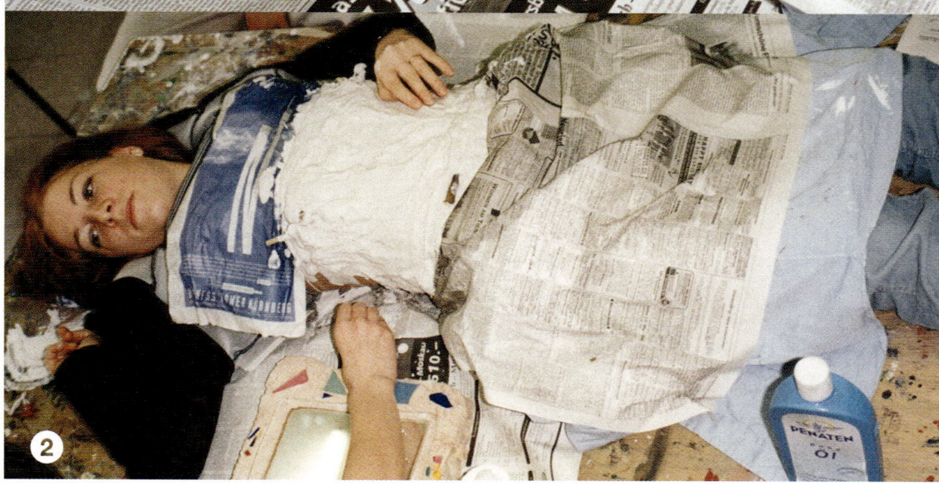
2

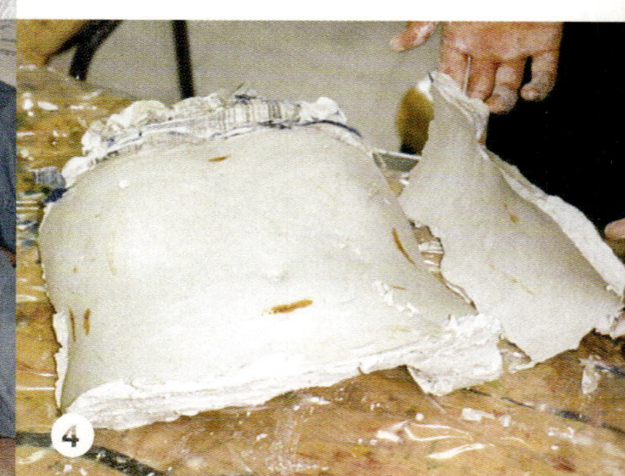
4

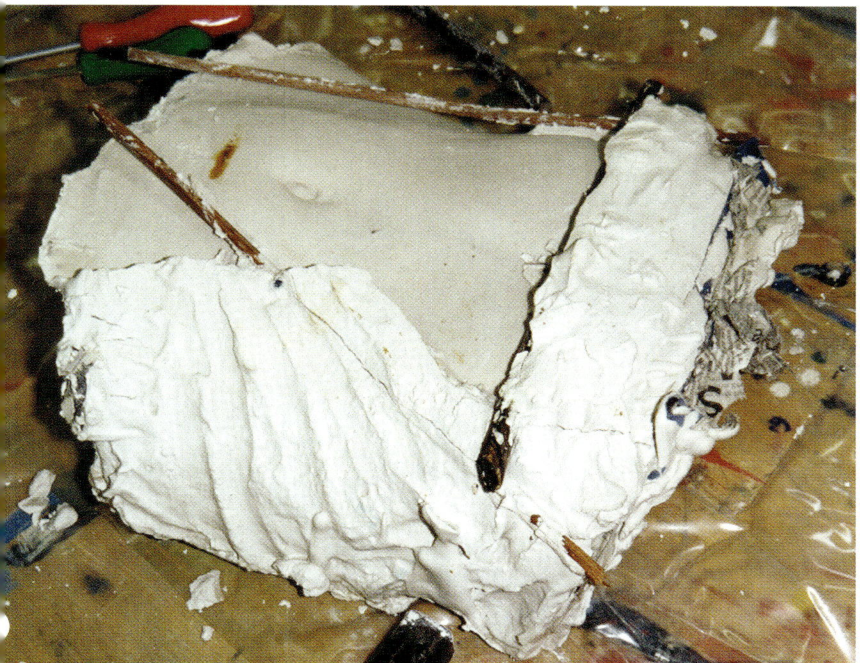

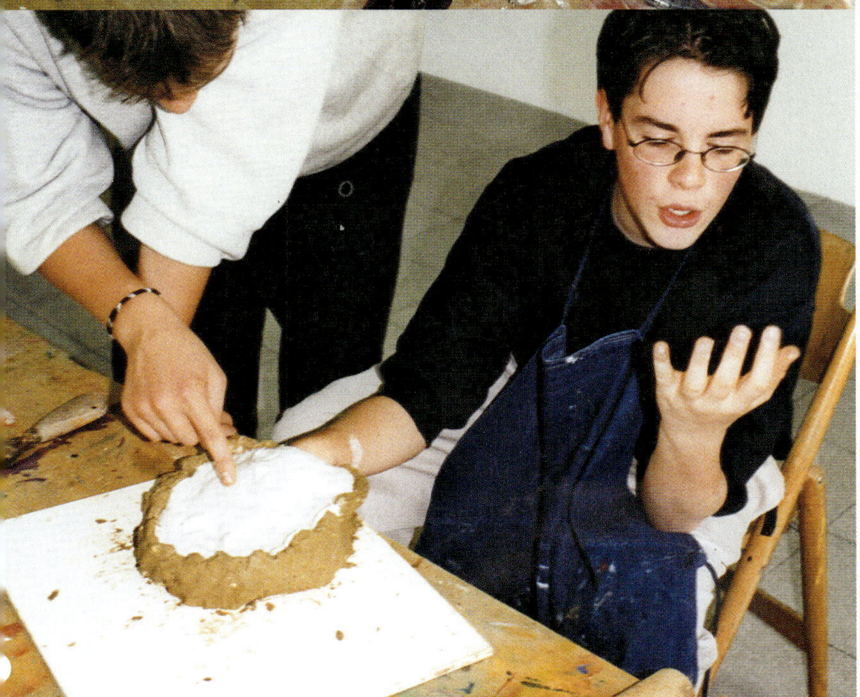

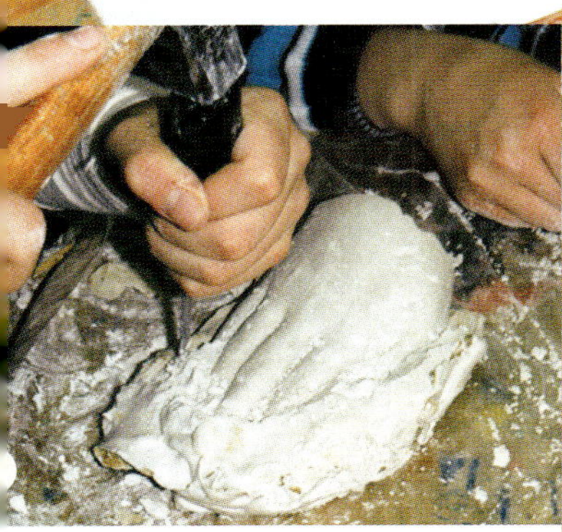

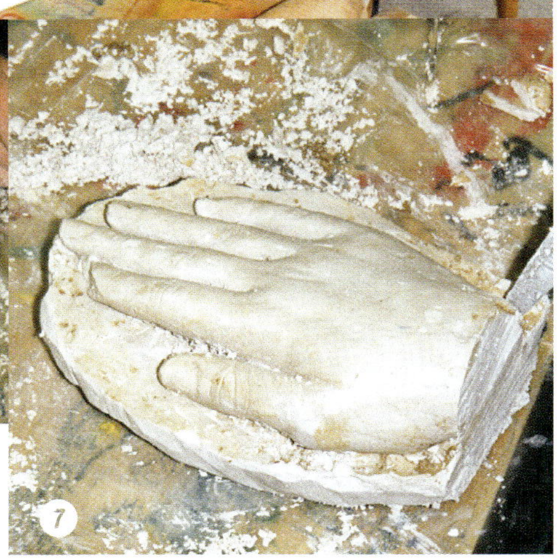

Körperteile abformen

Werkzeug

Plastikschüssel, Gummibecher
Hammer
Schraubenzieher
Spachtel

Material

Gips
Trennmittel (Öl, Vaseline)
eventuell Holzstäbe, Draht

Info

Für Jugendliche ist es faszinierend, von sich ein genaues Abbild zu haben. Durch das schnelle Wachstum, dem sie ausgesetzt sind, ist immer ein neues Selbstverständnis zum eigenen Körper notwendig. Die Abgusstechnik kommt diesem Bedürfnis entgegen. Die Körperpartien, welche abgeformt werden sollen, müssen eingeölt werden, und um das Loslösen von Körperbehaarung vom Gips zu gewährleisten, sind diese gut mit Vaseline einzureiben und so an den Körper zu kleben. Die Abgussstelle wird mit Abdeckmaterial, sei es Zeitung oder Plastikfolie, eingegrenzt ❶ ❷.

Alter 4 6 8 10 12 14 16 18

Holz

Holz ist ein natürlicher Werkstoff und in seiner Beschaffenheit und seinen Eigenschaften sehr unterschiedlich. Es sollen hier nur die Hölzer besprochen werden, die für eine Werkarbeit mit Kindern hauptsächlich in Frage kommen.

Es gibt Hartholz und Weichholzsorten, wobei die Harthölzer nur sehr begrenzt für unsere Zwecke geeignet sind. Für unsere Arbeit ist Weichholz wie Linde und Weißholz, also Nadelholz wie Fichte und Tanne am besten. Diese Hölzer sind im Handel in Form von Leisten, Latten, Brettern, Rundstangen, Profilen, Balken, gehobelt und ungehobelt, in allen Maßen erhältlich. Für flächige Arbeiten gibt es Pressplatten, Spanplatten, Sperrholz und Leimholz in Normgrößen und im Zuschnitt. Dübelholzrundstäbe sollten in keinem Holzlager fehlen. Ebenso empfiehlt es sich, naturbelassenes Holz wie Äste oder Stangenholz zu haben.

Anhand dieser naturbelassenen Hölzer sind Unterscheidungen wie Längsholz und Querholz (Stirnholz) gut zu erklären. Am Stirnholz können die Jahresringe gezählt werden und am längs geschnittenen Holz wird die Maserung sichtbar. Wenn das Holz langsam gewachsen ist, stehen die Jahresringe eng zusammen – umgekehrt gibt es weite Jahresringabstände bei schnellem Wachstum.

Als härtere oder weichere Oberfläche mit unterschiedlichem Widerstand spielt dies sowohl für die Bearbeitung als auch für die Stabilität eines Bauteiles eine Rolle. Ein Stück verwittertes Holz kann hier gut als Anschauungsmaterial für den Aufbau und die innere Struktur eines Holzes dienen. Wenn geschnitzt werden soll (Bildhauerei) oder filigrane Oberflächengestaltungen anstehen, sind Hölzer mit einem homogeneren Aufbau, mit einer weniger deutlichen Jahresringstruktur, geeignet. Zum Schnitzen Zirbel und Linde oder Harthölzer wie Apfel, Birne, Kirsche, Ahorn oder exotische Hölzer. Grundsätzlich ist zu sagen, dass Querholz gesägt wird und Längsholz gespalten oder im Spanabhebverfahren bearbeitet wird.

Der Glaube, kleine Kinder brauchen auch kleine Hölzchen, ist weit verbreitet, aber falsch. Gerade am Anfang haben es die Kinder mit etwas derberem Material viel leichter. Größere Holzteile haben allseitig Flächen, die geklebt, genagelt oder gestapelt oder baukastenartig aneinander gefügt werden können, wobei immer das kleinere Teil am größeren befestigt wird.

Für die ersten Schritte der Holzbearbeitung sind verschiedene Beispiele angeführt: Ablängen des Holzes durch Sägen, Formen des Holzes mit Raspel, Feile und Sandpapier, Schnitzen mit dem »Messer«, Herstellen von festen und beweglichen Holzverbindungen, ebenso Beispiele für werkgerechtes Arbeiten, aber auch für den freien Umgang mit Holzteilen, dem Austesten des Möglichen und Unmöglichen.

Hammer und Nägel

Hämmer sollten aus Werkzeugstahl sein, um einer Verletzungsgefahr durch Absplitterung zu entgehen. Zusätzlich brauchen wir Nägel in verschiedenen Größen, eventuell auch Ziernägel aus dem Polstereibedarf.

Für den elementaren spielerischen Umgang mit Werkzeug und Material stehen hier die Nagelbilder, bei denen viel genagelt wird und zuallererst einmal der Nagel im Holz halten muss. Beidhändige Bewegungsabläufe werden koordiniert und durch Wiederholung eingeübt. Die Fähigkeit, einen Nagel einzuschlagen, steht dann bei einer tatsächlichen Nagelverbindung zur Verfügung und die Aufmerksamkeit kann sich ganz auf das Werkstück richten.

Die Kinder sind erfinderisch und aus der Praxis heraus hatten sie einmal ein Nagelspiel entwickelt, »wie Sieben auf einen Streich«. Zwischen Zeige- und Mittelfinger wird eine Anzahl von Nägeln auf das Holz gestellt und mit einem Schlag der Breitseite des Hammers eingeschlagen, gezählt werden die Nägel, welche stehen bleiben. Gewinner ist, wer am meisten Nägel in das Holz bringt.

An dieser Stelle sei gesagt, dass Kinder oft meinen, die Verbindung werde besonders fest, wenn sie möglichst viele Nägel an einer Stelle einschlagen. Meistens spaltet sich das Holz, weil jeder Nagel wie ein Keil wirkt. Aus diesem Grunde sollte auch nicht am Ende eines Holzteiles genagelt werden, sondern mit Abstand das so genannte Vorholz eingehalten werden. Ebenso sollte versetzt genagelt werden, um jeweils nur eine Holzfaser zu strapazieren. Eine besonders feste Verbindung ist eine Leim-Nagel-Verbindung, wobei der Nagel oft nur bis zum Abbinden des Leimes die Teile als Fixierung zusammenhält.

Leim

Für Leimungen benötigen wir Holzleim (Weißleim) zur Fixierung und Pressung der Leimung Klemmen, Schraubzwingen unterschiedlicher Größen und Längen sowie Holzdübel für dauerhafte Verbindungen. Je nach Raumtemperatur ist eine Leimung nach einer halben Stunde haltbar, nach einer Stunde fest und nach zwei Stunden voll belastbar.

Normaler Holzleim löst sich wieder, wenn er länger gewässert wird. Teile, die länger im Wasser zusammenhalten sollen, deshalb mit wasserfestem Leim (Propellerleim) leimen und mit Normalleim verklebte Kleidung vor dem Waschen länger einweichen.

Bohren und Schrauben

Man benötigt verschiedene Schrauben und Schraubenzieher, ein Sortiment Spaks, einen Bohrschrauber mit Schraubeinsätzen (Bits oder Torks). Für die elektrische Bohrmaschine Holz- und Metallbohrer in den gängigen Größen. Metallbohrer sind auch für Holz geeignet und wegen ihrer flachen Spitze für Kinder nicht so verletzungsgefährlich. Erst ab größeren Bohrdurchmessern ist der Holzbohrer mit seinen Führungs- und Zentrierungsspitzen geeigneter. Am Anfang ist es für die Kinder oft spannend, mit einem einfachen Handbohrer Löcher zu bohren – also ein Satz Handbohrer verschiedener Größe. Für größere Löcher ein Lochsägensatz, Forstnerbohrer unterschiedlicher Durchmesser. Für lange Bohrungen Schlangenbohrer mit einer Bohrwinde.

Zangen

Beißzangen, Flachzangen, Rundzangen, Rohrzange.

Sägen

In unserer Grundausrüstung befinden sich Pucksägen, Feinsägen, Laubsägen, Fuchsschwänze mit Gehrungsschablonen, eine Bügelsäge fürs Grobe und eine elektrische Stichsäge. Zu Sägen mit auswechselbaren Sägeblättern ist zu sagen, dass die Zahnung für Pucksägen nach vorn weisen muss und bei der Laubsäge in Zugrichtung, also immer in die Richtung, in der das Holz das Widerlager bietet. Wenn es bei einem Sägeschnitt gar nicht weitergehen will, ist eine Kontrolle daraufhin oft hilfreich. Für die meisten Sägeschnitte, aber auch zum Feilen oder Bohren benötigt man einen fest auf einem Werktisch montierten Schraubstock. Wacklige oder nur mit einer Hand gehaltene Werkstücke lassen sich nicht sägen und führen nur zu Frustrationen.

Feinbearbeitung und Schnitzen

Zum Formen des Holzes haben wir Raspeln und Feilen in Flach-, Halbrund- und Rundform, Schleif- und Sandpapiere in Körnungen von fein bis grob, Stemmeisen flach und halbrund in verschiedenen Breiten. Als Schnitzeisen Flacheisen, Balleisen, Hohleisen in unterschiedlichen Größen (Stichen), dazu Schlägel, Holzhämmer, Schnitzmesser und Handhobel.

Man braucht nicht sofort alle Geräte und Hilfsmittel aus dieser Auflistung. Zu unseren Beispielen kann das angegebene Werkzeug und Material auch nach und nach beschafft werden. Im Allgemeinen ist es besser, bei Werkzeug immer Qualität zu kaufen, da dieses Werkzeug längere Standzeiten hat und gutes Werkzeug die halbe Arbeit ist.

Tausendfüßler: Das Lattenstück zuerst einspannen ❶, den Kopf schräg absägen, dann die Nagelbeine reinhämmern. Den Tausendfüßler auf die Beine stellen und so lange mit dem Hammer nachklopfen, bis der Wurm stabil steht. Nun kann man ihn bemalen. Eventuell zusätzlich mit Wachs beträufeln ❷ ❸ ❹.
Nagelbild: Zuerst die Fläche bemalen oder darauf zeichnen, bevor die Nägel im Weg stehen, dann die Nägel nach Lust und Laune oder nach der Zeichnung einschlagen ❺ ❻. Zuletzt die Fäden um die Nägel wickeln ❼. U-Haken an der Oberseite des Nagelbildes in die Mitte schlagen (vorher mit den Fingern auspendeln, wo die Mitte ist) und an den Nagel hängen – hämmern könnt ihr ja jetzt!

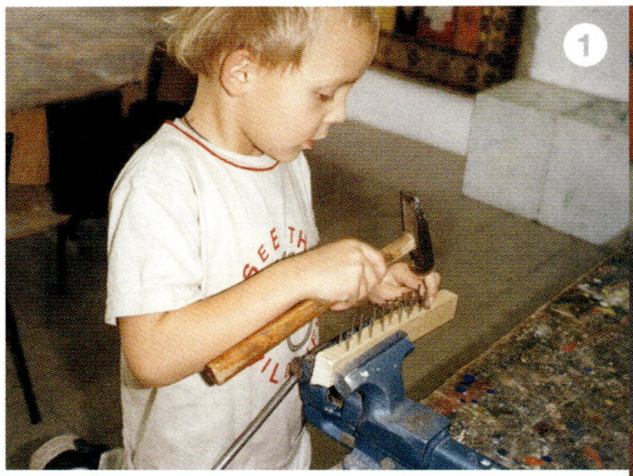

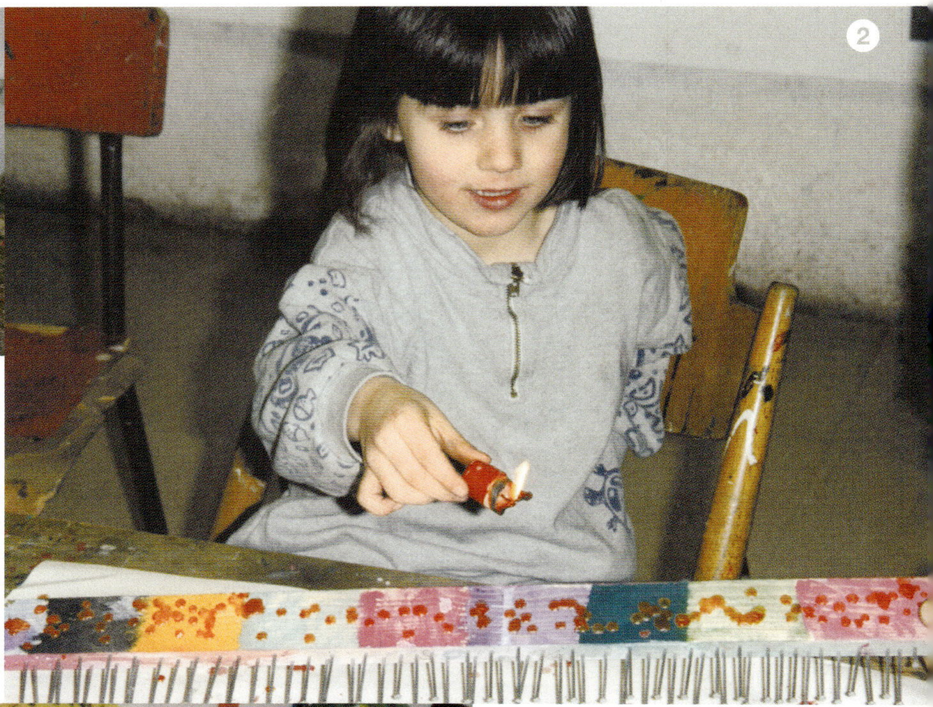

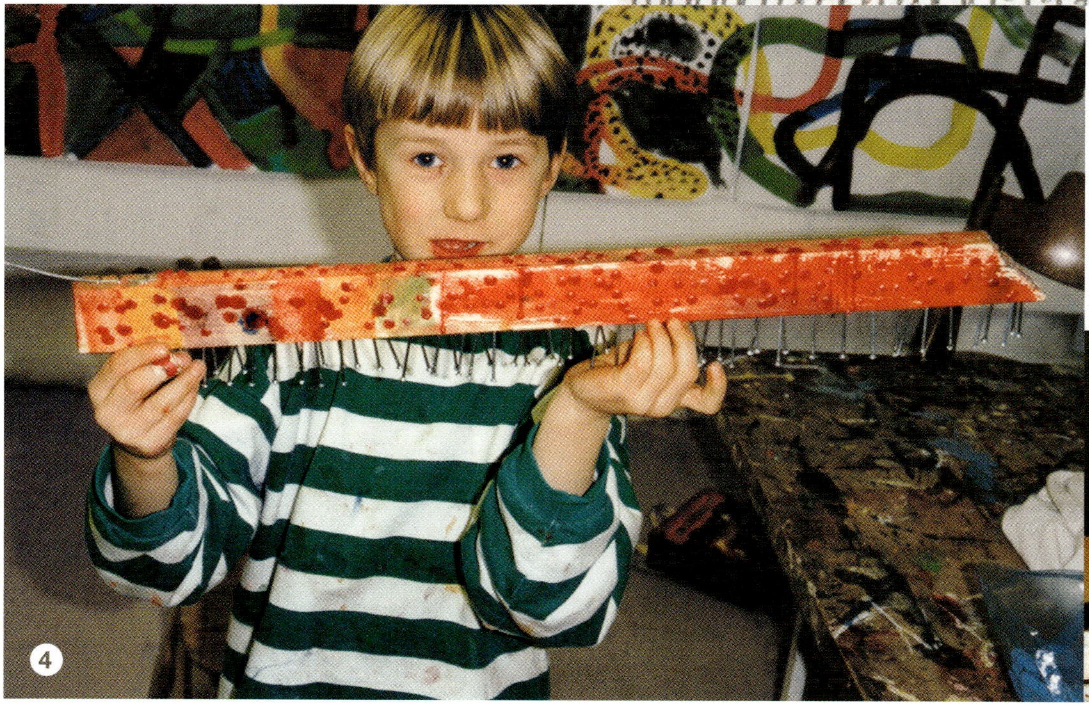

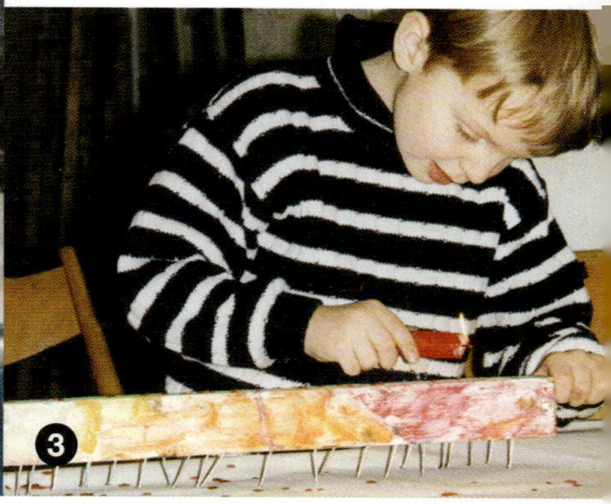

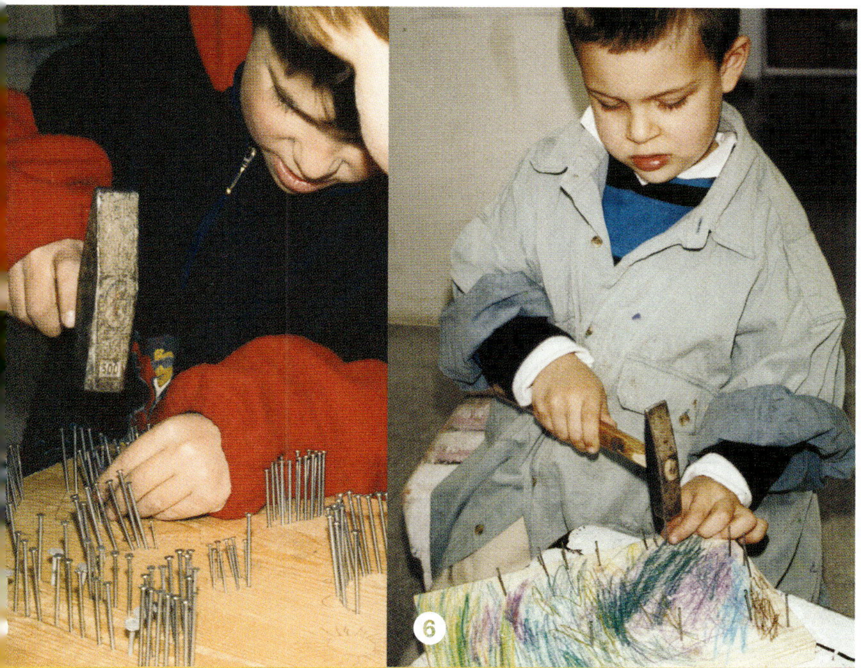

6

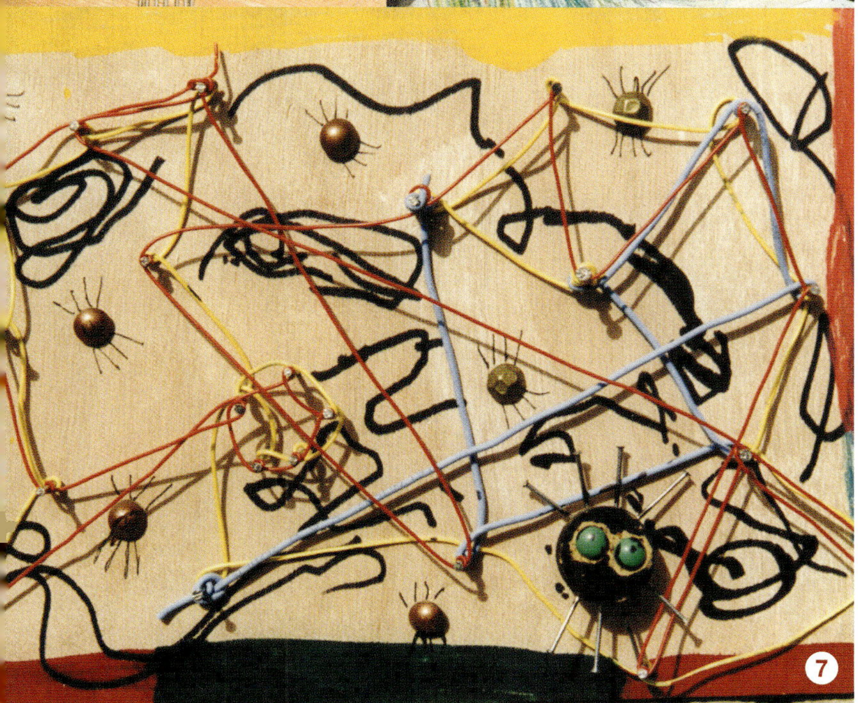

7

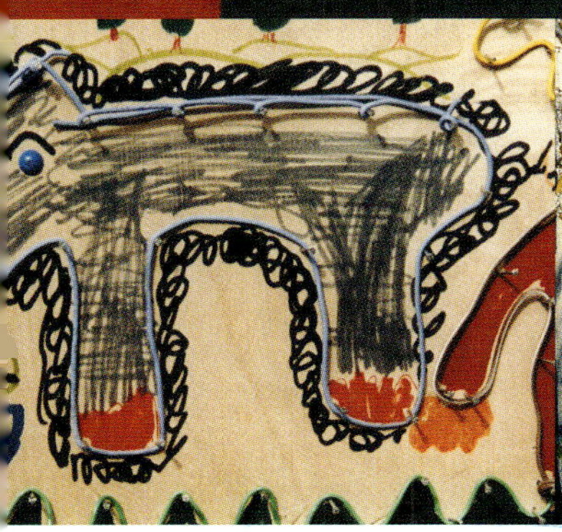

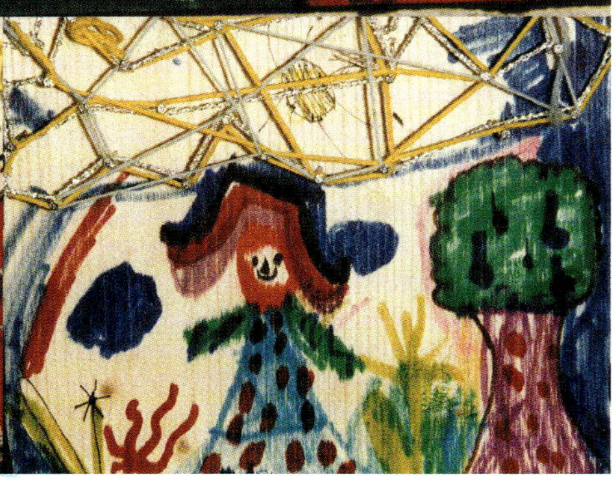

Nagelbilder und Tausendfüßler

Werkzeug

Hammer
Säge
Schraubstock

Material

Tausendfüßler:
Dachleistenstück
gleich lange Nägel
Wasserfarben
eventuell farbige Wachskerze(n)

Nagelbilder:
Holzplatte oder Brettabschnitt
verschiedene Nägel
(bunte Tapeziernägel machen sich auch gut)
Buntstifte, Filzstifte
Wasserfarben
verschiedenfarbige (Woll-)Fäden oder am besten dünne (farbige) Drähte
U-Haken zum Aufhängen

Info

Beim Nagelbilder-Hämmern darauf achten, dass keine Nägel unter dem Brett liegen, so dass es gut aufliegt. Die Nägel müssen fest eingeschlagen werden, damit sie sich später nicht lösen. Den Faden /Draht beim Umwickeln auf Spannung halten und immer einmal ganz um den Nagel wickeln, bevor es zum nächsten geht. Beim Draht entfallen die schwierigen Anfangs- und Endknoten. Wenn man keinen farbigen Draht hat, kann man ihn eventuell anmalen.

Alter 4 6 8 10 12 14 16 18

Auf die Platte kann zuerst mit Filzstiften gezeichnet werden ❶ ❷, dann interessante Holzabfälle oder Leisten auf die Zeichnung – auch als Rahmen – hämmern oder kleben, sie können sogar übers Bild hinausragen ❸ bis ❻ und übereinander befestigt werden. Nun geht es richtig drauf los mit den Farben, aber dabei am besten noch etwas von den Filzstiftlinien rausschauen lassen.
Auf eine Grundplatte kann alles Mögliche genagelt werden: Mandarinenschalen, Stoff oder Leder. Weil Nageln anfangs gar nicht so leicht ist, sind die Kleinen sehr stolz, wenn es »hinhaut«, auch wenn manchmal noch der Daumen dazwischen kommt.
Beim Durchbohren von Kronkorken lässt sich das Nageln üben ❺.

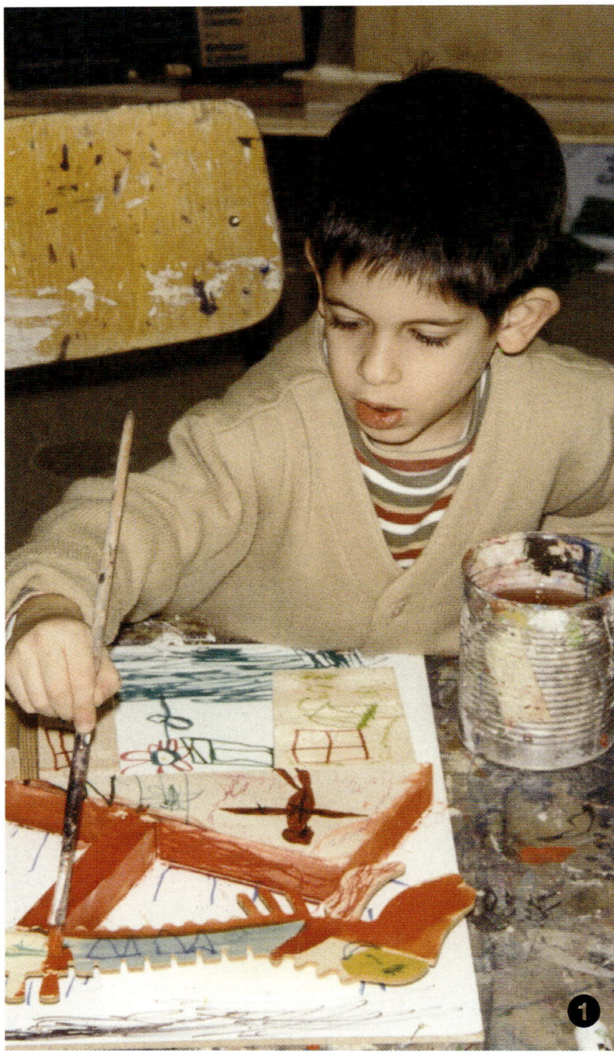

❶

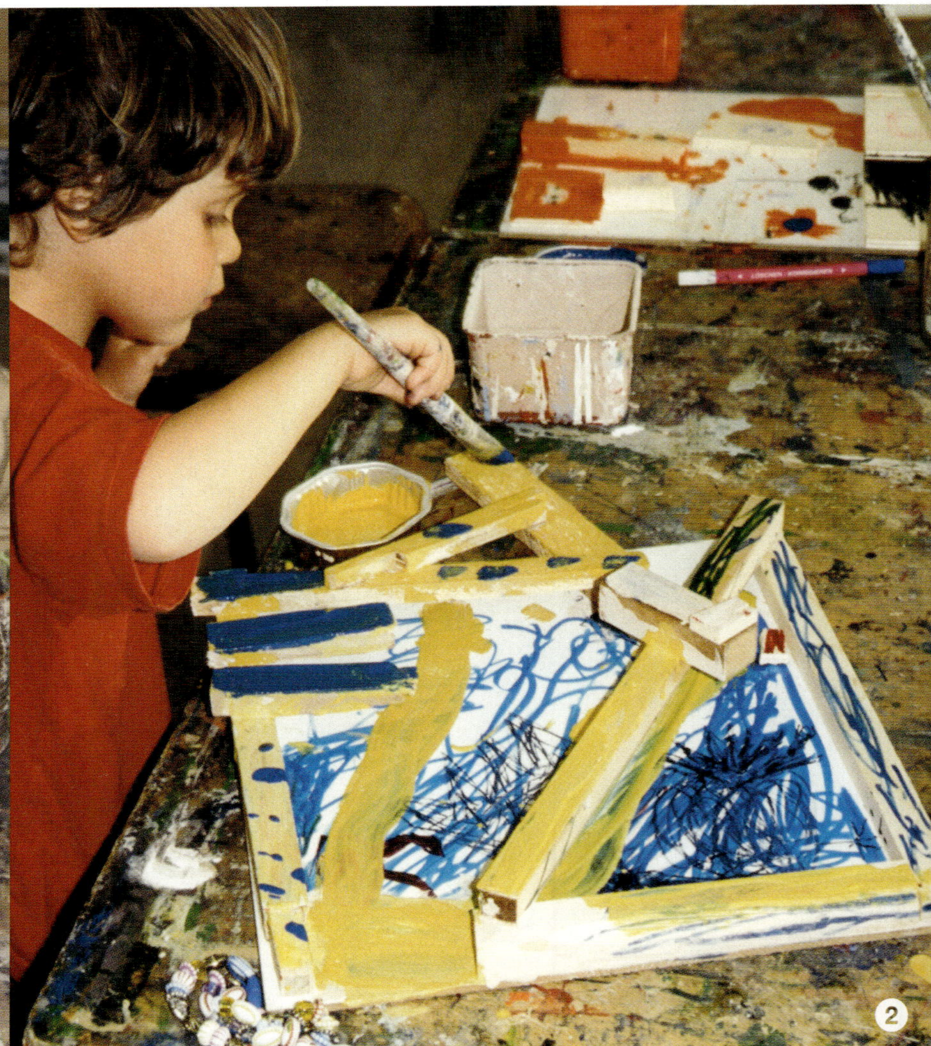

❷

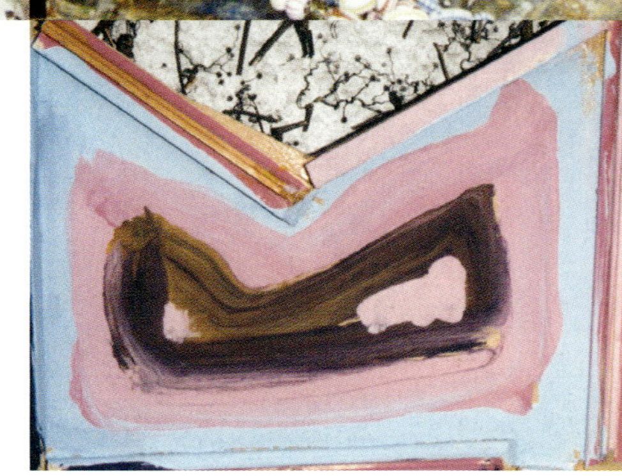

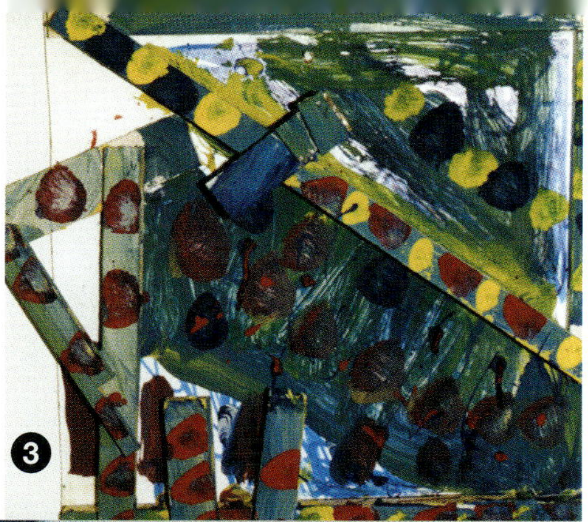

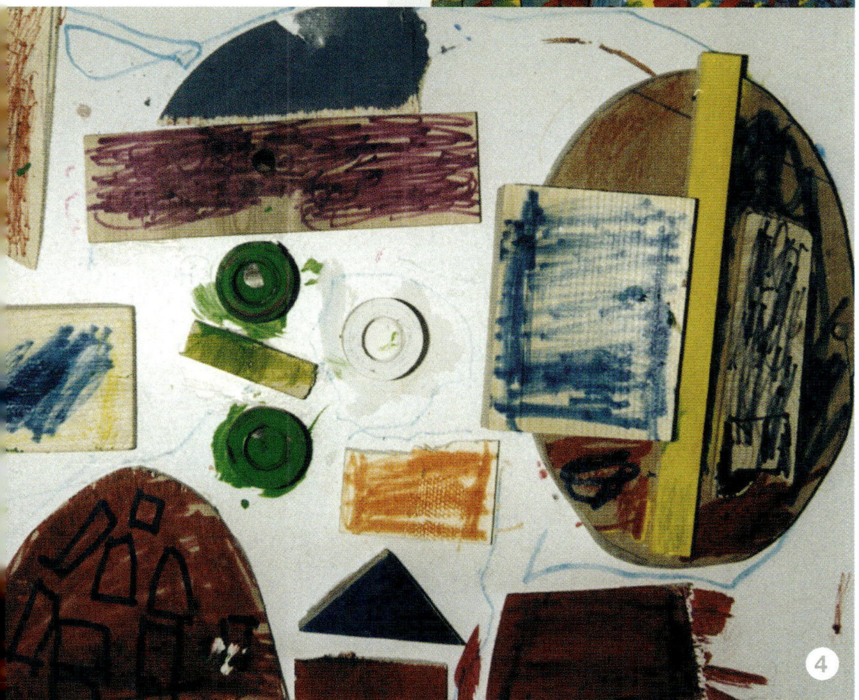

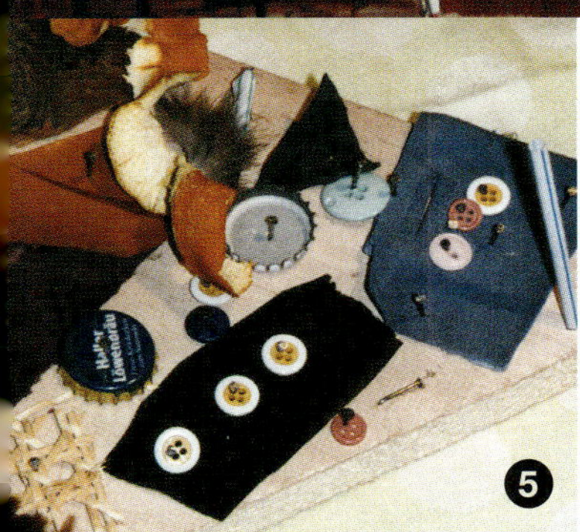

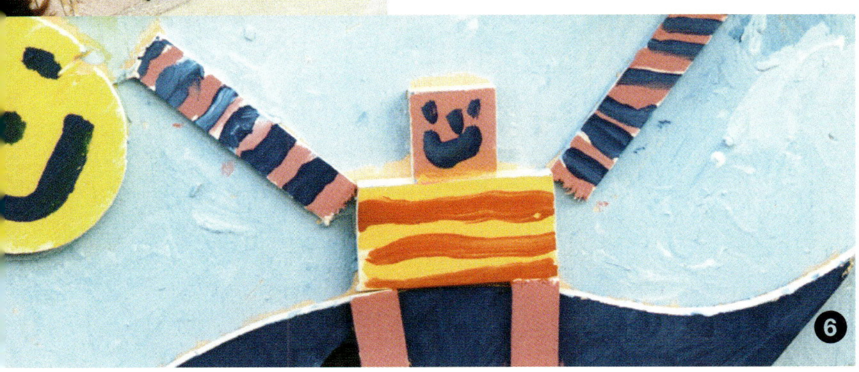

Holzbilder

Werkzeug

Hammer
Nägel
Holzleim, Pinsel

Material

helle Holzplatte
Holzreste und Leisten
Kronkorken
Wollfäden
Farbstifte oder wasserfeste Filzstifte
Wasser- oder Dispersionsfarbe
Aludeckel von Joghurtbechern usw.

Info

Man kann sehr unterschiedliche Ergebnisse bekommen, je nachdem, worauf man seinen Schwerpunkt legt, ob es ein Begriff ist wie ein Tier in seinem Garten oder Käfig (Wollfaden um Nägel gespannt) oder ob das Material die Gestaltung bestimmen soll.

Alter 4 6 8 10 12 14 16 18

Die Holzreste können frei zusammengenagelt ❶ oder auch nur auf eine Grundplatte geleimt ❷ werden, was schneller geht und so dem assoziativen Gestalten mehr Raum lässt. Dicke Holzklötzchen können von unten durch die Grundplatte angenagelt werden. Manchmal ist es leichter, zuerst nur auf glatter Fläche den Nagel in das Holzstück einzuschlagen, bis seine Spitze etwas zu sehen ist, und es dann erst an der gewünschten Stelle festzunageln ❸. Die ungewöhnlichen Formen regen zu dreidimensionalen Bildern an und können noch mit Farbstiften oder Dispersionsfarben angemalt werden. Man kann auch alle möglichen anderen Materialien annageln. Oft erzählen unsere Nagelbilder ganze Geschichten: Ein Drache bewacht seinen Schatz ❹, aus einem Kran wird ein Schiff, das am Strand anlegt ❺. Dann braucht man eine Schnur oder einen Draht für die Reling und der Sand klebt auf vorher dick aufgetragenem Leim.

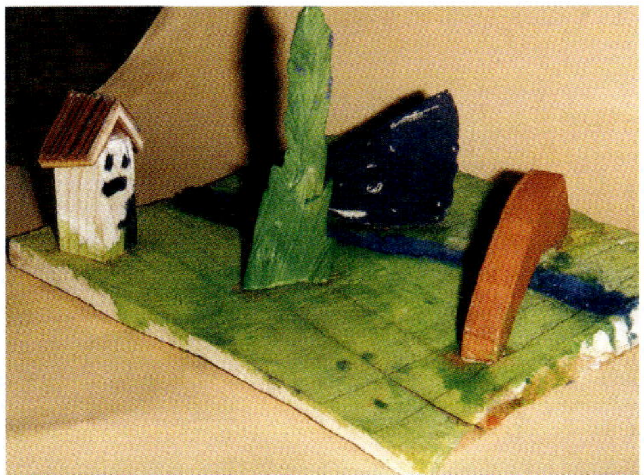

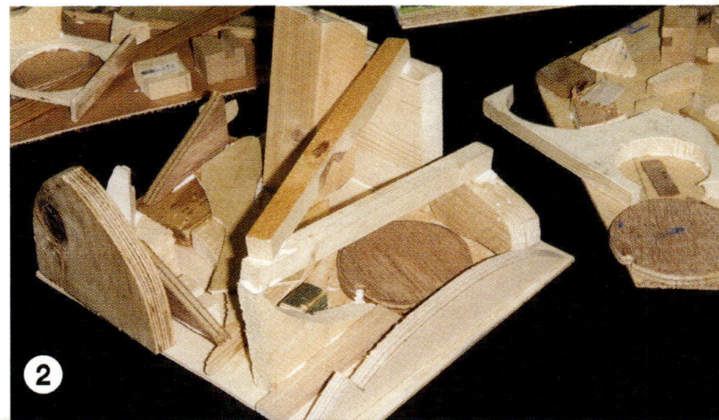

2

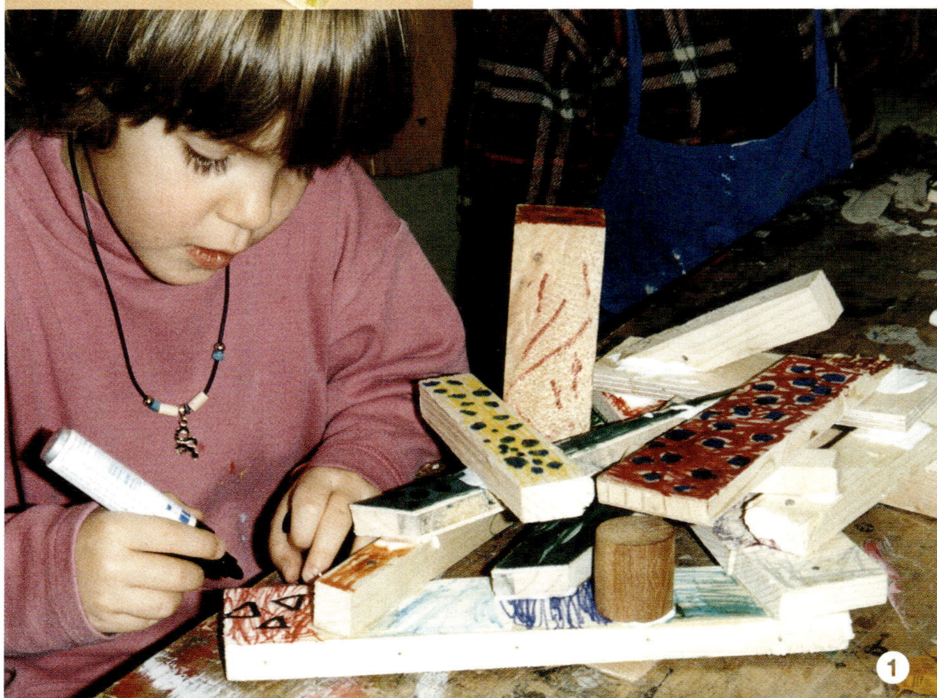

1

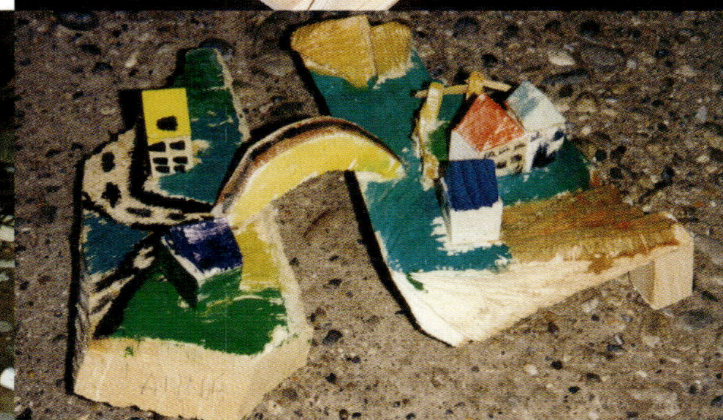

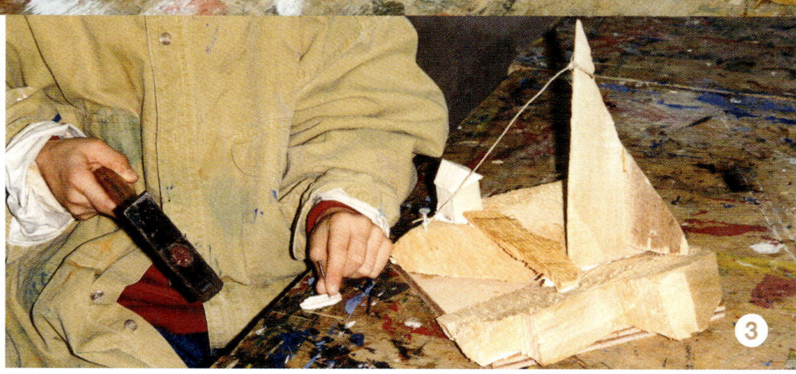

3

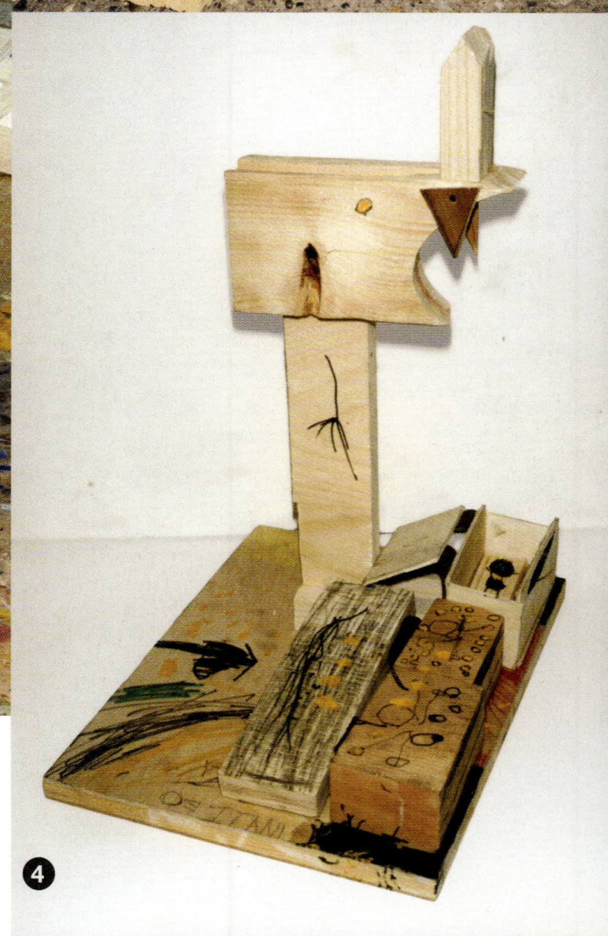

4

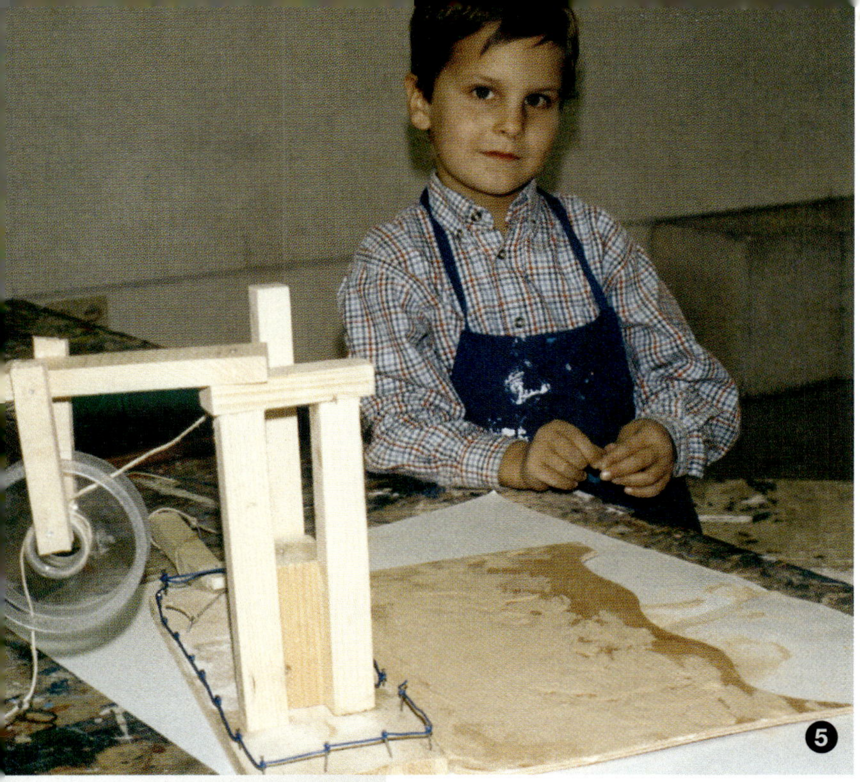

5

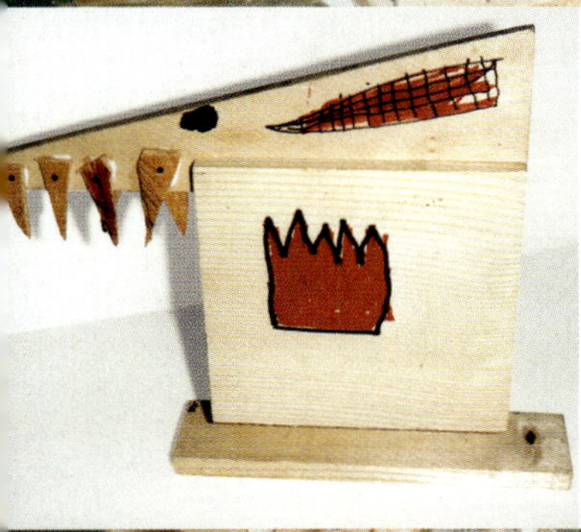

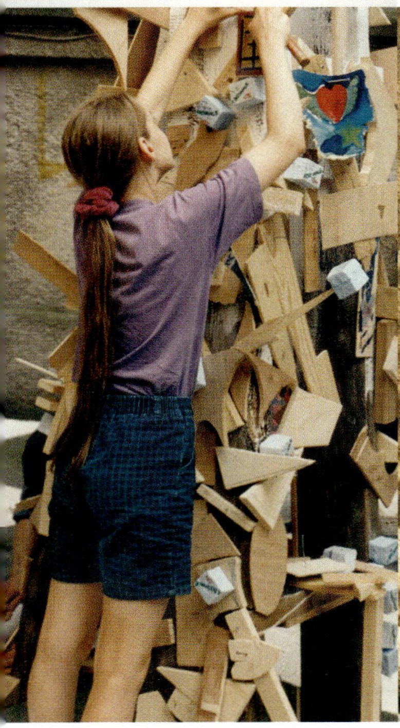

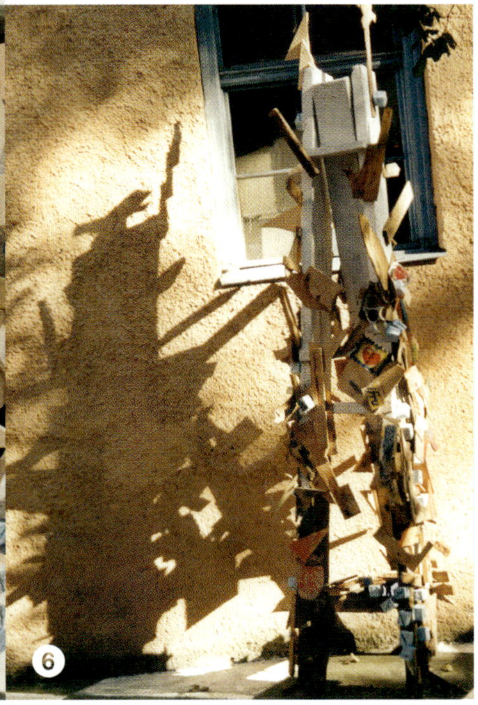

6

Holzcollagen

Werkzeug

Säge
Hammer
Nägel
Pinsel

Material

Tischler- oder Sperrholzplatte
Holzreste
Holzleim
Nägel
Dispersions- oder Wasserfarbe
Farbstifte, Folienschreiber

Info

Für die »Riesengeschichte« wird eine Holzbohle mit zwei parallel auf dem Boden liegenden Bohlen nur mit einem großen Nagel links und rechts verbunden, um sie dann als Staffelei aufzustellen 6. Seitlich machen kurze Lattenstücke den Turm stabil, auf den nun zum Beispiel bei einem Fest jeder Besucher etwas annageln kann, um allmählich zu einer gemeinsamen Plastik zu finden. Holzabfälle gibt es beim Schreiner oder Bildhauer. Hartholz ist sehr schwer zu nageln und wird (vor allem bei den Kleineren) besser nur geleimt.
Für die Landschaften haben wir Reste von Holz verwendet, das mit einer Kettensäge bearbeitet war.

Alter 4 6 8 10 12 14 16 18

Das – natürlich selbst abgesägte – Handybrettchen wird an den Ecken und Kanten geschliffen, damit es auch angenehm in der Hand liegt ❶. Wer die Zahlen noch nicht so gut schreiben kann, schaut zur Sicherheit auf ein »echtes« Handy – und es klappt doch ganz gut ❷ ❸! Damit man sein Kleinod nicht verliert, wird mit einem U-Haken noch eine Schnur befestigt ❹.
»Hallo, hallo, wer spricht da?« Totaler Telefonwirrwarr ❺ bis ❽!

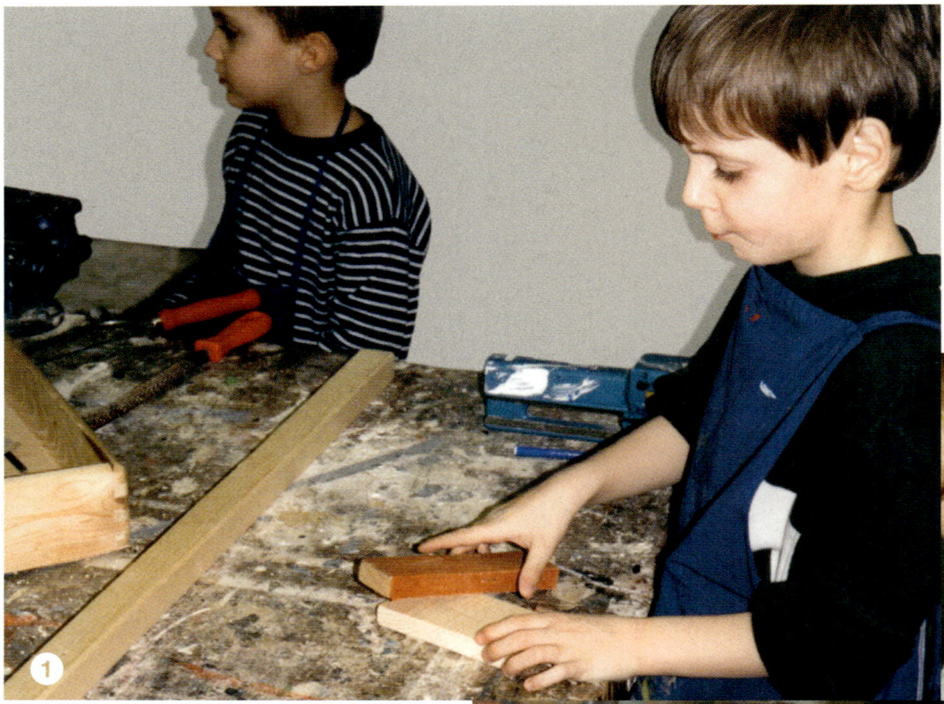
1

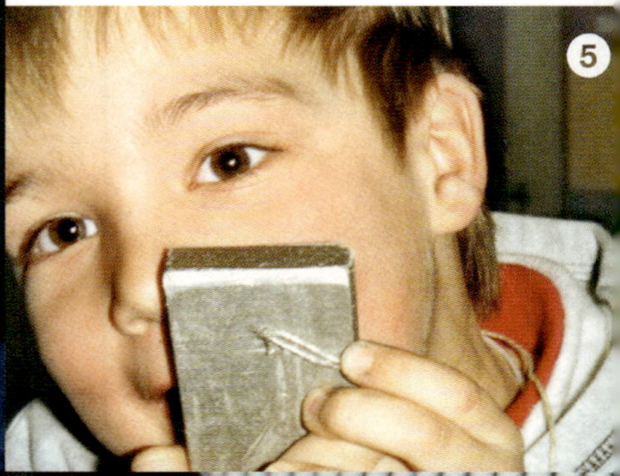
5

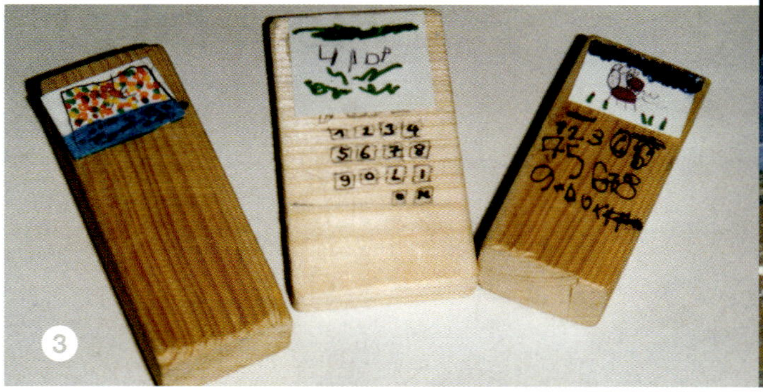
3

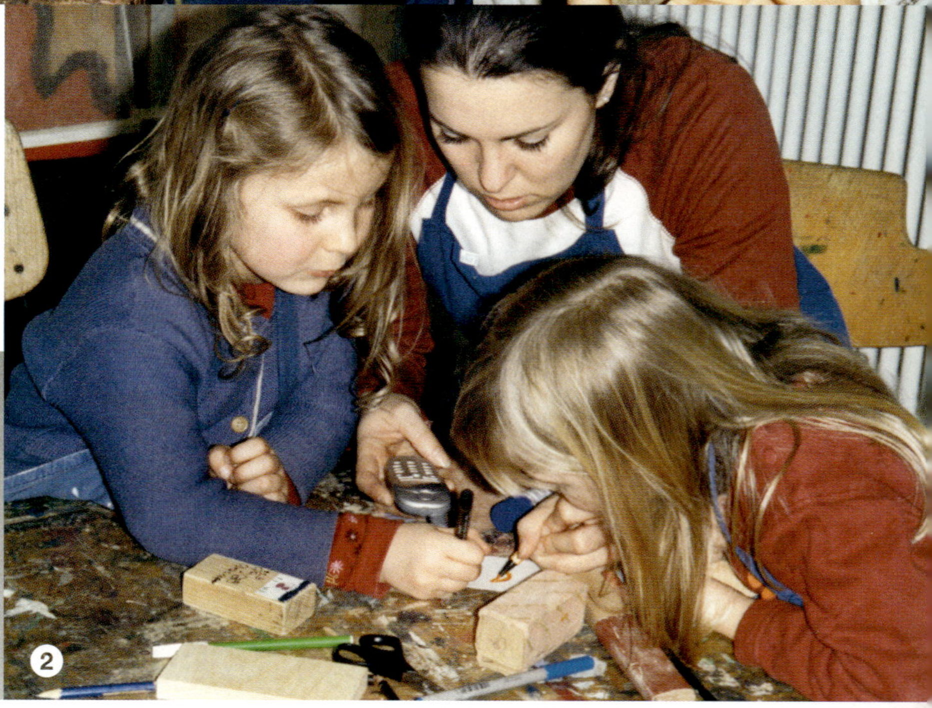
2

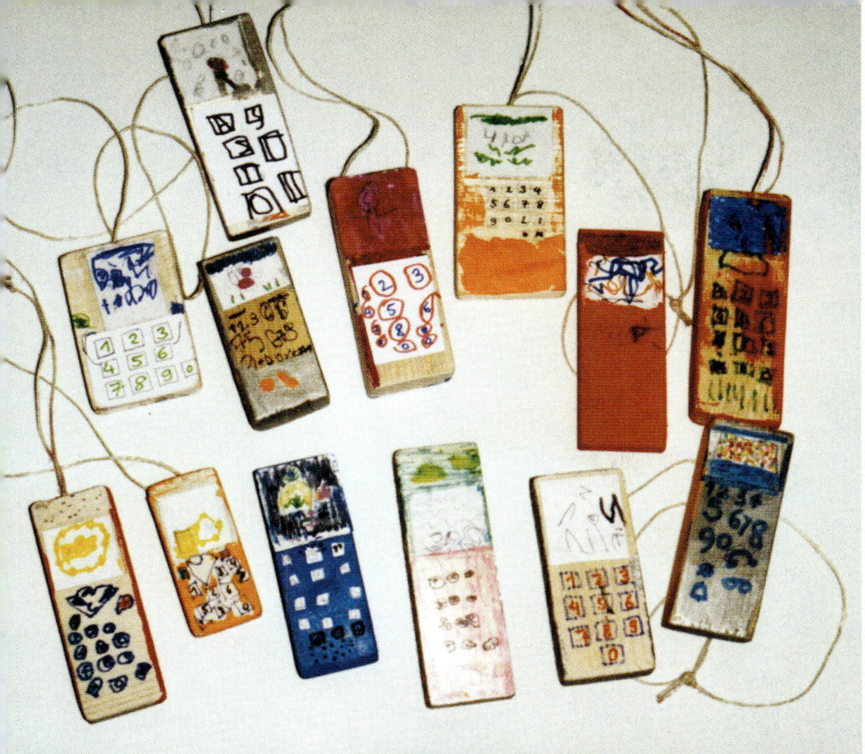

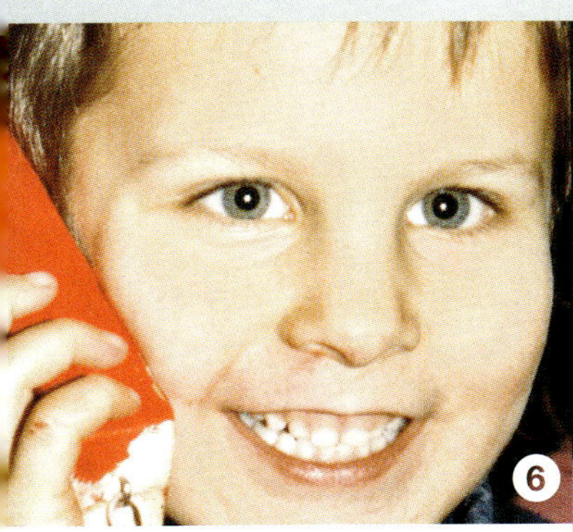

6

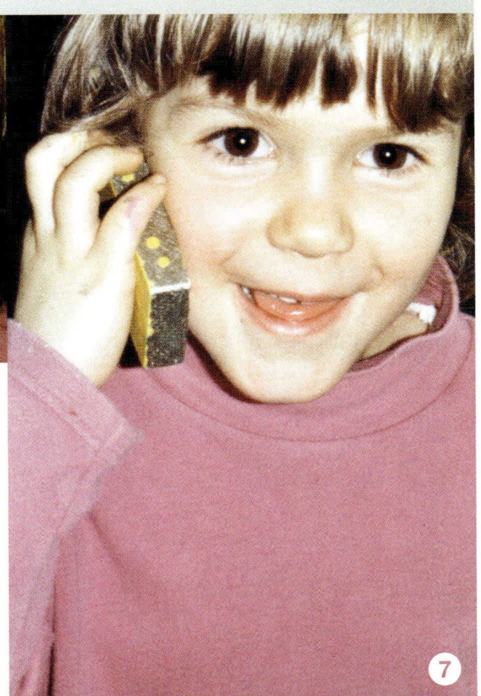

7

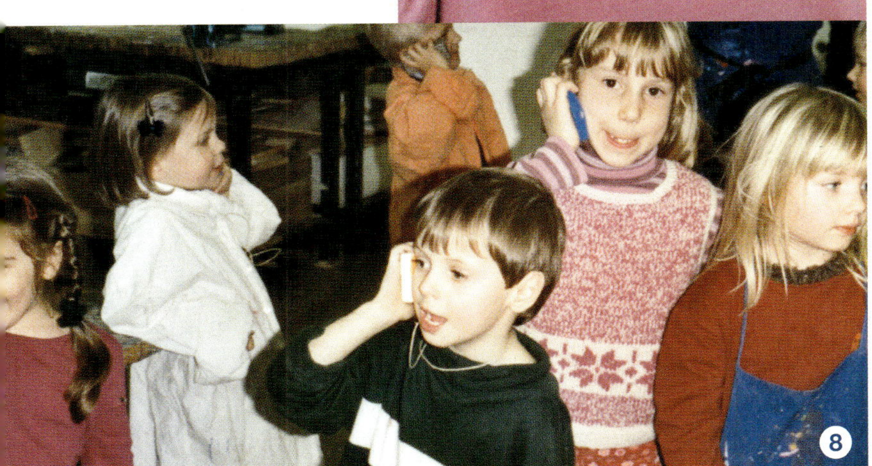

8

Handys

Werkzeug

Säge
mit Sandpapier überzogene Schleifklötze
Schraubstock

Material

wasserfeste Filzstifte
flache, lange Holzlatten oder
Abschnitte
Plakafarbe (möglichst auch Silber)
U-Haken
Schnur

Info

Vorsicht! Erwachsene kommen noch mehr in Handystress, wenn die Kleinen ihr Handy benutzen und ständig anklingeln!
Abstellen nützt in diesem Fall nichts!

Alter 4 6 8 10 12 14 16 18

Für den Stadtteil mit Wolkenkratzern wird erst das Straßengewirr auf die Grundplatte gezeichnet ❶.
Runde und eckige hochstehende Klötze werden zurechtgesägt, mit Fenstern versehen und mit Holzleim aufgeklebt ❷ bis ❹.
Der New Yorker Stadtteil hat sogar einen Park mit einem Baum ❺. Die Inseln mit den venezianischen Palazzi brauchen noch Verbindungsbrücken, damit die Menschen zueinander können ❻.
Um ein Dorf durchzugestalten, muss man sich schon mal mitten in die Dorfstraße legen dürfen ❼.

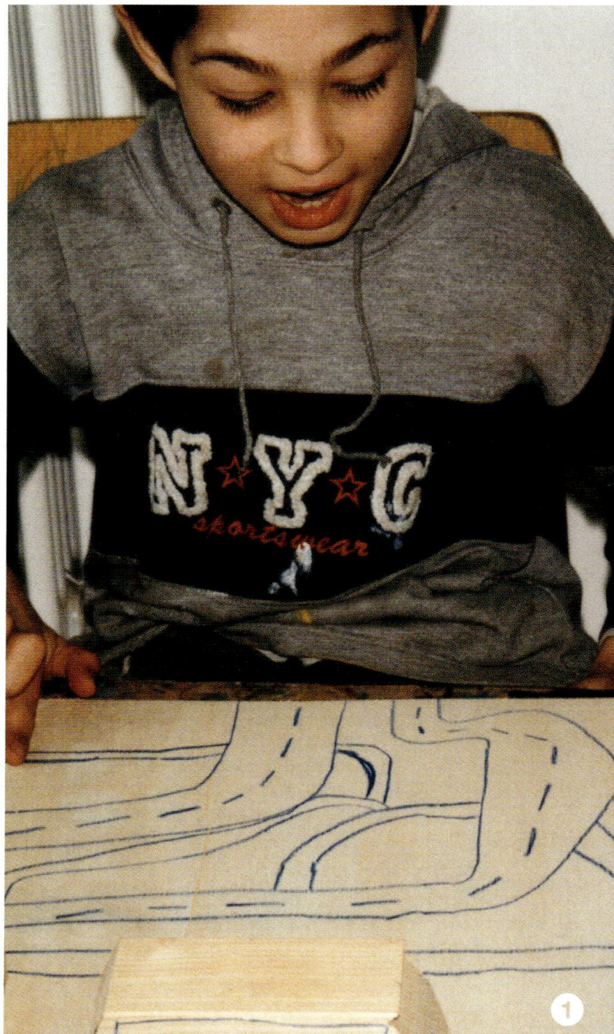

1

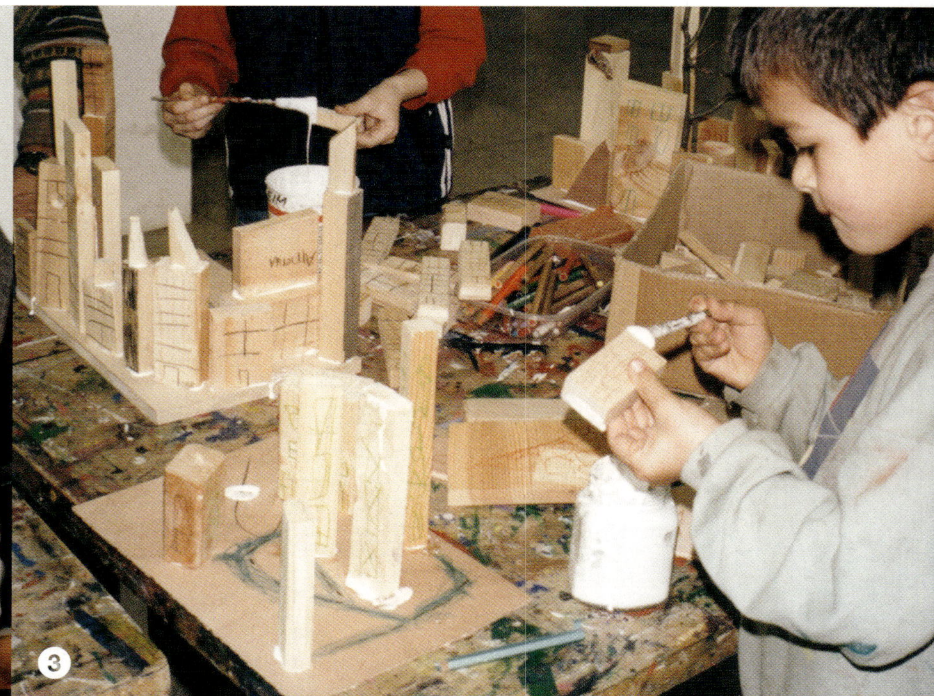
3

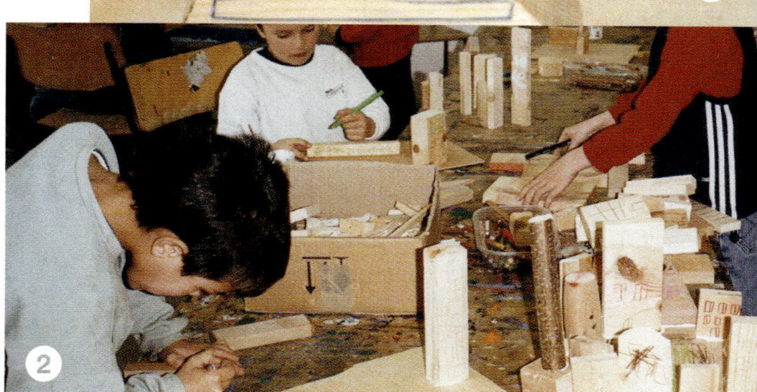
2

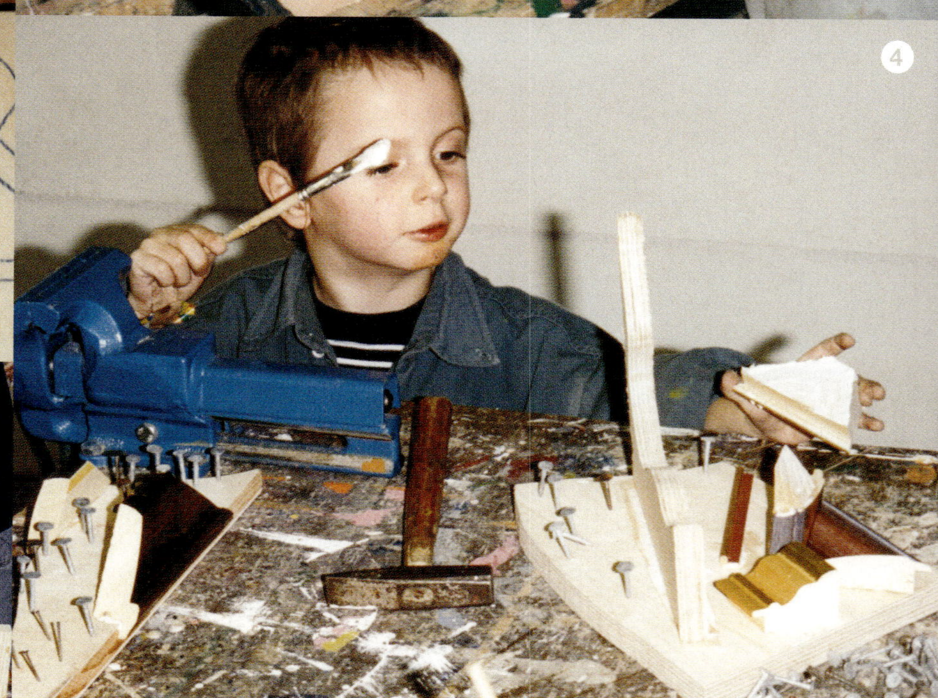
4

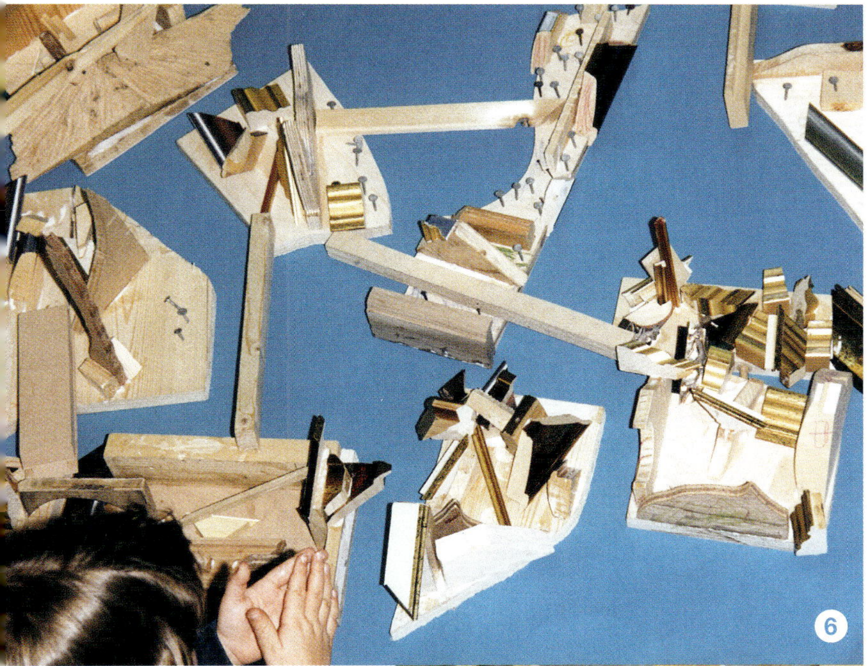

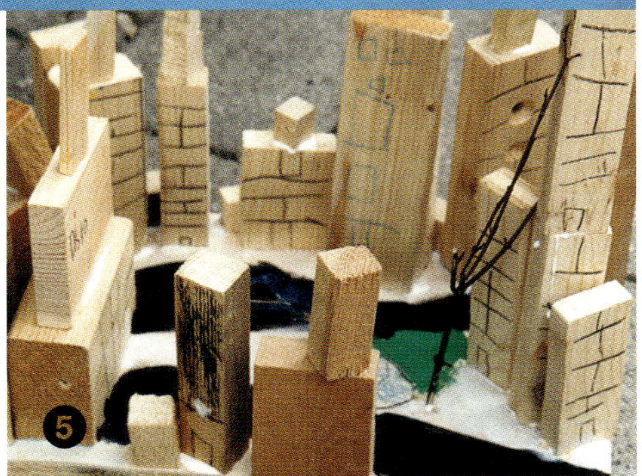

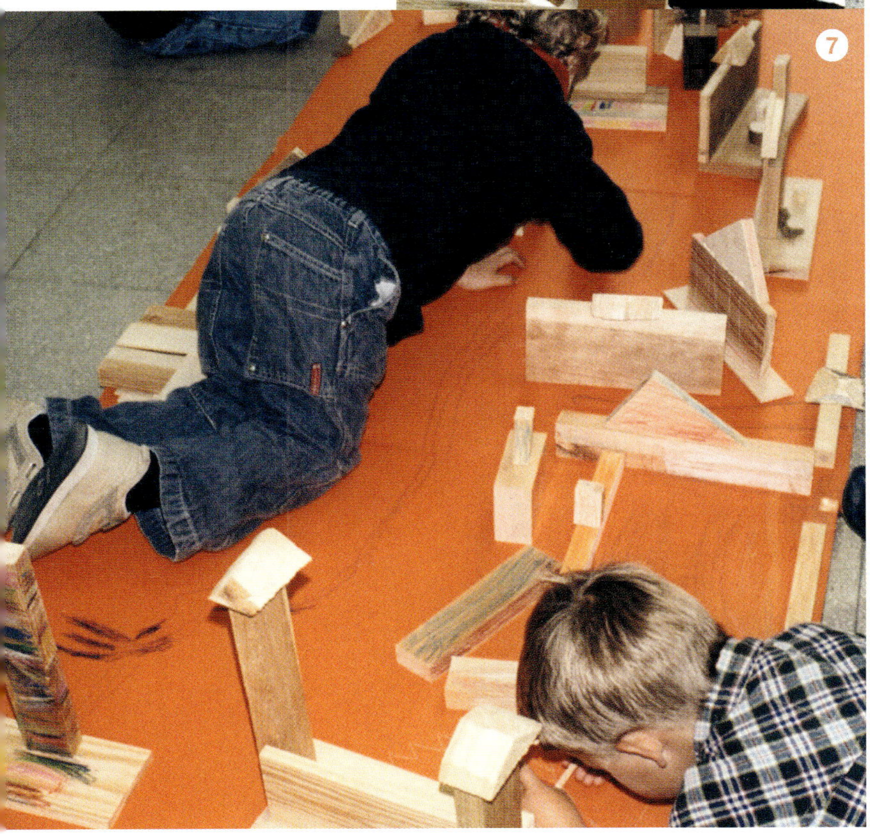

New York, Venedig, Dorfen

Werkzeug

Säge
Hammer
Nägel
Pinsel

Material

Stifte
Holz oder Faserplatten als Boden
Leisten, Klötze und Holzabschnitte jeder Form (kostenlos beim Schreiner)
Holzleim
farbiges Papier

Info

Vorschulkinder nageln und hämmern besonders gerne, das Konstruktive, das Häuserbauen ist ein Urbedürfnis des Menschen.
Das Aufeinandertürmen von Klötzen in der frühen Kindheit, bei dem das Destruktive im Umwerfen des Gebauten auch zum Zuge kommt, bildet den Anfang.

Alter **4 6 8** 10 12 14 16 18

Wichtig bei den Sandalen ist, dass die Klötzchen etwa um ihre Höhe eingerückt an die Sohlen befestigt werden ❶. So wird eine runde Bewegung beim Abrollen des Fußes ermöglicht.
Das Lederband muss über den Spann passen ❷. Am besten hilft man sich gegenseitig beim Abmessen.
Mit Tackerklammern wird es angeheftet und mit schönen Polsternägeln gleichzeitig verziert und befestigt ❸.

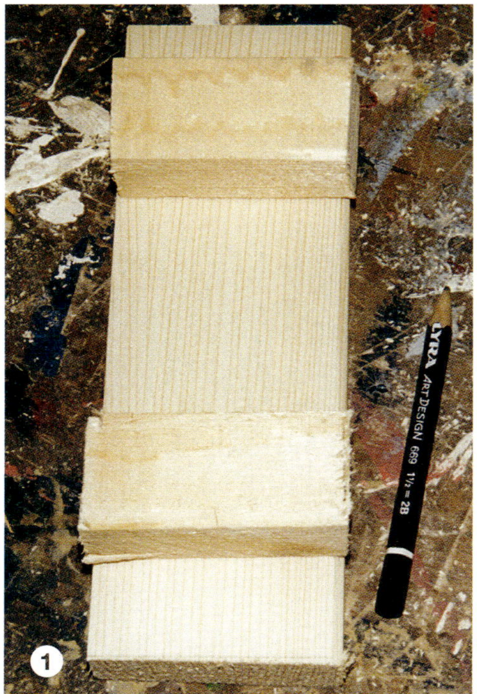

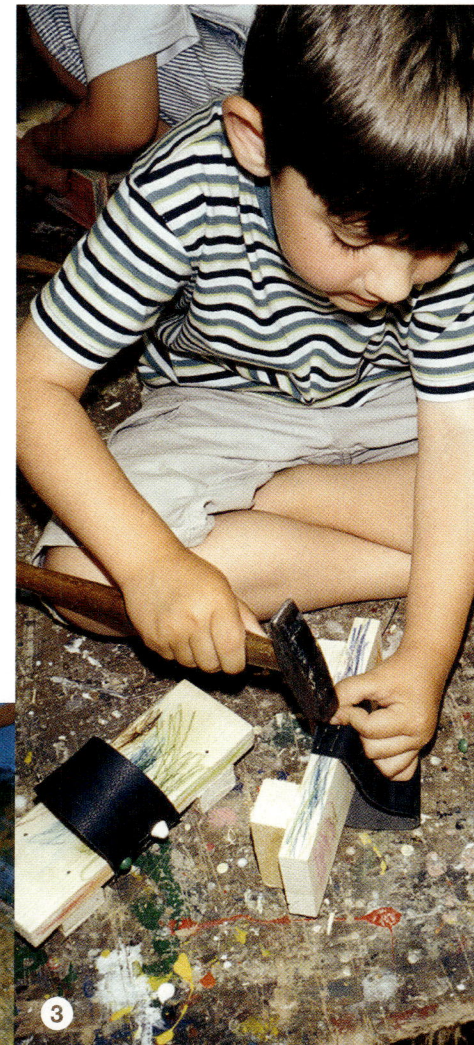

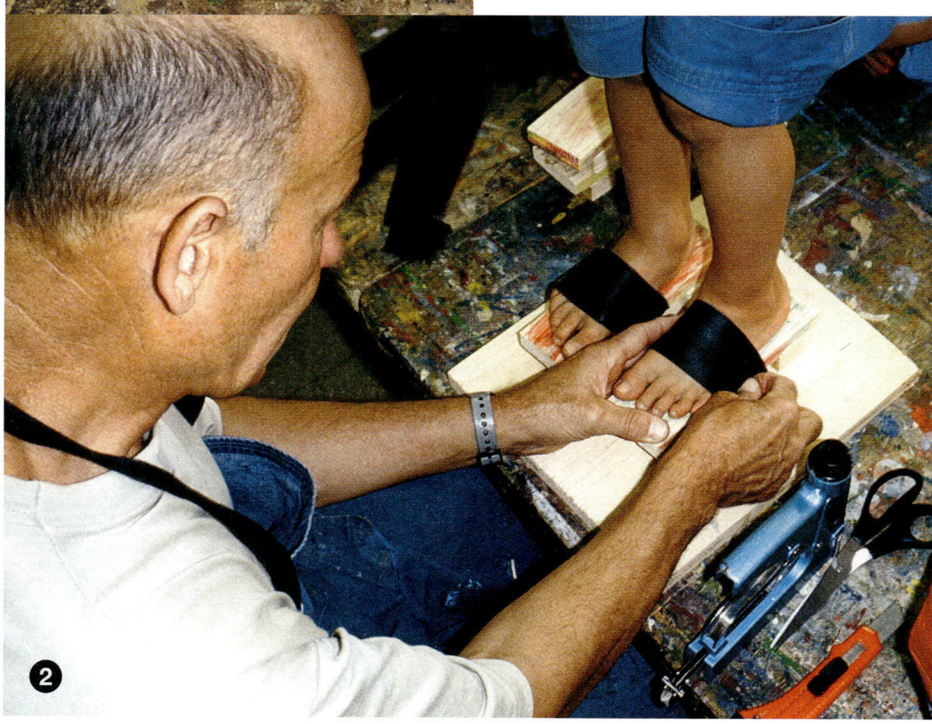

Japanische Holzsandalen

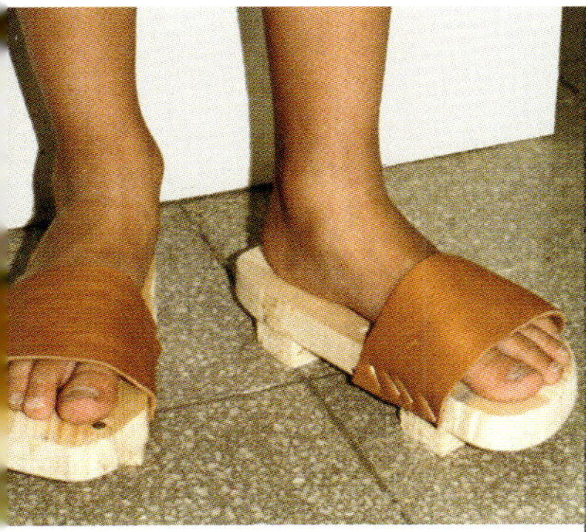
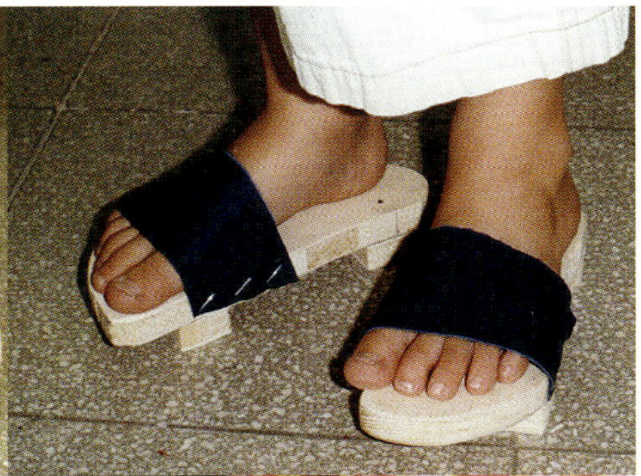
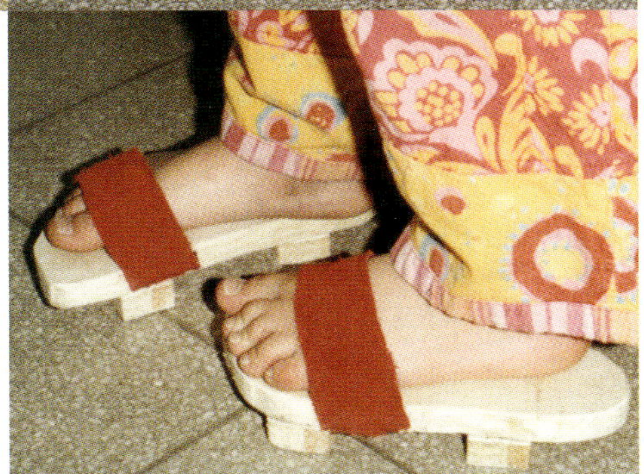
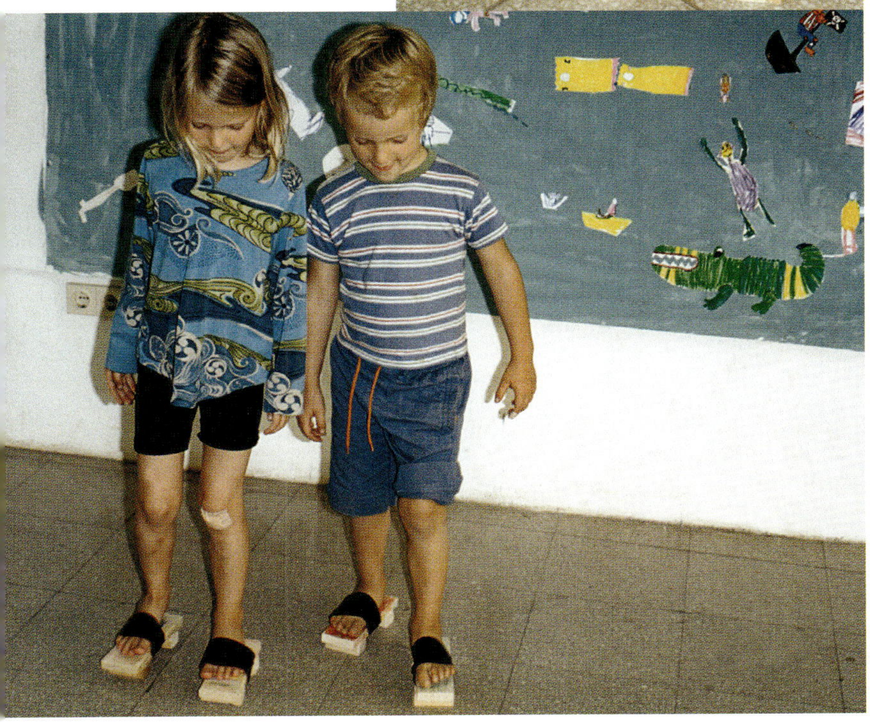

Werkzeug

Säge
Hammer
Tacker
Cutter oder Schere
Schraubstock

Material

Holzbrettchen
Holzleisten oder Holzklötzchen
Leder
Polsternägel

Alter 4 6 8 10 12 14 16 18

Ein schönes, einfaches und schier unerschöpfliches Thema. Die archaische Grundform können auch schon die Kleinsten: Mit zwei schrägen Sägeschnitten den Bug formen, dann die gewünschte Länge festlegen, absägen – fertig ist ein Schiff aus einem Stück Dachlatte ❶! Auf Wunsch kann die Form mit Raspel und Feile noch verfeinert werden. Bei größeren Brettern kann man bei der Herstellung auch mit der Stichsäge helfen, dann wird mit Nägeln die Reling gebaut und mit Bindedraht oder Faden zusätzlich »gesichert« ❷. Aufbauten wie Brücke, Kombüse oder Kajüten werden aus Holzabschnitten ausgewählt und aufgeklebt. Für den Mast ein Dübelholz oder ein passendes Stöckchen in eine Bohrung einpassen, Segel dran (da reicht ein Stück Papier): der Stolz für Schiffsbauer und Kapitäninnen ❸ ❹! Für die einfache Bemalung eignen sich wasserfeste Filzstifte, für richtige Ozeanriesen kann es auch schon mal Dispersionsfarbe sein ❺. Am schönsten ist natürlich der Stapellauf im echten Wasser, nur nicht die Leinen loslassen ❻! Jetzt kommen auch die Varianten Raddampfer (mit einer Bohrung im Aufbau, durch die eine Drahtachse mit zwei Wasserrädern geführt ist), der ein bisschen »Zusatz-Action« bringt ❼, und ein »Rundholzsegler« mit Ausleger zum Einsatz. Bei Wind spürt man durchaus dessen Segelwirkung ❽ und bei Flaute ist er auch für den harten Heimweg robust genug ❾.
Die Wasserräder sind auch einzeln ein Riesenspaß für schmale, fließende Gewässer ❿.
Dazu einfach von Vierkantriegeln oder Dachlatten ein Quadrat absägen, mittig durchbohren und aus starkem Draht eine Achse durchführen (das rutscht besser und scheuert nicht durch!), an deren Enden wir eine Schnur befestigen können, die lang genug ist, um den Bach zu überspannen. Vorher haben wir natürlich die Flügel aus einfachen dünnen Leisten oder Sperrholzstreifen gut festgenagelt und geleimt.
Wer sichergehen will, der kann auch schrauben, die Wasserkraft ist nicht zu unterschätzen!

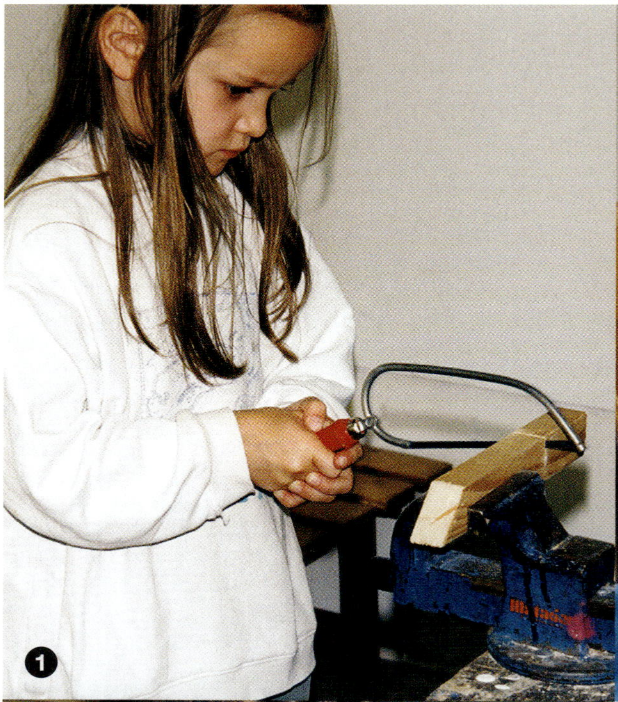
❶

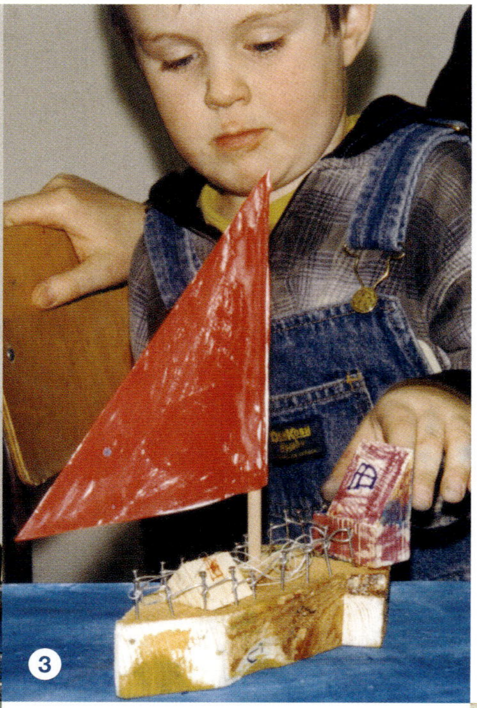
❸

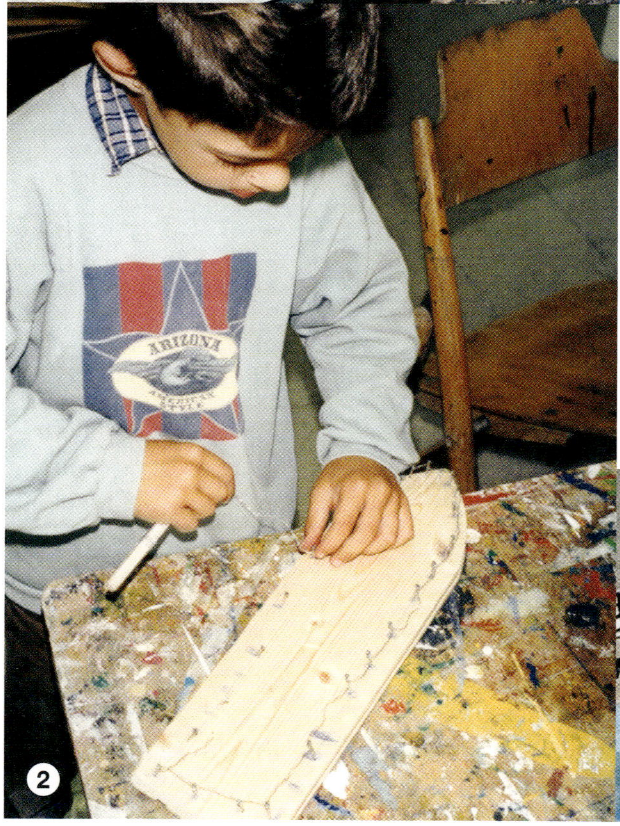
❷

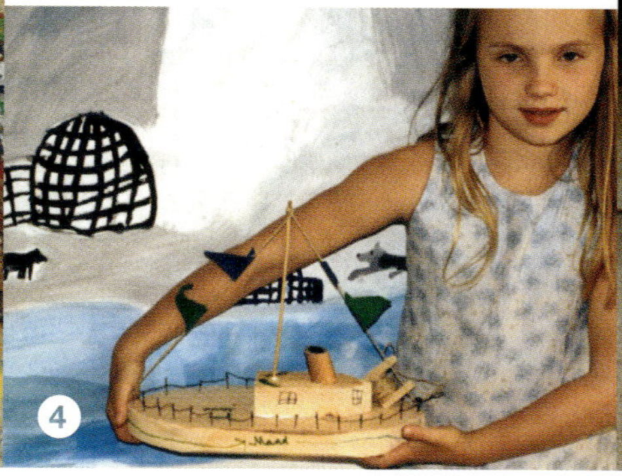
❹

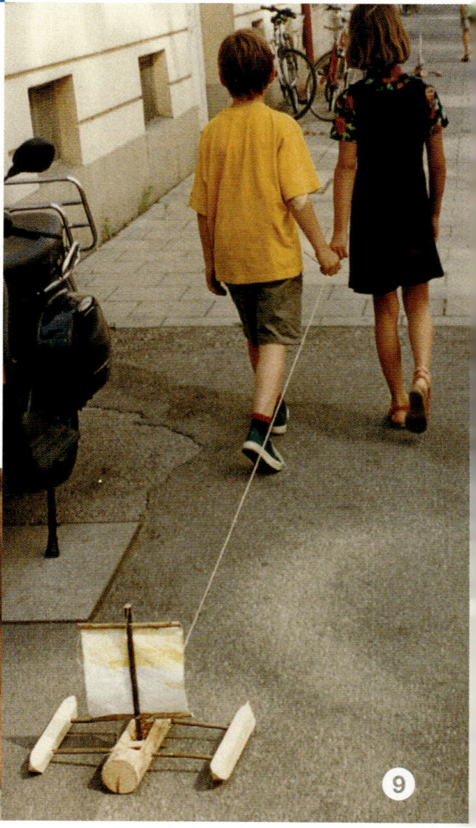
❾

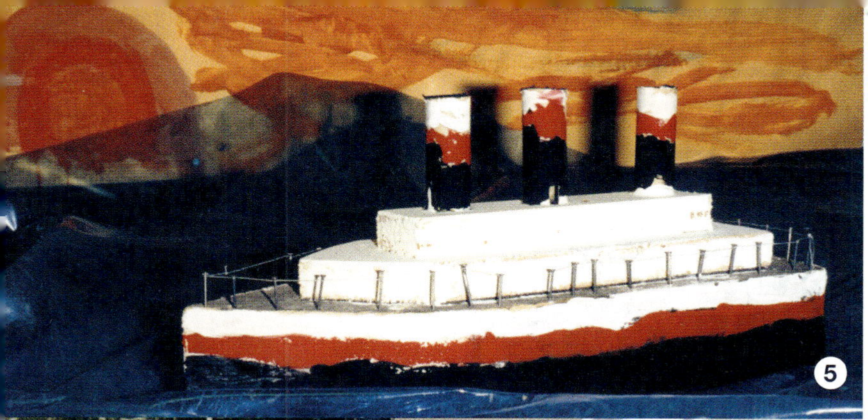

5

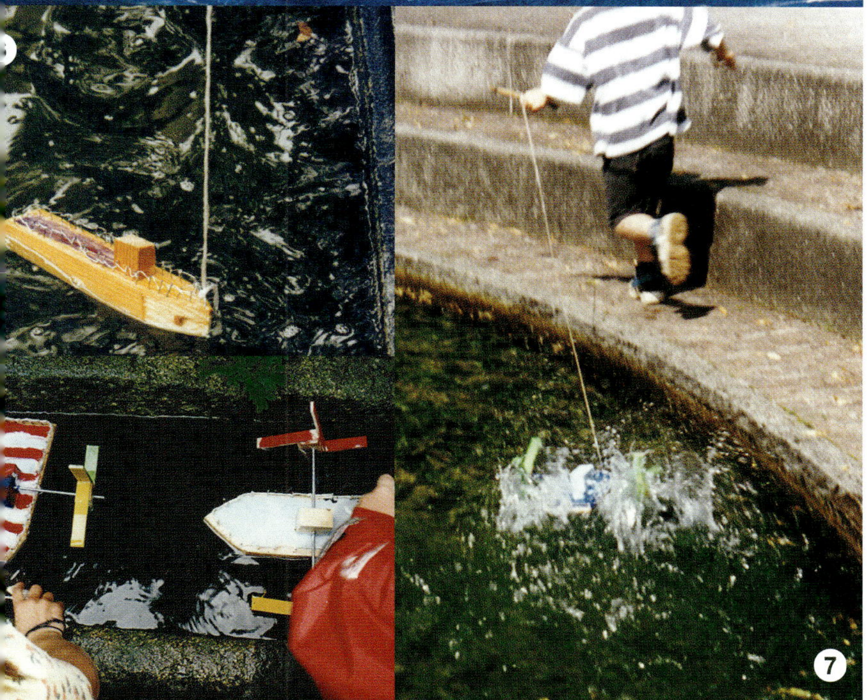

7

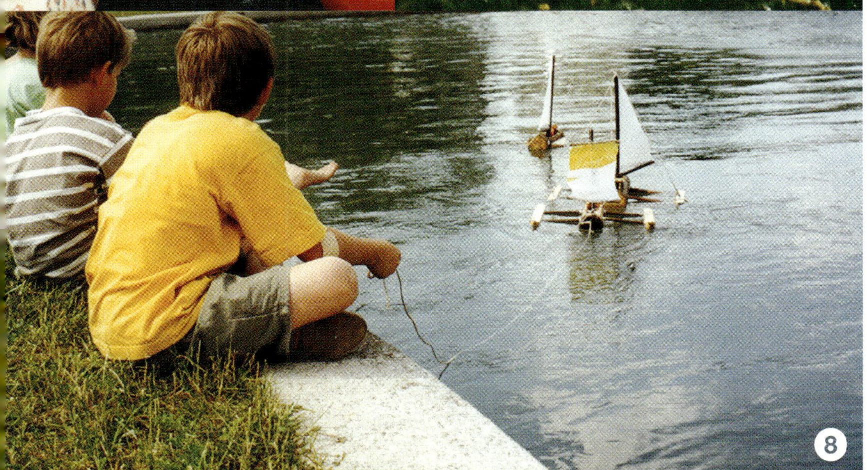

8

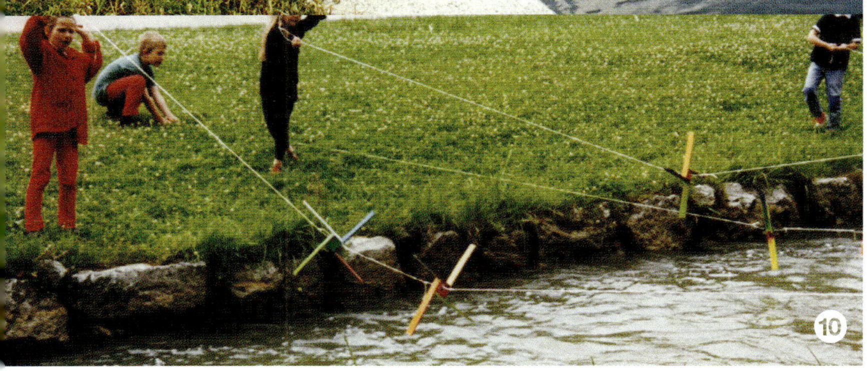

10

Schiffe und Wasserräder

Werkzeug

Hammer
Nägel
Hand- oder Akkubohrer
Zange
Schraubstock

Material

Bindedraht
Schnur
Dübelhölzer oder Stöckchen
wasserfester Holzleim
wasserfeste Filstifte

Info

Pfosten für die Rundholzsegler findet man, wenn Gartenzäune oder Absperrungen erneuert werden.
Die Pfosten dann innen leicht ausstemmen (siehe »Boote ausgehöhlt«, nächste Doppelseite).
Bohrungen für Mast und Ausleger anbringen und alle Teile zusammensetzen. Bei Schiffen, die man auch schwimmen lassen will, sollte man immer wasserfesten Holzleim verwenden.

Alter 4 6 8 10 12 14 16 18

Aus größeren Holzriegeln (mindestens 6 x 6 cm) lassen sich mit dem Stemmeisen etwas raffiniertere Boote erarbeiten. Wie gehabt, die Längen festlegen ❶ und den Bug mit der Säge zuspitzen, dann den Innenraum ausstemmen ❷.
Das muss bei kleineren Kindern gar nicht allzu tief sein, die Aktion mit dem Stemmeisen und Hammer ist schon spannend genug. Mit ein paar Details wie Windschutzscheibe (aus Plastikverpackung geschnitten), Steuerrad (aus Draht, bzw. Kronkorken und Nagel) und Fahne wird jeder zum stolzen Besitzer einer Motoryacht ❸.
Mit den Größeren (14- bis 16-Jährige) haben wir uns an komplizierteren Bootskörpern versucht. Wichtig sind dabei gutes, faserfreies Holz (am besten Linde), gutes und vor allem scharfes Werkzeug (Stemmeisen und Schnitzmesser) und etwas Geduld.
Den Holzriegel wie gehabt vorbereiten und innen aushöhlen, dabei die äußere Begrenzung nach und nach senkrecht einstemmen, damit der von der gegenüberliegenden Seite aus abgehobene Span nicht die Außenwand einreißt ❹.
Außen haben wir uns genauso sorgfältig an die jeweilige Bootsform angenähert ❺, um dann dem Ganzen mit Raspel und Feile noch den nötigen Feinschliff zu verleihen ❻. Nachdem Masten und Bäume angebracht sind, werden die Segel zugeschnitten ❼, genäht ❽ und gesetzt ❾.

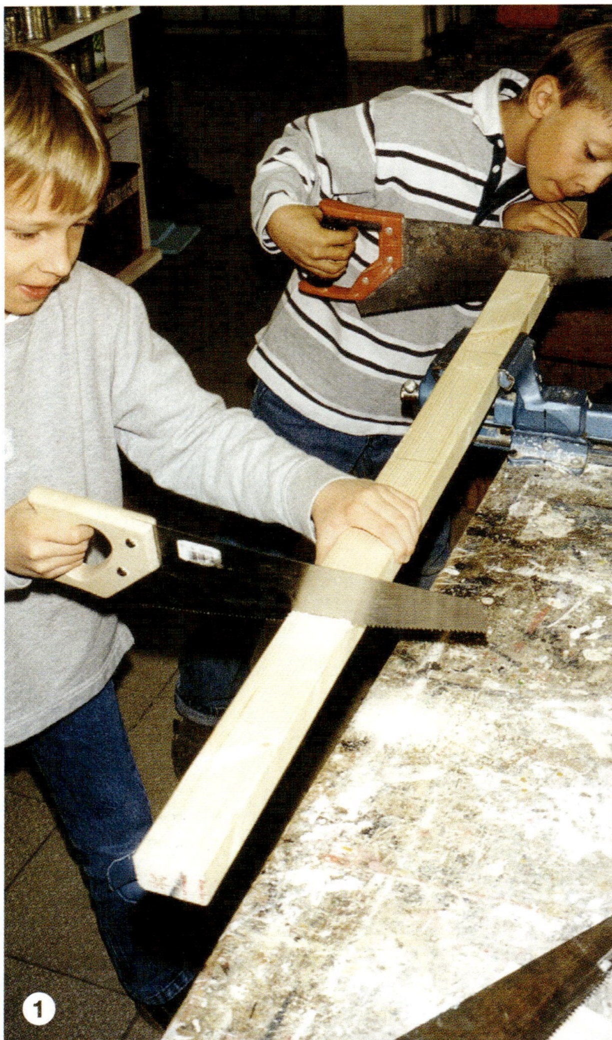
1

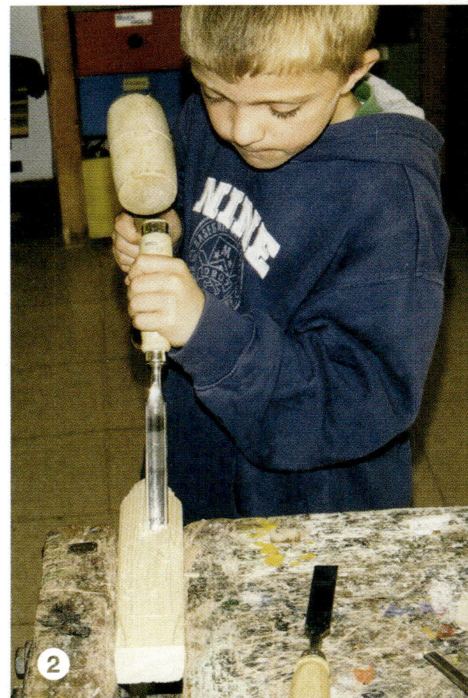
2

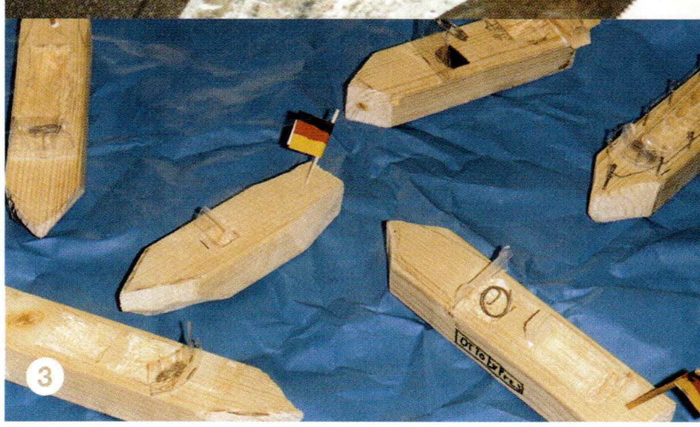
3

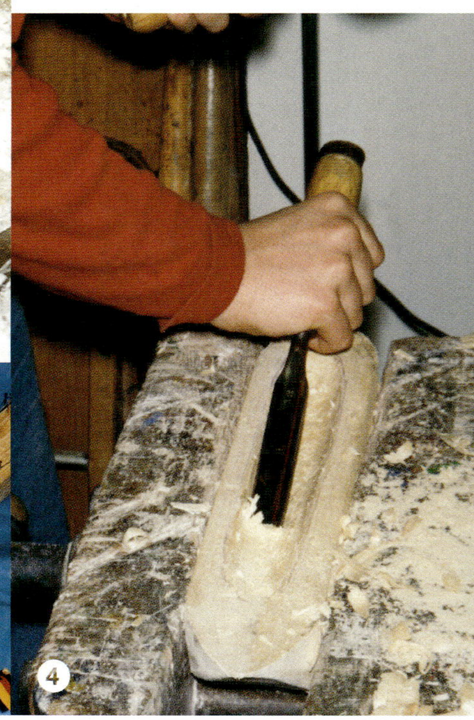
4

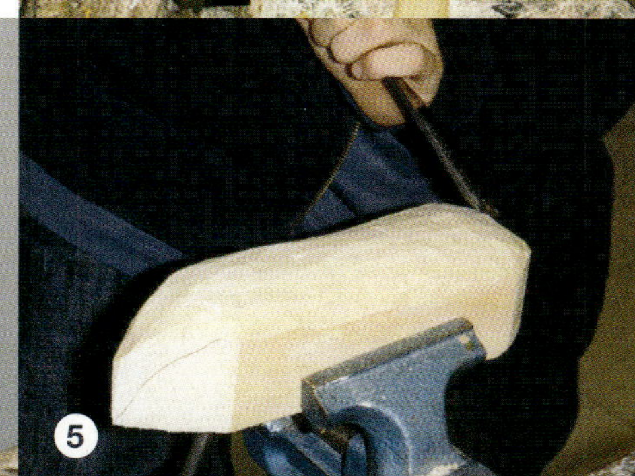
5

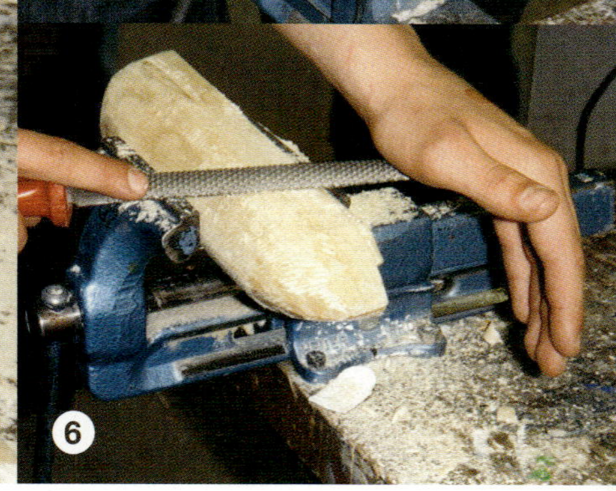
6

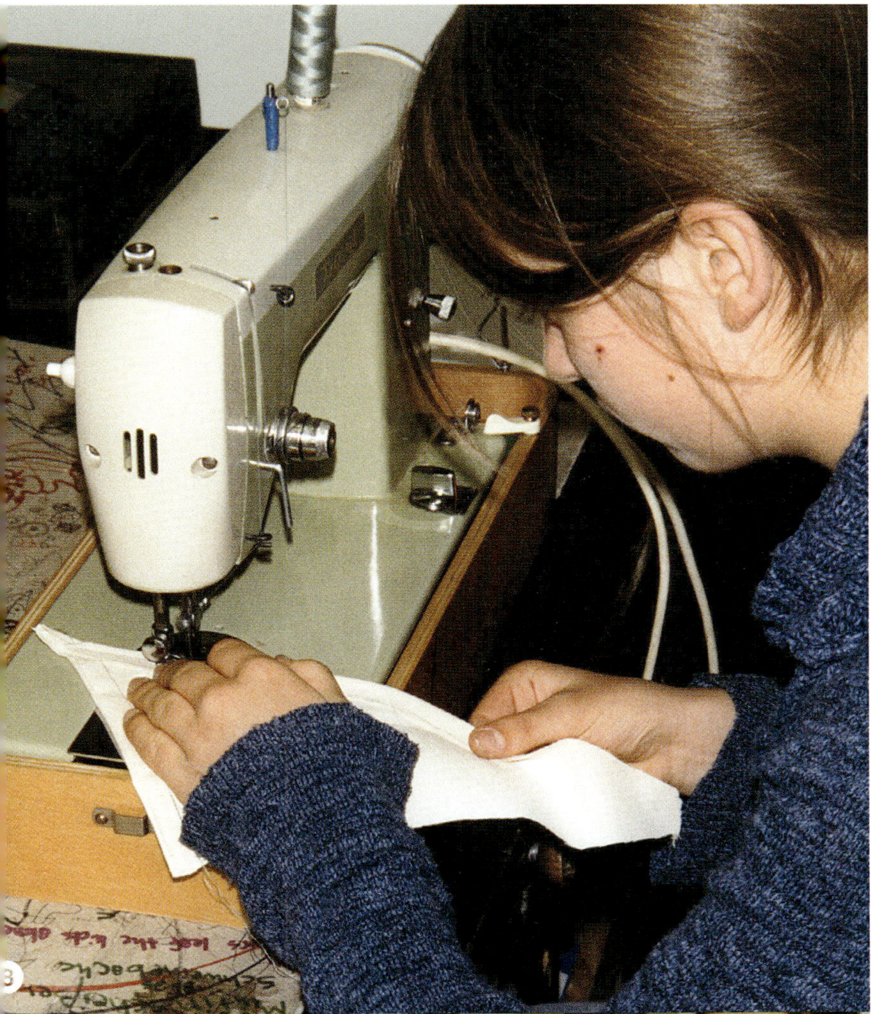

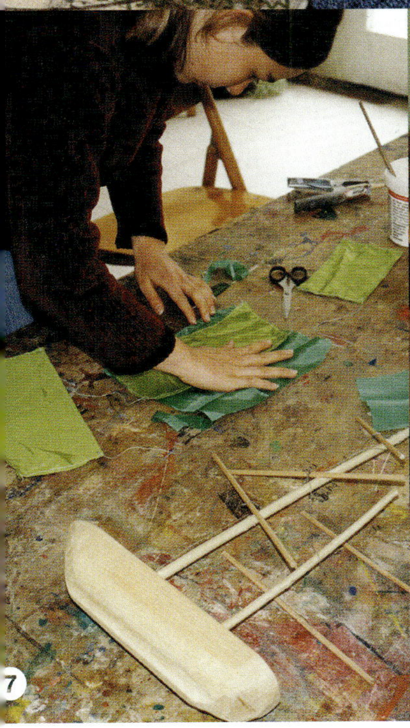

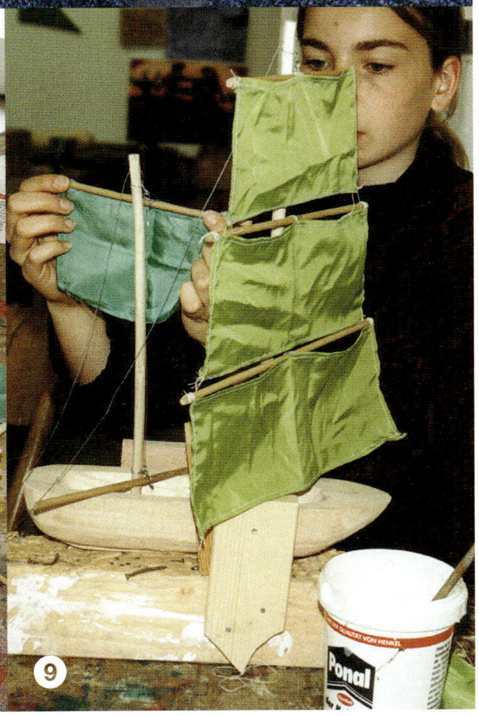

Boote ausgehöhlt

Werkzeug

Stemmeisen
Schnitzmesser
eventuell Hobel
Nähmaschine
Schraubstock

Material

Lindenholz
Stoff für die Segel
Draht
Dübelhölzer, Stöckchen

Info

Die Segelyachten sind bei zu hoher Takelage nur mit zusätzlichem Kiel und/oder Beschwerung schwimmfähig, aber mit Standhalterung auch einfach als Modellschiff ein Blickfang.

Alter 4 6 **8 10 12 14** 16 18

Schon die ganz Kleinen können sich ihre eigene Puppe bauen. Ein schmales Brett bildet Kopf und Körper, die Arme und Beine aus Leistenabschnitten werden vorn angenagelt ❶. Mit nur einem Nagel bleiben die Arme beweglich. Nur mit Stiften bemalt oder zusätzlich mit Stoff, Nägeln, Ziernägeln, Borte, Wolle, Knöpfen, Bast, Filz, Draht, buntem Klebeband kostümiert, entsteht ein Schatz an Ausdrucksformen und Charakterisierungen.

Einfachere Varianten, mit denen man Theater spielen oder die Puppe anderen von sich erzählen lassen kann, sind Stockpuppen ❸ und Holzkreuzpuppen ❷. Bei Letzteren werden zwei über Kreuz genagelte Äste oder Leistenabschnitte beklebt und umwickelt. Die Figuren, Tiere oder auch Gegenstände (als Requisiten) aus Holz oder festem Papier werden bemalt oder auch beklebt und mit starkem Klebeband oder von vorn mit kleinen Nägeln an Stöcken befestigt. Etwas anspruchsvoller ist es, wenn man ein Glied beweglich gestalten will: Der Arm oder das Bein wird extra gezeichnet und um ein Stück länger ausgeschnitten. Denn um dieses längere Stück überlappen sich Figur und Körperteil. Als Gelenk eignen sich Briefklammern, die durch Löcher gesteckt beide Teile verbinden. An das bewegliche Teil klebt man ein leichteres (Schaschlik)-Stäbchen, das man – hinter dem Vorhang versteckt – mit der freien Hand führen kann.

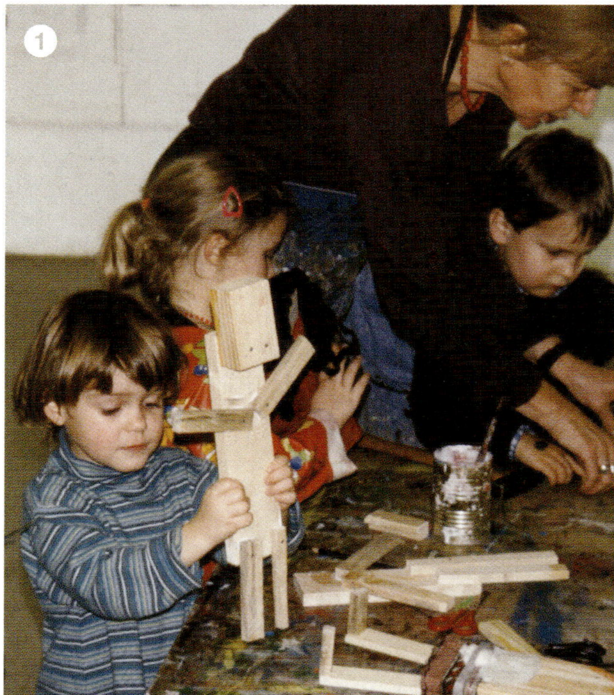
1

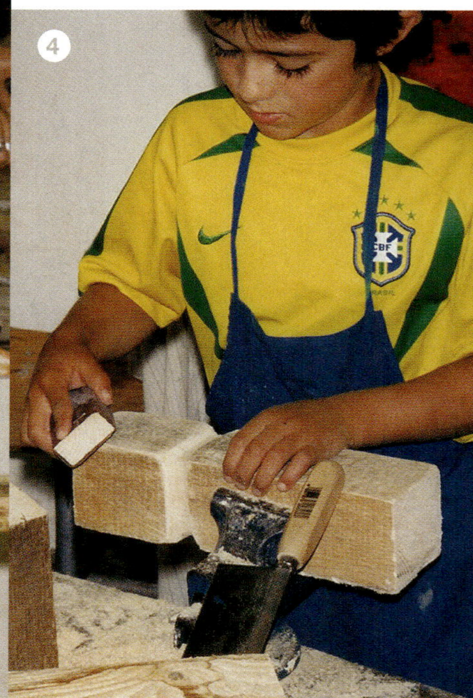
4

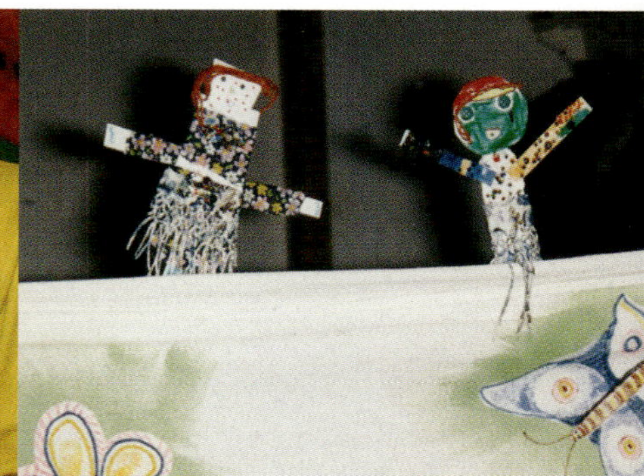

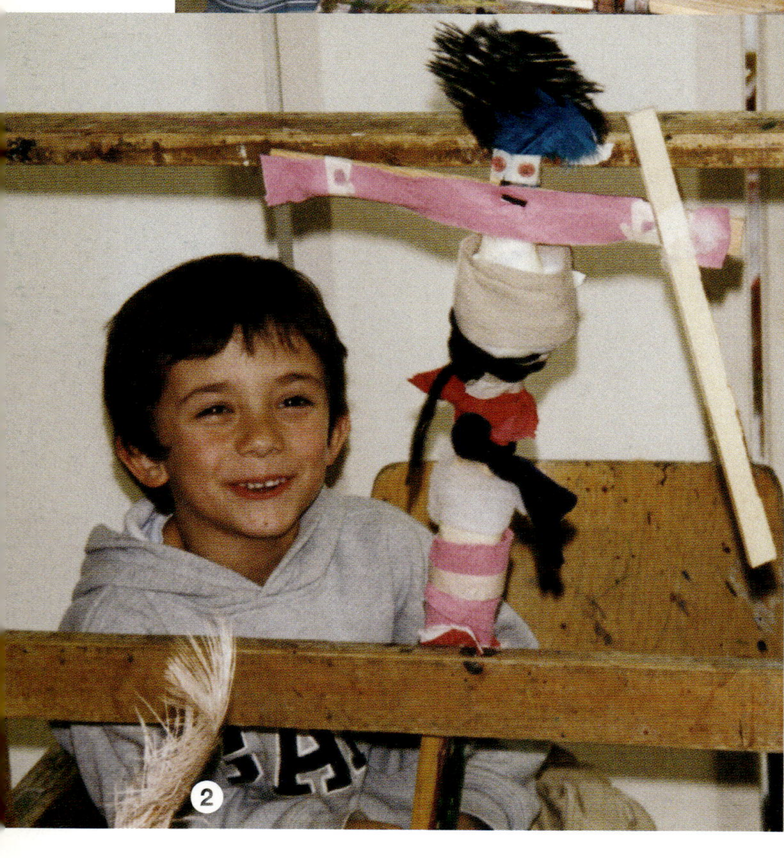
2

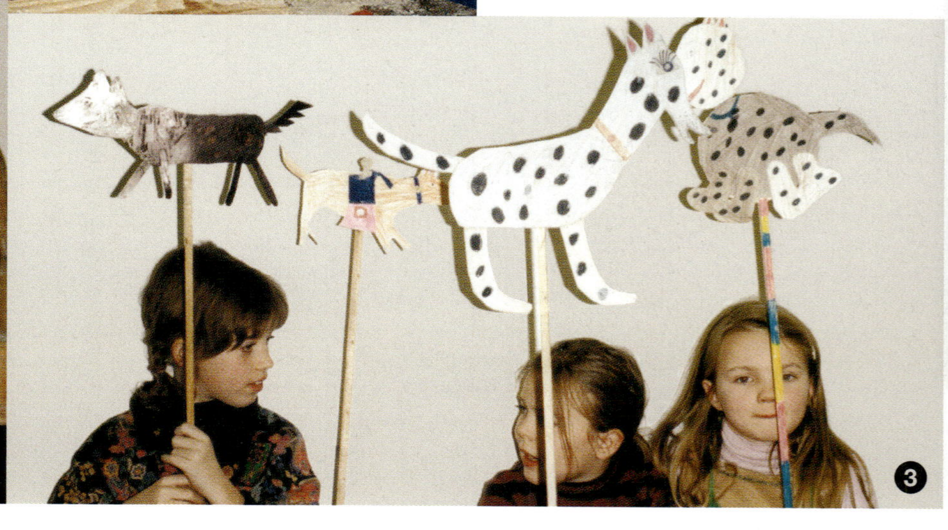
3

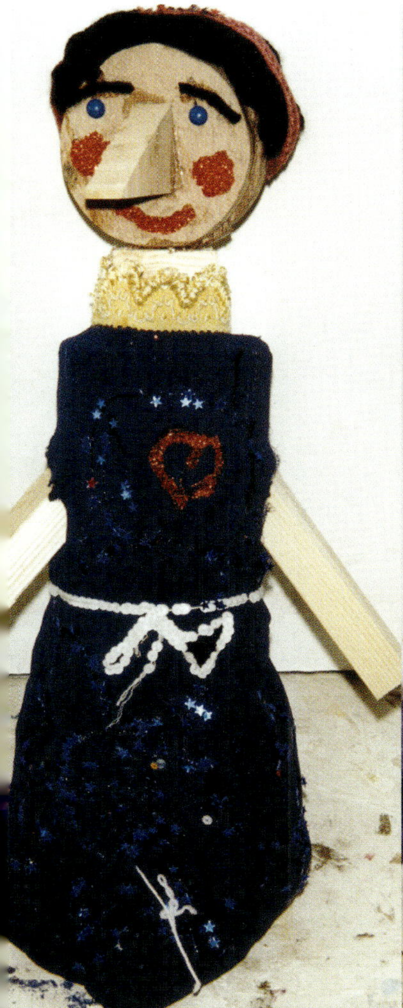

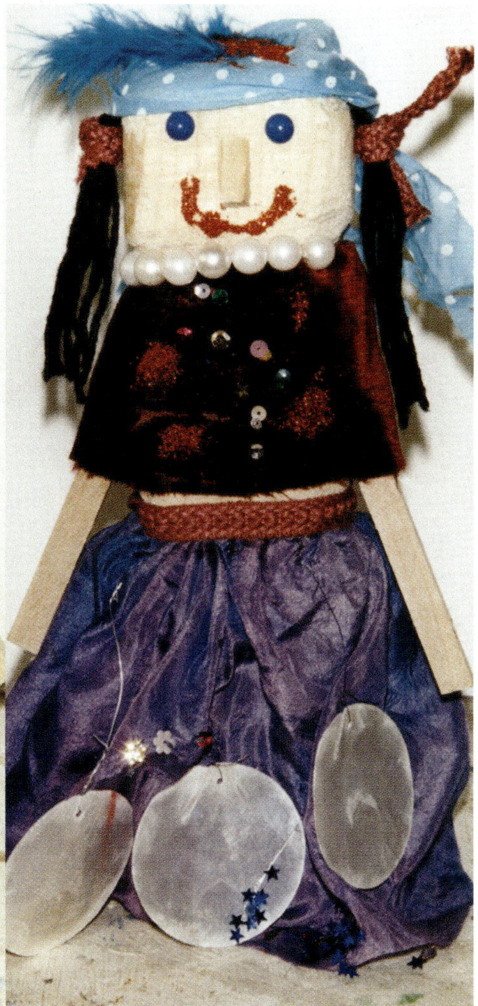

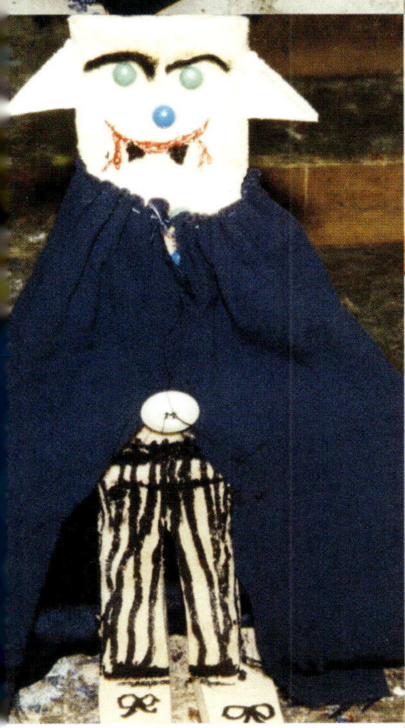

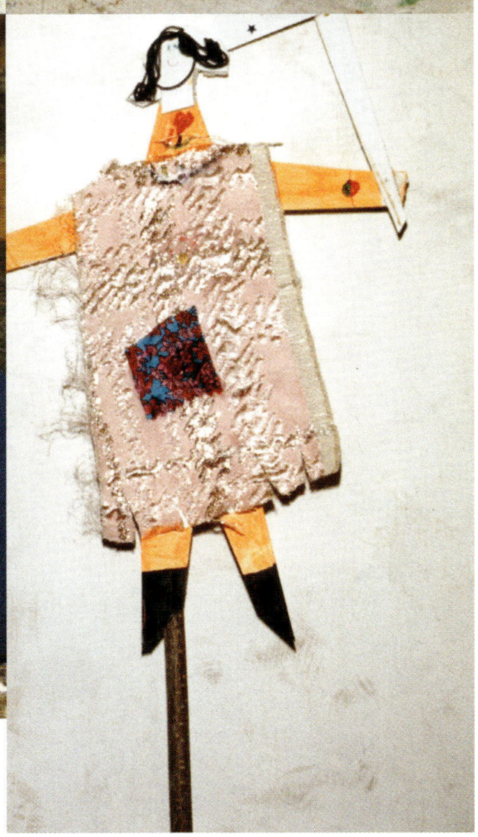

Holz- und Stockpuppen

Werkzeug

Hammer
Sägen
Leim
Schraubstock

Material

Holzleisten und -klötzchen
Nägel, Polsternägel
Draht
Stoffreste, Filz, Borte, Wolle, Knöpfe
Zeichenkarton
Farbstifte
Stöcke, Schaschlikstäbchen
Klebeband, Tesafilm
Briefklammern
zum Theaterspielen ein großes Tuch

Info

Eine Variante können auch Kegel sein, die sich aus stärkeren Vierkanthölzern machen lassen.
Kinder ab etwa acht Jahren können mit Stemmeisen und Beitel oder Raspel einen Kopf absetzen ❹.
Im Raum oder unter einem Baum kann die Kugel für das Spiel auch in einem Sack an ein Seil gebunden sein.

Alter 4 6 8 10 12 14 16 18

Zuerst werden zwei lange und zwei kurze Stuhlbeine von der Leiste abgesägt, die langen von hinten an die Sitzfläche geleimt und angenagelt. Bei den vorderen Stuhlbeinen erst die beiden Nägel in die Sitzfläche schlagen, dann die Beine leimen, darunter stellen (besser noch in den Schraubstock einspannen!) und durchnageln. Auch die Stuhllehne muss noch befestigt werden ❶ ❷.
Wenn nach dem Anmalen die wasserfeste Farbe getrocknet ist ❸, kann der Möbelstoff ausgewählt werden, und mit etwas Watte unterlegt wird die Polsterung schön weich ❹ ❺.
Mit den kurzen Nägeln oder den Ziernägeln wird der Sitzüberzug festgenagelt ❻ ❼.
Stolz präsentieren die kleinen Designer ihre Werke ❽.

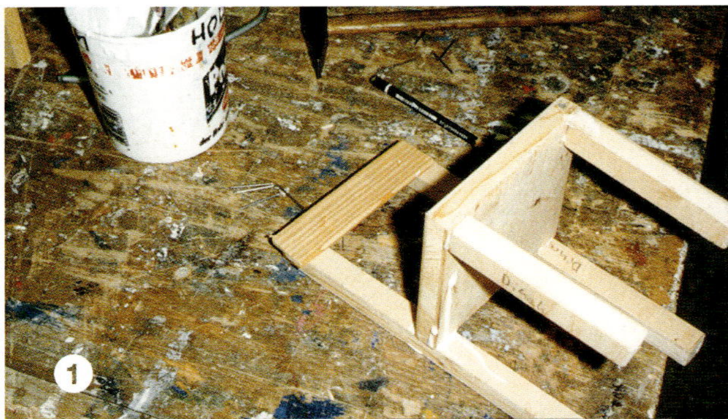

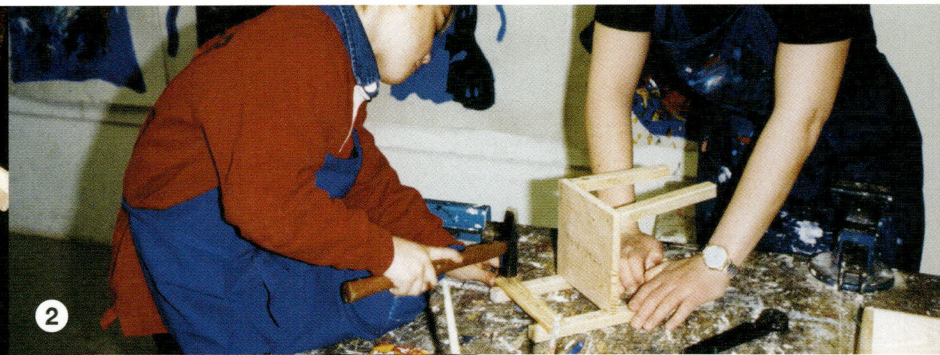

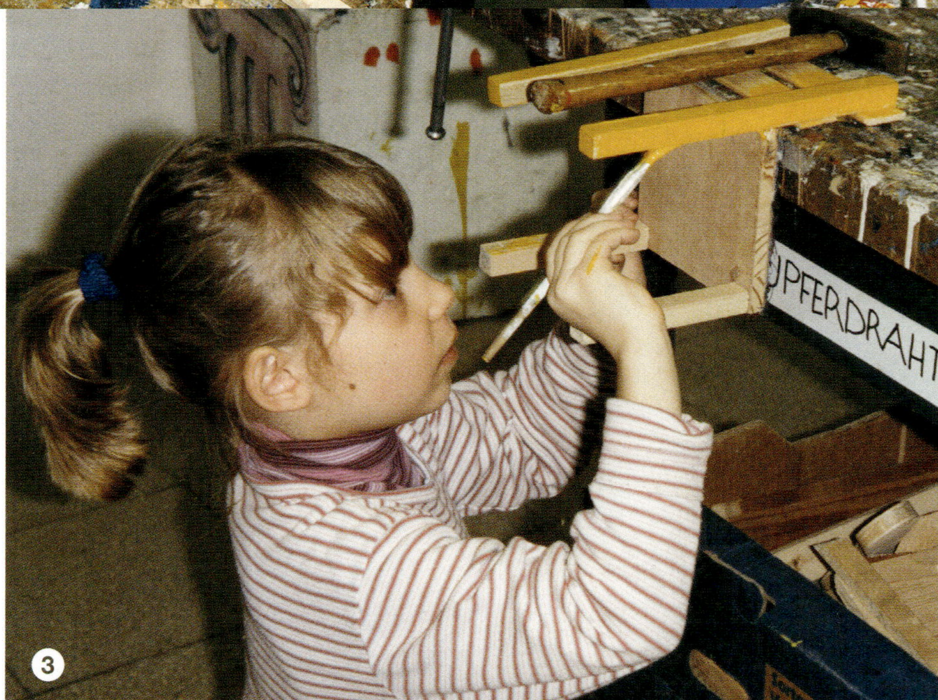

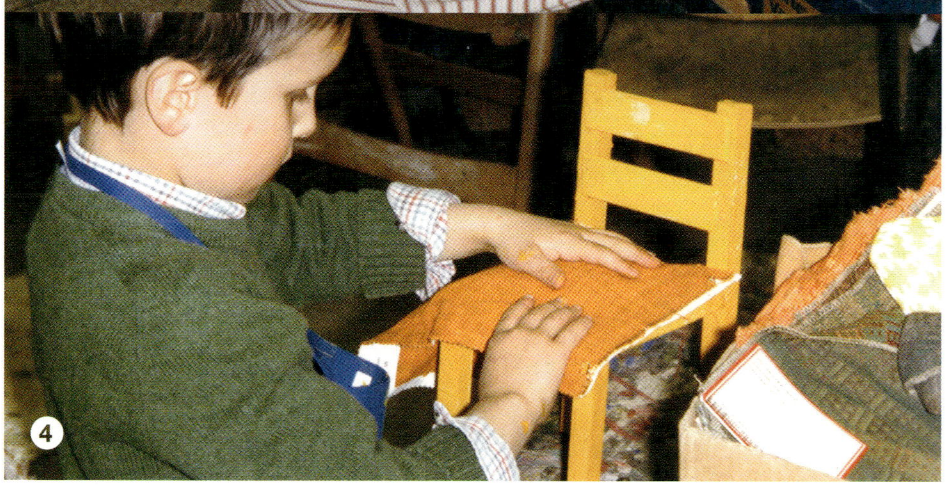

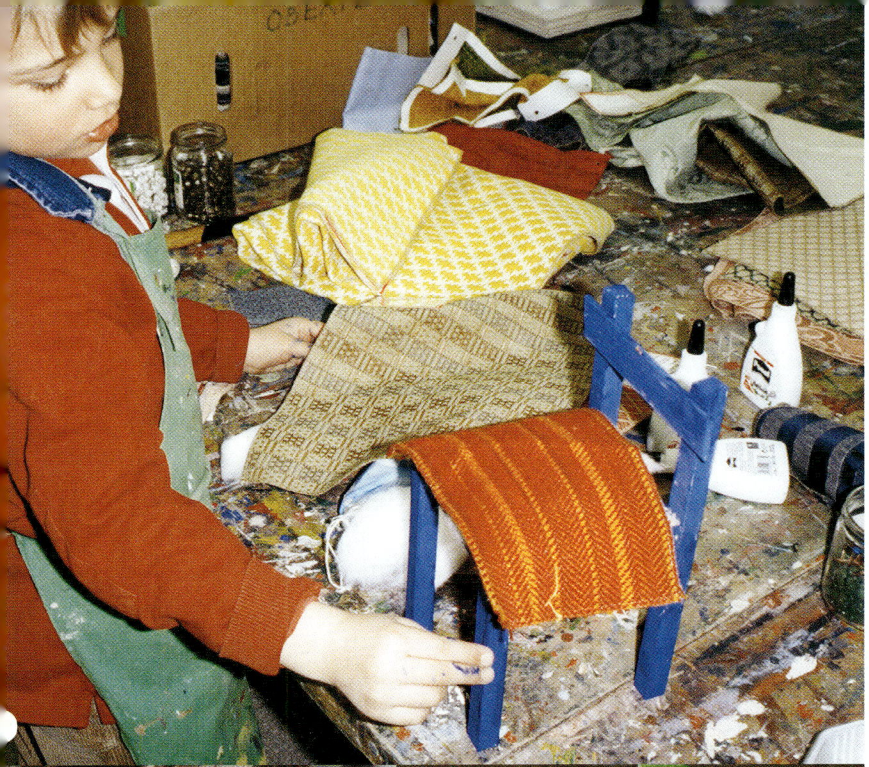

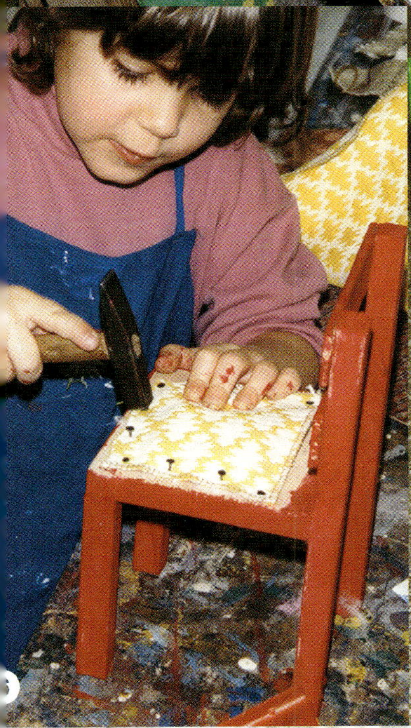

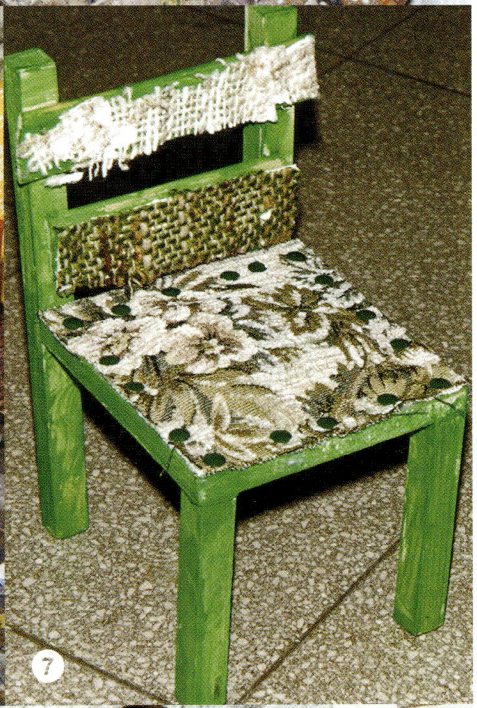

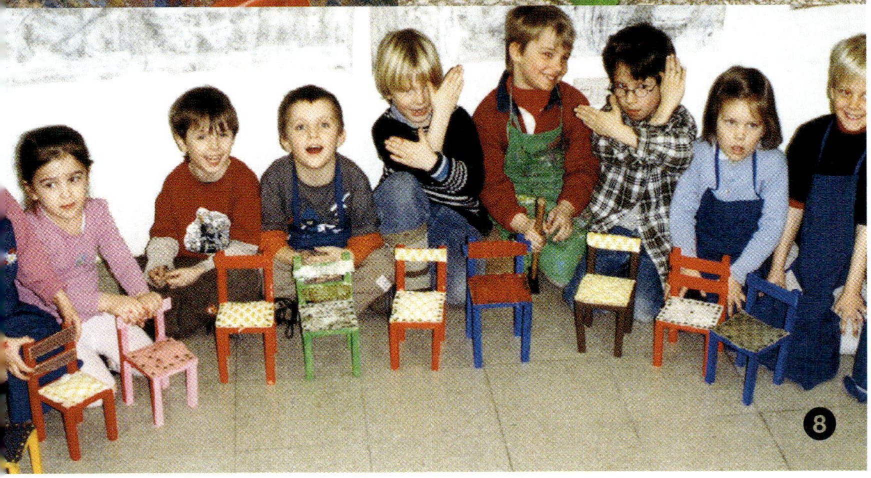

Stühlchen

Werkzeug

Säge
Hammer
Schraubstock

Material

Brettchen, ca. 15 x 15 cm
Vierkantleisten, ca. 2 x 2 cm dick
Nägel
kurze Nägel mit breitem Kopf oder Ziernägel
Holzleim
Dispersionsfarbe
Watte zum Polstern
Reste von Möbelstoffen (bekommt man beim Tapezierer umsonst) oder Reste von festen Stoffen

Info

Natürlich kann man diese Stühle mit dem gleichen Aufwand auch größer bauen, um richtig drauf sitzen zu können (siehe »Sitzbilder«, S. 158 f.), im Vorschulalter bauen die Kinder aber gerne Möbelstücke für den Bären oder die Puppe. Die Kinder fühlen sich fürsorglich und souverän, das Herstellen ist handlicher und das etwas Kleinere macht ästhetisch gesehen die Spannung aus.

Alter 4 6 8 10 12 14 16 18

Um elementares Werken zu vermitteln, ist es immer gut, wenn das entstehende Werkstück zugleich ein Gebrauchsgegenstand wird. Das Reco-Reco ist ein brasilianisches Rhythmusinstrument und kann wunderbar im gemeinsamen Spiel oder Konzert eingesetzt werden. Um das Reco-Reco herzustellen, brauchen wir Hartholzrundstäbe von ca. 35 Zentimeter Länge und mit 2,5 Zentimeter Durchmesser. In diese Rundstäbe werden in gleichmäßigem Abstand Kerben eingeraspelt ❶, wobei eine Handbreit des Holzes als Griff frei bleibt. Ist der Rundstab eingekerbt, so kann dieser bemalt werden. In unserem Falle haben wir Filzschreiber verwendet, um die Trocknungszeit der Farbe zu vermeiden. Diese Grundform des Reco-Reco kann erweitert werden, indem Blechdosen als Schallkörper an die Spitze genagelt werden ❷. Dies verstärkt je nach Größe und Form der Dosen die Lautstärke und den Klang der Instrumente.
Das Musizieren mit den fertigen Reco-Recos macht am meisten Spaß, wenn der Rhythmus in Bewegung umgesetzt wird. Mit einem Reco-Reco-Gesang marschieren wir um den Häuserblock ❸.
Das Reco-Reco wird mit einem Buchendübelholz gerieben, das acht Millimeter stark und ca. 25 Zentimeter lang ist.
Unser Reco-Reco kann natürlich auch in eine mit unterschiedlichsten Instrumenten besetzte Rhythmusgruppe integriert werden.

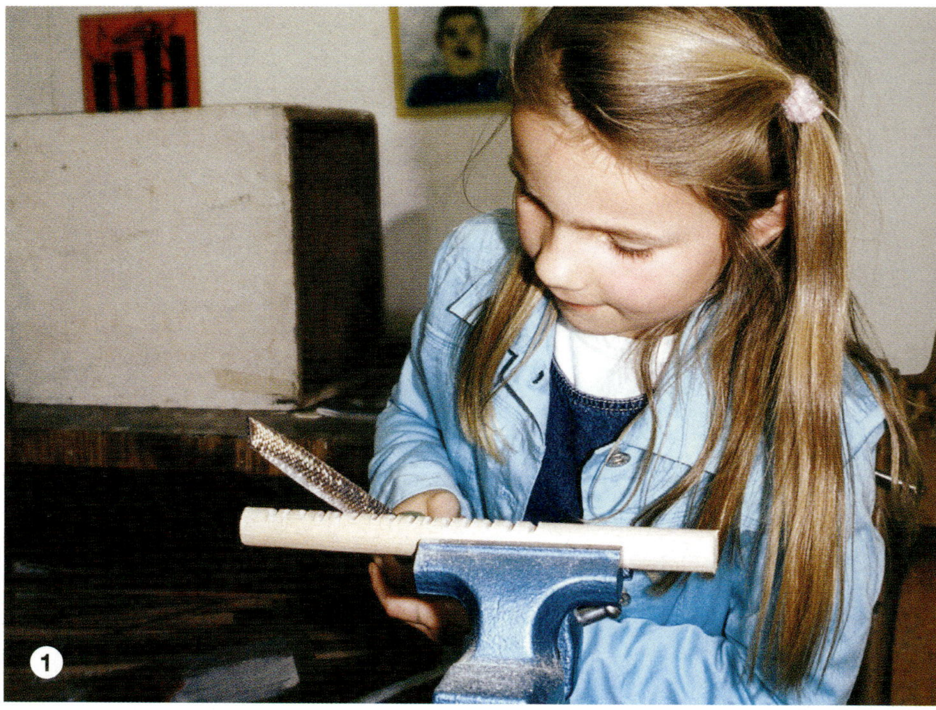
1

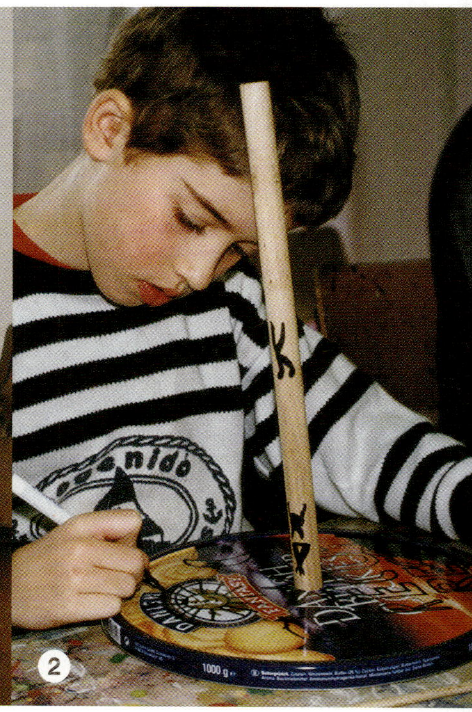
2

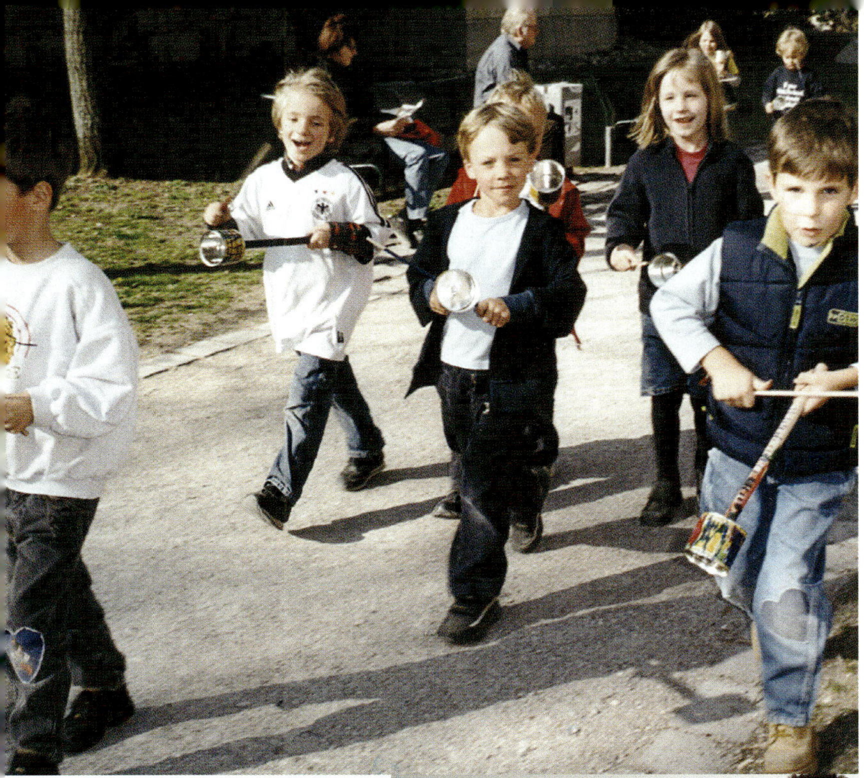

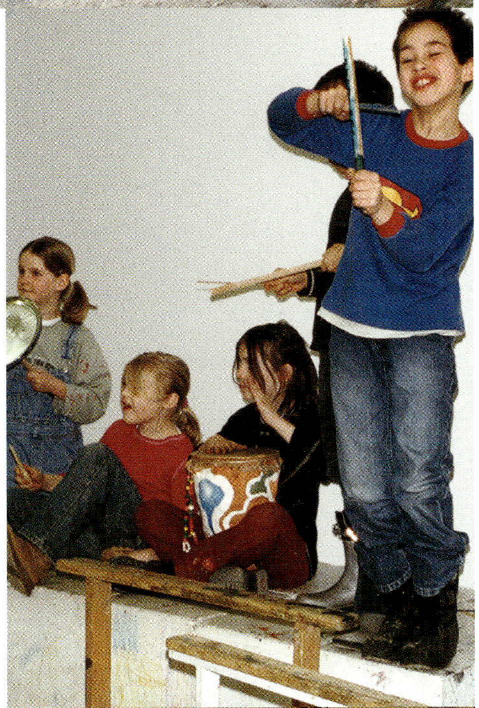

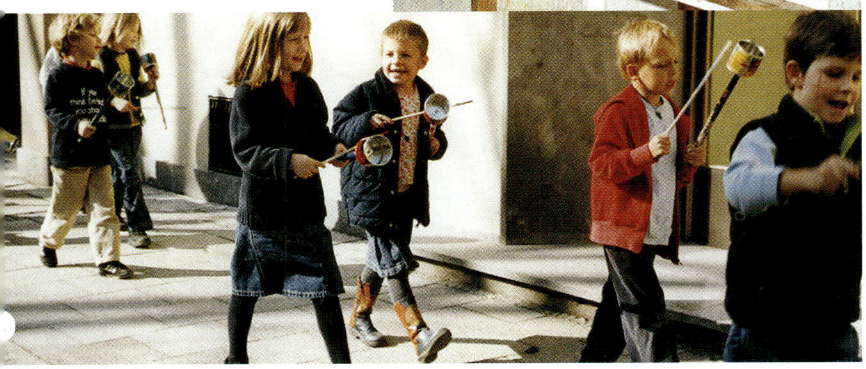

Reco-Reco

Werkzeug

Säge
Raspel
Hammer
Schraubstock

Material

Hartholzrundstab, 2,5 cm Durchmesser
Buchendübelstange, 0,8 cm Durchmesser
Filzstifte
Blechdosen
Nägel

Info

Anhand dieser Werkarbeit können das Werkzeug Raspel und die Arbeitstechnik kennen gelernt werden: zu sehen, in welche Richtung ist der Hau, die Zahnung der Raspel, eingeschlagen, wie kann die Werkzeugform rund, halbrund, flach, hochkant für das jeweilige Ergebnis eingesetzt werden.
Das Werkstück einspannen, die Bewegungshand fasst den Griff der Raspel, die Führhand locker mit dem Handballen an der Spitze aufgelegt, wird mit leichtem Druck nur in der Vorwärtsbewegung geraspelt.

Alter 4 6 8 10 12 14 16 18

Dieses Holzthema macht die Kinder mit der ursprünglichen Beschaffenheit des Holzes vertraut. Das Holz ist in dieser Form als Stamm mit Rinde und Ästen erfahrbar. Es eignen sich am besten Haselnusstriebe, die noch im Saft stehen und im Frühjahr geschnitten werden. Die ca. 50 Zentimeter langen und drei bis vier Zentimeter starken Stangenstücke werden mit Schnitzmesser angespitzt, wobei immer von der Haltehand weg gearbeitet wird und die Kinder in entsprechendem Abstand voneinander arbeiten, um der Verletzungsgefahr vorzubeugen ❶. Die Rindenschnitzerei wird mit breitem Filzschreiber auf die Rinde gezeichnet, wobei das Augenmerk auf den Positiv-Negativ-Effekt von Hell und Dunkel gelenkt wird ❸. Der Komplexität des Musters sind hier nur durch die Haftung der Rindenreste am Stamm Grenzen gesetzt ❻. Die Vorzeichnung wird mit dem Schnitzmesser senkrecht durch die Rindenschicht bis zum Holz eingeschnitten und die zu entfernenden Teile werden mit der Messerspitze abgehoben ❷.

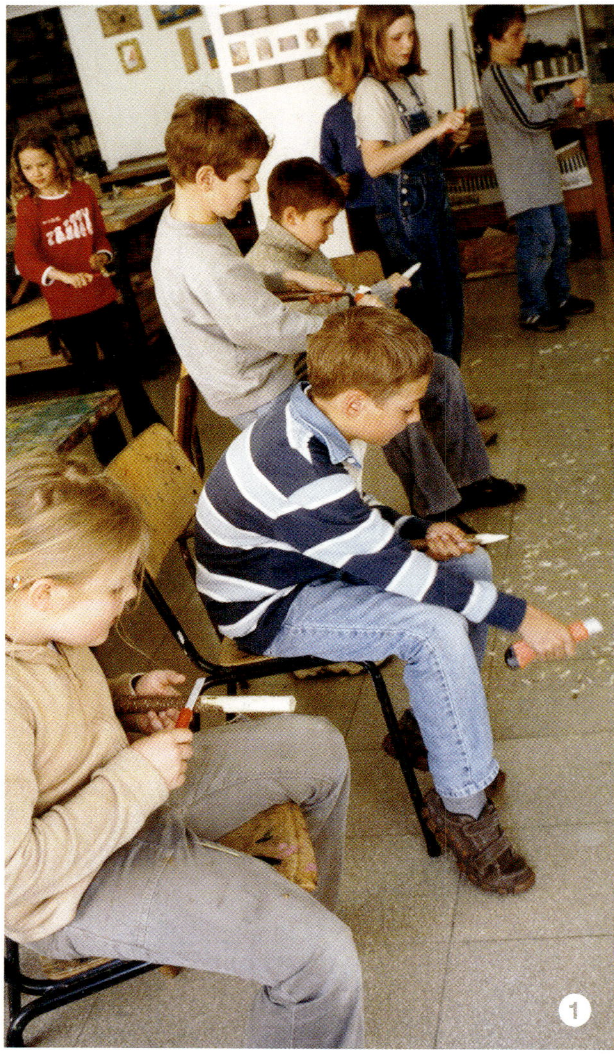

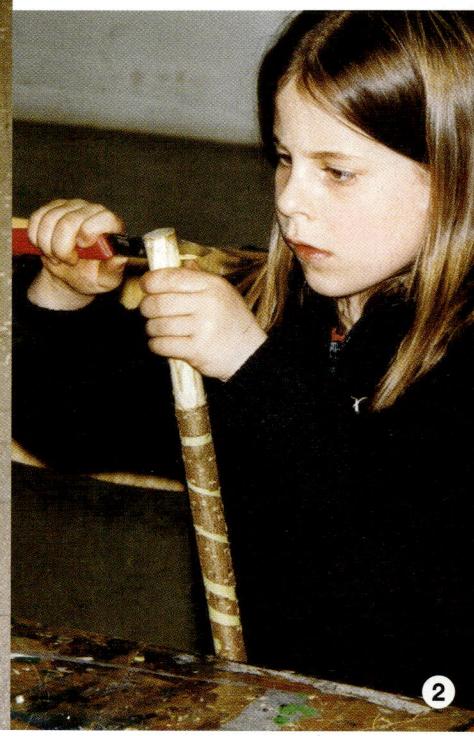

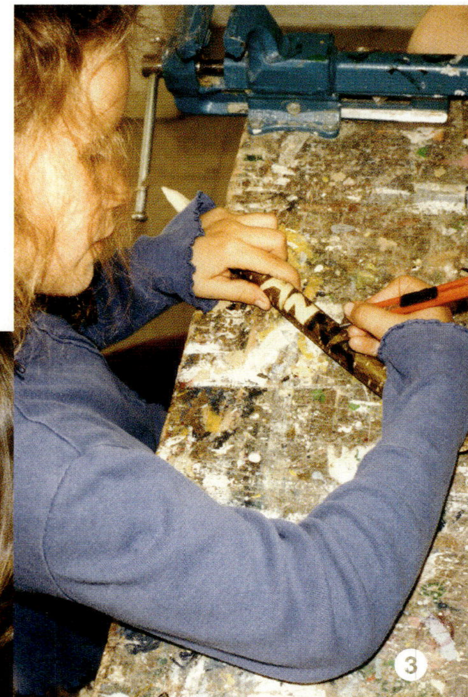

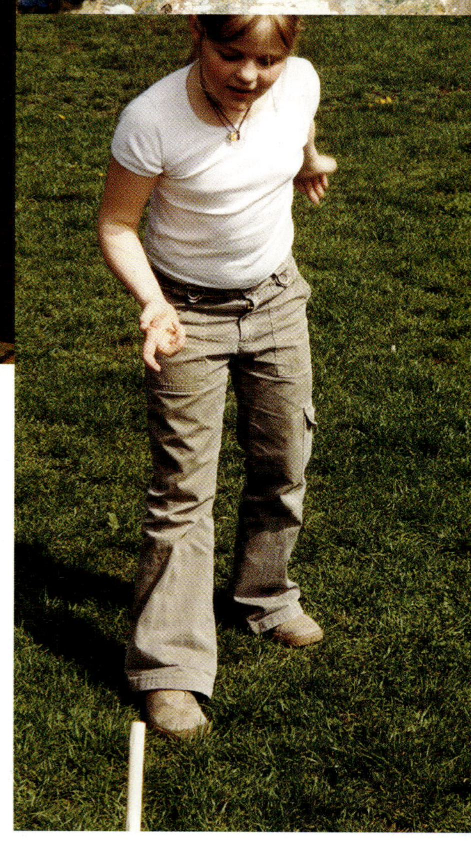

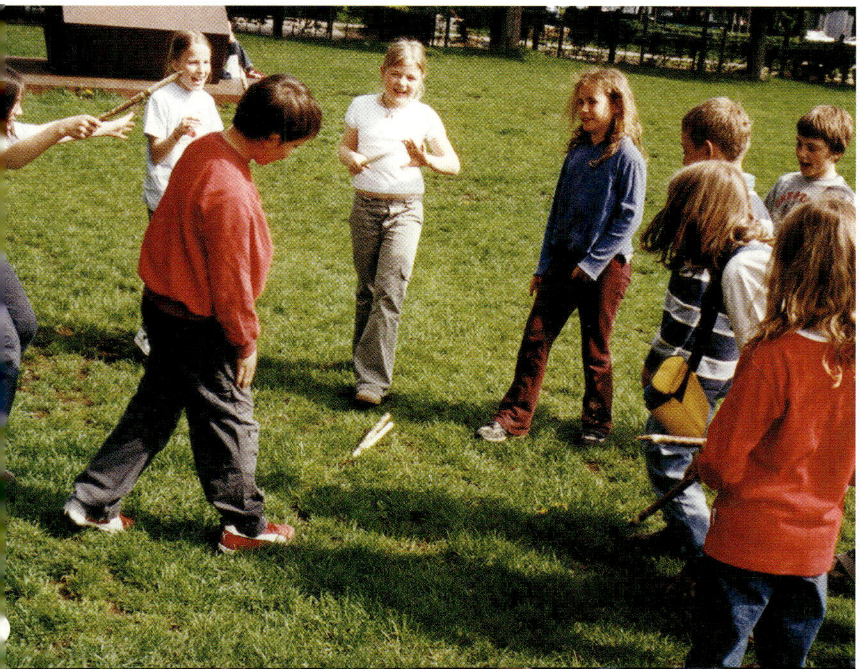

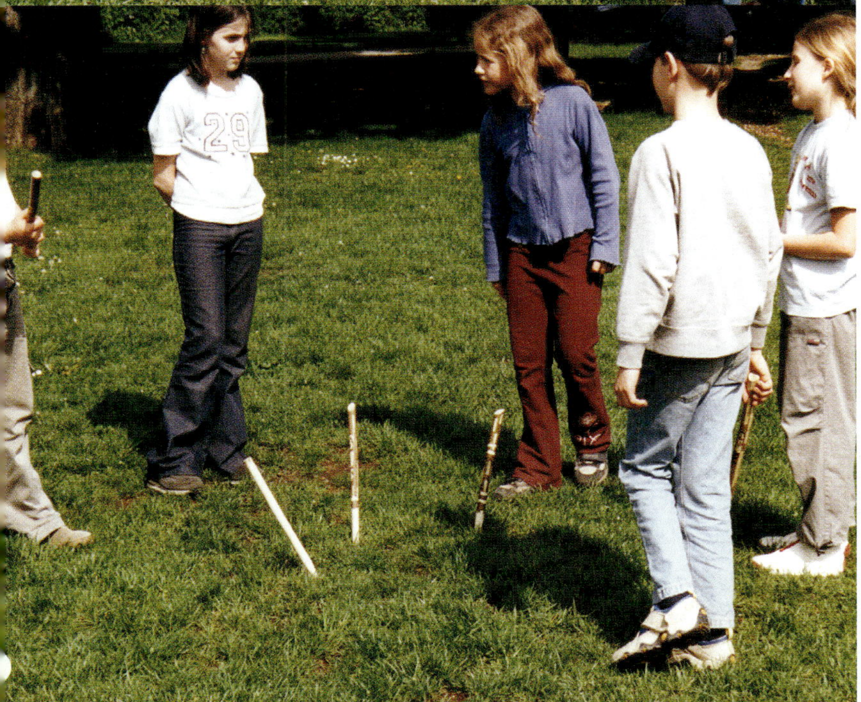

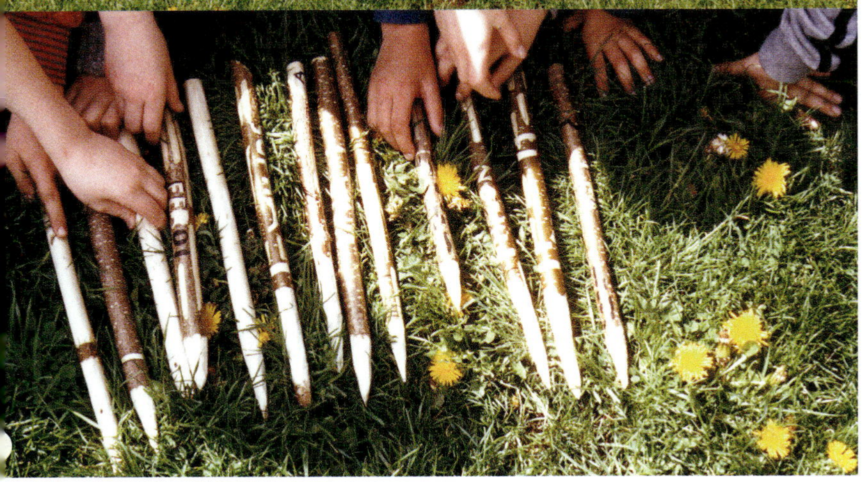

Rindenschnitzen, Pflöckeln (Spiel mit Holzstäben)

Werkzeug

Säge
Schnitzmesser
Papiermesser

Material

Haselnussstöcke
Filzstifte
Bleistift

Info

Die Stäbe können einfach Zierstäbe sein oder auch für ein Spiel verwendet werden, das »Pflöckeln«: Die Mitspieler stellen sich im Kreis auf und spicken nacheinander den Stab mit einer Schleuderbewegung in den Boden ❹.
Ein wenig Üben vor dem Spiel kann nicht schaden! Wessen Stab umfällt, der scheidet aus, bis nur noch der letzte Stab steht, dessen Werfer für diese Runde der Sieger ist ❺.
Nach einiger Übung ist man sogar in der Lage, gegnerische Stäbe umzuwerfen oder aus der Erde zu hebeln.

Alter 4 6 **8 10 12 14** 16 18

Wenn Bäume oder Büsche beschnitten werden, hat man Gelegenheit, Astgabeln zu sammeln ❶.
Für die Vögel kann eine Holzlatte benutzt werden ❷. Auf diese Holzlatte (Fichte) wird der Umriss des Vogels gezeichnet und mit einer Stichsäge ausgeschnitten. Die anschließende plastische Modellierung wird mit dem Schnitzmesser gemacht. Die Grundlagen der Holzbearbeitung, das Verständnis für den natürlichen Werkstoff Holz mit seiner gewachsenen Struktur der Holzfaserrichtung, der Unterscheidung in Längs-, Quer- und Stirnholz liegen hier sozusagen auf der Hand. Entweder hält man das Schwanzende in der Hand und bearbeitet den Kopfteil oder umgekehrt. In jedem Fall wird immer in der Holzfaserrichtung geschnitzt. Ist der Vogelkörper entsprechend ausgearbeitet, wird dieser in die Astgabel eingesetzt. Für zwei Nägel, die als Füße dienen sollen, werden im richtigen Abstand, den Vogelproportionen entsprechend, zwei kleine Löcher in die Astgabel gebohrt. Die Nägel werden von unten in den Vogelkörper durch den Ast hindurch eingeschlagen. Nun sitzt der Vogel am Ast und kann bemalt werden.
Als Anregung dienen exotische Vogelabbildungen ❸, aber am besten erfinden wir selbst neue Arten ❹.

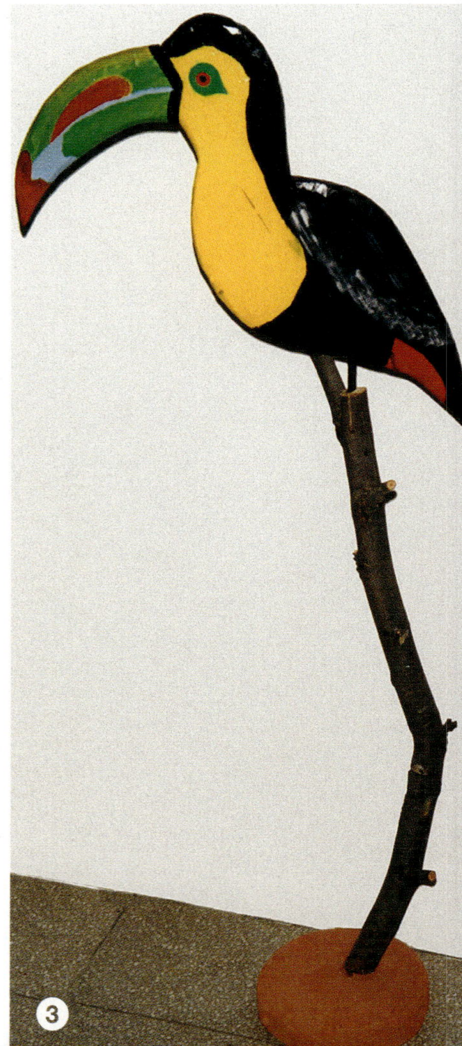

③

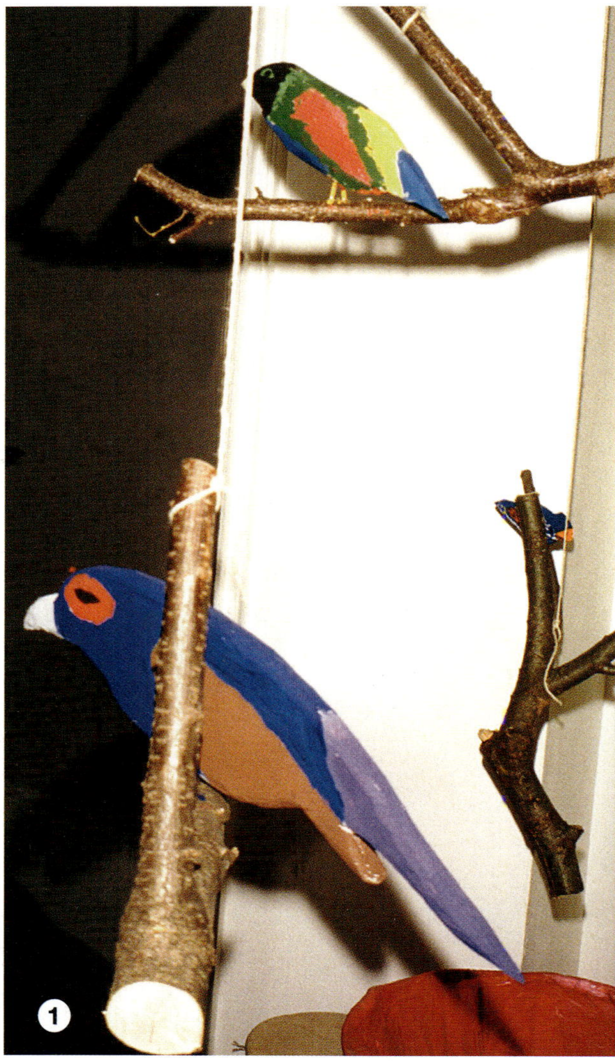

①

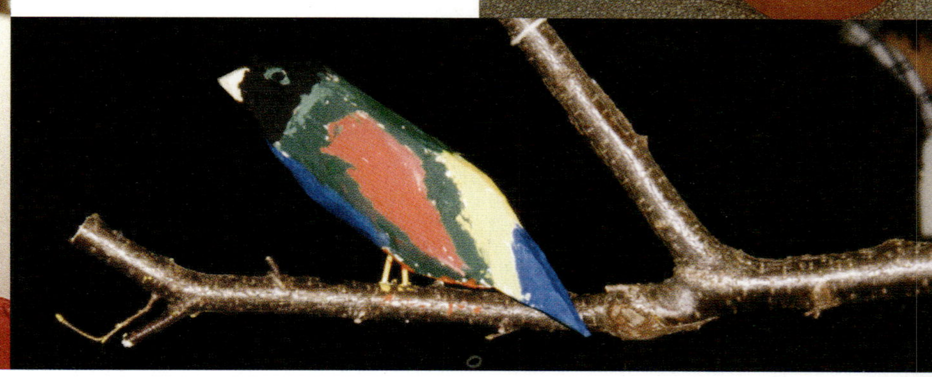

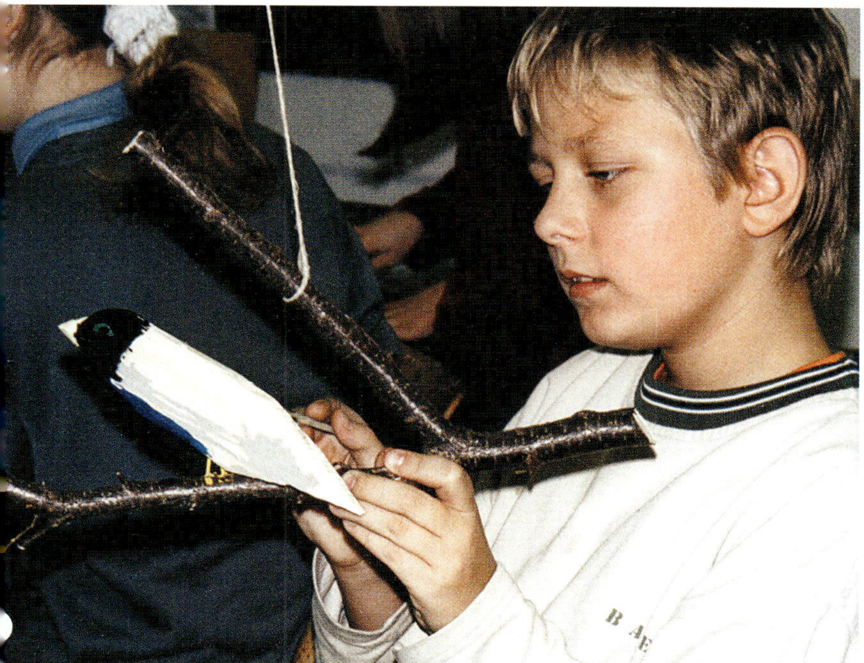

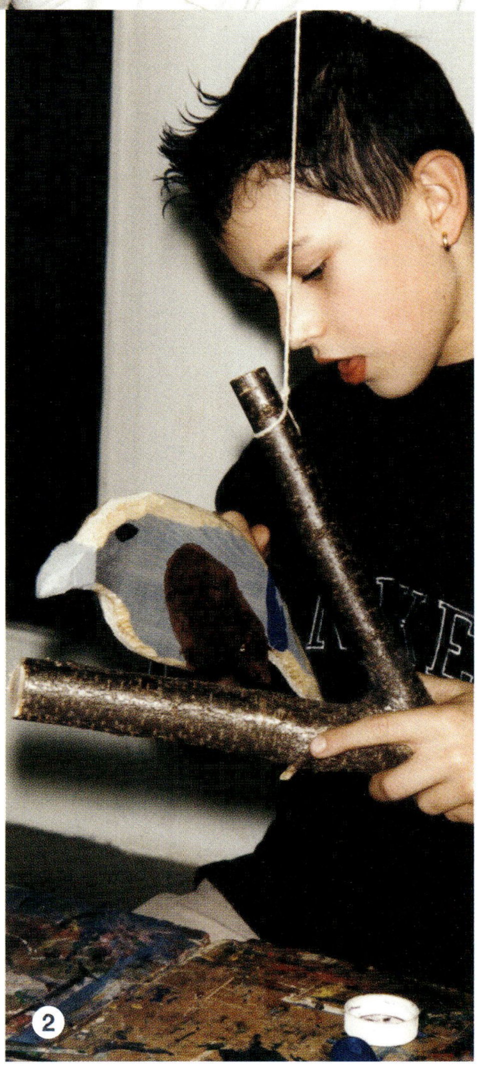

Vogel in der Astgabel

Werkzeug

Schnitzmesser
Säge
Bohrmaschine oder Handbohrer

Material

Astgabel (Haselnuss)
Holzleiste
Nägel
Schnur
wasserfeste Acrylfarbe

Info

Um die Astgabel mit dem Vogel als Mobile aufzuhängen, ermitteln wir den Schwerpunkt, indem wir die Astgabel locker zwischen zwei Fingern ausbalancieren, bis der Vogel in der Waagerechten sitzt. An diesem Haltepunkt befestigen wir die Schnur zur Aufhängung.

Alter 4 6 8 10 12 14 16 18

Bei dieser Werkarbeit steht die Herstellung beweglicher Holzverbindungen im Vordergrund. Die Teile der Gliederschlangen wurden aus Dachlatten geschnitten, wobei jedes Glied einen Zapfen und eine Gabel hat, bis auf das Kopf- und das Endstück, deren Enden mit Säge und Raspel entsprechend geformt sind ❶ ❷. Die Verbindung der Teile besteht aus Achsen, die durch eine Bohrung durch beide Teilstücke gesteckt werden. Die Achsen bestehen aus Nägeln oder einem Drahtstück, deren Ende zur Arretierung umgebogen wird ❸. Zur Herstellung des Zapfens wird die Holzlatte seitlich von links und rechts jeweils zu einem Drittel eingesägt und das zu entfernende Teil in Längsrichtung abgespalten. Das Haus oder die Nut, das Gegenstück, wird in Längsrichtung eingeschnitten und mit dem Stechbeitel ausgestemmt. Sollte einem diese Lösung zu aufwendig erscheinen, kann die Verbindung auch durch aufgenagelte Lederstreifen ❹ ❺ oder mit einer Schnur ❻, die durch Bohrungen an den Endpunkten der Teile gefädelt wird, hergestellt werden. Die weitere individuelle Gestaltung erfolgt durch Bemalen mit Filzschreibern, Buntstiften oder Wasserfarben. Einkleiden mit Stoffresten, Aufsetzen aller möglichen Details wie Nase, Ohren, Haare, Hüte ❼.

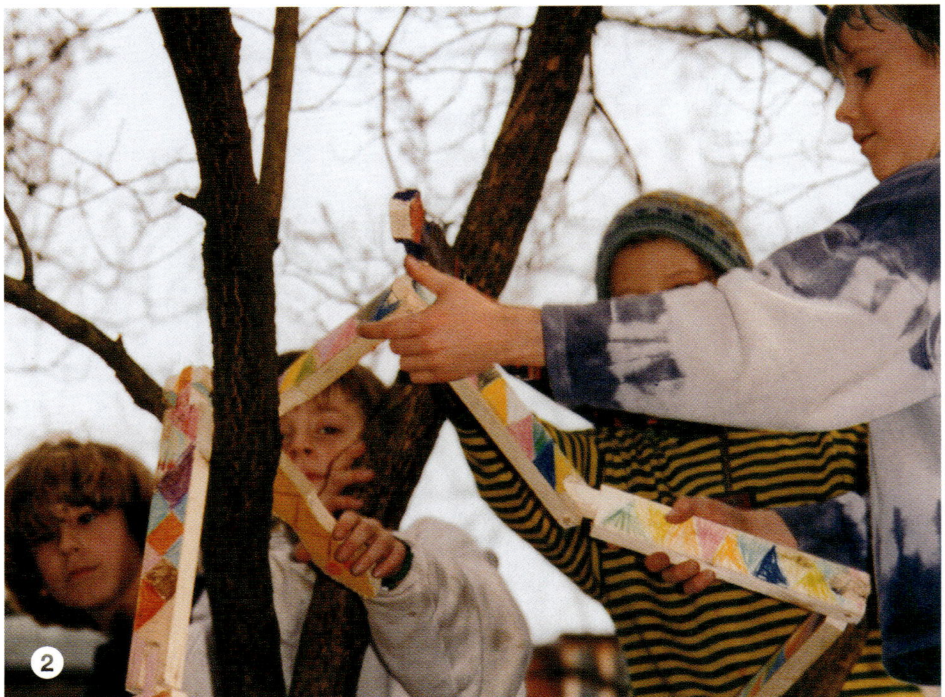
❷

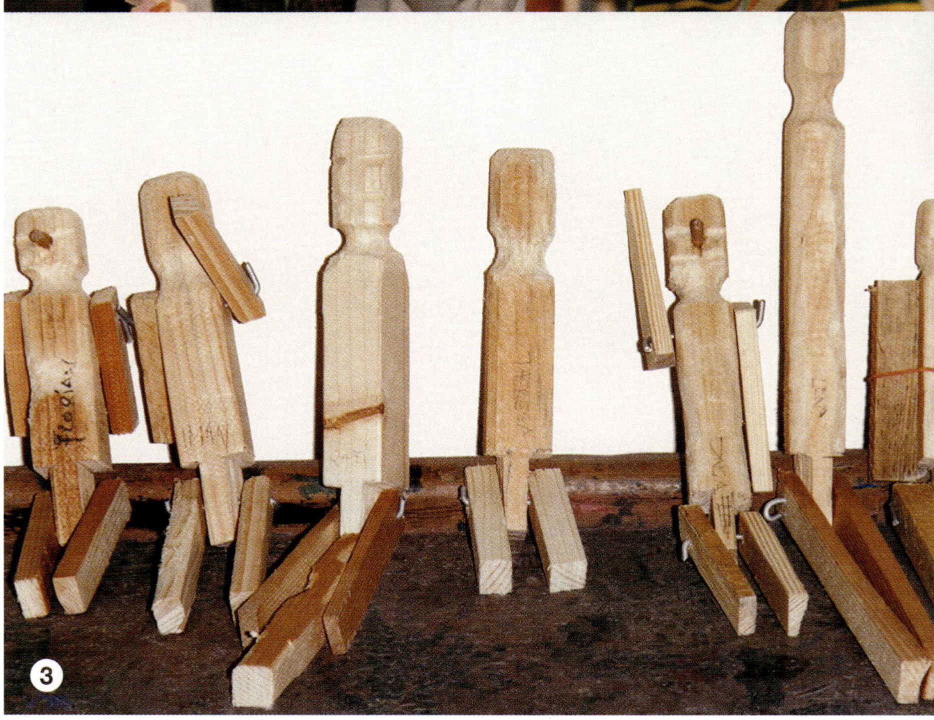
❸

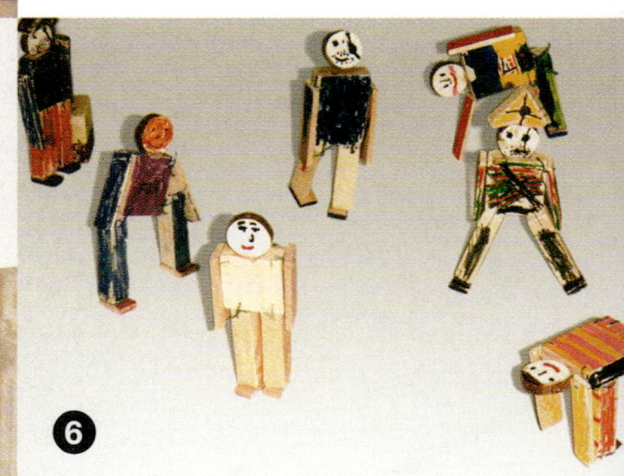
❻

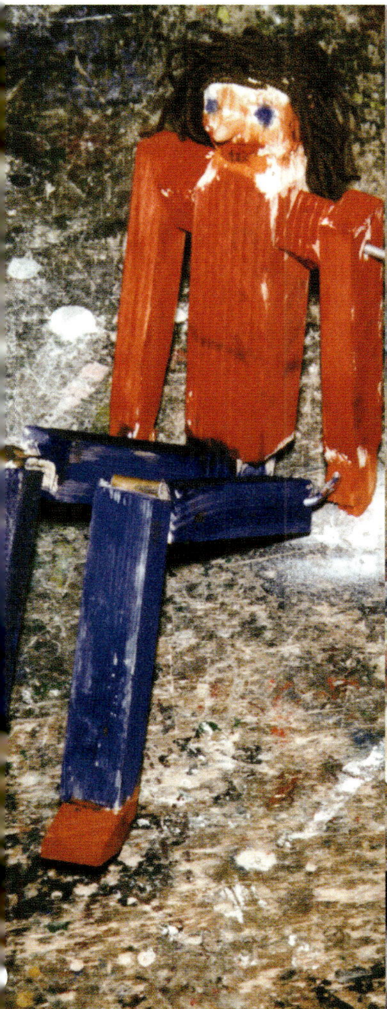

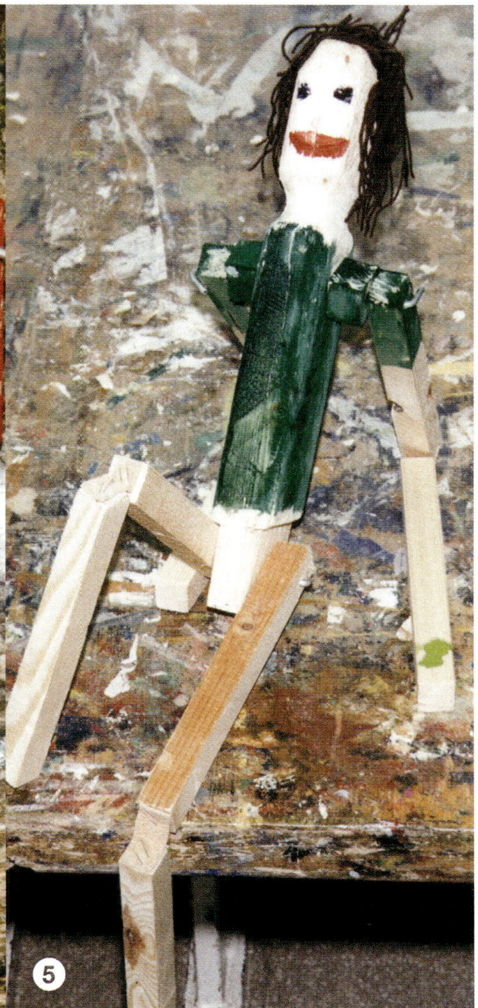

5

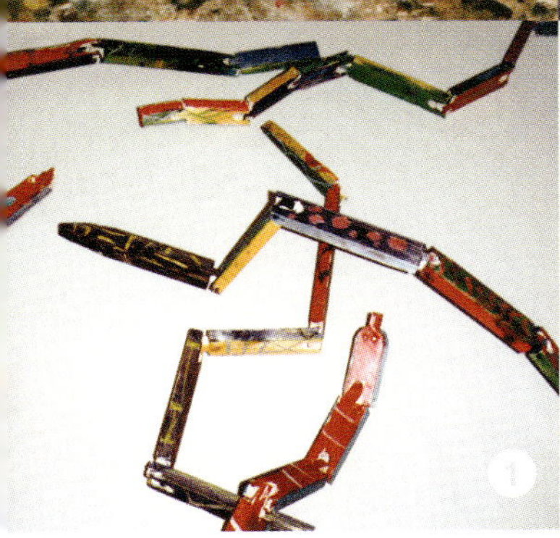

1

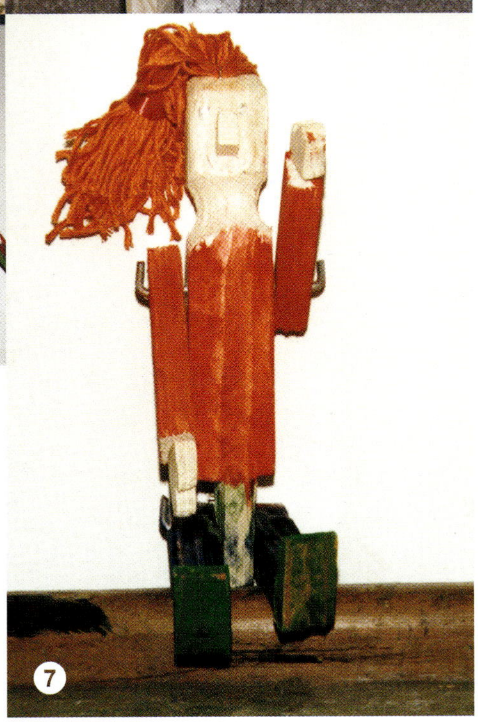

7

Gliederpuppen – Gliederschlangen

Werkzeug

Säge, Bohrer
Stechbeitel, Zange
Raspel, Feile
Sandpapier
Schraubstock

Material

Dachlatten oder Holzleisten
Nägel oder Draht
Filzstifte, Buntstifte, eventuell Wachsmalkreiden, Kerzen, Holzbeizen

Info

Um eine Nut herzustellen, gibt es mehrere Lösungen: entweder die Eckpunkte anbohren und mit der Laubsäge (Stichsäge) das Querholz durchschneiden oder mit einem entsprechend großen Bohrer (Forstnerbohrer) den Endpunkt der Nut setzen. Man kann die Lücke auch durch kreuzweises Einschneiden schaffen. Am Ende der Nut bleibt bei diesem Vorgehen ein kleines Dreieck, das mit der Raspel entfernt werden kann.
Als besondere Technik der Bemalung käme auch eine »Batik« in Frage: Das Holz wird mit Kerzenwachs beträufelt oder mit Wachsstiften bearbeitet und mit Holzbeize eingefärbt. Dieser Vorgang, mehrmals wiederholt, von den hellen in die dunkleren Töne gearbeitet, ergibt eine sehr komplexe Farbgestaltung.

Alter 4 6 **8 10** 12 14 16 18

Die für den Schild ausgedachte Form aufs Brett zeichnen und aussägen (lassen). Nun kann man ihn zum Beispiel mit Metallfolie, die etwas größer als der Schild ausgeschnitten wird, überziehen und auf der Rückseite festnageln. Auch vorne mehrfach annageln. Dosenböden mit dem Öffner rausschneiden, die entstandenen Dosenröhren mit der Blechschere aufschneiden (lassen), gerade biegen und mit großköpfigen Nägeln (auch Ziernägeln) auf den Schild nageln ❶ oder einfach ein paar Dosendeckel zu dem Wappen nageln, das mit Filzstiften oder Farben auf die Metallfolie gemalt ist ❷ ❺. Das Wappen kann in seiner Bedeutung vom Vor- oder Familiennamen oder vom (Traum-)Beruf abgeleitet sein. Jetzt braucht man noch zwei Griffe auf der Mitte der Rückseite. Dazu nagelt man zwei Lederbänder mit je zwei Nägeln fest, aber so, dass Unterarm und Hand dazwischen noch Platz haben (anprobieren) ❸ ❹.
Das Schwert besteht aus einem langen und einem kurzen Stück, das mit Holzleim und zwei Nägeln in Griffhöhe aufs Schwert genagelt wird und die Hand vor gegnerischen Schlägen schützt. Den Griff kann man mit farbigem Klebeband umwickeln, das Schwert eventuell silbern bemalen. Und nun einen gefährlichen Blick aufsetzen ❻…

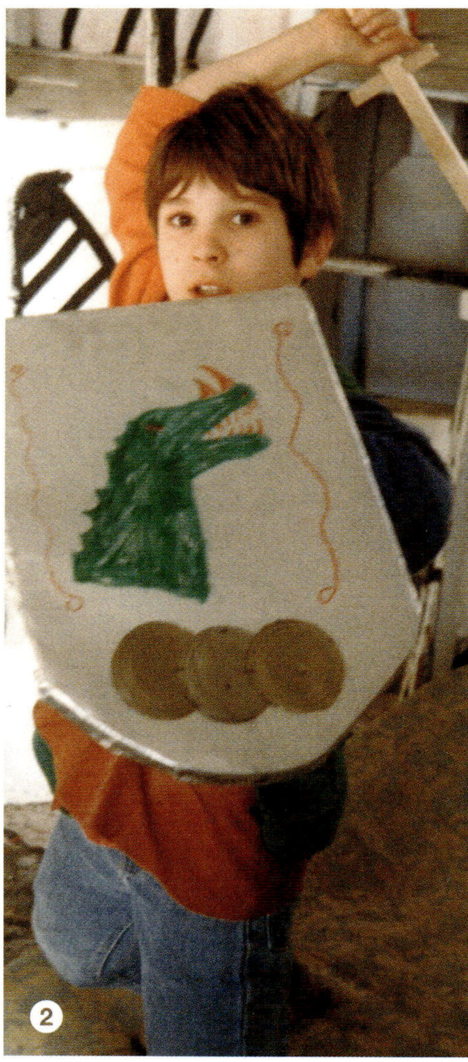

②

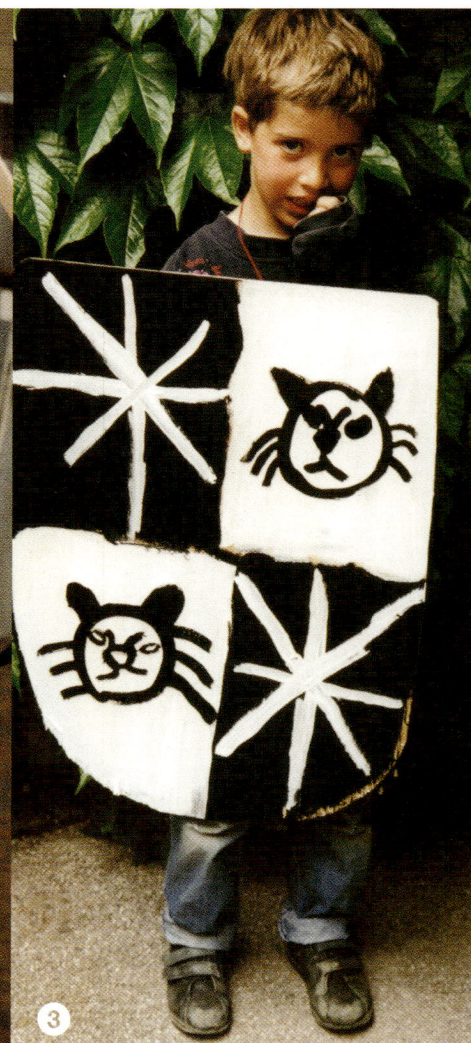

③

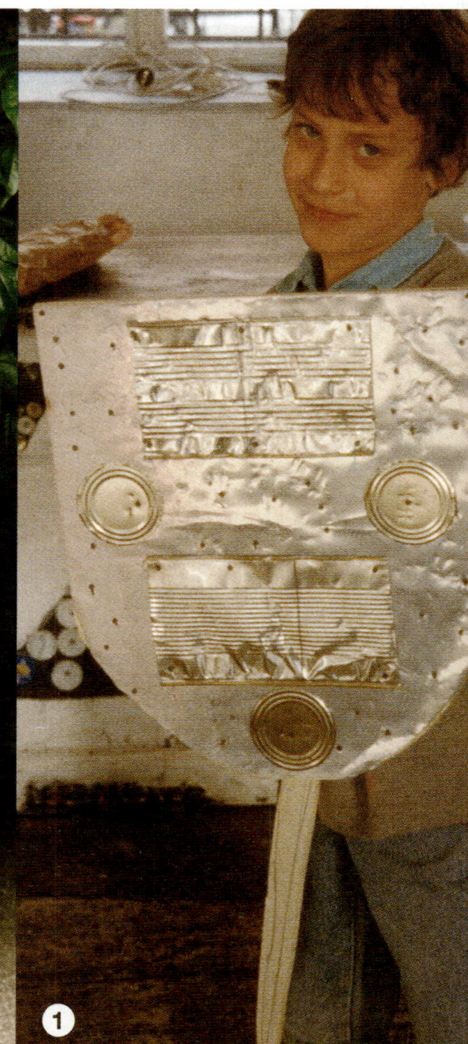

①

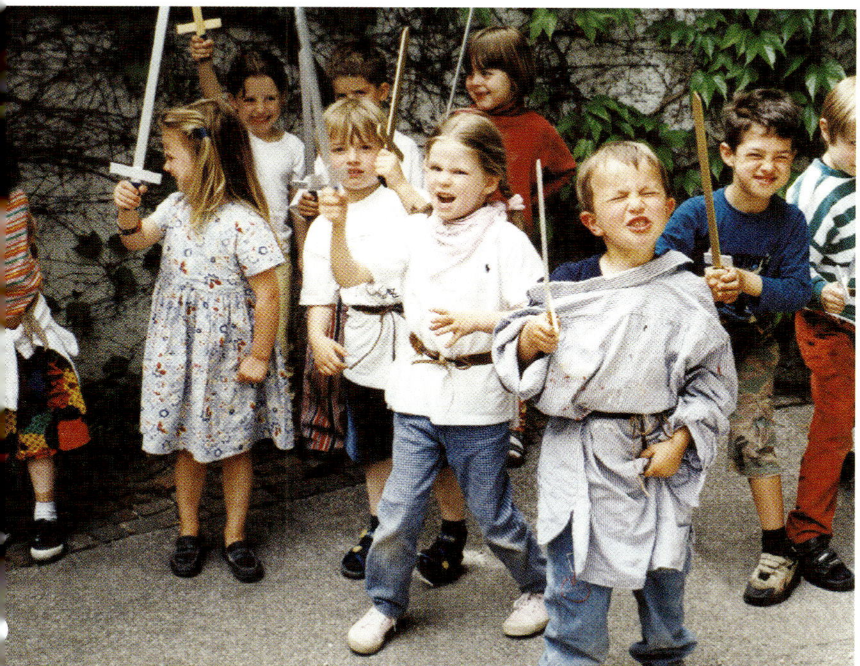

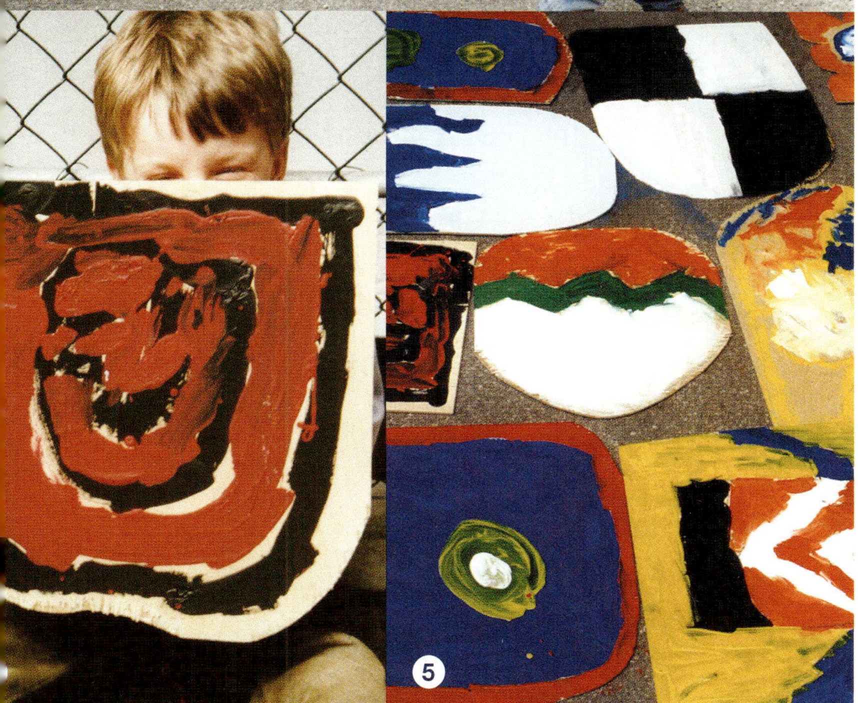

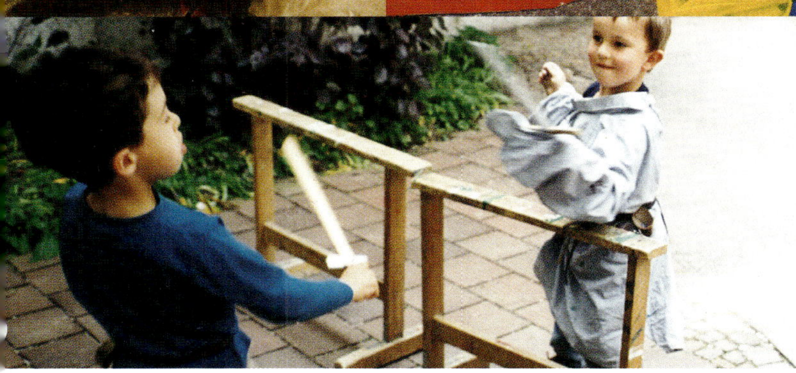

Ritterschilde, Wappen und Schwerter

Werkzeug

Stichsäge
eventuell Blechschere
Dosenöffner
Schere
Hammer
Pinsel

Material

dünne Sperrholzplatte oder Spanplatte
Ledergurt
Metallfolie
Blechdosen, kurze Nägel
wasserfeste Filzstifte, Dispersionsfarben
fürs Schwert entweder Sperrholzreste vom Schild oder dünnere Holzlatten (stabiler) verwenden, dazu farbiges Klebeband und eventuell silberne (Plaka-)Farbe

Info

Beim Kämpfen höllisch auf die Augen (die eigenen und die des anderen) aufpassen, die Schwerter nicht auf Augenhöhe heben, denn man hat nur ein Paar Augen im Leben! Am besten eine Barriere zwischen die Kämpfenden stellen. Dünne Metallfolien, die auch mit einer Haushaltsschere gut zu schneiden sind, bekommt man in Offsetdruckereien (Vorsicht: scharfe Kanten).

Alter 4 **6 8** 10 12 14 16 18

Am besten fängt man mit den Seiten an: Die Leisten nacheinander an der Seitenlänge der Grundplatte abmessen. Sie werden geleimt und von unten angenagelt. Will man den Weg für die Kugel bestimmen, kann man ihn sich als Hilfe vorher auf die Platte für das Kugellabyrinth zeichnen ❶. Dann ist es leichter, die geeigneten Leistenabschnitte und Hindernisse zu finden und diese entlang der Linie zu leimen. Beim Flipper kann man am Rand an einer oder an mehreren Stellen statt einer Leiste Gummibänder spannen und so Start und Ziel, zum Beispiel ein Tor, festlegen.

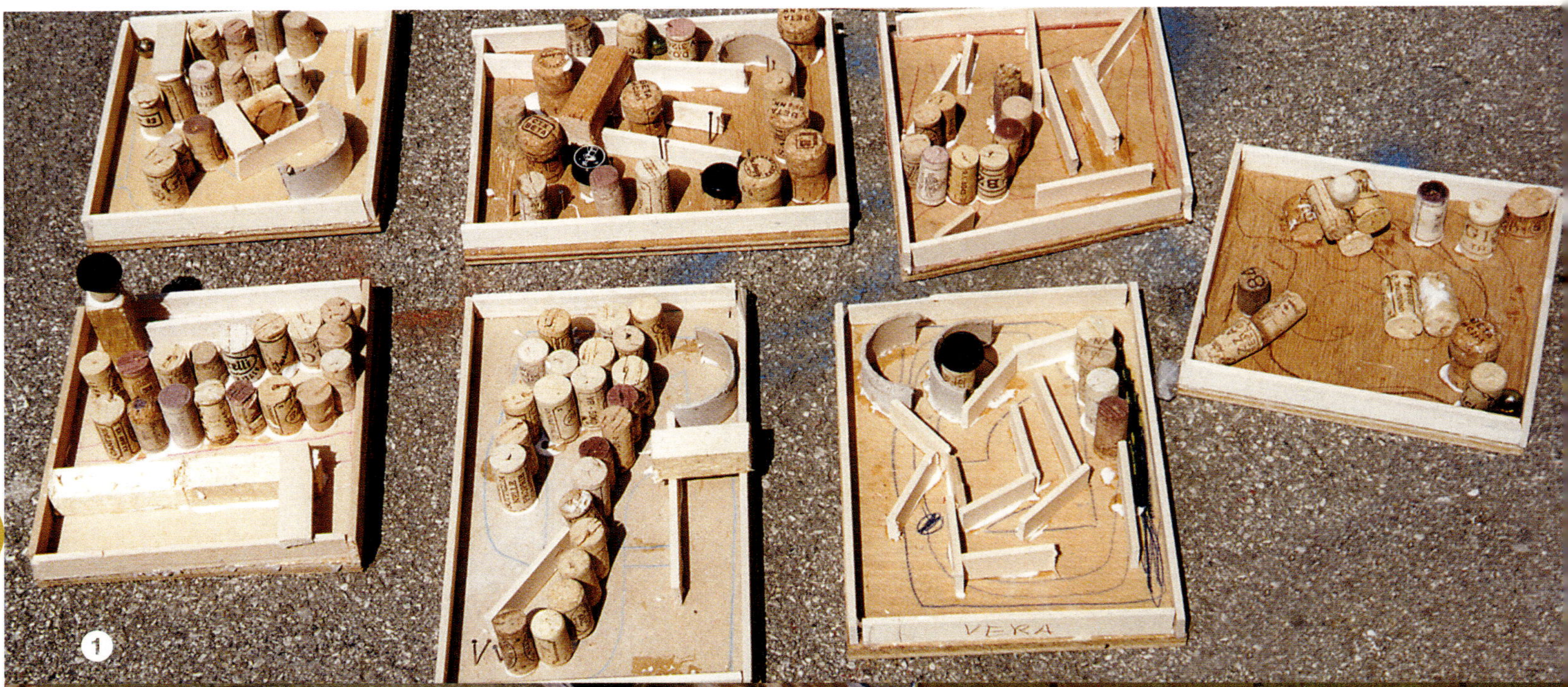

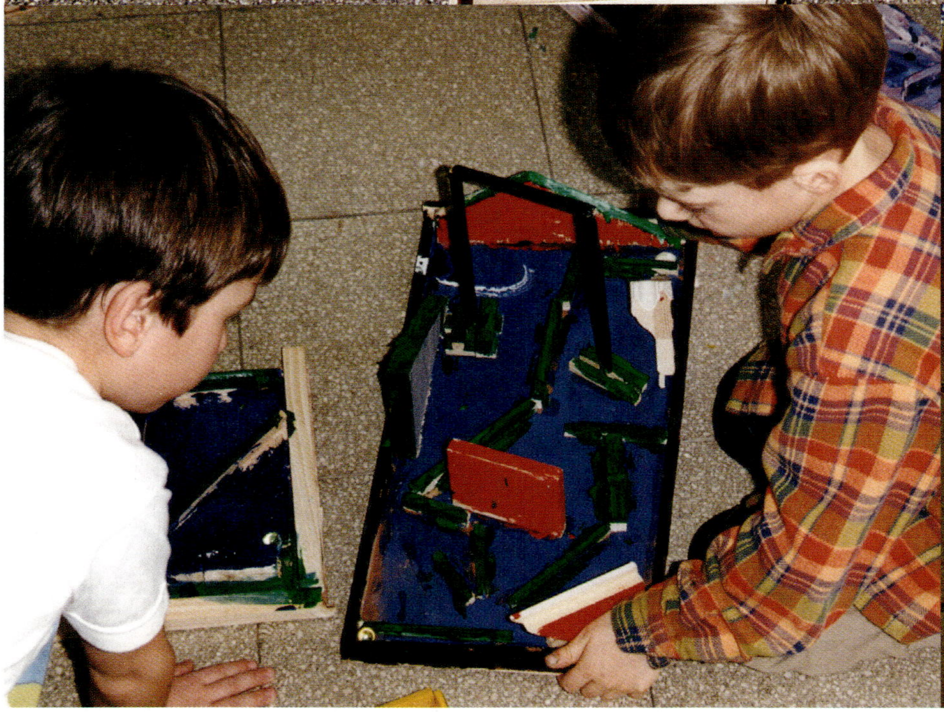

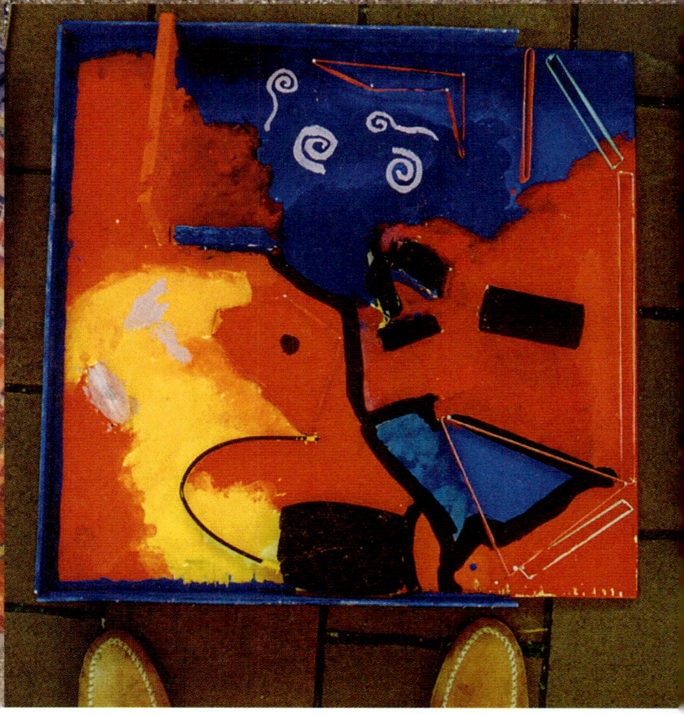

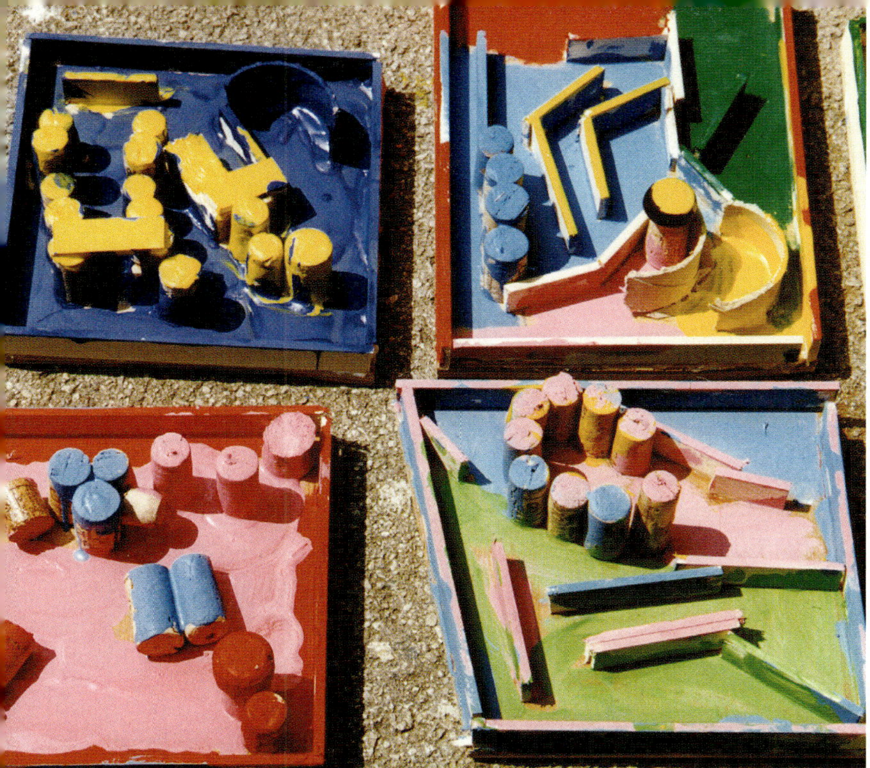

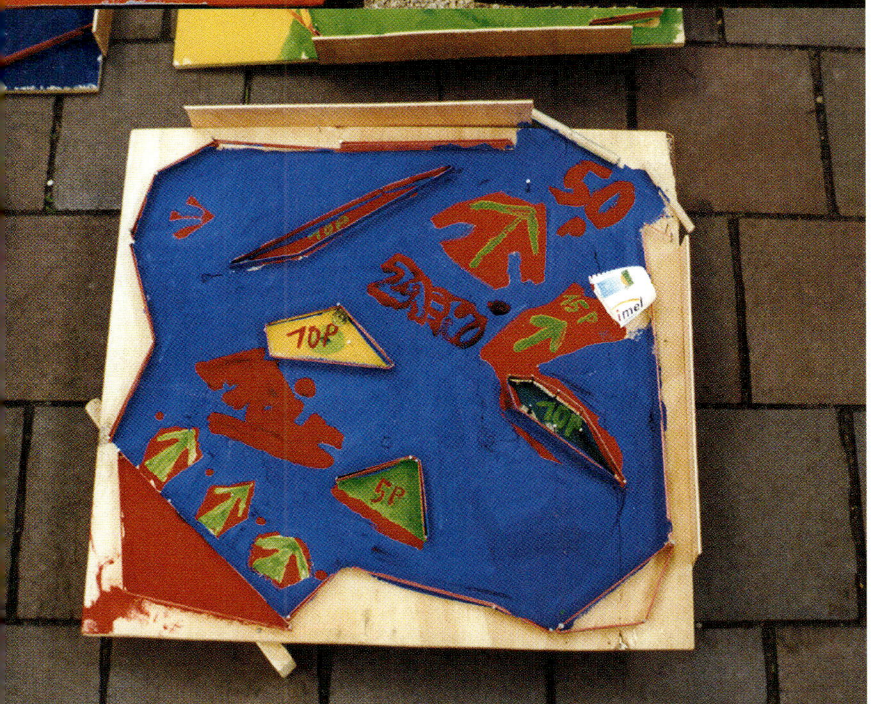

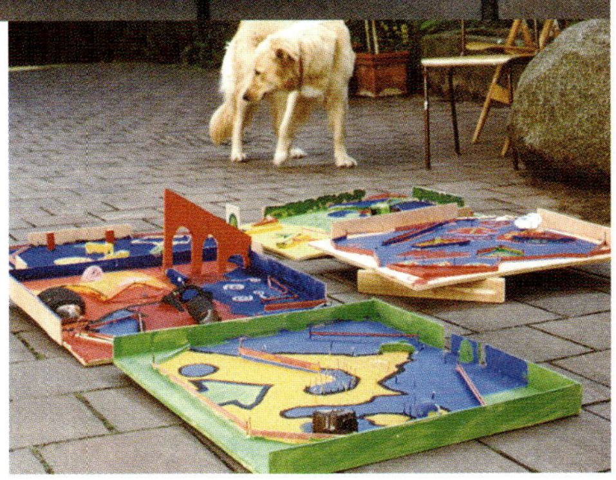

Kugellabyrinth und Flipper

Werkzeug

Hammer
Säge
Borstenpinsel

Material

dünne Grundplatte
Leisten, etwa drei Zentimeter breit
Nägel für die Kugelbahn als Hindernisse
Holzleim
Leistenabschnitte, kleine Klötzchen oder Korken
für den Flipper breite Gummibänder
Stifte
Dispersionsfarben
Glaskugel

Info

Auch kleinere Kinder können sich schon eine Kugelbahn bauen. Sie brauchen vielleicht mehr Hilfe an den Stellen, die funktional sein müssen, wie der Rand oder die Lücken der Hindernisse, durch die die Kugel passen muss.

Alter 4 6 8 10 12 14 16 18

Unterschiedliche Holzreste können schon als Formvorgabe für die zu erbauenden Holzhäuser und Fassaden dienen. Holzplatten, Holzlatten, Holzstücke und andere Reste werden aneinander geleimt und genagelt ❶ ❷.
Mehrere Häuser können zusammengefügt werden, so dass am Ende eine Straße bzw. eine Stadt wächst ❸ bis ❺.
Bei den »Einbeinhäusern« bleibt die Architektur sehr individuell. Jeder gestaltet seinen persönlichen Aussichtsturm ❻ bis ❽.

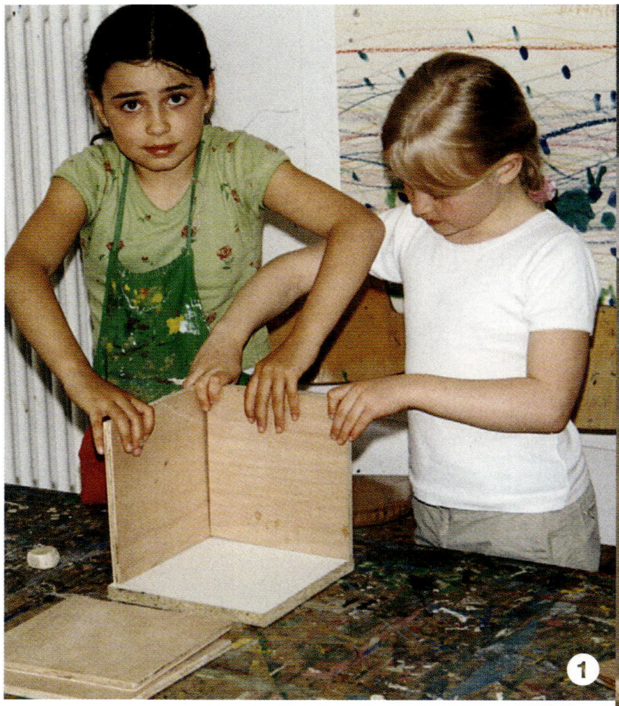
1

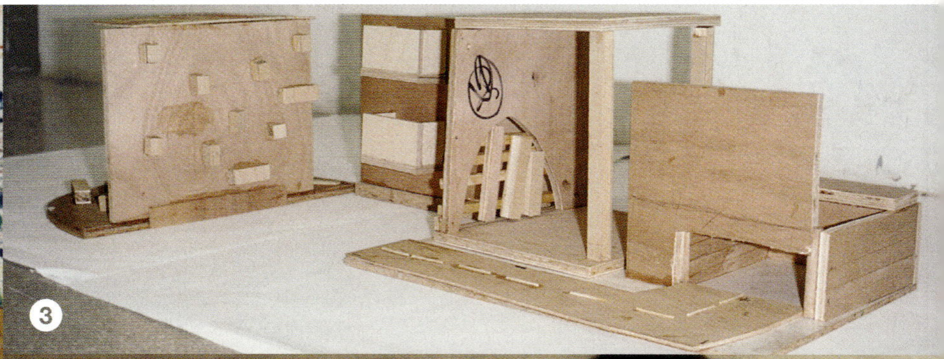
3

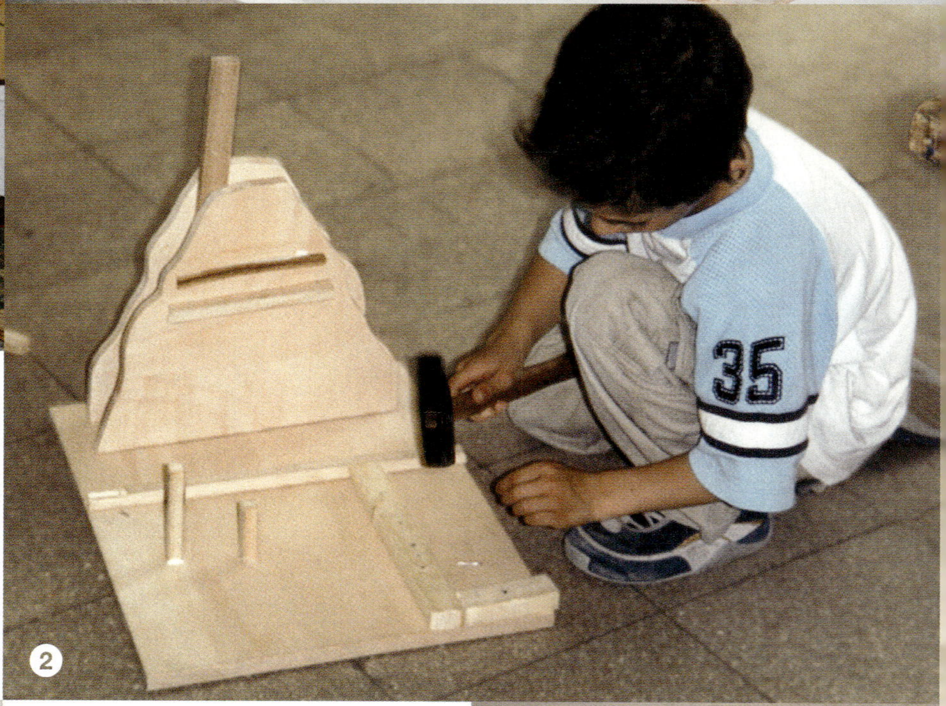

2

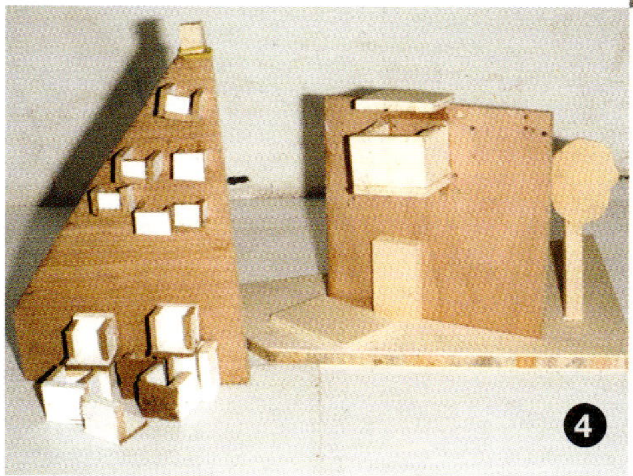
4

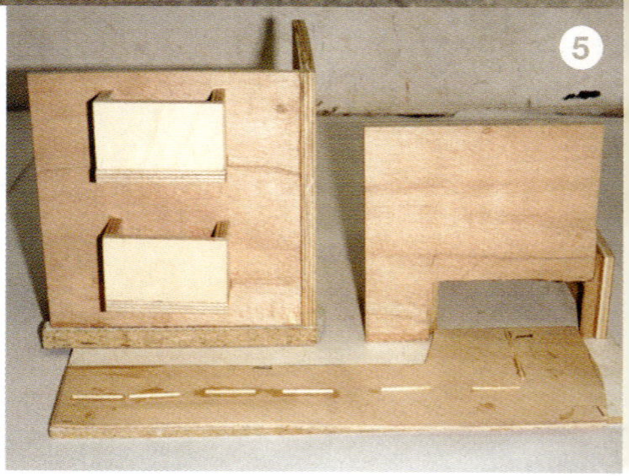
5

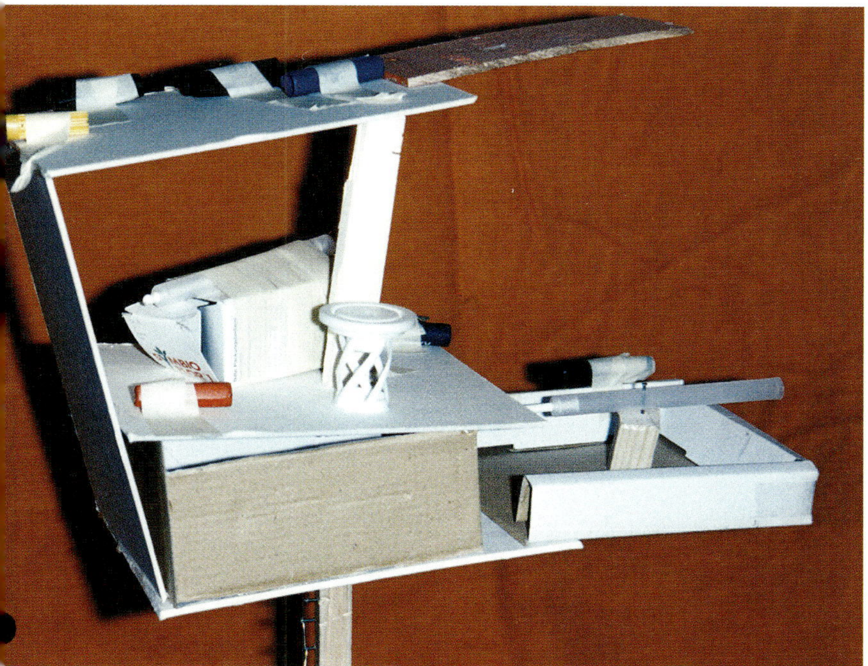

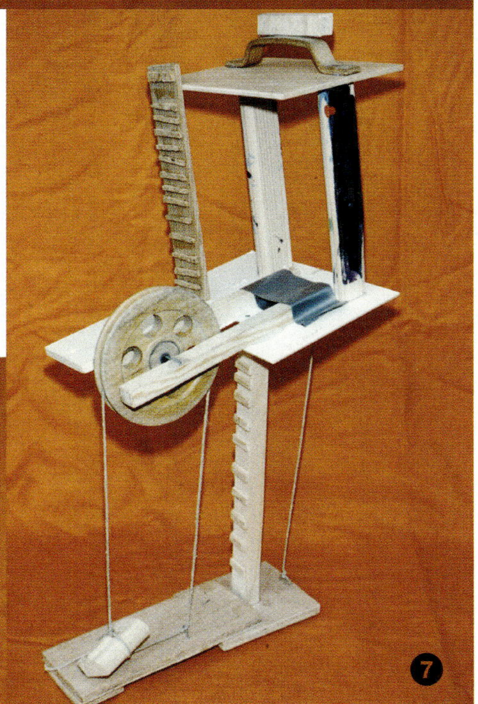

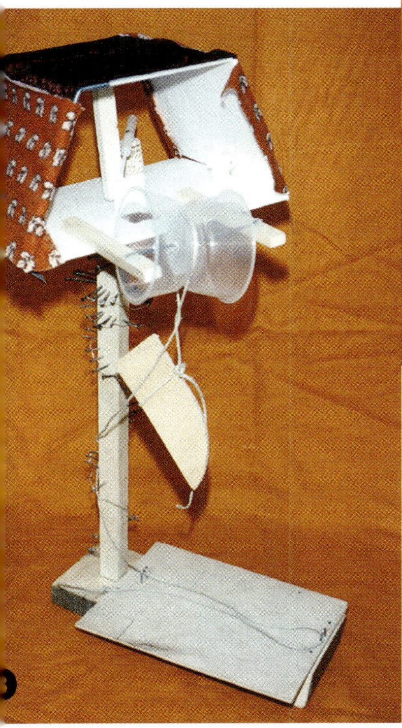

Holzhäuser und Einbeinhäuser

Werkzeug

Hammer
Säge
Schraubzwingen

Material

Holz
Pappe
Leim
Klebeband
Schnüre
diverse Restmaterialien aus dem Haushalt

Info

Für die »Einbeinhäuser« können auch ungewöhnliche Materialien, beispielsweise Verpackungen, Plastikdeckel, Becher und Korken mitverwendet werden, um eine individuelle Innenausstattung (gemütliche Sitzplätze, Fernrohre, eigener Aufzug) zu schaffen.

Alter 4 6 8 10 12 14 16 18

Für so edle Instrumente braucht man natürlich ganz schön viel Holz! Wir haben uns dieses Mal Tischlerplatten geleistet, auf die jeder seinen individuellen Gitarrenkorpus zeichnet. Beim Aussägen mit der Stichsäge kann gerne, je nach Alter, mitgeholfen werden. Als Griffbrett dient eine gehobelte Dachlatte, die gut an den Korpus geleimt und genagelt wird, ebenso die vordere Saitenhalterung, die ein bisschen höher sein muss als das Griffbrett. Die Wirbel ersetzen wir durch einfache Ringschrauben. Zur Befestigung vorne reichen Nägel, die nicht ganz versenkt werden. Jetzt müssen wir nur noch die Saiten aufziehen ❶, ganz normaler Bindedraht macht unseren »Low-Fi-Klang« nur noch authentischer. Ein solches Unikat will auch farblich glänzen ❷, um für das erste Foto-Shooting bereit zu sein ❸. Jetzt kommt der Clou! Wenn man einen Gitarrenverstärker plus Tonabnehmerkabel zur Hand hat, sind Tonabnehmer (auch für andere Instrumente) recht einfach und billig herzustellen: Ein Piezo (Bimetallsensor, erhältlich im Elektronikfachhandel ab ein Euro), an das man einen Chinc-Stecker lötet, am Instrument befestigen (wenn man nur einen Piezo für alle vorbereitet, reicht auch Klebeband) und dann Ohren zu und durch ❹!

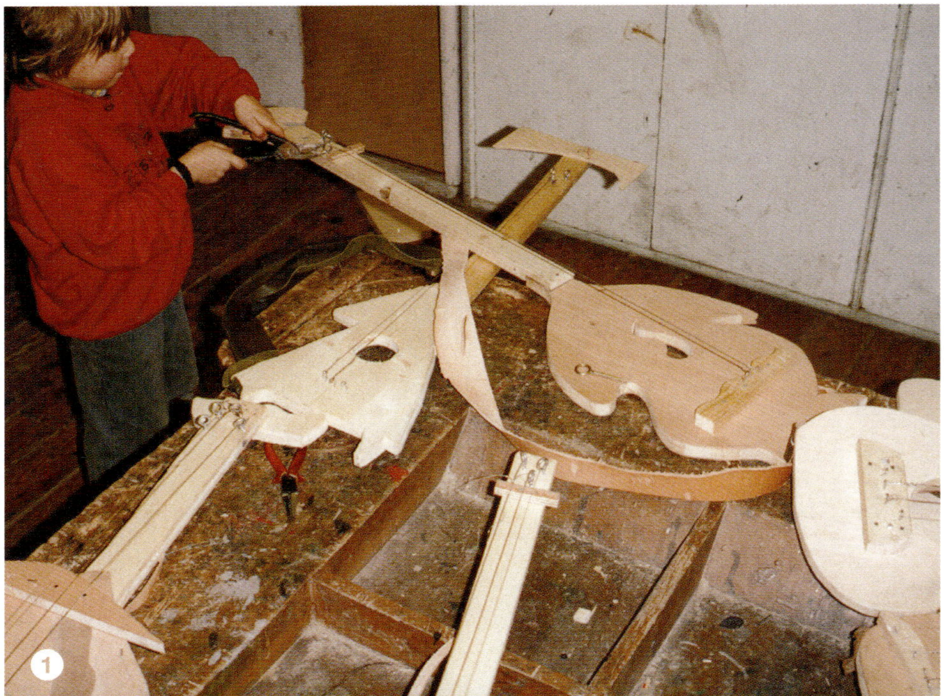

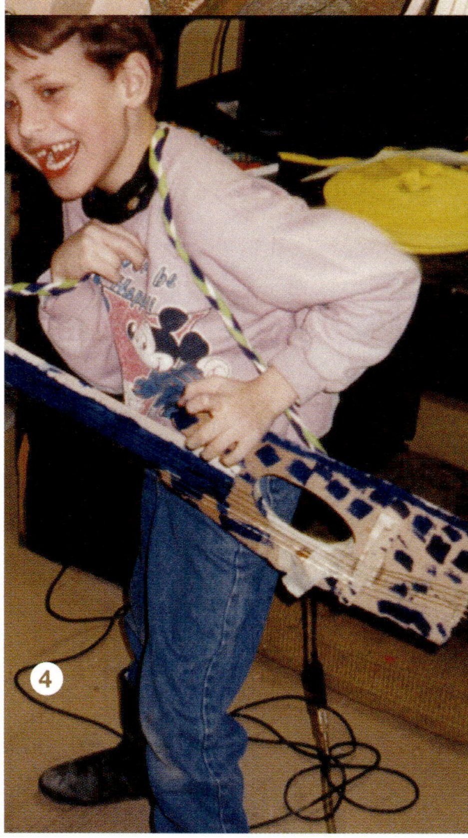

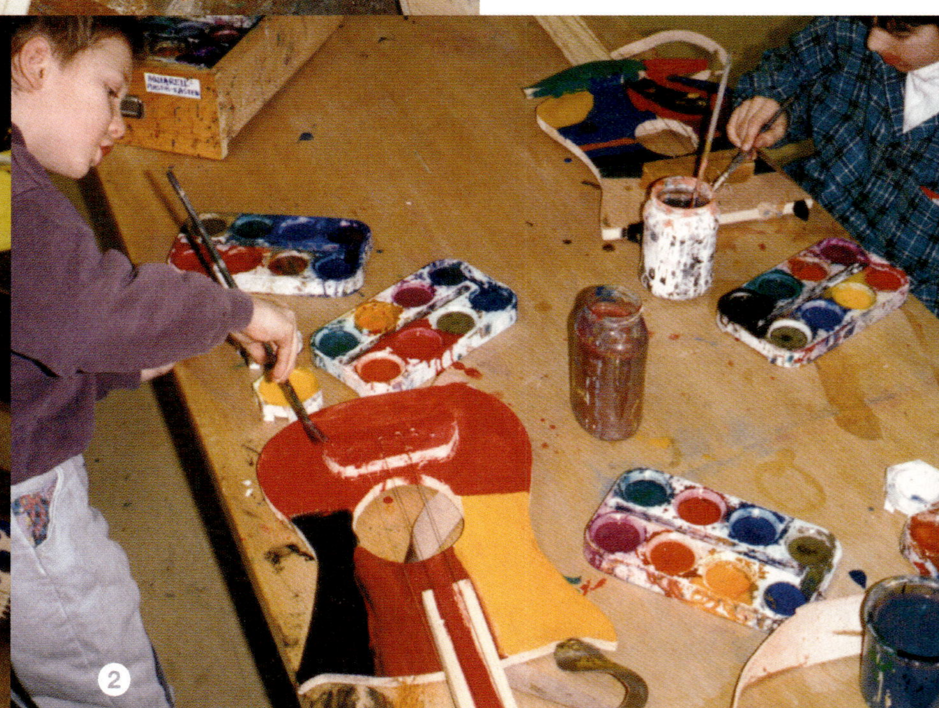

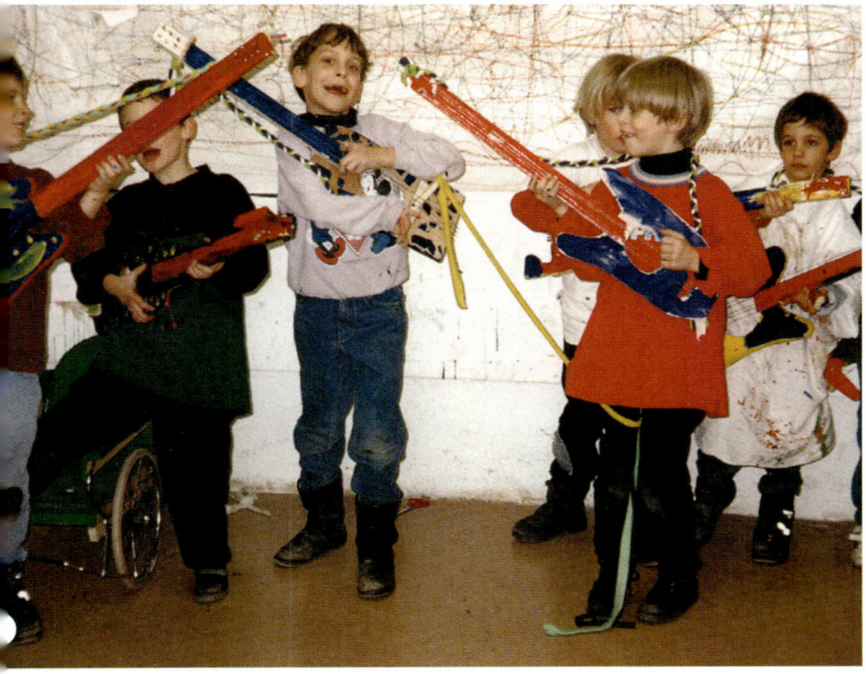

E-Gitarren

Werkzeug

Hammer
Stichsäge
Beißzange
Flachzange
eventuell Lötkolben

Material

Tischlerplatte
gehobelte Dachlatten
Nägel, Schrauben
Holzleim
Bindedraht
Ringschrauben
eventuell Verstärker, Kabel, Piezo

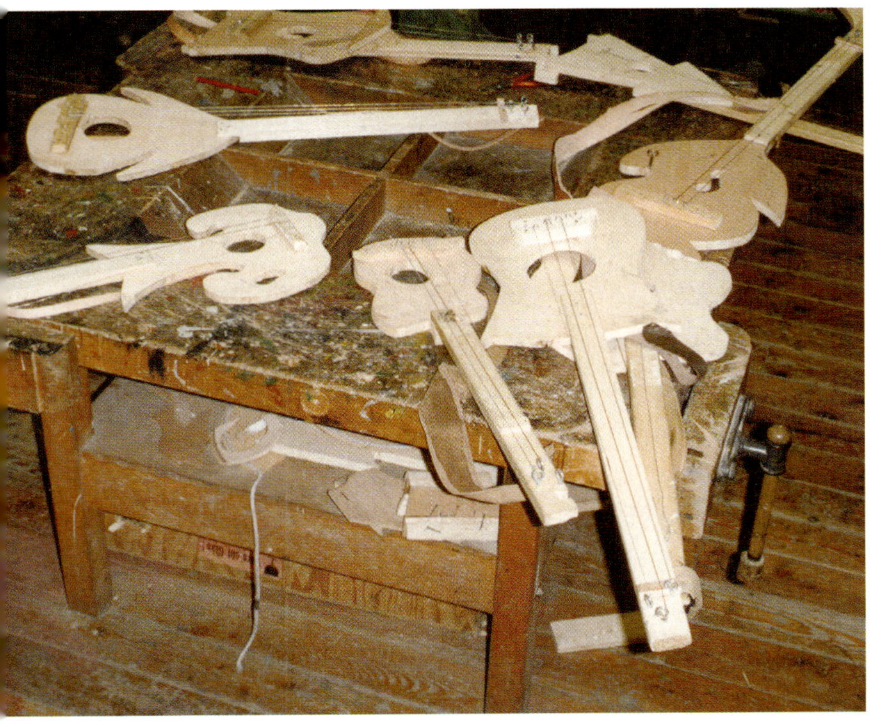

Info

Ein Verstärker hängt am Stromnetz, also auf Erdung und Isolierungen achten!

Alter 4 6 8 10 12 14 16 18

Vier gleich große (je ca. 30 x 40 cm) Zuschnitte aus Tischlerplatte werden zurechtgelegt, an den entsprechenden Kanten geleimt ❶ ❷ und mit einer Schraubzwinge fixiert bzw. mit dem Akkuschrauber verschraubt ❸. Nach dem Grundieren (normale wischbeständige Wandfarbe) ❹ kann jeder seinen Privatthron gestalten ❺ ❻, den man nach dem Trocknen stolz »besitzen« darf ❼ ❽.

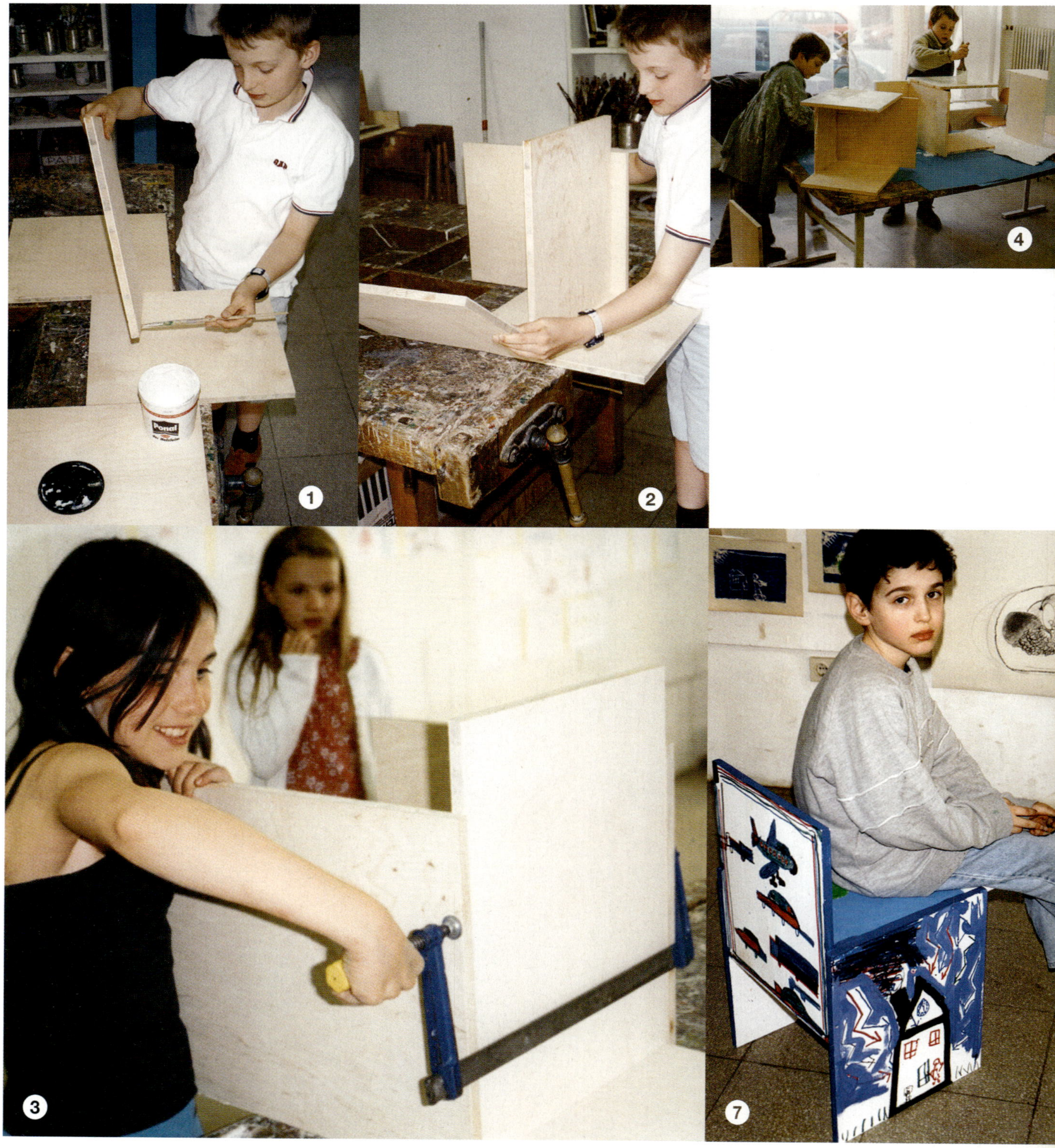

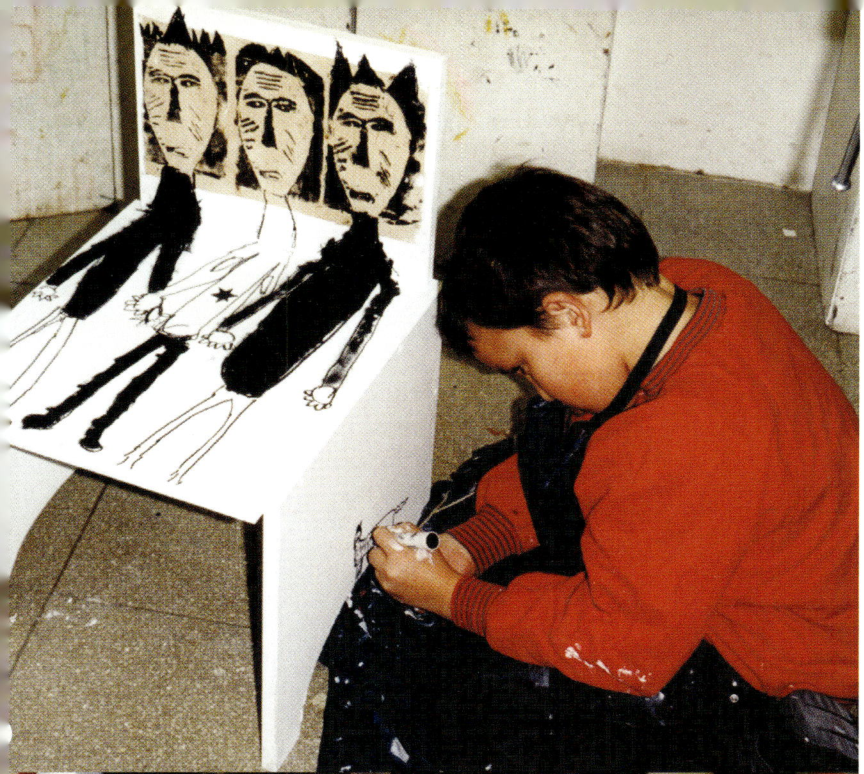

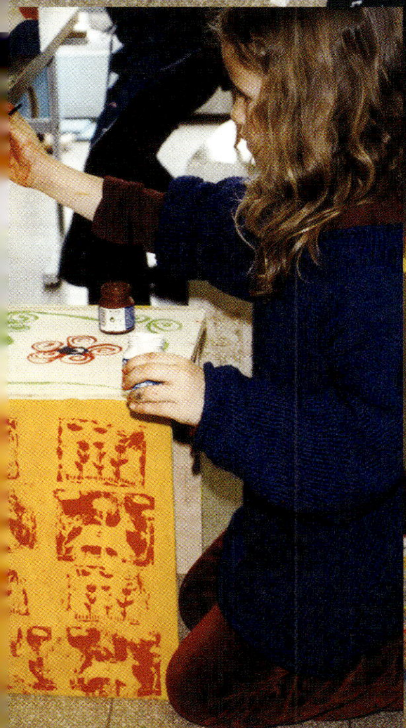

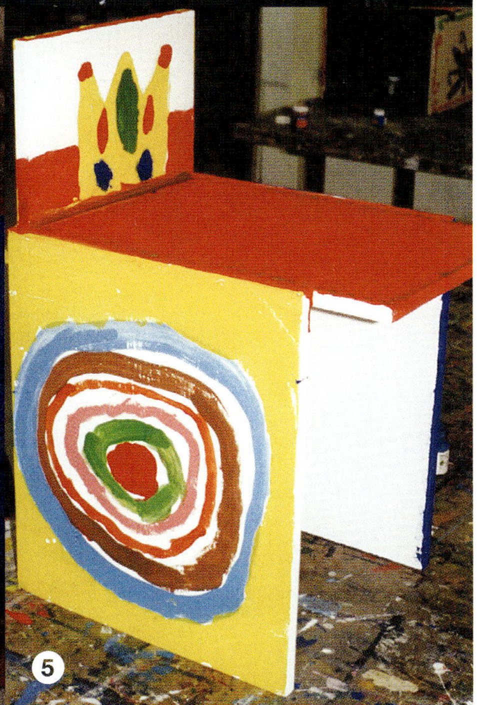

5

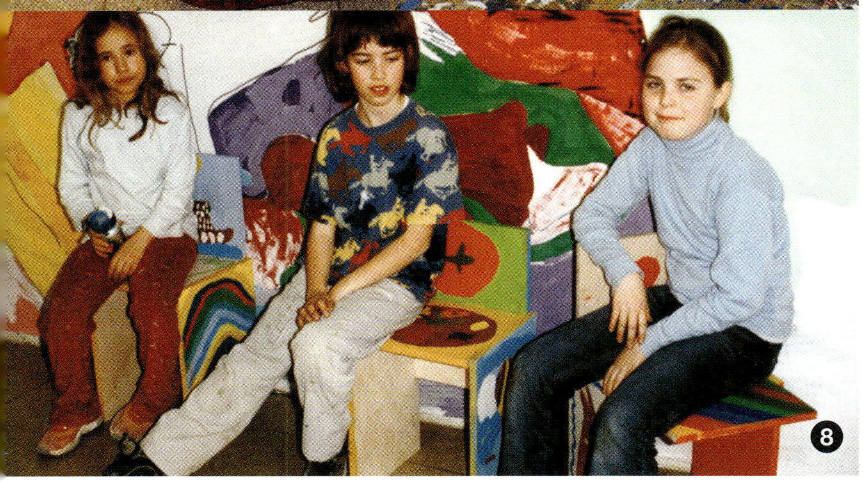

8

Sitzbilder

Werkzeug

Akkuschrauber
Schraubzwinge

Material

Holzleim
Dispersionsfarben
Zuschnitte aus Holz

Info

Neben Tischlerplatten eignen sich auch Pressspan- oder MDF-Platten (sind schwerer!), je nachdem, was man als »Abfall« kriegen kann. Durch eine Nachbehandlung mit Möbelklarlack werden die Sitzbilder noch besser geschützt.

Alter 4 6 8 **10 12 14** 16 18

Die Leisten an den Nahtstellen mit Holzleim bepinseln und stumpf zusammennageln (am besten dazu aufrecht stellen).
Den Boden auf die Unterseite des liegenden Rahmens kleben und festnageln ❶. Griffe entweder aussägen ❸ oder aus den Leisten zurechtschneiden ❻ und seitlich an die Tablettumrandung leimen und nageln.
Weiß grundieren, trocknen lassen, dann nach Herzenslust bemalen ❷ bis ❼. Nach dem Trocknen die Malerei mit (Acryl-)Lack schützen. Fertig ist das gerahmte Bild, das auch noch Getränke und Nahrungsmittel tragen kann.

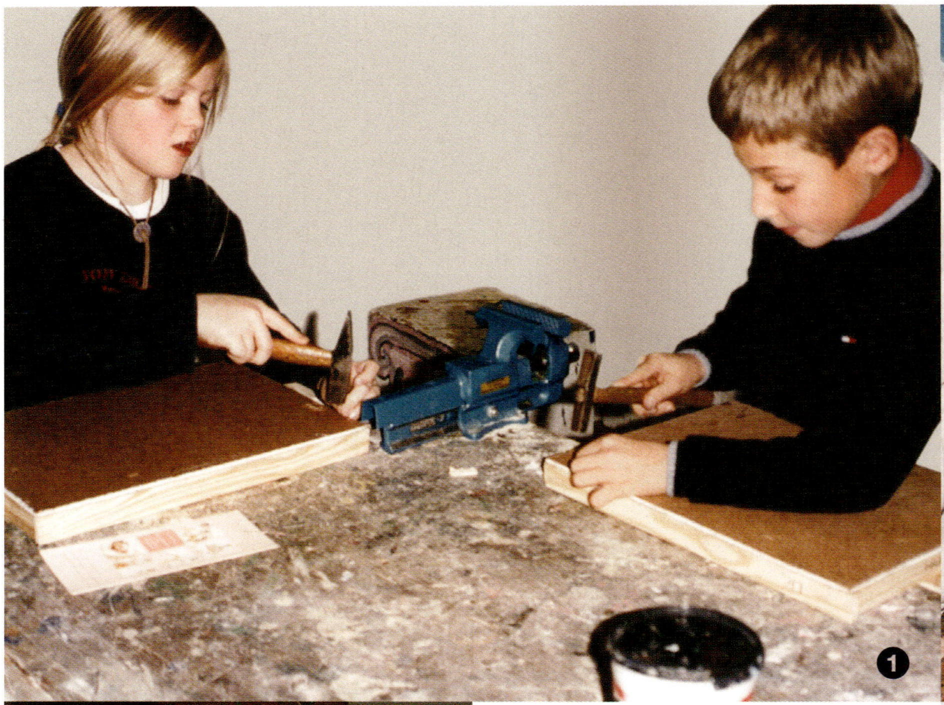
❶

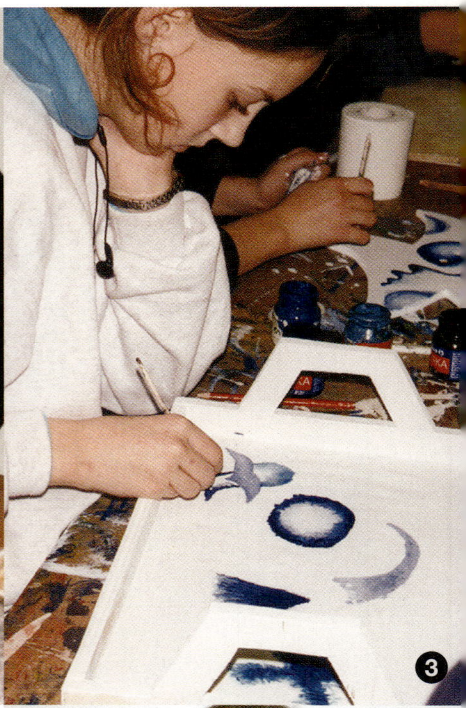
❸

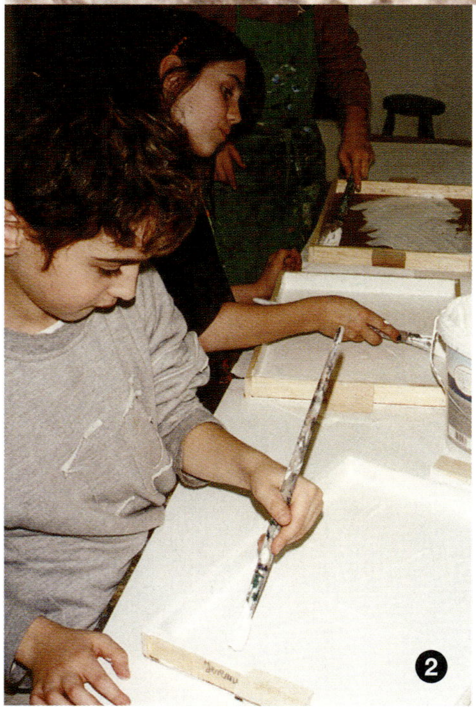
❷

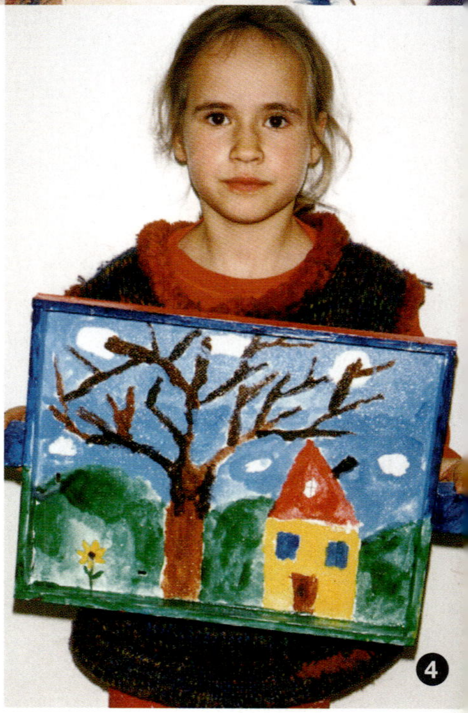
❹

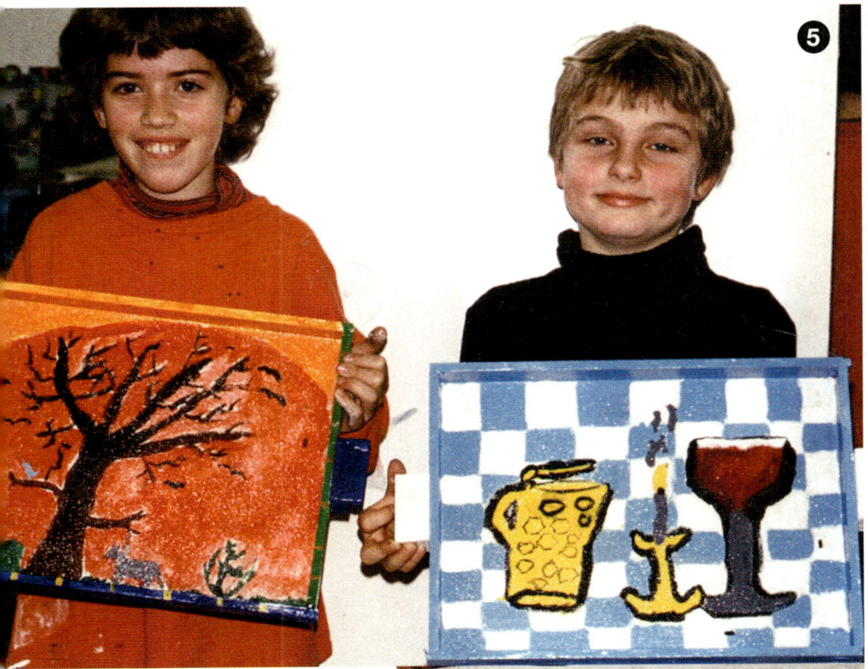

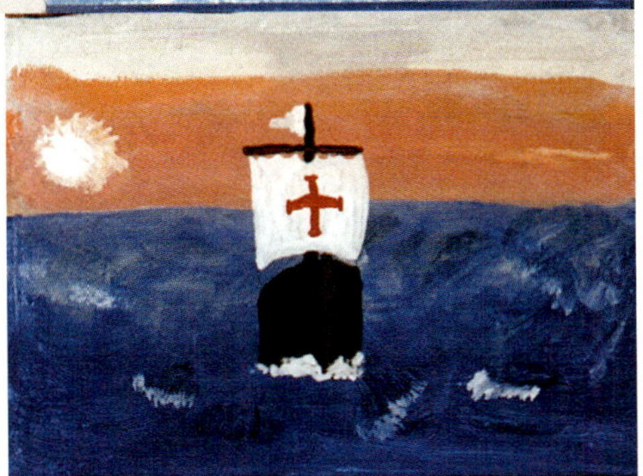

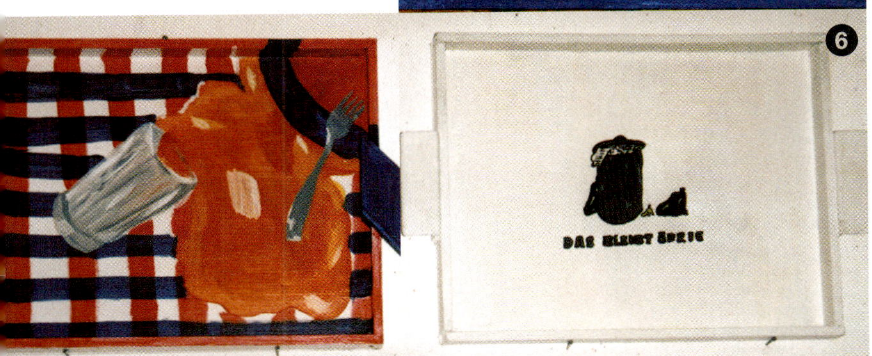

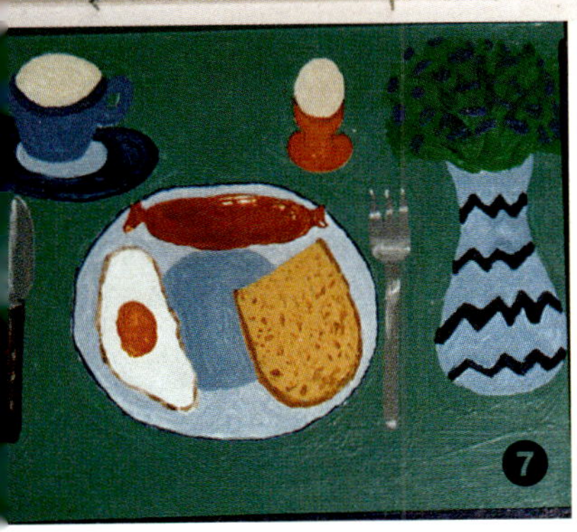

Tabletts

Werkzeug

Hammer
Schraubenzieher
Fuchsschwanz oder Stichsäge
Pinsel

Material

Hartfaser-, Span- oder Sperrholzplatte
(3 bis 6 mm) in Tablettgröße
Holzleisten für den Rand
für die Griffe: Schrägleisten, Kanthölzer oder Bretter, um die Griffe auszusägen
Nägel oder Schrauben
Holzleim
Dispersions- oder Plakafarben
Acryllack zum Schutz der Malerei

Info

Schrauben halten bei größerer Belastung besser. Nägel mit nicht zu kleinen Nagelköpfen verwenden, damit sie nicht durchrutschen. Wenn der Griff aus einem Brett gesägt wird, zuerst ein Loch (10er-Bohrer) bohren und das Griff-Innere mit der Stichsäge aussägen ❶.

Alter 4 6 8 10 12 14 16 18

Beim Bau von Uhren, eigentlich ist es bloß die Gestaltung der Zifferblätter, sind der Phantasie keine Grenzen gesetzt ❷ bis ❼. In das Zifferblatt wird das genormte Uhrwerk ❶ in eine Bohrung von einem Zentimeter Durchmesser eingesetzt. Das Material des Zifferblattes sollte ca. 0,4 Zentimeter stark sein, da dies dem Spielraum des Gewindes der Halterungsschraube entspricht. Aus dem Gewinderohr der Halterung ragen die Befestigungsvorrichtungen für Stunden-, Minuten- und Sekundenzeiger. Um die Zeit einzustellen, werden Stunden- und Minutenzeiger auf 12 Uhr ausgerichtet und durch Drehen des Minutenzeigers auf die gewünschte Zeit gestellt. Durch Einlegen der Batterie wird die Uhr in Gang gesetzt. Bei einer einfach symmetrischen Uhrenkonstruktion kann der für die Uhr vom Werk vorgesehene Aufhänger benutzt werden. Bei Konstruktionen mit einem asymmetrischen Schwerpunkt wird die Aufhängung am Uhrgehäuse angebracht ❷ ❸.

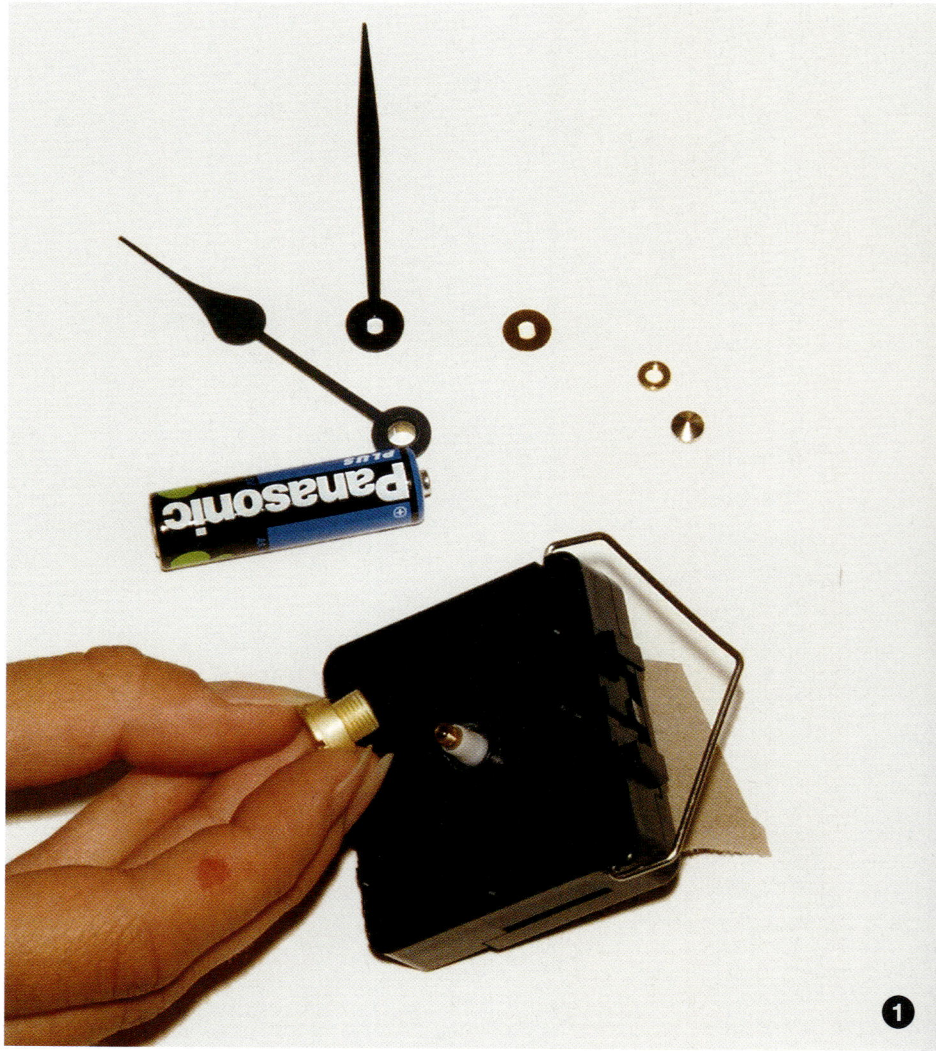

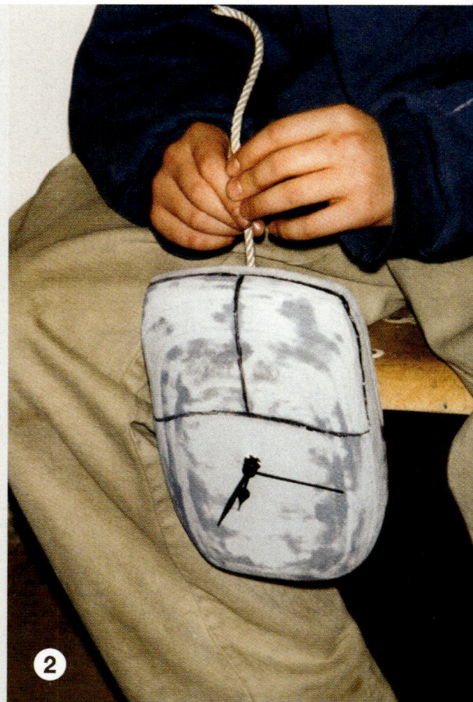

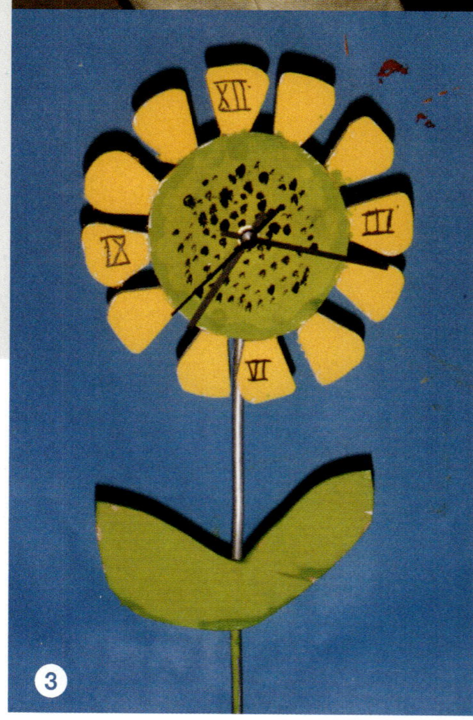

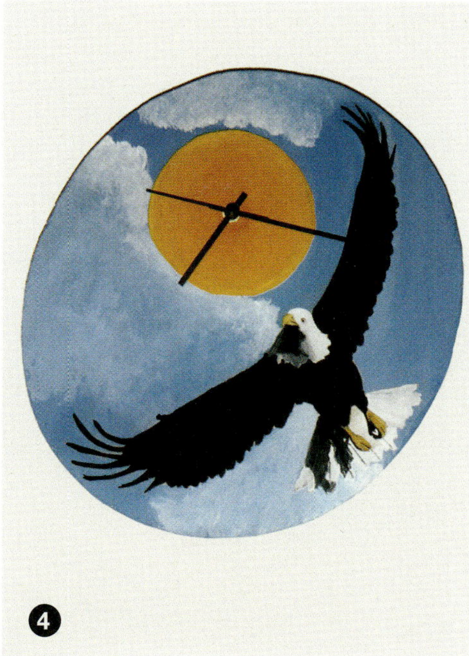

4

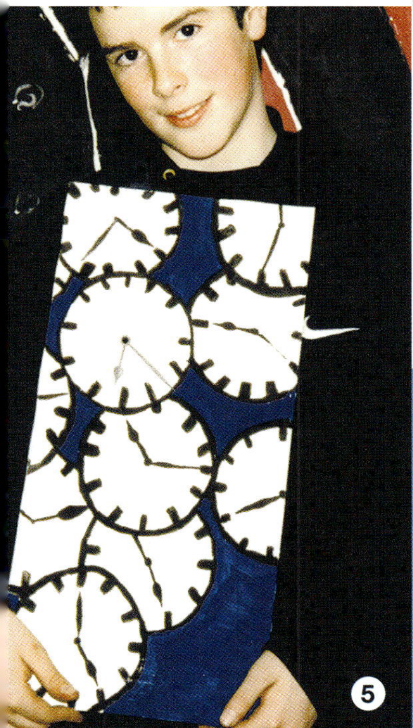

5

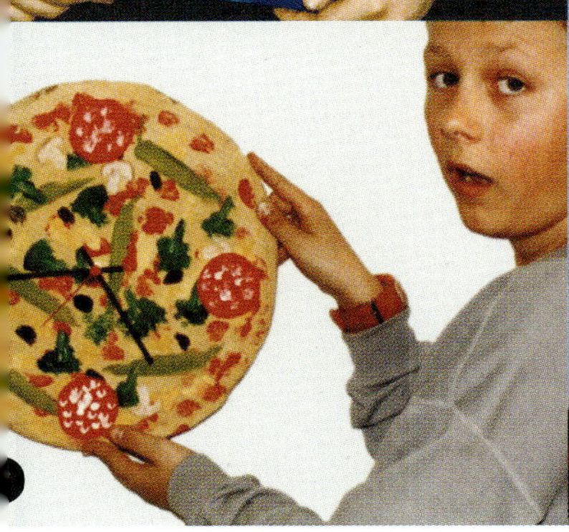

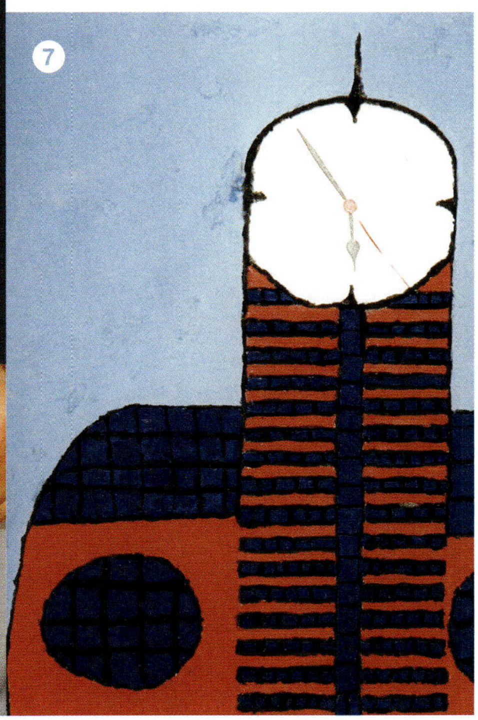

7

Uhren

Werkzeug

Bohrer
Stichsäge
Sandpapier

Material

Uhrwerk mit Zeigern, Zubehör und Batterie
Sperrholz, 4 mm
Holzleisten
Acrylfarbe
Holzleim
Nägel

Info

Bezugsquellenhinweis:
Westfalia Werkzeug Co. GmbH,
Werkzeugstr.1, 58082 Hagen, oder
Conrad Electronic GmbH
(Versandhaus)

Alter 4 6 8 10 12 14 16 18

Vogelhäuser zu bauen ist ein Herbstthema, das die Phantasie der Kinder, was sich in diesen Häusern alles abspielen wird, anregt. Vogelhäuser können eigentlich jede Form haben, solange das Futter vor dem Wetter geschützt ist und klar ist, welche Vögel man füttern will. In unserem Falle hatten wir geschenkte Tischlerplattenabfälle, welche die Form der Konstruktion bestimmten. Jeder bekam jeweils ein Bodenteil und zwei Seitenteile ❶. Die Seitenteile wurden links und rechts an den Boden genagelt und dann oben zur Mitte hin zusammengebogen und zusammengenagelt. Über die Dachfirstfuge nagelten wir einen Aluminiumblechstreifen als Wetterschutz ❷. Von der Grundform aus werden Rückwände, Anflugstäbchen, Balkone, Nistplätze, Fluglöcher und Stockwerke weitergebaut ❸ bis ❺. Obwohl aus einer Norm entwickelt, gleicht nach der Bemalung mit wasserfester Acrylfarbe kein Haus dem anderen ❻. Als weiterer Wetterschutz wird auf das Dach noch transparenter Acryllack aufgetragen.

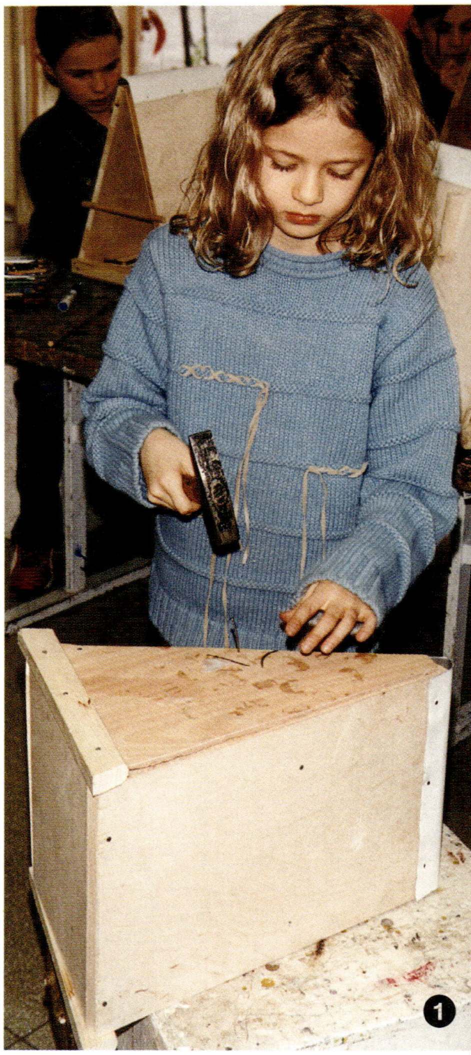

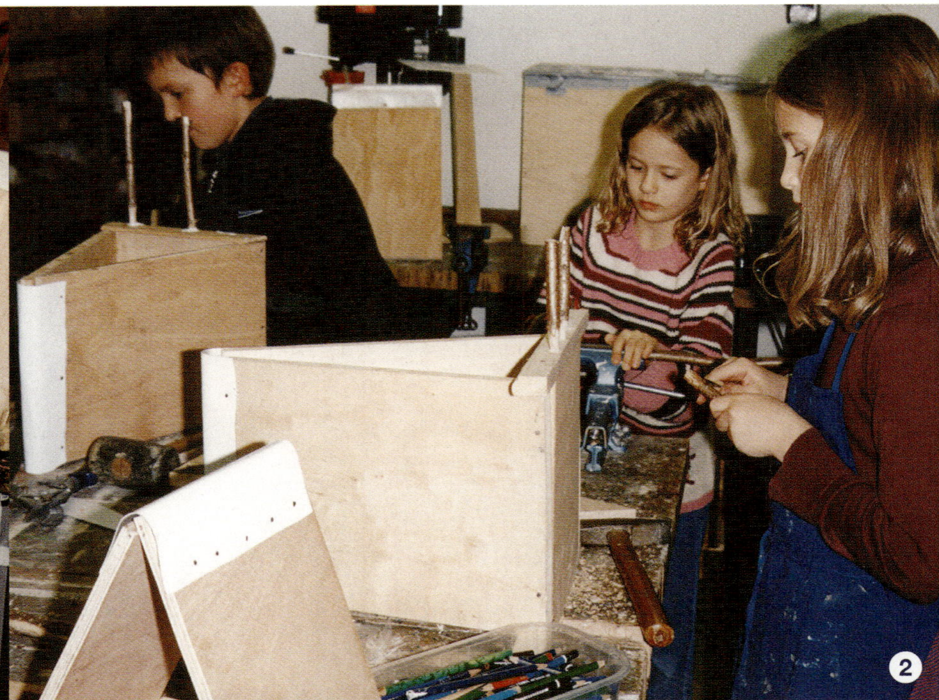

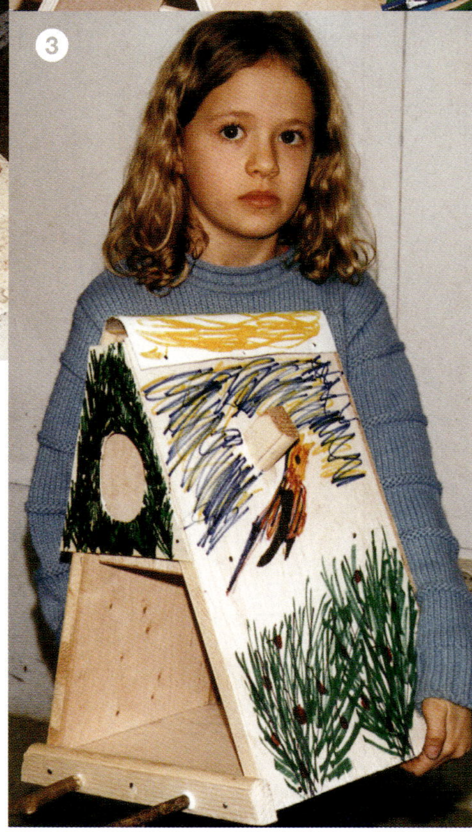

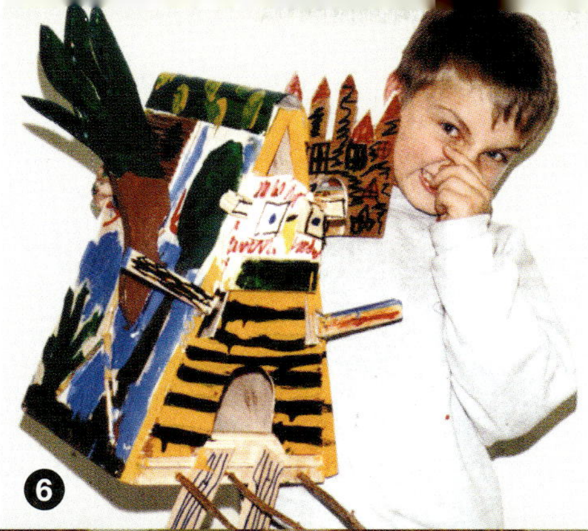

6

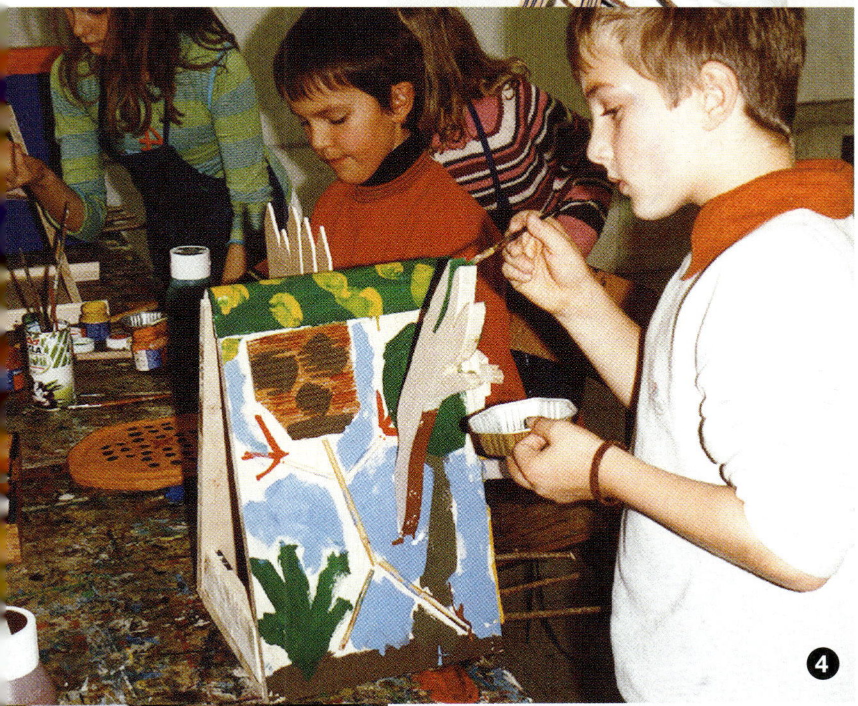

4

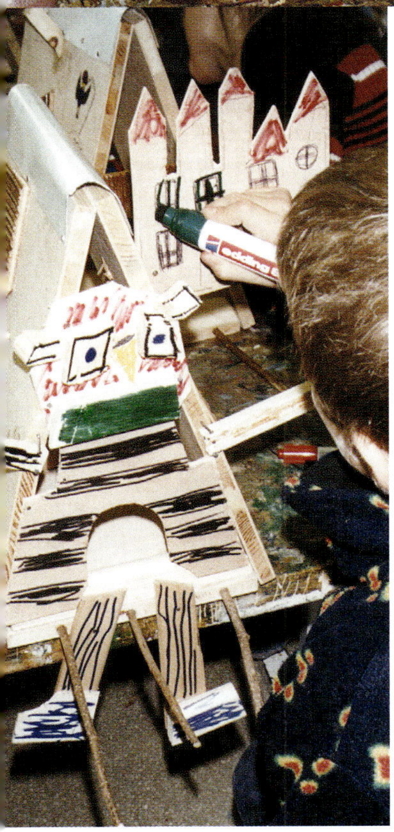

Vogelhäuser

Werkzeug

Säge
Stichsäge
Bohrmaschine
Bohrer
Schraubeinsätze
Hammer
Zange

Material

Holzbretter
Alublech (Offsetblech)
Aststäbchen
Spaksschrauben
Sperrholz
Acrylfarbe
Acryllack
Holzleim

Alter 4 6 8 10 12 14 16 18

Papier und Pappe

Knittern, knüllen, schneiden, kleben, zusammenstecken, reißen, falten ... mit welchem Material kann man so schnell seinen Gedanken eine Form geben?

Papier ist ein sehr sinnliches und dankbares Material. Wenn uns das, was wir eben noch geschnitten und geklebt haben, nicht gefällt, können wir es knüllen und wegwerfen, wenn es uns gefällt, weiterfalten und wieder zusammenkleben. Das alles mit einfachen Mitteln, wie Schere, Cutter, Klebstoff, Klebeband oder Kleister. Auch Heißkleber kann uns bei ungeraden Oberflächen, die zusammengefügt werden sollen, von großer Hilfe sein.

Buntpapier, Transparentpapier, Zeitschriften, Zeitungen und Papiere mit allen möglichen Oberflächen (glänzend, matt, rau etc.) ausschneiden oder reißen und durch einfaches Kleben daraus Bildcollagen entstehen lassen – das sind die einfachsten Schritte beim Umgang mit Papier.

Es gibt auch kompliziertere Verfahren, die zuerst spielerisch beginnen und nach und nach eine aufwendigere Bearbeitung verlangen. Fertige Elemente wie Pappteller, Reste von Verpackungen, Papprollen, Schachteln usw., die man überall finden kann, sind die Bauteile neuer Formen. Autos, Häuser, Tiere, Möbel oder Flugobjekte entstehen durch das Kombinieren dieser Einzelteile. Das Ganze zuerst mit Klebeband oder Klebstoff provisorisch zusammenfügen, später mit Kleister und Zeitungen ummanteln (Pappmaché), um einen einheitlichen stabilen Körper zu schaffen.

Pappmaché ist eine Verbindung von Kleister und dünnem Papier (am besten Zeitungspapier). Man reißt das Papier nach dem Einkleistern in ca. drei Zentimeter breite Streifen und beklebt die vorgegebene Form mit mehreren Schichten. Diese Form kann ein Luftballon oder ein aus Ton modellierter Körper sein. Nach ca. zwei Tagen Trockenzeit kann die Innenform entfernt werden. Es bleibt eine stabile Papierschale übrig, die man anschließend grundieren und bemalen kann. Bei größeren Formen, beispielsweise naturgetreue menschliche Figuren, wird ein Draht- oder Hasendrahtgerüst gebaut, welches nicht mehr entfernt werden kann. Es bleibt als Skelett der Figur. Diese Vorgehensweise bedarf handwerklichen Geschicks, daher ist sie eher für Jugendliche ab ca. 15 Jahren zu empfehlen.

Pappmaché kann auch modelliert werden. Dazu weicht man Papier in einem Kleisterbad ein. Nachdem die Masse weich genug ist, kann man sie leicht zu einer Form kneten oder modellieren. Zum Beispiel kann man Griffe für Tassen anfertigen oder kleine Tiere und Figuren ins Leben rufen.

Jede Altersgruppe lässt sich für diese einfache Technik begeistern. Nach einer längeren Trockenzeit von ca. zwei bis fünf Tagen ist das Modellierte hart genug, um weiterverarbeitet zu werden.

Die Bearbeitungsmöglichkeiten können auch unkonventionell sein. Papier lässt sich nicht nur schneiden und kleben, sondern auch nähen. T-Shirts, Hemden, Hosen oder Hüte lassen sich leicht anfertigen. Das Schnittmuster wird aus strapazierfähigerem Papier ausgeschnitten und mit einer dickeren Schnur zusammengenäht oder gebunden. Auch Perücken sind schnell zu stylen. Es genügt, Papierrollen zu sammeln und sie mit einer Schnur um den Kopf zusammenzubinden – fertig sind die Locken.

Die Oberfläche des Papiers kann auch gezielt verändert werden. Wenn wir einen antiken Brief oder eine alte Schatzkarte gestalten wollen, können wir das Blatt Papier auf dem Boden reiben, Tee darüber gießen und sogar hier und da kleine Löcher oder Ränder anbrennen, um Glaubwürdigkeit zu erzielen. Aber Vorsicht! Das ist natürlich nur mit einem bereitgestellten Eimer Wasser und unter Aufsicht von Erwachsenen durchzuführen.

Wenn die ersten warmen Sonnenstrahlen im Frühjahr schon zu einer kleinen Siesta im Freien einladen…

Auf Pappkarton lässt sich gut mit Acrylfarben malen, wenn er vorher von beiden Seiten weiß grundiert ist. Die Tiere oder Blumen vor dem Ausschneiden vorzeichnen oder gleich malen. Am leichtesten lassen sie sich mit Heißkleber, dem Tacker oder einem Reißnagel an flach abgeschnittenen Stöcken befestigen ❶.

Für den Körper der Schmetterlinge haben einige Kinder zuerst eine Holzleiste mit Raspel und Feile bearbeitet ❷. Als feine Flügel der Schmetterlinge wurde Klarsichtfolie mit Stiften und Acrylfarben bemalt und als Fühler wurden Nägel verwendet ❸. Leicht im Wind wippen die Insekten an Draht. Um das Stöckchen, das flach an der Unterseite des Insekts mit Klebestreifen befestigt ist, wird dünner Draht zur Verbindung mit dem Stock gewickelt. Zusätzlich kann die Folie festgetackert werden ❸.

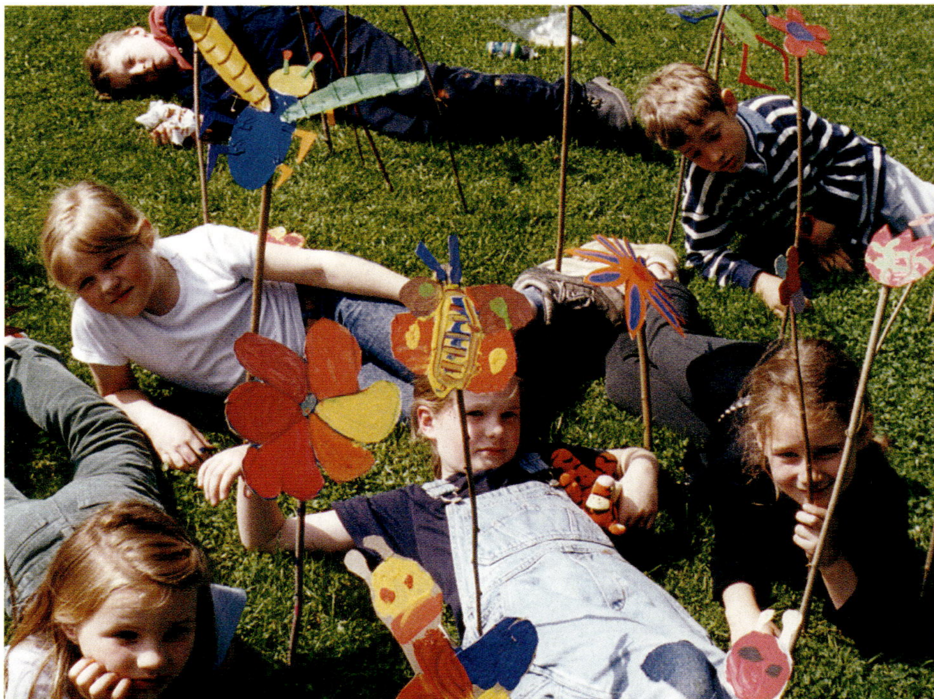

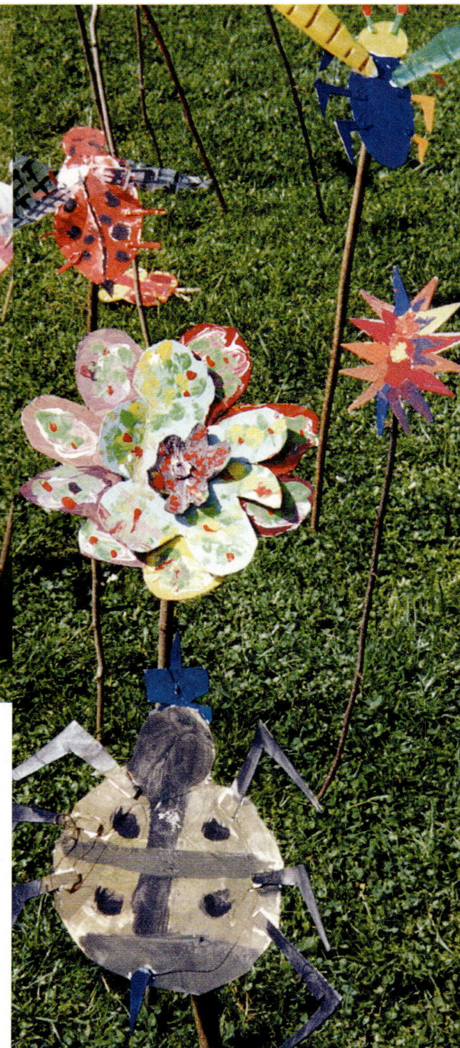

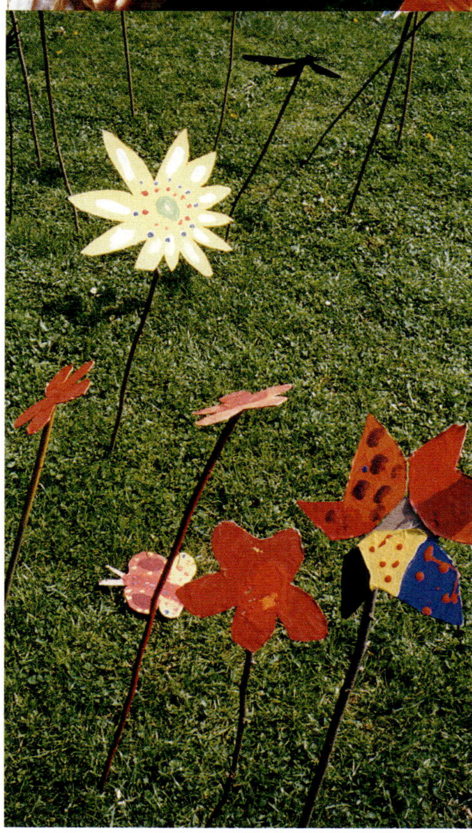

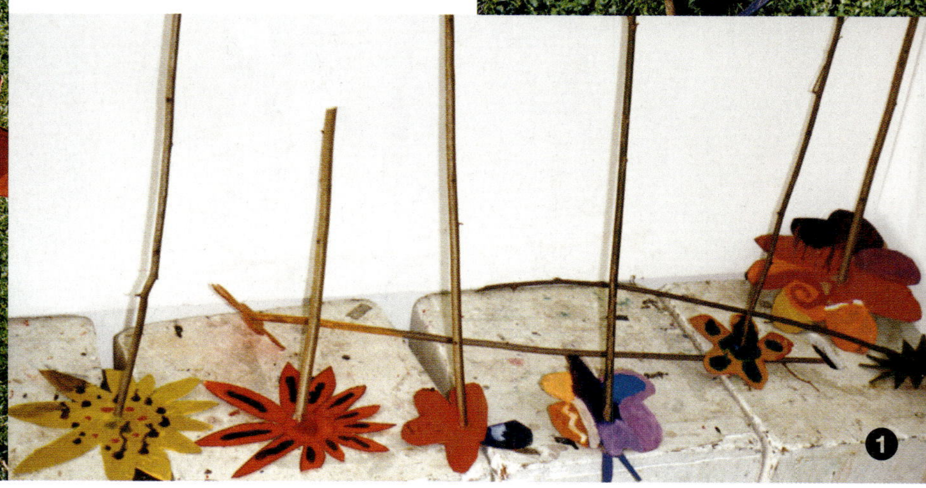

❶

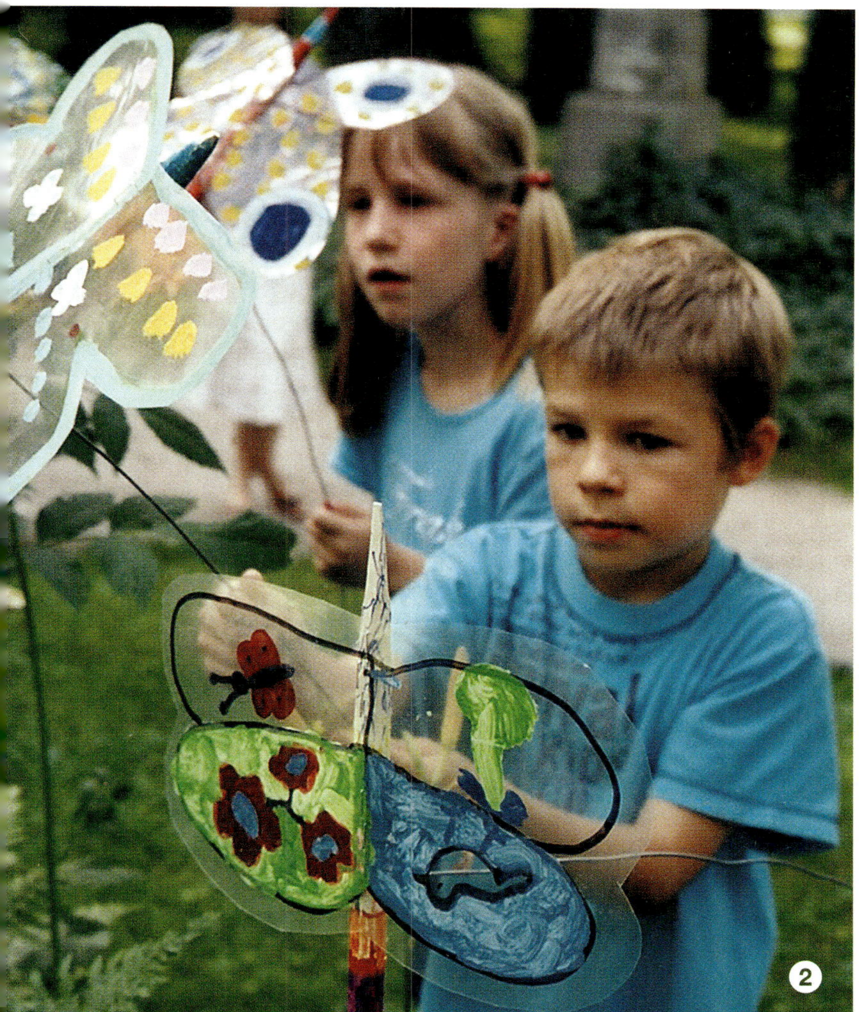

2

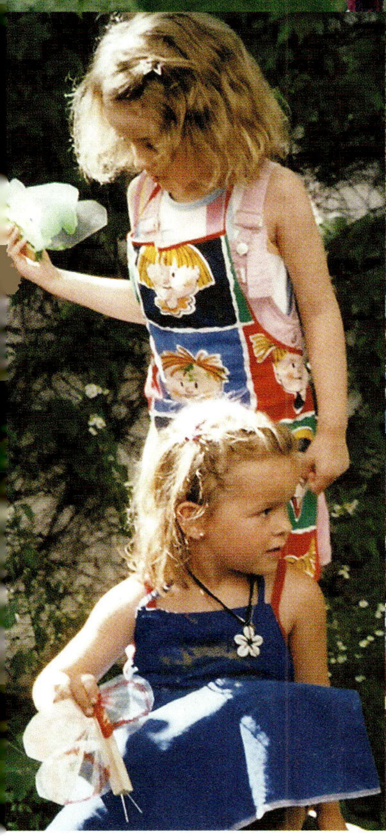

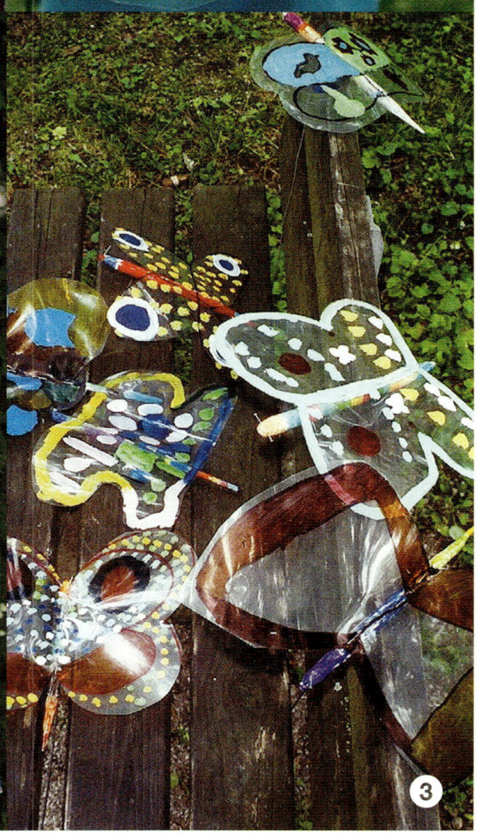

3

Pappblumen und Folienfalter

Werkzeug

Schere
eventuell Heißklebepistole
Tacker

Material

Zeichenkarton
Kleber
Farbstifte oder Ölkreiden
Acrylfarbe
Reißnägel
klare Folie
Folienschreiber
Holzleiste oder Stöckchen
Nägel
lange Haselnussstecken oder
Draht (2 mm Durchmesser)
feiner Blumendraht

Alter 4 6 8 10 12 14 16 18

Im Gegensatz zu einem Blatt Papier, das meist als neutrale Projektionsfläche für Phantasien dient, hat eine Säule einen durchaus eigenständigen Charakter. Als aufrecht stehendes Ding stellt sie ein Gegenüber dar, das eigene Gestaltungsideen herausfordert ❶. Das sozusagen unendliche Rundherum einer Säule provoziert eine eher rhythmisch ornamentale Gestaltung ❸ ❹. Im Falle unseres Beispiels haben wir Kartonröhren (Teppichrollen) besorgt und diese in 60 Zentimeter lange Teile geschnitten. Als Standfläche dient ein aufgeleimtes Holzbrettchen ❷. Die Farbgrundierung besteht aus weißer Wandfarbe.
Die *große Säule* besteht aus drei Bauteilen: Sockel, Schaft und Kapitell ❺. Der Sockel hat eine Innenkonstruktion aus Holzbrettern, die das Gewicht aufnimmt. Die Säule hat ebenfalls einen Innenaufbau aus Holzscheiben, die dem Durchmesser der Säule entsprechen und in Längsrichtung mit Leisten verbunden sind. Diese Konstruktion wird rundherum mit Kartonstreifen benagelt.

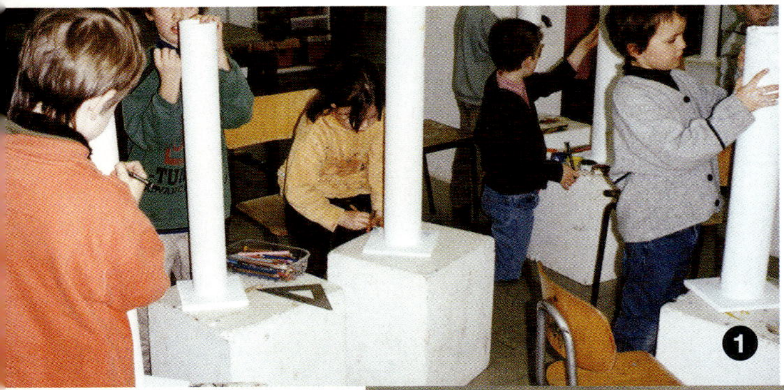
❶

Das Kapitell besteht aus einer Kartonschachtel der passenden Größe, die mit einem Relief aus aufgeklebten Karton-Akanthusblättern verziert wird ❺.
Die entstandene Grundform wird mit eingekleisterten Zeitungsstreifen mehrschichtig beklebt und im Detail ausgeformt. Nach Austrocknung der Papierschichten wird die Säule mit weißer Wandfarbe grundiert.

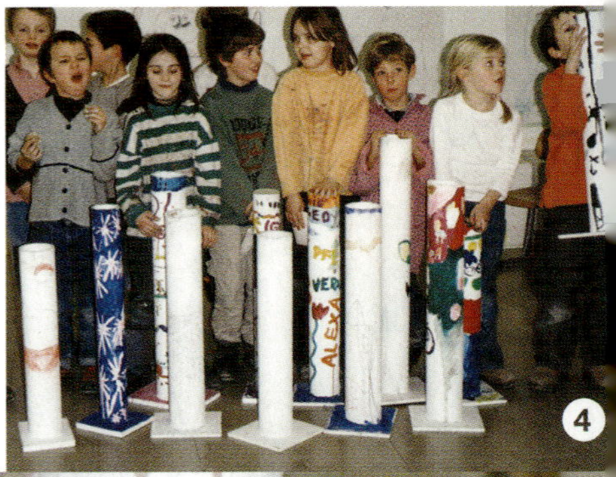
❹

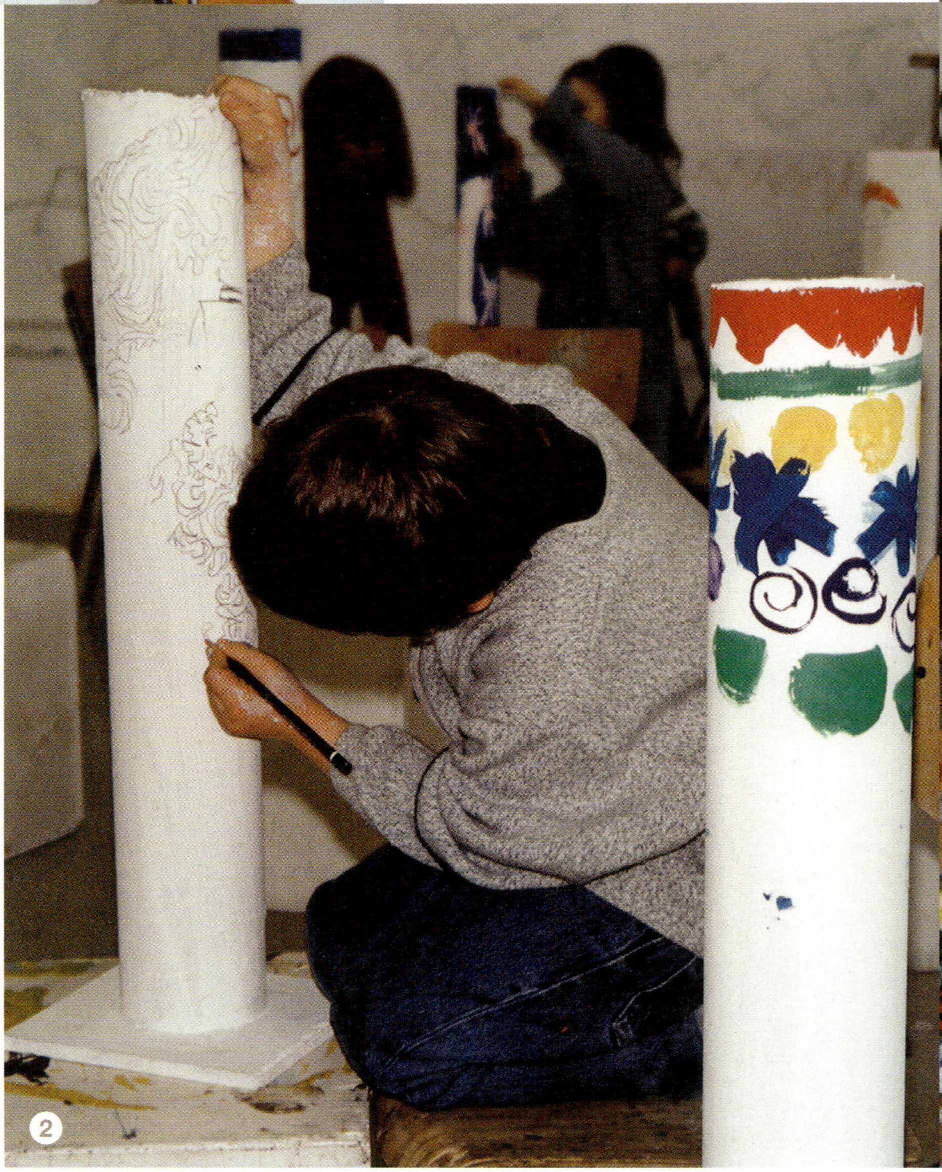
❷

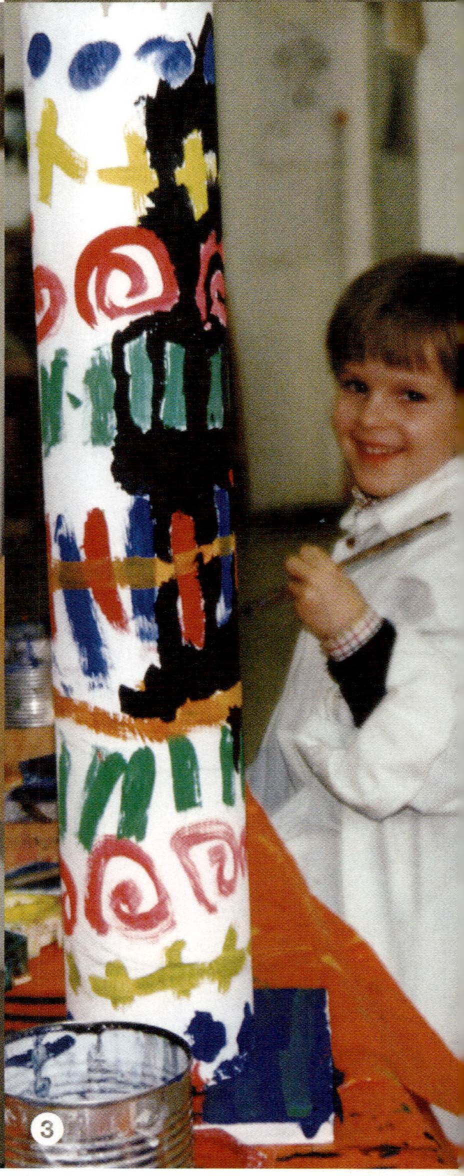
❸

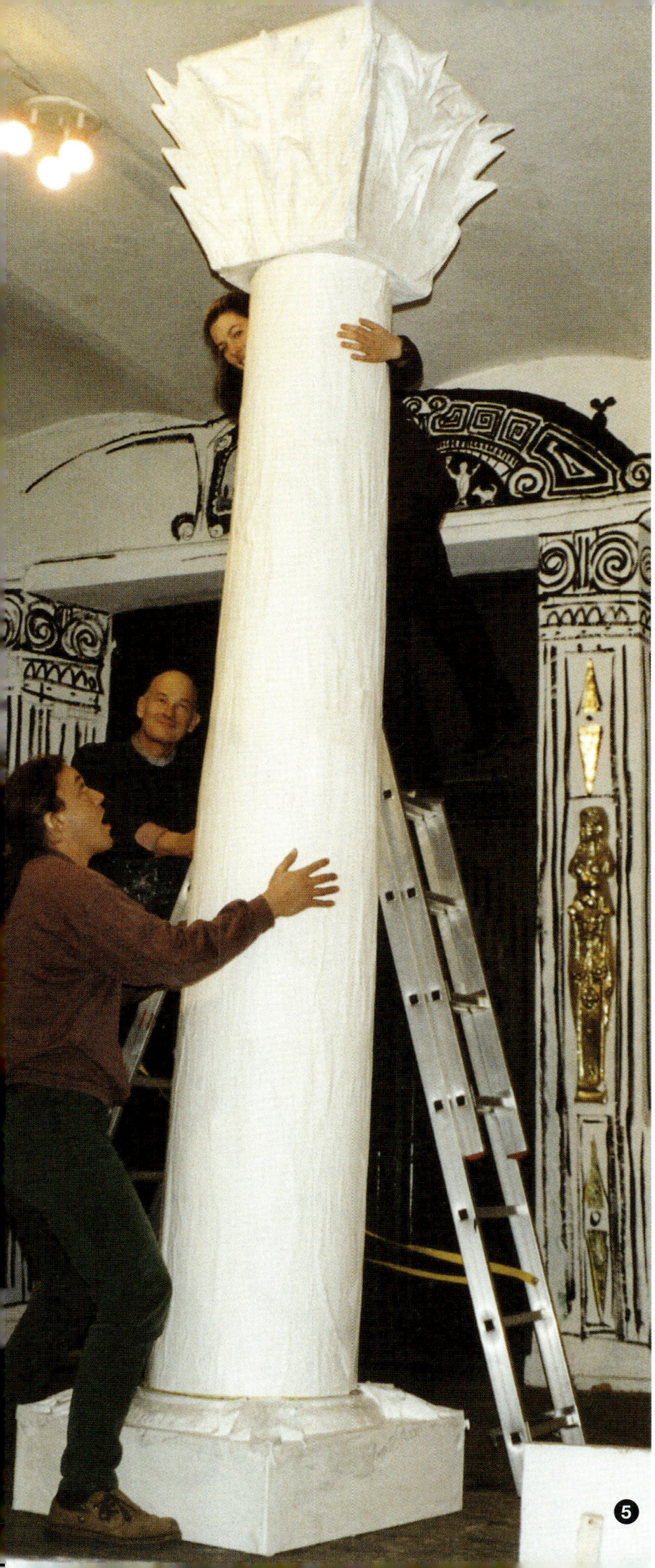

Papiersäulen

Werkzeug

Säge, Stichsäge
Hammer
Pinsel
Schere
Papiermesser

Material

Teppichrollen
Holzbrettchen
Kleber
weiße Wandfarbe

Große Säulen
Spanplatten
Leisten
Kartonschachtel
Kartonstreifen
Holzleim
Tapetenkleister
Zeitungen
Nägel
Wandfarbe

Alter 4 6 8 10 12 14 16 18

Es gibt zwei Möglichkeiten, die Autos und die Flugobjekte zu gestalten: aus kleineren Schachteln kleinere Modelle bauen, die später nur mit der Hand betätigt werden ❶ ❷, oder große zum Hineinschlüpfen ❸ ❹. Fenster werden ausgeschnitten, Lichter dazu montiert, Flügel und Räder befestigt, Propeller angebracht – mit einfachsten Mitteln, wie Klebeband, Papierklebstoff und Heißkleber, wächst das Ganze zu einer Form. Letztendlich wird mit Farben der letzte Schliff verpasst ❺. Die Piloten setzen ihre Kopfhörer und Schutzbrillen auf und die Reise kann losgehen. Beim Autorennen und der Kunstflugshow darf man natürlich die dazugehörenden Motorengeräusche nicht vergessen ❻ bis ❽!

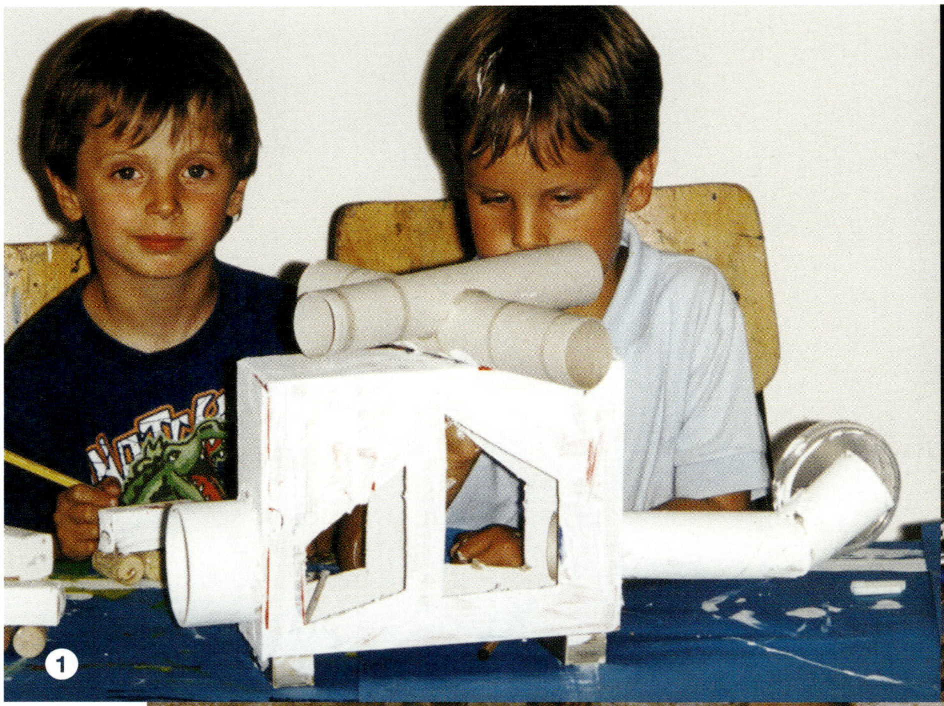

1

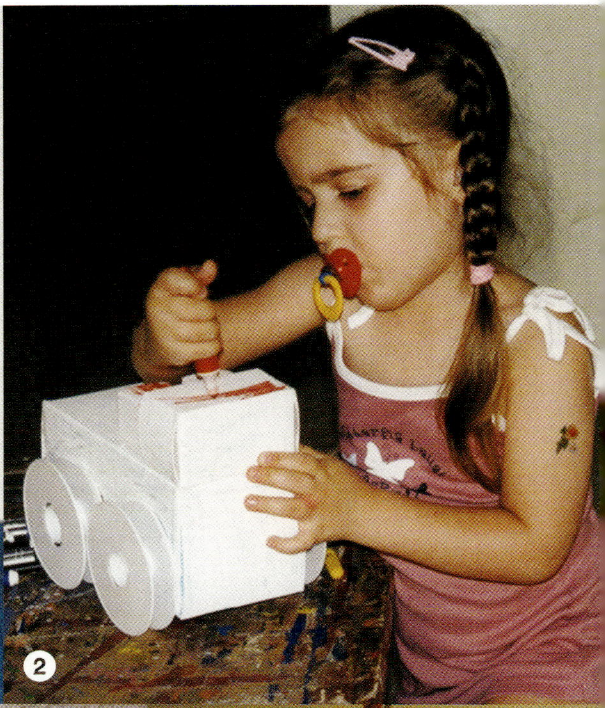

2

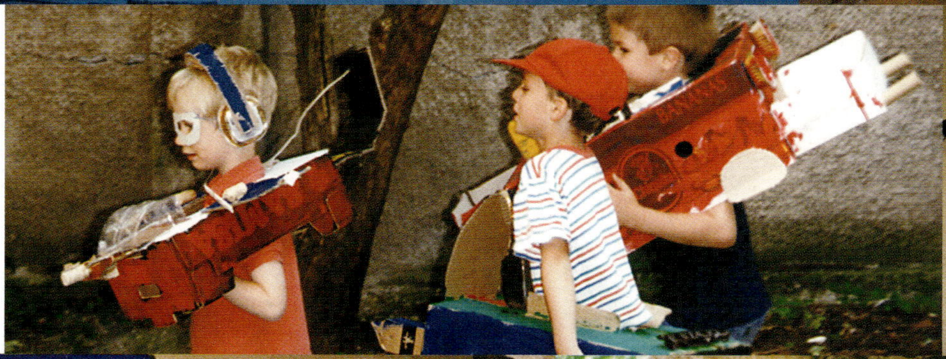

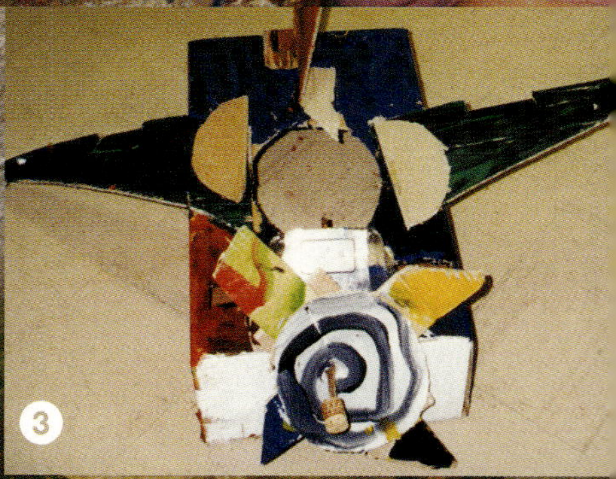

3

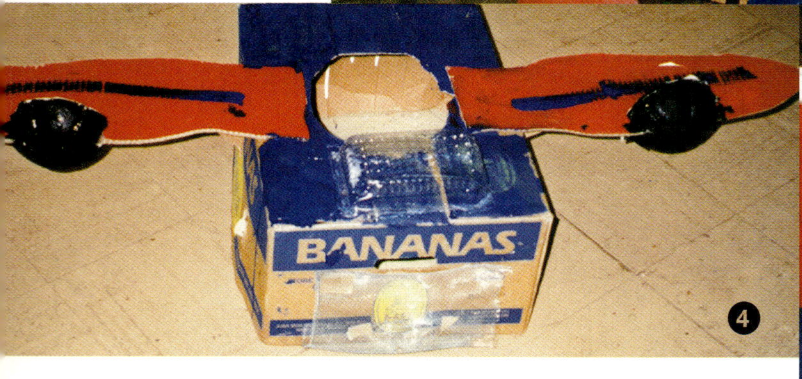

4

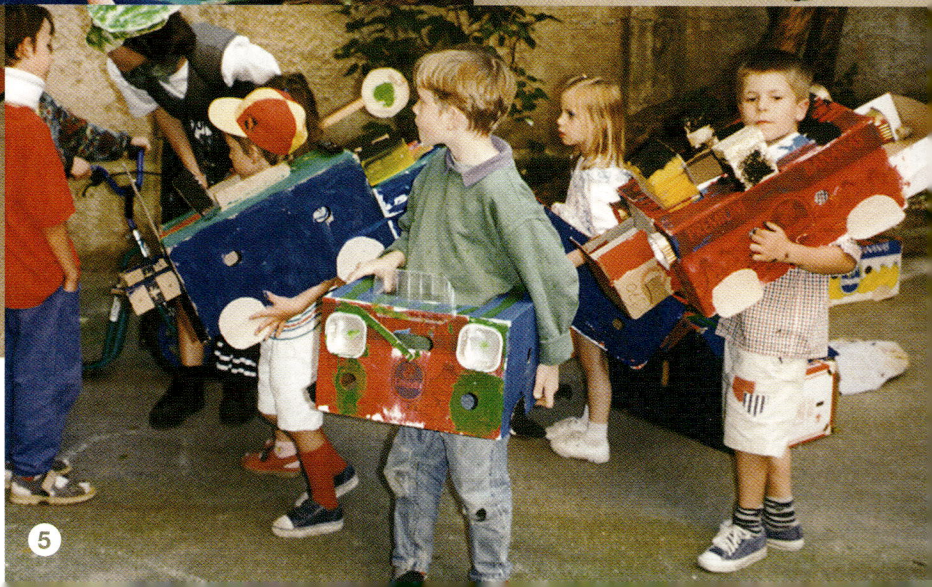

5

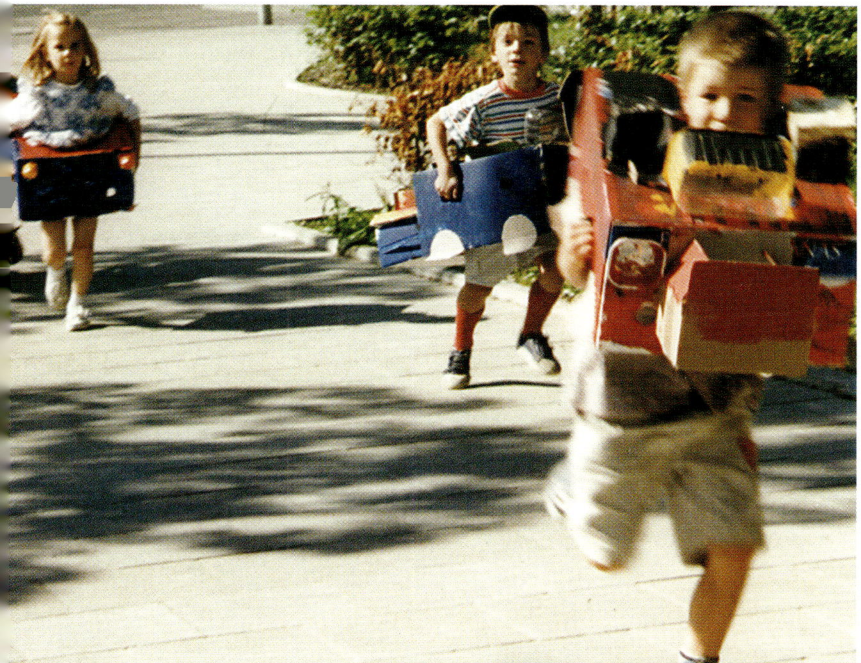

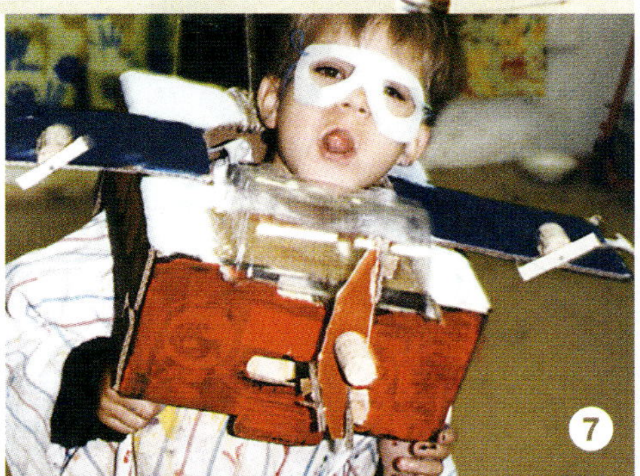

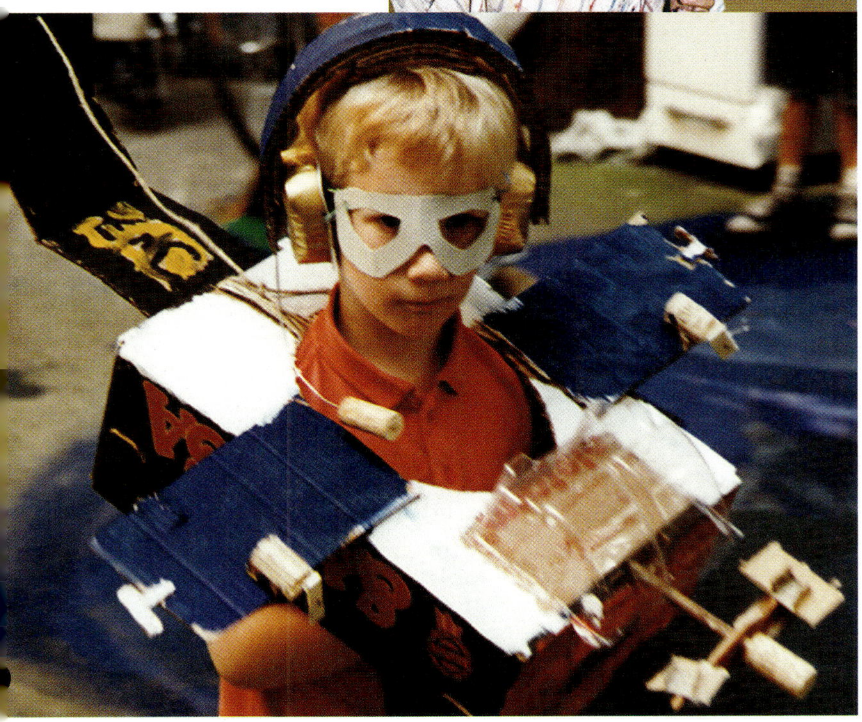

Schachtel fährt, Schachtel fliegt

Werkzeug

Schere
Pinsel
Papiermesser

Material

Kartons
Papprohre
Papierrollen
Farben
Heißkleber
Klebeband
Schnüre
Aludosen
Korken
Holzstäbchen
Filzstifte

Info

Für dieses Thema eignen sich alle Arten von Kartons, die im Supermarkt zu finden sind. Das Schneiden mit dem Cutter, falls erforderlich, sollte ein Erwachsener übernehmen.

Alter 4 6 8 10 12 14 16 18

Die Kinder bekommen fertige Papiertüten oder Schachteln, die sie direkt über den Kopf ziehen können ❶ ❸ ❹. Sie können auch eine Maske aus Papier schneiden, die sie hinter den Ohren mit Gummis befestigen ❺ bis ❼. Die Befestigungspunkte der Gummis sollten mit doppelten Kartons verstärkt werden. Die Gestaltung kann beginnen.
Löcher für Augen und Nase werden ausgeschnitten, Schnauzen, schreckliche Zähne und Bärte werden angeklebt.
Die Maskengestaltung kann auch unter einem bestimmten Motto stehen, zum Beispiel »Lasst uns die Welt erschrecken« ❶ bis ❹ oder »Schweine erobern die Welt« ❼.

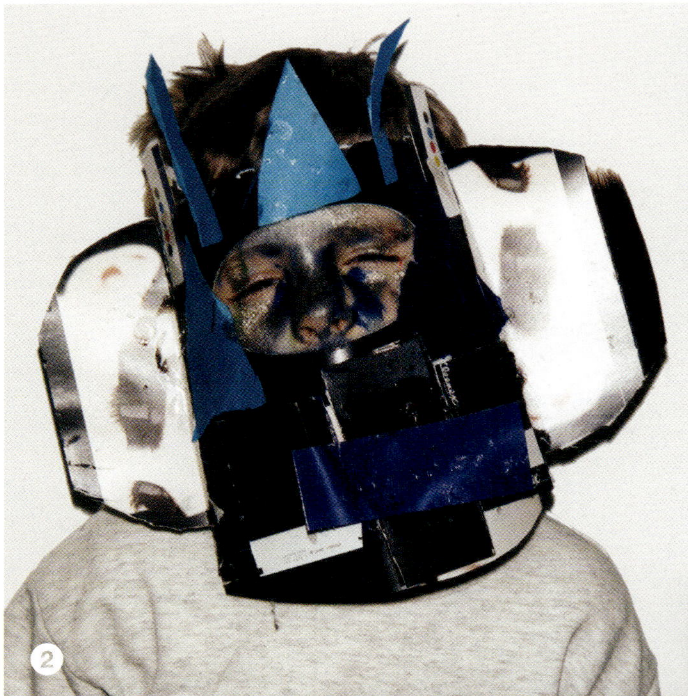
2

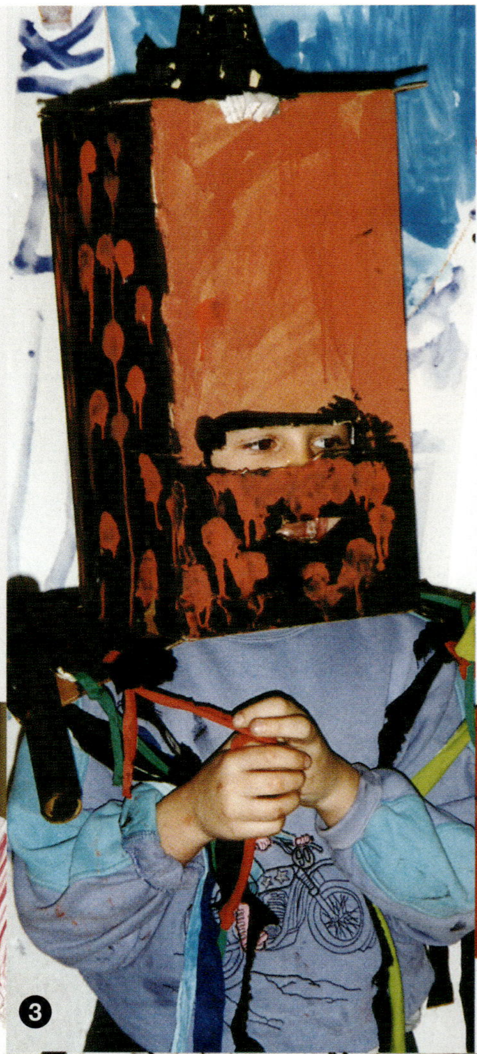
3

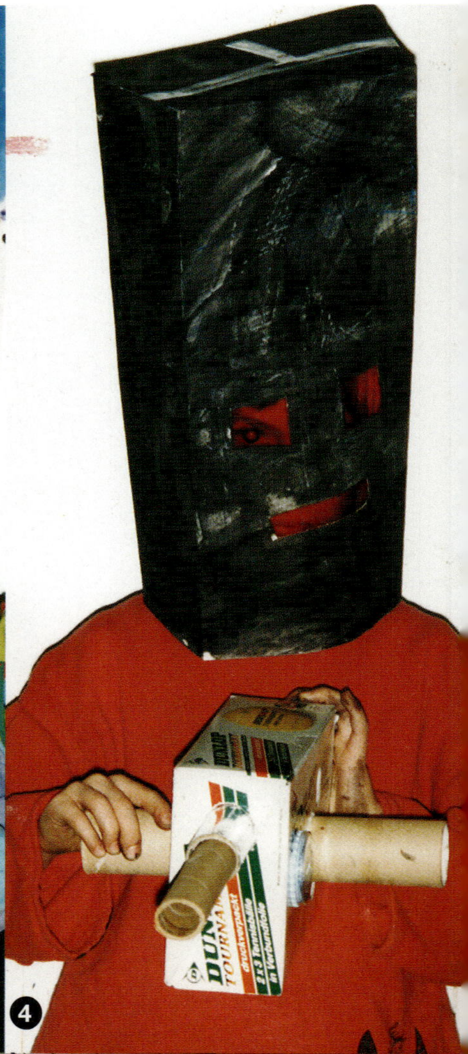
4

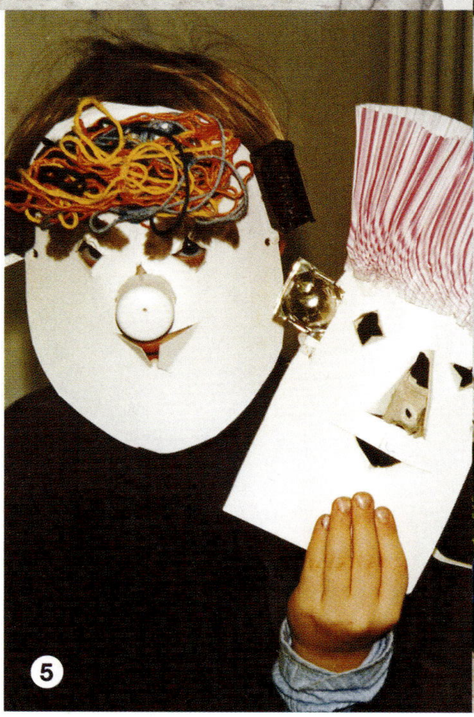
5

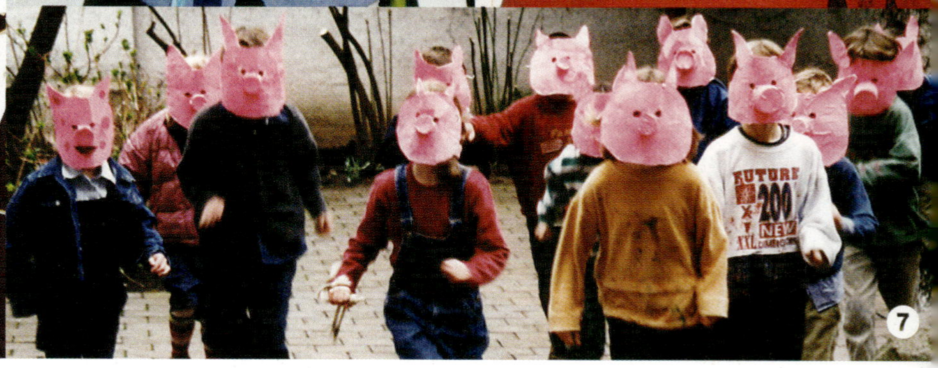
7

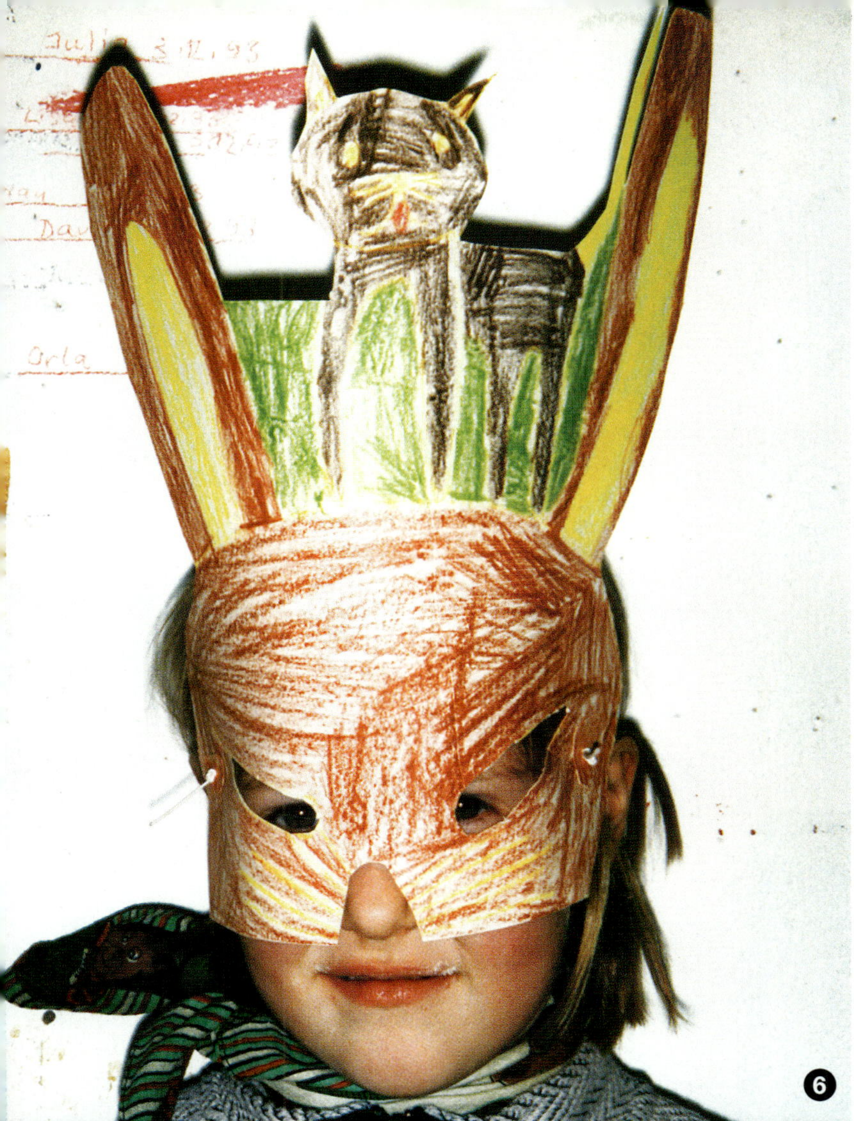

6

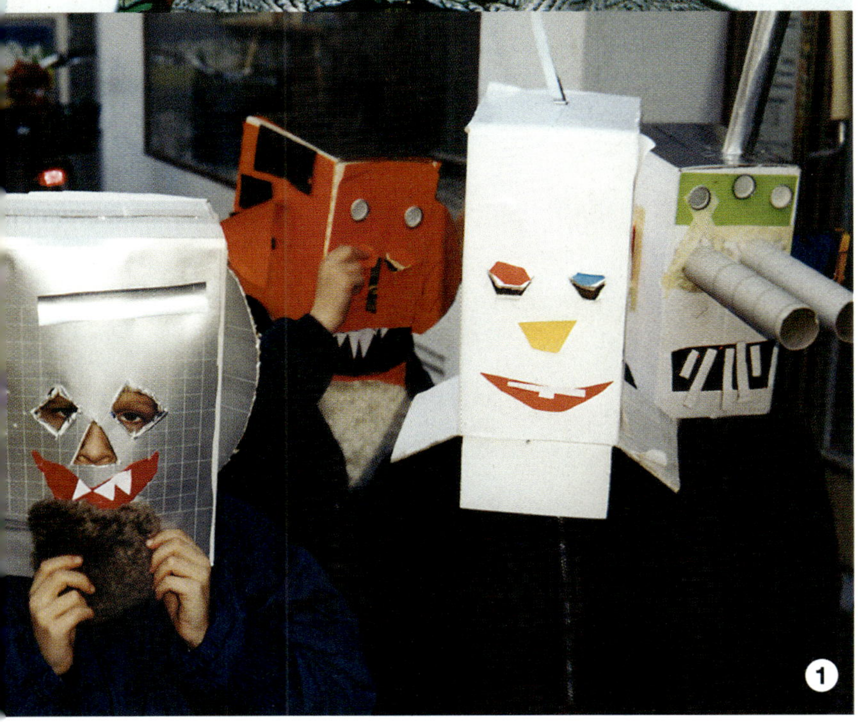

1

Pappköpfe

Werkzeug

Schere
Pinsel

Material

Papier
Kartonschachteln
Papiertüten
Papierrollen
Stifte
Farben
bunte Wolle
Klebeband
Klebstoff
Heißkleber
Gummibänder

Alter 4 6 8 10 12 14 16 18

Warum nicht auch einmal die Füße verkleiden ❶ ❷? Bei den meisten Arbeiten ist die Außenform wichtig, diesmal muss die Innenform, die Höhlung stimmen, der Fuß muss Platz haben und die Konstruktion muss den Belastungen standhalten. Alte Lederschuhe können gut als Anschauungsmaterial dienen, wie aus flachen Schnittformen die räumliche Form eines Schuhes entsteht. Einfache Modelle wie Pantoffeln oder Mokassins ❸ sind dazu gut geeignet.

Zur Herstellung eines Papierschuhes wird der eigene Fuß auf einen Karton gestellt und die Fußform nachgezeichnet. Der Umriss kann vor dem Ausschneiden begradigt oder modisch abgewandelt werden und bildet nun die Sohle des Schuhes. Auf diese Grundform wird aus festem Papier nach vorher ausprobierten Schnittformen der Schuh aufgebaut. Der Unterbau kann vorläufig nur mit Klebestreifen geheftet sein, die Stabilität erhält der Schuh durch den Überzug mit eingekleisterten Zeitungsstreifen, die in mehreren Schichten aufgelegt werden. Bei diesem Arbeitsgang können zusätzlich Verzierungen angebracht werden. Absätze werden, wenn nötig, aus Holzklötzen geschnitten und aufgeklebt. In unserem Falle haben wir nach Trocknung der Papierkonstruktion diese Gaudischuhe mit Acryllack besprayt und die Demonstrationsschuhe gleich mit dazu ❹.

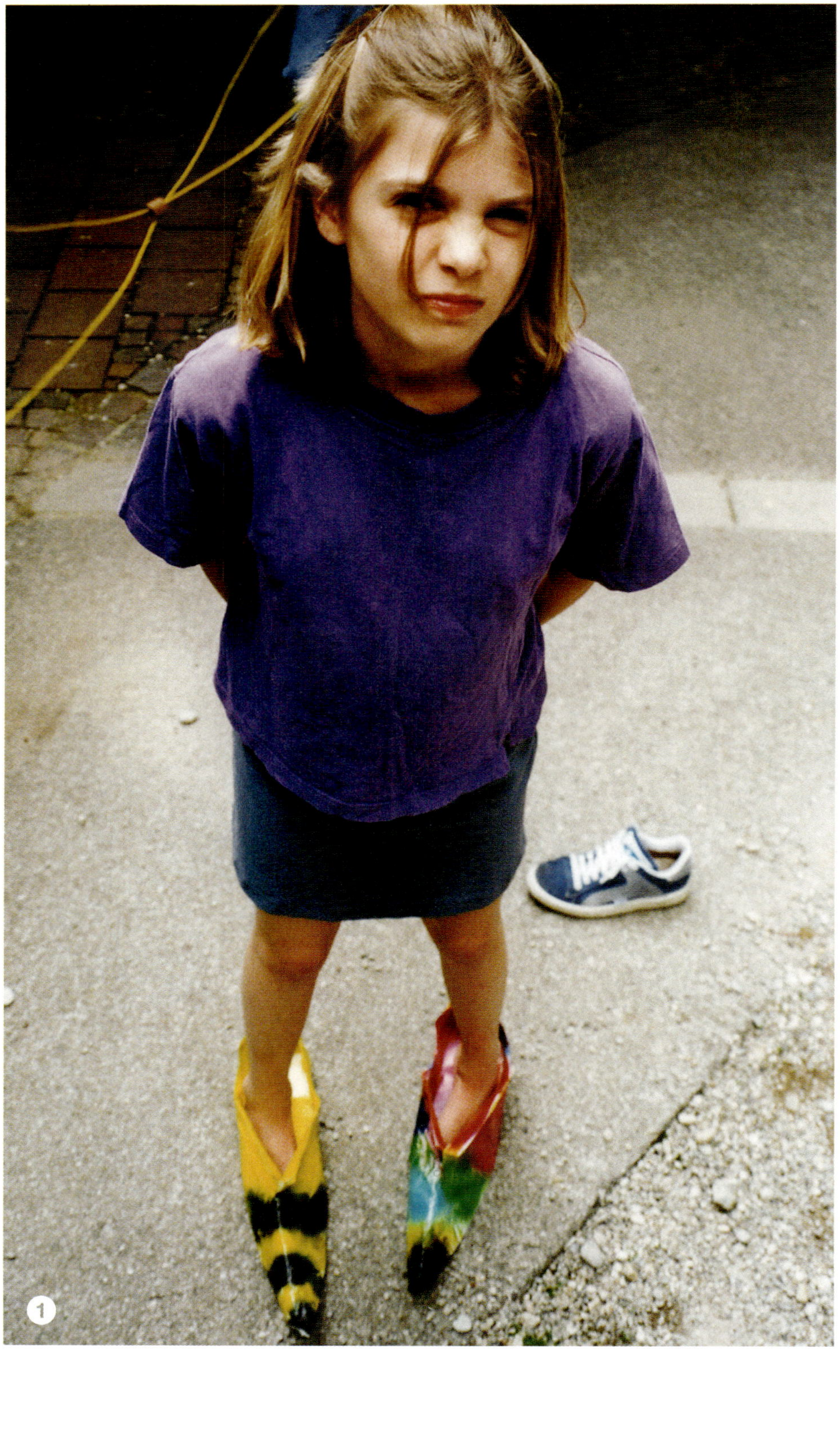

1

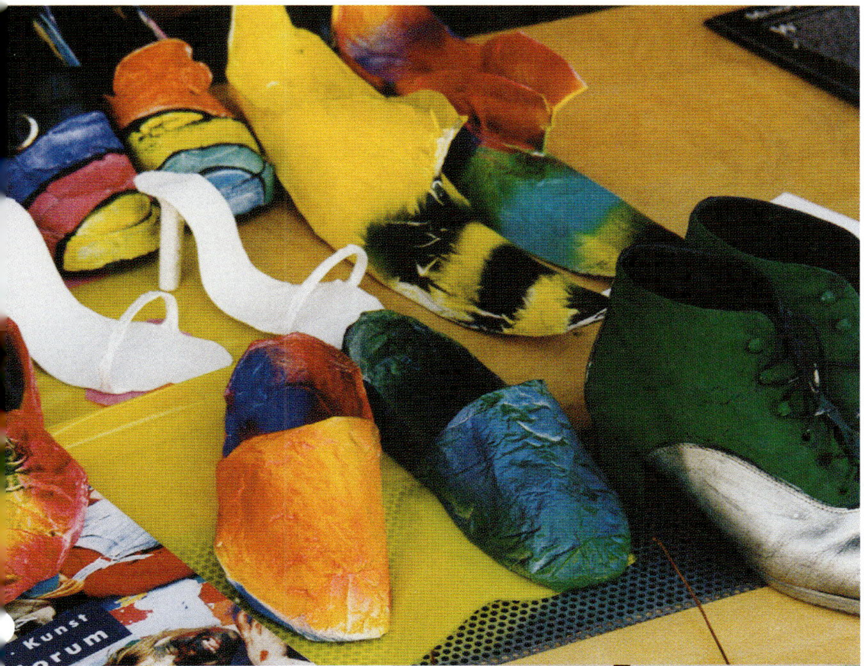

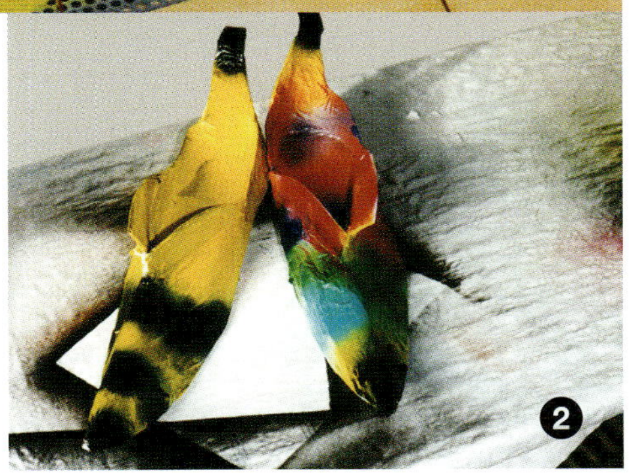

Papierschuhe

Werkzeug

Schere
Papiermesser

Material

Bleistift
Karton
Papier
Zeitung
Klebeband
Kleister
Farbe (Spraydosen)

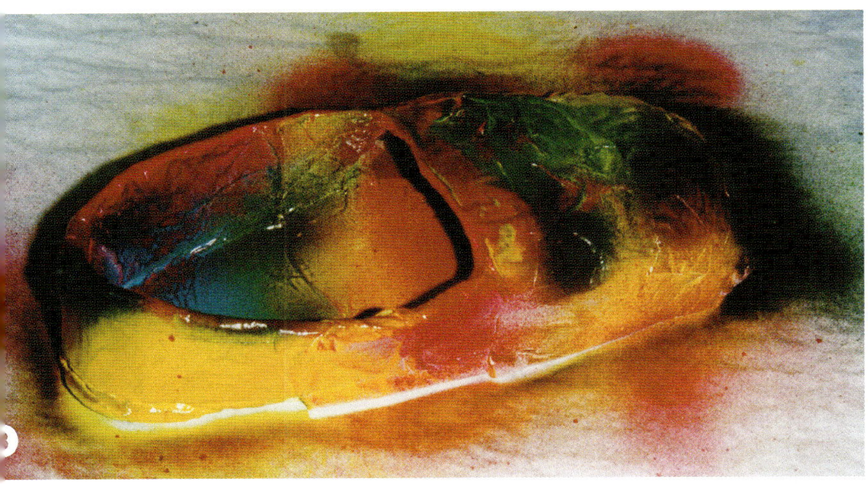

Alter 4 6 8 10 12 14 16 18

Die verschiedenen Becher, Papierrollen etc. werden in Form eines Pokals mit Klebeband zusammengefügt ❶.
Der Pokal wird mit mehreren Schichten aus Zeitung und Kleister ummantelt (Trockenzeit ca. zwei Tage), so dass er stabiler wird ❶.
Nach dem Trocknen kann er mit weißer Farbe grundiert werden (Trockenzeit ca. zwei bis drei Stunden). Danach wird er nach Belieben mit Farben und anderen Materialien gestaltet ❷ ❸.
Nach der Bemalung werden alle »feinen Akzente« mit Heißkleber (Vorsicht, am besten nur mit Erwachsenen!) angeklebt ❹ ❺.

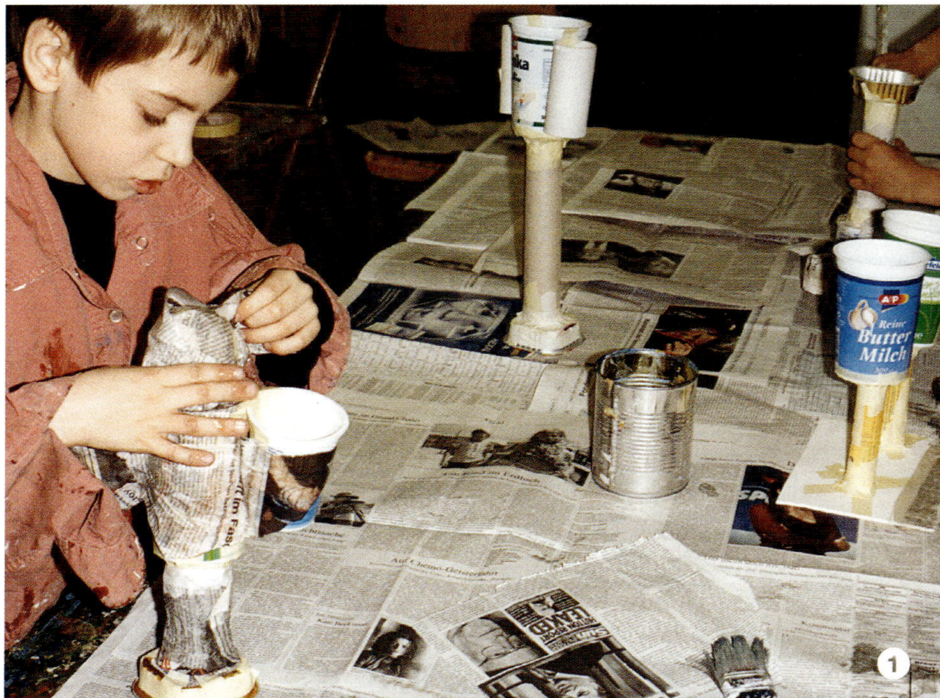

1

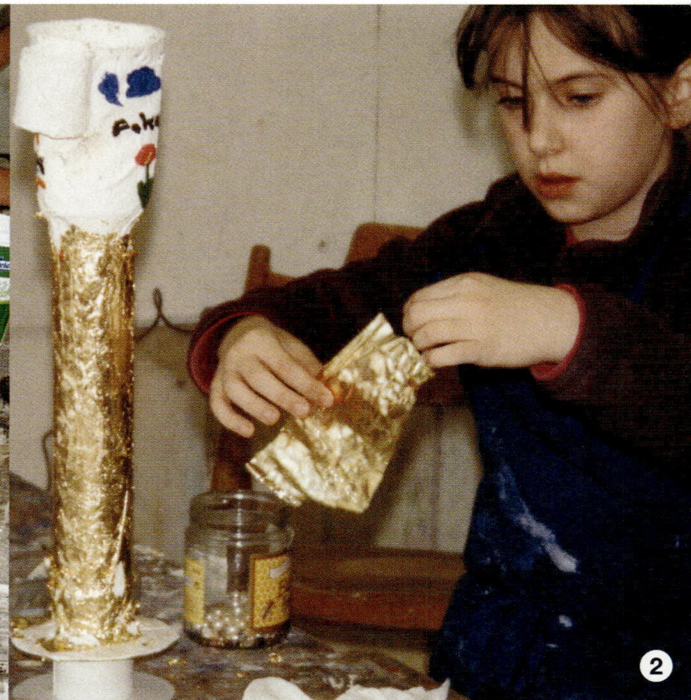
2

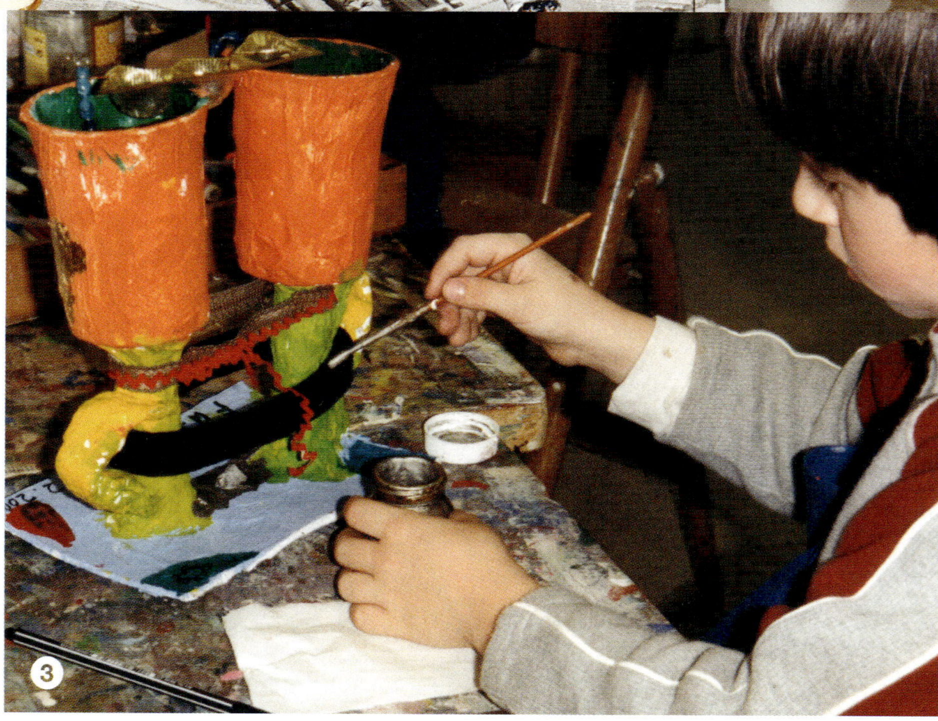
3

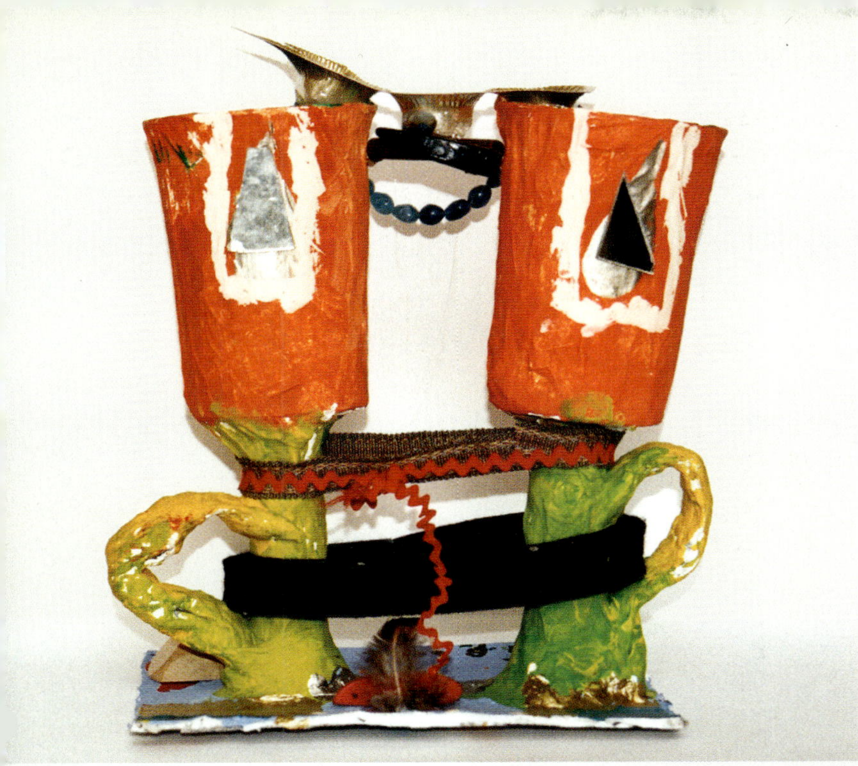

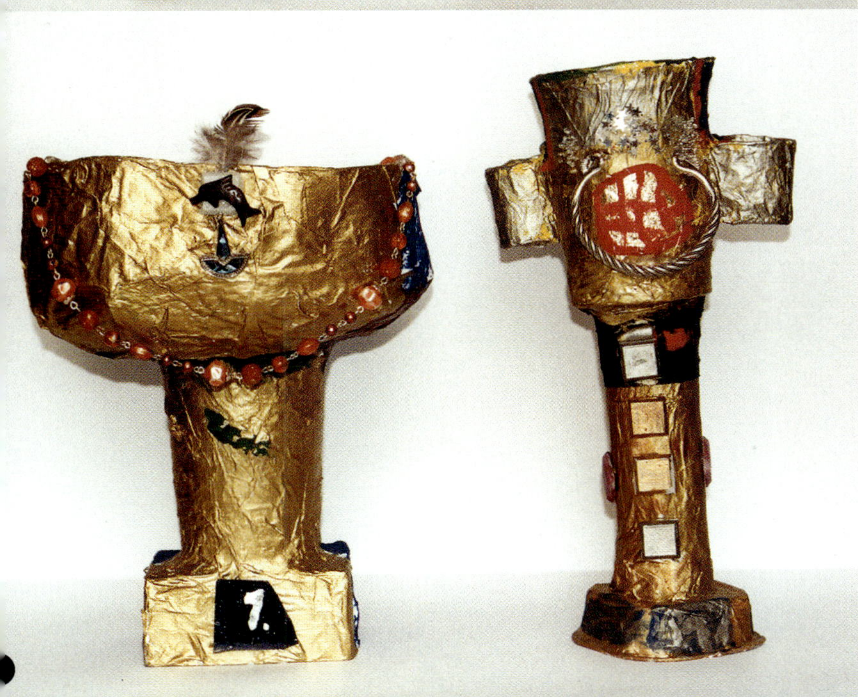

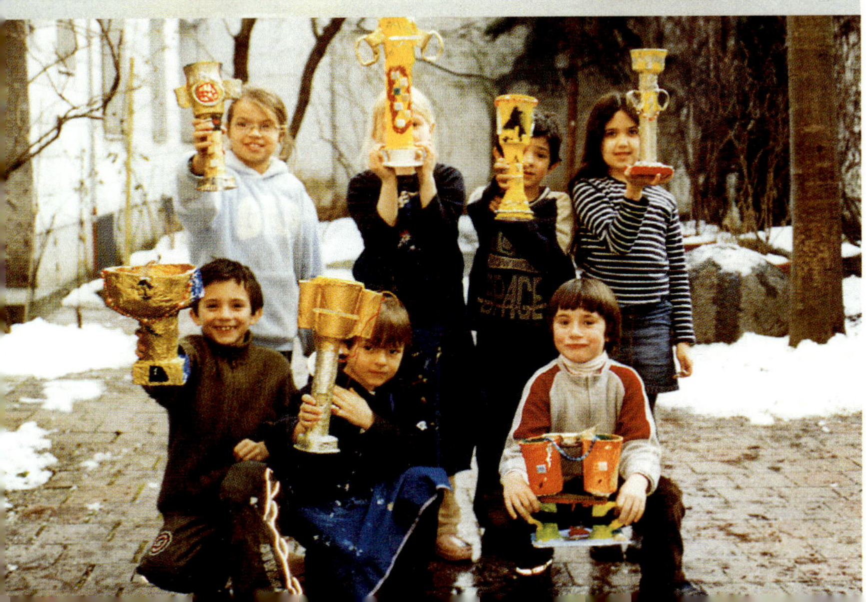

Papppokale

Werkzeug

Werkzeug
Schere
Pinsel
Heißklebepistole

Material

Becher
Papierrollen
Verpackungsmaterialien etc.
Klebeband
Zeitungen
Tapetenkleister
Farben, vor allem Gold und Silber
Dekorationsmaterialien:
alte Halsketten, Armbänder, Perlen etc.

Info

Gold und Silber gibt es als Plakafarben, es kann aber auch Blattgold (Schlagmetall) verwendet werden (in Rahmengeschäften nachfragen).

Alter 4 6 8 10 12 14 16 18

Als Vorlage für die Schachtel, die zum Beispiel die Lieblingsspeise (»Endlich auch als Zauberpulver erhältlich und in ein paar Minuten hergestellt!«) beinhalten kann, faltet man vorsichtig eine industriell hergestellte auf. Auf den Zeichenkarton gelegt, werden ihre Umrisse nachgefahren und an diesen Linien entlang ausgeschnitten ❶. Die Falzlinien werden mit dem Lineal gestrichelt gekennzeichnet und, damit das Falten leichter fällt, unter leichtem Druck mit dem Stift vorgeprägt ❷. Erst nach dem Bemalen wird die Schachtel zusammengeklebt ❸.

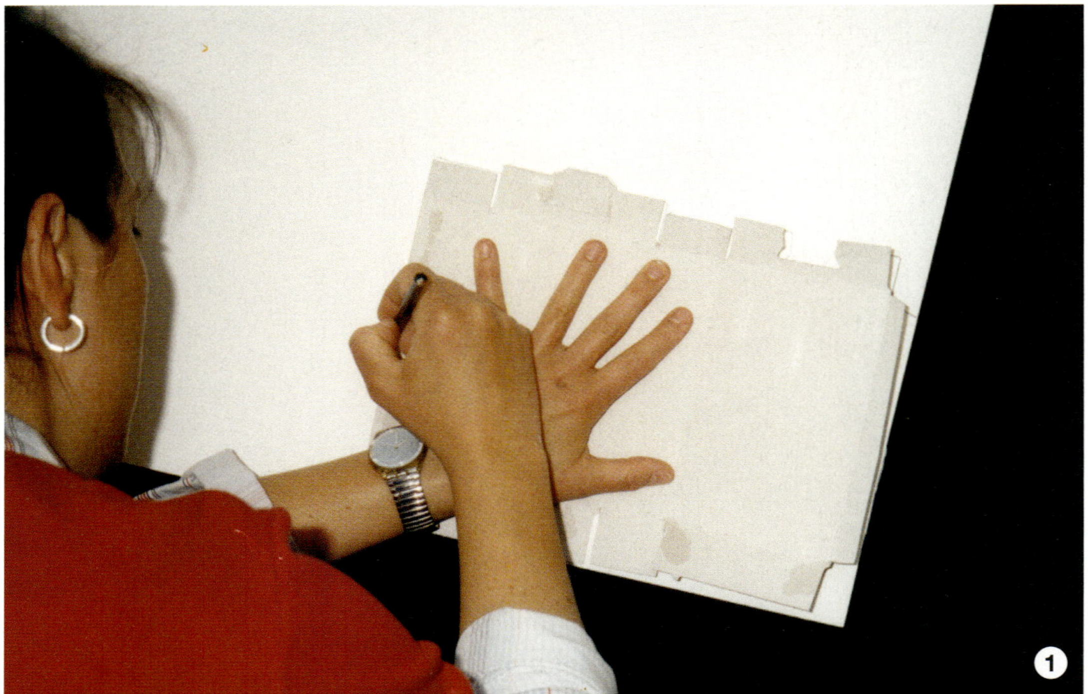

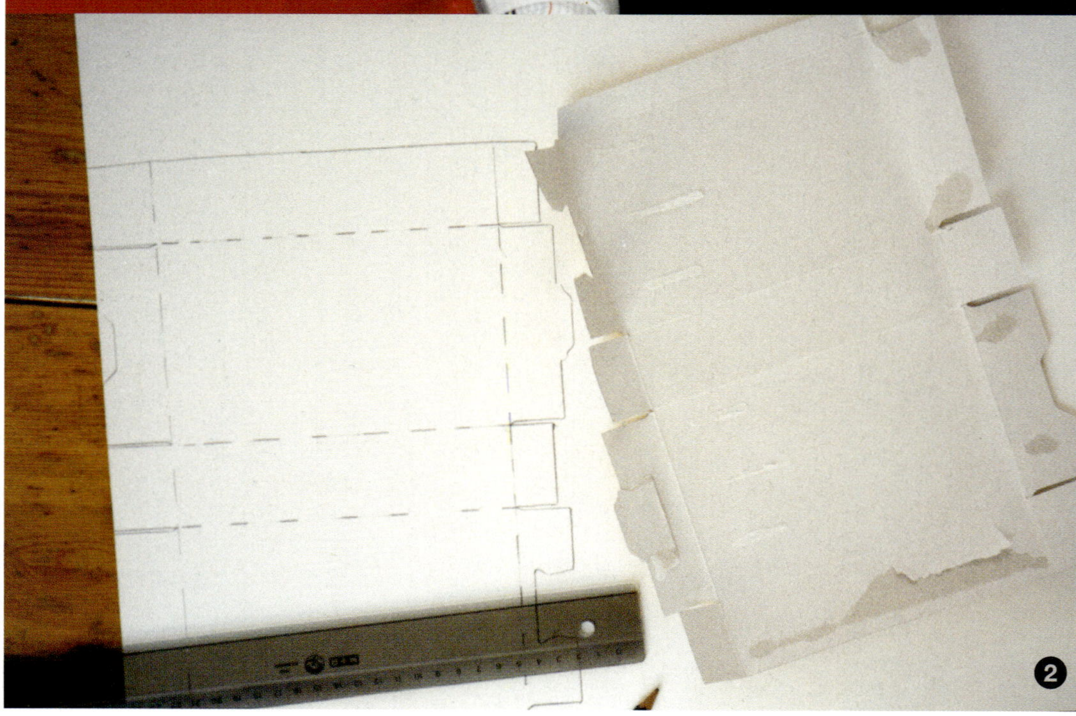

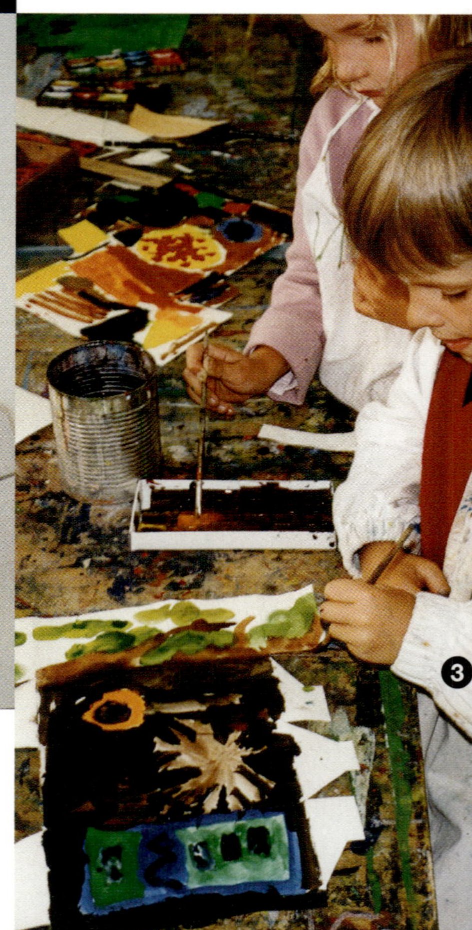

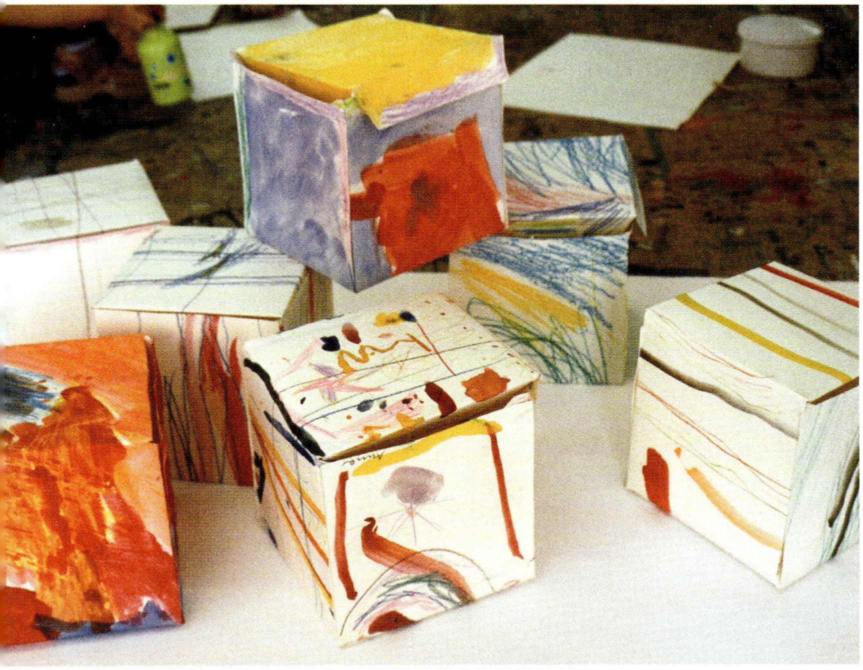

»Schachteln«

Werkzeug

Schere
Pinsel

Material

Zeichenkarton
Kleber
Wasserfarbe oder Farbstifte

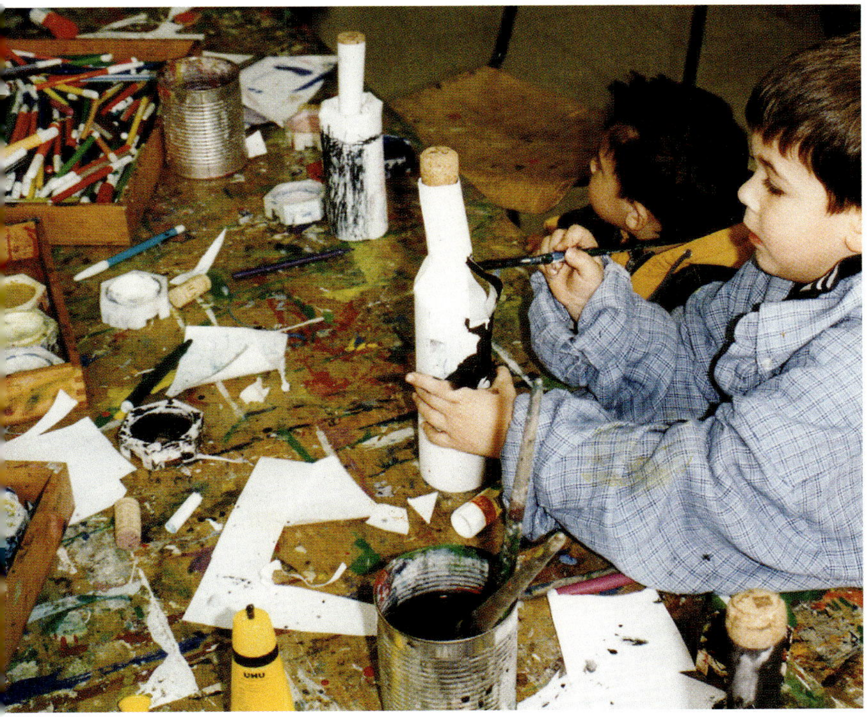

Info

Für das passende Getränk kann man sich auch Flaschen aus Papier herstellen. Dazu schneidet man an der langen Seite eines Papierstreifens Schlitze und klebt die entstandenen Laschen um eine schmalere Papierrolle als Flaschenhals. Ein echter Korken passt bestimmt. Am besten hilft man sich gegenseitig beim Halten und Zusammenkleben des Papiers.

Alter 4 6 8 10 12 14 16 18

Für Hügel und Berge Zeitungspapier knüllen, in die gewünschte Form drücken und mit Klebebändern provisorisch auf einer Pappe fixieren. Wenn man mehrere Teile übereinander klebt ❶, auf Standfestigkeit achten. Nun die eingekleisterten Papierstreifen längs über die Zeitungsberge kleben (drei bis vier Schichten) und gut in die Vertiefungen einarbeiten sowie mit der Grundfläche verbinden. Nach dem Trocknen weiß grundieren und nach abermaligem Trocknen bemalen ❷.

Für Hochhäuser eckige und runde Schachteln aufeinander stapeln und jeweils mit Papierklebestreifen oder Heißkleber (Vorsicht!) verbinden. Den krönenden Abschluss bilden kleinere Zahncremeschachteln, Klopapierrollen oder Pillenröhrchen etc. Die Häuser oder Häusergruppen werden auf einer Bodenplatte befestigt. Durchsichtige Plastikschalen eignen sich für Fensterfronten.

Wenn die Häuser fertig gebaut sind, werden auch sie mit eingekleisterten Zeitungsstreifen stabilisiert ❸. Nach dem Trocknen wie oben grundieren und bemalen (dasselbe Haus in verschiedenen Zuständen) ❹ ❺ ❻. Mit Stiften oder mit farbigem Papier kann man zum Schluss noch Details, Fenster oder Muster anbringen ❷ ❺. Weiterbauen kann man immer noch. Mit einer großen Gruppe kann man eine ganze Großstadt erbauen – vielleicht von Hügeln und Bergen umgeben ❽?

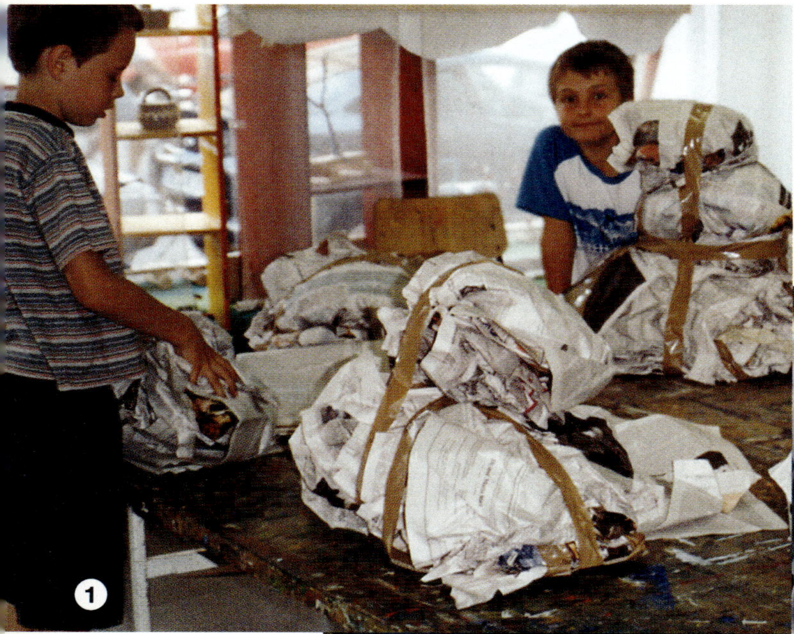

1

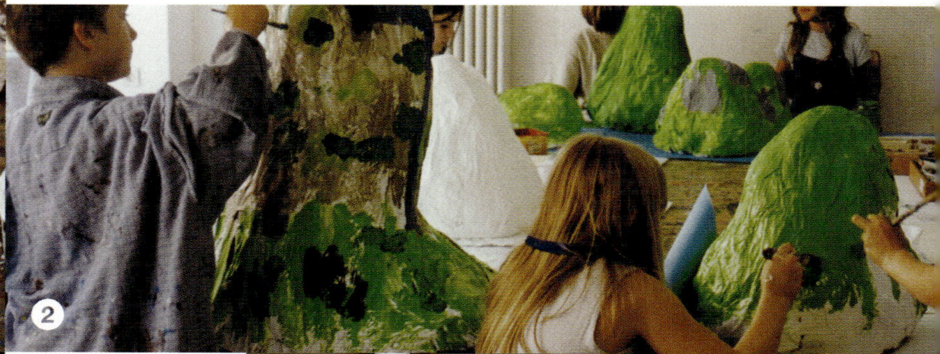

2

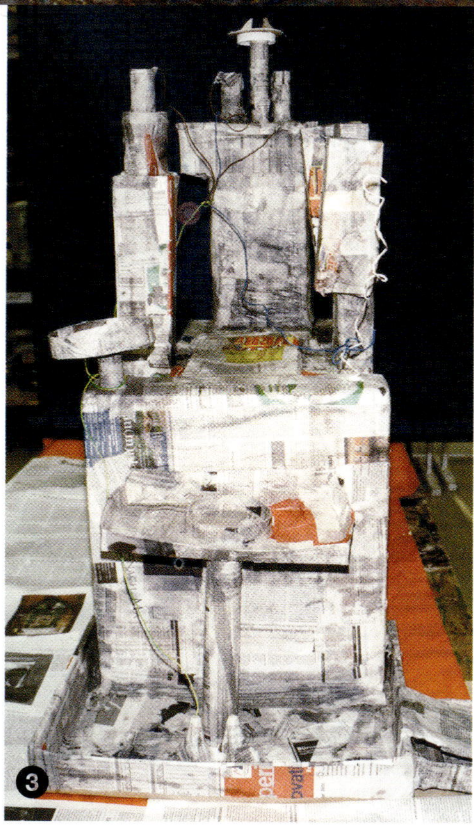

3

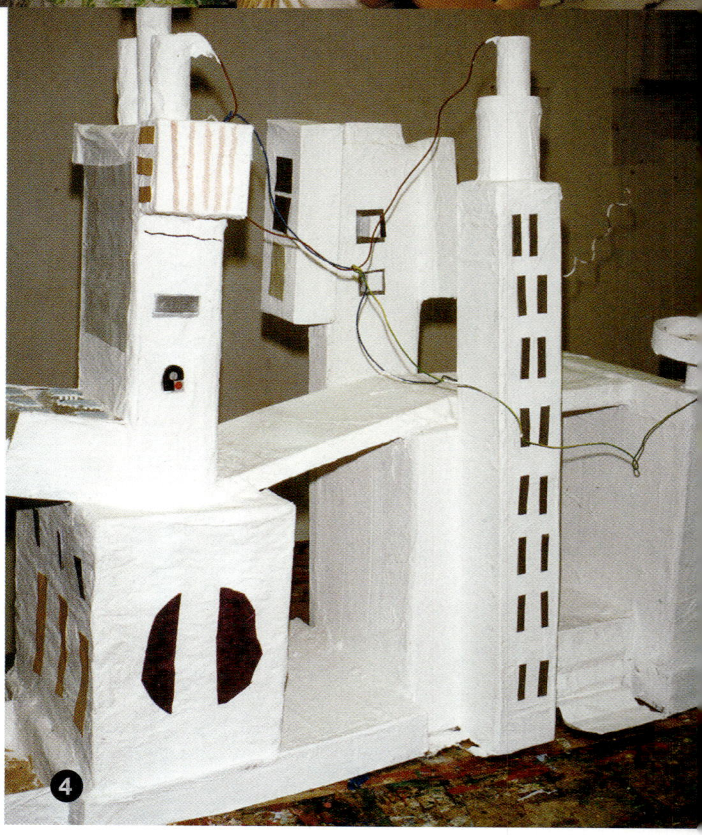

4

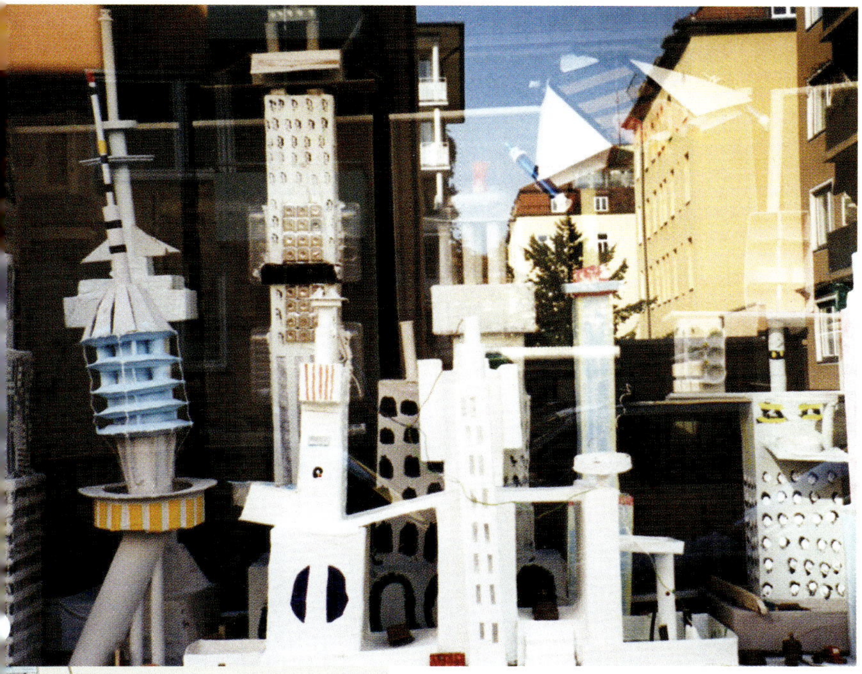

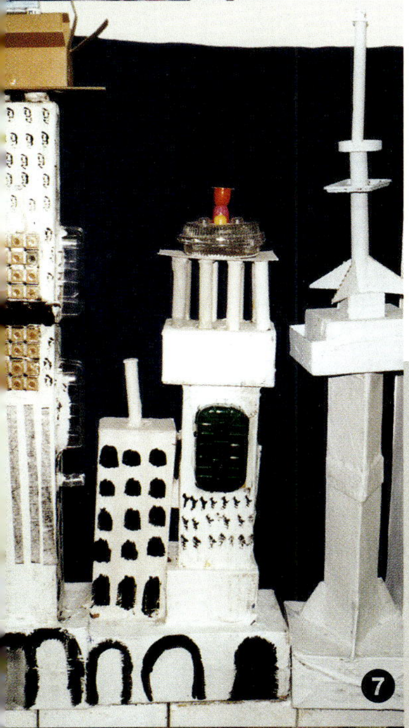

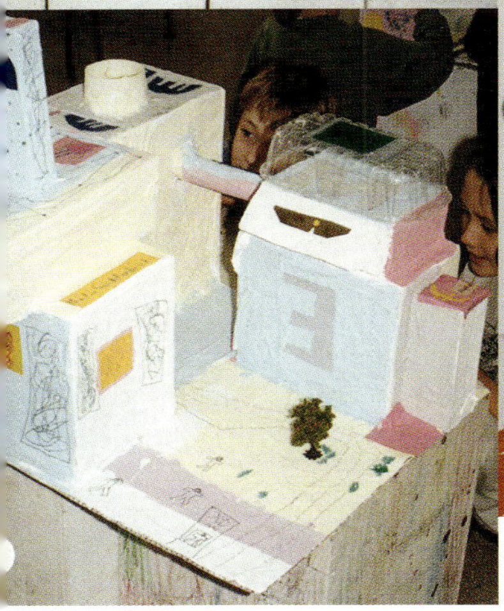

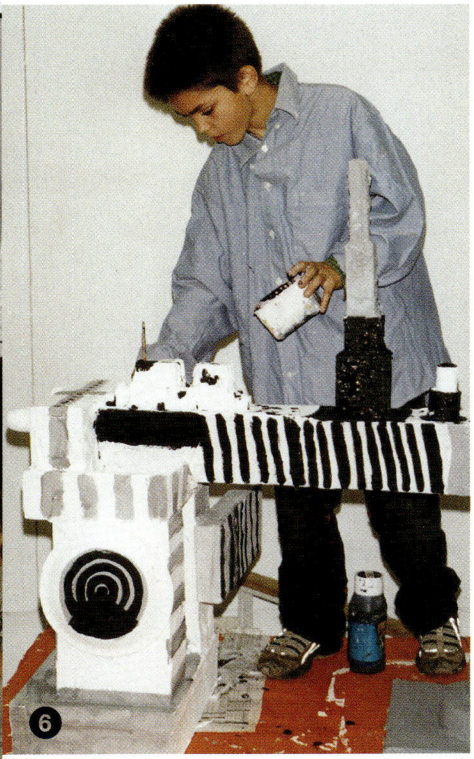

Hochhäuser und Berge

Werkzeug

Pinsel
eventuell Heißkleber für die Häuser

Material

stabile Papp-Bodenplatte
Schachteln verschiedener Größe
Wellpappe
Plastikmaterial ❼
Eierschachteln
Klopapierrollen
eventuell Draht ❹
Zeitungspapier
Tapetenkleister
weiße Wandfarbe zum Grundieren
und farbige Dispersionsfarbe
Buntstifte oder Filzer

Alter 4 6 8 10 12 14 16 18

Für das Vermitteln von Konstruktionsprinzipien, dem statischen Aufbau und dem Experimentieren mit Zug- und Druckkräften sind mit dem Werkstoff Papier die überraschendsten Ergebnisse zu erzielen ❹. Durch einfaches Falten eines dünnen, flatternden Papierstreifens entsteht ein stabiles Trägerelement als Winkel- oder, zweimal gefaltet, als U-Träger. Zunächst werden aus drei Zentimeter breiten Papierstreifen unterschiedliche Winkelelemente gefaltet ❶. Die einzelnen Elemente können schon auf ihre Tragfähigkeit getestet werden ❷. Auf ein Sperrholzbrettchen als Grundfläche werden die ersten »Steher« geklebt und diese mit Quer- und Diagonalverbindungen stabilisiert ❸. Die Klebestellen werden bis zum Festwerden der Verbindungen mit Wäscheklammern gesichert ❶. Sollte etwas nicht halten, wird nach Bedarf verstärkt oder unterstützt. Durch dieses Probehandeln entstehen gewagteste Konstruktionen am Limit des Machbaren, unplanbare Gebilde faszinierender Kühnheit ❺. Die zu einem U-Element gefalteten Papiere können als Laufrinnen für Kugeln in die Konstruktion eingebaut werden. Während des Aufbaues wird immer wieder getestet: Bleibt die Kugel tatsächlich in der Bahn, stimmen der Neigungswinkel der Rinne und stimmt damit auch die Geschwindigkeit der Kugel? Mit Verstärkungen, Prallwänden und erhöhten Seitenwänden wird die Kugelbahn nach und nach funktionstüchtig gemacht.

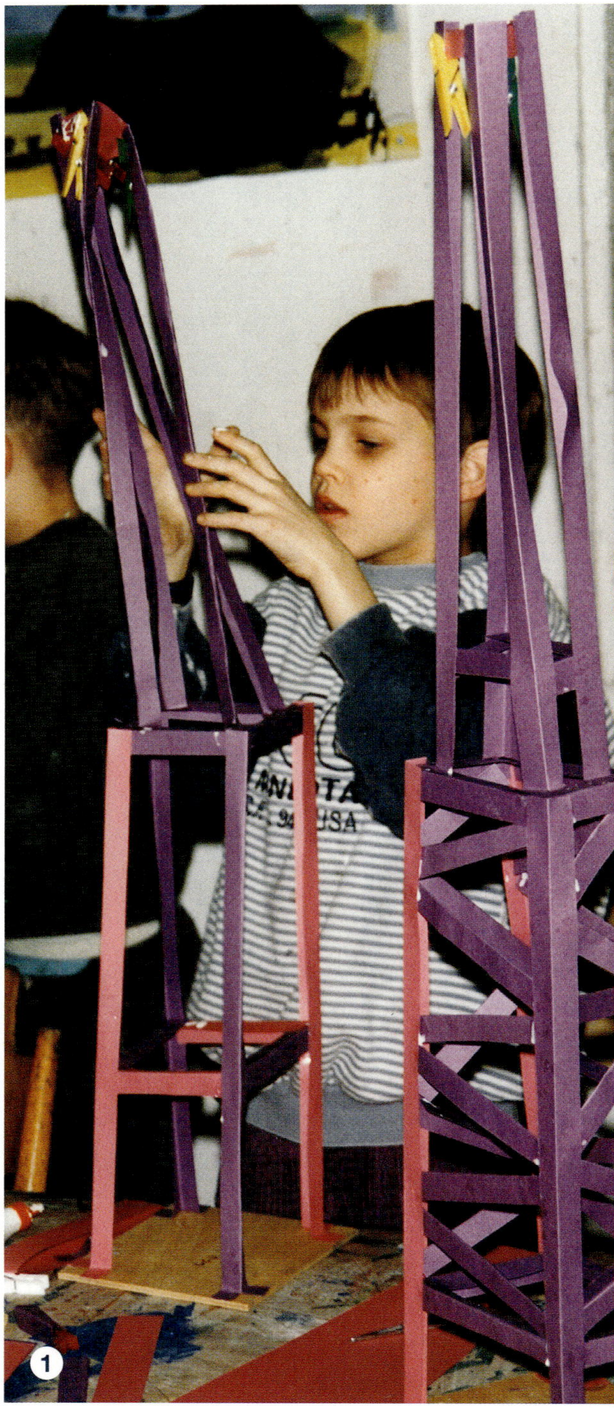
1

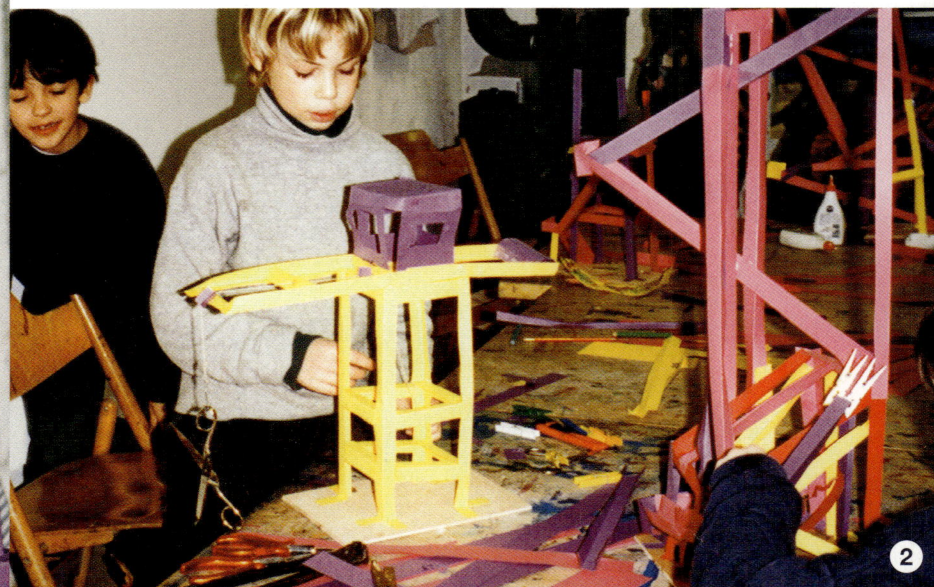
2

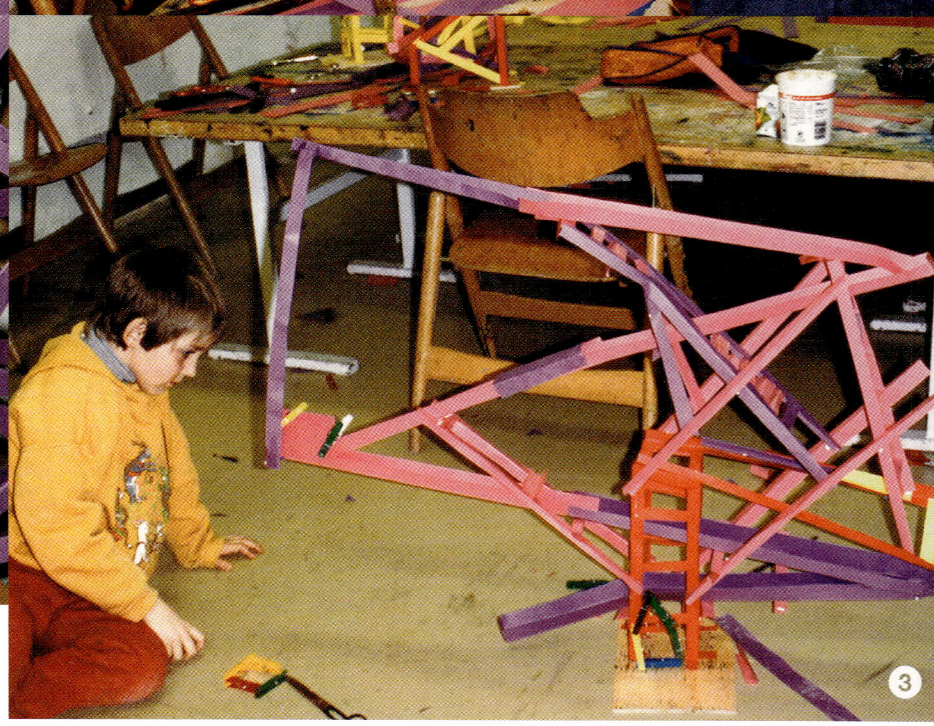
3

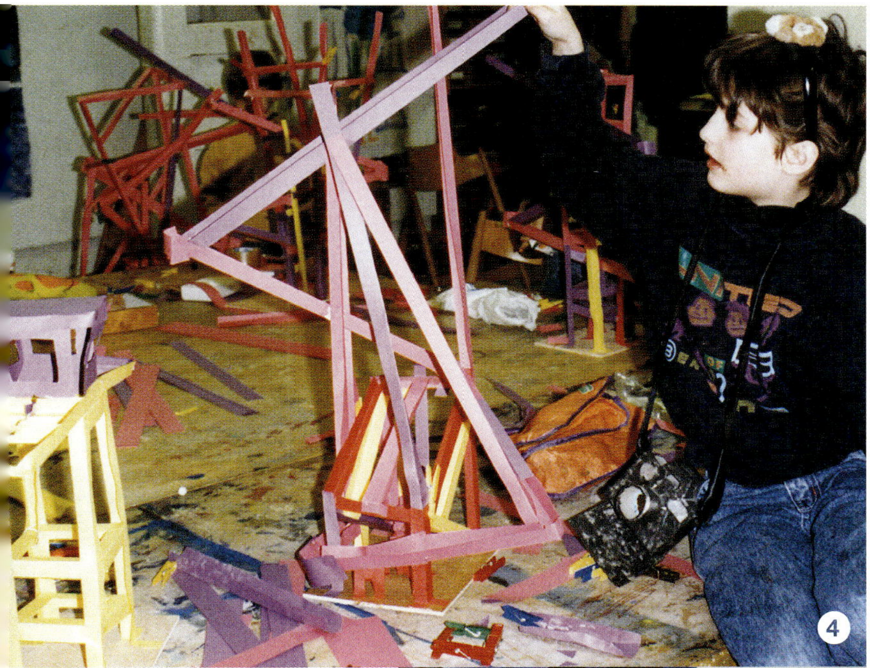

4

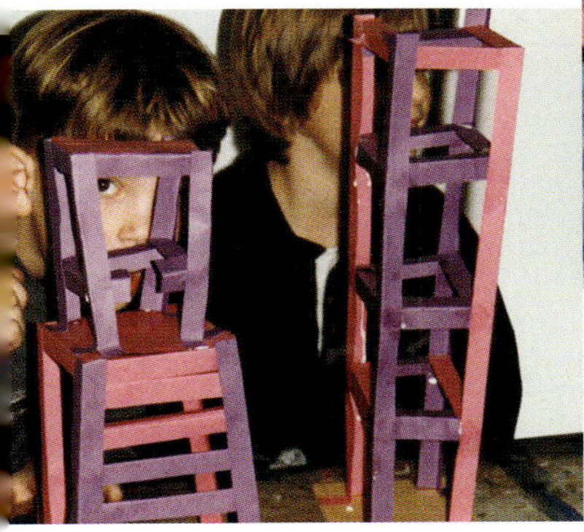

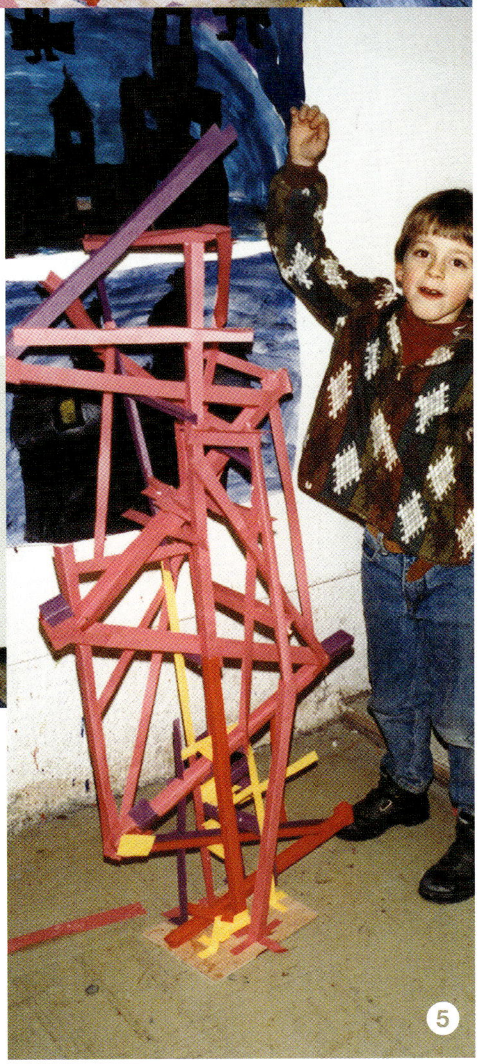

5

Kugelbahnen aus Papier

Werkzeug

Schere
Papiermesser
Wäscheklammern

Material

Sperrholz
leichter Farbkarton
Kleber
Glaskugeln

Alter 4 6 8 10 12 14 16 18

Aus den Pappröhren vier gleich lange Beine sägen und mit Heißkleber in die Ecken einer umgedrehten Schachtel kleben, dabei nicht mit Kleber sparen. Die Beine sollten bis zum Schachtelboden hoch reichen und auch dort festgeklebt sein. Der Grundhocker ist fertig ❶, mit Ohren und Schwanz wird er zum Papiertiger ❸. Soll der Sessel eine Rückenlehne bekommen, eine Kartonplatte ❹ oder besser eine zweite Schachtel mit der Klebepistole an eine Seite des Hockers kleben ❶ ❺ ❻, eventuell mit Power Tape zusätzlich stabilisieren. Noch stabiler (und bequemer) wird's durch Armlehnen. Dazu Pappröhren mit Heißkleber und Power Tape am Sitz und an der Rücklehne befestigen ❹ ❻. Den Sessel (vor allem die Verbindungen) mit ca. vier Schichten eingekleisterten Zeitungspapierstreifen überziehen und stabilisieren ❶, mindestens über Nacht trocknen lassen, weiß grundieren und wieder trocknen lassen. Dann fehlt nur noch ein interessanter aufgemalter Stoffbezug ❷.

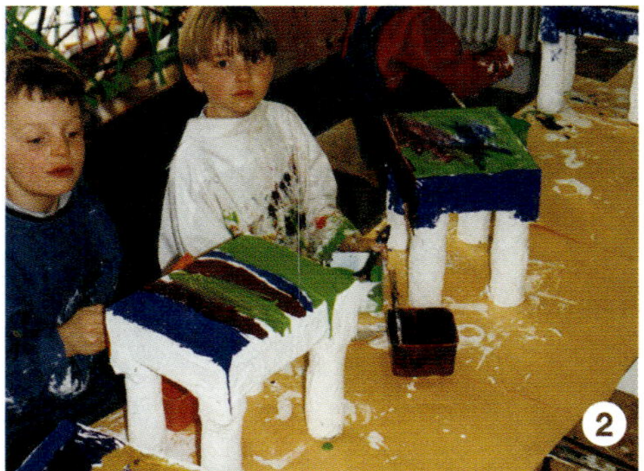

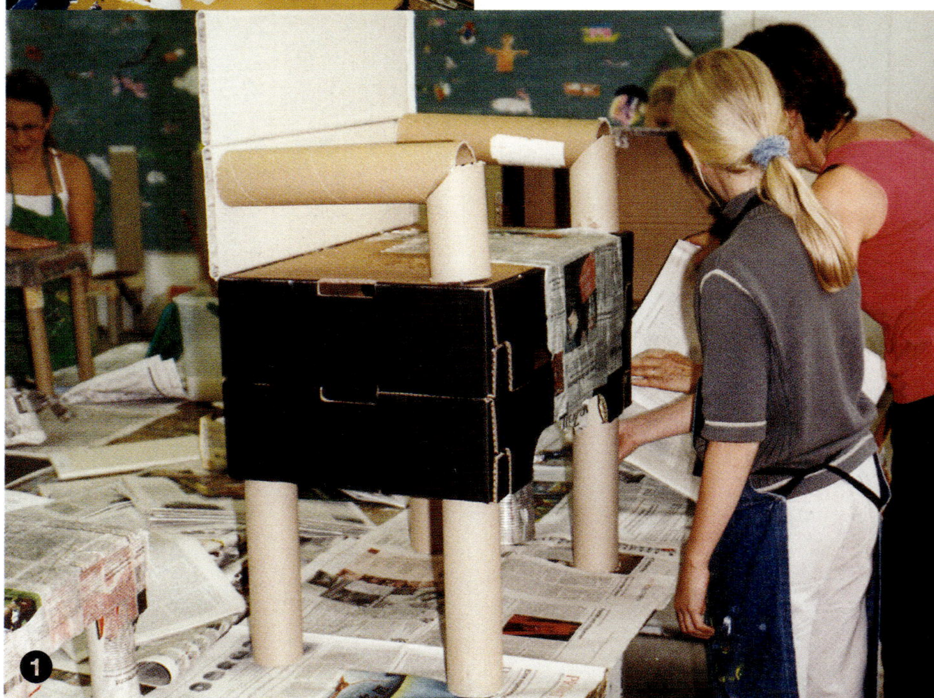

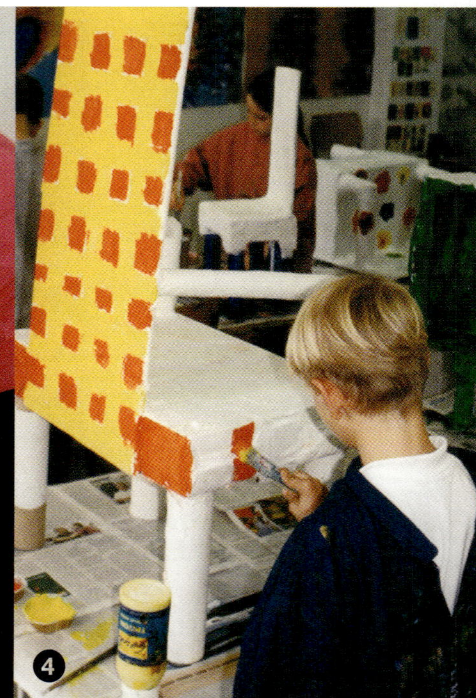

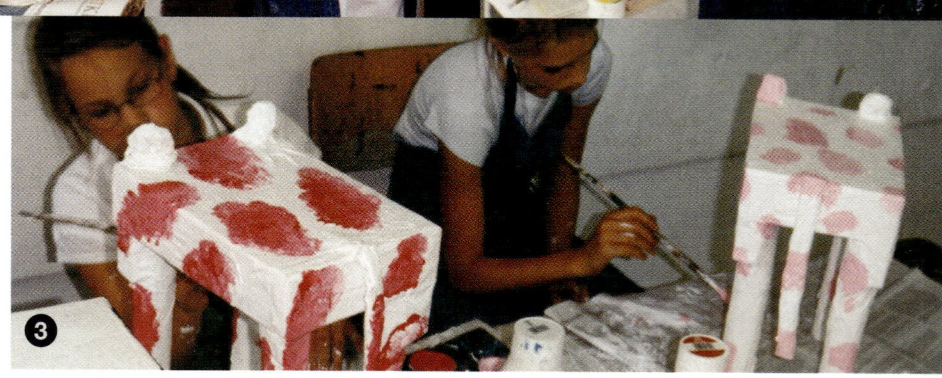

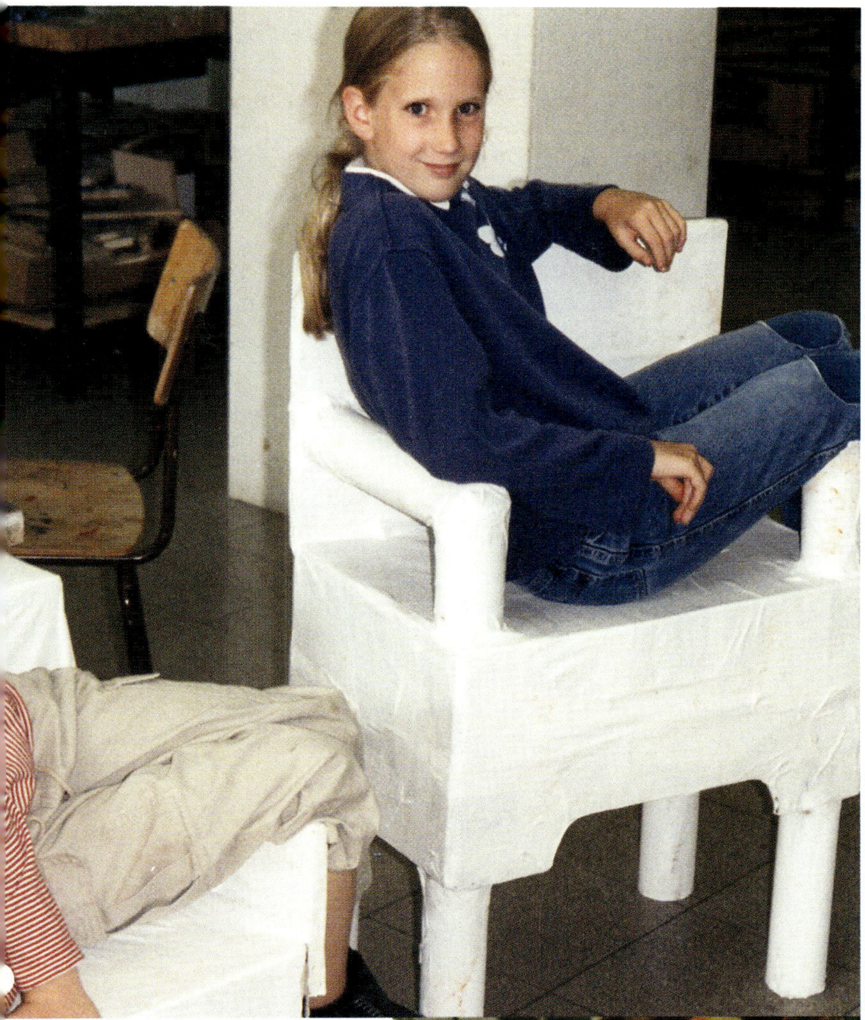

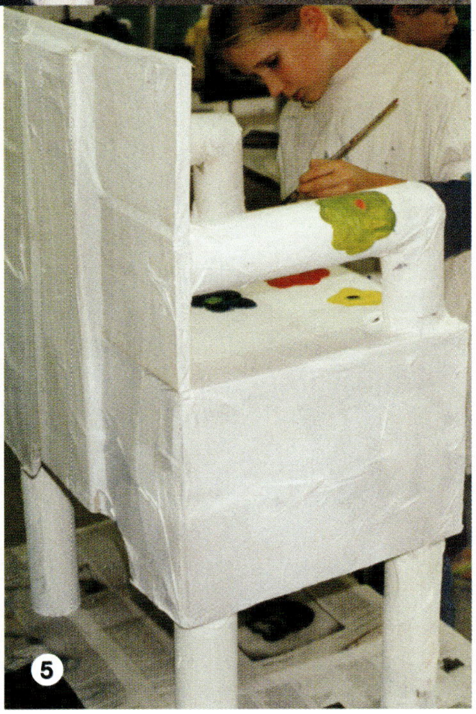

5

Hocker und Sessel

Werkzeug

Stichsäge oder Fuchsschwanz
Heißklebepistole
Papiermesser
Pinsel

Material

offene Kisten aus Karton
(aus Kaufhäusern und Obstläden)
stabile Pappröhren
Zeitungen
Tapetenkleister
Dispersionsfarbe
eventuell Power Tape (Klebeband)

Info

Siehe »Sitzbilder« aus Holz, S. 158 f.

Alter 4 6 8 10 12 14 16 18

Auf der Platte wird die gewünschte Form mit Haltegriff aufgezeichnet, dann wird sie auf dem mit Schraubzwingen fixierten Sägebrettchen ausgesägt ❶. Der Spiegel wird aufgeklebt ❷ und mit eingeleimten Papierstreifen (Zeitung) rundherum beklebt (mindestens zwei Schichten). Dabei kann man kleine Noppen, Röschen, plastische Formen aller Art einarbeiten ❸.
Ist das Pappmaché durchgetrocknet (das kann zwei Tage dauern), kann grundiert und dann bemalt werden ❹.
»Spieglein, Spieglein in der Hand, wer ist die Schönste im ganzen Land ❺ ❻?« Die Kinder sind erfinderisch und verwenden auch andere Materialien, zum Beispiel aus Kronkorken geformte Kaurimuscheln ❼. Blau mit roten Rosen für die Mama ❽.
Auch der Spiegelrücken kann ein Gesicht haben ❾.

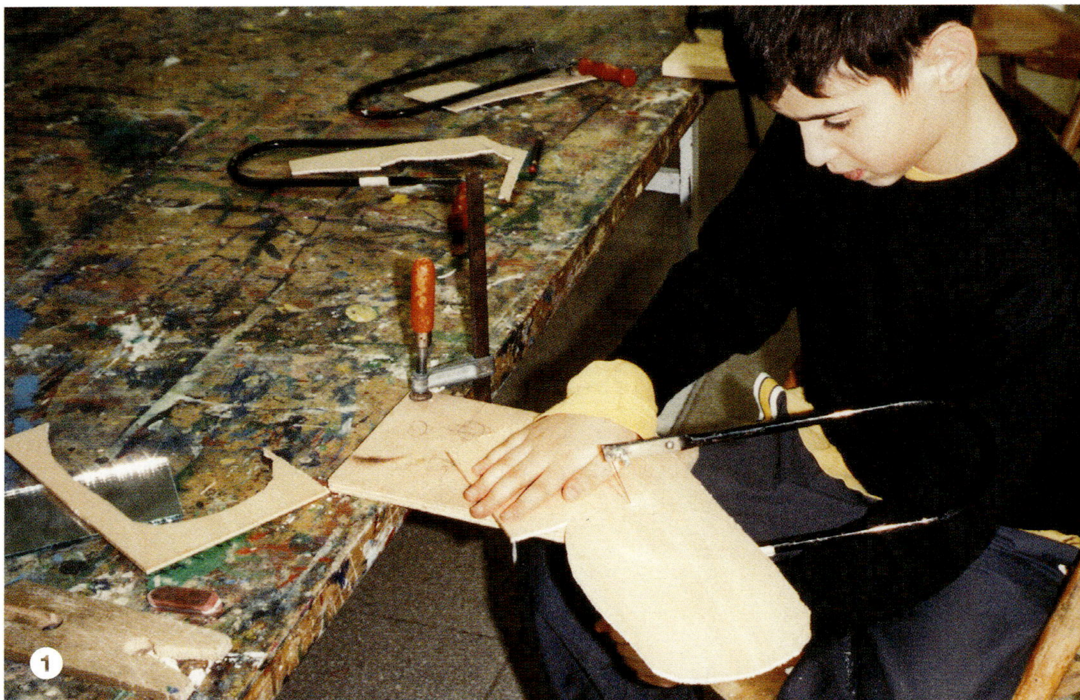
1

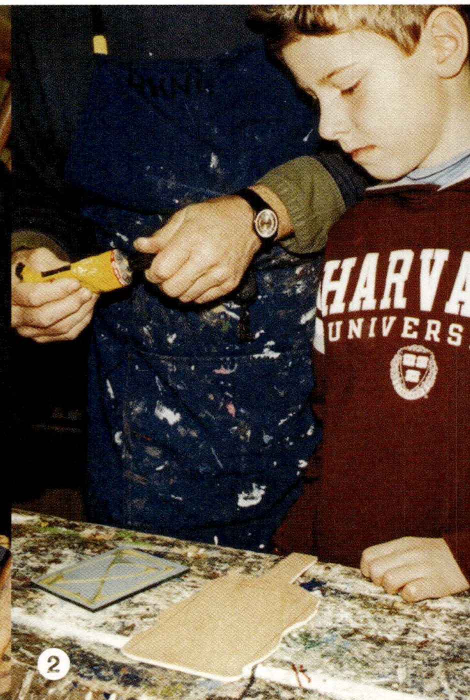

2

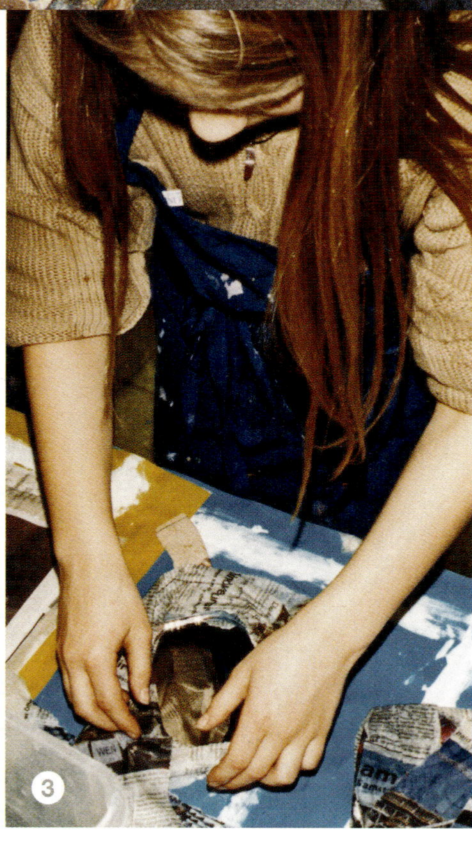
3

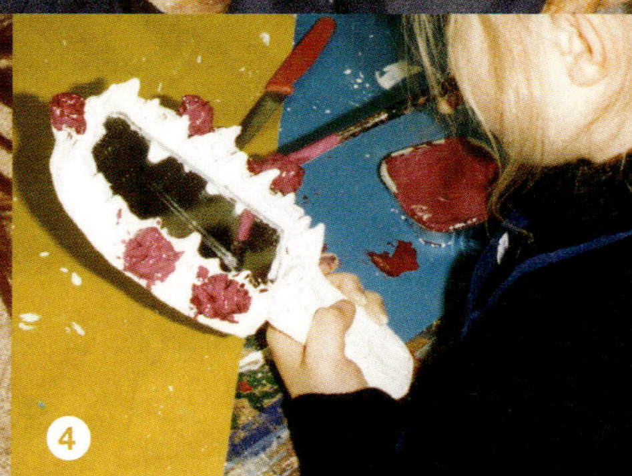
4

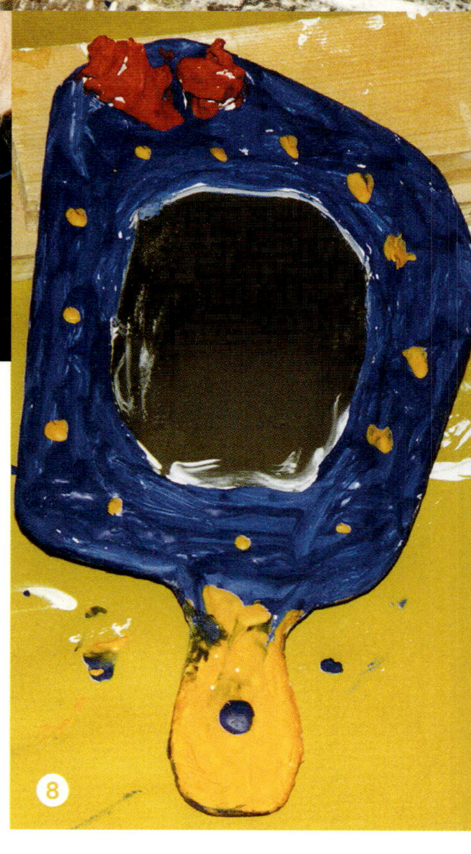
8

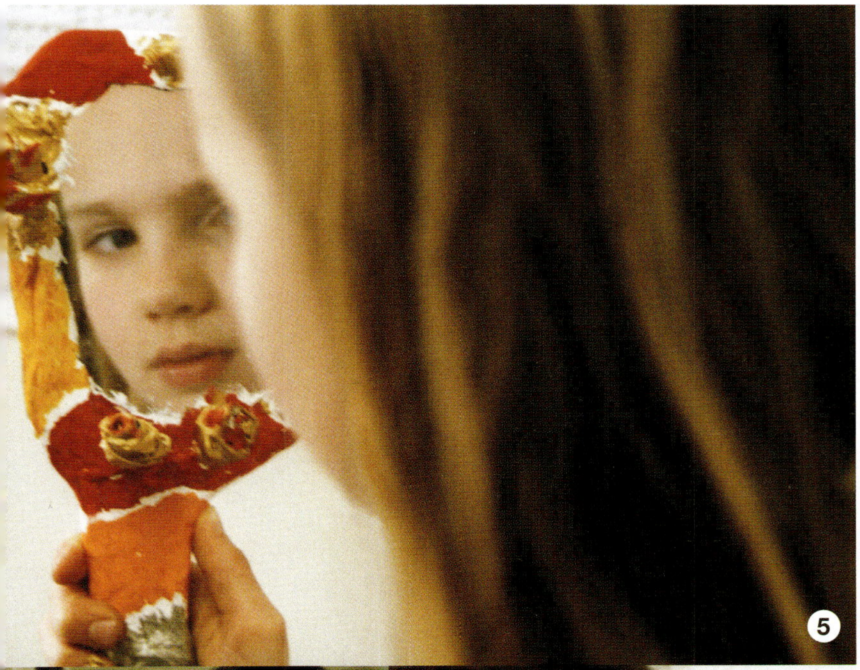

5

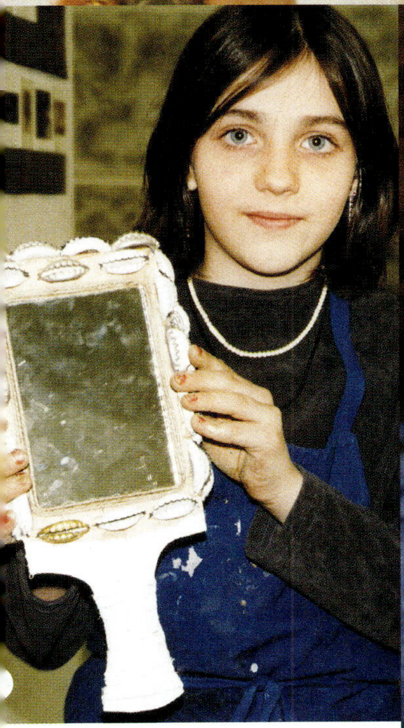

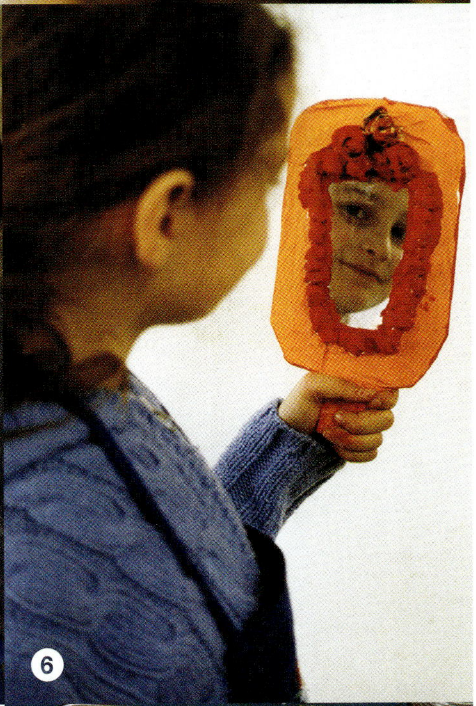

6

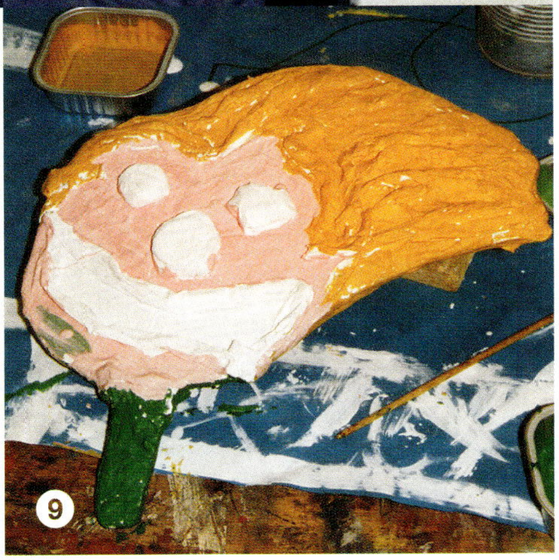

9

Handspiegel

Werkzeug

Laubsäge
Sägebrettchen
Schraubzwingen
eventuell Glasschneider

Material

kleine Abschnitte von Faserplatten,
ca. 20 x 40 cm groß
Spiegel, ca. 15 x 20 cm
Kontaktkleber oder Spiegelklebeband
Zeitungspapier
Tapetenkleister
weiße, wischbeständige Wandfarbe
Plakafarbe (möglichst auch Gold und Silber)

Info

Hat man einen alten, angebrochenen Spiegel stehen, kann man mit dem Glasschneider kleinere Formate zurechtschneiden (siehe »Hinterglasbilder«, S. 54 f.). Auch die Sägebrettchen kann man mit den Kindern selbst herstellen.

Alter 4 6 8 10 12 14 16 18

Für die Lampen aus farbigem Transparentpapier wird zunächst ein Drahtgerüst als Träger für die Papierhaut gebogen ❷. Der Draht, je nach Größe des Objektes ein bis zwei Millimeter stark, bildet die gewünschte Grundform. Eckpunkte und Verbindungen werden mit Klebeband stabilisiert und mit dünnem Blumendraht gesichert. In diese Drahtkonstruktion wird vor dem Bekleben die Lampenfassung mit dem Stromkabel gebunden ❶. Die Glühbirne muss genügend Abstand zu den Papierflächen haben ❸ ❹ und sollte zum Auswechseln gut erreichbar bleiben. Für die Befestigung der Lampenfassung gibt es im Elektrohandel Gewinderöhrchen (vier Zentimeter lang), die in die Fassung eingeschraubt werden. Dieses Röhrchen wird mit zwei Windungen Draht umwickelt, diese Wicklung wird mit zwei Stellmuttern eingeklemmt und so die Verbindung zur Unterkonstruktion hergestellt. Die Elektroelemente, Fassung mit Kabel, Schalter und Stecker, sollten als vorbereitete Elemente ausgegeben werden oder beim Zusammenbau durch kundige Betreuer Stück für Stück geprüft werden. Nach Einbau des Elektroteiles wird das Gerüst mit Papier bespannt. Die Papierstücke werden mit einer Mischung aus Tapetenkleister und Holzleim (50 : 50) ganzflächig eingestrichen und von Draht zu Draht geklebt. Sind genügend Facetten gefüllt, so wird das Papier nun von Facette zu Facette geklebt ❶.
Über diese erste Schicht wird eine zweite geklebt, wobei hier eine Farbgestaltung einbezogen werden kann ❺ bis ❽. Eine Variation mit einer Unterkonstruktion aus Dübelhölzern und Sperrholzspanten und einer Bespannung mit Japanpapier ist in der Abbildung ❾ zu ersehen.

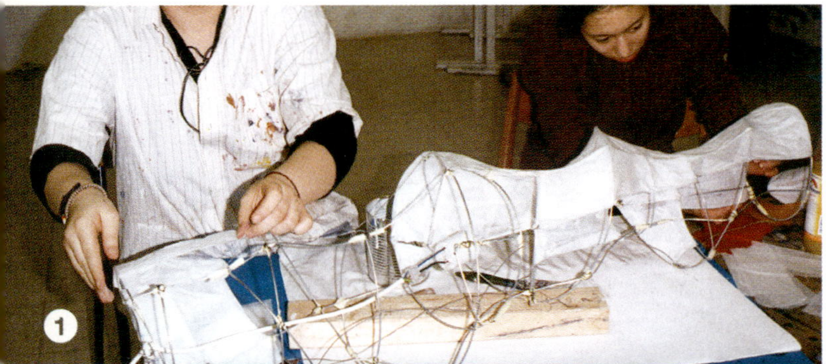

1

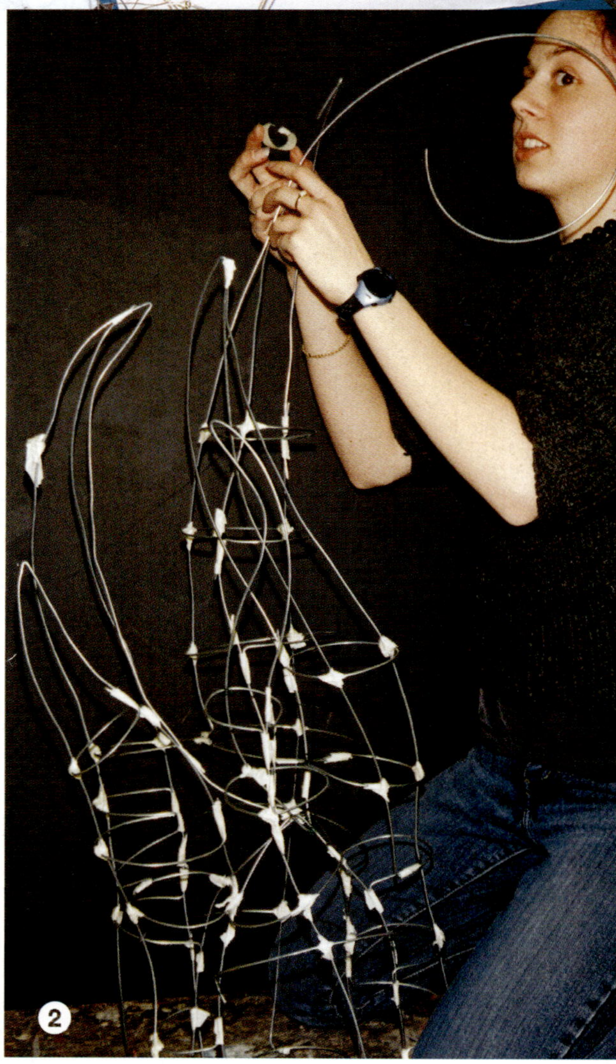

2

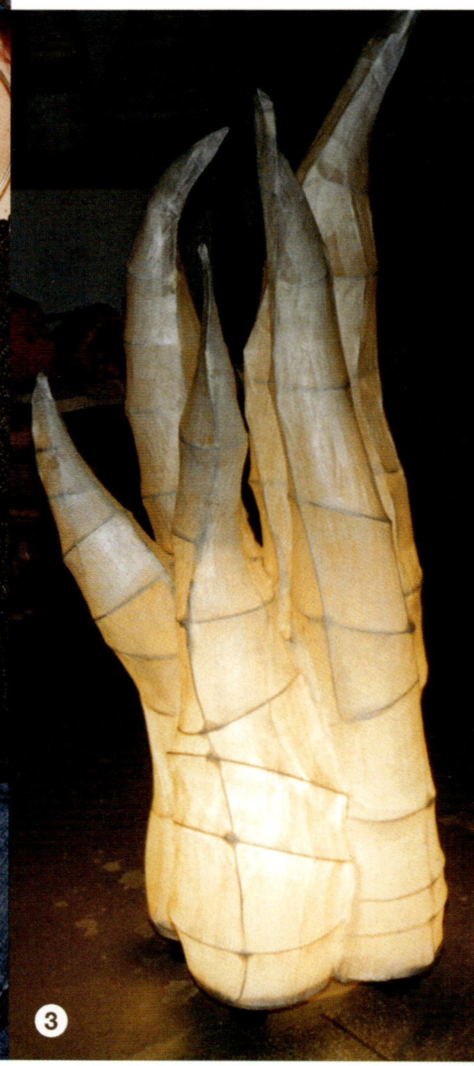

3

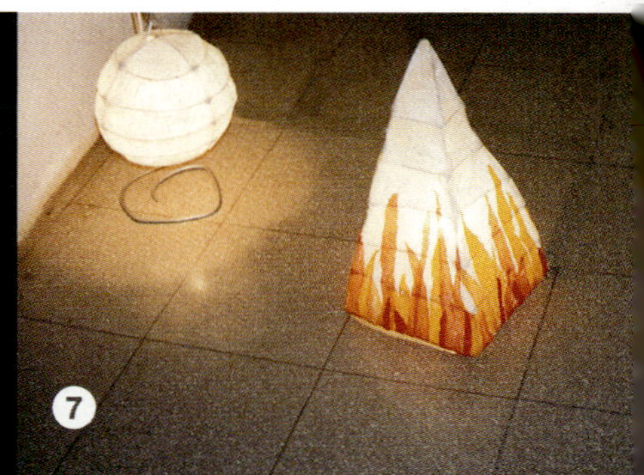

7

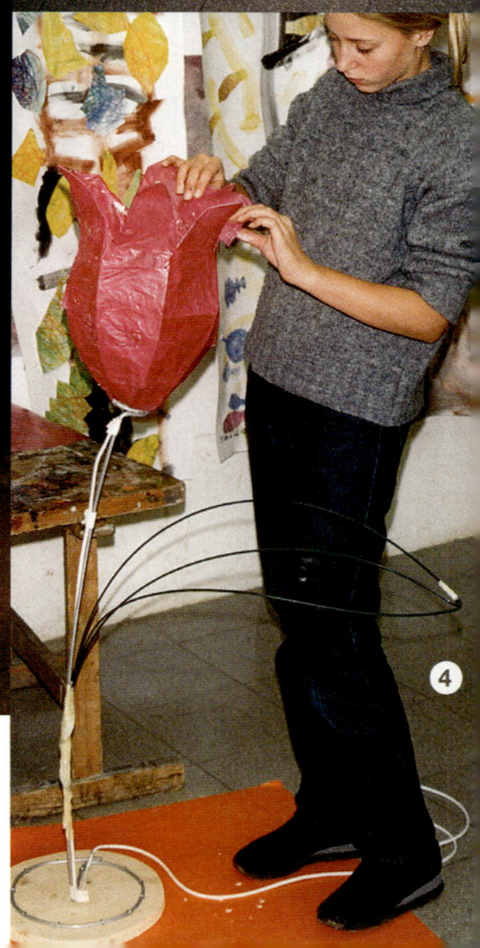

4

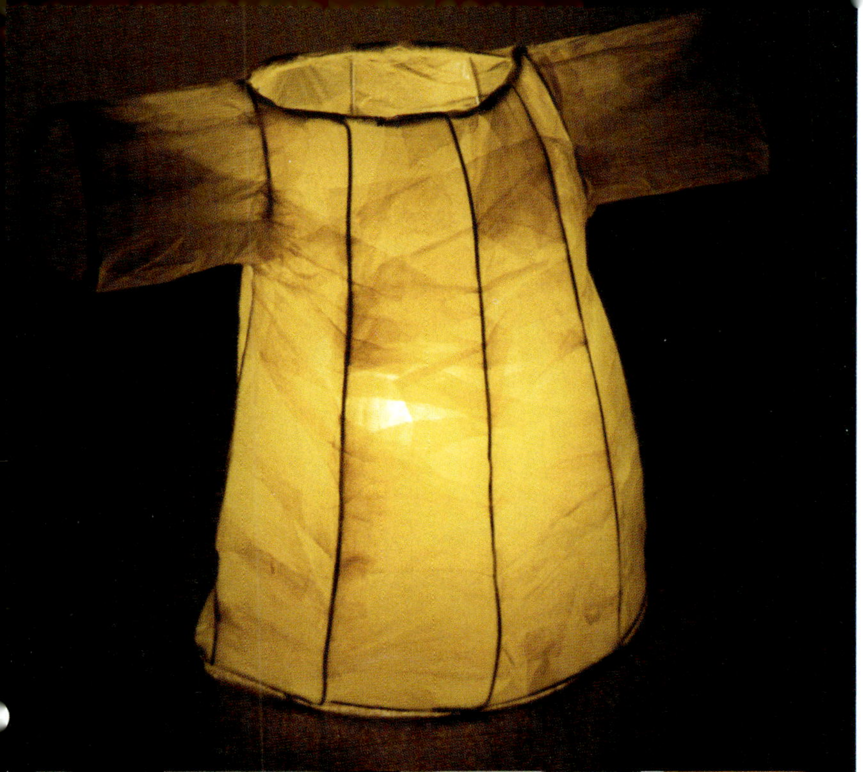

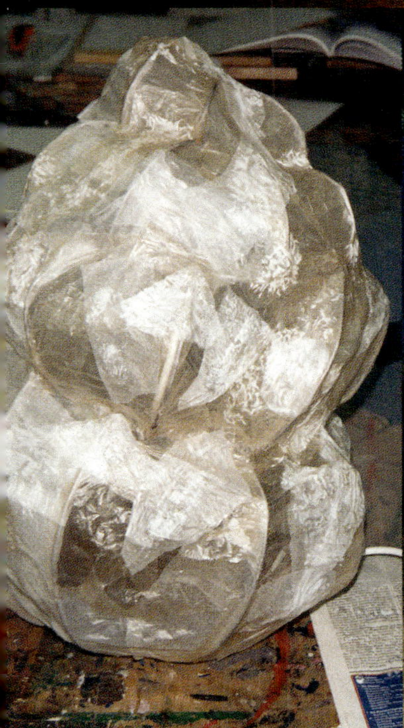

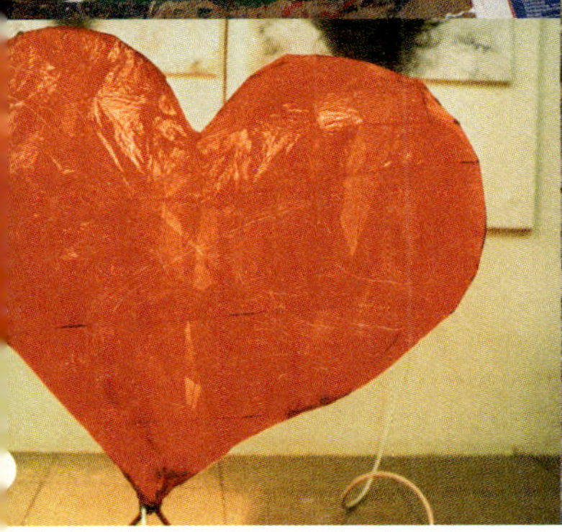

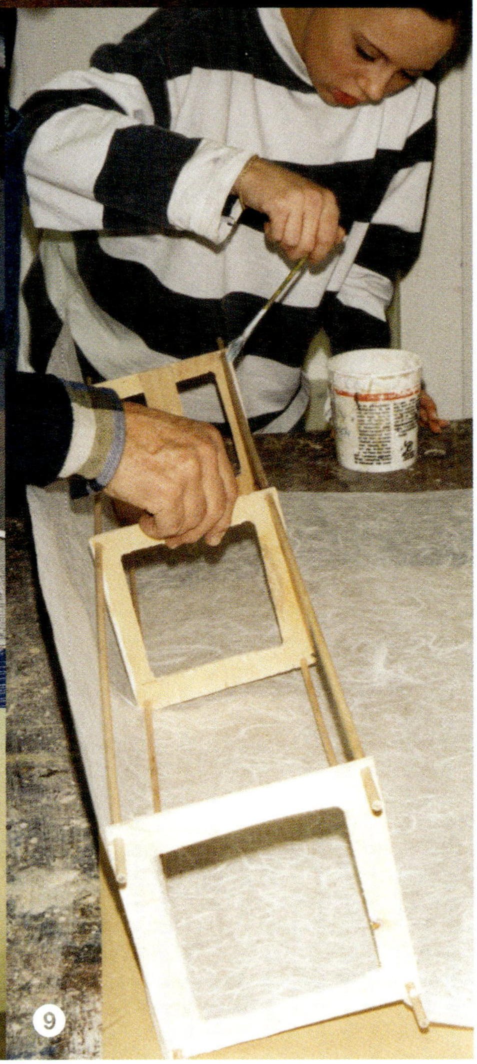

Lampen

Werkzeug

Zangen
Phasenprüfer
Hammer
Schere

Material

Nägel
Draht
Blumendraht
Klebestreifen
Papierleim
Transparentpapier (Pergament)
eventuell Holzbrettchen für Sockel
Lampenfassung
Glühbirne
Kabel
Schalter
Stecker
E-Klemmen

Alter 4 6 8 10 12 14 16 18

Alles in Allem

So schön und wichtig es ist, Materialien und Techniken »pur« und materialgerecht anzubieten, so reizvoll ist es wiederum, aus dem Vollen zu schöpfen und alles mit allem zu kombinieren. Erste Mischungen entstehen ja schon in den Spezialthemenbereichen durch die Kombination von Mal- und Zeichenmaterialien oder das farbige Gestalten von plastischen Holz-, Ton- oder Pappeobjekten.

Im Folgenden setzen wir nun wirklich alles ein, was uns Küchenschublade, Nähkästchen oder Mülltrennung bieten. Will man viel und oft und auch mit größeren Gruppen von Kindern und Jugendlichen arbeiten, empfiehlt es sich, sich einen größeren Fundus an Material über einen längeren Zeitraum zusammenzusammeln. Zur Anregung ein Überblick über den Inhalt unserer meistgebrauchten »Schatzkisten«:

Korken, Kronkorken, Lederreste, Stoffreste, Tapeten, Schraubdeckel in allen Größen, Blechdosen und -deckel, Joghurtbecher und Klarsichtplastikschalen, Knöpfe, Perlen, Wolle, Schnüre, Klingeldrähte, Eierkartons, Papprollen, Pappschachteln, Verpackungsmaterial und Müllsäcke, Zeitungen und Zeitschriften, Gummiringe, Kerzen und Kerzenreste, Muscheln, Sand, Steine, Glas-, Ton- und Porzellanscherben, Spiegel … und alles, was man sonst für schön und verwertbar hält.

All diese Materialien regen immer schon spontan zum Spielen und spielerischen Kombinieren an. Will man sie dauerhaft zusammenfügen, kommt man jedoch oftmals an die Grenzen von herkömmlichen Klebeverbindungen mit längeren Trockenzeiten. Im Grunde kommt man mit Allzweckkleber, Holzleim, Tapetenkleister und in kniffligen Situationen der Heißklebepistole (Vorsicht!) aus. Häufig muss man dabei aber auf Hilfsfixierungen mit Klebeband (siehe »Papppokale«, S. 178 f.) oder auch Wäscheklammern (statt Klemmen und Schraubzwingen) zurückgreifen.

Wenn man die härteren und glatten Oberflächen, wie zum Beispiel Blechdosen oder Joghurtbecher, die schwer zu verkleben sind, vorbohrt oder locht, kann man sie gut mit Draht anbinden oder mit Nadel und Faden annähen.

Der Fisch wird ausgesägt, die Kanten werden etwas rund geraspelt, dann wird er angemalt ❶ bis ❸. Aus weichem Blech können glänzende Flossen ausgeschnitten und angenagelt werden ❹ ❺. Die Angel bekommt eine abgemessene Schnur und einen Angelhaken aus festem Draht, der Fisch eine Schlinge (wird mit dem Tacker oder einem U-Haken festgemacht). Mal schauen, ob die dicken Brummer sich hochziehen lassen ❻ ❼? Im Fluss oder im großen, tiefen See tummelt sich allerlei Getier. Das Angeln erfordert viel Geschicklichkeit. »Wer hat mir meinen Fisch weggeangelt ❽ bis ⓫?«

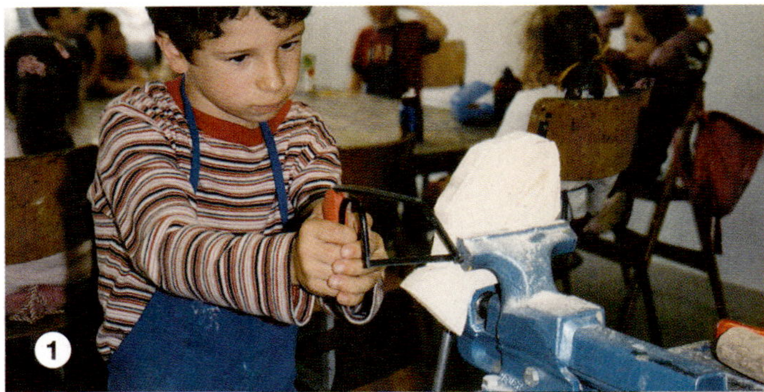
1

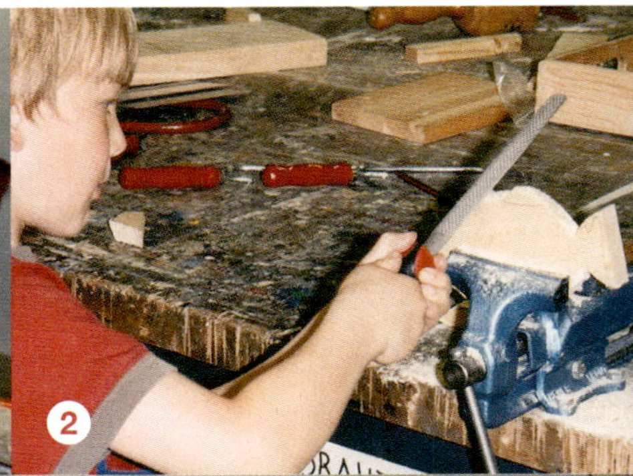
2

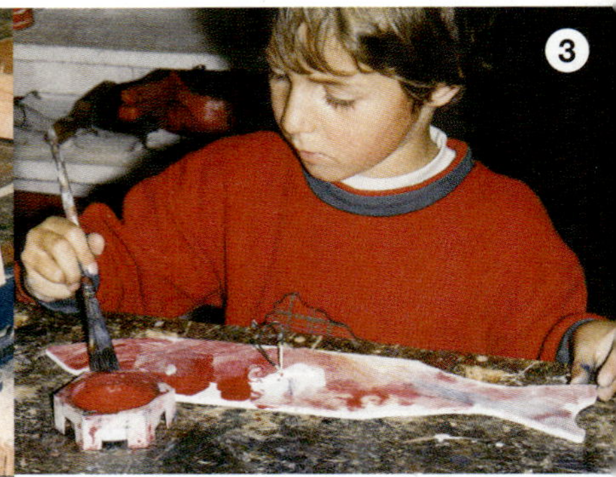
3

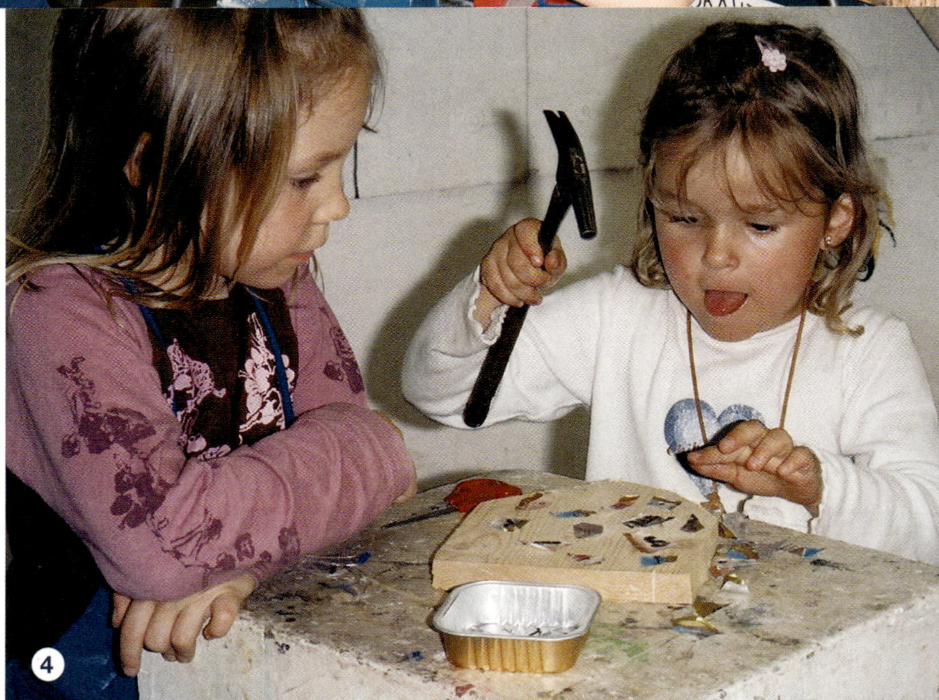
4

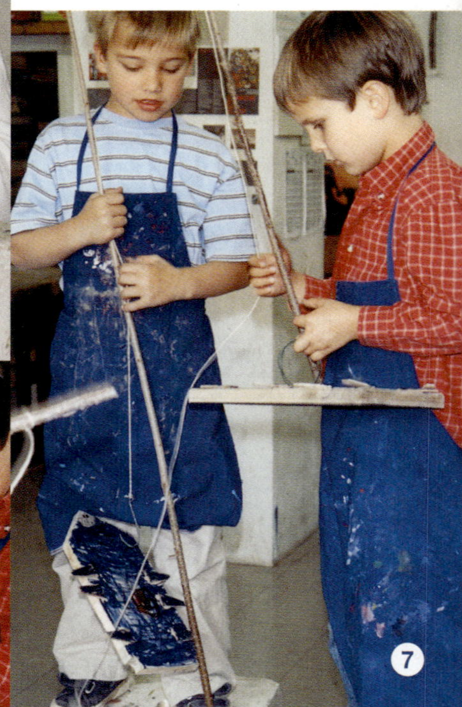
7

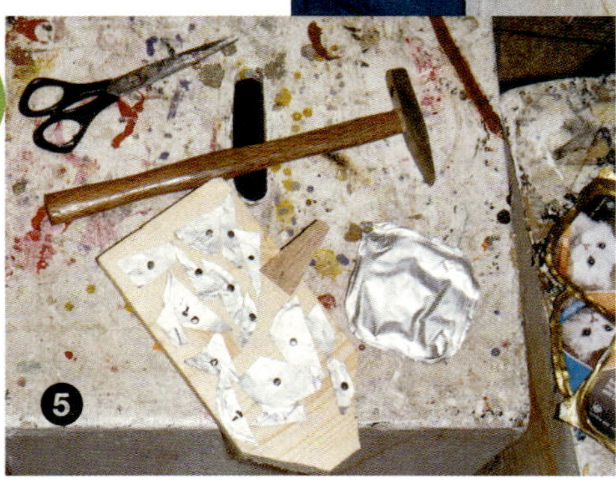
5

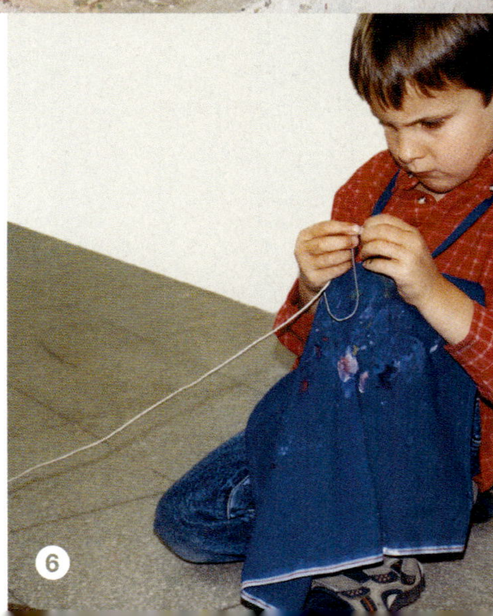
6

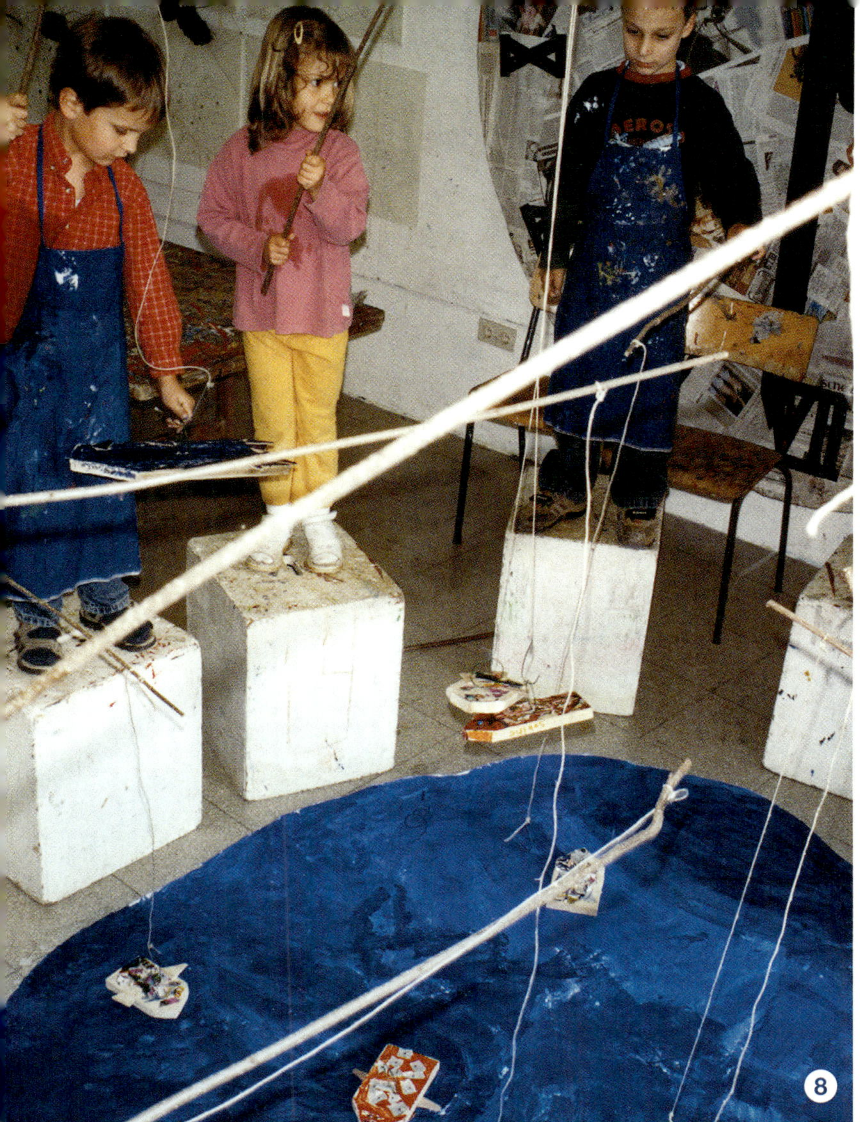
8

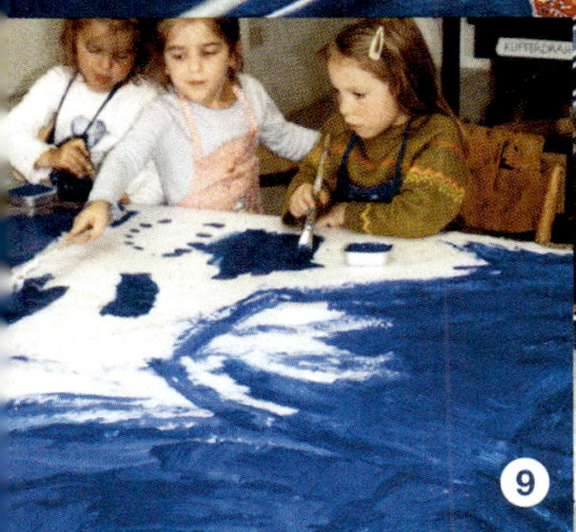
9

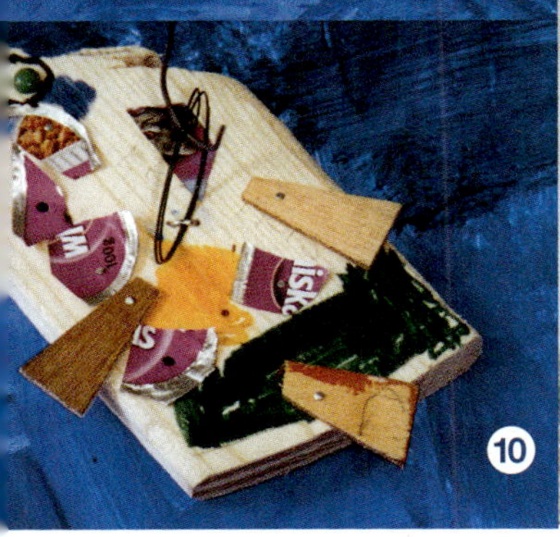
10

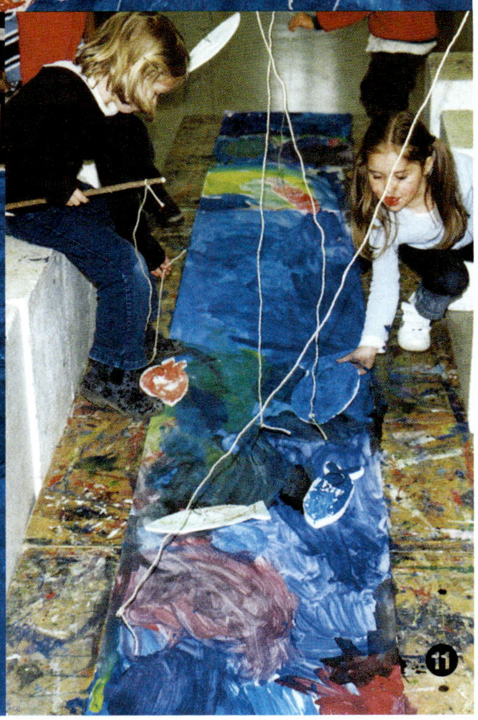
11

Fische angeln

Werkzeug

Schraubstock
Säge, Raspel
Schere
Hammer, Zange
Tacker
große Pinsel

Material

weiche Fichtenholzbrettchen
(können Reste sein)
weiches Blech für die Flossen
(Deckel von Tierfutterdosen)
Nägel
Kordel
Haselnussstecken (oder andere)
Draht
eventuell U-Haken
große Rolle Papier
Dispersionsfarbe

Info

Für dieses Projekt muss man sich viel Zeit nehmen oder die Arbeit auf 2 x 2 Stunden aufteilen.
Die »Kleinen« sind fasziniert vom Sägen und Schleifen, was ihnen viel Kraft und Durchhaltevermögen abverlangt, Hilfestellung ist nötig.
See oder Fluss müssen nach dem Bemalen erst trocknen, für den See klebt man am besten mehrere Papierbahnen zusammen.

Alter 4 6 8 10 12 14 16 18

Erst mal geht's ans Hämmern. Am einfachsten mit einem großen Nagel und einem Hammer ungefähr in die Mitte der Kronkorken ein Loch hauen. Dazu die Kronkorken mit den Zähnen nach unten auf ein Brett legen. Ein Stichel (Ahle) ist auch prima geeignet. Das Durchhauen ist halb so schlimm, wie's aussieht ❶ ❷ ❸! Erst eins, dann zwei, dann drei, dann vier, bald liegt das Ungeheuer vor der Tür… Als Nächstes braucht man ein schlangenlanges Stück Schnur, welches hinten einen dicken Knoten kriegt, damit nichts durchrutscht. Der Schnuranfang wird mit etwas Klebstoff verklebt und gezwirbelt, damit er nicht aufgeht. Wenn er hart ist, kann es mit dem Fädeln losgehen. Ist die Schlange lang genug, bekommt sie zum Schluss einen Kopf aus einer angeknoteten Holzperle ❹ oder einem Korken. Dazu wird ein Draht zur Nähnadel geformt (Öse umbiegen) und die Schnur durch den vorgebohrten Korken gezogen. Natürlich können auch Stoffreste, Papierschnipsel, Perlen und anderes dazwischengefädelt werden, nur klappert die Schlange dann nicht so schön. – Die Prinzessin führt ihr Haustier aus ❺.

Um die Schlange als Marionetten zu benutzen, befestigt man am Schlangenende, in der Mitte und hinter dem Kopf Schnüre ❻ ❼ und verknotet diese am Holzstab, der zum Halten und Bewegen dient. Fertig ist das (chinesische) Ungeheuer.

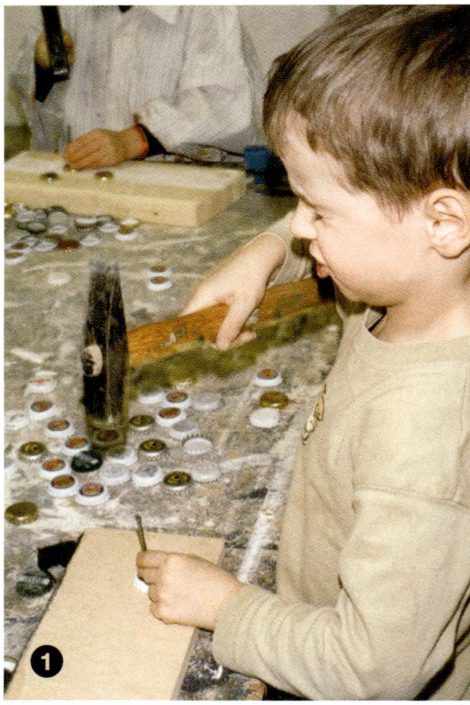
❶

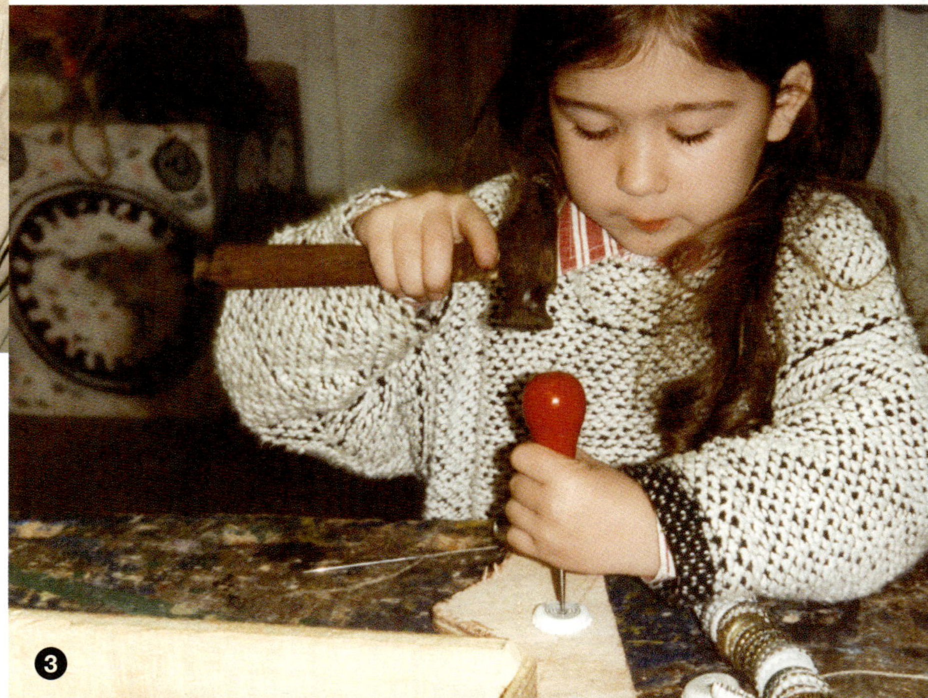
❸

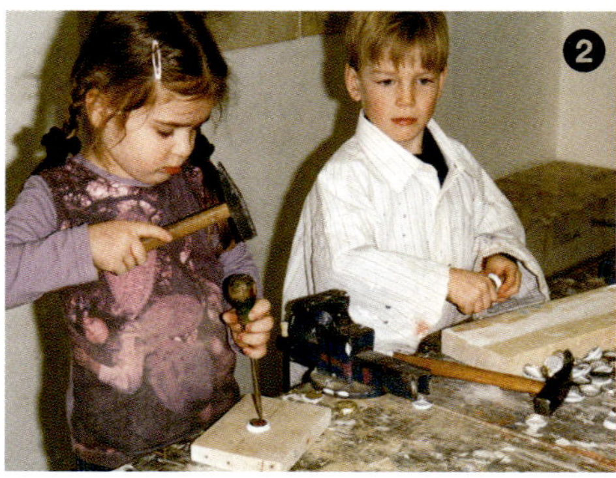
❷

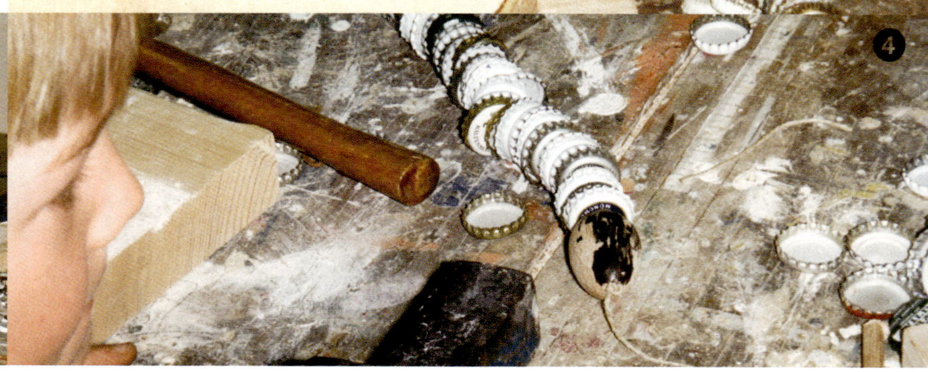
❹

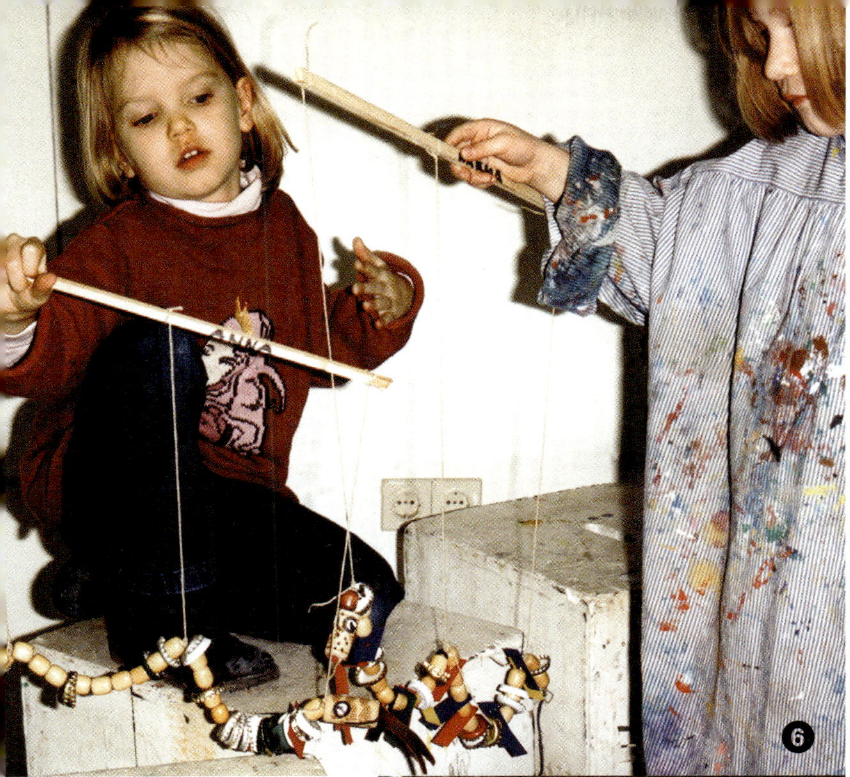

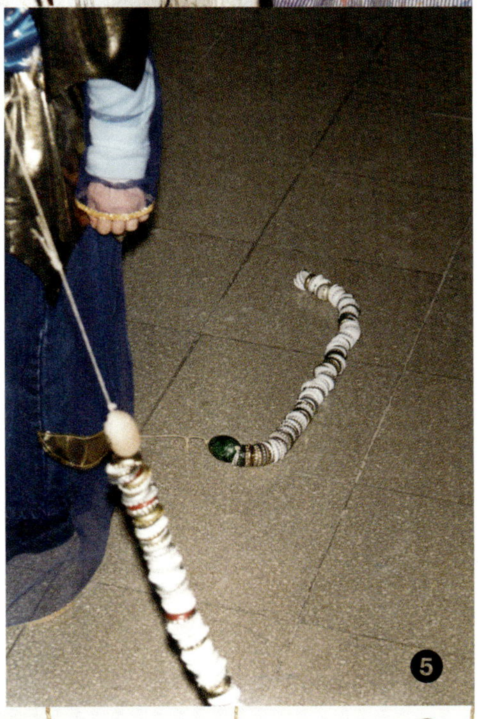

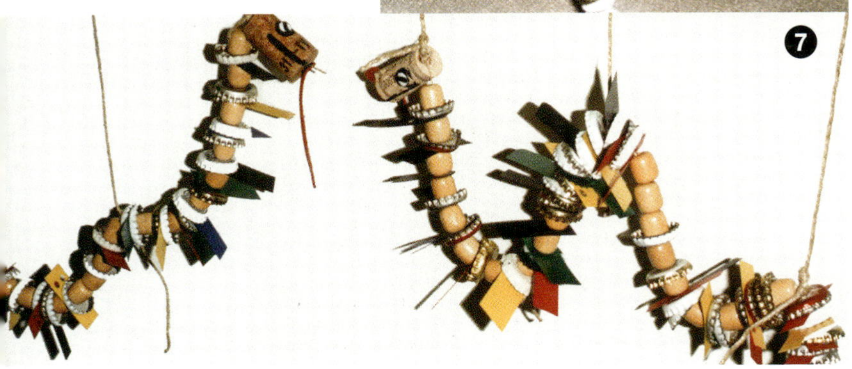

Klapperschlangen

Werkzeug

Hammer
großer Nagel oder Stichel (Ahle)
ein Brettrest zum Unterlegen
Handbohrer

Material

für den Schlangenleib:
Kronkorken
Korken
Schnur
Klebstoff
Holzperlen
Stoff- bzw. Filzreste oder
farbige Papierschnipsel

für die Marionetten:
ein Holzstab
Schnur

Info

Beim Hämmern sollte der Untergrund fest sein und nicht mitvibrieren. Holzperlen gibt's zum Beispiel massenhaft von einer ausrangierten Autositzauflage.

Alter 4 6 8 10 12 14 16 18

Herbstblätter – alle Jahre wieder ein Farbenrausch! In einen dünnen Karton einen Sehschlitz schneiden, seitlich in Augenhöhe lochen und die gelochte Stelle mit Pappstreifen verstärken. Ein Gummiband daran binden. Jetzt dicht mit bunten Herbstblättern bekleben und schon verwandeln sich Kinder in geheimnisvolle Waldgeister ❶.
Größere Kinder können Blattformen und -farben schon gezielter einsetzen und durch Anheften der Blätter mit Zahnstochern auf locker gewebten Rupfen ❷ zusammen ein großes Bild in den Park zaubern ❸. Wenn dann noch von hinten die Sonne durchscheint, beginnen die Blätter magisch zu leuchten ❹.

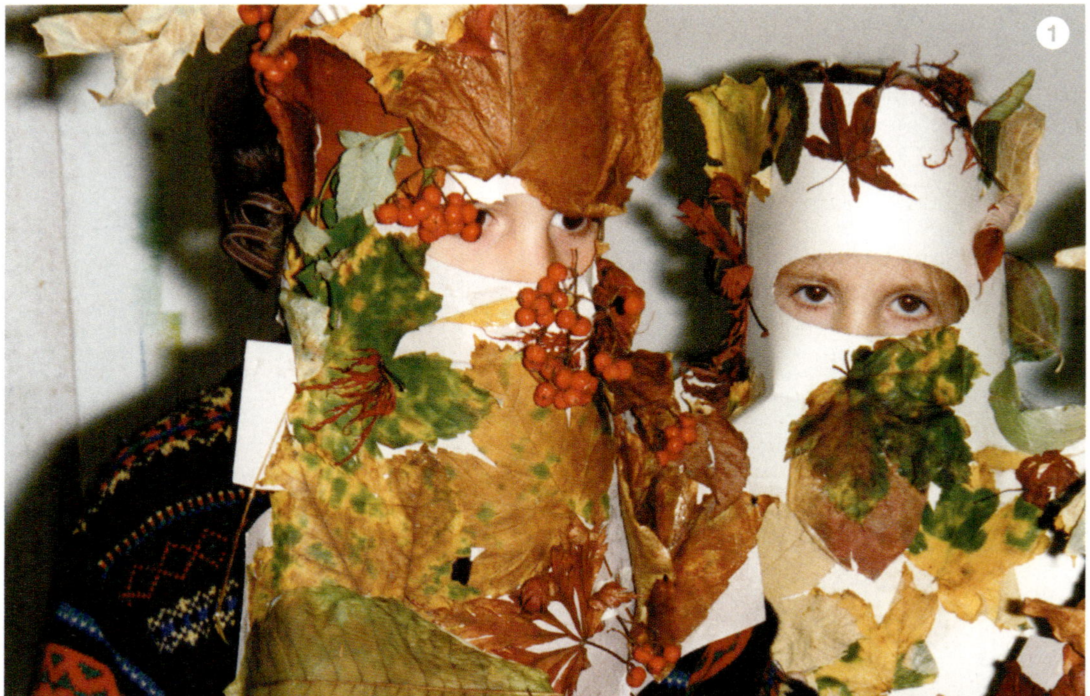

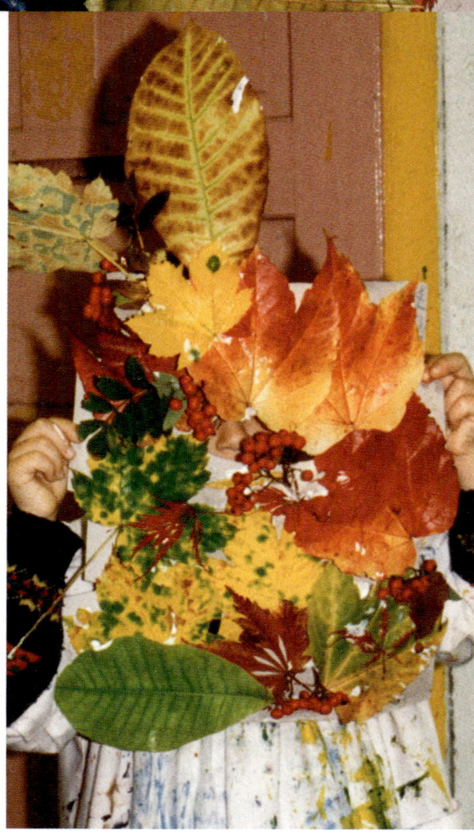

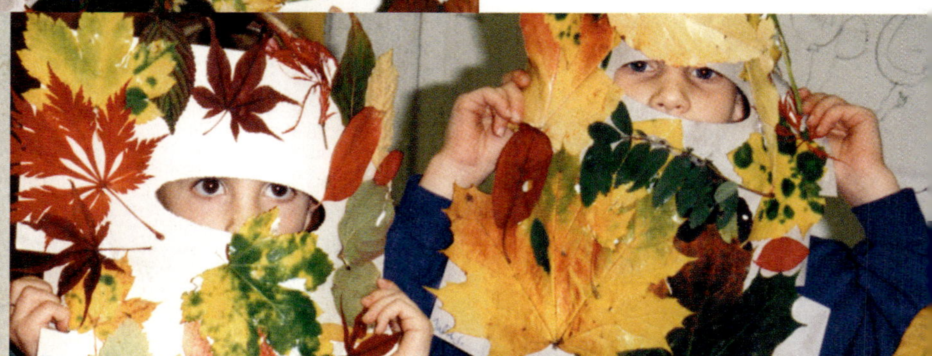

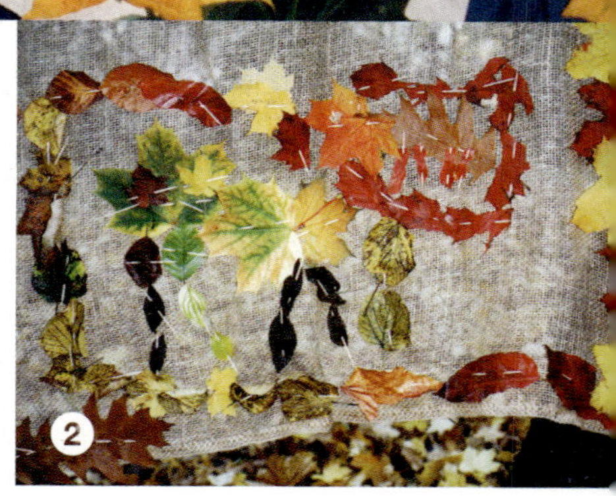

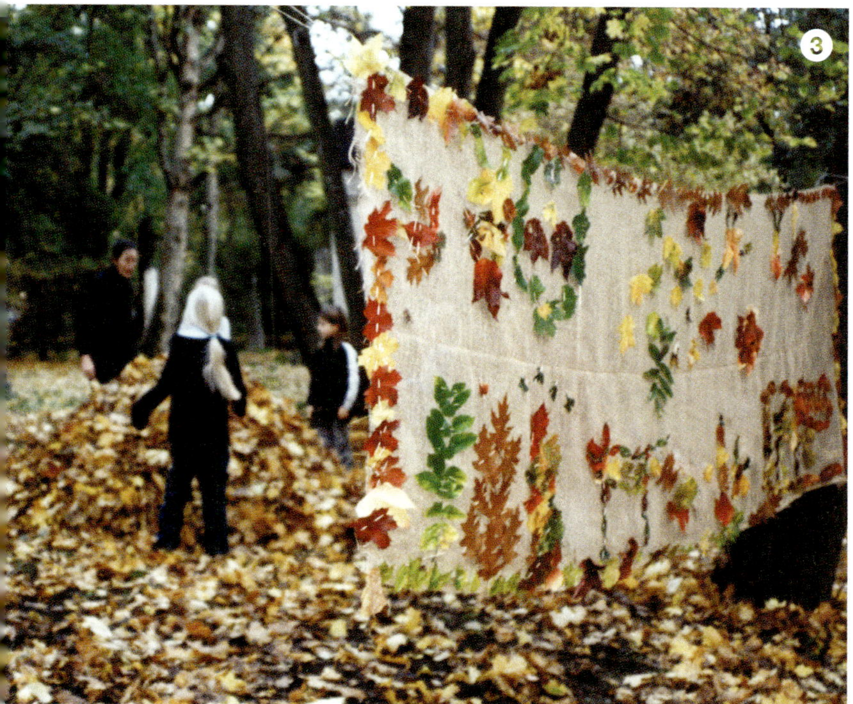

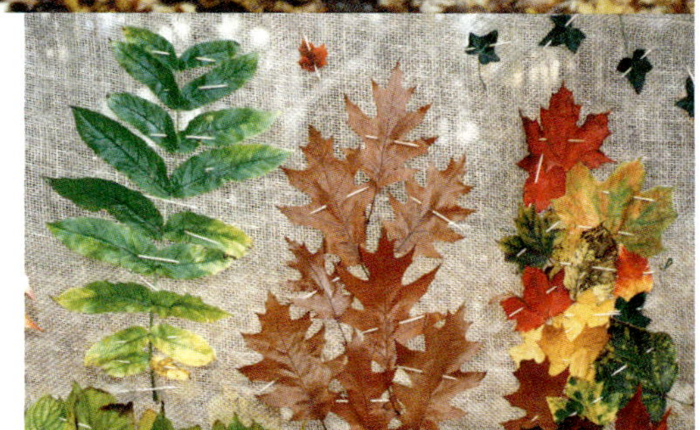

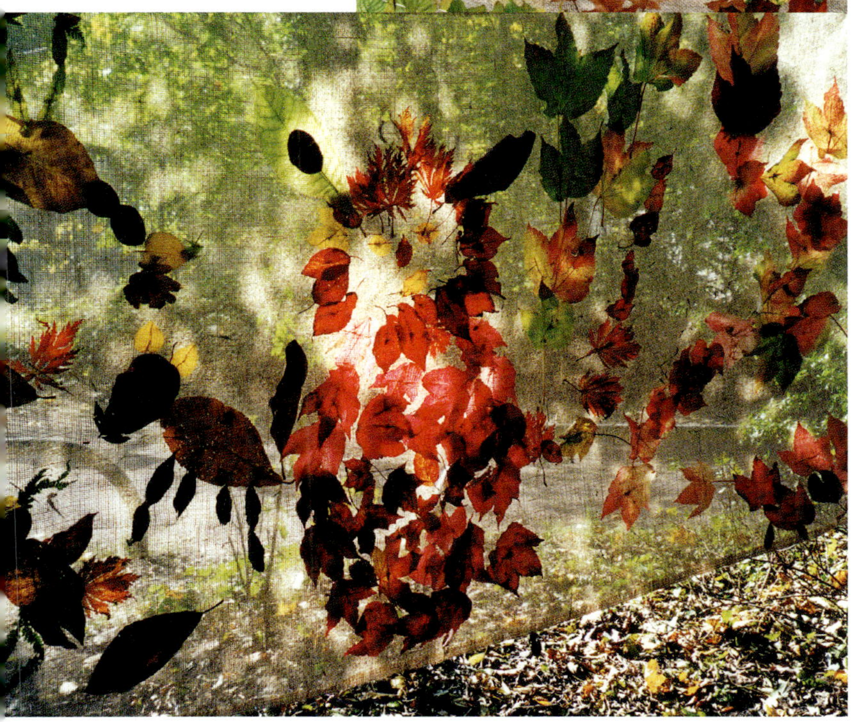

Laubmasken und Blattbilder

Werkzeug

Schere

Material

Herbstblätter
Zeichenkarton oder
dünne Pappe
Kleber
Rupfen
Zahnstocher

Info

Aufgefaltete Schachteln von Kosmetiktüchern haben schon fertige Sehschlitze.

Alter 4 6 8 10 12 14 16 18

Für den Schwimmer: Aus Joghurtbechern oder Schälchen einen Hut, eine Krone oder Frisur bauen und an der Flasche montieren. Auf stabile Folie (oder auf Streifen, die aus Schalen usw. geschnitten wurden) Arme zeichnen und diese bemalen, ausschneiden und mit Klebeband an die Flasche kleben ❶ ❷. Mit ausgeschnittener Folie und buntem Klebeband verzieren, ein Gesicht und das Gewand mit Filzstiften aufmalen ❶ bis ❸. Nun so viel Wasser, Sand oder Kiesel in den Schwimmer füllen, bis er im Wasser aufrecht stehen kann ❹. Eine Schnur daran knoten, damit er nicht davonschwimmt ❺.

Für den Katamaran: Man klebt mit Heißkleber zwischen zwei in gleicher Richtung liegende Flaschen eine flache Plastikschale mit dem Boden nach unten. Diese kann noch mit kleinen Polstermöbeln ❼ eingerichtet werden und vielleicht sogar einem Swimmingpool… Soll unser Schiff auch noch segeln können: In ein passend großes Verbindungsbrett ein Loch für den Mast bohren. In die Zwischenschale darunter ein Klötzchen mit Loch für den Mastfuß kleben. Das Brett entweder auf der Schale mit Heißkleber fixieren oder mit Schnur vertäuen. Nun den Mast in der gewünschten Länge absägen, in die Löcher stecken und die dünneren Querstangen (Rahen) für die Segel am Mast befestigen. Das Segel zurechtschneiden, mit wasserfestem Holzleim um die Querstangen kleben. Das Schiff an die lange Leine nehmen (am besten eine dünne, leichte Perlonschnur), damit es der Wind nicht entführt ❼ ❽.

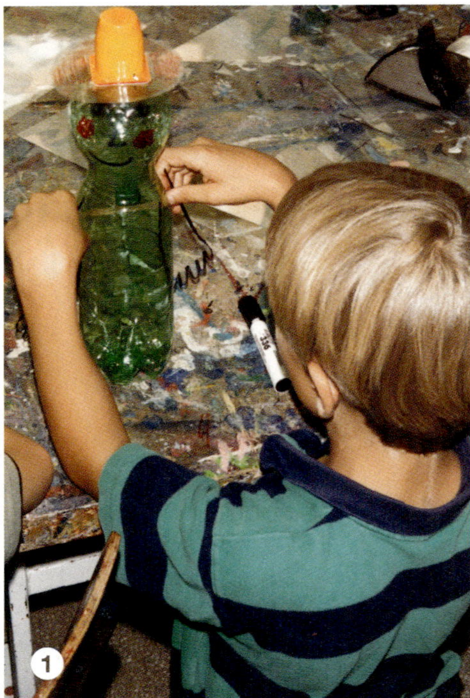
1

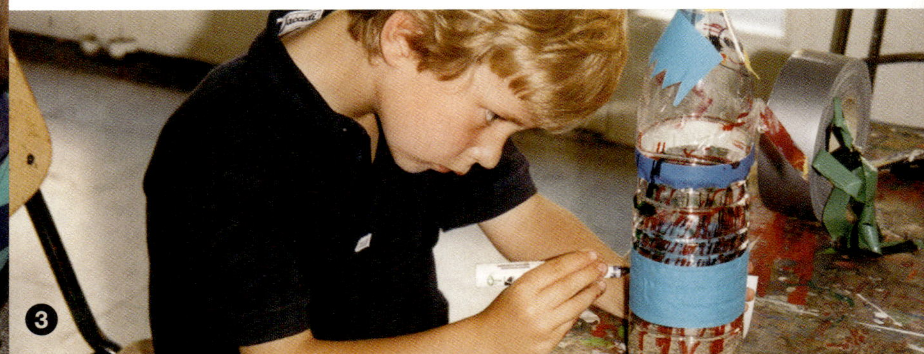
3

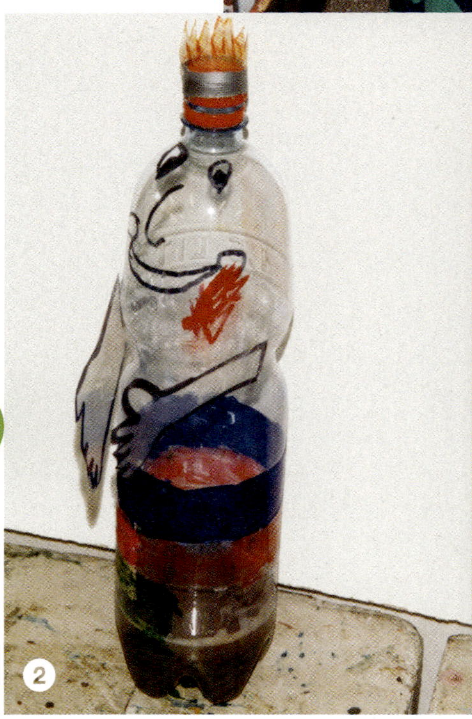
2

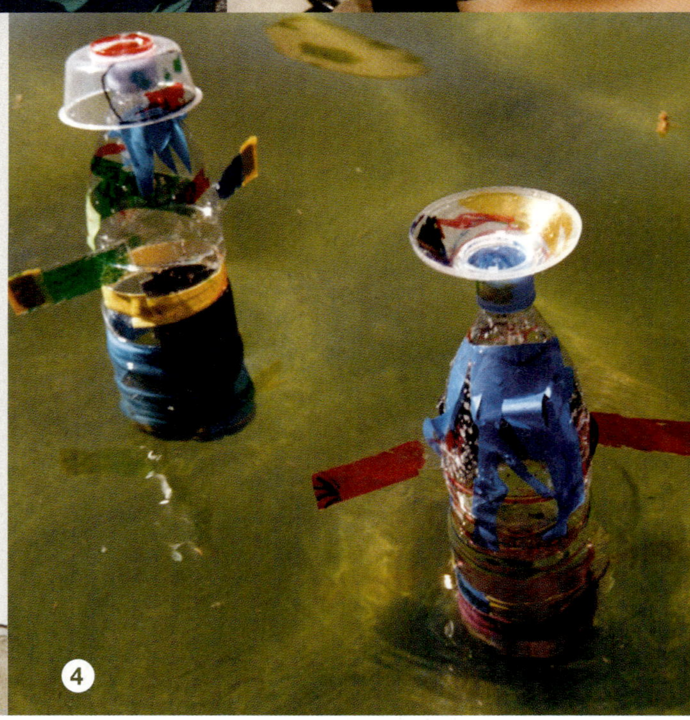
4

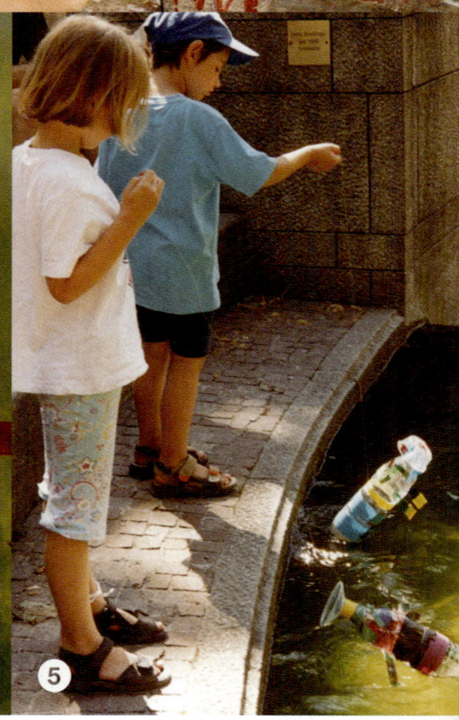
5

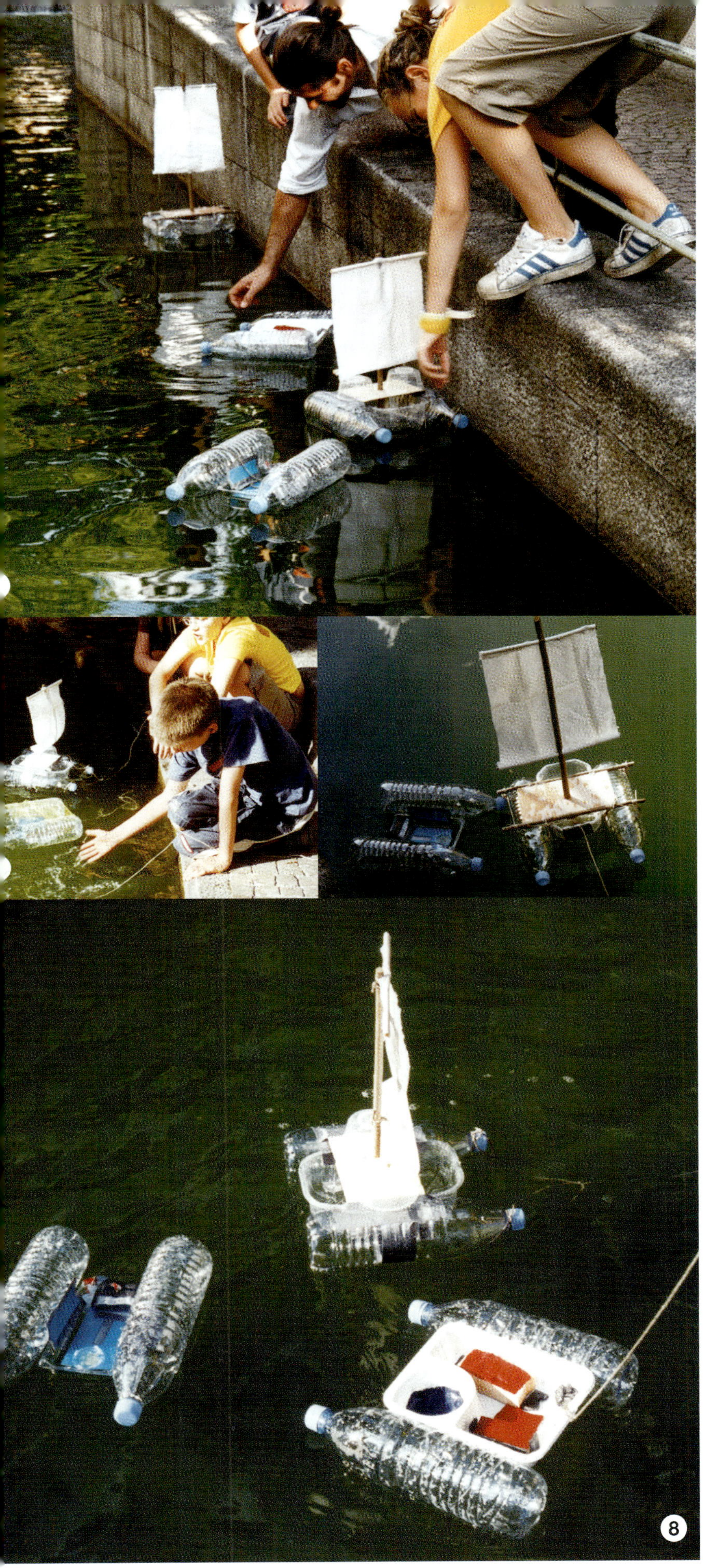

Flaschenschwimmer

Werkzeug

Schwimmer:
Schere, Heißkleber

Katamaran:
Säge, Bohrmaschine

Material

Schwimmer:
Plastikflasche, Folien und Plastikmaterial
wasserfeste Filzstifte
Klebeband, auch farbig
Sand oder Kiesel
(Perlon-)Schnur

Katamaran:
zwei gleiche Plastikflaschen
Ast- oder Dübelholz für den Mast und zwei Querstangen
eine längliche Plastikschale (ohne Löcher)
ein dünnes Holzbrett
wasserfester Holzleim
Stoff für Segel
Schnur
dünner Draht

Info

Heißkleben mit Erwachsenenbegleitung! Die Plastikflaschen müssen mit Deckeln verschlossen sein, bevor sie ins Wasser gelassen werden.

Alter 4 6 8 10 12 14 16 18

Für unsere Boote eignen sich leichte Materialien, wie Plastiklaschen oder Behälter, die als Schwimmköper dienen, am besten ❷ ❸, da hier die Energie des Rückstoßes optimal umgesetzt wird. Für den Antrieb wird ein 25 Zentimeter langer Plastikschlauch in einen Luftballon gesteckt und mit einem Klebeband luftdicht daran befestigt ❶. Der Ballon mit dem Schlauch wird so an den Schwimmkörper gebaut, dass das Ende des Schlauches horizontal im Wasser liegt. Ist der Luftballon über dem Schlauch aufgeblasen, wird er so lange zugehalten, bis das Boot in der richtigen Stellung im Wasser liegt. Durch das Öffnen des Schlauches entweicht die Luft und durch diesen Rückstoß beginnt das Gefährt zu fahren ❹. Sollte keine Wasserfläche zur Verfügung stehen, kann man mit Holzlatten und einer Plastikplane einen kleinen See bauen ❺.

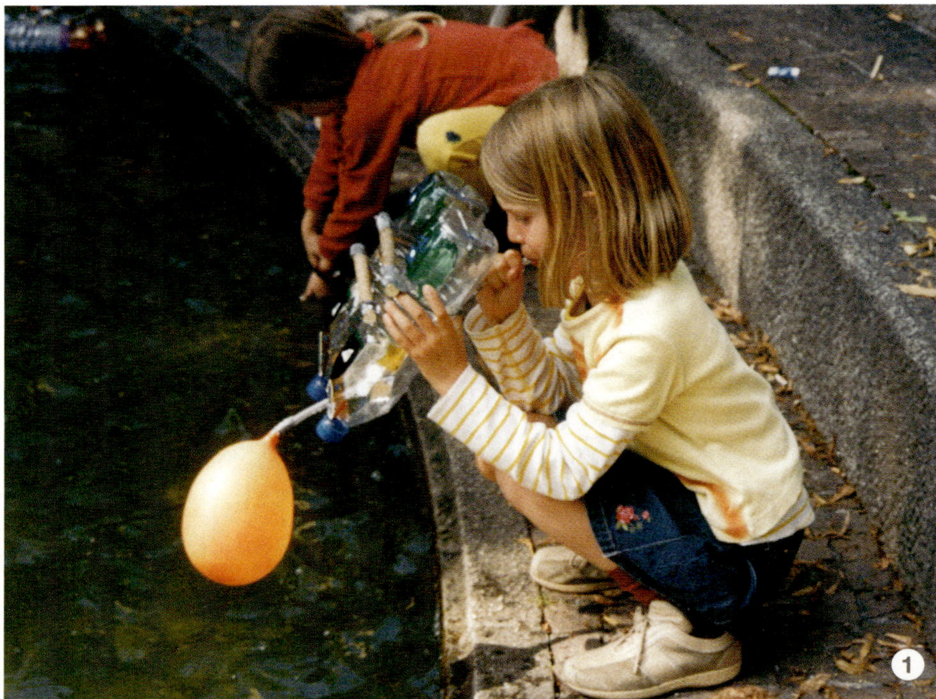

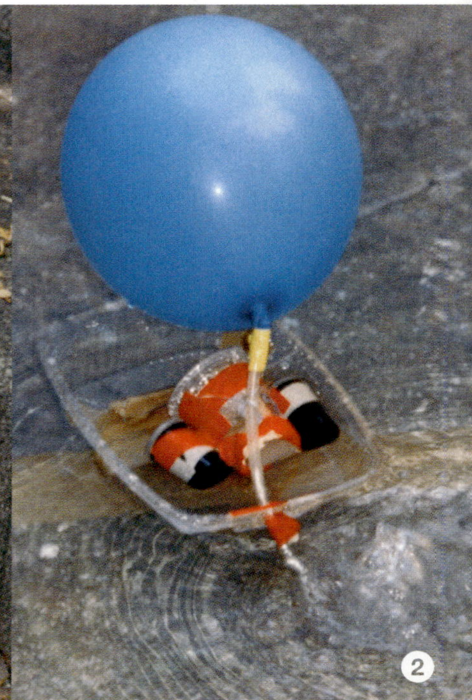

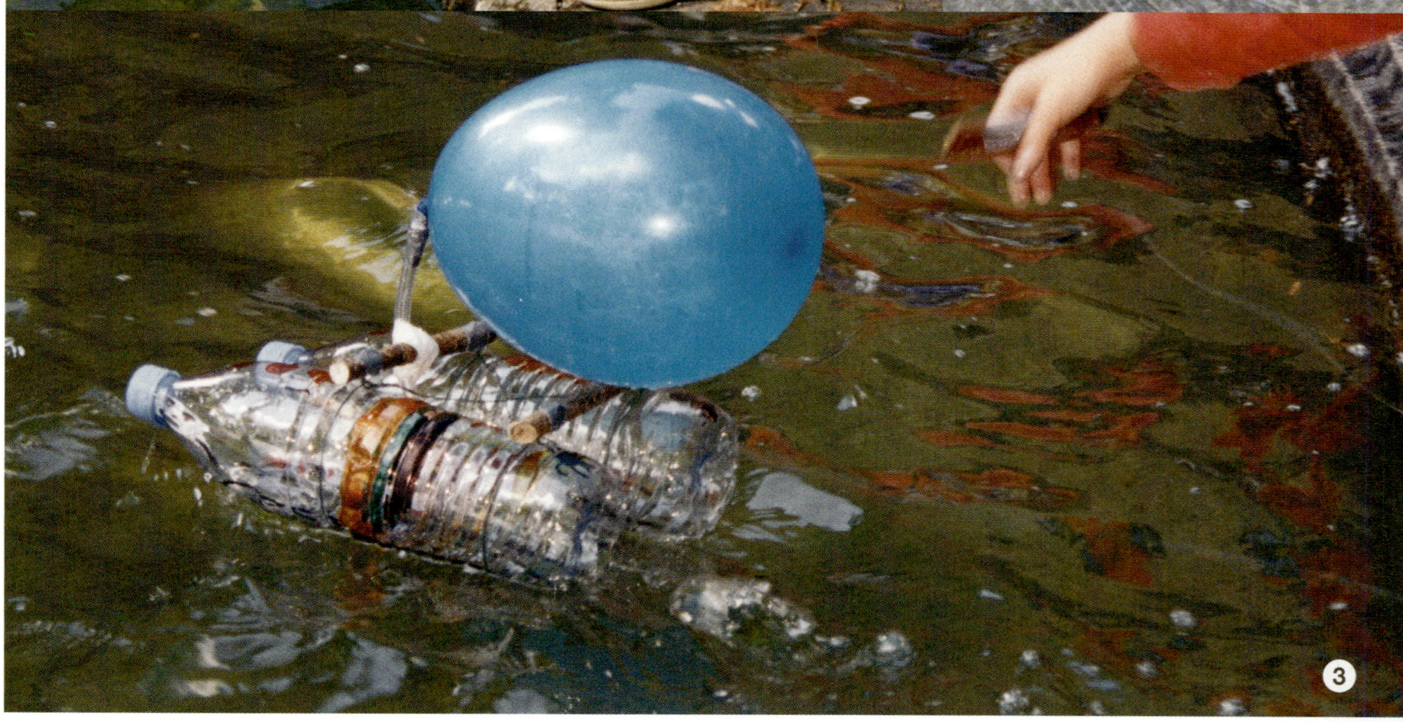

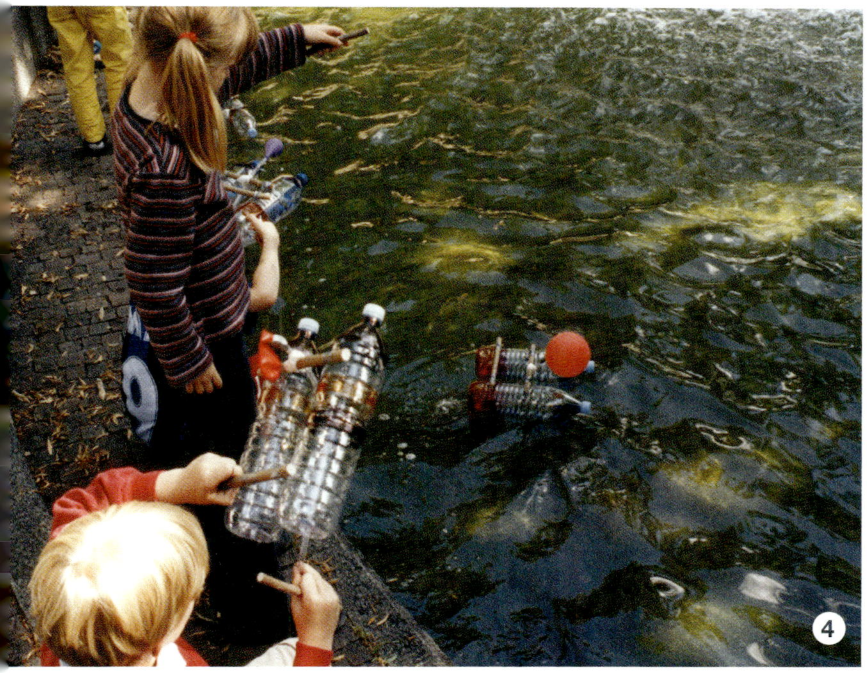

Rückstoßboote

Werkzeug

Schere

Material

Luftballons
Plastikschläuche
Klebeband
Plastikflaschen und -behälter
Holzlatten,
Plastikplane (für den See)

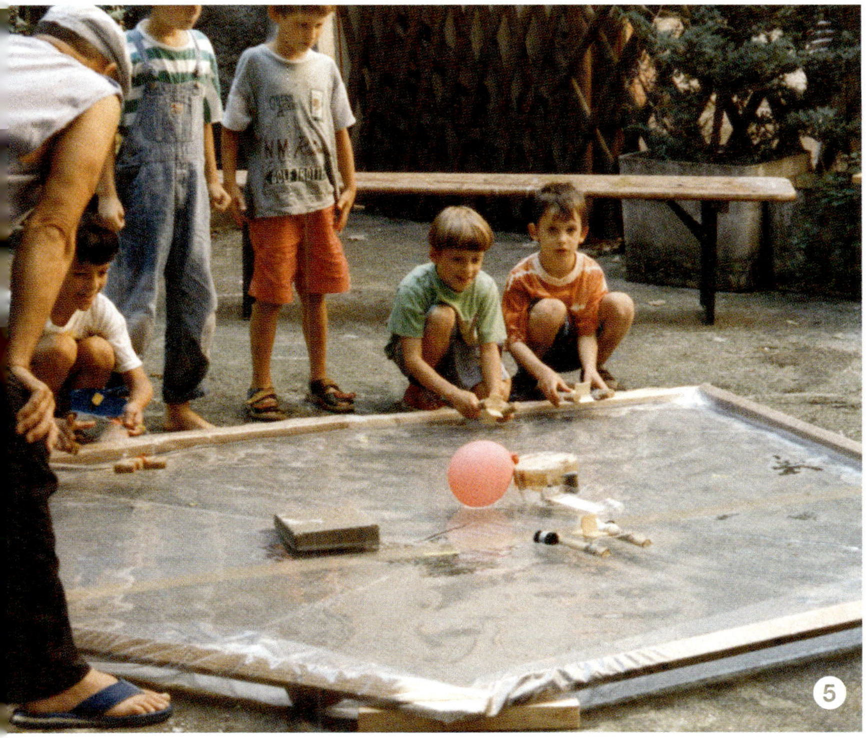

Info

Durch mehrmaliges Aufblasen des Luftballons gibt das Gummimaterial nach und das Aufblasen geht leichter. Bei größeren Wasserflächen sollte man das Boot mit einer Schnur sichern.

Alter 4 6 8 10 12 14 16 18

Zwei aufeinander gelegte Pappteller geben schon die Form des unbekannten Flugobjektes vor. Aber erst muss die Einrichtung entworfen werden: Ausgeschnittene Plastikteile von Keksverpackungen, Pralinenschachteln oder Filmdosen werden zu Sitzgelegenheiten und Bordcomputern ❶, für die Panoramafenster vor dem Piloten nimmt man natürlich durchsichtiges Plastik ❷. Alles lässt sich auch leicht aus Papier schneiden und falten; silberne/s und goldene/s Folie oder Papier wirken metallen und fremdartig ❸. Ein paar Kinder haben ihr Ufo mit Klorollen als Antriebsdüsen versehen und mit Papiermaché stabilisiert, weiß angemalt und geheimnisvolle Botschaften mit Tusche und Feder angebracht ❹.

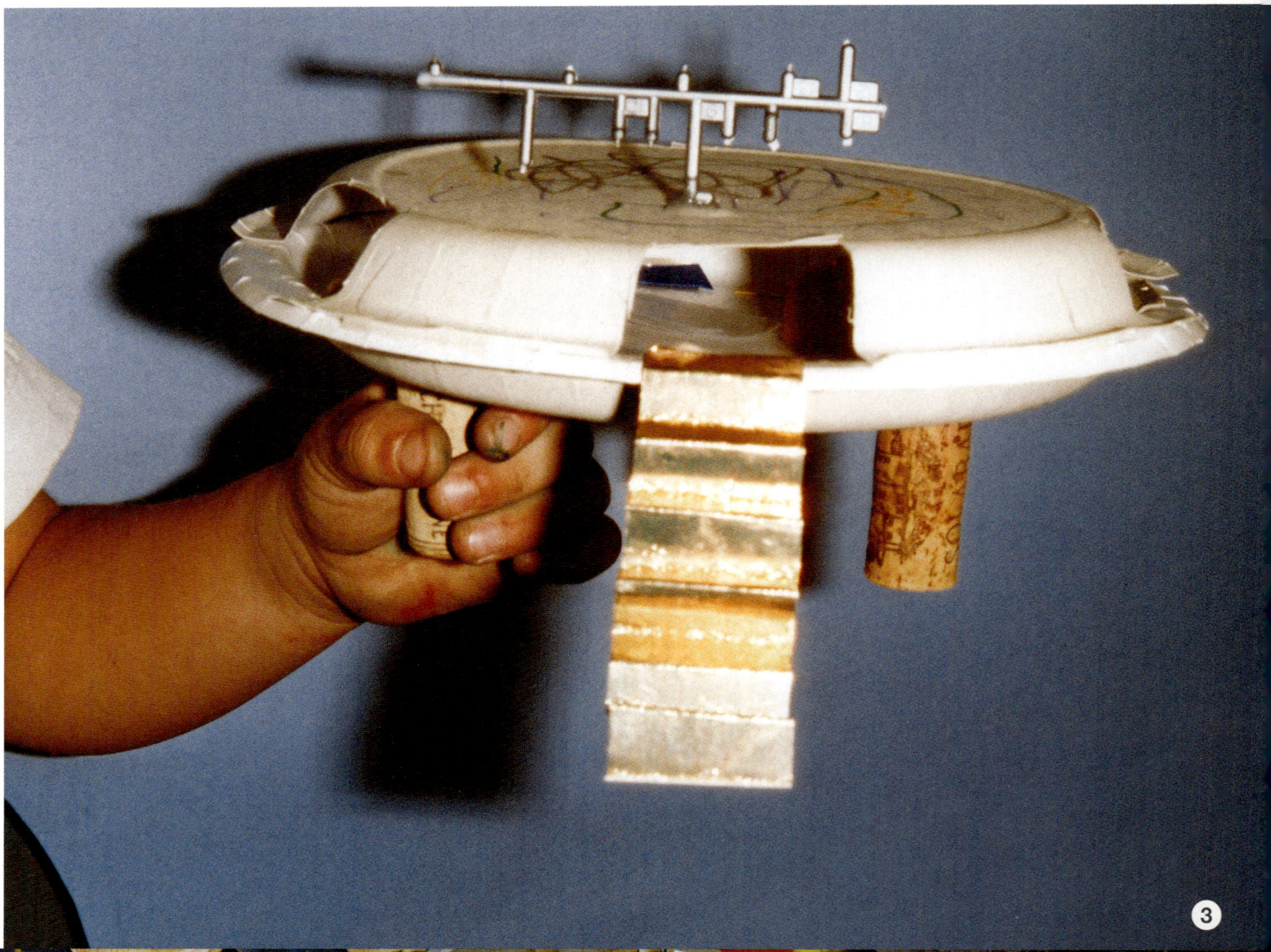

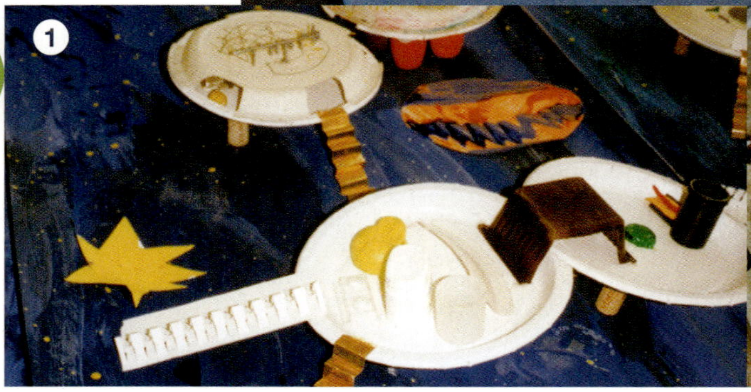

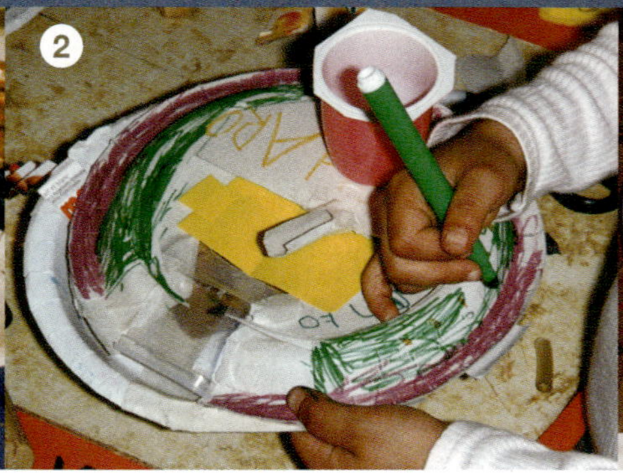

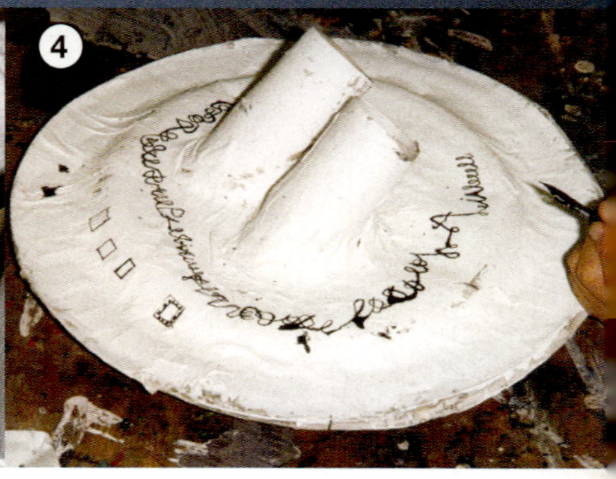

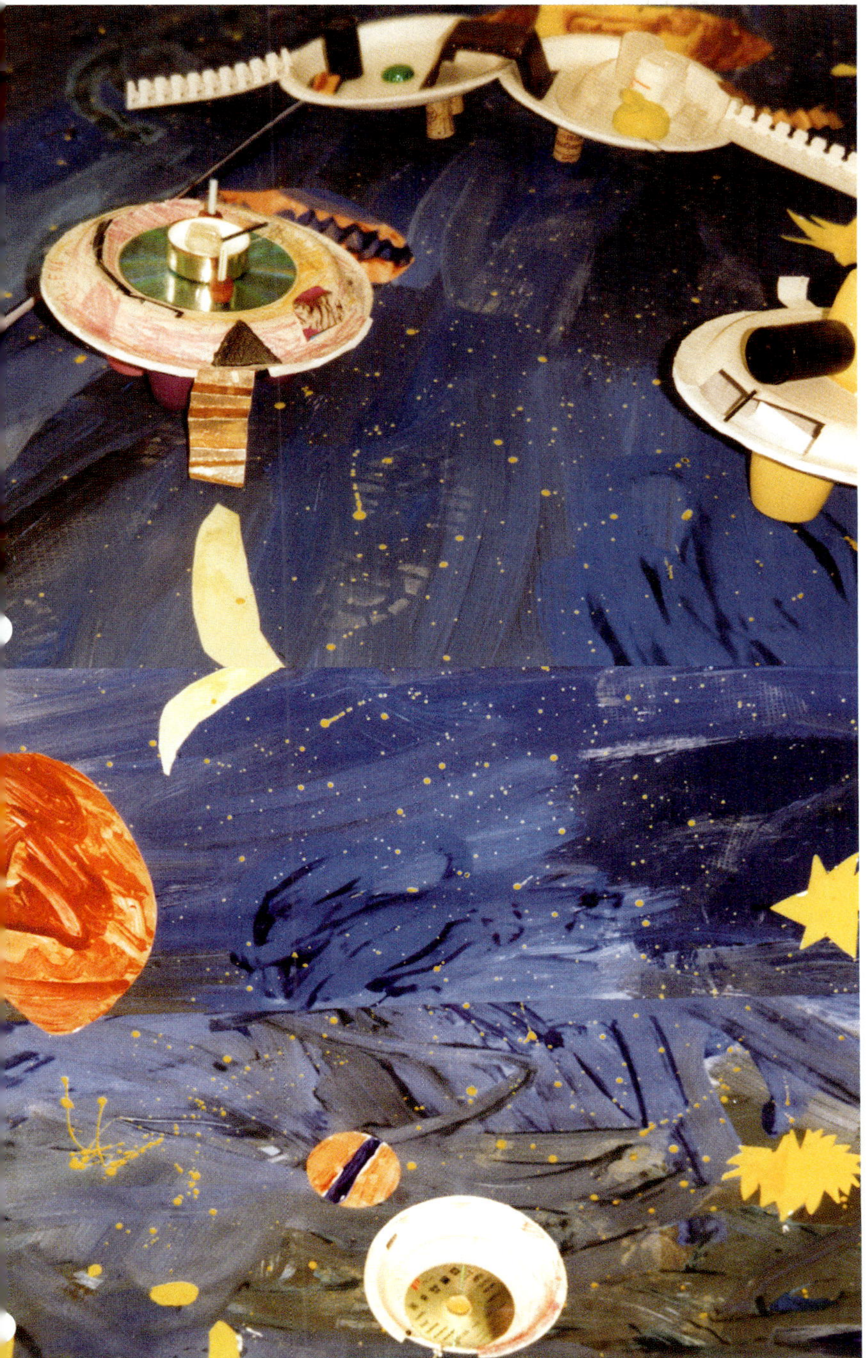

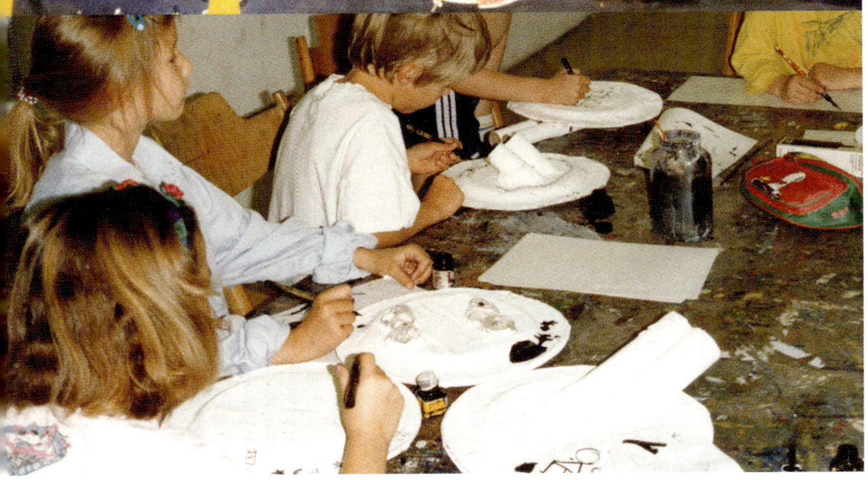

Ufos

Werkzeug

Schere
Pinsel

Material

Pappteller
alles, was sich an kleinen Plastikteilen aus Verpackungsmüll finden lässt
verschiedene Papiere
Glanzpapier
Kleber
Farbstifte
Wasserfarben
Acrylfarben

Info

Der Weltraum kann ein großer Bogen bemaltes Papier sein, mit aufgeklebten Planeten und Sternen ❺ ❻ oder nur ein blaues oder schwarzes Tuch.

Alter 4 **6 8 10** 12 14 16 18

Man malt mit farbigen Stiften eine Landschaft auf eine dünne Holzplatte mit verschlungenen Wegen, Wiesen, Feldern, Wasserflächen, Häusern etc. Dünne, bemalte Pappstreifen für Tunnels an den beiden Enden knicken und mit Kartonstreifen zur Verstärkung über dem Weg antackern ❶. Pappstreifen für die Umrandung werden der Länge nach gefaltet und an der Brettunterseite angeklebt, die Ecken können gebogen sein ❷.

Für die Maus einen Kreis mit ca. 10 cm Durchmesser aus stärkerem Zeichenkarton bis zum Mittelpunkt einschneiden und zu einem kegelförmigen Hütchen kleben. Als Mäuseschnauze wird ein in der Mitte leicht gefaltetes Dreieck angeklebt ❸. Nun braucht die Maus noch ein Fellkleid und einen Schwanz. Auf die Glasmurmel gesetzt ❹, rollt sie auf der Platte und kann mit Übung und zunehmender Geschicklichkeit die Wege entlang und durch die Tunnel flitzen ❺.

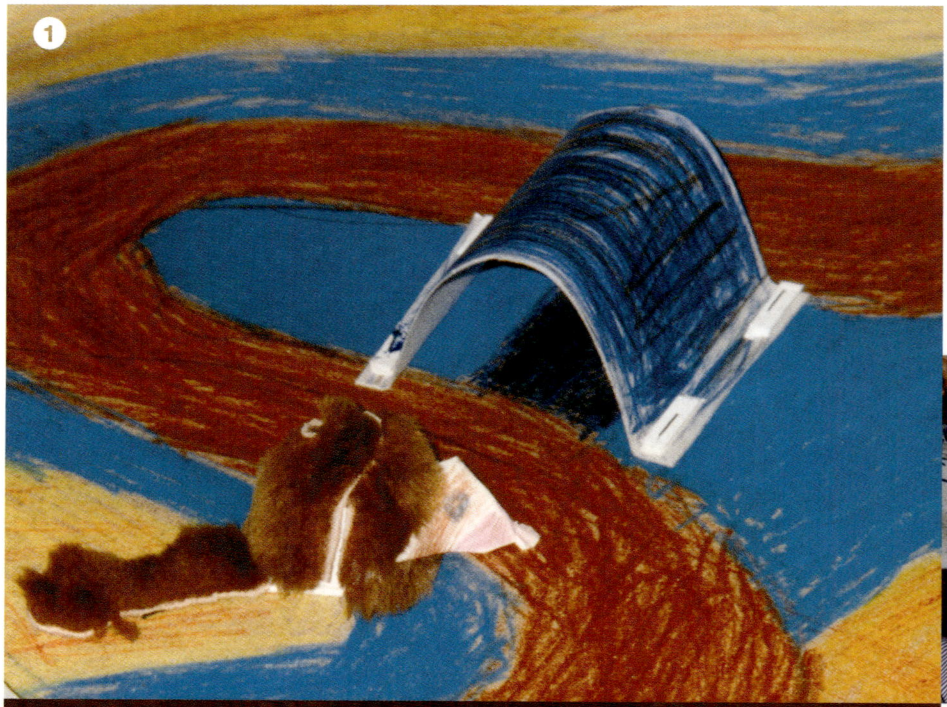

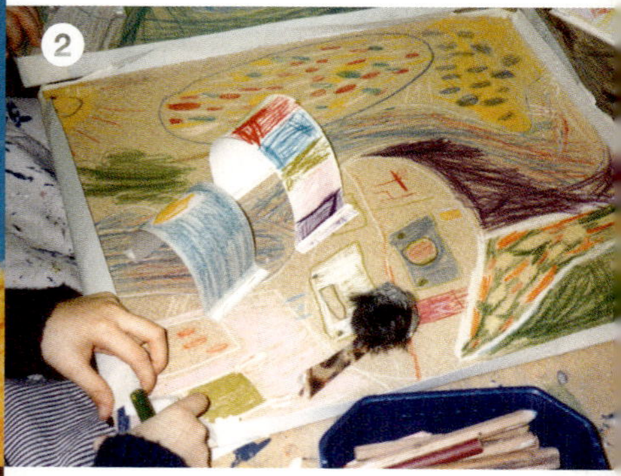

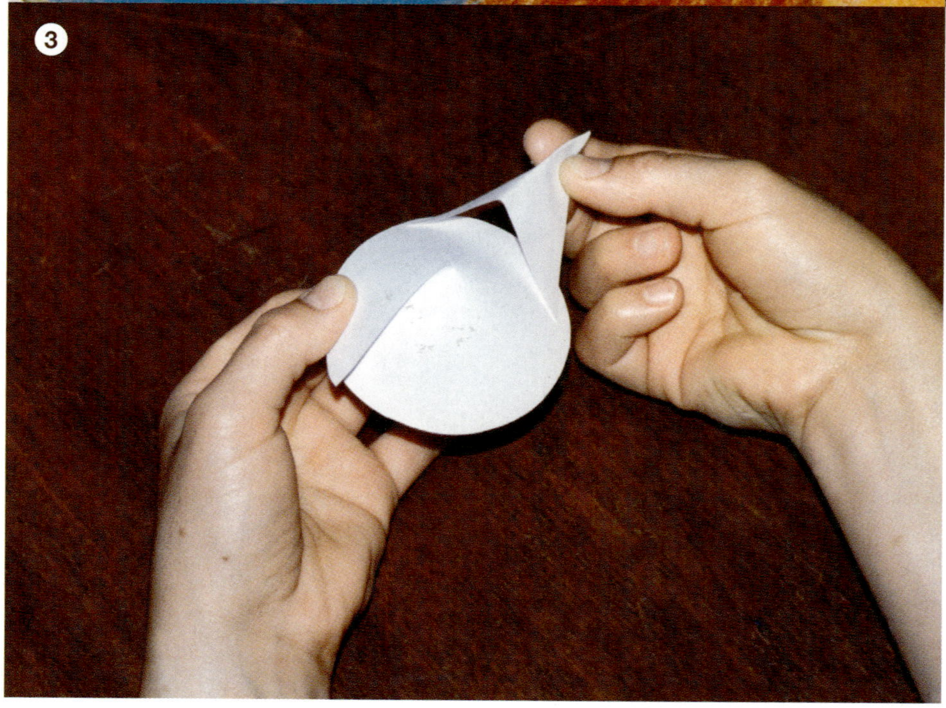

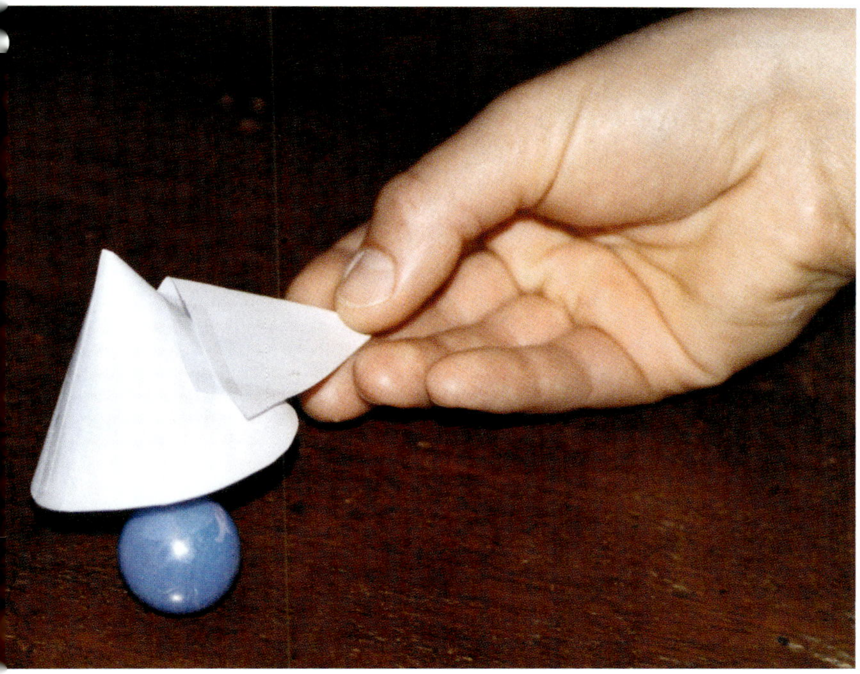

Schnelle Maus

Werkzeug

Schere
Tacker

Material

dünne Pressspanplatte
Karton
Fell- oder Stoffreste
größere Glasmurmel
Klebstoff
Klebeband
Wachsmalkreiden oder Ölkreiden
und/oder Buntstifte

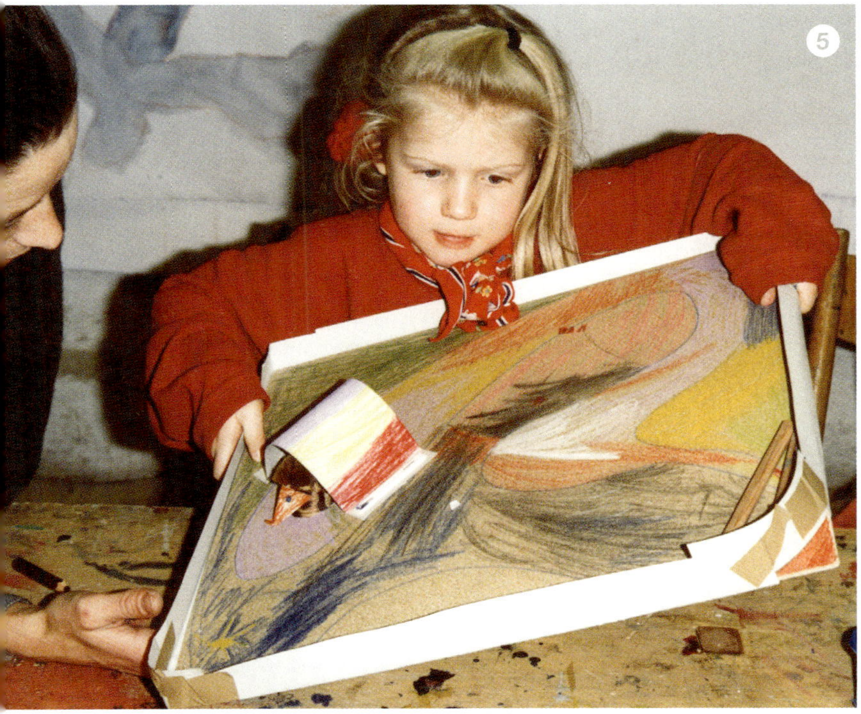

Info

Falls kein Tacker zur Hand ist, geht auch Powertape.

Alter 4 6 8 10 12 14 16 18

Die gewünschten Formen werden zurechtgeschnitten, auf die bestrichenen Brote drapiert – und schon schauen uns die Brotkerle an ❶ bis ❸! Schön und lecker ❹ ❺! Man kann auch in die Höhe bauen!
Auch Kleinplastiken aus Kartoffeln und Karotten können geschnitzt werden: Schildkröte, Blumentopf, Schiffchen, durchbohrtes Herz, Rennauto, Mann auf Couch und vieles mehr. Zu guter Letzt darf die Kunst auch aufgegessen werden ❻ bis ❽.

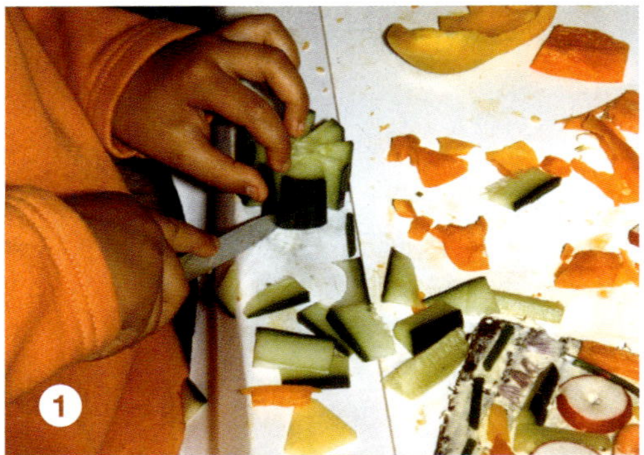

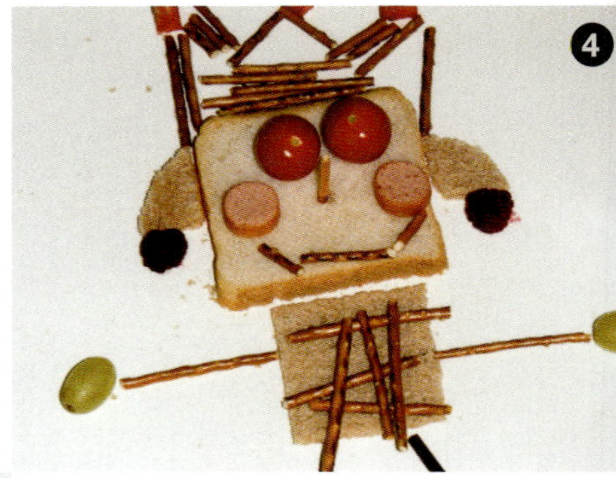

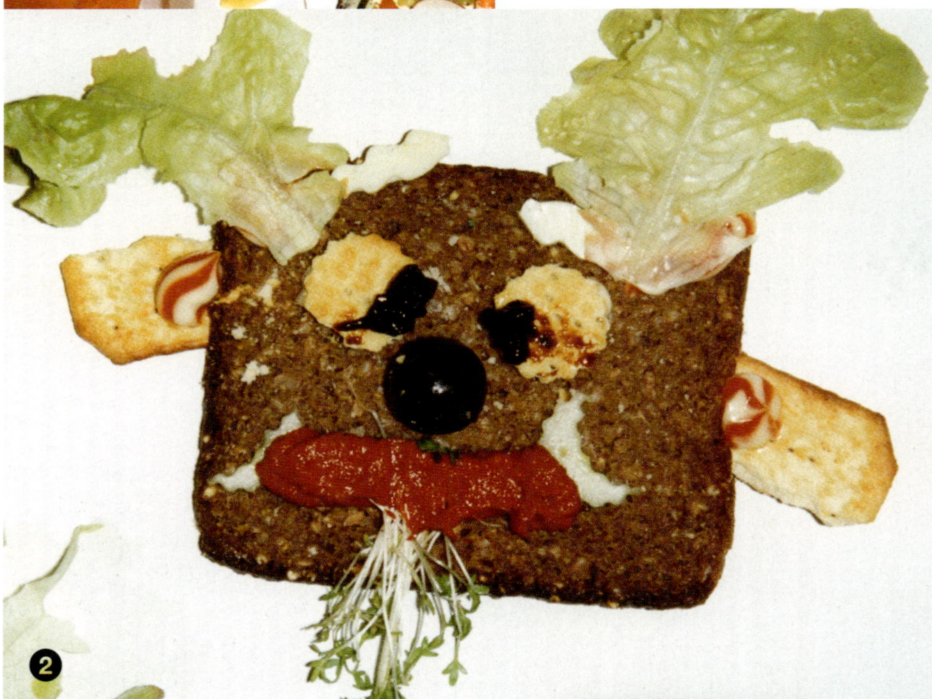

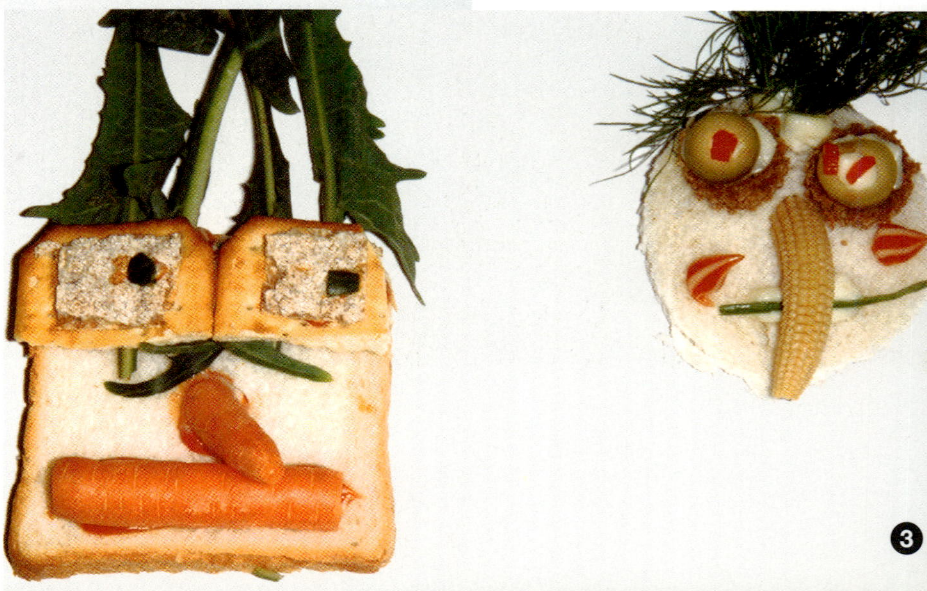

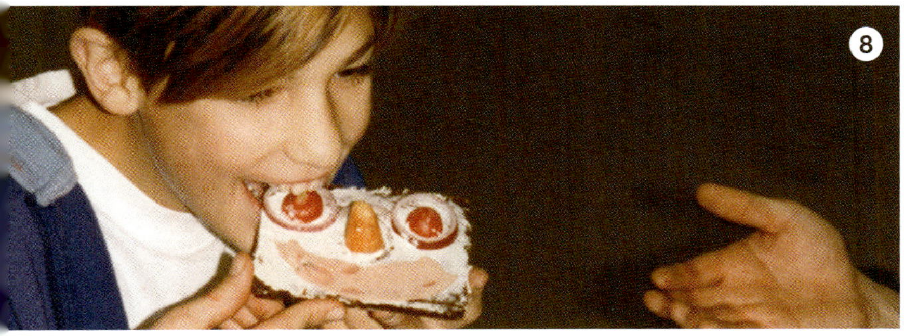

8

Bilder, die man essen kann

Werkzeug

möglichst weiße Schneidbrettchen
(wegen des klaren Hintergrunds)
einfache kleine Küchenmesser
Teller

Material

Toastbrot, Pumpernickel, Tramezzini, Crackers, Salzstangen, Gurken, Tomaten, Radieschen, Paprikaschoten, Kartoffeln, Karotten, Salat, Petersilie, Butter, Streichkäse, Ketchup, Senf usw.

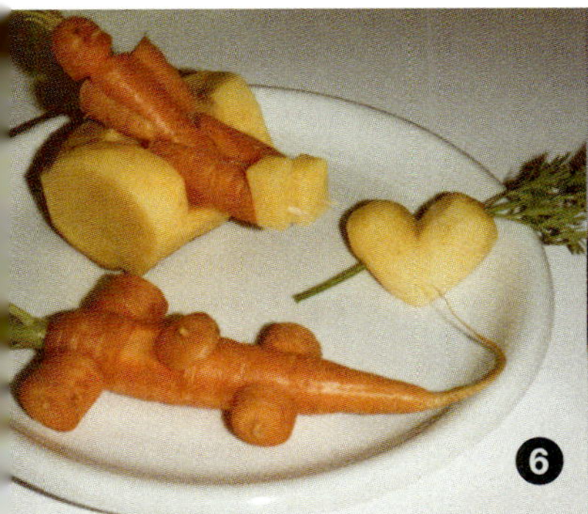

6

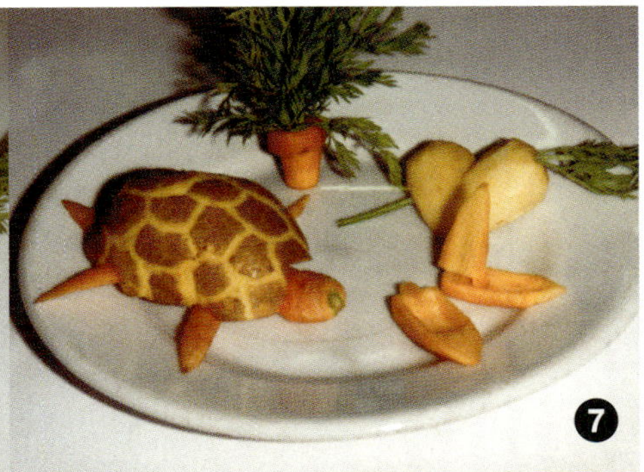

7

Info

»Mit dem Essen darf man nicht spielen«, haben wir als Kinder immer gehört. Darum macht es uns besondere Freude, die guten Lebensmittel einmal als Gestaltungsmaterial zu verwenden.
Es findet sich immer jemand, dem das Kunstwerk schmeckt!

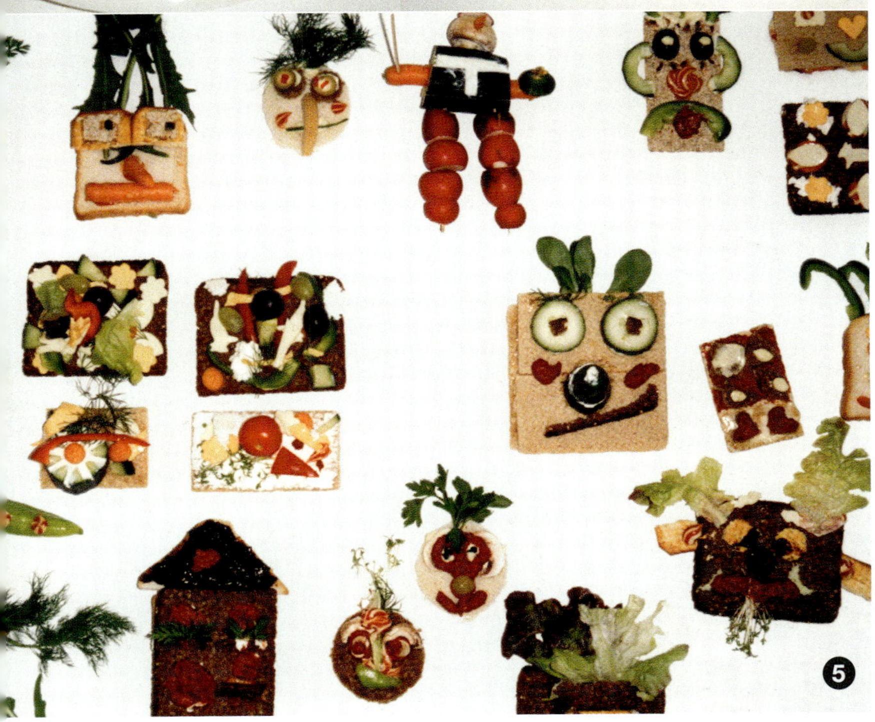

5

Alter 4 6 8 10 12 14 16 18

Für den Teig zwei Tassen Mehl mit einer Tasse Salz mischen. Es ist durchaus ein sinnliches Vergnügen, das weiche Mehl zwischen den Fingern durchrieseln zu lassen und an den salzigen Fingern zu lecken ❶. Dann Wasser untermischen und zu einem festen Teig kneten ❷. Einen Teil davon für den Belag aufheben, aus dem Rest eine Kugel formen und daraus den Pizzaboden drücken. Einen Rand hochziehen, damit es möglichst echt aussieht.
Nun kommt der Belag. Hier sind der Phantasie keine Grenzen gesetzt; die Speisekarte enthält Krokodil-, Schlangen-, Totenkopf- oder Mäusepizza und vieles mehr! Die Teile formen und mit etwas Wasser auf den Pizzaboden kleben ❸. Nach dem Trocknen bei 170 Grad im Backofen goldgelb backen (dauert ca. 20 Minuten) ❹. Mit Wasserfarben anmalen ❺, in original Pizzaschachteln legen und mit der nächsten Heimlieferung einem Gast oder Familienmitglied servieren.

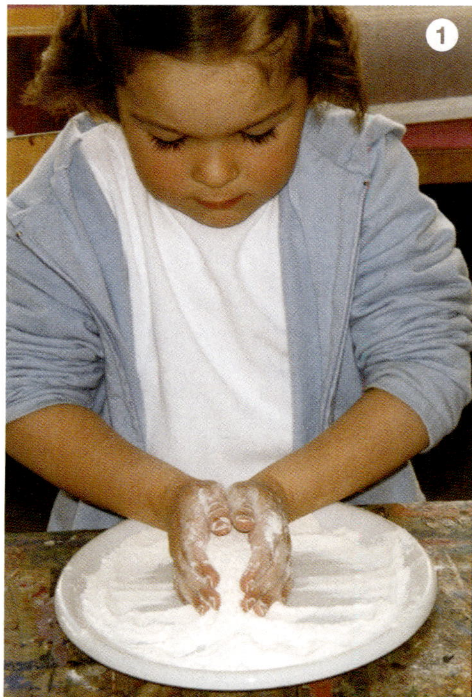

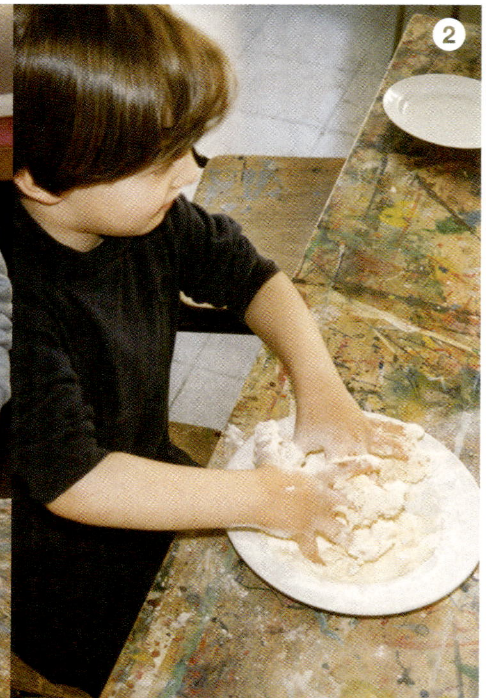

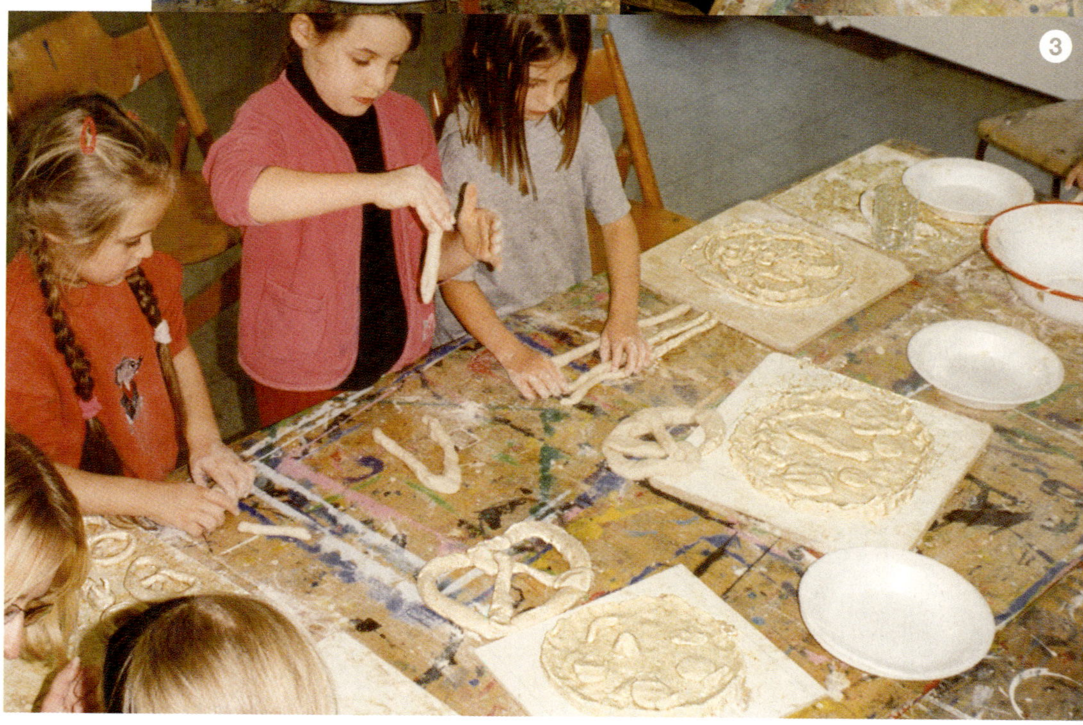

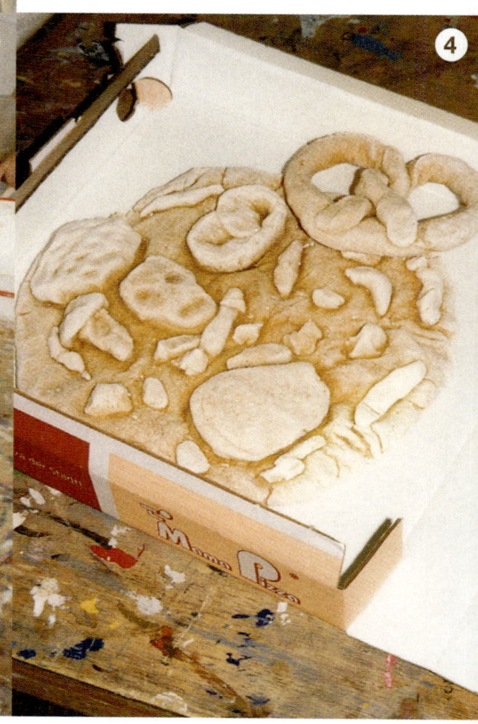

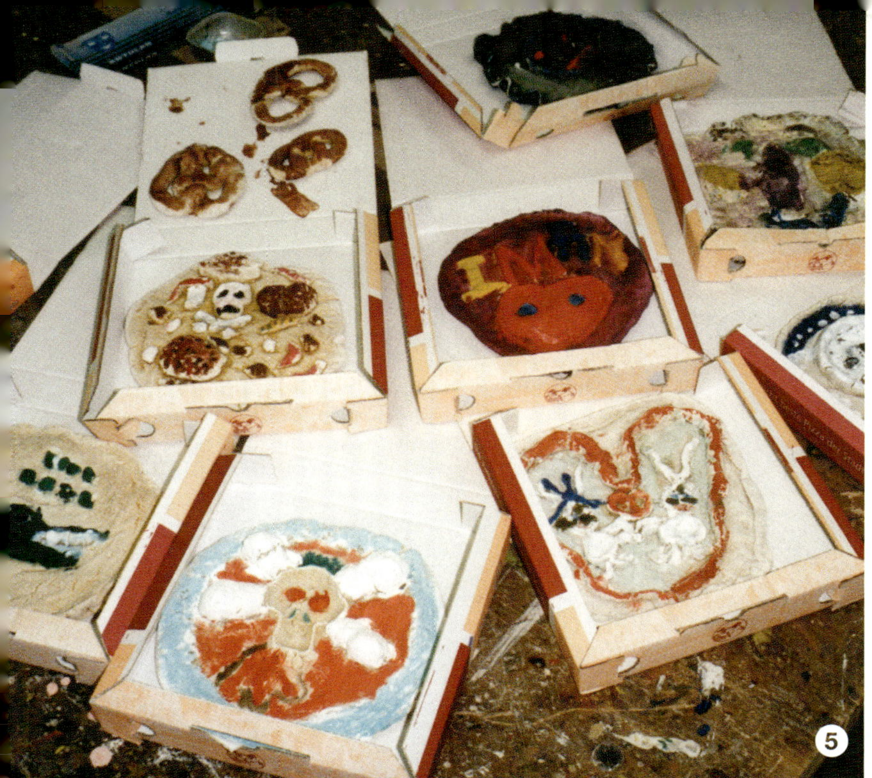

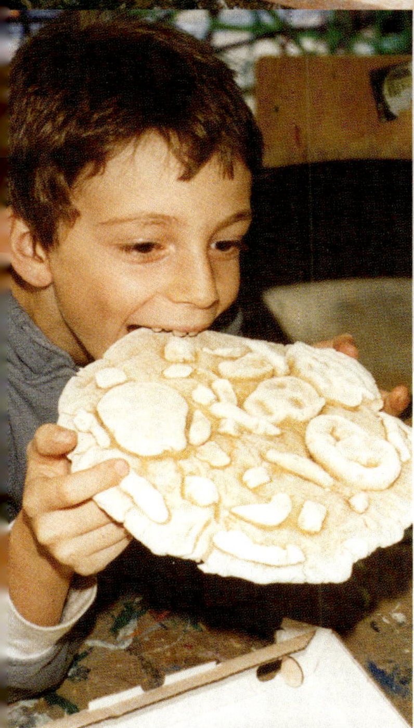

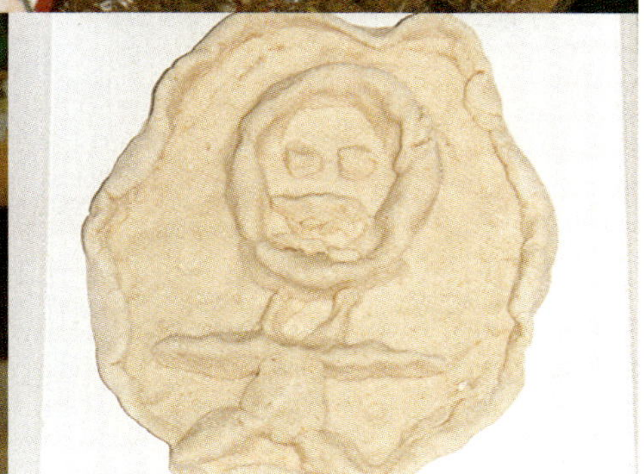

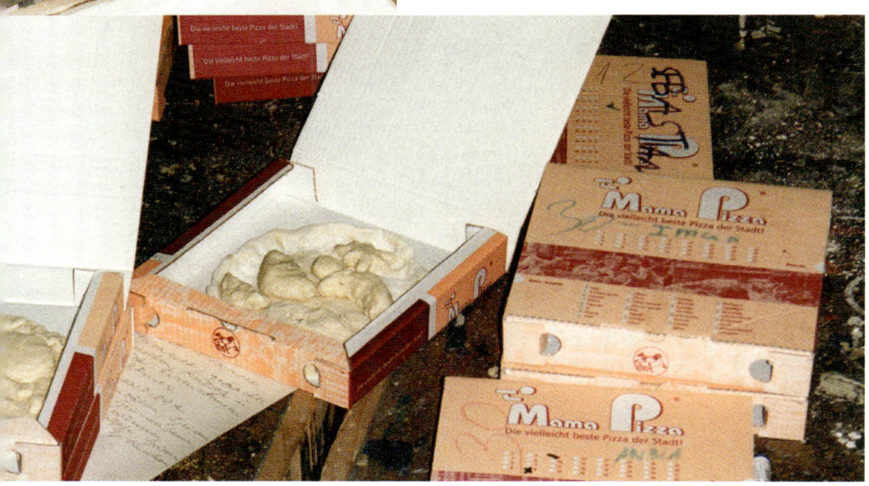

Salzteigpizza

Werkzeug

Teller
Hände
Brettunterlagen
Pinsel

Material

Salz
Mehl
Wasser
Wasserfarben
Pizzaschachteln

Info

Pizzaschachteln gibt es beim Pizzabäcker.

Alter 4 **6 8 10** 12 14 16 18

Ein schönes Thema für dunkle Winternachmittage. Großzügig möglichst einfache Motive mit Kreide vorzeichnen ❶. Die Linien mit Kerzen markieren, je mehr, desto schöner ❷. Am schönsten ist es natürlich, wenn man einen erhöhten Aussichtspunkt hat ❸.

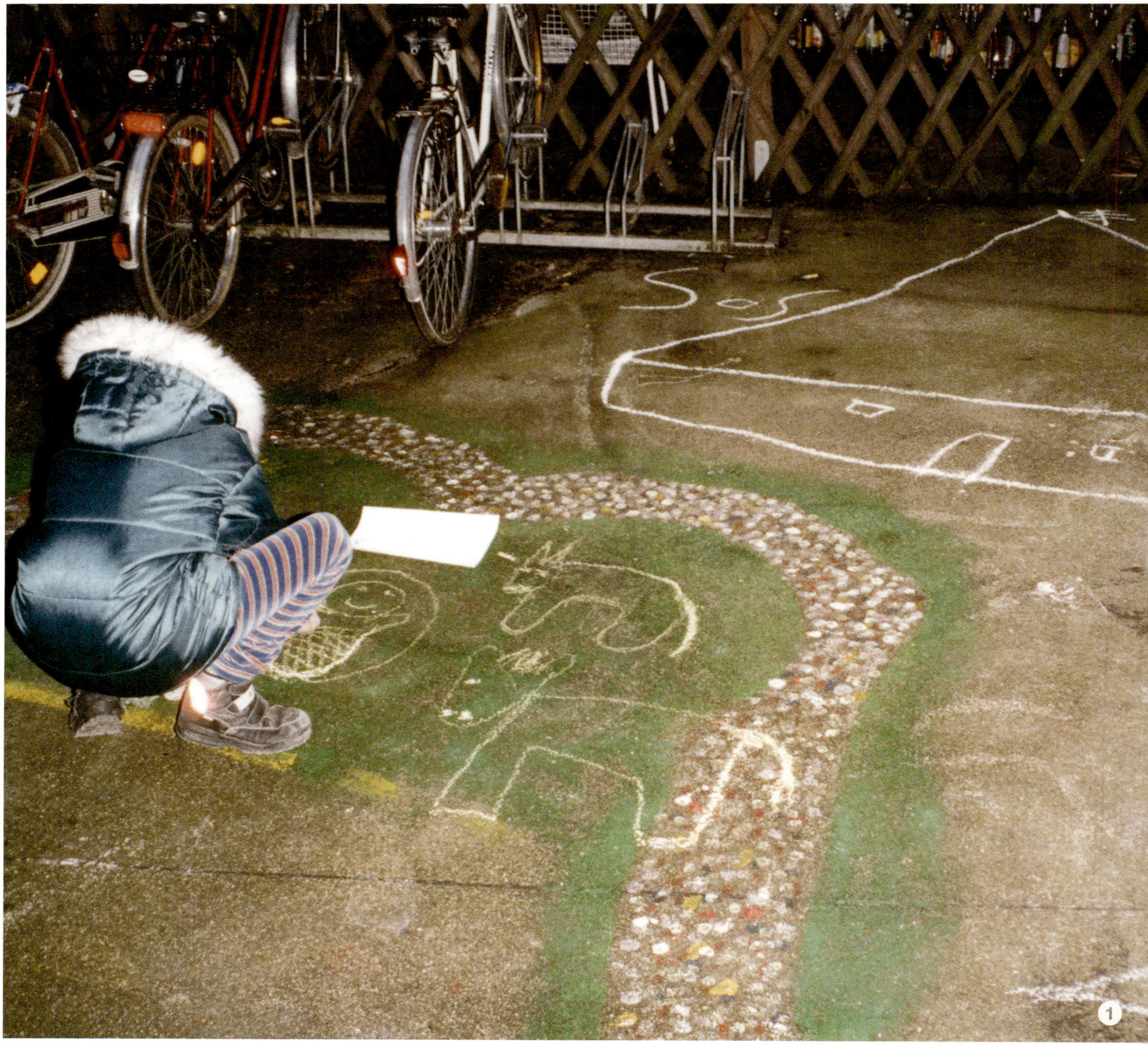

1

Leuchtbilder

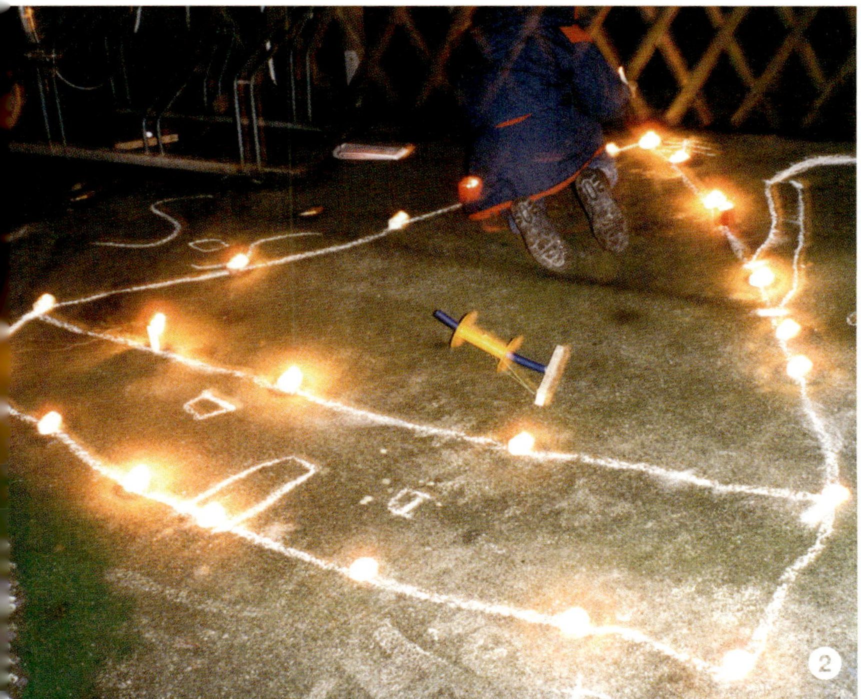

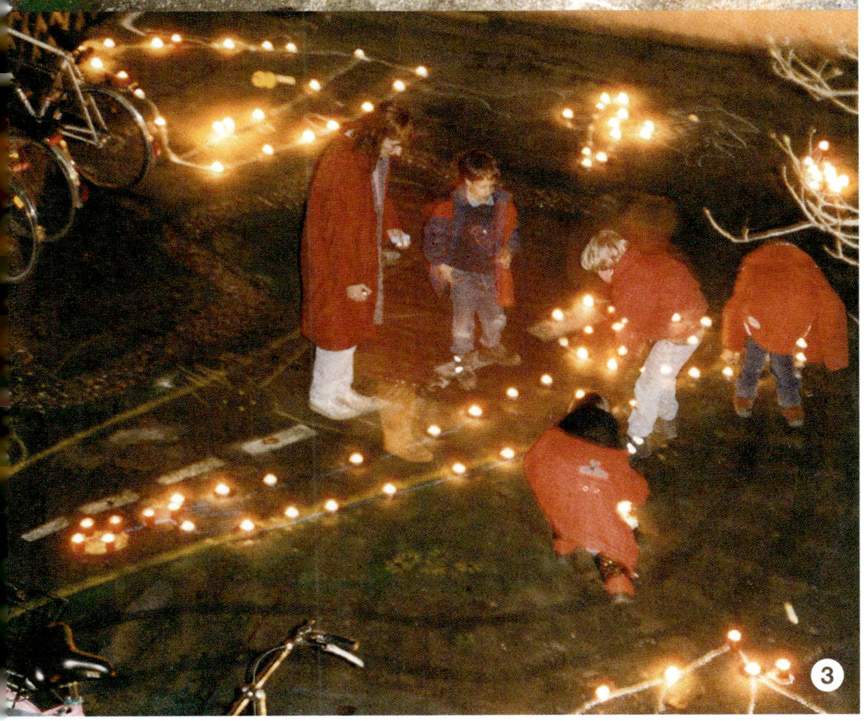

Werkzeug

Kreide

Material

Tee- oder Grablichter

Info

Man sollte darauf achten, dass es einigermaßen windstill ist, sonst leuchtet nie das ganze Bild!

Alter 4 6 8 10 12 14 16 18

Jeder Gegenstand ist es wert, in unserem Museum ausgestellt zu werden! Voraussetzung ist, dass die Räume dafür vorbereitet sind. Die Wände werden farbig grundiert oder tapeziert. Dann werden die wertvollen Objekte ausgestellt, die Totenköpfe, bunte Kabel, Buntstifte, Blumen oder Gräser reihen sich nebeneinander ❶ bis ❹.
Auch Szenen können dokumentiert werden, wie der Kampf der Soldaten mit der Schlange ❺, sogar einer Kuh wird es erlaubt, den grünen Salon zu betreten ❻.
Um die Bedeutung zu unterstreichen, müssen die Exponate bei der anschließenden Museumsführung mit einer kurzen Beschreibung erklärt werden.

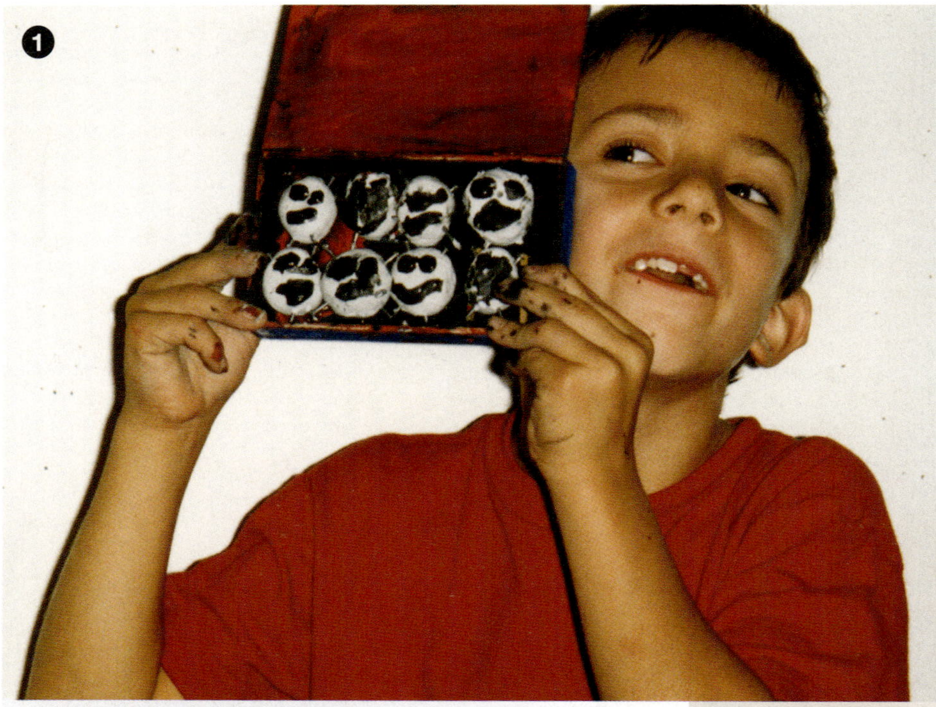
❶

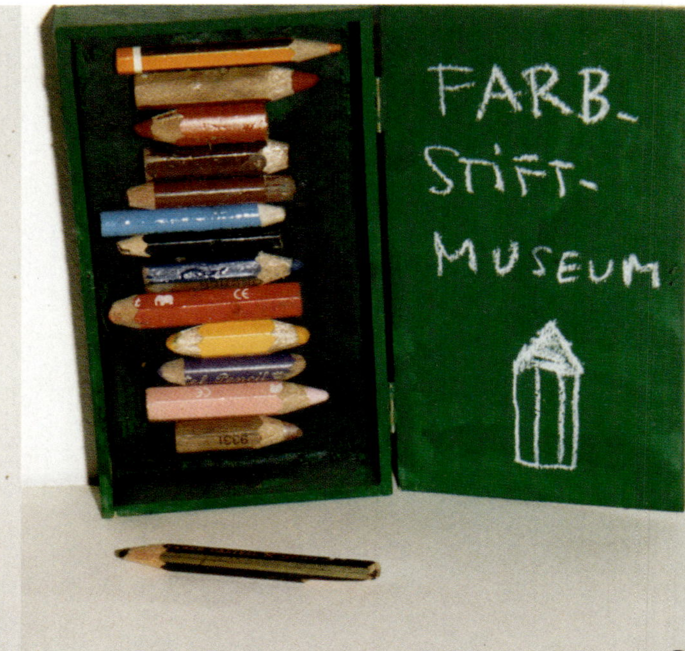

❸

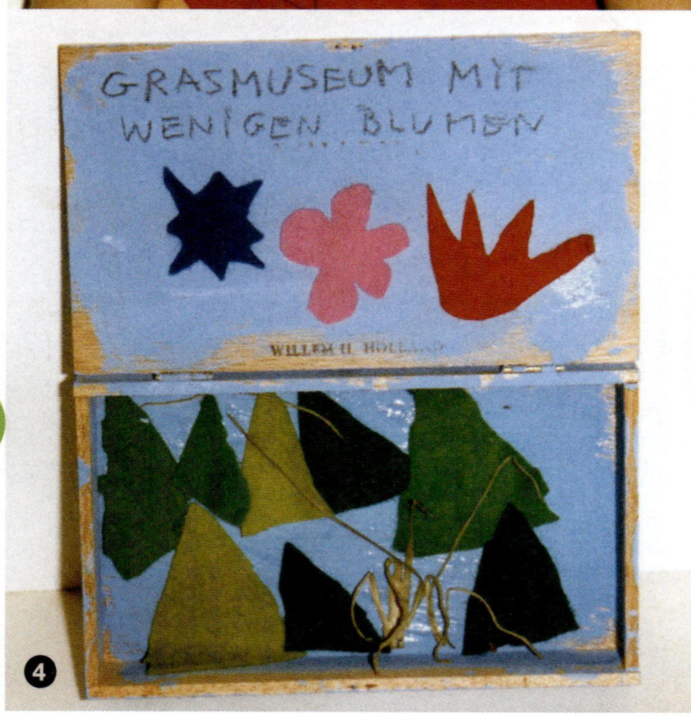

❹

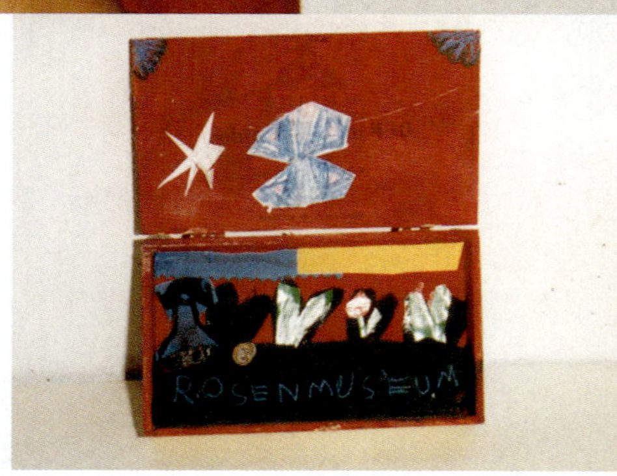

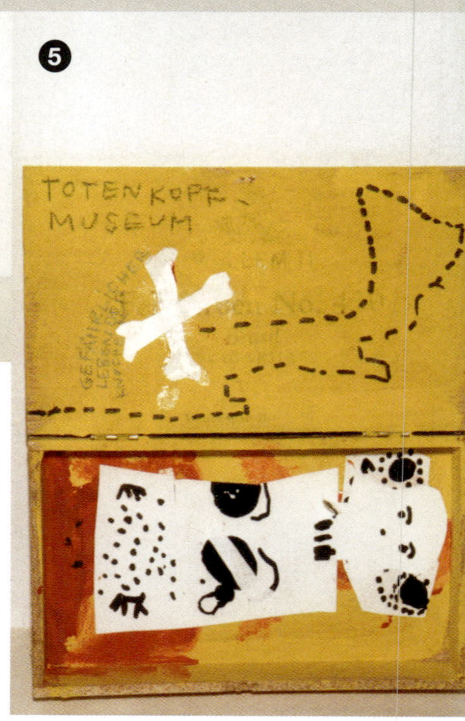

❺

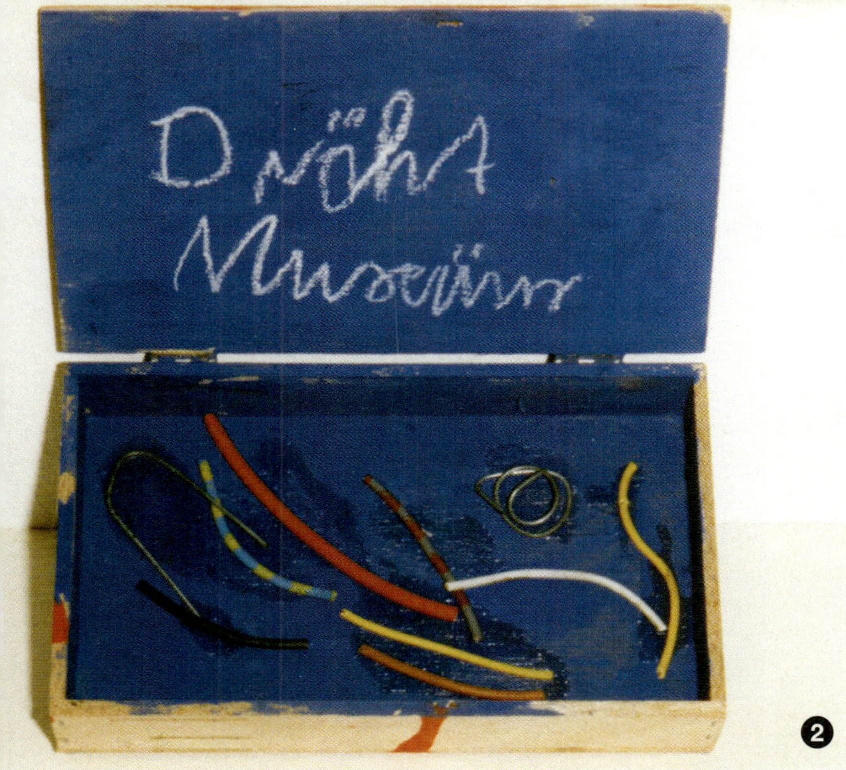

Schachtelmuseum

Werkzeug

Schere, Pinsel, Zange

Material

Zigarrenschachteln
Farben
Stifte
verschiedene Materialien: Stoffe, Buntpapier, Knöpfe etc.
Plastilin
Klebstoff

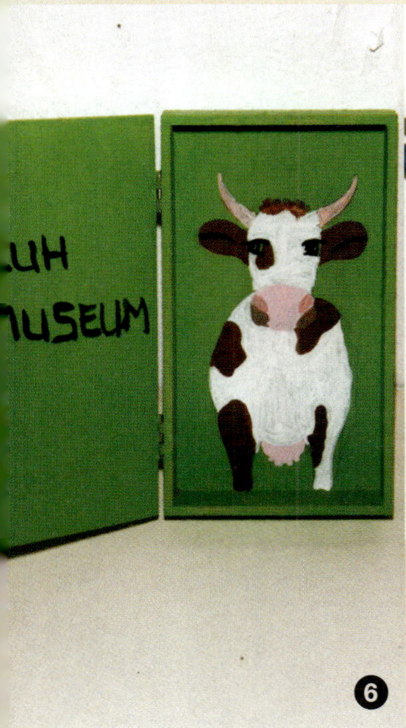

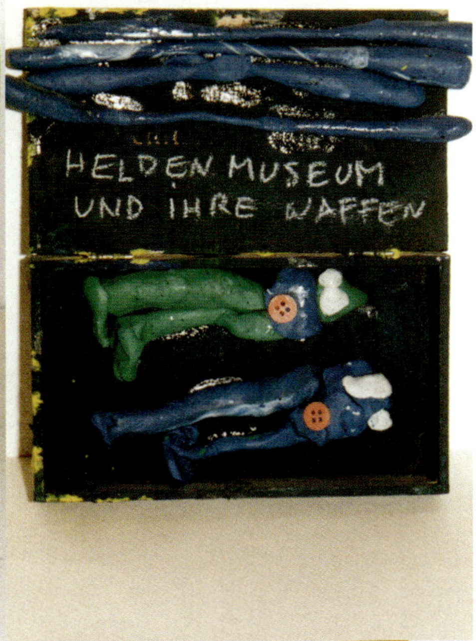

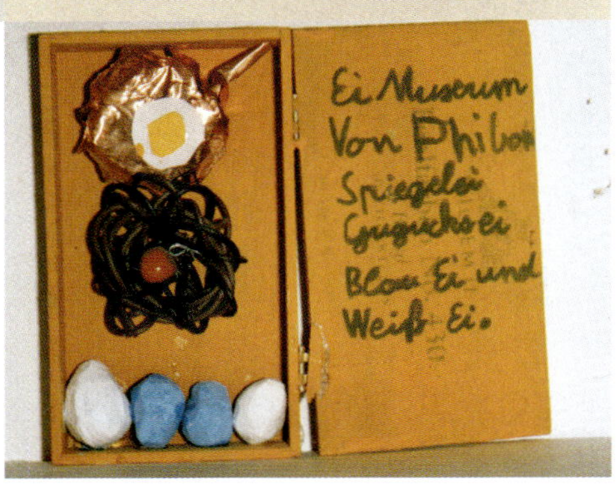

Info

In unserem Fall verwenden wir Zigarrenschachteln als Museumsraum. Leere Zigarrenschachteln kann man mit ein wenig Glück in jedem Tabakladen bekommen.
Natürlich eignen sich auch andere Kisten oder Kartons, wie Schuhkartons oder Streichholzschachteln.

Alter 4 6 8 10 12 14 16 18

Die Bilderrahmen werden vorgezeichnet, bemalt und später mit verschiedenen Materialien beklebt. Der innere Teil wird ausgespart ❶
Der Bilderrahmen kann entweder mit einem Foto ❸ oder mit einem selbst gemalten Bild ❹ bestückt werden.
Als Variationsmöglichkeit kann man die zur Verfügung stehenden Materialien reduzieren, beispielsweise nur Farben und Knöpfe ❸ ❹ oder großzügiger damit umgehen.

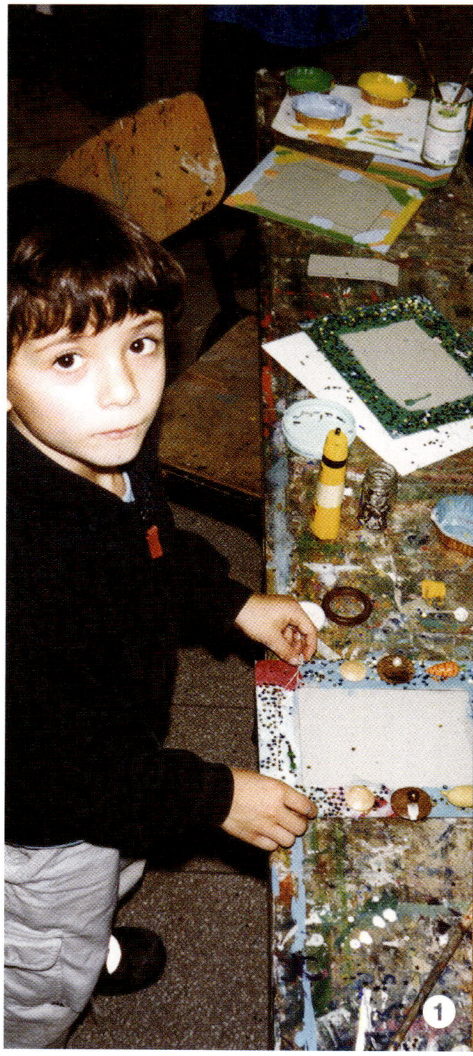

1

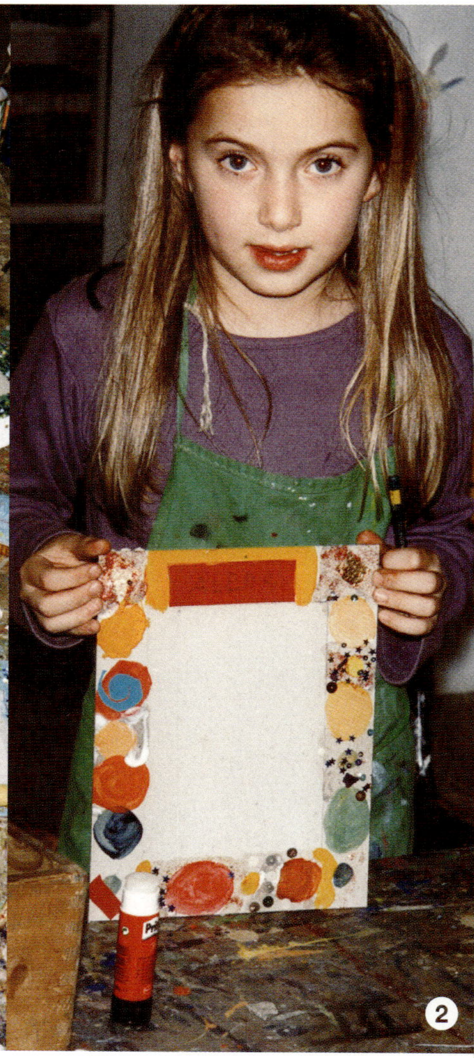

2

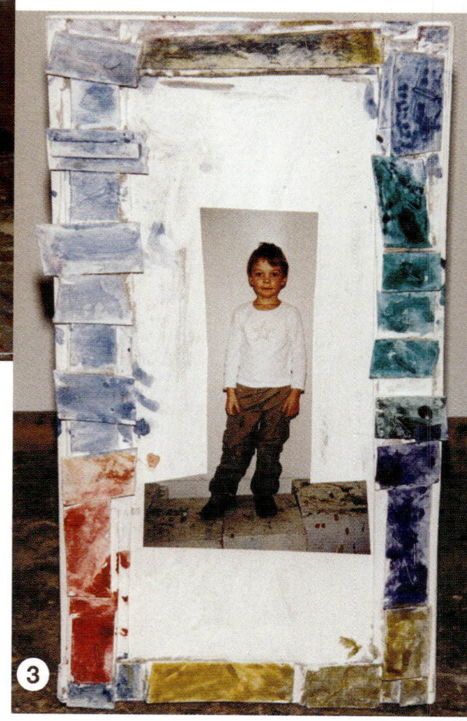

3

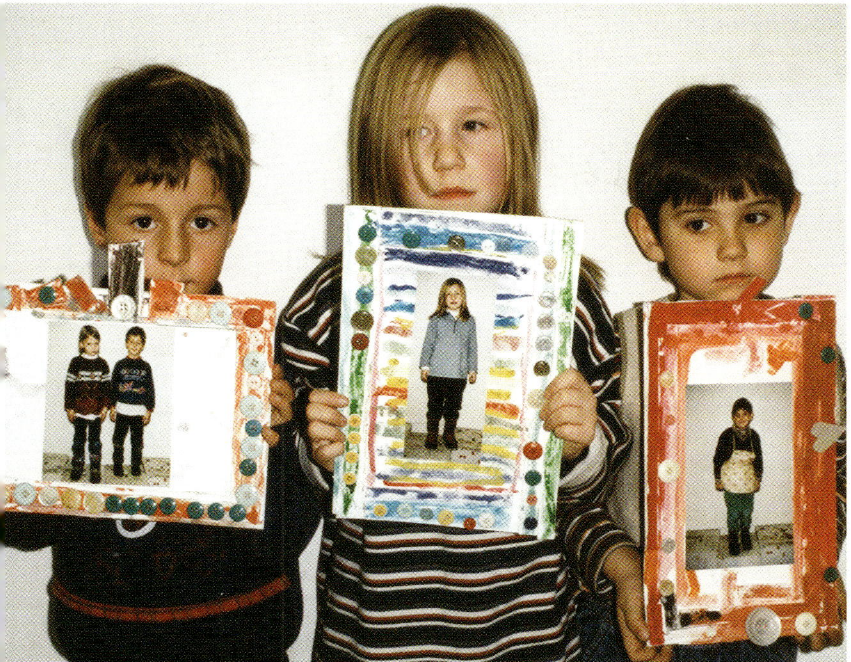

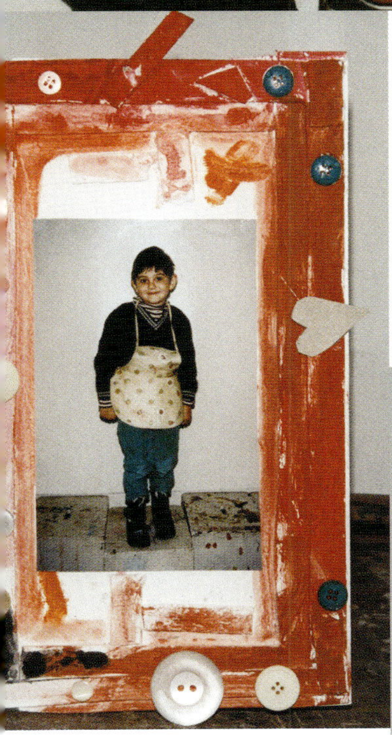

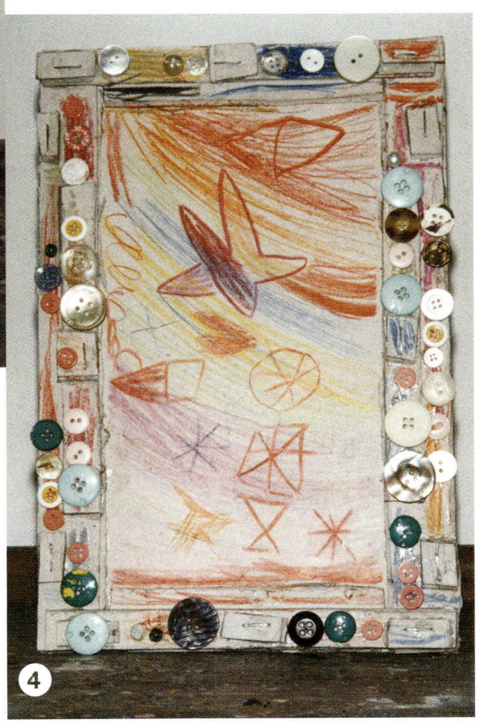

4

Alles im Rahmen

Werkzeug

Schere
Pinsel
Lineal

Material

Karton
Papier
Klebstoff
Farben
Kugelschreiber
Stifte
Dekorationsmaterial: Knöpfe, Glitzerkonfetti, Perlen etc.

Info

Schwere Teile, wie größere Perlen, Steine, Muscheln etc., sollten von Erwachsenen mit der Heißklebepistole angeklebt werden.

Alter 4 6 8 10 12 14 16 18

Rund um das Samtkissen werden mit der Sticknadel Garnfäden eingezogen und daraus Fransen geknüpft ❶. Eine alte Jeans, mit Bordüren versetzt und in Kissenform gebracht, kann mit Schaumstoff gefüllt werden ❷ ❸. Die stolzen Hersteller zeigen ihre verschiedenen Kuschelkissen, auch die Ratte fühlt sich wohl ❹ ❺.
Das Säckchen bekommt eine runde Grundform, Verzierungen werden angenäht und appliziert. Rundherum gelocht, wird eine Kordel durchgezogen, schon ist der Beutel brauchbar zur Aufbewahrung von Schätzen ❻ ❼, und natürlich auch ein unverzichtbares modisches Accessoire ❽.

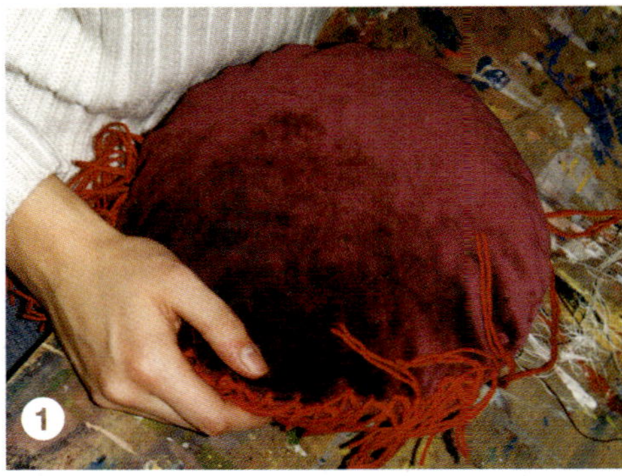
1

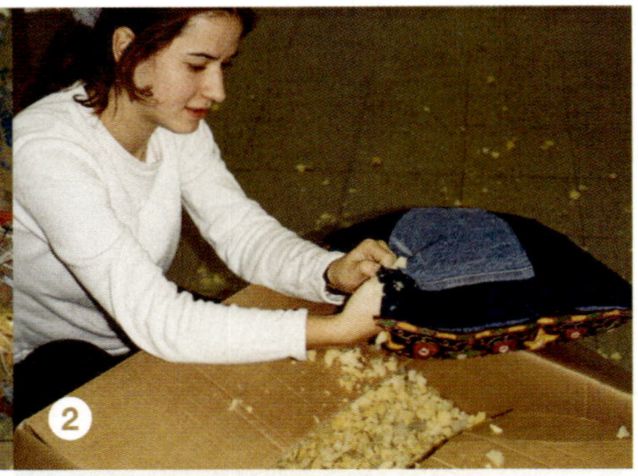
2

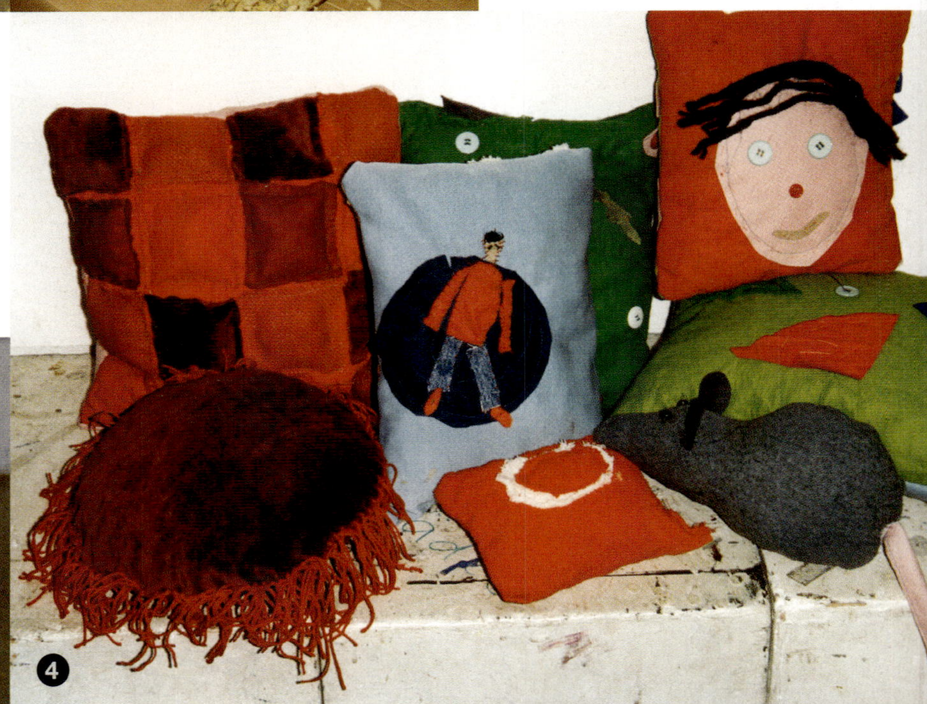
4

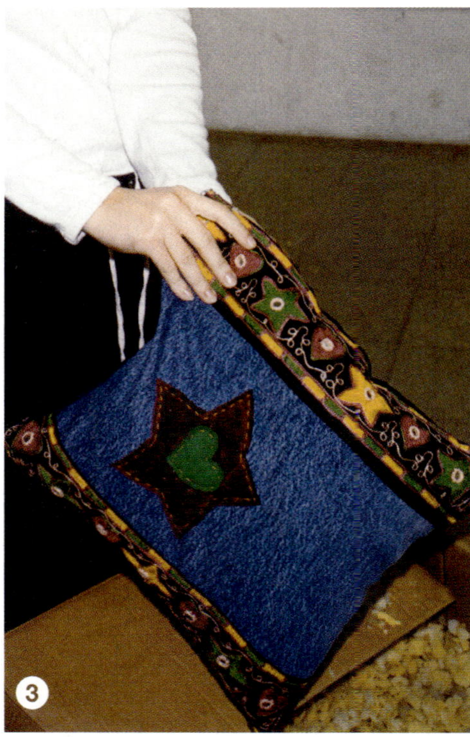
3

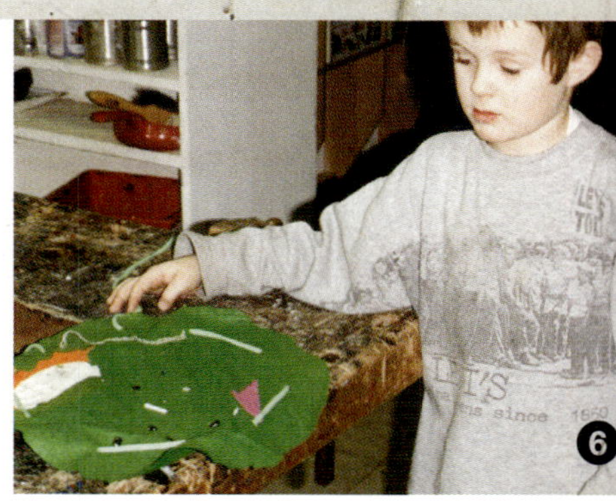
6

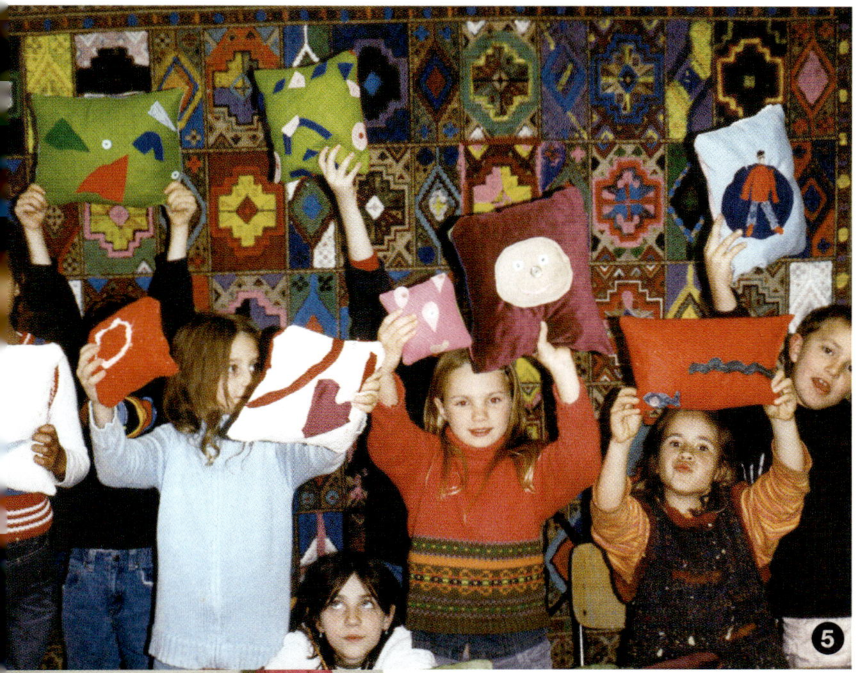

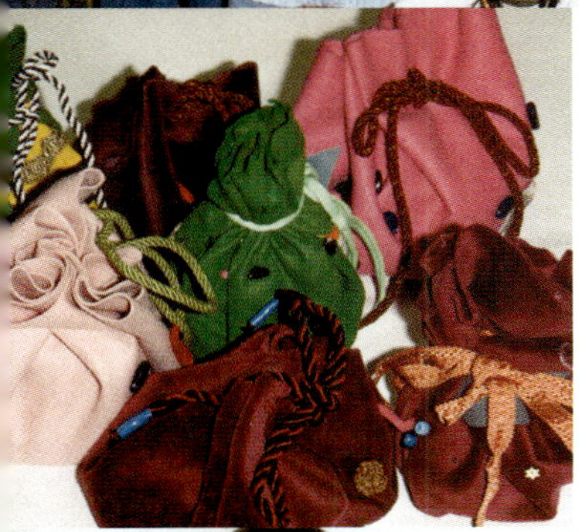

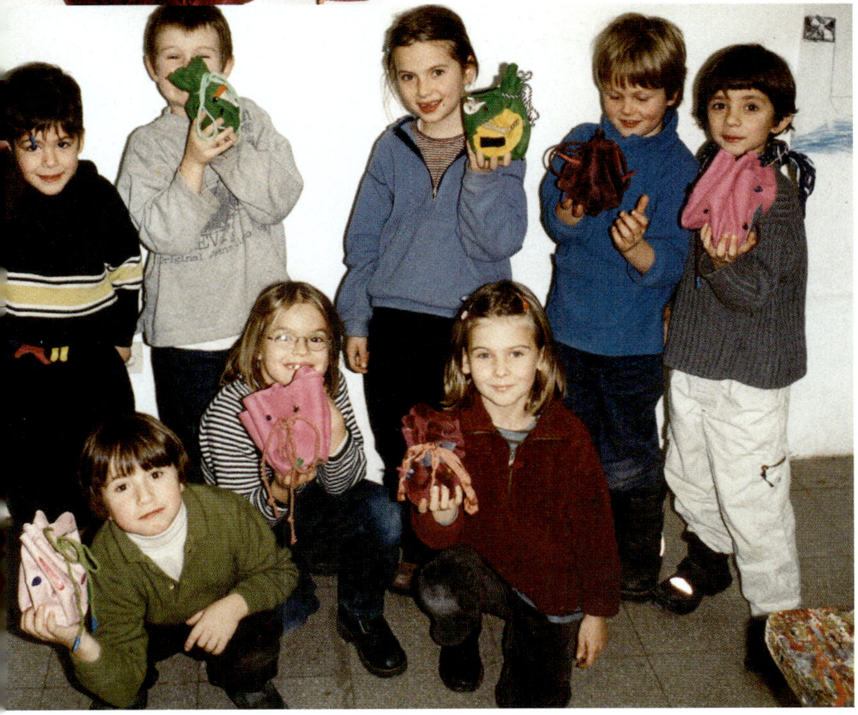

Kissenkunst und Filzbeutel

Werkzeug

Stoffschere
Näh- und Sticknadeln

Material

Filz als Grundstoff
(lässt sich leicht schneiden und durchstechen)
alle möglichen Stoffreste zum Applizieren
verschiedenfarbige Fäden, Garne, Kordeln,
Knöpfe, Perlen, Bänder usw.
Schaumstoff oder Watte zum Füllen der Kissen
Lochzange für die Säckchen
Kleber

Alter 4 6 8 10 12 14 16 18

Hier zwei einfach zu bauende Katapulte: ein Standkatapult ❶ und ein Handkatapult. Um dem Katapult den kriegerischen Waffencharakter zu nehmen, dienen sie in diesem Fall als Abschussrampe für Fallschirmspringer ❷. Auf eine Grundfläche wird ein Abstandsholz geleimt und von unten genagelt. Der Katapultarm besteht aus einer Leiste, die an einem Ende einen Nagel als Gummihalterung und an der späteren Befestigungsstelle eine ca. zehn Millimeter große Lochbohrung bekommt. Durch ein Stück Leder (dient als flexible Beilagscheibe) und das vorgebohrte Loch wird der Arm am Holzsockel festgenagelt. Beim Handkatapult wird der Arm mit einem Dübelholz als Achse in eine Latte eingepasst, die erst seitlich durchbohrt und dann großzügig eingesägt wird ❸ ❹. Als Gummihalterung dienen U-Haken. Die Fallschirme werden aus dünner Plastikfolie geschnitten. An vier gleich langen Fäden, die mit Klebestreifen am Fallschirm befestigt sind ❷ ❺, hängt der Fallschirmspringer, in unserem Fall ein Korken mit Papiermännchen. Die »Fallschirmseide« kann natürlich mit Folienstiften noch individuell designt werden ❻.

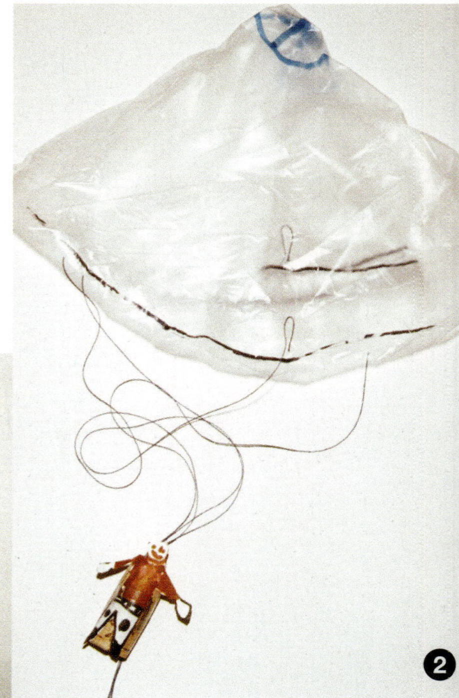

❷

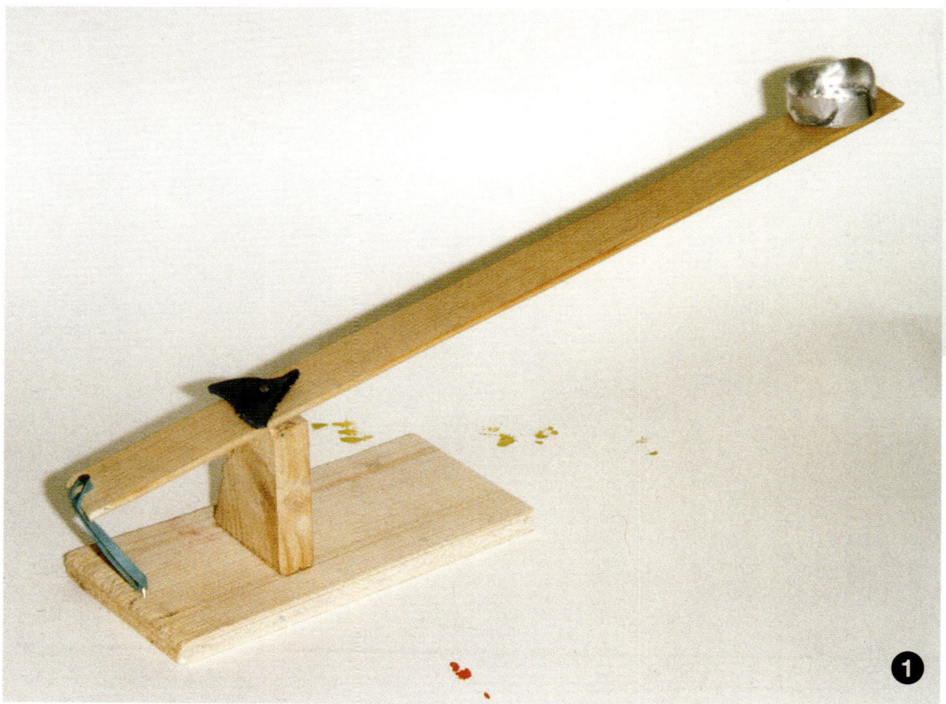

❶

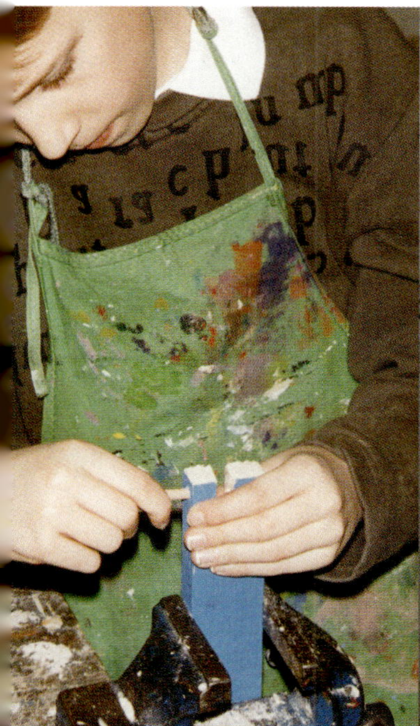

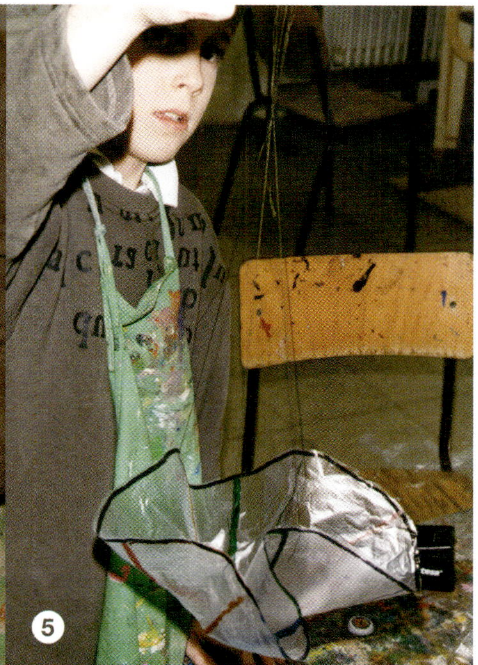

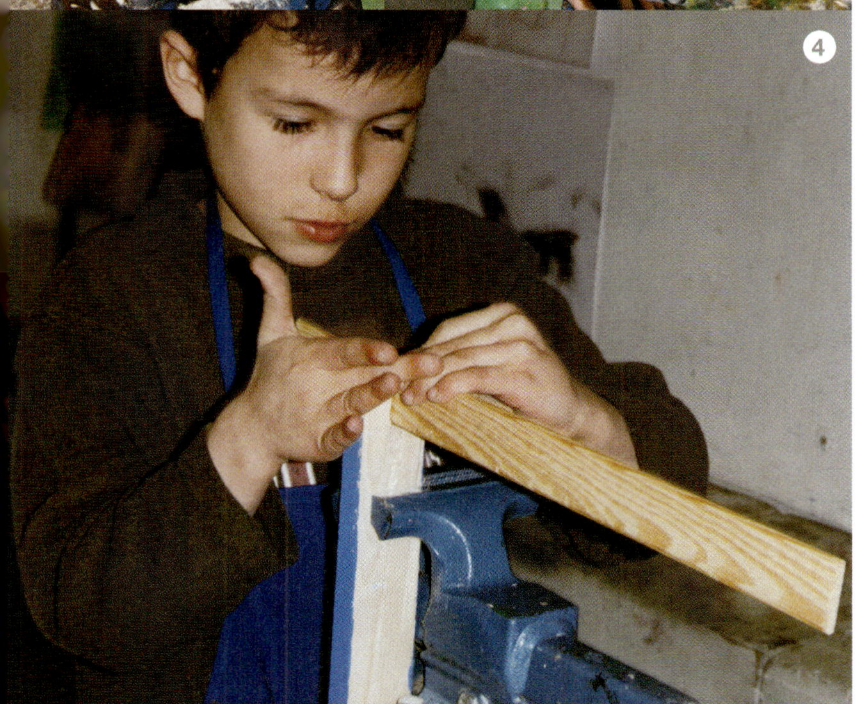

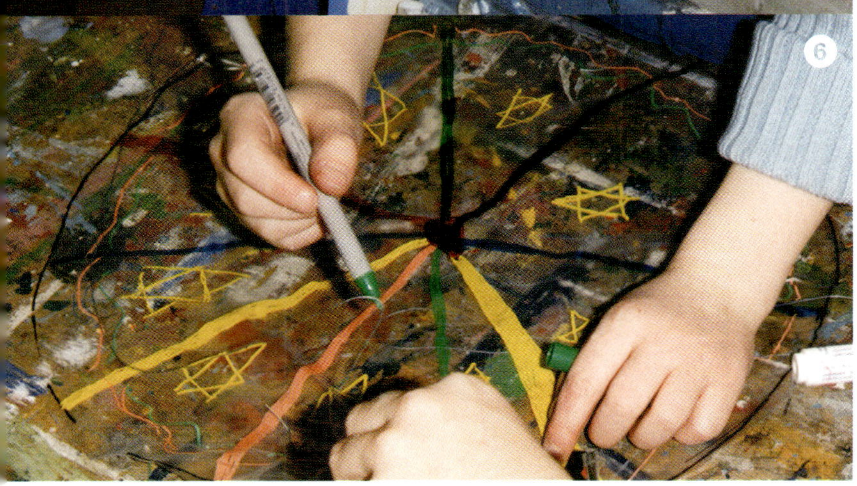

Katapulte mit Fallschirmspringern

Werkzeug

Säge
Bohrer
U-Haken

Material

Folienstifte
Leder
Gummis
Dübelhölzer
Plastikfolie (Mülltüten)
Korken
Faden

Info

Die Fallschirme sind natürlich auch ohne Katapult zu benutzen: einfach hochwerfen (vorher immer sorgfältig falten!) oder zum Beispiel vom Balkon gleiten lassen.
Die Schnellkraft der Katapulte ist gerade bei starken oder mehrfach gewickelten Gummis nicht zu unterschätzen – Verletzungsgefahr!

Alter 4 6 8 10 12 14 16 18

Die erste Anregung bietet unser Material-Sammelsurium. Das grobe Gerüst des Körpers oder Objekts steht am Anfang und neue Einfälle kommen während des Bauens von selbst. Grobes und Feines bilden reizvolle Kontraste. Wenn man mit Nagel und Hammer nicht mehr zurechtkommt, hilft der Heißkleber beim Zusammenfügen. Ist ein Kunstwerk fertig, kann es durch einen Sockel in seiner Wirkung noch gesteigert werden ❼. Zuletzt verbindet die deckende Farbe mit Flächen und Linien die scheinbar unpassenden Teile zu einem neuen Ganzen ❻ ❼. Giraffenfelle werden davor auch nicht verschont ❹ ❺.

Soll es ein bestimmtes Tier werden, zum Beispiel eine Fliege, sucht man gezielt nach tauglichen Teilen für Kopf, Beine, Flügel, Augen usw. Die Teile können durchbohrt, ineinander gesteckt, genagelt, mit Klebeband umwickelt oder mit dem Heißkleber fixiert werden. Flügel können zum Beispiel durch gebogenen Draht hergestellt werden, der mit dünnem Papier beklebt wird ❶, oder durch Metallfolie, in Form gebogen und geschnitten. Farbige Fäden und Fransen schmücken den pelzigen Fliegenleib aus und auch Beine können ganz schön haarig sein ❶ bis ❸.

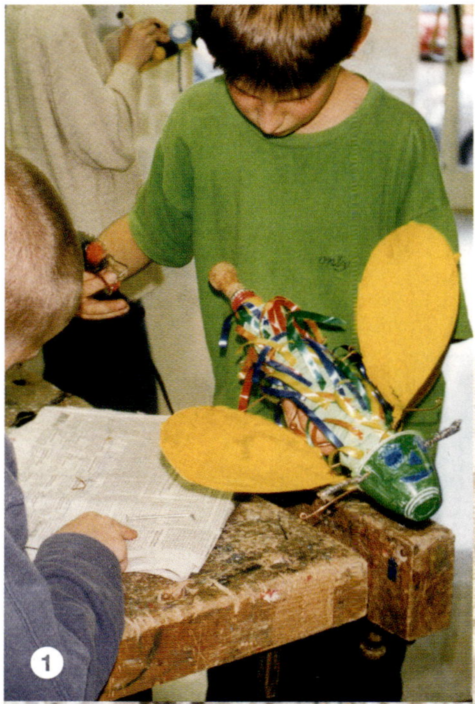

1

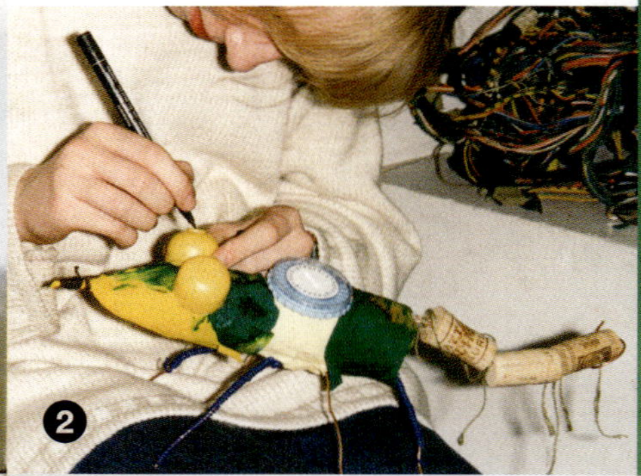

2

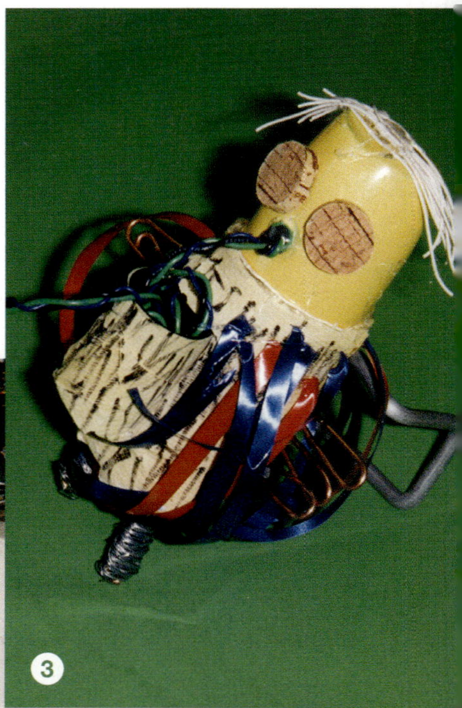

3

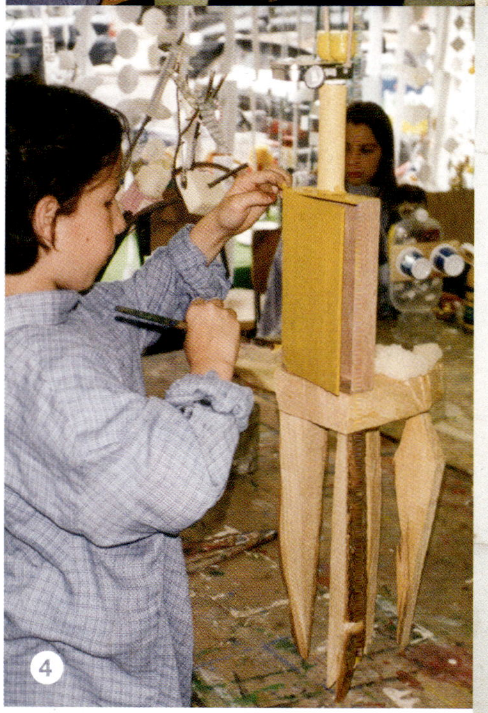

4

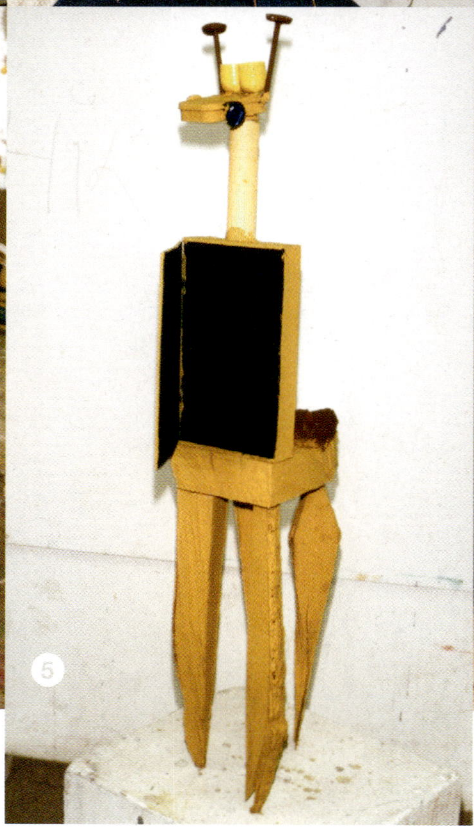

5

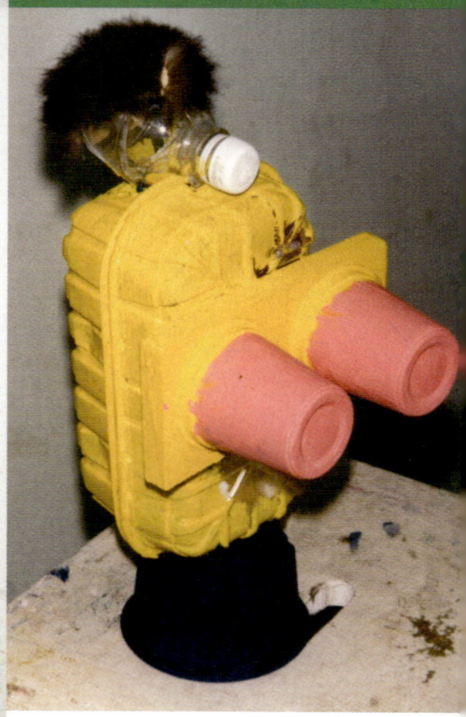

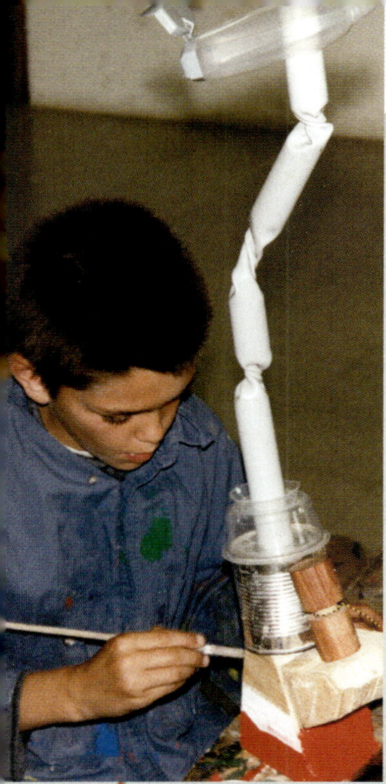

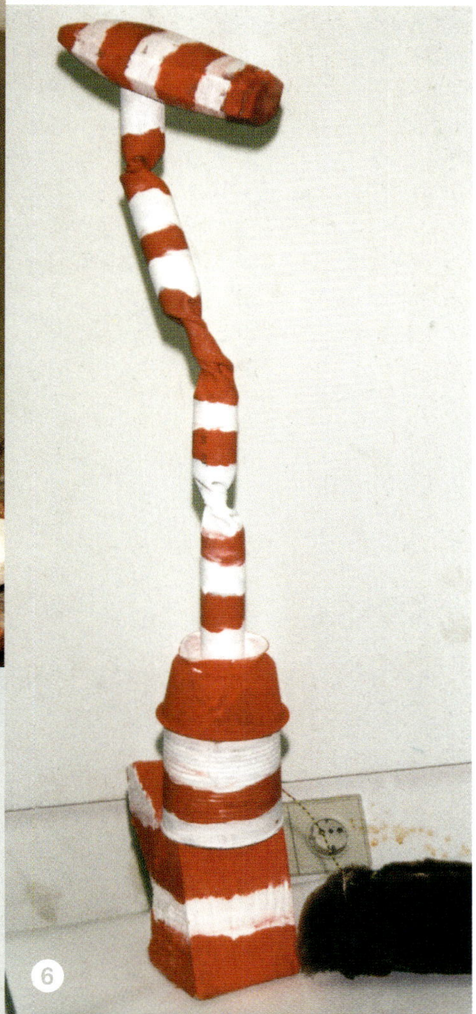

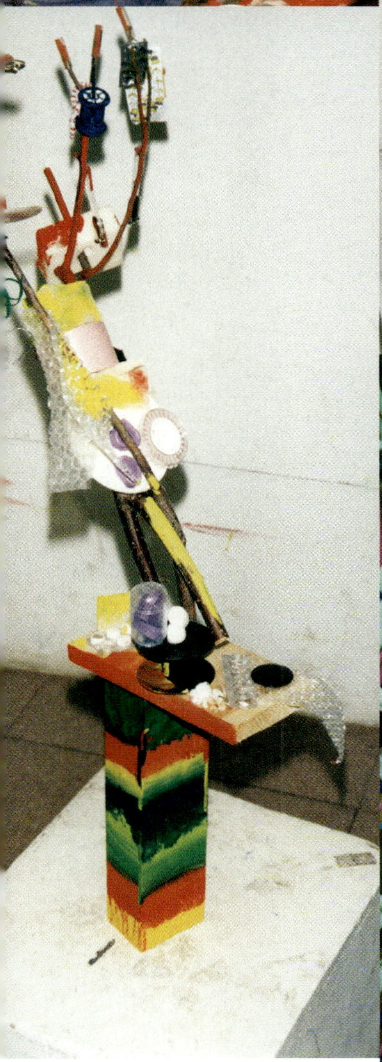

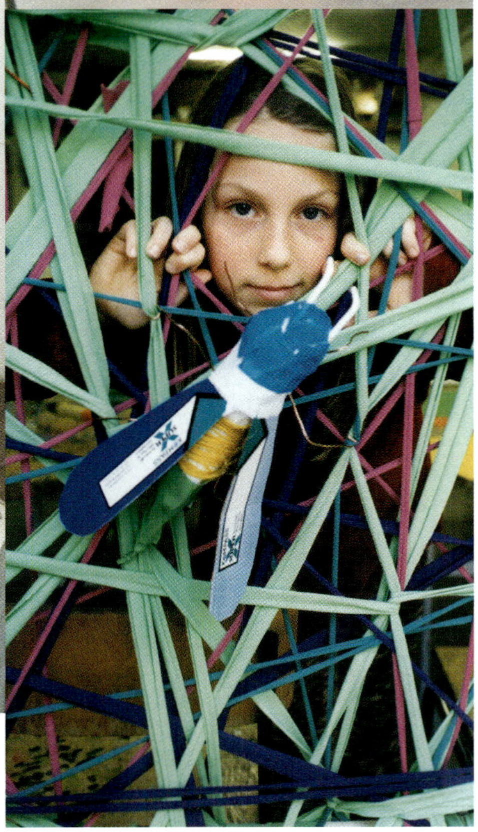

Getier und Gebilde

Werkzeug

Heißklebepistole
Schere
Hand- und/oder Elektrobohrer
Hammer
Messer

Material

Plastikmaterial aller Art
Holzabfälle, Äste
(Telefon-)Draht
Korken und Kronkorken
Blechdosen und Schachteln
Karton
Garnrollen und Wollgarn
Stoffreste
Filz und Pelz
Klebeband, Holzleim
Nägel
Dispersionsfarbe und Stifte zum Bemalen

Alter 4 6 8 10 12 14 16 18

Zuerst die Bettfläche aussägen (sie muss nicht rechteckig sein) ❹. Nun heißt es genau sägen, denn man braucht vier gleich lange Beine. (Hoch-)Betten können auch interessante Pfosten haben ❶ ❹. Die Beine nacheinander einspannen, mit Leim bepinseln und mit je ein bis zwei Nägeln durch das Brett festnageln. Kopf-, Fuß- und Seitenteile seitlich oder von unten mit Nägeln an der Platte befestigen. Es können sich auch mehrere Kinder zusammentun und ihre Betten mit Trittleitern verbinden, eines hat sogar eine Rutsche ❺. Wo Treppen (Trittnägel seitlich oder oben einschlagen ❹ ❺) oder Rutschen schräg anlehnen, die Brettkante an der angezeichneten Stelle schräg abraspeln, leimen und annageln. Für ein Himmelbett in der Mitte des Kopf- und des Fußteils ein drahtstarkes Loch bohren ❷, den Draht entsprechend ablängen, vorbiegen und in die Bohrlöcher stecken. Sollen Dübelhölzer den Betthimmel tragen, diese gleich lang absägen und in die passenden Vorbohrungen stecken ❻. Nun geht's ans Anmalen. Beine können auch mehrfarbig sein ❹. Selbst Bettdecken kann man malen ❸.
Jetzt kann man erst mal ausruhen oder wenn man will, die Betten mit Stoffen und Polsterwatte ausstaffieren: Kuschelecken, zum Träumen schön!

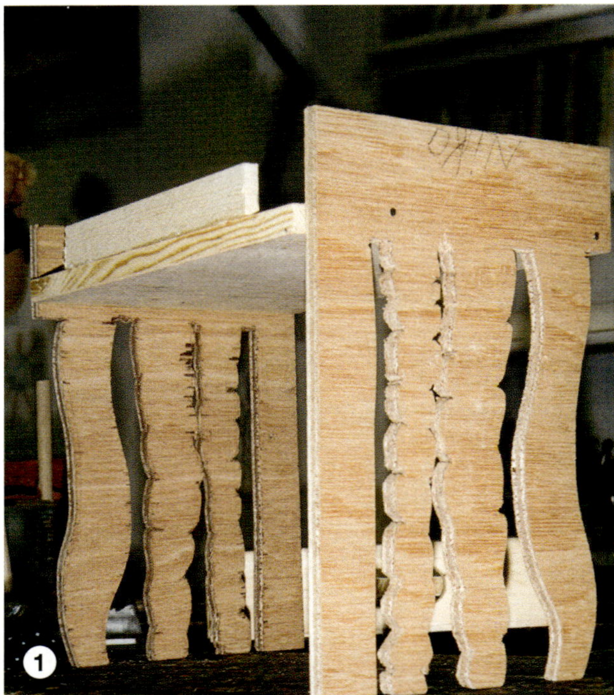
①

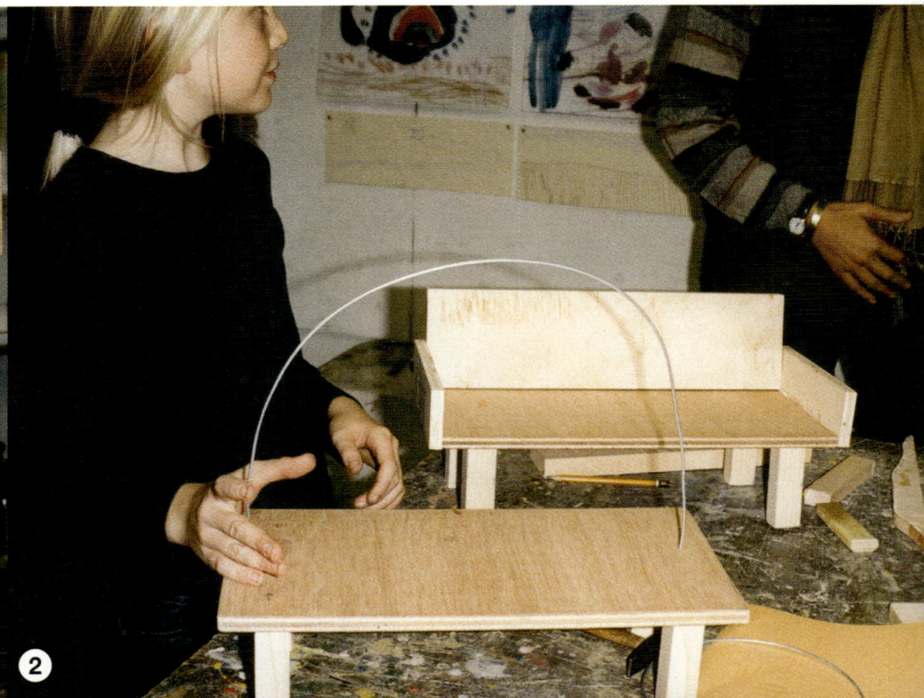
②

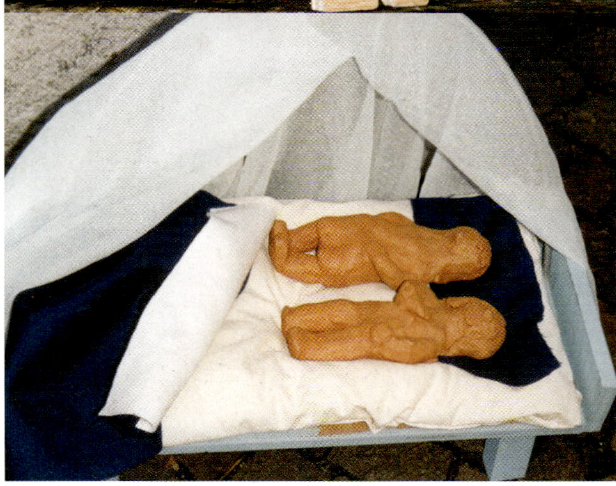

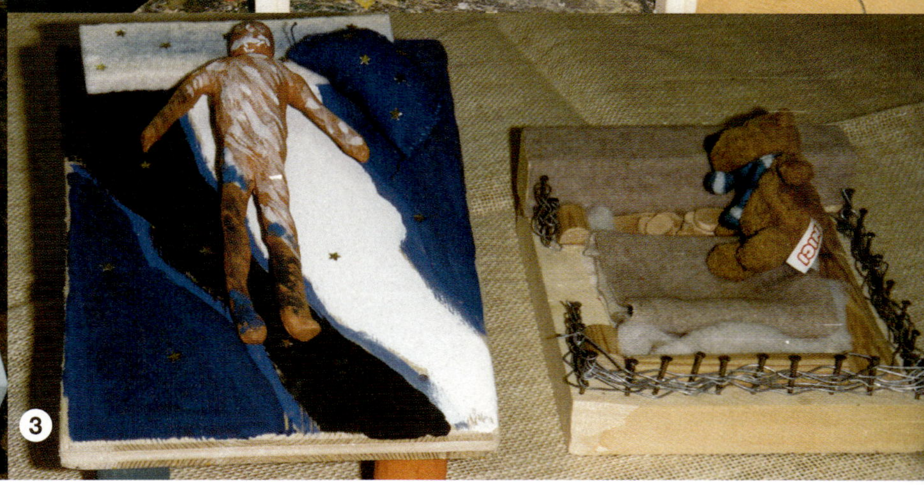
③

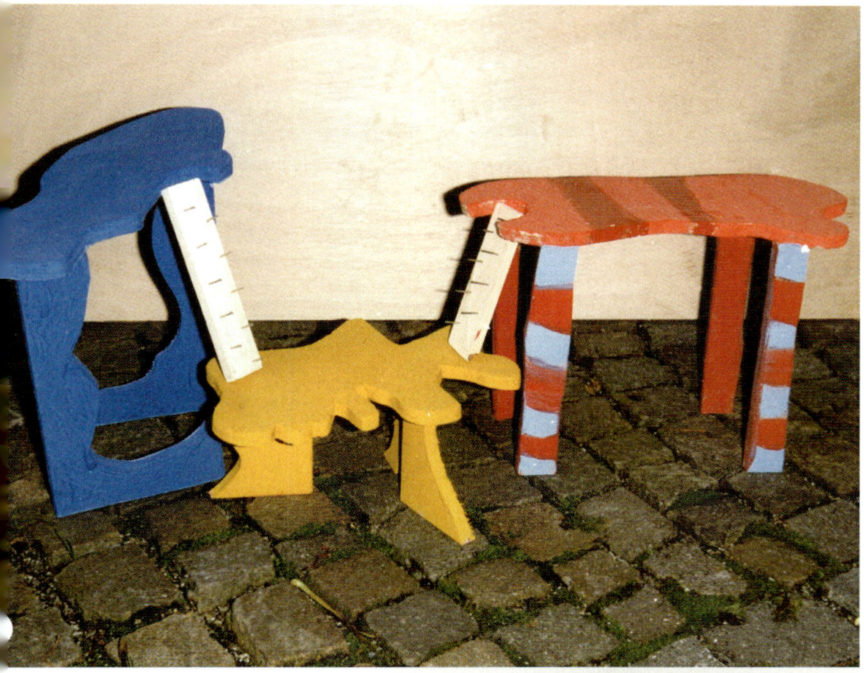

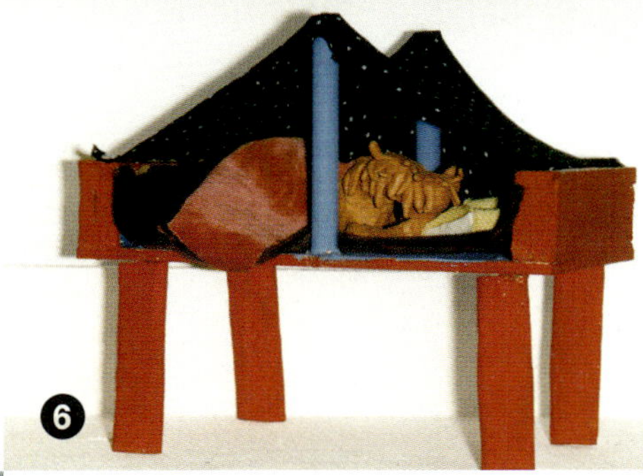

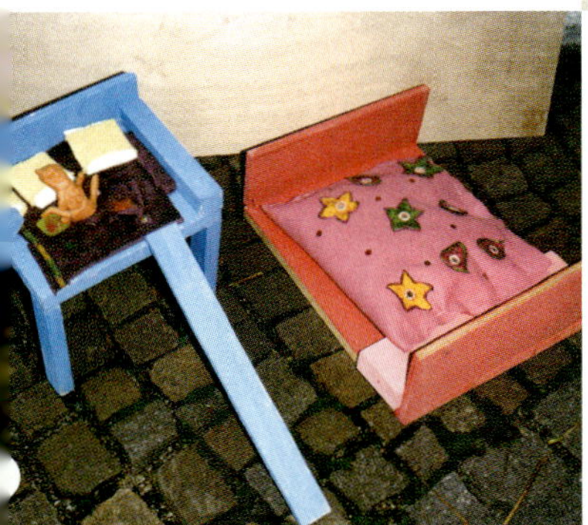

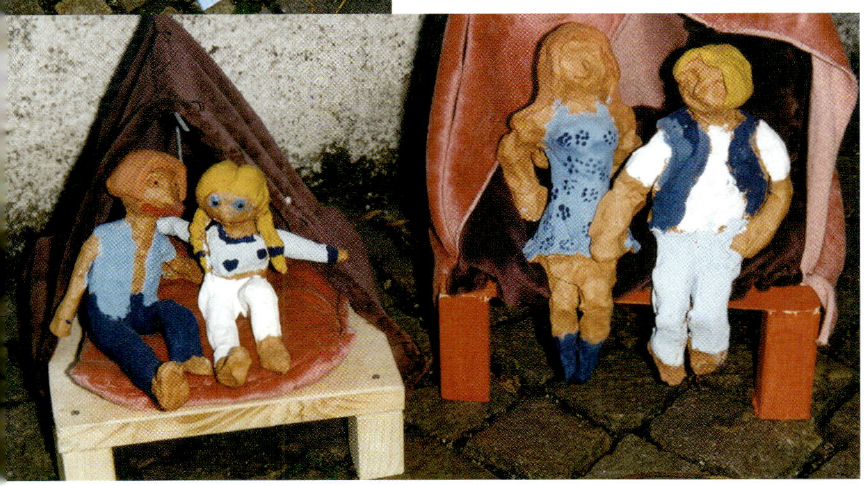

Hoch- und Himmelbetten

Werkzeug

Pucksäge
Stichsäge
eventuell (Elektro-)Bohrer
Raspel
Hammer
Zange
Pinsel
Schraubstock

Material

Holzbretter aus Span- oder Sperrholz
Holzleisten oder Vierkanthölzer
Nägel
Draht
eventuell Dübelholz
Holzleim
Dispersionsfarbe

Info

Die Brettstärke sollte nicht unter vier Millimeter sein, damit man die Beine usw. fest verankern kann. Menschen und Tiere können aus Ton geformt werden (siehe »Tierpark«, S. 86 f.). Mit Plastilin umgeht man die langwierige Trocken- und Brennzeit.

Alter 4 6 8 10 12 14 16 18

Brücken gibt es in den unterschiedlichsten Formen und Bauweisen ❸ bis ❻. Was allen gemeinsam ist: dass sie ein Tal überspannen. Wir nehmen uns also ein längliches Brett, auf dem wir zwei Klötzchen als Höhenvorgabe befestigen. Jetzt sollte sich jeder schon entscheiden, welche Art von Brücke er bauen will. Für eine einfache Urwaldbrücke ❶ zwei gleich lange Schnüre an die Klötze nageln, worauf später unsere Planken geklebt werden. Wollen wir eine Urwaldbrücke mit Geländer oder gar eine Hängebrücke ❷, brauchen wir an jedem Brückenkopf noch zwei längere Leisten, um später sowohl Brücke als auch Hängekonstruktion befestigen zu können. Unsere Klötze werden nun mit Pappmaché oder Gips kaschiert und so zu naturalistischen Uferböschungen modelliert.
Für den Gips vorerst Rupfen (Jutegewebe) bzw. groben Stoff an Klotz und Bodenplatte tackern (je mehr Falten, desto besser!) und dann dünnen Gips darüber löffeln. Solange der Gips noch nicht abgebunden hat, kann man kleine Steinchen oder Ästchen eindrücken. Nach Fertigstellung und Bemalung werden die Bauwerke für den Verkehr freigegeben ❼. Am besten baut man gleich einen ganzen Flusslauf nach ❽.

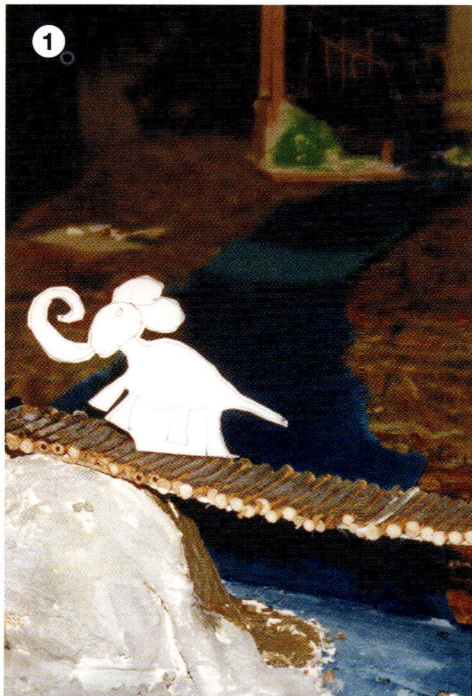

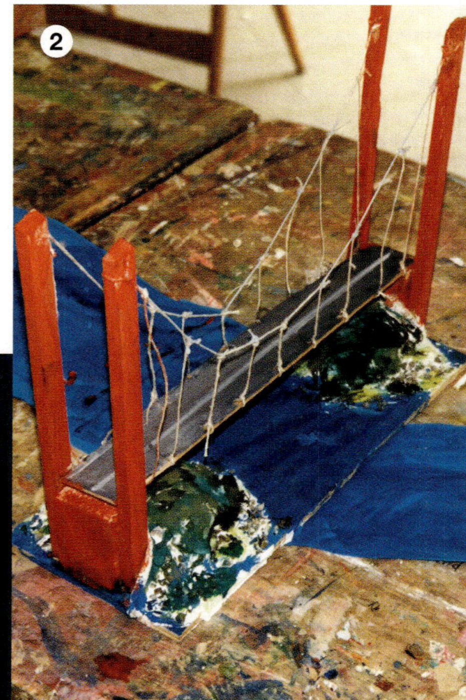

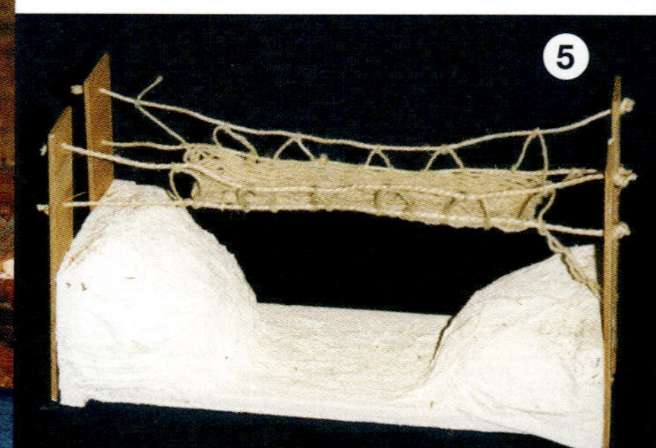

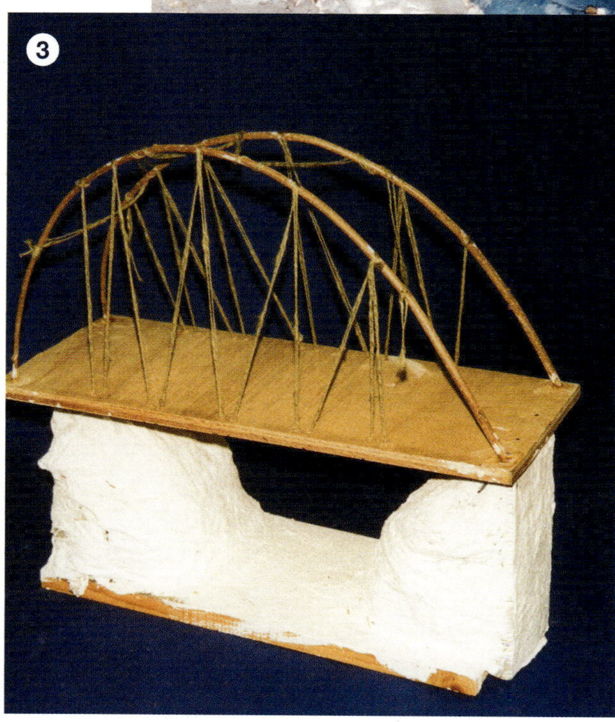

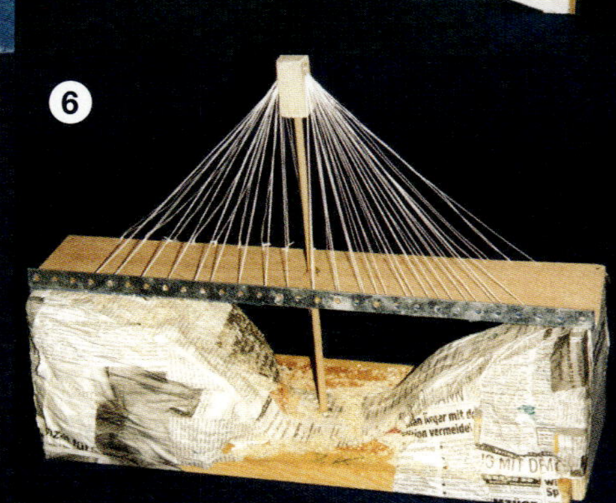

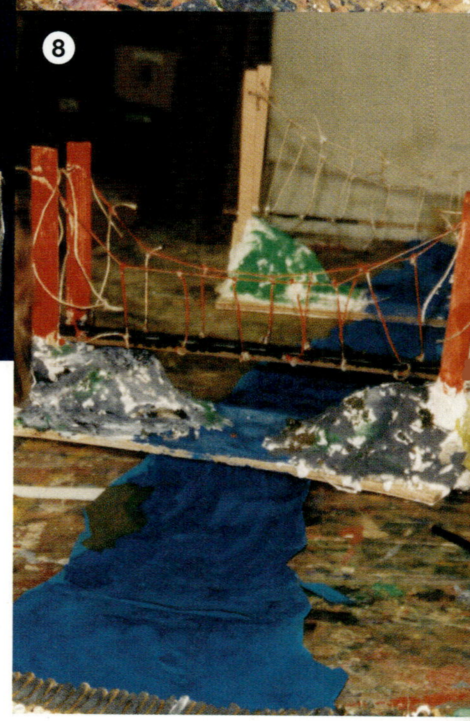

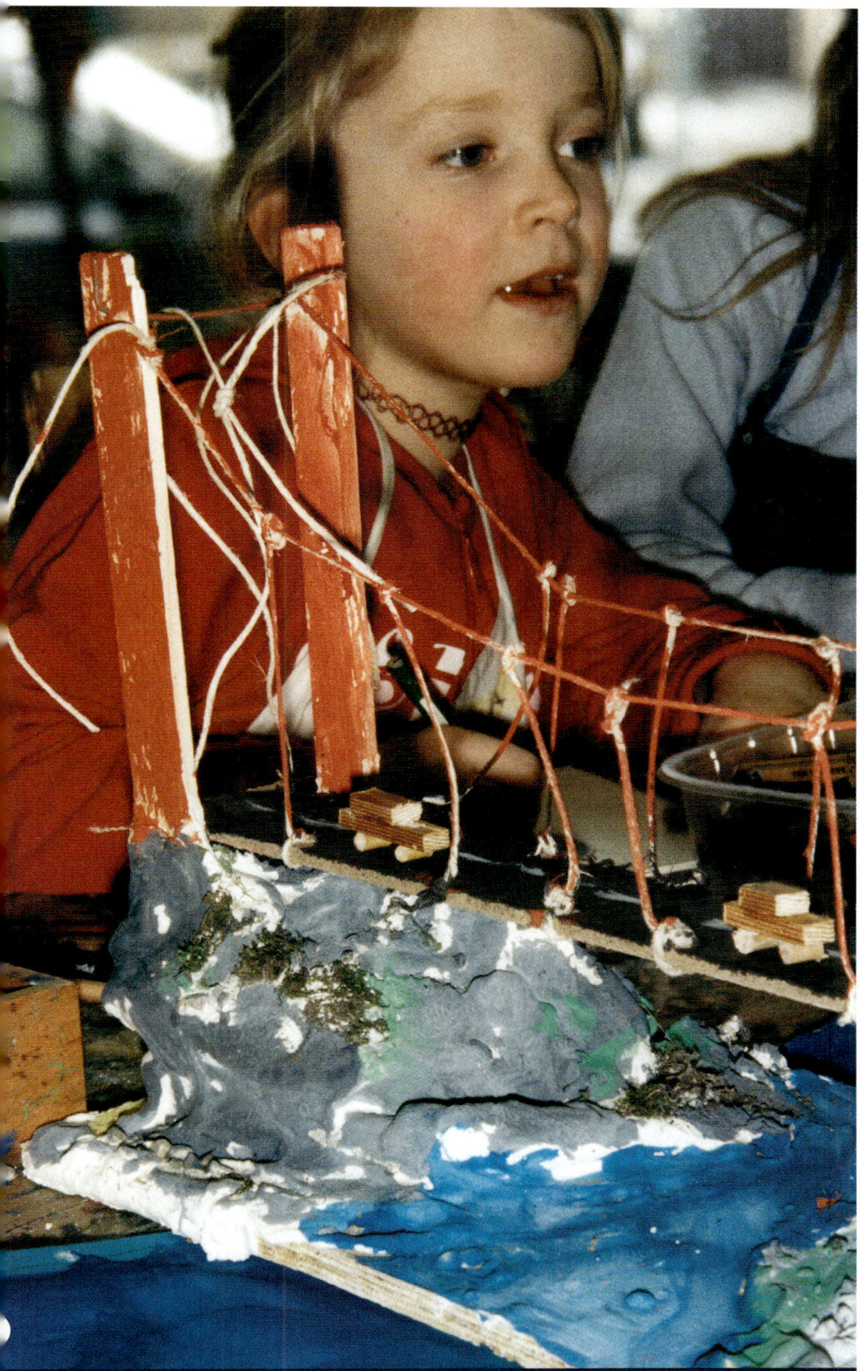

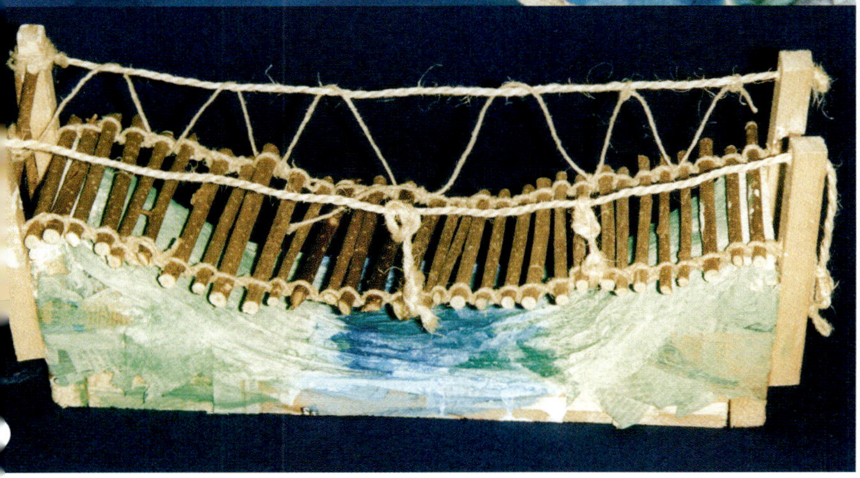

Brücken

Werkzeug

Hammer
Tacker
Schere
Pucksäge
Stichsäge
Schraubstock

Material

Holz
Rupfen
Gips
Schnur
Nägel
Holzleim

Info

Gips anrühren: siehe »Spiegelmosaik«, S. 114 f.
Die Konstruktionen sind je nach Material (zum Beispiel Draht, Drahtseil, Blechstreifen) und Geschicklichkeit variabel.

Alter 4 6 **8 10 12 14** 16 18

Vorsicht, das sieht nicht nur gefährlich aus! Man baut aus einer ganzen Menge Streichhölzer mit Alleskleber (der wirkt, wenn lösungsmittelhaltig, auch noch als Brandbeschleuniger) Häuser, Burgen oder Brücken auf Abfallholzplatten ❶ ❷.
Danach werden die Gebäude an einem sicheren Platz im Freien abgefackelt ❸ ❹ ❺. Das Erlebnis und eine geordnete Lust an der Zerstörung trösten bei weitem über den Verlust der oft recht aufwendigen Vorarbeit hinweg, und manchmal sind auch die Ruinenreste noch recht ansehnlich ❺.

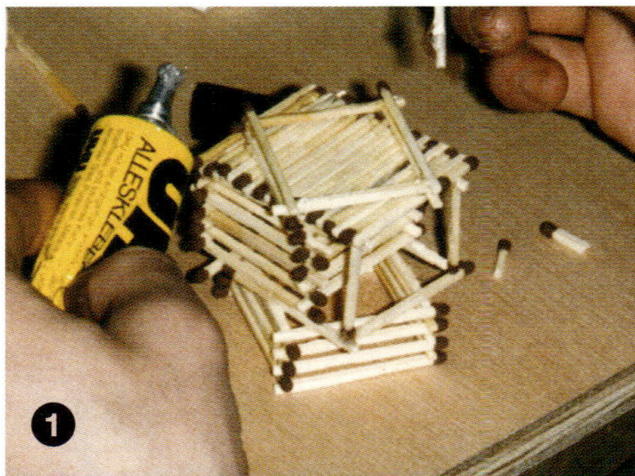
❶

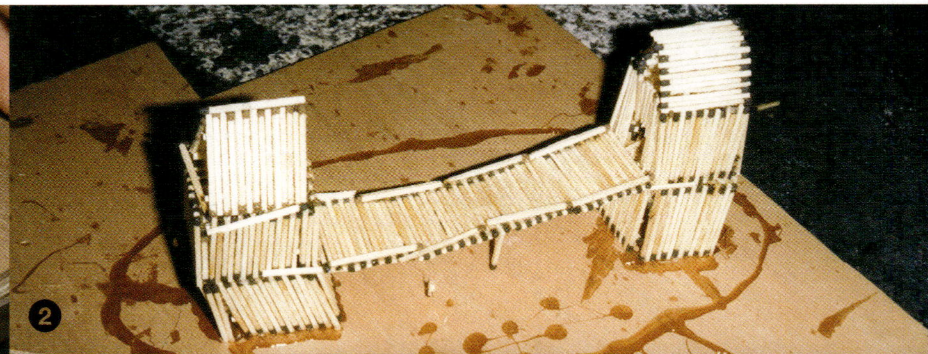
❷

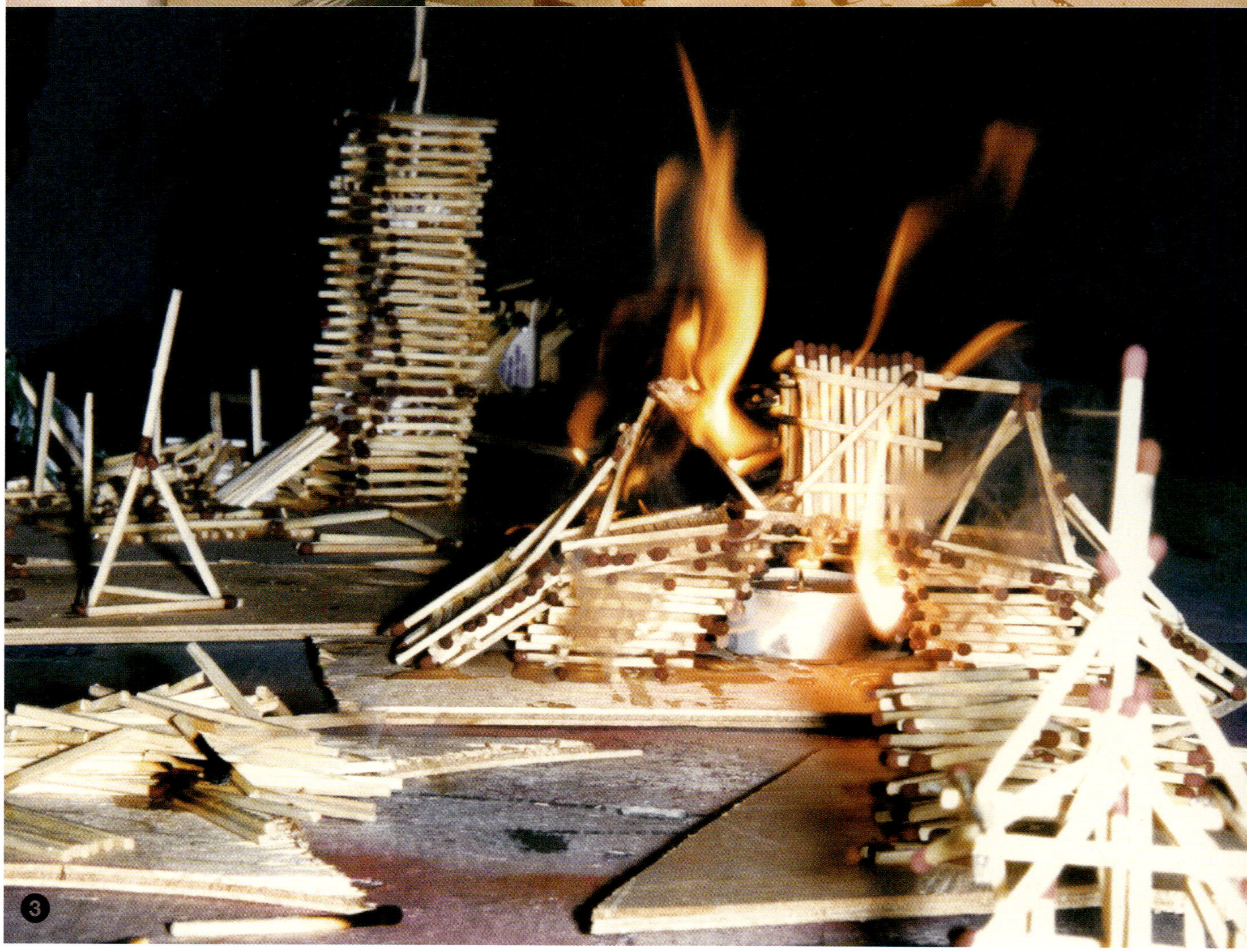
❸

Streichholzhäuser

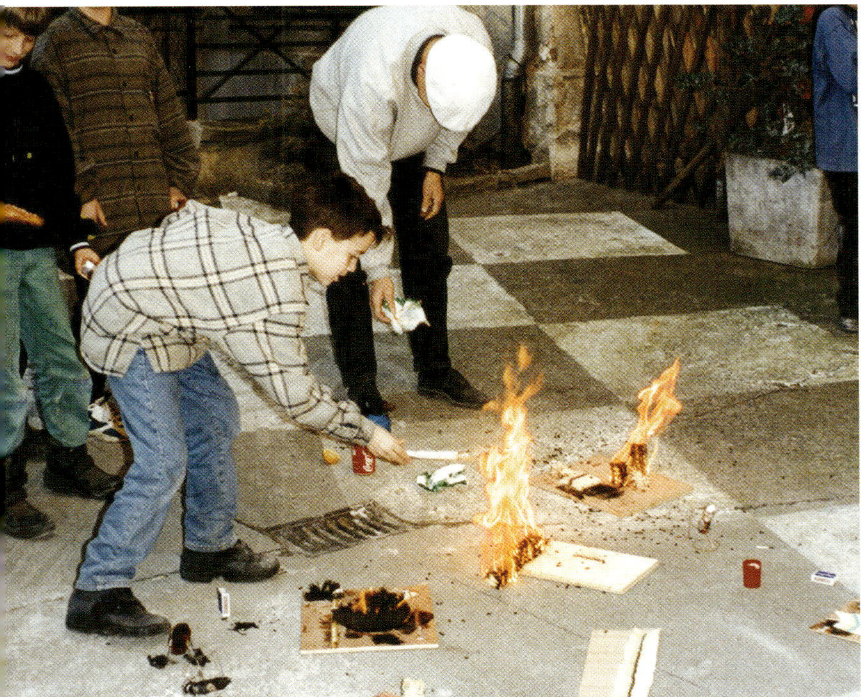

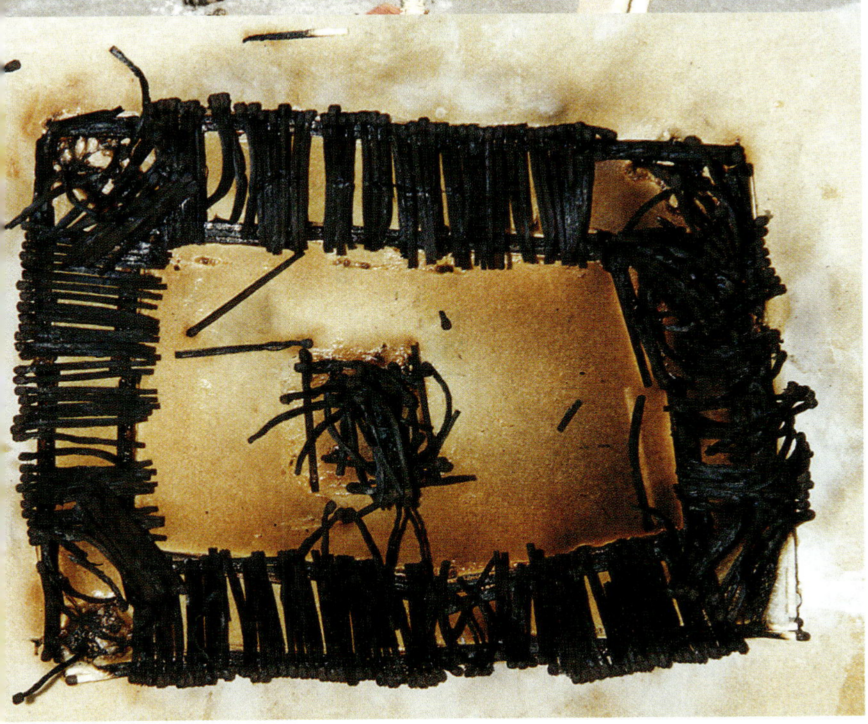

Material

Platten aus Abfallholz oder Rigips
jede Menge Streichhölzer
Alleskleber

Info

Es ist wirklich äußerst wichtig, auf die Gefährlichkeit von Feuer eindringlich hinzuweisen und klar zu machen, dass Feuer nur unter Aufsicht von Erwachsenen, im Freien und am besten mit geeigneten Löschmitteln in der Nähe gemacht werden darf!!!

Alter 4 6 8 10 12 14 16 18

Zwei Dachlatten (auch alte Besenstiele sind brauchbar) werden zurechtgeschnitten auf ca. 2 x 1,20 m und mit Klebeband zu einem Kreuz zusammengebunden. Der Kopf und die Körperformen werden mit Zeitungspapier geknüllt und ebenso mit Klebeband festgebunden. Eigentlich braucht man nur Kopf, Arme, Oberkörper. Will man eine kurvenreiche Dame, eventuell noch Busen und ausladende Hüften. Die Beine stecken dann im langen Rock oder in der Hose. Kopf und Hals werden mit Rupfen oder einem hautfarbenen Stoff überzogen ❶ ❷. Augen, Mund und Nase sind aus ausgeschnittenen Stoffteilen gearbeitet, aufgenäht und mit Filzstiften verschönert oder gleich damit aufgemalt. Dazu wird das Wollhaar aufgenäht oder aufgeklebt, Hemd, Jacke, Hose oder Rock sind schnell übergestreift ❸. Per Fahrrad darf die männliche Vogelscheuche nun in Opas Garten, wo sie schon von einer adretten Dame erwartet wird ❹ ❺.

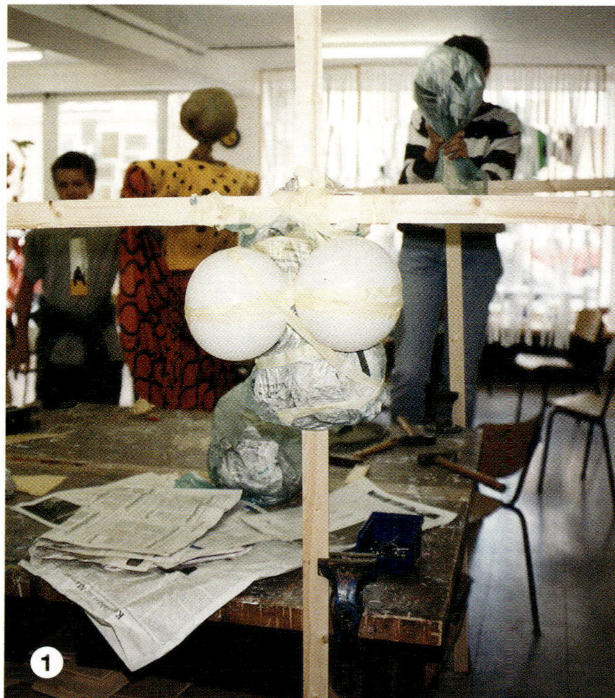

1

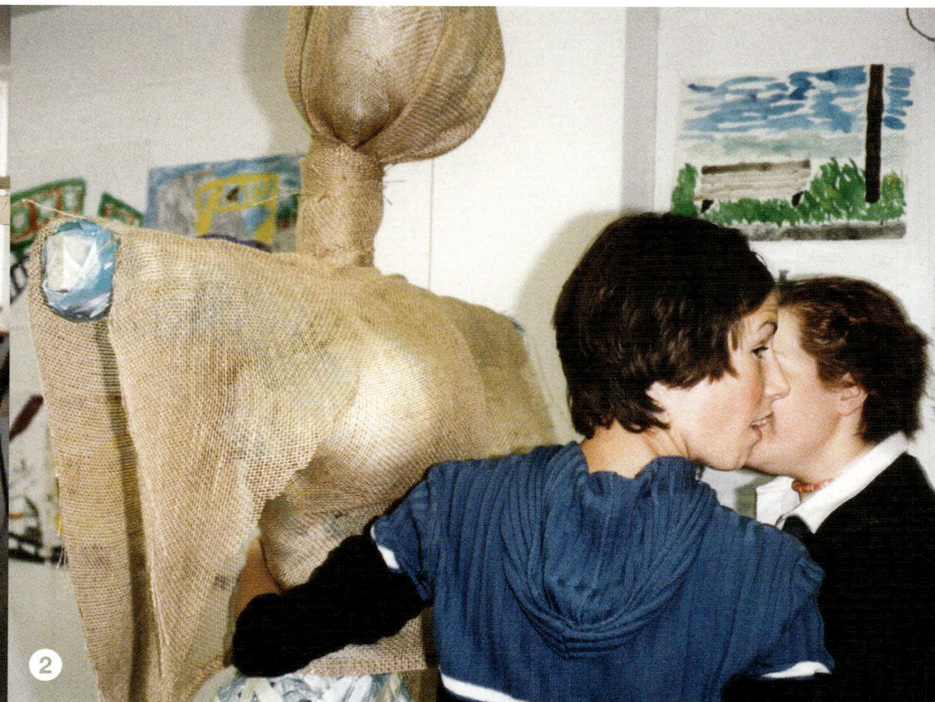

2

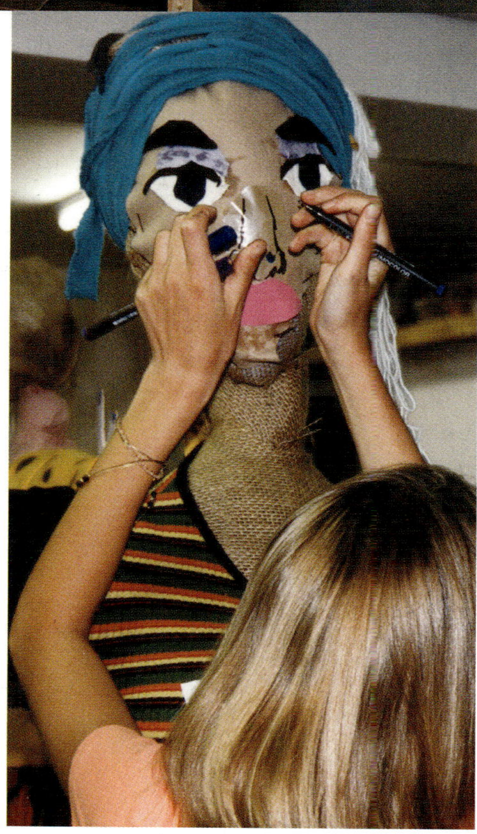

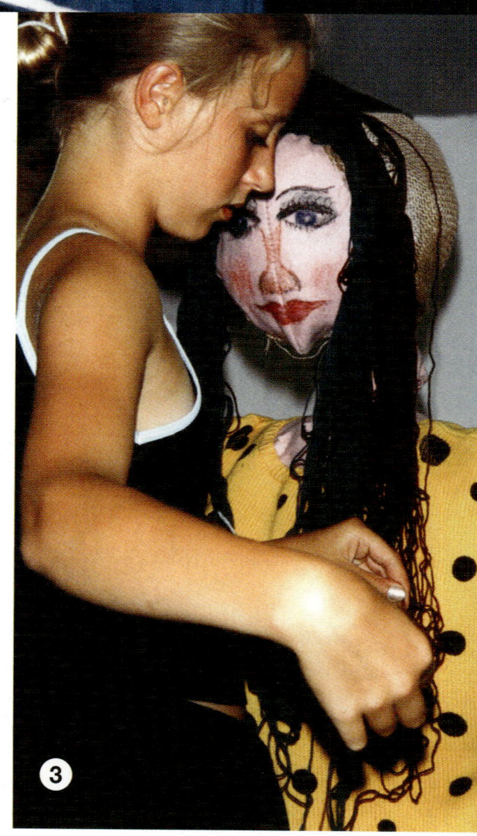

3

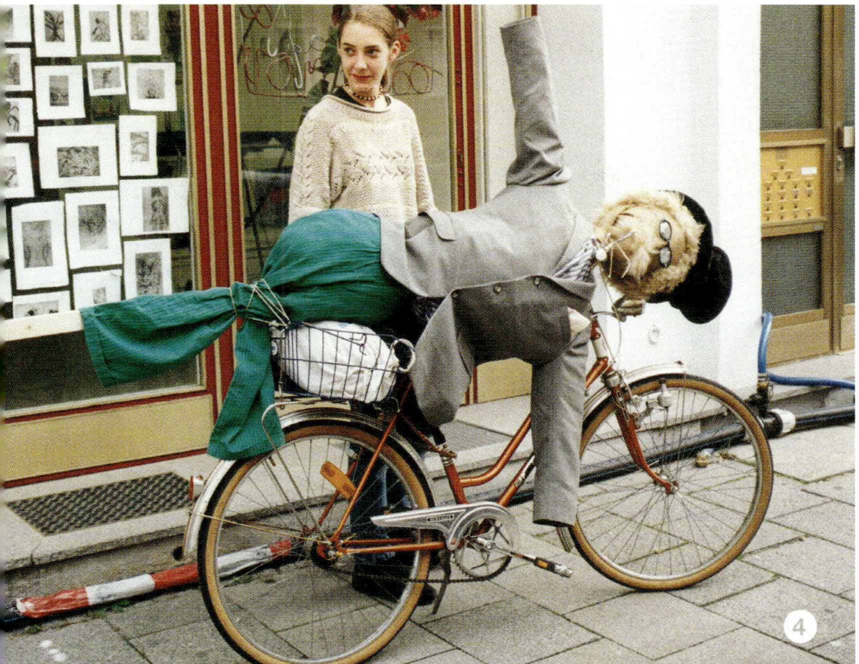

4

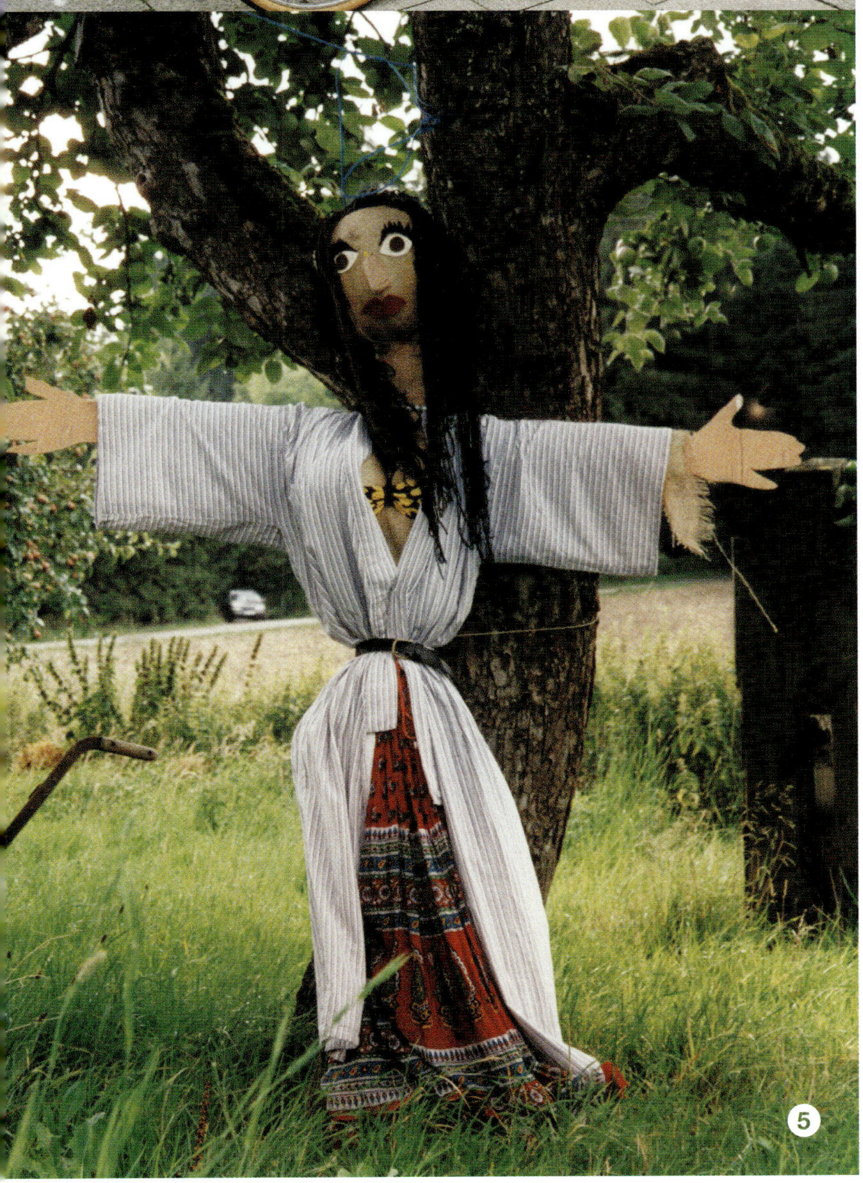

5

Vogelscheuchen

Werkzeug

Schere
Nähnadeln

Material

Dachlatten
Zeitungspapier
Klebeband
eventuell Füllstoff aus Styropor
Rupfen
Stoffe, abgelegte Kleidung
Wolle
Faden
wasserfeste Filzstifte

Info

Überlebensgroße Ebenbilder zu bauen und zu kleiden kann Jugendliche allein schon begeistern.
Auf den Ausspruch hin: »Mein Opa braucht dringend eine Vogelscheuche für seinen Garten!«, wird es in die Tat umgesetzt.
Für die Vogelscheuche kann man eigentlich alles gebrauchen, was zu Hause herumliegt, wie alte Brillen, Hüte usw.

Alter 4 6 8 10 12 **14 16 18**

Alles Theater

Fast alle zuvor beschriebenen Themen und Bereiche sind darauf angelegt, dass die Ergebnisse auch immer Spaß, Spiel und Aktion ermöglichen. Im Folgenden haben wir zusammengefasst, was sich spezieller in die Richtung Bühne, Film und Fernsehen entwickelt. Aus dem einfachen Spiel wird ein geplantes Agieren mit der Aufteilung der Rollen in Autor, Regisseur, Darsteller und Zuschauer. Am Beginn steht das Verkleiden, die Übernahme eines anderen Charakters, unterstützt durch Kostüm und Attribute. Hält man die Ergebnisse im Foto oder Film fest, hat man bereits die einfachste dialogfreie Geschichte erzählt. Bringt man mehrere Fotos in eine Reihenfolge und verbindet sie durch eine nachträglich erfundene Textgeschichte, ist man schon beim Fotoroman angelangt. Dessen Geschichte kann natürlich auch als Vorgabe an den Anfang gestellt werden, um die Fotos speziell dafür zu inszenieren.

Eine spontane spielerische Gruppendynamik entsteht, wenn man gemeinsam auf die Straße geht und Menschen zu einem spannenden Thema interviewt. Auch hier kann man das Rollenspiel sowohl auf Audio wie auf Video bannen, um sich später über die Resultate zu amüsieren. So entstehen nach und nach Theater-, Film- und Fernsehsituationen, bei denen die Kinder und Jugendlichen sich in fremden Rollen erfahren, Idole nachahmen und Prinzessin, Held oder »außerirdisch« sein dürfen.

Bei all unseren Aktivitäten geht es immer weniger um Perfektion als um Spontaneität und Spielfreude. Eine Bühne ist schnell improvisiert und auch schon ein paar wenige Verkleidungsstücke kann man äußerst wandelbar immer neu interpretieren.

Erfahrungsgemäß ist es sehr viel schwieriger, Jugendliche zur konzentrierten Ausarbeitung eines Drehbuchs oder Theaterstückes mit Dialogen, Regieanweisungen und Szeneninformationen zu gewinnen. Hierzu sollte man über einen längeren Zeitraum einfache Vorübungen, wie zum Beispiel sehr kurze gespielte Witze oder einfache Kurzclips, anbieten, um darüber langsam zu umfangreicheren, komplexeren Stücken zu gelangen. Dabei ist es wichtig, immer darauf zu achten, dass alle aus der Gruppe eingebunden sind und eine Rolle übernehmen – und sei es auch »nur« Maske oder Beleuchter. Bei Videos ist es darüber hinaus empfehlenswert, den Handlungsstrang möglichst präzise festzulegen, um einzelne Szenen schon in der Kamera hintereinander zu schneiden.
Der nachträgliche Schnitt ist sehr viel aufwendiger und auch hierbei ist es recht schwer, wirklich alle Kinder miteinzubeziehen.

Also am besten immer auf ein klares Gerüst achten, für dessen Ausschmückung dann unsere kleinen Kreativkünstler in Windeseile sorgen werden. Na dann: Vorhang auf!

Sich mit Kronen krönen ist nicht nur im Fasching schön, und wenn man eine königliche Umgebung für das Foto inszeniert, sind bald alle »Ihre Majestät«.

Die Länge des Papierstreifens für die Krone wird erst am Kopf abgemessen. Als Edelsteine dienen ausgeschnittene Formen aus Plastikverpackungen oder mit Glanzpapier umwickelte Kronkorken, Perlen und Papierkügelchen. Auch das Leben des Prinzen oder der Prinzessin kann auf der Krone abgebildet sein.

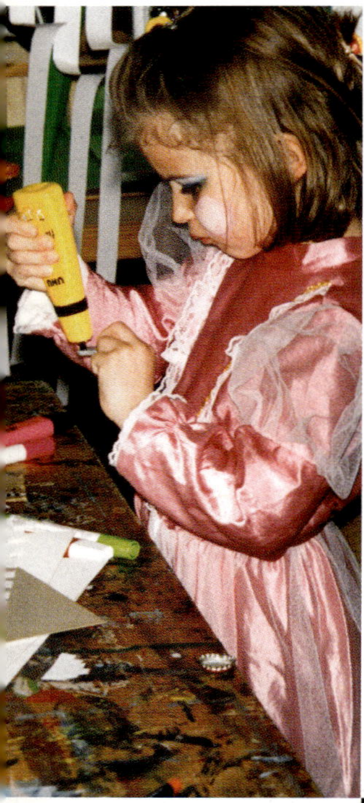

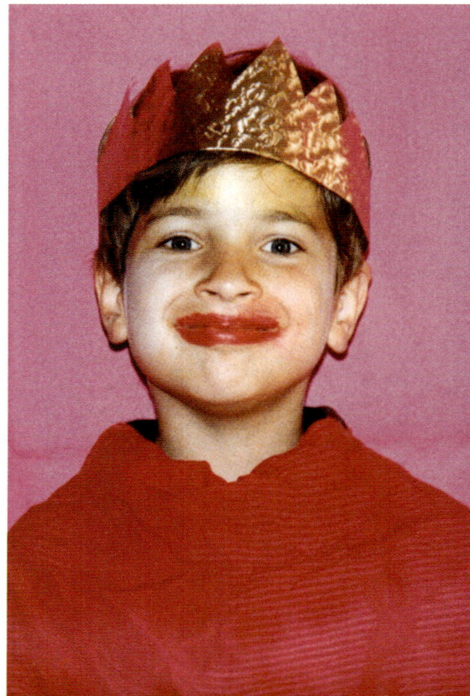

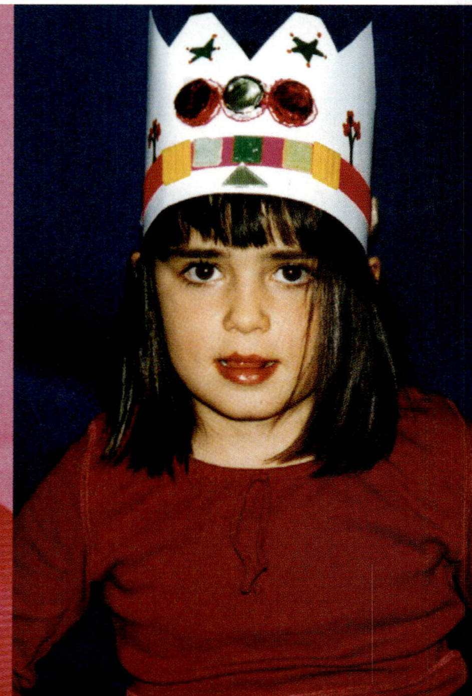

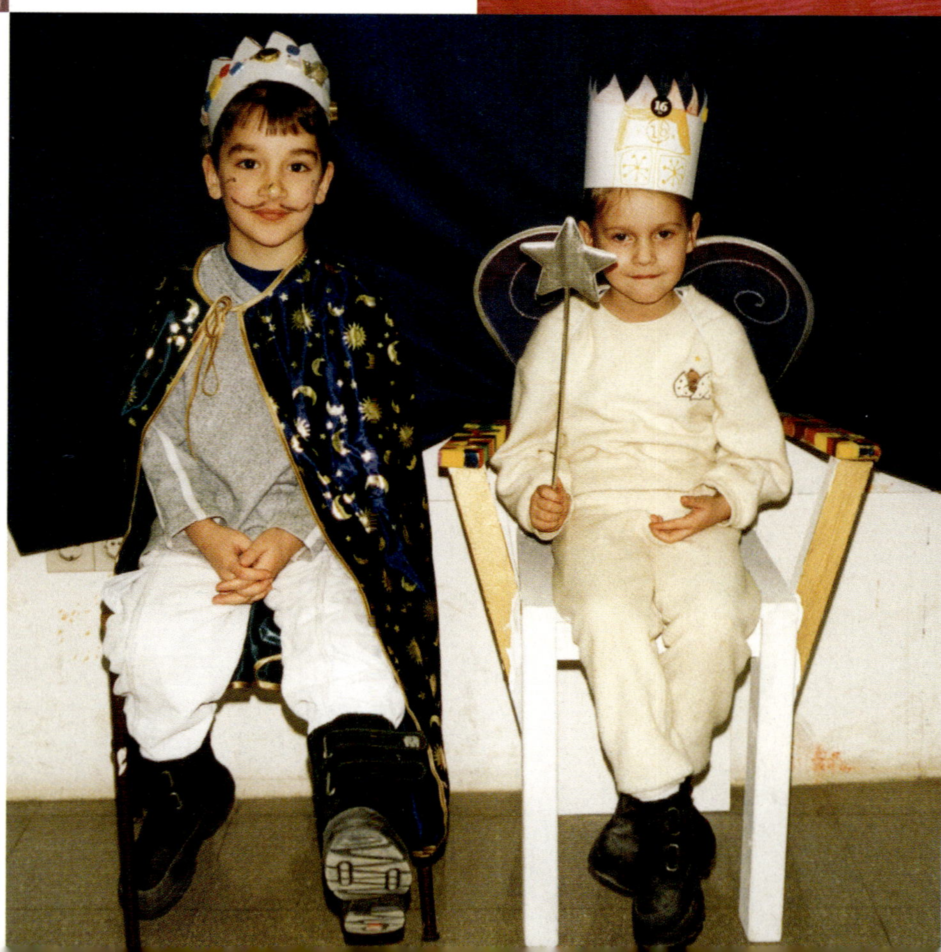

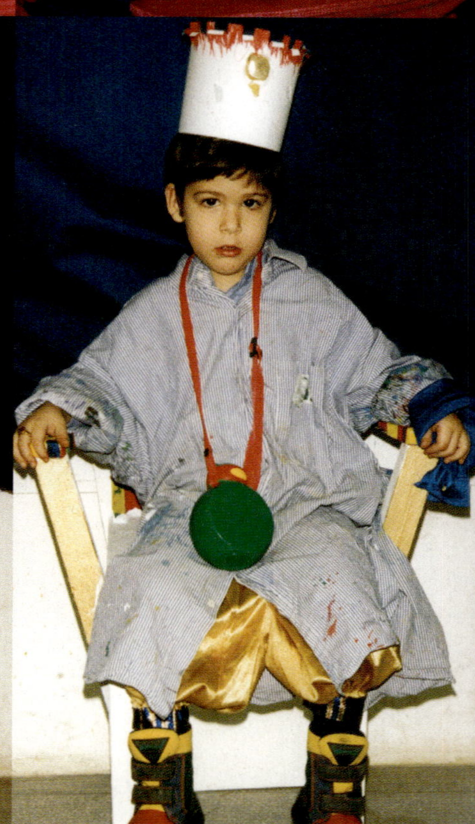

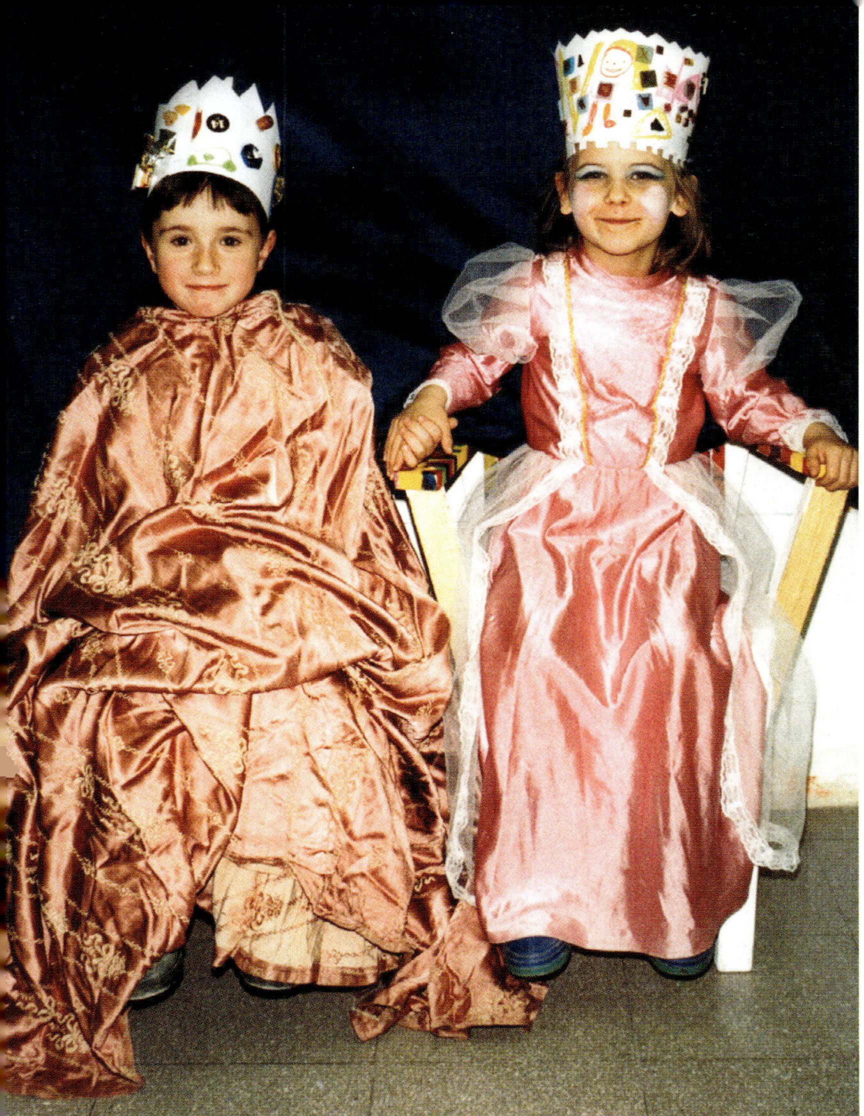

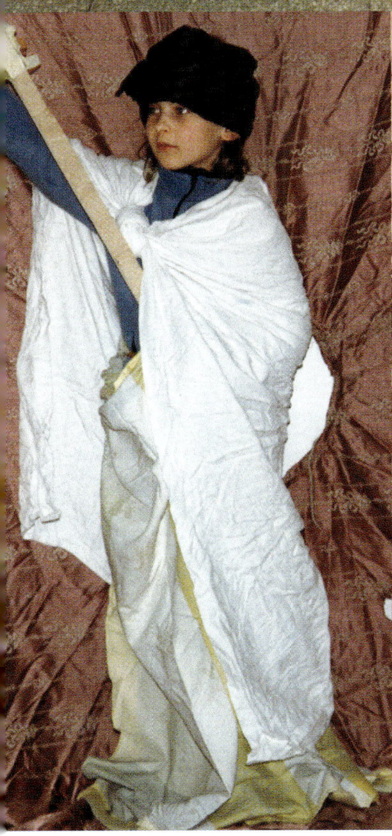

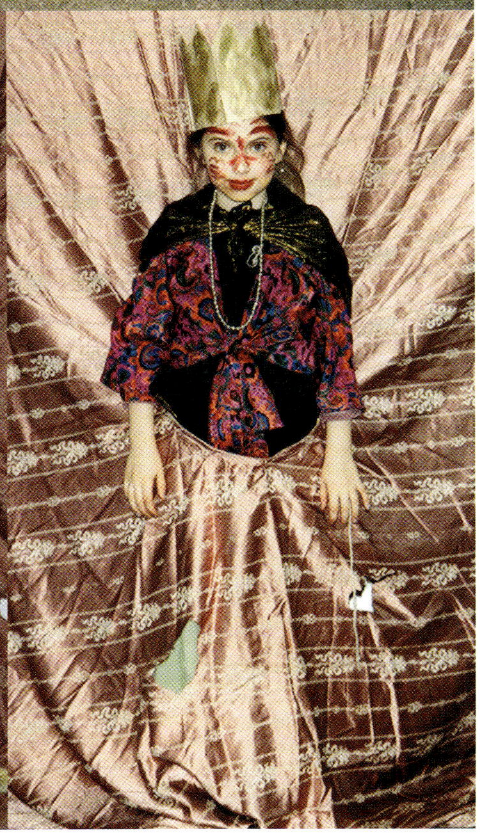

Prinzen und Prinzessinnen

Werkzeug

Schere
eventuell Heißklebepistole

Material

Zeichenkarton
Buntpapier, Glanzpapier
Plastikverpackung (aus Pralinenschachteln)
Kronkorken
Glassteinchen
Farbstifte
Kleber

Info

Man braucht etwas Geduld, bis der Kleber am Plastik getrocknet ist. Kronkorken lassen sich eigentlich nur auf der flachen Seite kleben oder wenn ihre Innenseite mit geknülltem Papier gefüllt ist. Mit Hilfe eines Erwachsenen können aber schwere und schwer zu klebende kleine Teile auch mit Heißkleber befestigt werden.

Alter 4 6 8 10 12 14 16 18

Zum Thema »Die Farbe Rot« fällt den Kindern ein, rote Zwergenmützen zu basteln, besser noch, eine gesamte Zwergenausstattung herzustellen. Für die Mützen werden die Papiere rot bemalt ❶. Für die Tischchen (schon vorher gebaut) wurden vier gleich lange Leisten gesägt und an die Platte genagelt. Sie werden ebenso rot angemalt, während das Papier trocknet ❷. Aus einem Dreieck mit hohen Längsseiten werden die Mützen zusammengeklebt, und, wie man sieht, die Zwerge gehen gleich auf die Wanderschaft ❸! Zehn kleine Zwerge spielen »Was ist unter meiner Mütze versteckt?« ❹. Gegenseitig erzählen sich die Kinder das Märchen vom »Schneewittchen und den sieben Zwergen«, dazu passen die gedeckten Tische mit den sieben Tellerchen, den sieben Becherchen usw. ❺ bis ❼.

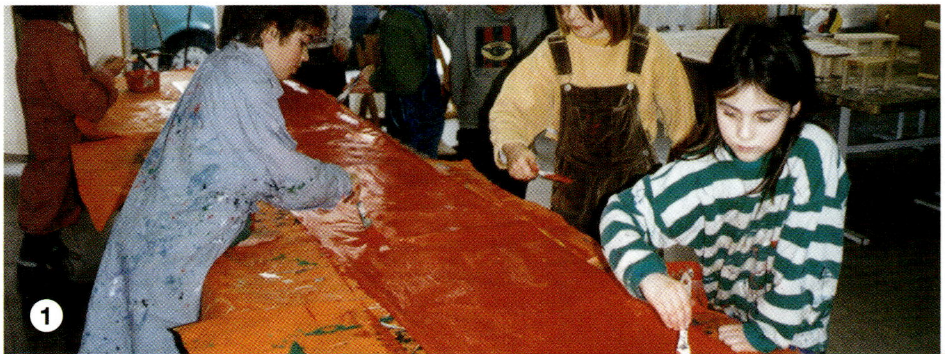

1

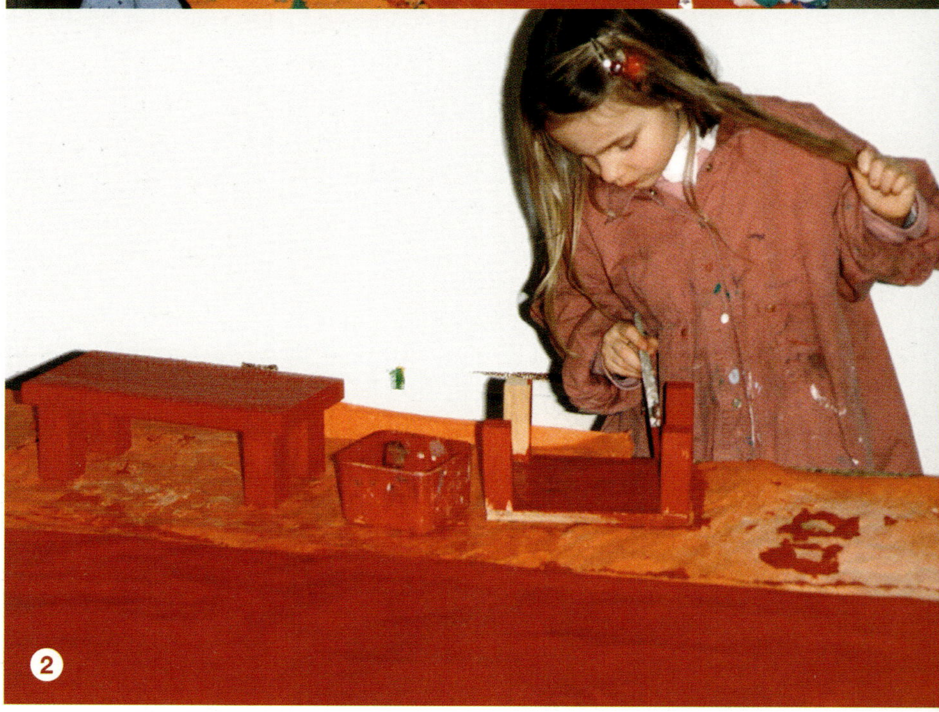

2

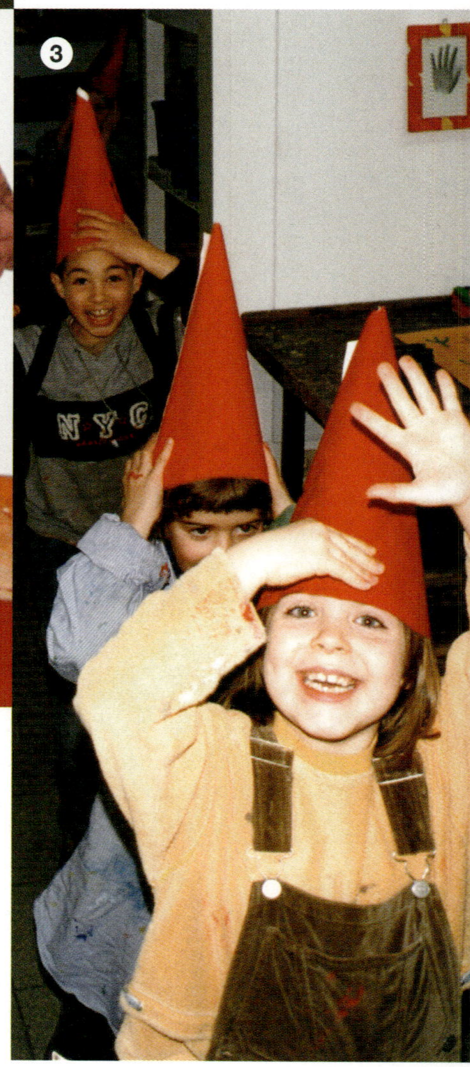

3

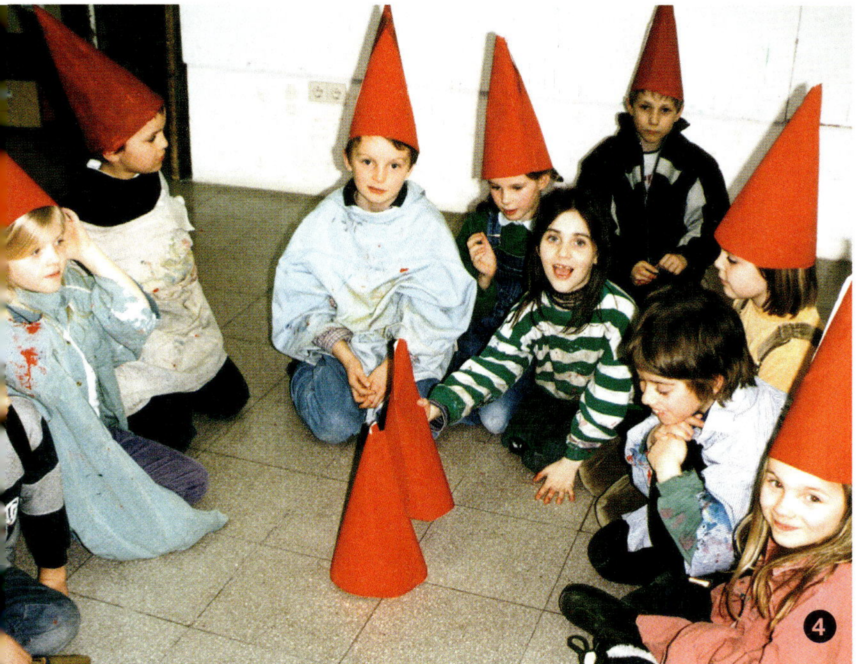

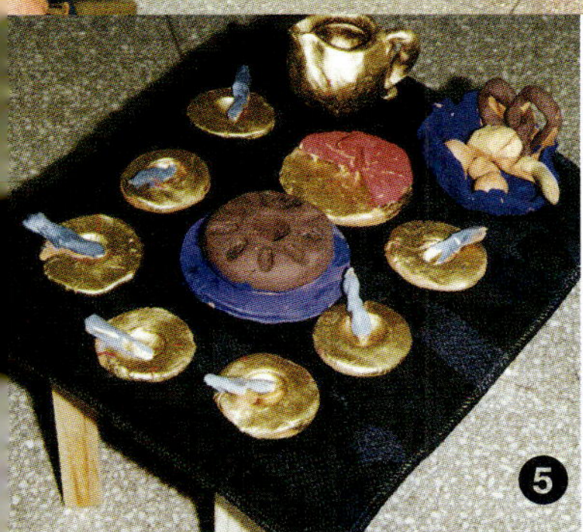

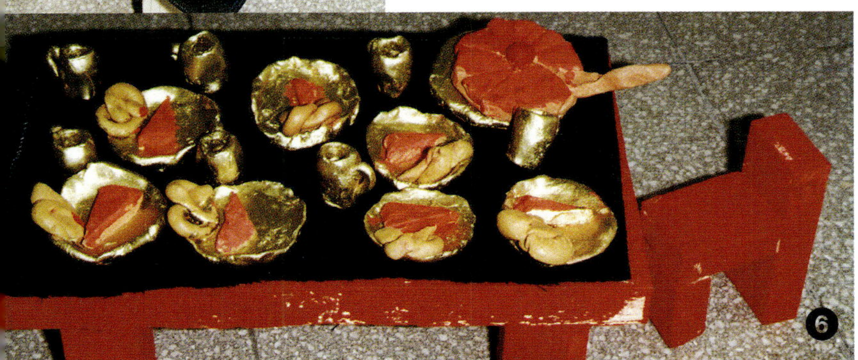

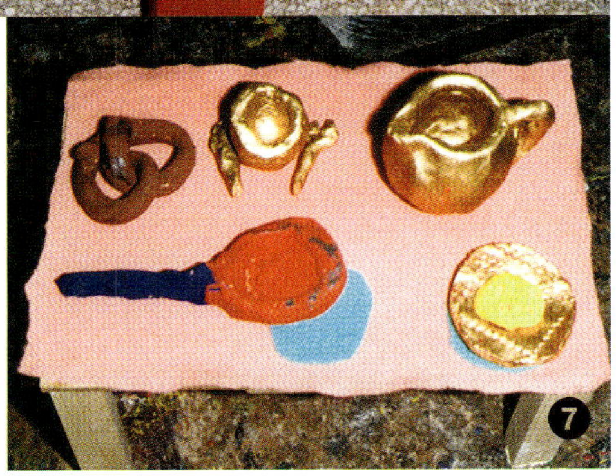

Zwergenland

Werkzeug

Säge
Hammer
Pinsel

Material

festes Papier (die Schmalseite sollte um einen Kinderkopf reichen)
rote Dispersionsfarbe
Plakafarbe für das Zwergengeschirr
Ton (ersatzweise Fimo oder Plastilin)
kleine Holzbrettchen und Leistenstücke
Nägel für die Zwergenmöbel
Stoffreste für die Tischtücher

Info

Es ist zu bedenken, dass zwischen den einzelnen Arbeitsgängen Zeit zum Trocknen der Farbe, des Klebers usw. einzuplanen ist. Das Geschirr für die Zwerge wurde in diesem Beispiel schon viel früher geformt, im Ofen gebrannt und erst dann bemalt. Man kann das Geschirr auch aus Fimo oder aus Plastilin formen. Die uralte Faszination an der Welt der Zwerge erfasst Kinder noch intensiver als Erwachsene. Klein wie sie selbst, aber voller trickreicher und wundersamer Eigenschaften, bieten sie ein passendes Identifikationsmodell.

Alter 4 **6 8** 10 12 14 16 18

Die Hände verwandeln sich angemalt zu Theaterfiguren. Mit Wasserfarben und Pinsel lassen sich Gesichter, Fühler, Münder oder Mäuler, Füße oder Ohren feiner malen als mit Schminke. Schön leuchten die Farben und leichter auftragen lassen sie sich, wenn die Hände und Arme vorher mit weißer Theaterschminke (wasserlöslich, nicht fettend!) »grundiert« sind. Hinter einem an einer Leine aufgehängten Tuch versteckt man sich. Durch Schlitze, die in das schwarze Tuch geschnitten sind, treten die Darsteller auf.

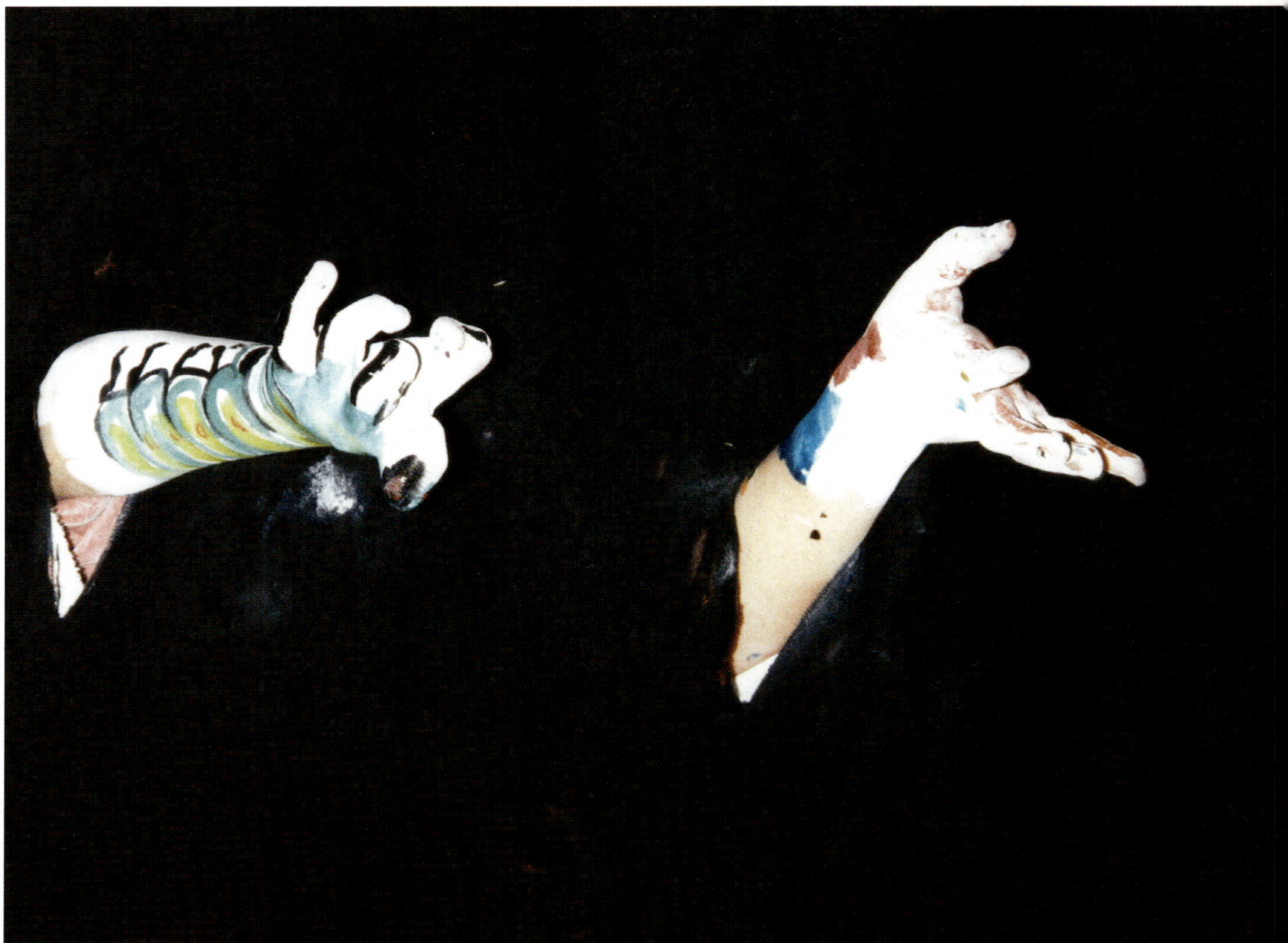

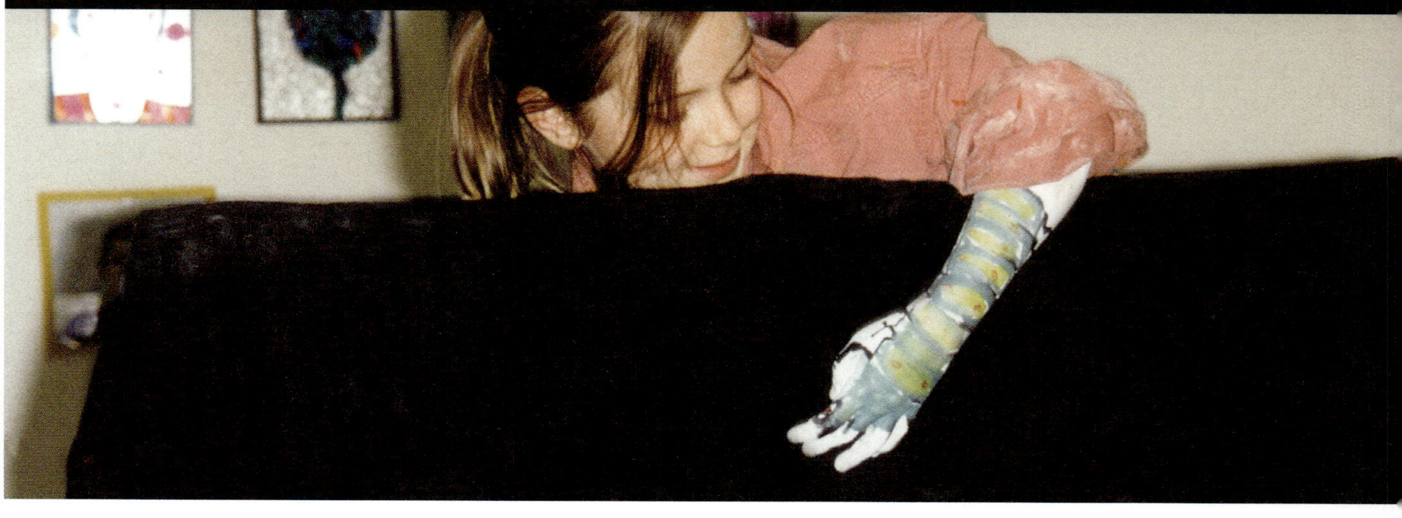

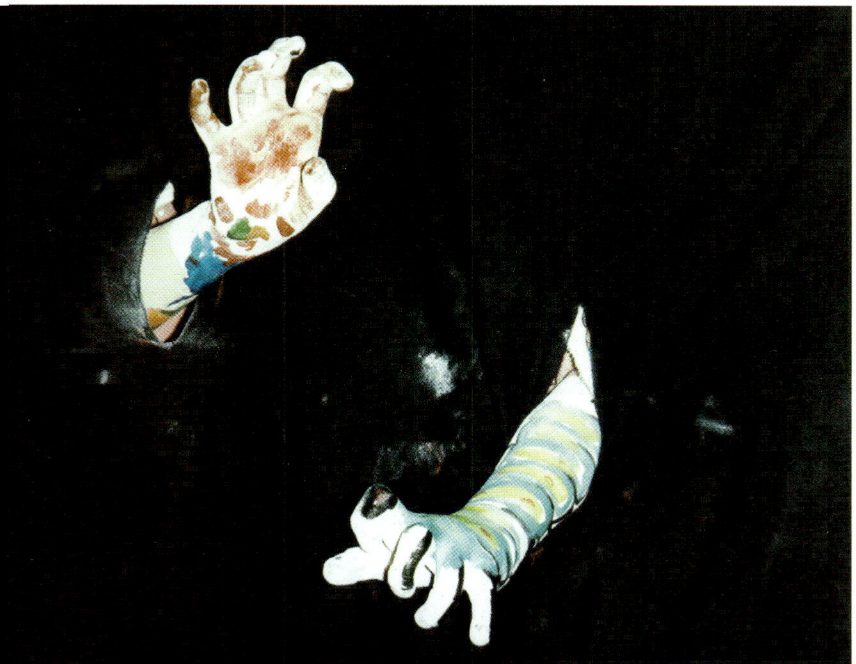

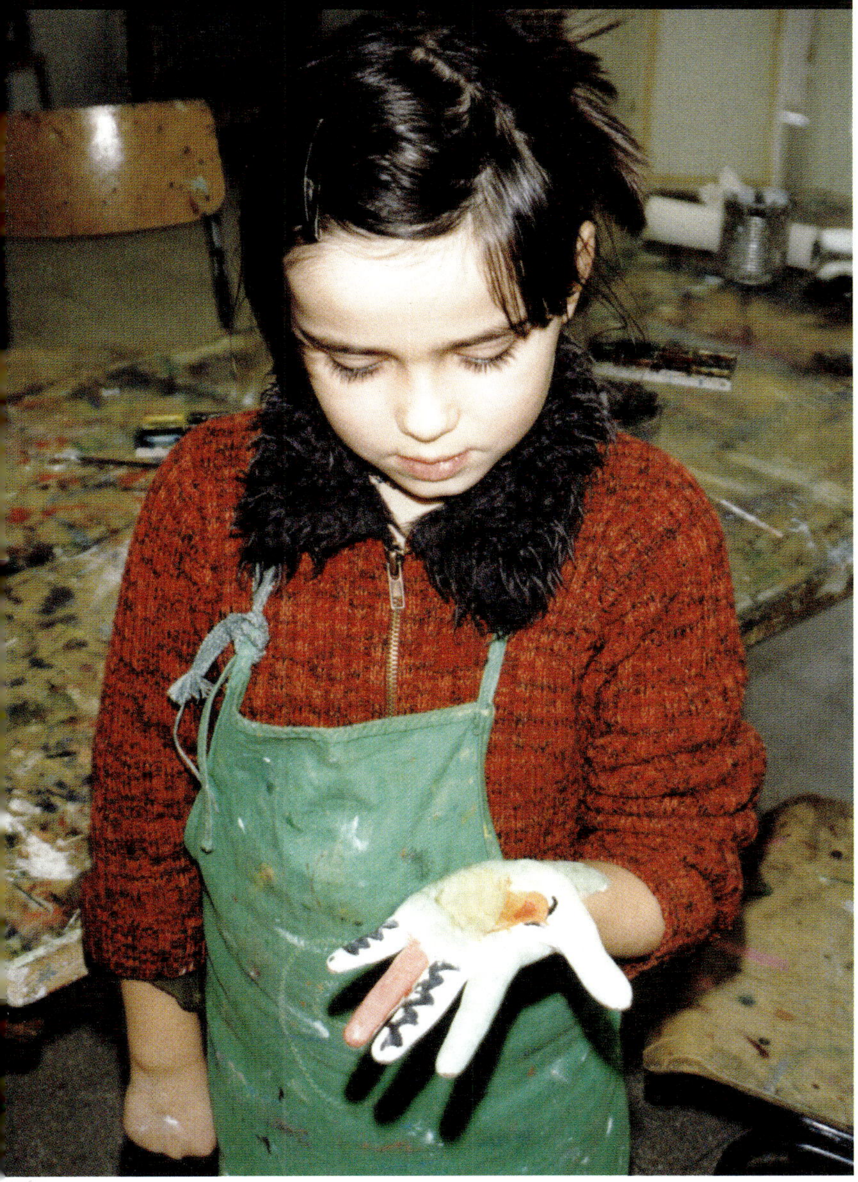

Handfigurentheater

Werkzeug

Pinsel
Schere

Material

weiße Theaterschminke
Wasserfarben
großes, schwarzes Tuch
Wäscheleine oder
Schnur

Alter 4 6 8 10 12 14 16 18

Ein Erwachsener hilft dabei, einen Fernsehmonitor auszusägen und einen Vorführraum aufzubauen. Der Fernseher wird eingeschaltet und die ersten Auftritte werden gewagt. Märchengeschichten ❶, Diskussionsrunden ❷, Kabaretts ❸, Teleshopping ❹, Wettervorhersagen ❺, Sportberichte ❻ und Tierfilme ❼ – wie beim richtigen Fernsehen jagt ein Programm das nächste.

❶

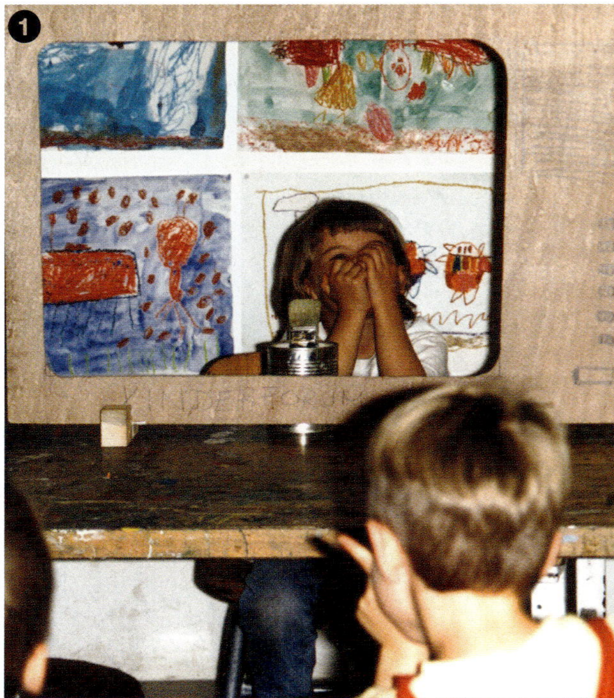

❸

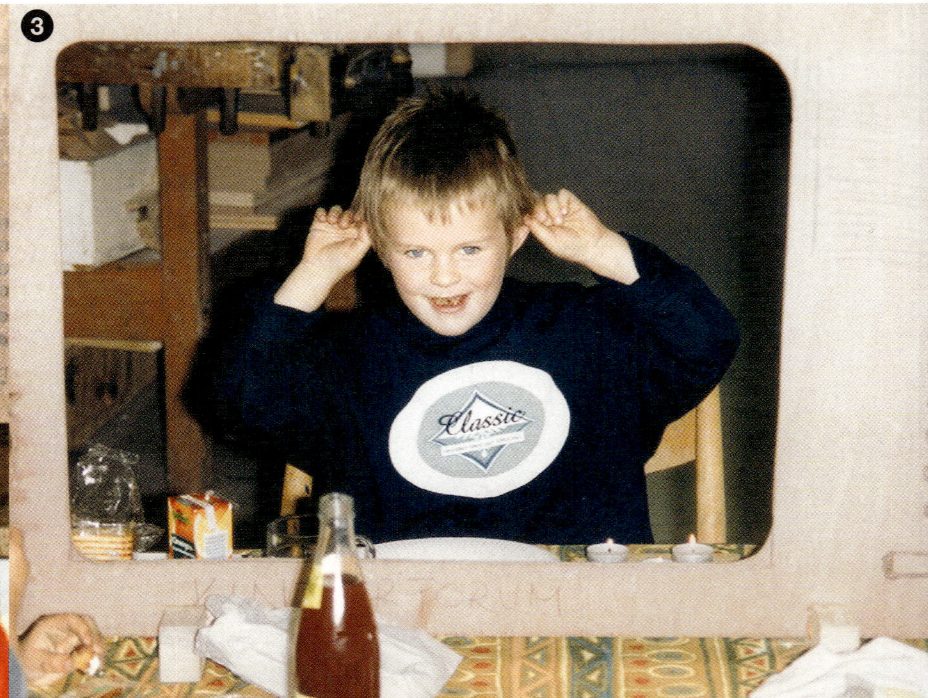

❹

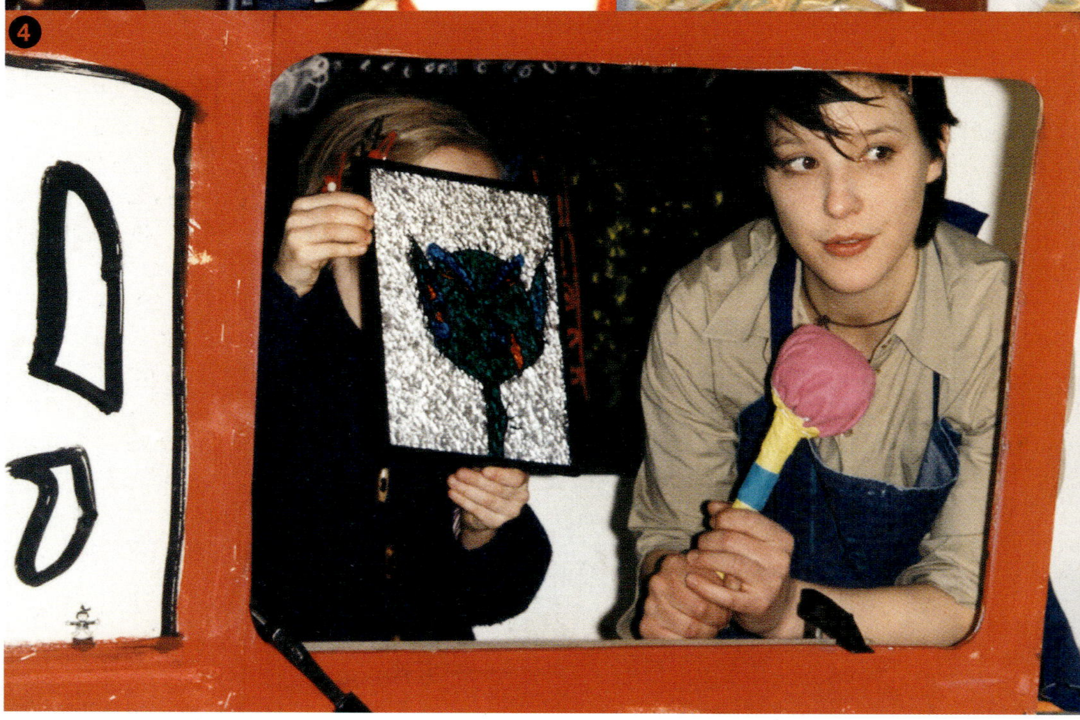

❷

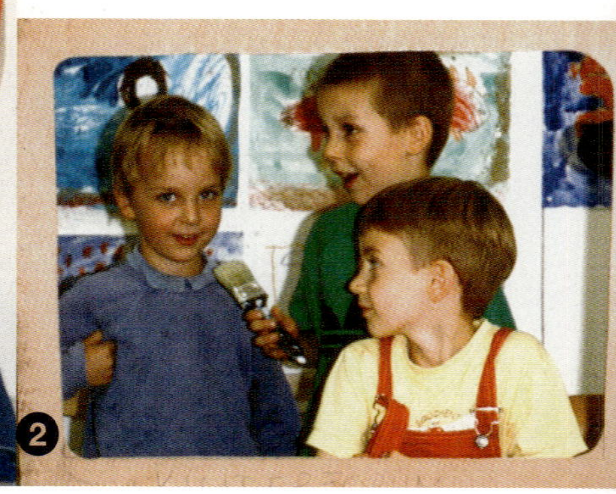

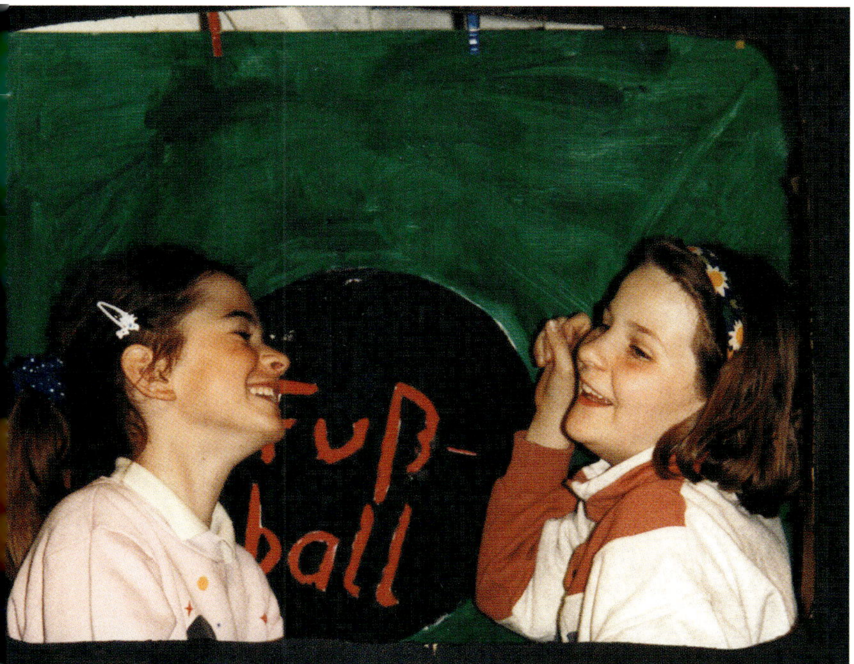

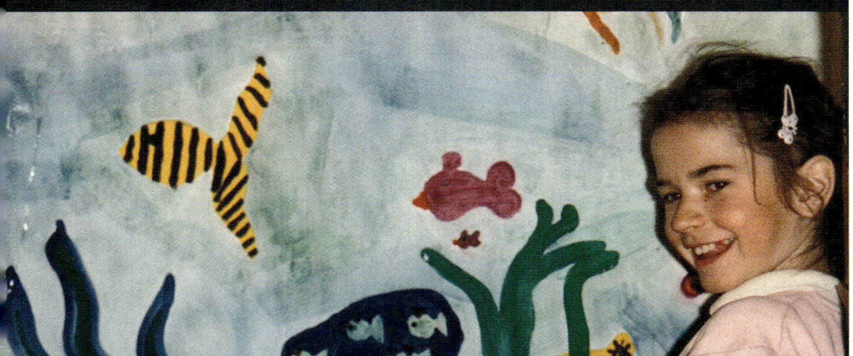

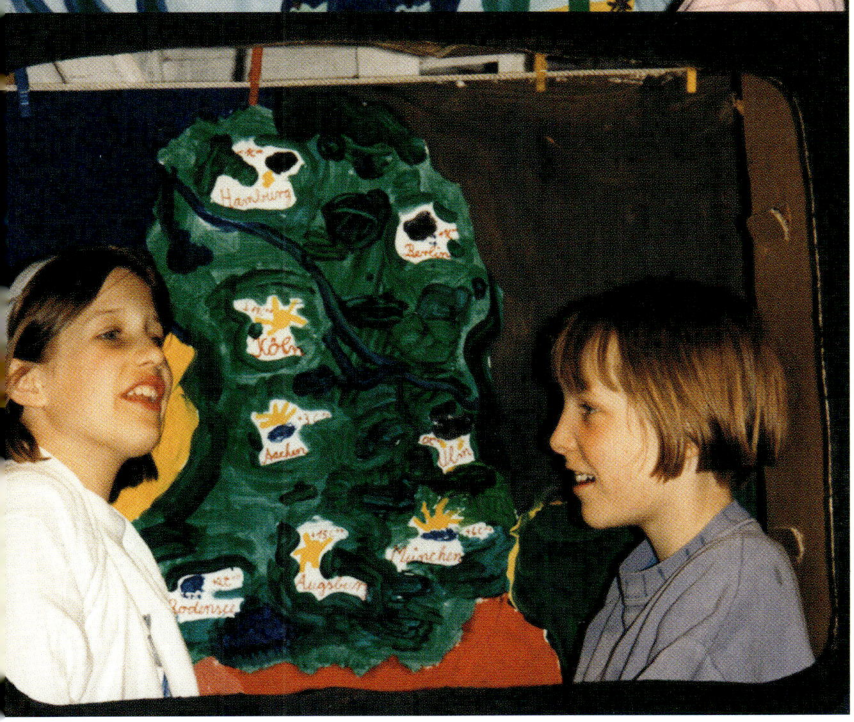

Fernsehen

Werkzeug

Säge
Hammer
Pinsel
Schere

Material

Holz
Nägel
Papier
Farben
Klebeband

Info

Die gespielten Szenen könnten mit einer Fotoreihe dokumentiert oder auch mit einer Videokamera aufgenommen und später als Fernsehsendung gezeigt werden.
Auch als Pausenunterhaltung dient der Fernseher spielerisch, zum Beispiel in Form eines Interviews »zu Wort zu kommen« und die Rollen von Erzählern und Zuhörern zu üben.

Alter 4 6 **8 10 12** 14 16 18

Auf einem Blatt Papier entwirft man erst sein eigenes Tattoo, um dem »Tätowierer« eine genaue Vorstellung geben zu können, und überlegt sich gut die Körperstelle, an der man es tragen möchte ❶.
Die Zeichnung kann einfach ein Muster sein oder Dinge, denen man eine bestimmte Eigenschaft zuspricht. Sie kann das Lieblingstier sein oder ein besonders gefährliches, das man mutig auf seiner Schulter trägt oder das auf den Arm gemalt für die eigene Kraft steht ❷. Das Motiv kann Glück bringen oder wird als Zeichen der Freundschaft und Zusammengehörigkeit ausgewählt ❸ bis ❻.

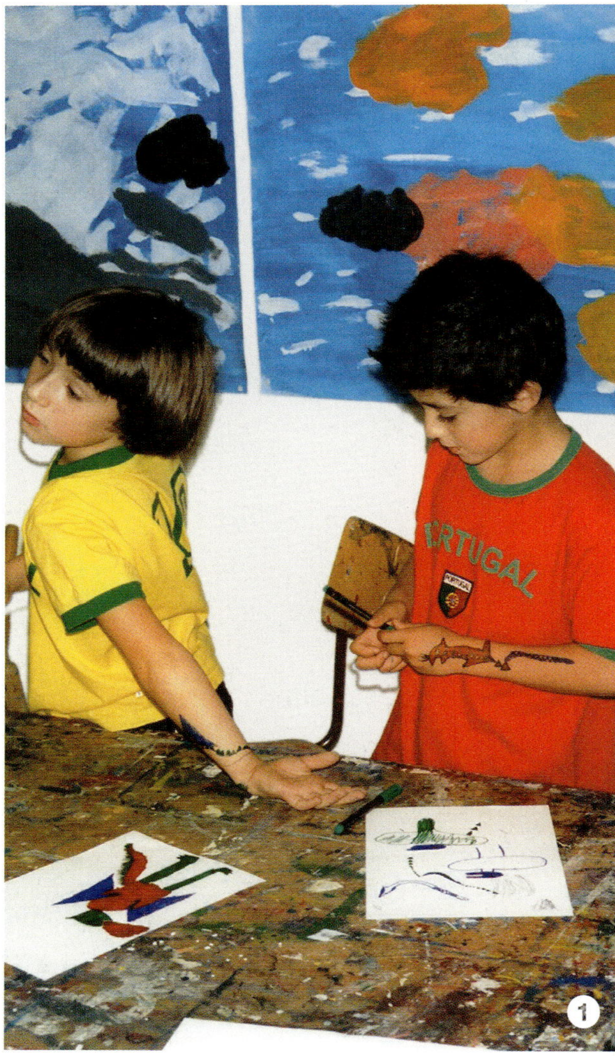
1

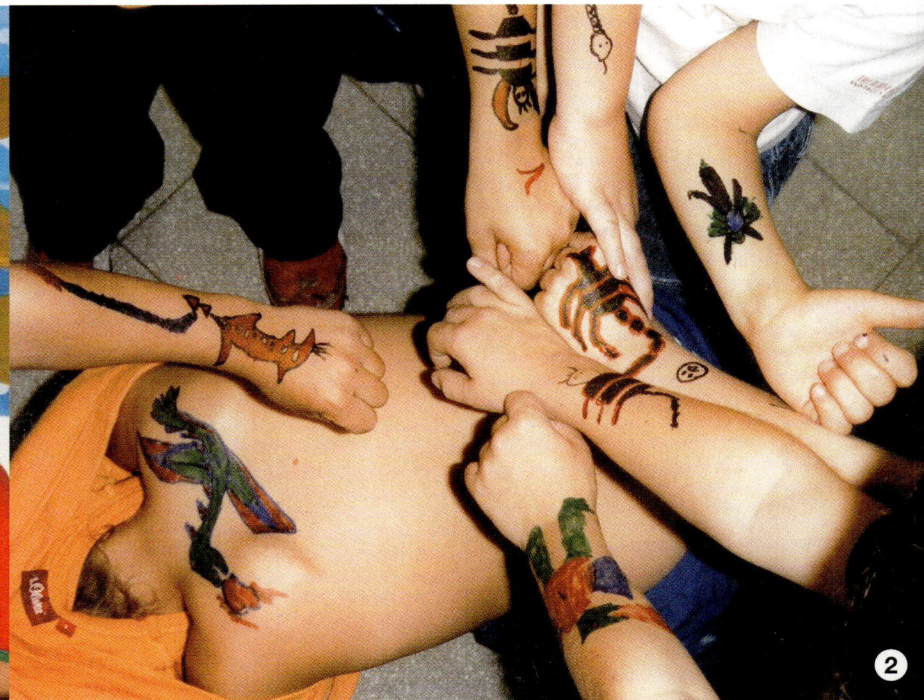
2

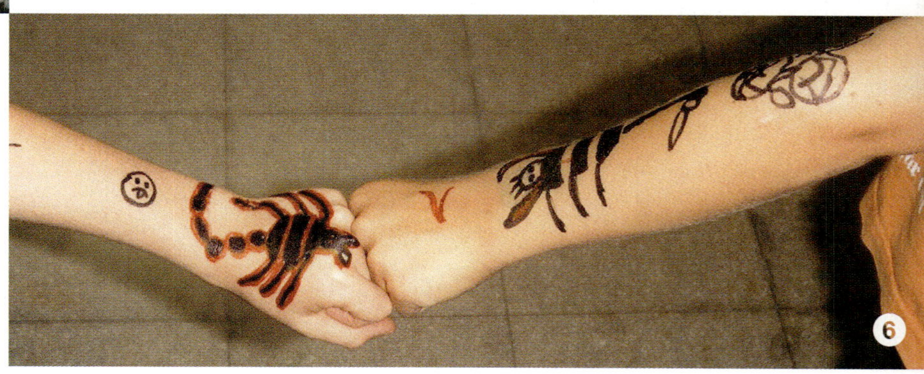
6

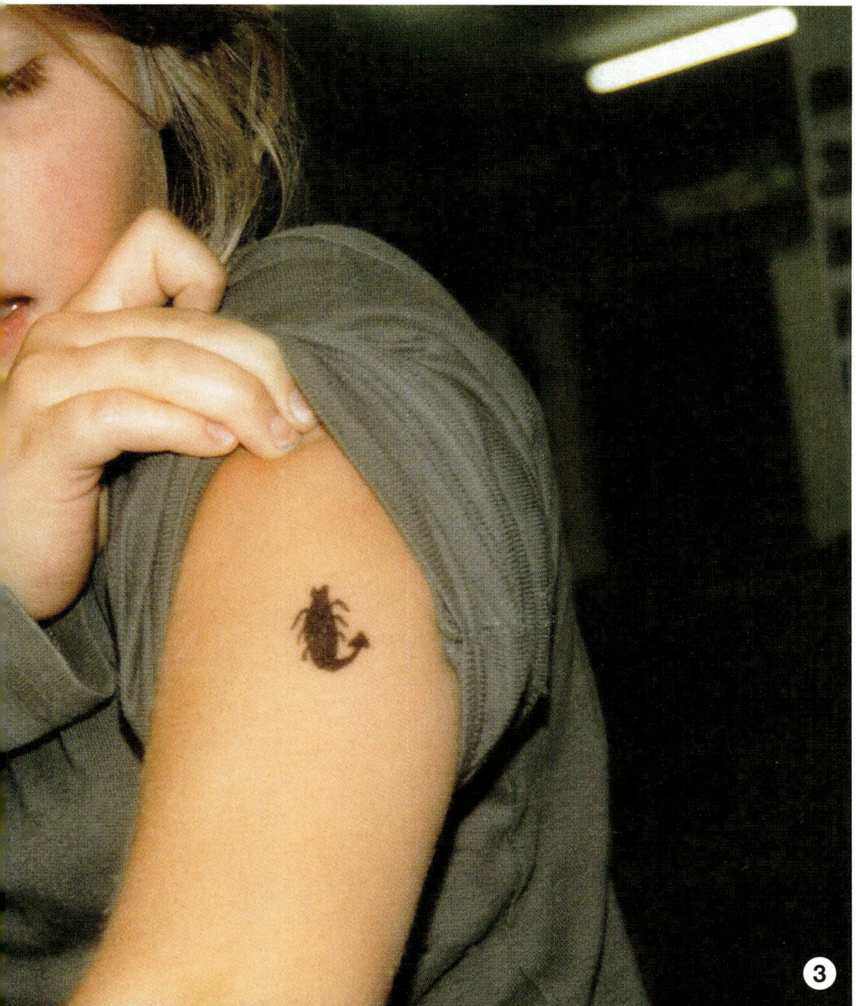

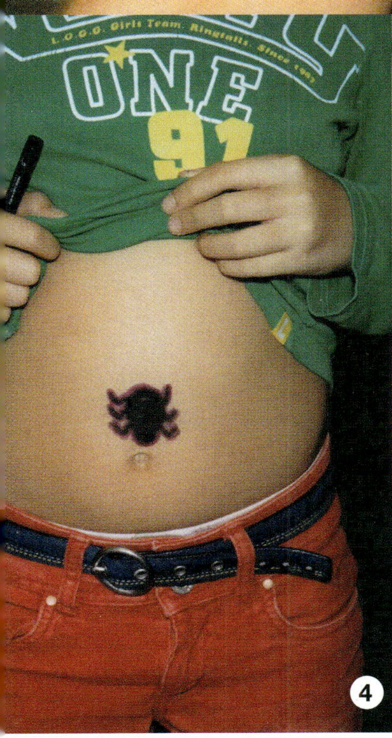

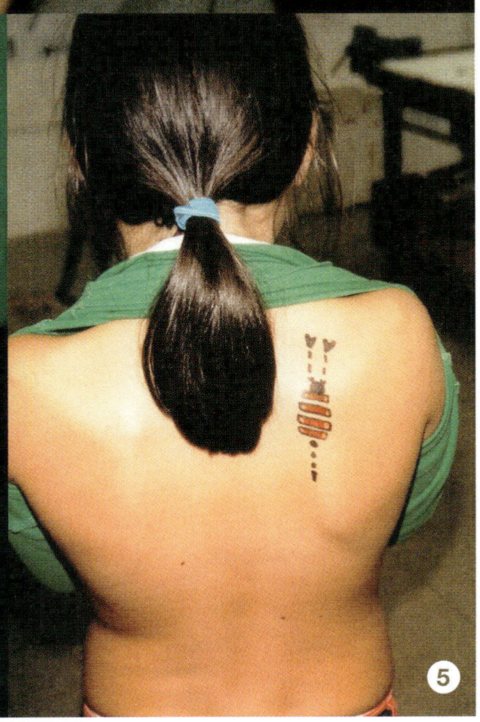

Tattoos

Material

Tattoomarker
Papier für Skizzen

Info

Spezielle Tattoomarker sind auf Hautverträglichkeit getestet und können etwas verwischen.

Alter 4 6 8 10 12 14 16 18

Runde Papp- oder Holzscheiben werden mit Nudeln, Verpackungsstyropor, sonstigen Kleinteilen oder selbst gemalten Salamischeiben dekoriert, beklebt und bemalt. Jeder kreiert seine Spezialpizza ❶.
Auch die Vermarktung muss stimmen: Selbst entworfene Pizzaschachteln verweisen auf das Produkt ❷. Die Pizzas werden im Spiel gebacken und verkauft ❸, um zu beweisen: Hier kocht der Chef persönlich ❹! Wenn es jemand lieber süß mag, kann es auch schon mal eine Sahnetorte werden ❺.

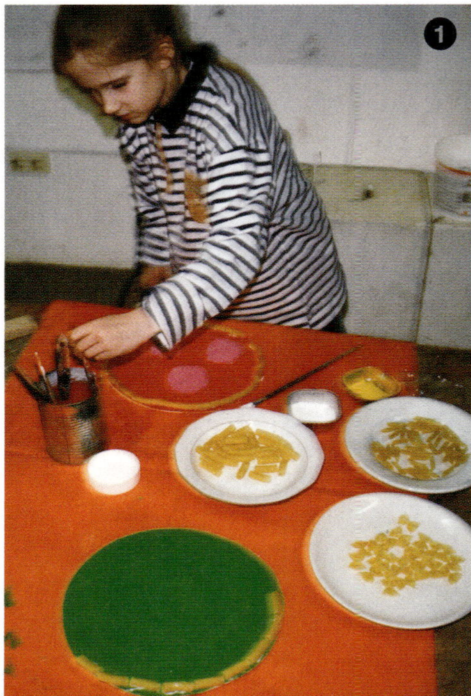

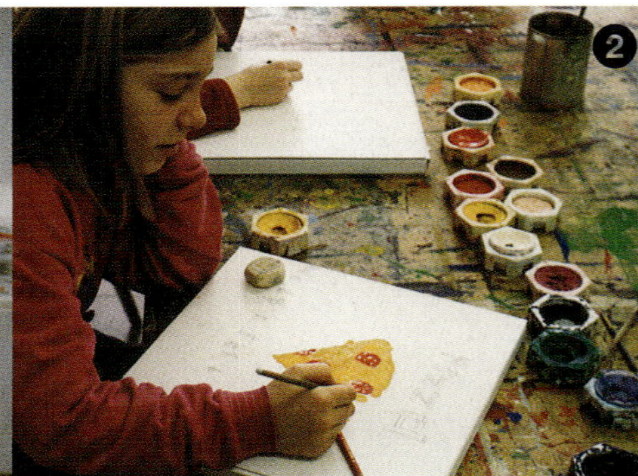

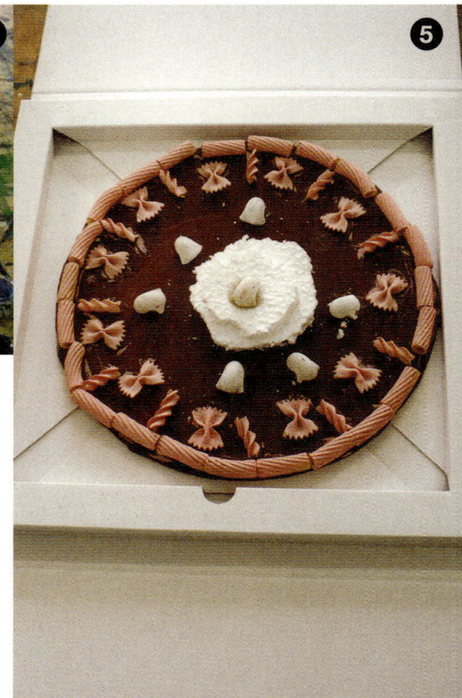

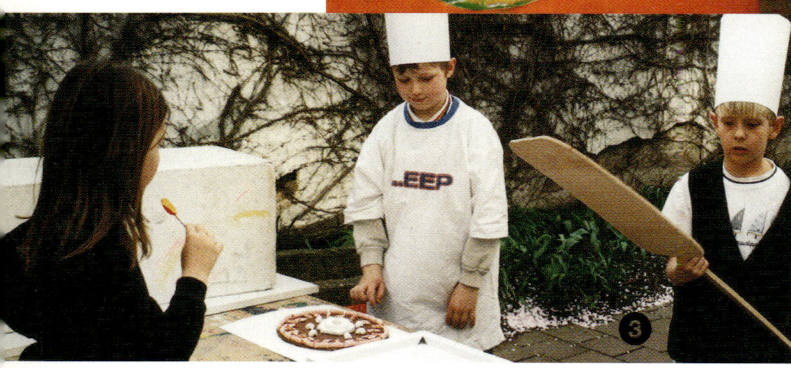

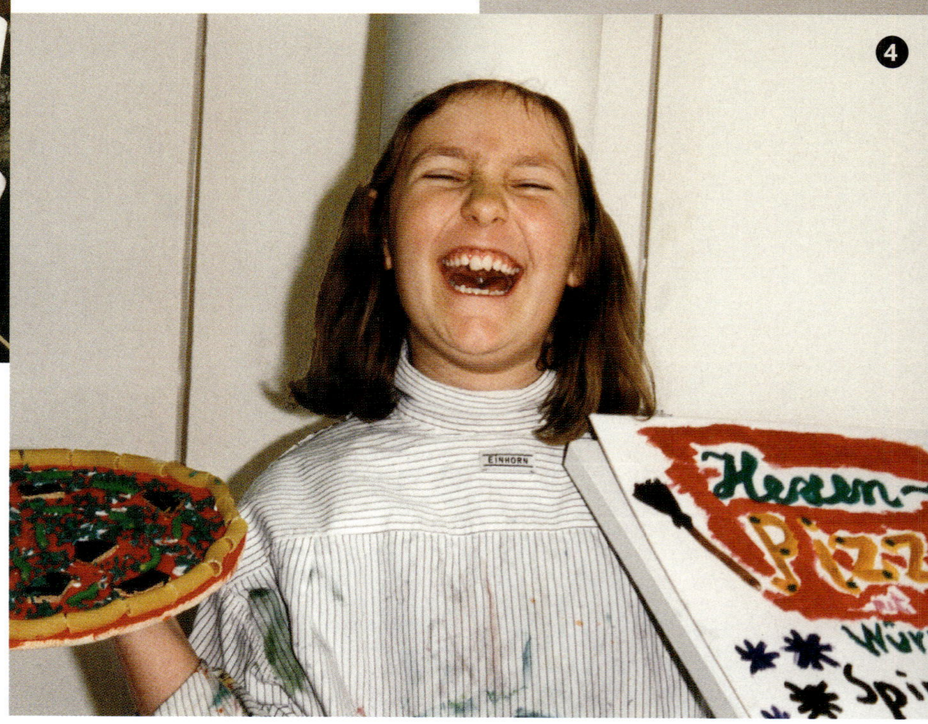

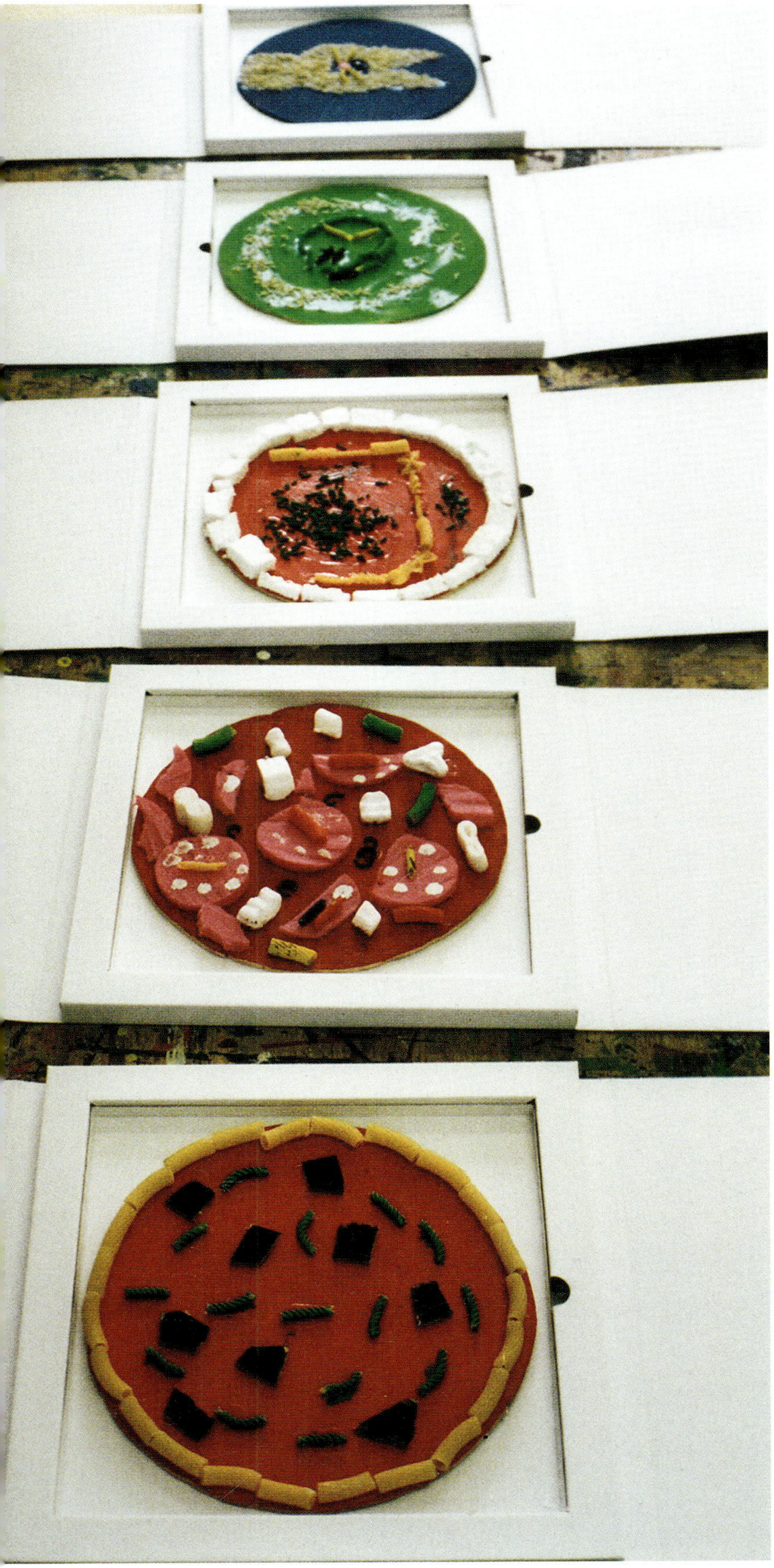

Pizzabacken

Werkzeug

Schere
Pinsel

Material

Pappe
Dekomaterial: Nudeln, Knöpfe, Styroporflocken etc.
Pizzaschachteln
eventuell Holz für »Pizzaschaufel«
Kleber (hier eignet sich auch Holzleim)
Wasser- oder Dispersionsfarben

Info

Die Pizzaschachteln gibt es im Verpackungshandel oder natürlich bei einem wohlgesonnenen Pizzabäcker. Der meist schon vorhandene Aufdruck sollte vorab übermalt werden!

Alter 4 6 **8 10 12** 14 16 18

Bretter, die die Welt bedeuten! Aus Abfallholz Formen wählen oder noch extra zurechtsägen und auf einer Holzplatte zum Bühnenbild, zur Landschaft arrangieren und festkleben. Während der Trocknungszeit entstehen nun aus Plastilin die Figuren, um die Szene zu bevölkern ❶. Schon kann eine kleine Sequenz für einen Fotoroman oder, aufwendiger, für einen kleinen Trickfilm gestellt werden. Ebenso können wir weiterarbeiten und spielerisch die Entwicklung der Bühne und auch der Geschichte mit Farbe und weiteren Materialien vorantreiben ❷. Die Spanne der Inhalte reicht hier vom romantischen Gondel-Rendezvous ❸ bis zurück ins harte Steinzeitreich mit Gartenteich ❹.
Eine weitere Variante von Tischbühnen wird einfach aus Pappschachteln gefertigt: An der Rückwand ein oder nacheinander verschiedene Bühnenbilder befestigen, von hinten (in dem Fall auf einen längeren Führungsschlitz achten, um die ganze Bühnenbreite nutzen zu können) bzw. den beiden Seiten können die einfachen, aus Korken, Draht und Nägeln gebastelten Figuren geführt werden, die auf starken Draht gespießt sind. Vorhang auf! (Der ist einfach auf einen dünnen Draht gefädelt und dieser wiederum an langen Nägeln, die in der Wellpappe stecken, befestigt ❺.)
Für die Älteren kann es auch mal mehr Bühnentechnik sein ❻, zum Beispiel Vorhang von außen bedienbar, die verschiedenen Bühnenbilder werden von oben durch Schlitze gewechselt. Die Figuren werden detaillierter gearbeitet oder auch mal aus Illustrierten zusammengesucht, auf Pappe geklebt und ausgeschnitten.

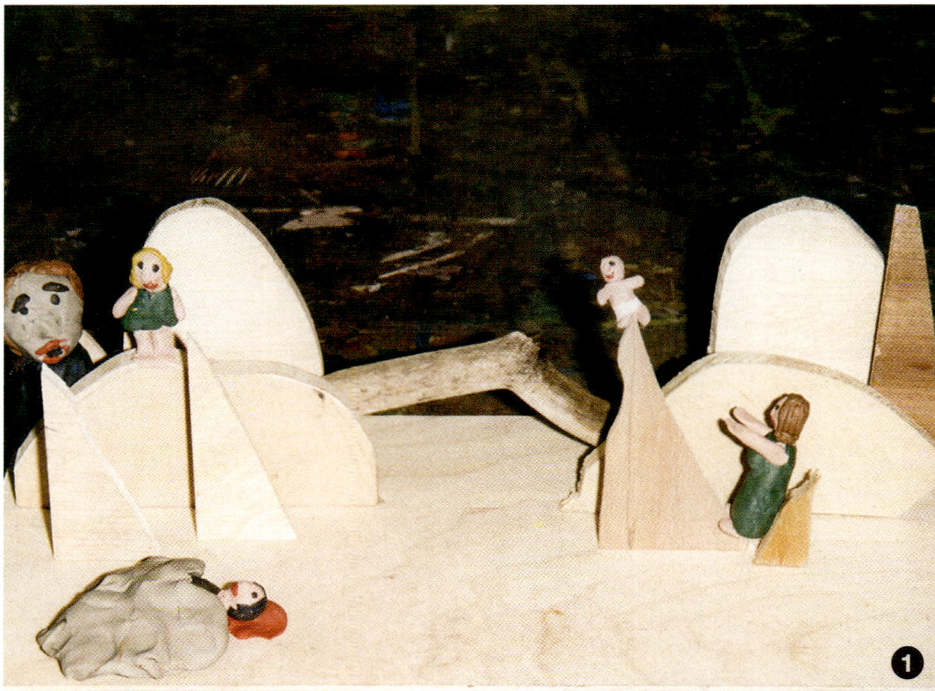
❶

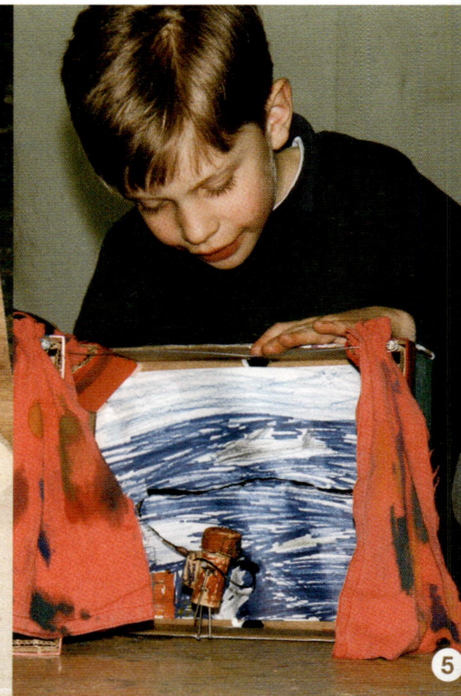
❺

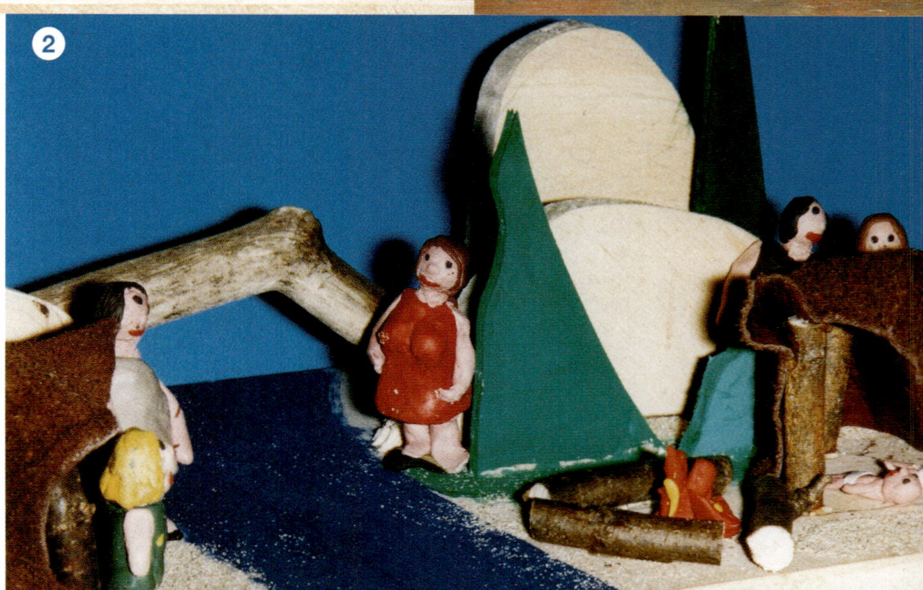
❷

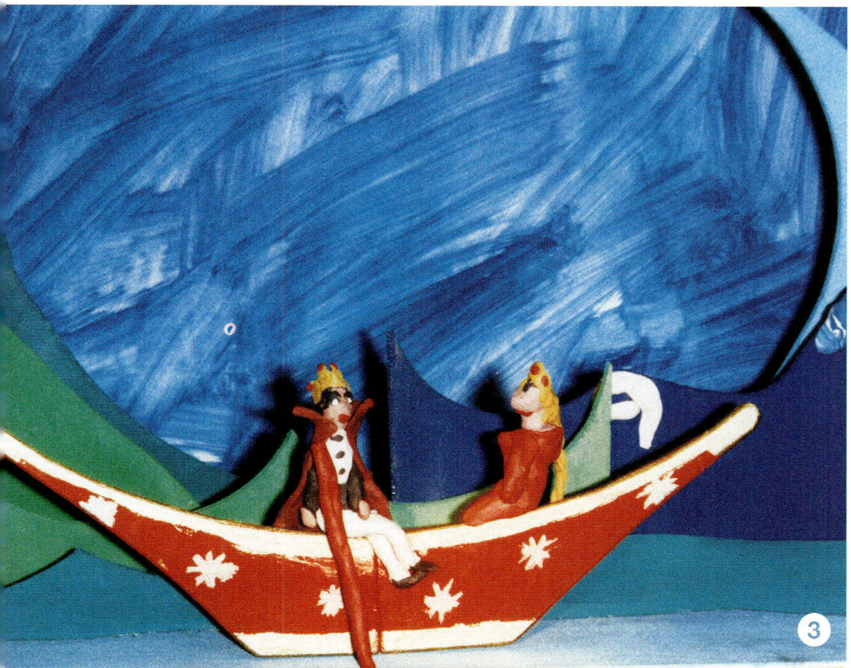

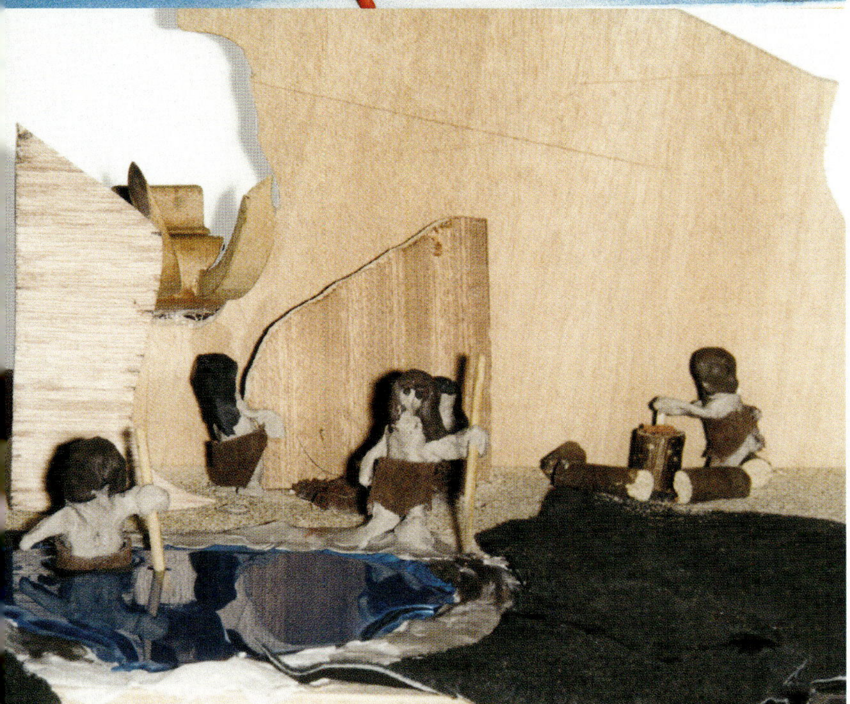

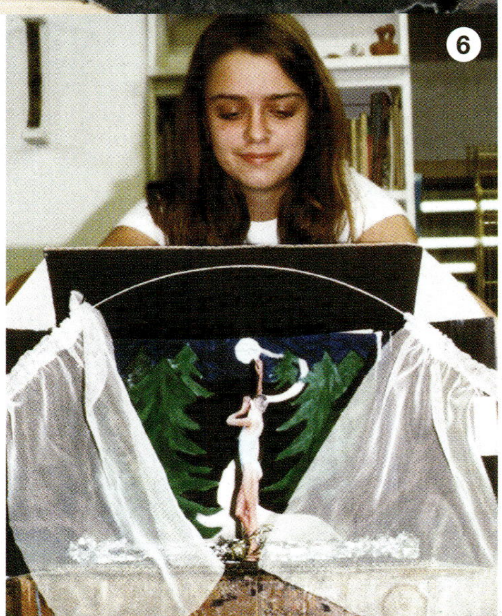

Kleine Bühnen

Werkzeug

Beißzange
Papiermesser
eventuell Heißkleber

Material

Holz
Plastilin
Leder
Äste
eventuell blaue Folie
Schachteln
Draht (zwei Stärken)
Stoff
Korken

Info

Es lohnt sich wirklich, eine gesamte Vorführung mit der Bühne als Nahaufnahme auf Video mitzuschneiden und sie sich gemeinsam anzuschauen.

Alter 4 6 8 10 12 14 16 18

Die Bilder sprechen für sich ❶ bis ❺!

Dürfen wir noch mal vorstellen?

Oberschwester Hildetrud

❶

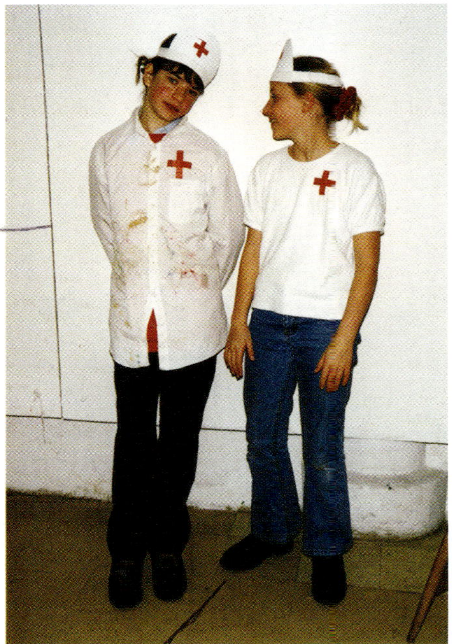

Schwester Stephanie

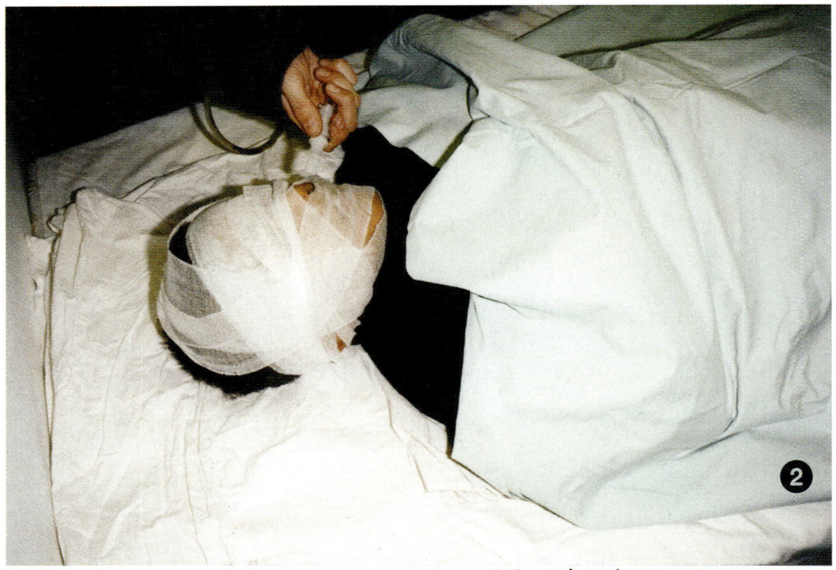

❷

Am nächsten Tag schleichen die drei Gangster ins Krankenhaus. Gerade als sie Charlie die Schläuche aus der Nase ziehen und ihn abstechen wollen ......

❸

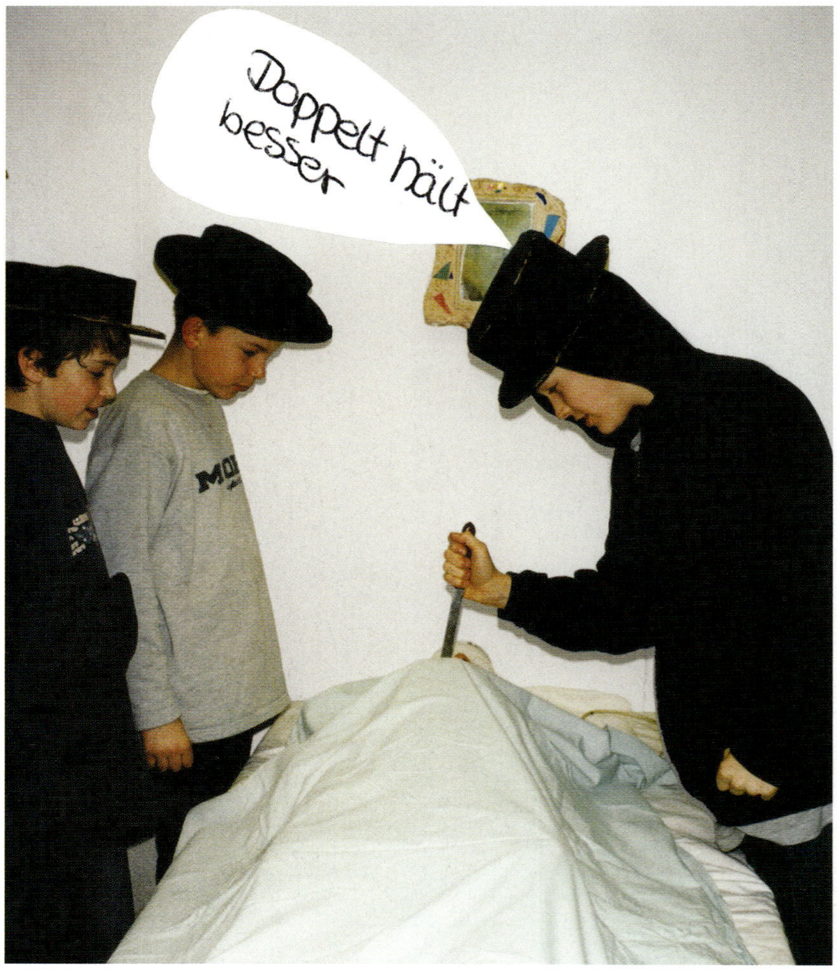

... stürmt reizender Besuch ins Kranken-zimmer

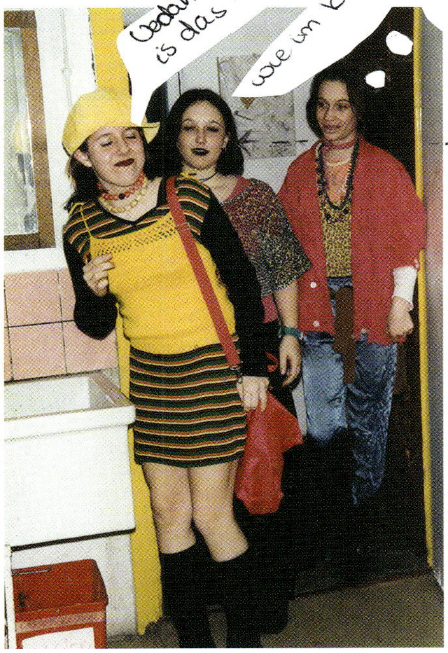

– Seine Geliebte Jaqueline mit ihren Freundinnen Nadine und Denise

4

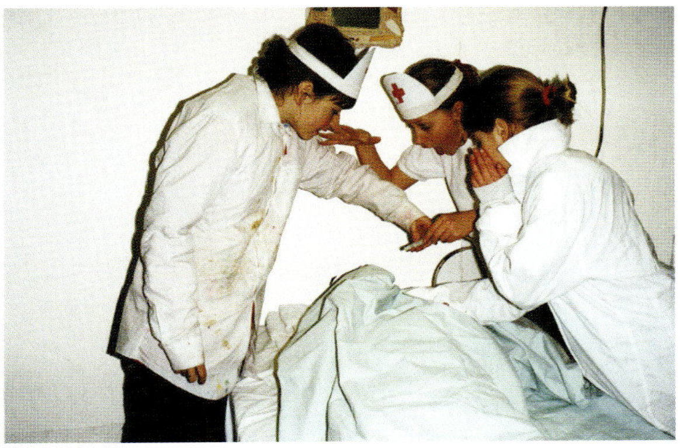

…n das hysterische Ge-
…i der Besucherinnen
…d das Notteam ange-
… Es handelt blitz-
…ll, doch Charlie ist
mehr zu retten und
....

5

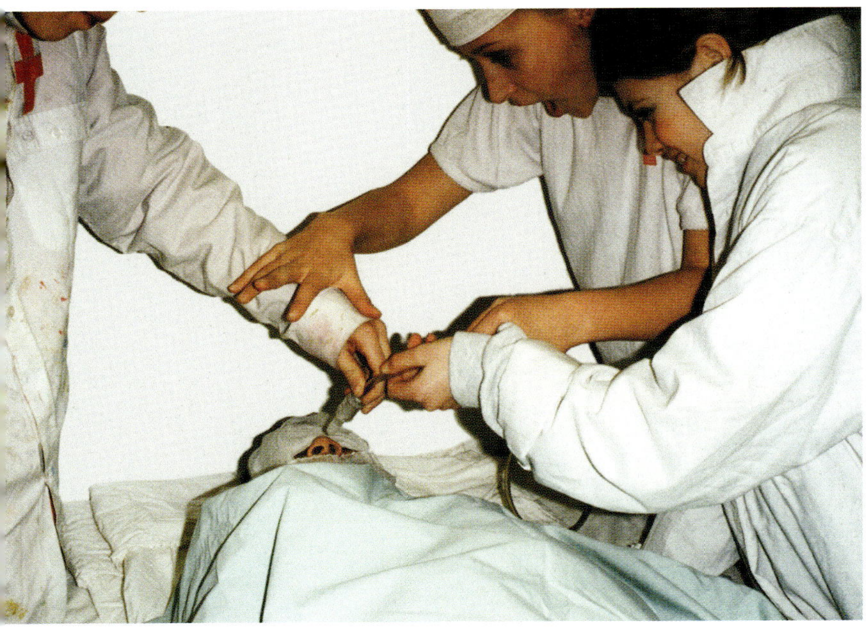

Fotoroman

Werkzeug

Fotoapparat

Material

Filme
Verkleidungssachen und Requisiten aller Art, je nach Thema
Papier in Heftform

Info

In den 70er-Jahren kamen die so genannten fotoromanzi in Italien auf. Das sind in Fotoreihen (im Unterschied zu gezeichneten Comics) dargestellte Geschichten. Die gesprochenen oder gedachten Texte der agierenden Personen stehen in Sprechblasen im Bild. Solche Geschichten zu erfinden, sich zu verkleiden, sich selbst in verschiedenen Rollen und Positionen zu fotografieren, macht Jugendlichen ungeheuren Spaß. Man greift gerne auf gesehene Fernsehserien zurück, um sie zu persiflieren, und es ist erstaunlich, welch kritische Begabung Jugendliche entfalten können, das Lächerliche der Vorgaben aus dem Fernsehen auf den Punkt zu bringen. So ist eine Reflexion aus der Distanz, auch von Gewaltszenen, möglich.
Eine einfache Variante ist es, die vorhandenen Sprechblasen von gefühlsduseligen Fotogeschichten, wie sie in Bravo und anderen Jugendmagazinen heute niemals fehlen, zu überkleben und mit eigenen Texten versehen zu persiflieren.

Alter 4 6 8 10 12 14 16 18

Normalerweise reichen für ein Schattentheater ein lichtdurchlässiger, aber blickdichter Vorhang, dahinter eine starke Lichtquelle (zum Beispiel Diaprojektor) und mit ein bisschen Kostümierung und ein paar Accessoires kann es auch schon losgehen ❶.
Dieses Mal wollen wir ein Schattenfigurentheater machen. Nachdem die Geschichte ausgedacht ist und die Charaktere festgelegt sind, geht es ans Vorzeichnen und Ausschneiden der Figuren mit Cutter, Schere und Federmesser (äußerste Vorsicht!). Als Extraclou bekommt jeder Kopf eine Front- und eine Profilansicht kreuzweise an einem Haltestock befestigt, um im späteren Spiel eine höhere Variabilität zu ermöglichen. Beim Vorzeichnen sollte man beide Ansichten, ähnlich einer technischen Zeichnung, auf einer Höhe nebeneinander anlegen, um Augen, Nasenspitze etc. auf derselben Ebene übertragen zu können.
Darf ich vorstellen: Fräulein von Rosenstolz ❷ ❸, der geisteskranke Mörder Jack, der Schreier ❹ ❺ und schließlich Kommissar Zwirbelmeier ❻ ❼.

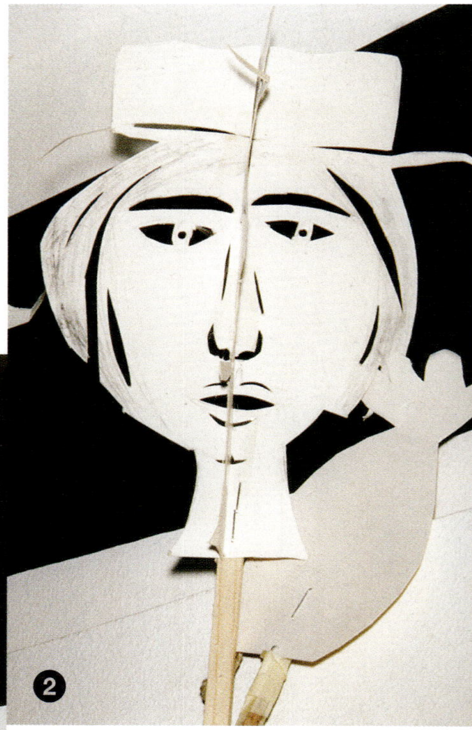

❷

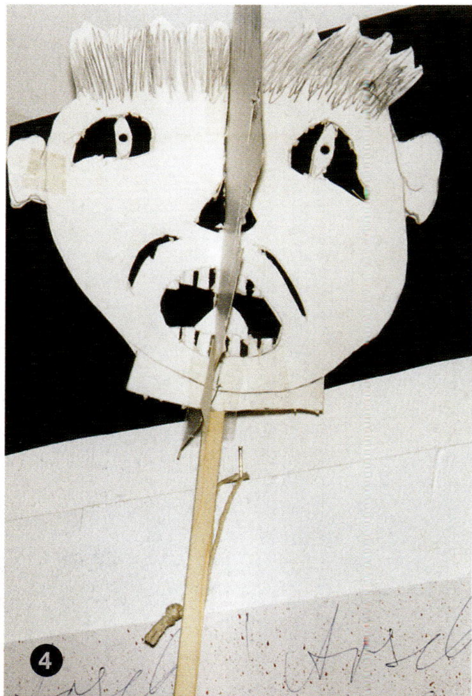

❹

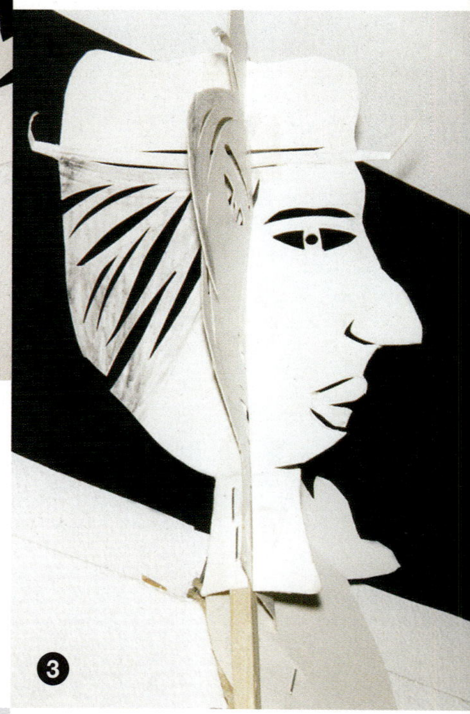

❸

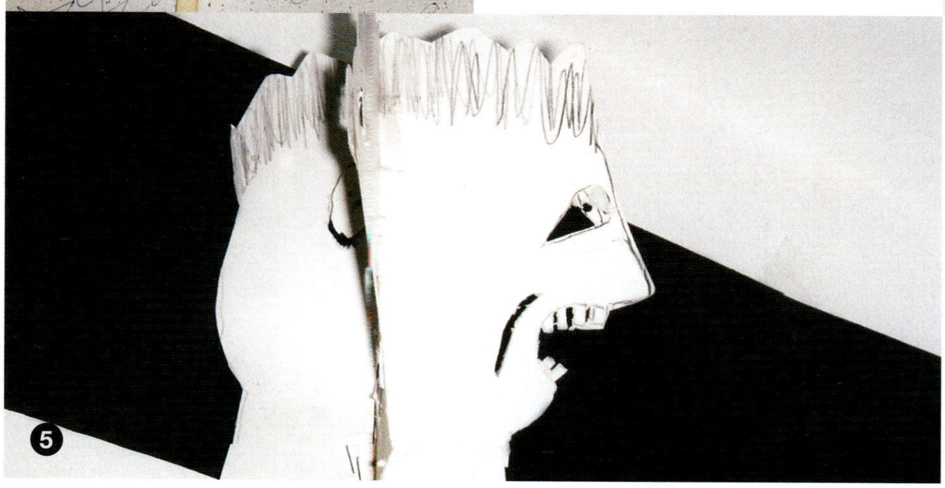

❺

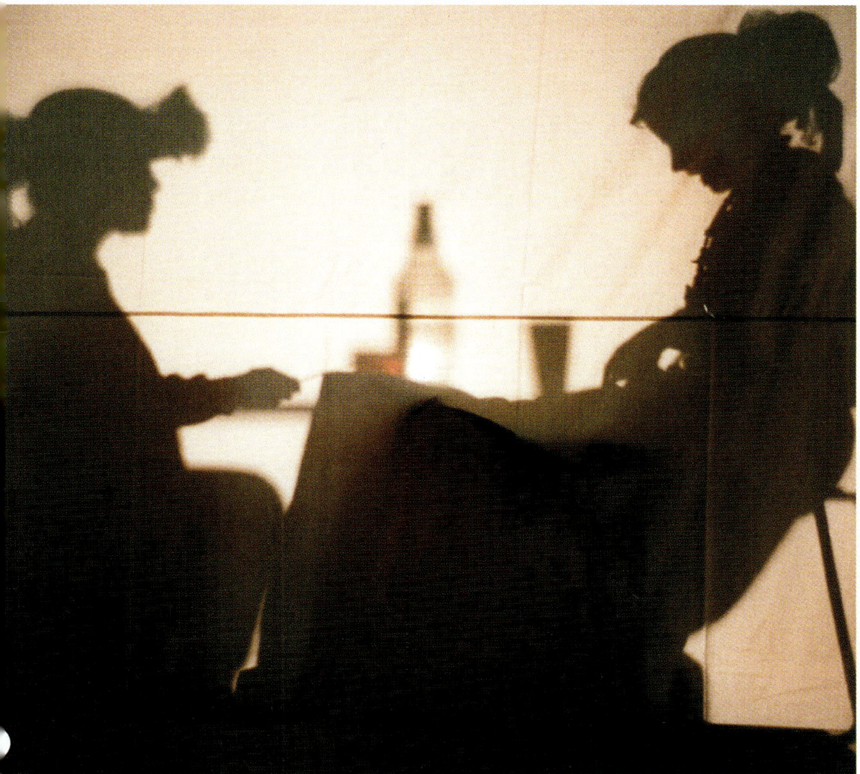

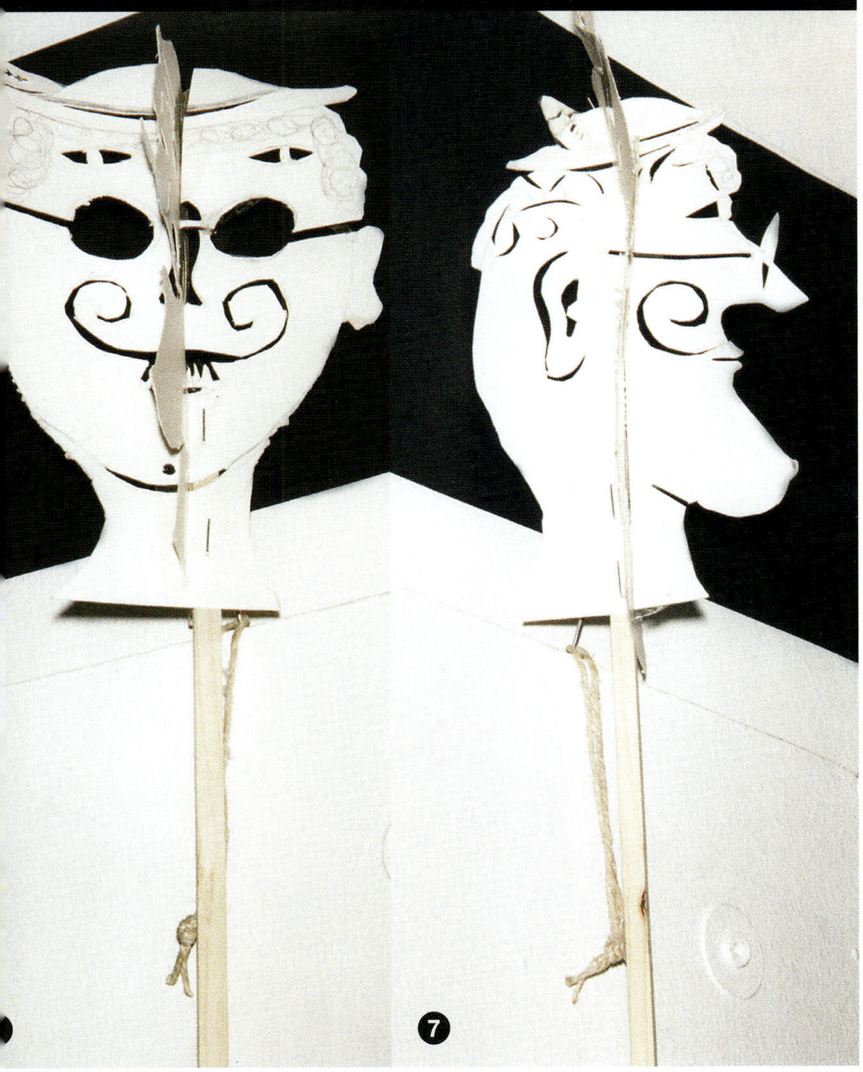

7

Schattentheater

Werkzeug

Schere
Federmesser
eventuell Tacker

Material

dünne Pappe
Vierkantleiste

Info

Die Benutzung von Schneidemessern immer vormachen und erst an geraden Schnitten üben: Die haltende Hand immer oberhalb von Schneideansatz und -richtung positionieren! Auch Oberschenkel und Nachbarn aus eventuellen Gefahrenzonen bringen!

Alter 4 6 8 10 12 14 16 18

Nachdem wir uns mit den Jugendlichen auf Thema und Schauplatz »Skipiste« geeinigt haben, formt jeder ein Plastilinmännchen.
Die Skipiste wird mittels einer an der Wand befestigten Papierbahn, die sich auf den Tisch hin über Schachteln abtreppt, gemeinsam aufgebaut (ebenso alle weiteren benötigten Lokalitäten wie in diesem Fall die »Schneebar«) ❶ bis ❸.
Die Grundhandlung entwickelt sich während des Drehs weiter, alle sind abwechselnd Akteur, Regisseur und Kameramann ❹.
Es wird versucht, einen Handlungsstrang anhand der Einzelbildschaltung kontinuierlich hintereinander in der Kamera zu »schneiden«, der Monitor dient der ganzen Gruppe als Überprüfungsmedium ❺.

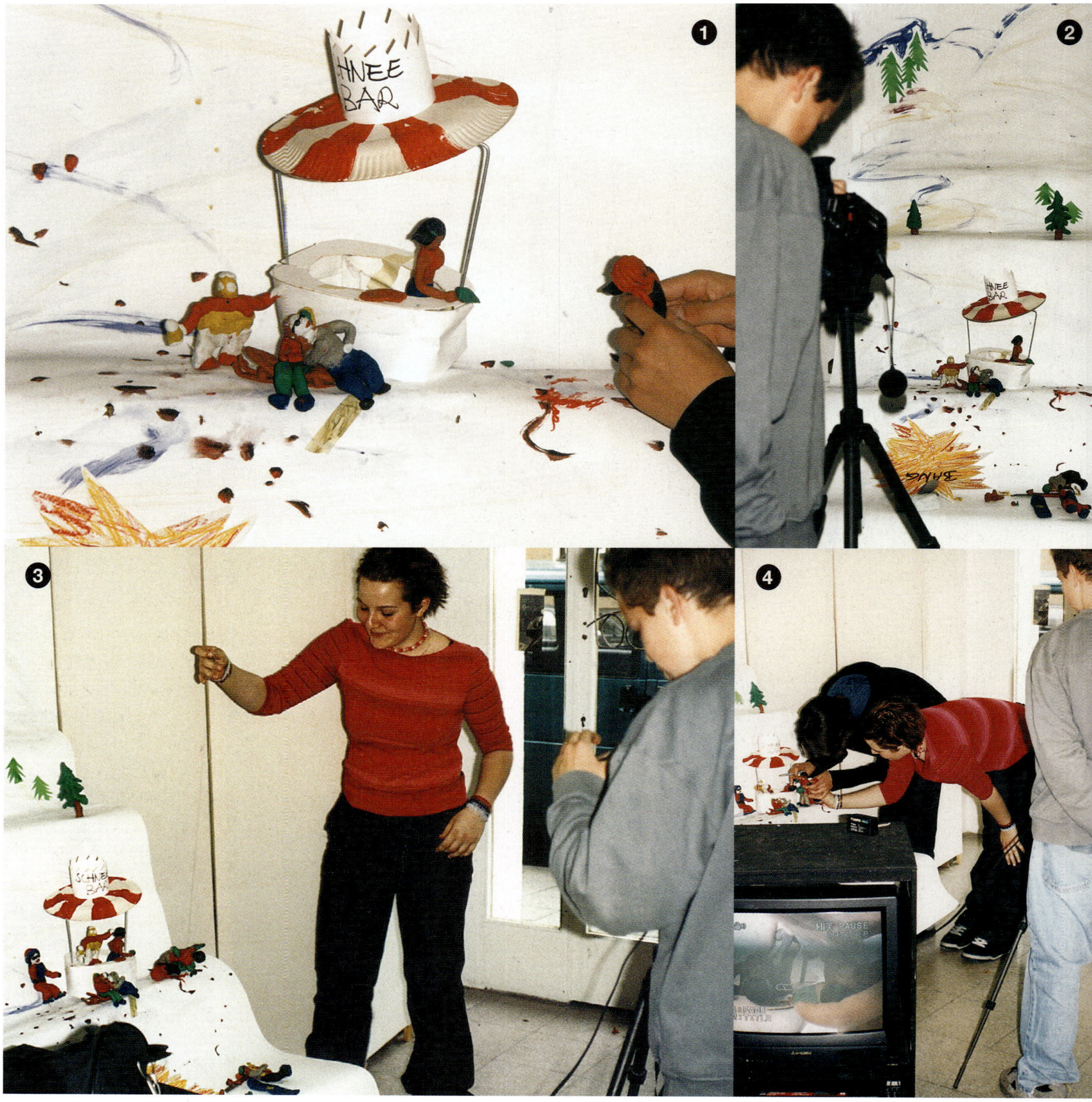

Filmtricks

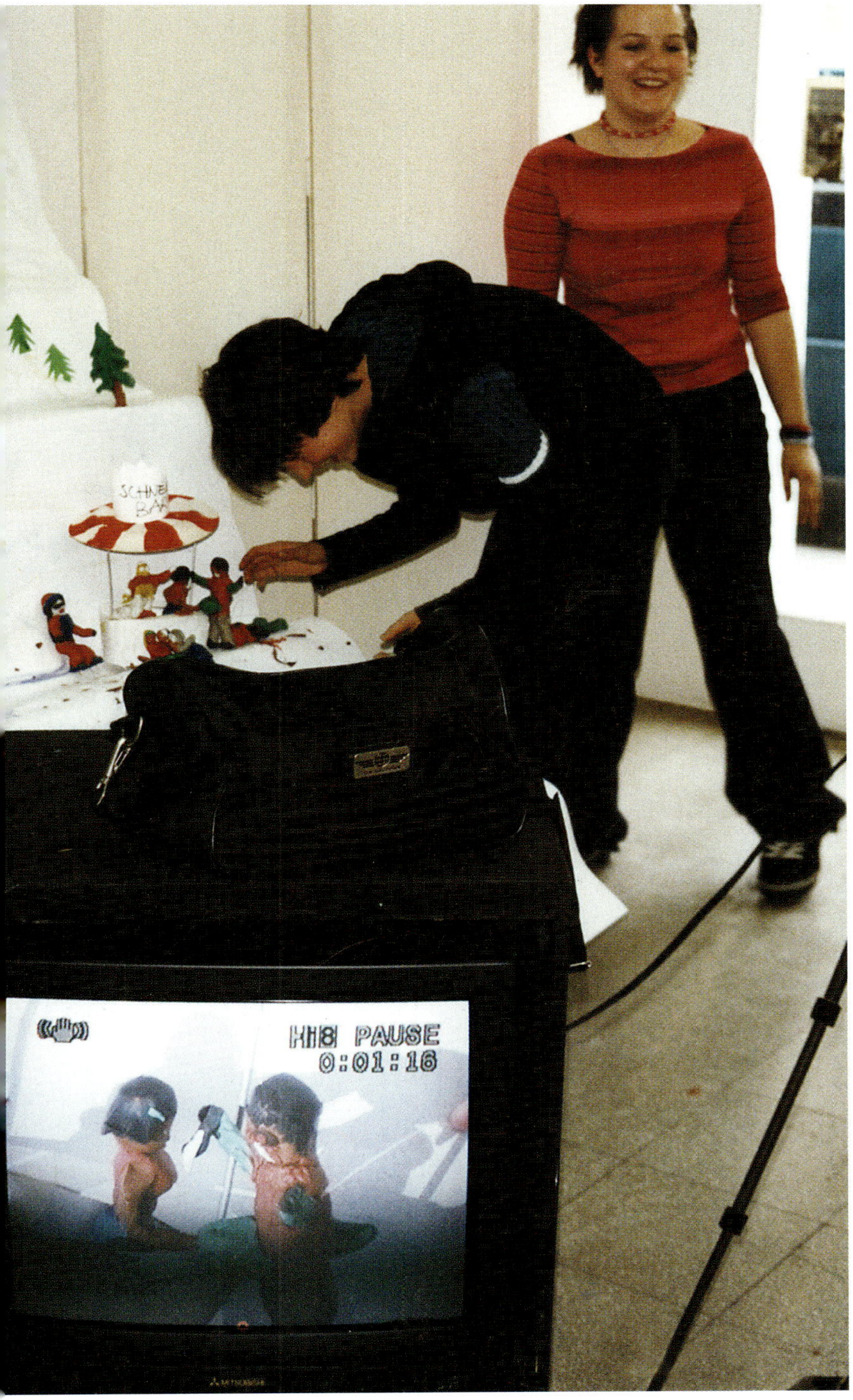

Werkzeug

Videokamera
Stativ
Monitor

Material

Plastilin

Info

Den Themen sind hier keine Grenzen gesetzt, wobei es für das gemeinsame Agieren schön ist, wenn es reale Identifikationspunkte gibt, zum Beispiel Disco, Schule, Freibad...
Bei längerer Beschäftigung kann man die Filme natürlich durch nachträglichen Schnitt, Musik, Untertitel perfektionieren. Statt Plastilin- eignen sich auch Draht- bzw. Tonmännchen.

Alter 4 6 8 10 12 14 16 18

Der Blick in den Spiegel: »Wer bin ich?«, »Wie bin ich?« ❶. Die Jungen nehmen lieber die Rolle des Fotografen und Kameramanns ein ❷ ❸. Abgrundtiefer Blick ❹, draußen vor der Graffitiwand ❺, zwischen Tür und Angel ❻. Die Suche nach dem geeigneten Hintergrund gehört zum Spiel. Zu guter Letzt wird auch noch der Bauch bemalt ❼.

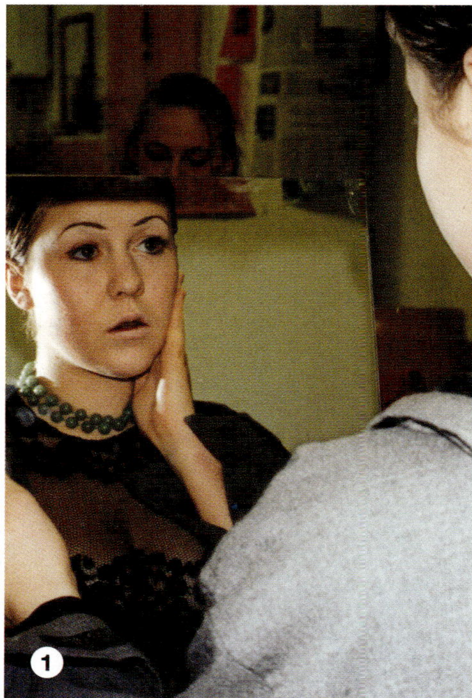
❶

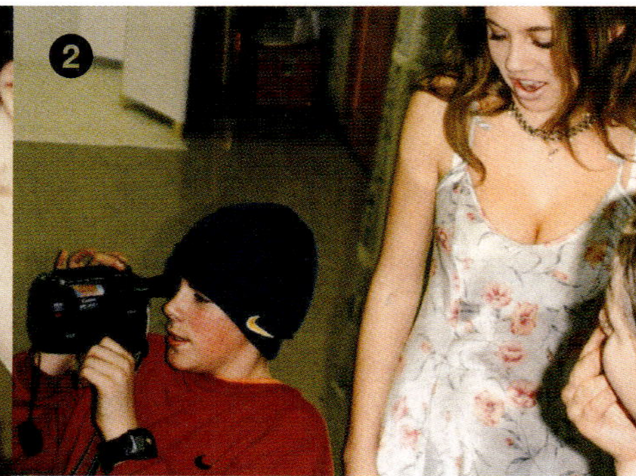
❷

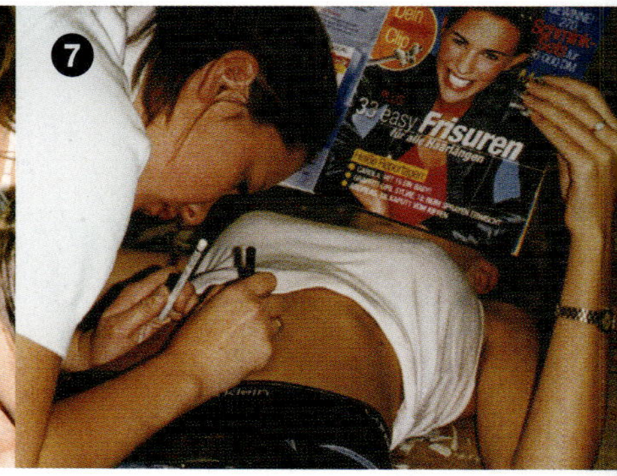

❼

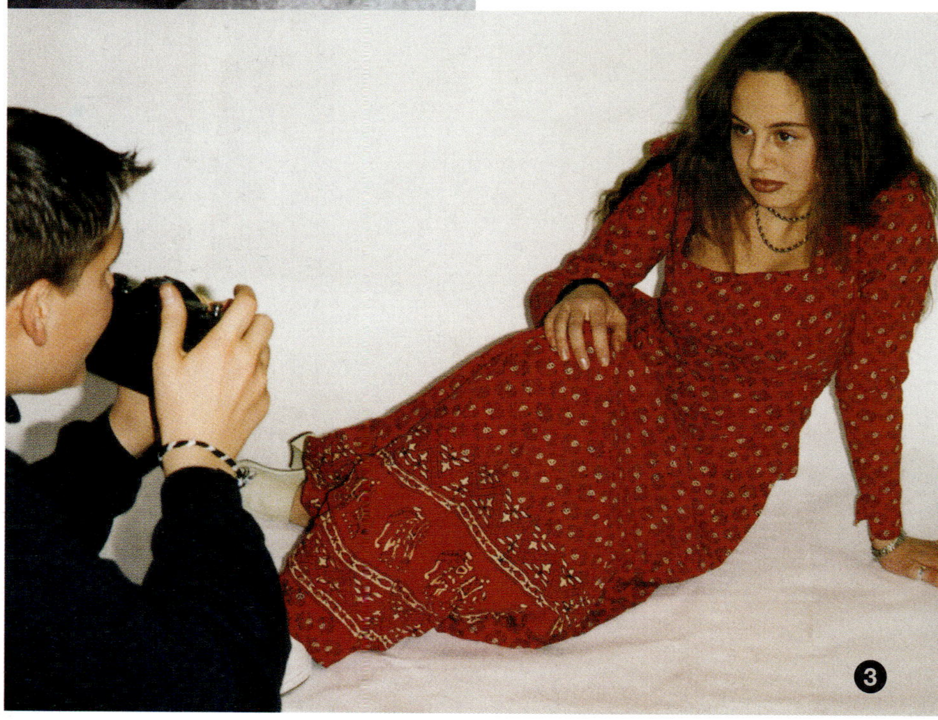
❸

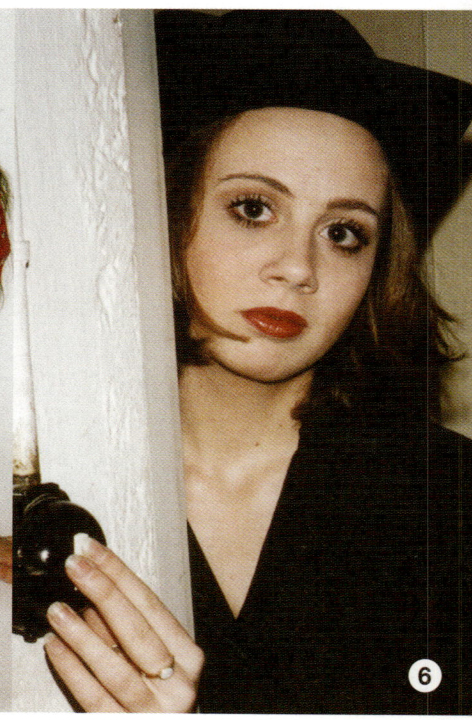
❻

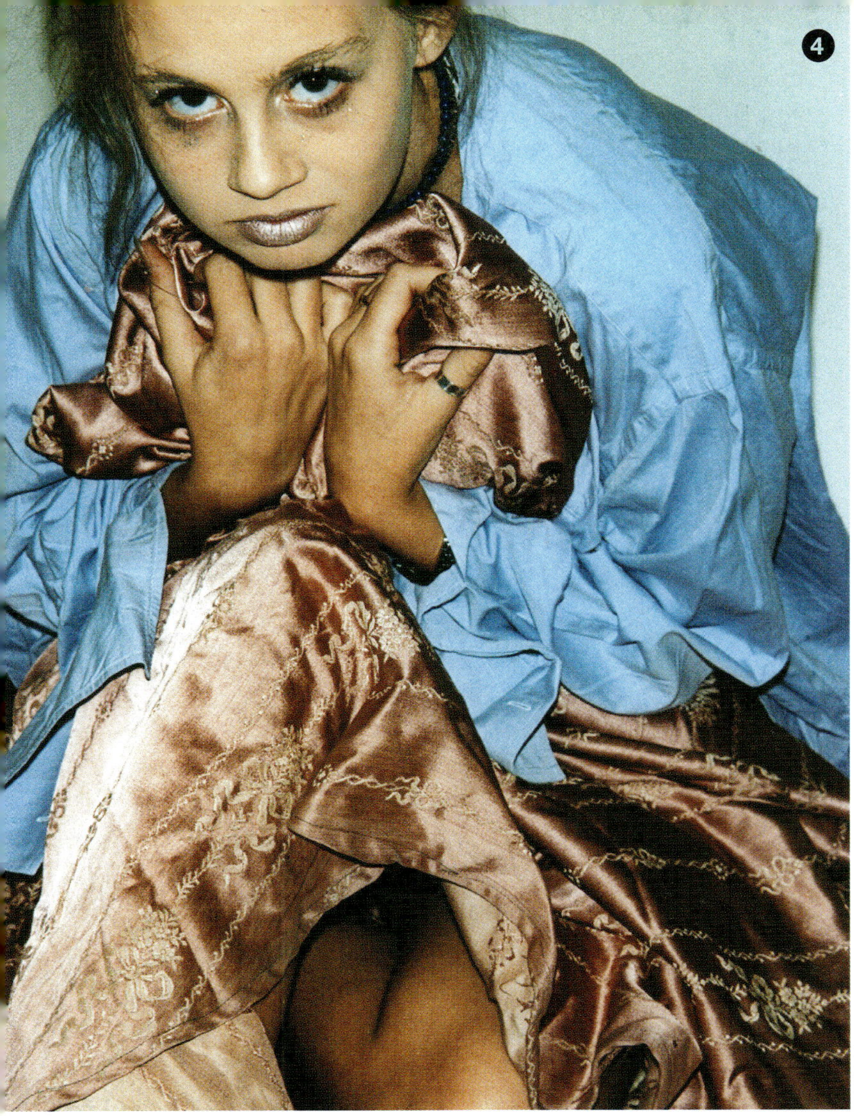

Einmal Model sein

Werkzeug

Fotoapparat, eventuell auch Videokamera

Material

Spiegel
Unmengen von Schminksachen
abgelegte, aber schicke Kleidung
Hüte, Mützen, Gürtel, Schuhe usw.
große, weiße Papierplane oder
Stoff für den Hintergrund

Info

In diesem Alter nimmt man das »Schönsein« ernst, die Kindertage, in denen man sich mit möglichst viel Spaß »lustig« verkleidet hat, sind Vergangenheit.
Um neue Varianten seines Aussehens zu erproben, schließt man sich ins Bad ein oder man findet Gleichgesinnte und betrachtet, schminkt, posiert und fotografiert sich gegenseitig in einer Umgebung des Vertrauens.

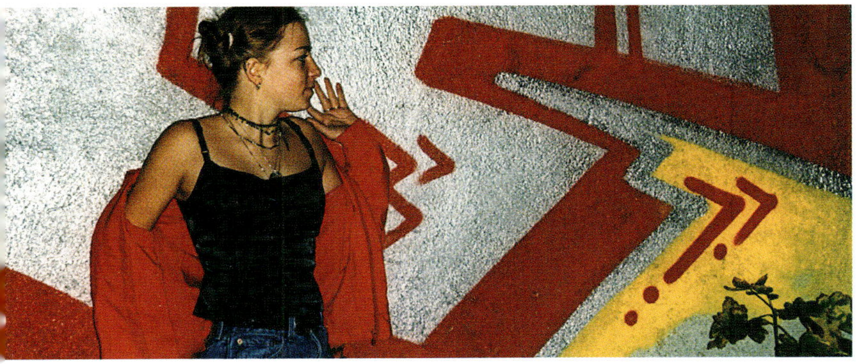

Alter 4 6 8 10 12 **14 16 18**

Zur 500-Jahr-Feier der Entdeckung Amerikas bereiten wir ein Indianerfest vor. Am Tag der Vorbereitung zum Fest malt jedes Kind eine lebensgroße Indianerfigur ❶. Der ganze Raum wird mit Zeitungspapier tapeziert und mit Urwald bemalt, die Indianerfiguren werden ausgeschnitten und in den Wald geklebt, große Teile der Wand bleiben unbemalt, damit die Festbesucher auch etwas zu tun bekommen ❷ bis ❹. Der Raum ist mit Lianen behängt und allerlei Affen (auf Karton gemalt und ausgeschnitten) tummeln sich in der Höhe, Klein-Tarzan beäugt die ankommenden Musiker ❺. Das Fest ist in vollem Gange, doch Riesenbananen gibt's nie genug (aus Pappmaché) ❻. Ein Maltisch für Indianer (da hat sich ein Gringo eingeschlichen) steht unter der Riesenbanane bereit ❼. Die alten »Medizinmänner und -frauen« ziehen ihre Rituale ab ❽. Die Jugend wird in die Riten eingeweiht ❾ ❿.

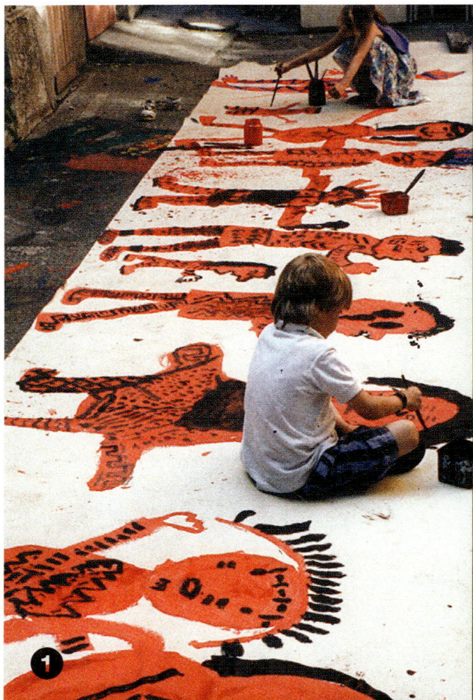
1

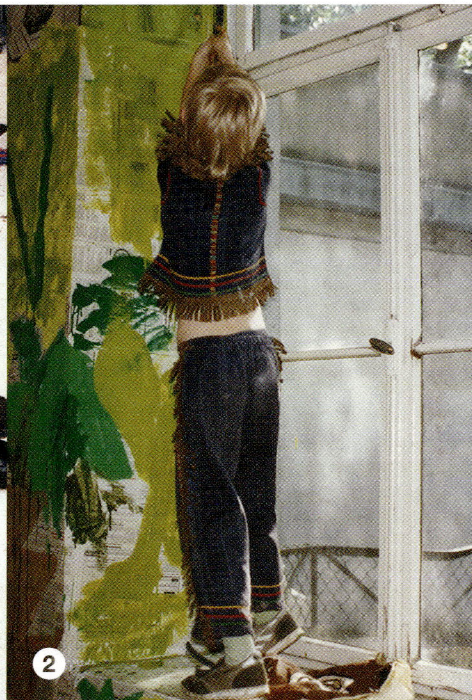
2

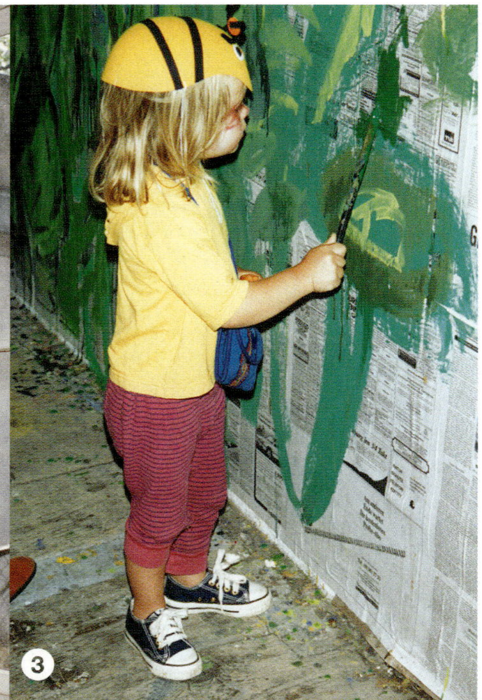
3

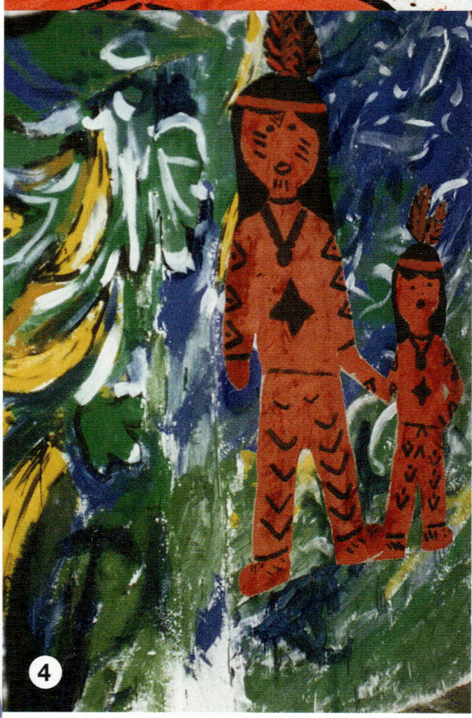
4

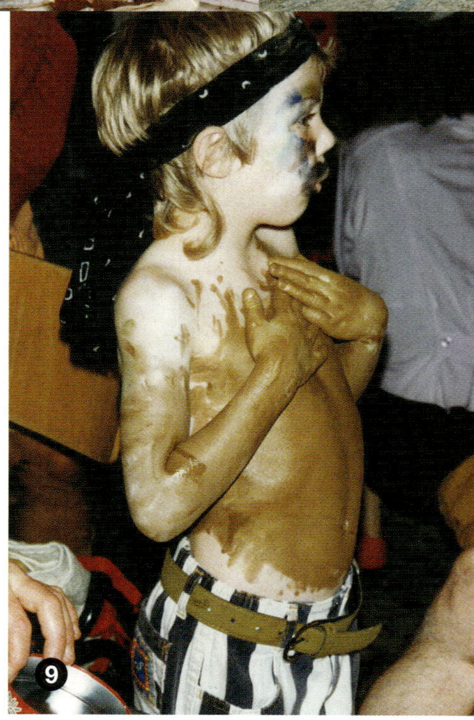
9

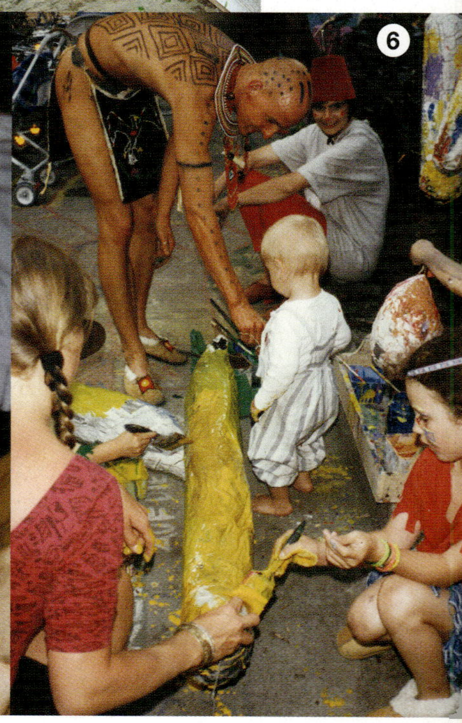
6

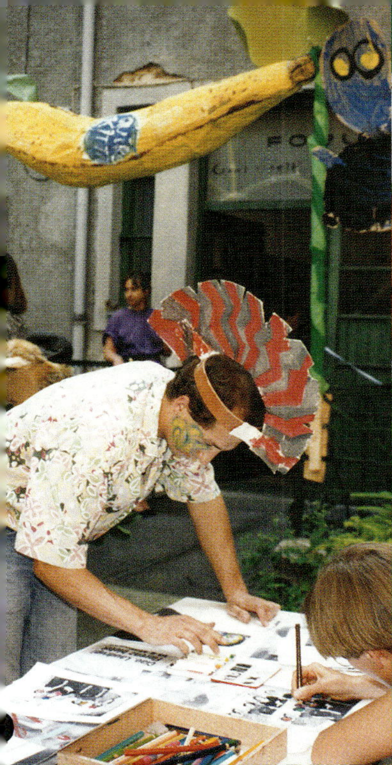

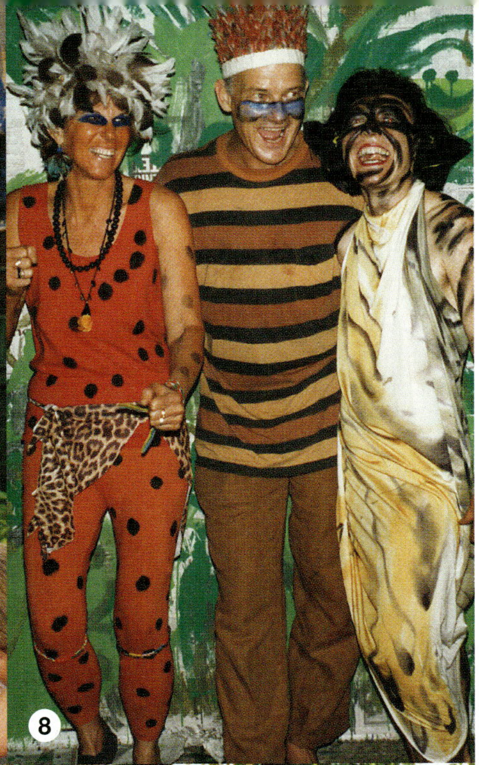

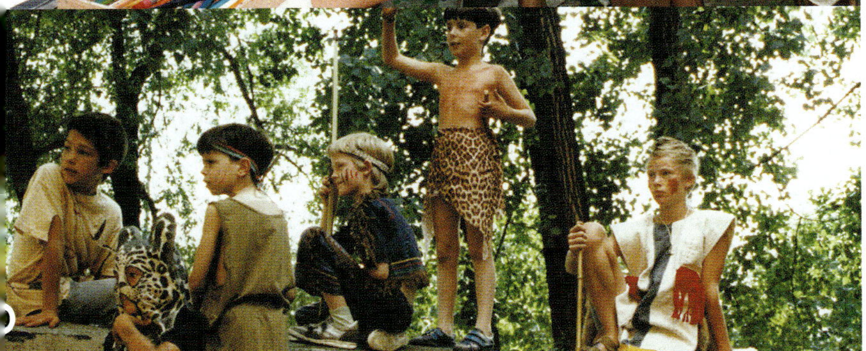

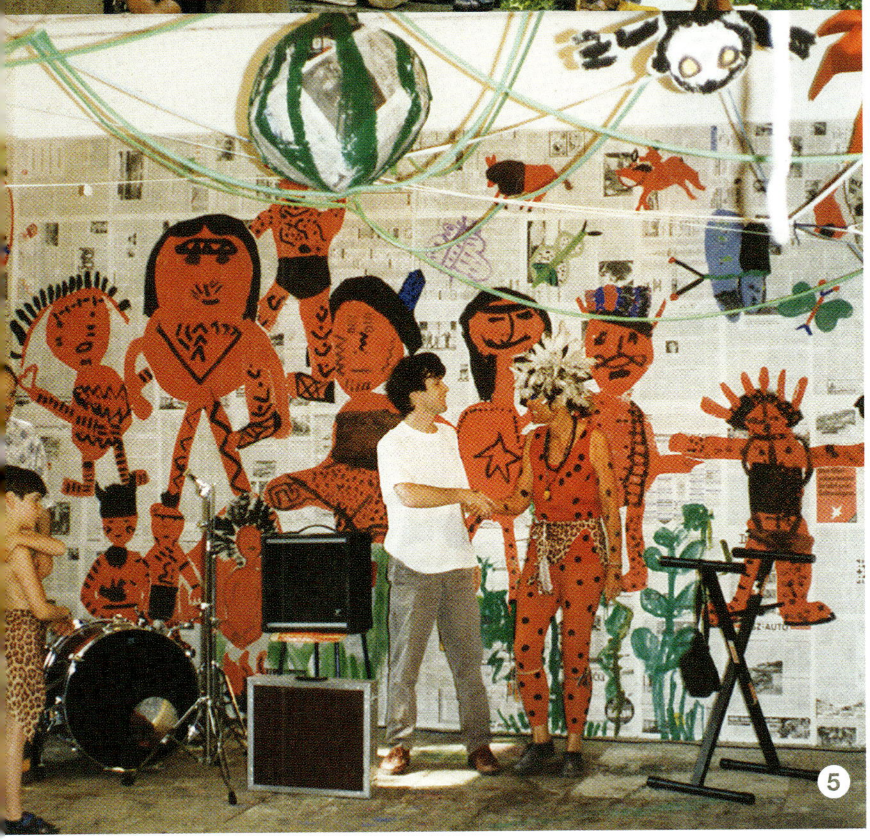

Feste feiern

Werkzeug

große Pinsel mit langem Stiel
(Heizkörperpinsel)
kurze, breite Pinsel
Hammer
Nägel

Material

Dispersionsfarben
Zeitungspapier
Tapetenkleister
Karton
grüne Bänder (Lianen)
Schminke
Leopardenfell (natürlich künstlich)
Ketten
Indianerkostüme (oder Teile davon)
alles, was zum Fest thematisch passt

Info

Feste können verschiedene Themen haben. Hier wird exemplarisch gezeigt, wie man ein Fest vorbereiten und feiern kann. Gut ist es, wenn man eine Halle zur Verfügung hat, die man verändern darf, ansonsten kann man die Dekoration auf große Papierbahnen aufmalen und dann aufhängen. Alles richtet sich nach der Größe und Beschaffenheit des Raumes.

Alter 4 6 8 10 12 14 16 18

Themen- und Stichwortverzeichnis

Anmerkung

Gerade gesetzte Begriffe bezeichnen allgemeine Stichworte sowie die sieben thematischen Bereiche dieses Buches, **fett** gedruckte Begriffe entsprechen thematischen Überbegriffen und *kursiv* gesetzte Begriffe verweisen auf konkrete Themen.
Bei Letzteren beziehen sich die Seitenzahlen immer auf Doppelseiten, zur besseren Übersicht ist hier jedoch immer nur die erste der beiden aufeinander folgenden Seitenzahlen genannt.

Die Autorinnen und Autoren

Heribert Heindl ❶, geb. 1965, erwarb 1994 nach seinem Studium der Malerei an der Akademie der Bildenden Künste München das Diplom als Meisterschüler und legte das erste Staatsexamen in Kunsterziehung ab.
Seit 1998–2005 Assistent an der Akademie der Bildenden Künste München.
Heribert Heindl arbeitet seit 1994 im Kinderforum.

Eva Hock-Schmederer ❷, geb. 1942, besuchte nach einer Dekorateurlehre die Meisterschule für Mode in München und erwarb das Diplom für Textilentwurf an der Akademie der Bildenden Künste München.
Im Anschluss daran Ausbildung zur Fachlehrerin für Kunsterziehung und Werken in Augsburg.
Eva Hock-Schmederer arbeitet seit 1983 im Kinderforum.

Lilith Lichtenberg ❸, geb. 1943, studierte nach einer Keramiklehre Soziologie und war pädagogisch tätig im antiautoritären Kindergarten der Münchner Kunstakademie und im Gesundheitspark der Volkshochschule München. Sie war 1977–1988 Mitglied der Gruppe WeibsBilder und ist seit 1977 freischaffende Künstlerin.
Lilith Lichtenberg arbeitet seit 1980 im Kinderforum.

Alrun Prünster Soares ❹, geb. 1942, studierte Malerei an der Akademie die Bildenden Künste München und Soziologie und Sozialpsychologie an der LMU München. Seit 1967 arbeitet sie als freischaffende Künstlerin, dabei 1977–1985 Mitglied der Gruppe WeibsBilder und 1983–1988 Kunsterzieherin an der deutsch-brasilianischen Schule in Rio de Janeiro. Zahlreiche Ausstellungen im In- und Ausland.
Abgesehen von einer fünfjährigen Unterbrechung arbeitet Alrun Prünster Soares als Gründungsmitglied seit 1970 im Kinderforum.

Barbara Schön ❺, geb. 1971, legte nach ihrem Studium der Malerei an der Akademie der Bildenden Künste München 2002 das erste Staatsexamen in Kunsterziehung ab. 1998 war sie Erasmus-Stipendiatin am College of Arts, Edinburgh, und 1997–1999 Dozentin an der Sommerakademie in Neuburg/Donau. Seither Ausstellungsbeteiligungen im In- und Ausland.
Barbara Schön arbeitet seit 2000 im Kinderforum.

Valio Tchenkov ❻, geb. 1966, besuchte 1987–1990 die Kunstakademie Sofia und 1992–1998 die Akademie der Bildenden Künste in München. Er ist seit 1998 als freischaffender Künstler tätig und führt Einzel- und Gruppenausstellungen im In- und Ausland durch.
Valio Tchenkov arbeitet seit 1999 im Kinderforum.

Heinz Weld ❼, geb. 1943, studierte an der Bundesfachschule für Holz-, Stein- und Metallbearbeitung in Hallein/Österreich und an der Akademie der Bildenden Künste München. Er arbeitet seit 1967 als freischaffender Künstler, dabei zahlreiche Einzel- und Gruppenausstellungen im In- und Ausland.
Pädagogische Tätigkeiten im Gesundheitspark der Volkshochschule München (1973–1975) und an der Akademie für Lehrerfortbildung in Dillingen (1984–1986).
Heinz Weld arbeitet als Gründungsmitglied seit 1970 im Kinderforum.

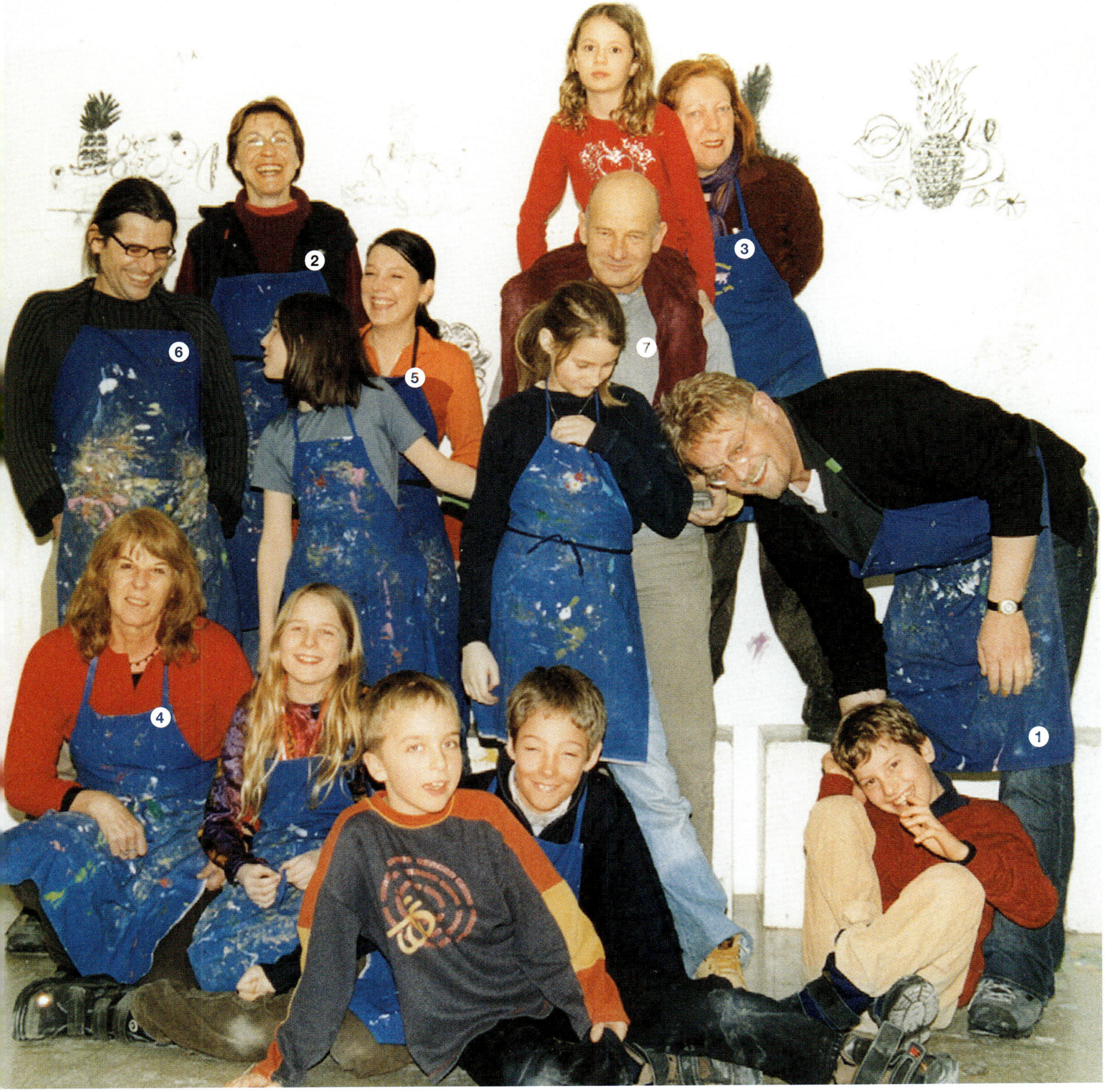

KINDER in ihrer KREATIVITÄT fördern

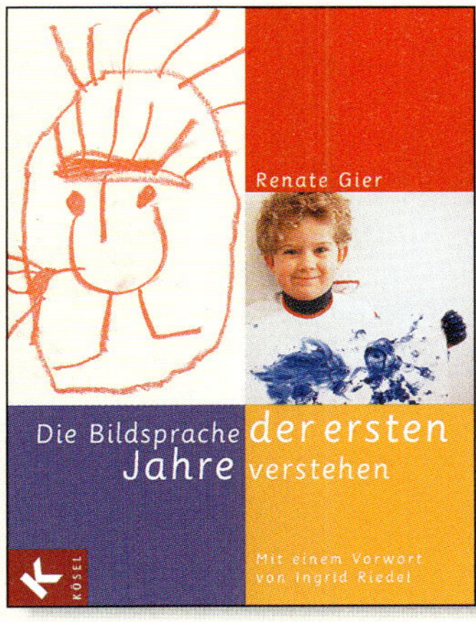

Renate Gier
Die Bildsprache der ersten Jahre verstehen
Mit einem Vorwort von Ingrid Riedel
128 Seiten. Kartoniert
ISBN 3-466-30663-9

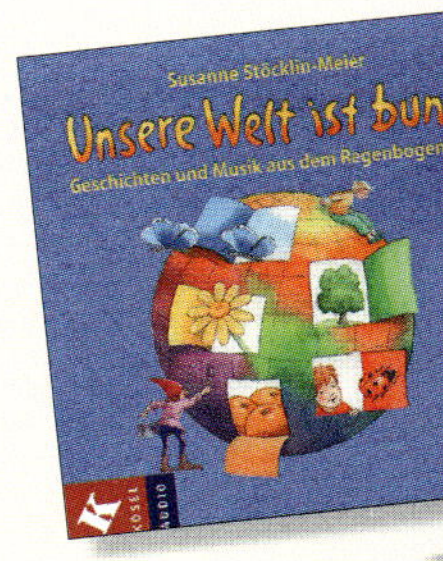

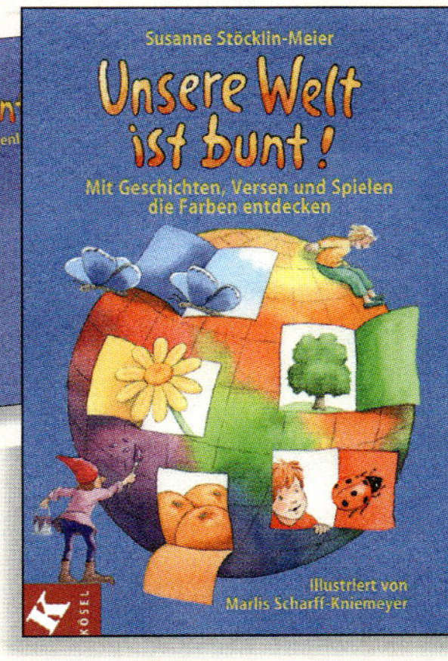

Susanne Stöcklin-Meier
Unsere Welt ist bunt!
Mit Geschichten, Versen und Spielen die Farben entdecken
160 Seiten. Gebunden
ISBN 3-466-30568-3

Dazu die gleichnamige CD
Best.-Nr. 3-466-45748-3

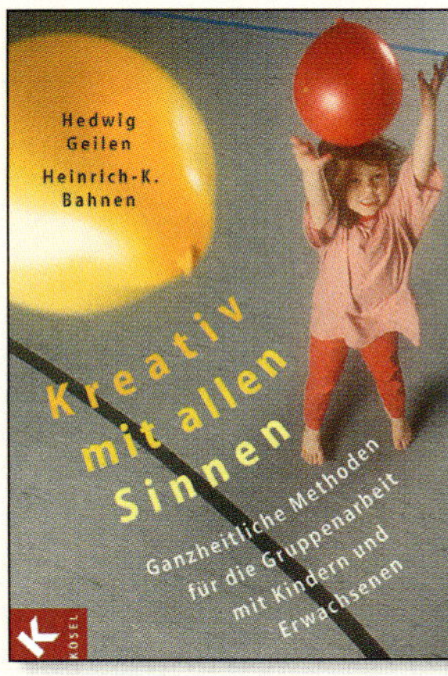

Hedwig Geilen / Heinrich-K. Bahnen
Kreativ mit allen Sinnen
Ganzheitliche Methoden für die Gruppenarbeit mit Kindern und Erwachsenen
240 Seiten. Kartoniert
ISBN 3-466-36642-9

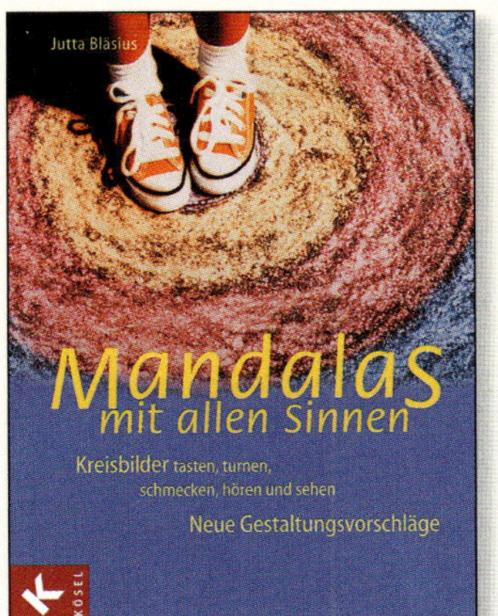

Jutta Bläsius
Mandalas mit allen Sinnen
Kreisbilder tasten, turnen, schmecken, hören und sehen
144 Seiten. Kartoniert
ISBN 3-466-36613-5

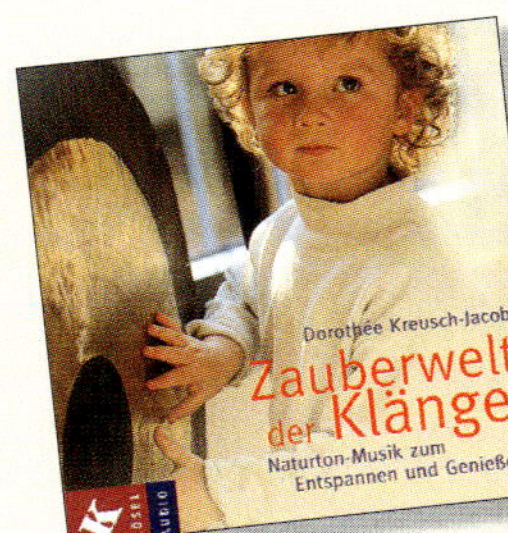

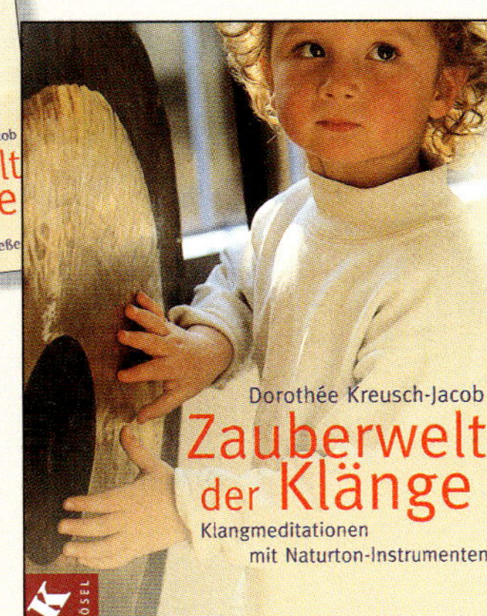

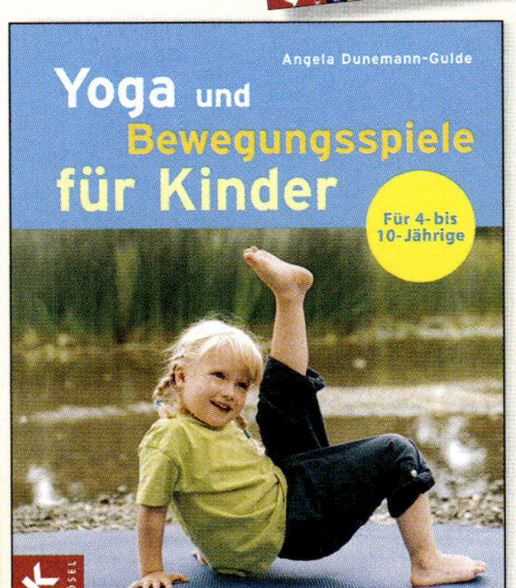

Angela Dunemann-Gulde
Yoga und Bewegungsspiele für Kinder
Für 4- bis 10-Jährige
ca. 120 Seiten. Gebunden
ISBN 3-466-30693-0

Dorothée Kreusch-Jacob
Zauberwelt der Klänge
Klangmeditationen mit Naturton-Instrumenten
160 Seiten. Gebunden
ISBN 3-466-30594-2

Dazu die gleichnamige CD
Best.-Nr. 3-466-45752-1

KÖSEL

Kompetent & lebendig.
LEBEN MIT KINDER

Kösel-Verlag, München, e-mail: info@koesel.de
Besuchen Sie uns im Internet: www.koesel.de